[외교문서 공개와 한일회담의 재조명 2]

의제로 본 한일회담

『의제로 본 한일회담』은 한국학술진흥재단의 연구지원(KRF-2005-005-J05001, KRF-2005-005-J05002)과 일본국제교류기금의 2009년도 출판지원을 받아 발간되었습니다.

[외교문서 공개와 한일회담의 재조명 2]
의제로 본 한일회담

초판 1쇄 발행 2010년 3월 31일

엮은이　국민대학교 일본학연구소
펴낸이　윤관백
펴낸곳　

제　작　김지학
편　집　이경남 · 장인자 · 김민희
표　지　임진형
영　업　이주하

등록　제5-77호(1998.11.4)
주소　서울시 마포구 마포동 324-1 곶마루빌딩 1층
전화　02)718-6252 / 6257
팩스　02)718-6253
E-mail　sunin72@chol.com

정가 · 33,000원
ISBN　978-89-5933-220-5(전2권)
　　　978-89-5933-222-9　94900

· 저자와 협의에 의해 인지 생략.
· 잘못된 책은 바꿔 드립니다.

[외교문서 공개와 한일회담의 재조명 2]

의제로 본 한일회담

국민대학교 일본학연구소 편

선인

발 간 사

　한일회담에 관한 연구는 2005년 8월 한국정부의 외교문서 전면공개를 계기로 새로운 단계에 접어들었다고 해도 과언이 아니다. 외교문서 공개 이전만 해도 한일회담 연구는 세간의 억측이나 검증되지 않은 주장과 명확한 차별성을 갖기가 쉽지 않았다. 그러나 35,000여 장에 이르는 한국정부 외교문서가 세상에 빛을 보게 됨에 따라 이제 한일회담 연구는 이 문서들에 대한 실증적 분석을 통해 한 단계 업그레이드 될 수 있게 되었다. 한국 정부의 외교문서 공개는 마침내 국경을 넘어 또 한편의 당사자인 일본 정부에게도 강력한 임팩트로 파급되기에 이르렀다.

　한국정부의 문서공개에 자극을 받은 일본의 시민단체와 연구자 그룹은 '일한회담문서 전면공개를 요구하는 모임'을 조직하여 일본 외무성을 상대로 행정 소송을 제기하였고, 그 재판 결과에 따라 일본정부는 2008년 말까지 여섯 차례에 걸쳐 약 65,000장에 이르는 한일회담 관련 일본 측 외교문서를 공개하였다. 단, 일본정부는 일부문서를 비공개로 처리하고 일부에 대해서는 먹칠상태로 공개함으로써 문서에 대한 전면공개를 회피하였다. 이에 따라 '모임'은 문서의 완전한 전면공개를 요구하는 소송을 지속적으로 제기하고 있다.

　2005년에 한국 측이 공개한 외교문서 35,000여 장과 더불어 일본 측이 2008년 말까지 공개한 약 65,000장의 외교문서를 합치면 약 100,000여 장의 외교문서가 기밀해제 되어 한일회담 관련 공문서의 전모가 서서히 모습을 드러내고 있다. 여기에 한일회담에 직접, 간접적으로 깊이 관여해 온 미국 측의 외교문서도 상당 부분 공개되어 미국 측이 파악한 한일회담의 실태와 미국의 관여 양상을 상세하게 알 수 있게 되었다. 이런 상황을 고려한다면 한일회담 연구는 이제 완전히 새로운 국면을 맞이했다고 할 수 있다. 오늘의 시점에서 볼 때 한일회담에 관한 연구는 다음의 두 가지 측면에서 큰 의의를 지니고 있다고 생각된다.

첫째, 한일회담에 관한 학술적 연구는 한일관계에 국한되지 않고 한국외교사 연구의 지평을 확대하고 그 수준을 제고시킬 수 있는 기폭제 역할을 할 수 있을 것으로 기대된다. 한일회담은 해방 이후 한국정부가 벌인 장기간에 걸친 매우 중요한 대형 외교교섭(1951~1965)이었고 이 기간은 해방 후 대한민국이 신생국가로 탄생하여 한국전쟁을 거치면서 근대적 의미의 외교태세를 갖춘 국민국가로 성장해가는 과정과 일치한다. 당시 한일회담은 한국정부에게는 최대의 외교적 난제였고 이 힘겨운 외교적 싸움에 당시 정부는 총력전을 펼쳤다고 해도 과언은 아니다. 따라서 풍부한 외교 사료에 대한 분석을 바탕으로 한일회담의 전개 과정과 그를 둘러싼 국내정치 및 국제정치에 대한 면밀한 검토는 한국외교사 연구의 폭과 깊이를 더 해주는 데 큰 역할을 할 수 있다고 확신한다.

둘째, 한일회담에 관한 본격적인 연구는 한일관계가 당면한 현실을 객관적으로 파악하고 인식하는데 기여할 뿐 아니라 당면한 한일관계 정책 현안에 대한 해법을 모색하는 데에도 실천적으로 크게 기여할 수 있다. 한일회담에서 논란을 벌였던 20세기 초반의 일련의 구 조약의 유효성 문제 혹은 식민지 35년간에 대한 역사인식의 문제, 일제하에서 강제 동원되었던 피해자의 개인 청구권의 소재에 관한 문제는 여전히 오늘의 시점에서도 한일관계의 뜨거운 현안이 되고 있다. 더욱이 한일 간 첨예한 논쟁의 핵심이 되고 있는 독도 영유권 문제, 문화재 반환문제 등도 한일회담에서 양국이 격돌을 벌였던 핵심적 쟁점이었던 것이다. 이러한 점을 고려하면 한일회담은 오늘의 시점에서도 여전히 아직 끝나지 않고 지속되고 있다고 해도 틀린 말은 아닐 것이다.

이 책이 만들어지기까지의 경위를 간단히 소개하면 다음과 같다. 국민대학교 일본학연구소는 2005년 한국학술진흥재단으로부터 중점연구소 지원사업에 선정되어 '한일회담 외교문서 공개에 따른 기초사료 연구'를 진행하게 되었다. 이 사업의 1단계 사업(2005년 12월~2008년 11월)은 주로 한일회담에 관한 외교문서의 정리, 해제 및 연구로 구성되어 있는데 그중 해제 부문에 관해서는 동북아역사재단의 재정적 도움을 받아 2008년 4월에 『한일회담 외교문서 해제집 제1권~제5권』으로 발간한 바 있다. 중점연구 제1단계 사업의 연구 부문 성과는 15명의 연구 참여진의 보고서로 이미 2008년 여름에 한국학술진흥재단에 제출되었다.

15명의 연구 참여진은 한국학술진흥재단에 제출된 보고서를 약 1년 반의 시간을 거쳐 수정 보완하여 학술적인 논문으로 발전시켰다. 이렇게 하여 완성된 15편의 논문이 이 책의 근간을 이루게 되었다. 이 논문 이외에도 이 책에는 일본 측에서 한일회담을 본격적으로 연구해 온 연구자들의 논문들도 다수 수록하였다. 일본 측 연구그룹 역시 한국정부의 외교문서 공개를 계기로 하여 2006년부터 일본 공기관의 연구비 지원을 받아 한일회담에 관한 본격적인 학술연구를 수행하였다. 이와 더불어 이 책에는 2005년 이후 개별적으로 한일회담에 관한 새로운 업적을 낸 연구자들의 논문도 추가적으로 수록하였다.

이러한 의미에서 이 책은 2005년 이래 새롭게 공개된 외교문서와 관련 자료에 대한 분석과 검토를 바탕으로 이루어진 새로운 연구 성과를 망라하여 묶어서 만든 것이라고 말할 수 있다. 즉, 새로운 자료에 입각하여 한일회담을 새롭게 재조명해 보려는 한국과 일본의 전문가들의 학문적 노력을 집대성하여 편집한 것이 이 두 권의 책이라고 할 수 있다. 25편에 이르는 논문들을 어떠한 편집 체계로 묶어낼 것인가는 전적으로 국민대 일본학연구소 멤버들의 몇 차례에 걸친 토론을 거쳐 확정하였다.

이 책이 빛을 보기까지는 많은 분들의 열정적인 헌신과 노력이 뒷받침되었다. 연구소의 이현진 선생은 이 책의 기획, 편집, 교정의 전 과정에서 중심적 역할을 담당하였다. 일본 측 연구자의 논문 번역에는 박창건, 안소영, 정미애, 최희식 선생이 노고를 아끼지 않았다. 그 밖에도 김영미, 류미나, 장박진 선생은 책의 완성에 이르기까지 귀중한 조언을 주었다. 일본 측 연구자들의 논문을 이 책에 수록하는 데는 일본 측 연구그룹의 책임자인 주쿄대학 아사노 도요미 선생과 도쿄대학 기미야 다다시 선생의 도움이 컸고 가쿠슈인 대학의 나가사와 유코 선생도 이 책의 출간에 크게 기여해 주었음을 밝혀둔다. 끝으로 학술연구와 책의 출판에 재정적인 지원을 해준 한국연구재단(구 학술진흥재단)과 일본국제교류기금 측에 사의를 표하며 어려운 사정에도 불구하고 선뜻 출판을 수락해 준 선인출판사 윤관백 사장과 교정과 편집의 수고를 해준 선인의 스탭들에게도 깊이 감사드린다.

필자를 대표하여
국민대학교 일본학연구소장
이원덕

차 례

발간사   5

제1부 법적지위 문제와 재일한인

최영호 | 해방 직후 재일한인 단체의 본국지향적 성격과 제1차 한일회담   17
    Ⅰ. 머리말   17
    Ⅱ. 해방 직후 재일조선인 사회의 본국지향적 성격   22
    Ⅲ. 민단의 결성과 초기 활동에 나타난 본국지향적 성격   30
    Ⅳ. 제1차 한일회담에 나타난 민단의 본국지향적 성격   38
    Ⅴ. 맺음말   44

한경구 | 한일법적지위협정과 재일한인 문제   51
    Ⅰ. 머리말   51
    Ⅱ. 국적과 영주권: 법적지위협정의 지위와 재일한인에 대한 인식   58
    Ⅲ. 대우 문제   68
    Ⅳ. 맺음말   79

노기영 | 민단의 본국지향노선과 한일교섭   87
    Ⅰ. 머리말   87
    Ⅱ. 민단의 본국지향노선   89
    Ⅲ. 이승만정권의 반일정책과 민단   100
    Ⅳ. 재일한국인 정책의 변화   105
    Ⅴ. 맺음말   116

고바야시 레이코 | 한일회담과 '재일한국인'의 법적지위 문제　　　119
　　　　　　　 - 퇴거강제를 중심으로
　Ⅰ. 머리말　　　　　　　　　　　　　　　　　　　　　119
　Ⅱ. 한일회담 이전의 '영주권'과 퇴거강제　　　　　　　125
　Ⅲ. 한국에 의한 반공정책과 퇴거강제 허용　　　　　　129
　Ⅳ. 한국 측에 의한 의사번복: 모든 퇴거강제사유 거부　136
　Ⅴ. 퇴거강제의 의의 전환에서 가조인으로　　　　　　146
　Ⅵ. 맺음말　　　　　　　　　　　　　　　　　　　　　155

제2부 재산 청구권과 피해자 보상 문제

한상일 | 제5차 한일회담과 청구권 문제　　　　　　　　163
　Ⅰ. 머리말　　　　　　　　　　　　　　　　　　　　　163
　Ⅱ. 배경　　　　　　　　　　　　　　　　　　　　　　165
　Ⅲ. 회담진행과 회담내용의 개략　　　　　　　　　　　170
　Ⅳ. 중요한 쟁점　　　　　　　　　　　　　　　　　　174
　Ⅴ. 맺음말　　　　　　　　　　　　　　　　　　　　　186

장박진 | 한일회담에서의 피해보상교섭의 변화과정 분석　189
　　　　 - 식민지 관계 청산에 대한 '배상', '청구권', '경제협력' 방식의
　　　　　'연속성'을 중심으로
　Ⅰ. 머리말　　　　　　　　　　　　　　　　　　　　　189
　Ⅱ. 변화과정의 분석　　　　　　　　　　　　　　　　191
　Ⅲ. 맺음말　　　　　　　　　　　　　　　　　　　　　223

김창록 | 1965년 한일조약과 한국인 개인의 권리　　　229
  Ⅰ. 머리말　　　229
  Ⅱ. 한일 양국의 주장　　　230
  Ⅲ. 쟁점과 실증　　　245
  Ⅳ. 맺음말　　　258

제3부 기본관계 문제와 북일수교의 전망

요시자와 후미토시 | 한일국교정상화 교섭에서의 기본관계 교섭　　　265
  Ⅰ. 머리말　　　265
  Ⅱ. 제1기의 기본관계교섭(~1952년 4월)　　　268
  Ⅲ. 제2기의 기본관계교섭(1952년 4월~1964년 12월)　　　279
  Ⅳ. 제3기의 기본관계교섭(1964년 12월~1965년 2월)　　　288
  Ⅴ. 맺음말　　　296

이원덕 | 한일기본조약과 북한 문제　　　301
      -유일합법성 조항과 그 현재적 함의
  Ⅰ. 머리말　　　301
  Ⅱ. 한일기본조약 제3조(유일합법성 조항)와 북한 문제　　　302
  Ⅲ. 북일 관계와 북한의 대일 청구권　　　315
  Ⅳ. 맺음말　　　326

제4부 선박·문화재 반환교섭 과정과 그 이면

남기정 | 한일 선박 반환교섭에 관한 연구 333
　　　　―1차 회담 선박분과위원회 교섭을 중심으로
　Ⅰ. 머리말 333
　Ⅱ. 선박 반환 문제의 제기 335
　Ⅲ. 선박 반환교섭의 전개 1: 1차 회담의 33차례 교섭을 중심으로 337
　Ⅳ. 선박 반환교섭의 전개 2: 2차 회담 이후의 교섭과 허무한 종말 347
　Ⅴ. 맺음말 352

박　훈 | 한일회담 문화재 '반환'교섭의 전개과정과 쟁점 357
　Ⅰ. 머리말 357
　Ⅱ. 문화재 '반환'회담의 전개과정 360
　Ⅲ. 문화재 '반환'회담의 쟁점과 평가 375
　Ⅳ. 맺음말 380

류미나 | '한일회담 외교문서'로 본 한·일 간 문화재 반환교섭 387
　Ⅰ. 머리말 387
　Ⅱ. 한국 문화재 반환에 관한 한·일 간 협상 과정 390
　Ⅲ. 한국 문화재 반환을 둘러싼 일본정부 당국 간의 괴리 396
　Ⅳ. 일본 문부성 문화재보호위원회와 한일회담 403
　Ⅴ. 한국 문화재 반환에 대한 일본 학계의 인식 409
　　　: 1950년대와 1960년대를 중심으로
　Ⅵ. 맺음말 414

제5부 어업교섭과 해양질서의 재편

조윤수 | '평화선'과 한일어업협상   421
    -이승만정권기의 해양질서를 둘러싼 한일 간의 마찰
  Ⅰ. 머리말   421
  Ⅱ. 해양 질서를 둘러싼 한일 간의 마찰   422
  Ⅲ. 평화선 선포의 과정   429
  Ⅳ. 한일회담에 미친 영향   439
  Ⅴ. 맺음말   442

히구치 도시히로 | 동지나해·황해 수산자원 질서재편에서
               GHQ-SCAP천연자원국과 한일관계   447
  Ⅰ. 머리말   447
  Ⅱ. '사회학적 실험'으로서의 조·중·일(朝中日)수산기술
     협력구상의 부침(浮沈)   449
  Ⅲ. 동지나해·황해 '과학적' 자원 관리의 허실(虛實)   455
  Ⅳ. 대한(對韓)어업협력정책과 미일·한일 병행 교섭 구상의 좌절   464
  Ⅴ. 맺음말   468

제1부

법적지위 문제와 재일한인

해방 직후 재일한인 단체의 본국지향적 성격과 제1차 한일회담*

최영호**

I. 머리말

여기서는 1946년 10월에 결성된 민단1)의 내부 자료와 관련 연구를 통해 초창기 민단의 한반도 국가 지향적 성격을 밝히고 민단과 제1차 한일회담과의 관련성을 찾고자 한다. 한반도 해방과 남북한 정부수립과 연동하여 재일한인2) 사회가 한반도 정세에 어떻게 대응했는가를 밝힘으로써 한인 단체의 한반도 지향적 성격을 규명하고자 한다. 필자는 해방 직후 재일한인 사

---
* 본고는『로컬리티인문학』창간호(2009년 4월)에 실린 논문을 단행본 형식에 맞게 수정 보완한 것이다.
** 영산대학교
1) 민단은 1946년 10월 '재일본조선거류민단'이라는 이름으로 결성되었다. 이어 대한민국 정부수립 직후인 1948년 10월에 '재일본대한민국거류민단'으로 명칭이 변경되었고 1994년 4월에 '재일본대한민국민단'으로 다시 바뀌어 오늘날에 이르고 있다.
2) 여기서는 일본 거주 Korean에 관한 표기로 1948년 8월의 대한민국 수립 이전 시기에만 해당하는 경우나 그 후의 북한계 Korean을 '재일조선인'으로 칭하며, 1948년 8월 이후의 한국계 Korean을 '재일한국인'으로 칭한다. 시기나 국가를 구분하지 않고 사용할 때에는 편의상 재일한인으로 표기한다.

회에서 진보적 단체이면서 가장 큰 조직으로 활동한 바 있는 조련(재일본 조선인연맹)에 대해 그 본국지향적 성격을 이미 논한 바 있다.[3] 이어서 본 논고를 통해 보수적 단체로 결성되어 대표적인 재일한인 단체로 인정받아 오고 있는 민단(재일대한민국민단)에 대해서도 본국지향성의 역사, 즉 한반도 국가체에 대한 귀속성의 역사를 논하고자 한다. 연구대상 시기로서는 민단의 초창기에 해당하는 기간으로서 1945년 일본 패전으로부터 시작하여 1952년 한일회담 제1차 회의 때까지로 한다. 이 시기는 연합국의 일본 점령 기간이기도 하다.

일본 패전 이후 재일한인들은 민족단체 활동을 통하여 한반도에 형성되어 가는 국가 혹은 국가체에 소속되어 있다고 하는 아이덴티티를 표현해 왔다. 전반적으로 세대의 변화와 함께 이들의 본국지향적 성격이 희박해지고 있음에도 불구하고 오늘날에도 여전히 재일한인 민족단체에서 본국지향적 움직임을 쉽게 찾아볼 수 있다. 최근 본국의 정치적 움직임에 대한 재일한인 사회의 연동과 관련되는 중요한 사례로 한국정부가 재일한국인을 포함한 재외국민에게 선거권을 부여한 일을 지적할 수 있다.

2009년 2월 초 한국 국회는 재외국민에게 2012년부터 투표권을 전면적으로 허용하는 것을 골자로 하는 공직선거법, 국민투표법, 주민투표법 개정안을 통과시켰다. 이에 따라 영주권자를 포함하여 대한민국 국적을 가진 19세 이상의 재외국민 전원에게 대통령 선거와 국회의원 비례대표 선거 투표권이 부여되었다. 국내에 주민등록이 있는 해외 일시 체류자는 지역구 국회의원 선거에도 부재자 투표 형식으로 참여할 수 있게 되었다. 또한 국내 지방자치단체 관할구역에 거소신고를 한 재외국민은 국내 지방선거 참여에서도 투표할 수 있게 되었다. 일본에 일시 체류하고 있는 한국인을 포함하여 대략 47만 명의 재일한국인이 재외국민 선거의 대상자가 되는 까닭에 앞으로 시행될 재외국민 투표가 한국 국내 정치는 물론 재일한인 사회에 대해서도 큰 영향을 끼칠 것이 충분히 예상된다.[4]

---

3) 최영호, 2008.12, 「해방직후 재일한인 민족교육의 특징과 한계: 조련의 '본국' 로컬리티 성향 교육을 중심으로」, 『한일민족문제연구』 15호, 99-135쪽.
4) 최영호, 2009.2, 「재외국민 선거권과 재일한국인」, 『한일시평』 186호, 1쪽.

주지하는 바와 같이 일본의 패전은 한반도에게 식민지로부터 해방이라고 하는 선물과 함께 국가체 형성에서의 분단이라고 하는 시련을 제공했다. 이러한 현상은 재일한인 사회에서도 흡사하게 나타났으며 한반도 정세의 변동과 맞물려 해방과 분단의 과정을 밟게 되었다. 특히 그들은 해방의 감격에서 그치지 않고 스스로 교육기관을 만들어 우리말과 역사를 가르침으로서 해방된 민족으로서의 정체성을 구축하기 시작했다. 비록 그들이 오늘날에 이르기까지 남북 분단의 현실을 극복하지 못하고 세대의 변화와 함께 민족적 정체성의 약화를 경험하고 있다고 해도 여전히 강한 민족적 정체성을 유지하고 있는 것은 부정할 수 없다.

해방 직후 재일조선인 사회에는 전반적으로 한반도로 돌아가고자 하는 귀환 분위기가 강렬했다. 1946년에 들어 귀환 움직임이 둔해지기 시작했지만 귀환 움직임이 근본적으로 바뀐 것은 아니었다. 일본에 '잔류'한 대부분의 한반도 출신자들은 해방 직후 "곧 돌아가겠다"고 하는 의식으로부터 점차 "언젠가는 돌아가겠다"라고 하는 의식으로 바뀐 것이다. 이렇듯 강렬한 귀환 의식은 이들에게 민족교육에 대한 강렬한 필요성을 느끼게 했으며 한반도 정세에 연동하는 민족단체에 소속감을 갖게 하는 요인이 되었다.

본 논문은 전반부에서 민단 결성 과정과 초기 활동을 본국지향성을 중심으로 하여 정리하고자 한다. 먼저 민단 결성의 사회적 배경으로서 일본의 패전 이후 재일조선인 사회에 팽배해지는 본국지향적 움직임을 규명하고자 한다. 이때 일본정부의 참정권 정지 조치에 대한 재일조선인 단체의 대응을 간략하게 언급하고자 한다. 이어서 민단의 초기 조직 활동으로서 일본정부의 외국인등록령 시행에 대한 민단의 대응을 살펴보고자 한다.

그리고 후반부에서는 제1차 한일회담에 재일한국인 단체가 어떻게 임했는지 정리하고자 한다. 본 논문이 초기 민단의 활동 시기를 1952년까지로 한정한 것도 이때 제1차 한일회담에서 재일한국인의 법적지위에 관한 큰 틀이 한일 양국 사이에 결정되었기 때문이다. 법적지위의 주체인 재일한국인 측이 자신들의 국적을 포함한 법적지위에 대해 어떻게 인식하고 있었는지를 밝히는 것은 한일회담이 재일한국인과 한일 양국 정부 간의 대립적 관계에서가 아니라 3자 간의 균형 위에서 진행되었다는 점을 밝히는 작업이

기도 하다.

한반도 정세와 관련하여 민단 결성 직후의 활동과 성격을 규명한 선행 연구나 제1차 한일회담과 연관 지어 민단의 활동을 집중적으로 연구한 선행연구는 아직 없다고 할 수 있다. 다만 본 논문의 참고 자료에서 보이는 바와 같이 재일한인 단체의 내부 동향을 조사하고 정리한 선행연구는 1950년대 이후 오늘날에 이르기까지 다양하게 나와 있다. 그 가운데 민단 초기 활동에 관한 언급이 부분적으로 들어있다. 본 논문은 이러한 선행 연구를 참고하고 여기에 2005년에 한국에서 일반 공개된 한일회담 관련 자료와 민단 측이 공개하고 있는 자료가 있어 이들 자료를 일차적 자료로 활용하여 초기 민단의 활동에 규명하고자 한다.

해방 직후 재일조선인 조직과 활동에 관한 괄목할 만한 연구로는 대체로 다음과 같은 것이 있다. 우선 선구적인 연구업적으로 점령군 군속으로서 광범한 자료와 체험에 근거하여 1951년에 재일한인에 관한 통사를 펴낸 와그너의 작품을 들 수 있다.[5] 그가 일본 점령기에 예견한 재일조선인의 정주지향성이나 사실적 서술은 오늘날에도 높이 평가할 수 있다. 다만 귀환하지 않은 자들을 일본사회의 마이너리티로 보는 나머지, '해방민'으로서의 운동에 대한 이해가 적었고 이들의 조직 행동을 일본사회의 질서문란행위로 보는 시각으로 이어지는 한계를 가지고 있었다. 또한 와그너의 연구가 일본의 점령기 재일한인의 활동을 간략하게 소개하는데 그치고 있는 까닭에 당시 조련에 비해 비교가 되지 않을 정도로 상대적으로 열악한 조직력을 갖고 있었던 민단에 대해서는 언급이 거의 없다.

1950년대 중반 이후에는 일본정부의 관계자들이 주로 치안당국의 조사자료를 사용하여 재일한인 단체의 동향을 재정리하면서 민단의 활동에 관한 언급이 많아지게 되었다.[6] 이들의 논저는 기본적으로 반공과 치안유지의 관점에서 서술한 것으로서, 재일한인 단체 내부의 동향과 파벌구조에

---

5) Wagner, Edward W., 1951, *The Korean Minority in Japan*, 1904-1950, New York: International Secretariat, Institute of Pacific Relations.
6) 篠崎平治, 1955, 『在日朝鮮人運動』, 令文社 ; 坪井豊吉, 1959, 『在日本朝鮮人運動の概況』(法務硏究報告書第46集3号) ; 坪江汕二, 1965, 『在日朝鮮人槪況』, 巖南堂.

대해서는 비교적 세밀하게 접근하고 있으나 이들 단체의 내분적 동향과 범죄적 양상을 지나치게 확대 기술하고 있어 주의 깊은 검토가 요구된다. 그럼에도 불구하고 이러한 문제점이 1970년대 초에 한국에서 모처럼 나온 조련에 관한 저서에서 전혀 검토되지 않고 그대로 인용되었다.[7]

1970년을 전후하여 재일한인 단체와 개별 연구자들이 해방 직후 시기의 운동을 기록으로 남기기 시작했으며 관련 자료를 모으기 시작했다.[8] 그중에 조선인 강제연행에 대한 조사로부터 연구를 시작한 박경식이 재일한인 단체 관련 자료 수집에도 부단한 노력을 쏟은 결과, 1980년대 초반에 각종 회의록과 함께 『민중신문』이나 『해방신문』 등 신문들을 자료집으로 공개하기에 이르렀고, 이러한 자료들을 사용하여 교과서적인 저서를 내놓게 되었다.[9] 이처럼 일본에서 왕성하게 전개되는 연구 풍토를 이어받아 한국에서도 1990년대 이후 오늘날에 이르기까지 소장 연구자들에 의한 다양한 연구가 나오고 있다.[10]

재일한인 단체와 제1차 한일회담과의 관련성에 관한 선행 연구가 미미한 것과 관련하여 해방 직후 시기 조련에 비하여 상대적으로 세력이 미약했던 민단에 대한 연구자들의 관심이 적은 것이 사실이다. 박경식 연구자의 사망 이후 일본의 '재일조선인운동사연구회' 소속 연구자들이 그가 생전에 소장했던 자료들을 모아 2000년에 10권의 자료집으로 출간했다. 그 가운데 제3권은 초기 민단의 자료로서 활용 가치가 크다.[11] 이 자료집과 함께 근래 들어 김태기[12]와 노기영[13]에 의한 선행연구가 나와 있어서 필자는 본

---

7) 전준, 1972, 『조총련연구』(아세아문제연구소공산권연구총서11), 고려대학교아세아문제연구소 ; 신영철, 1974, 『조총련』, 한국정경연구회.
8) 鄭哲, 1967, 『民團』, 洋々社 ; 鄭哲, 1970, 『在日韓国人の民族運動』, 洋々社 ; 李瑜煥, 1971, 『在日韓國人60万: 民團・朝總聯の分裂史と動向』, 洋々社 ; 朴慶植, 1976, 『在日朝鮮人關係資料集成第1卷』, 三一書房 ; 朴慶植, 1976, 『在日朝鮮人關係資料集成第5卷』, 三一書房 ; 金慶海, 1979, 『在日朝鮮人民族教育の原點』, 田畑書店.
9) 朴慶植, 1983, 『朝鮮問題資料叢書第9卷: 解放後の在日朝鮮人運動Ⅰ』, 三一書房 ; 朴慶植, 1984, 『朝鮮問題資料叢書補卷: 解放後の在日朝鮮人運動Ⅲ』, 三一書房 ; 朴慶植, 1989, 『解放後在日朝鮮人運動史』, 三一書房.
10) 金仁德, 2003, 「韓国における在日朝鮮人史研究」, 『在日朝鮮人史研究』 33号.
11) 朴慶植, 2000, 『在日朝鮮人關係資料集成〈戰後編〉第3卷』, 不二出版.

논고를 집필하는데 자료와 내용면에서 적지 않은 시사를 받았다. 다만 김태기의 논문은 해방 직후부터 오늘날에 이르는 폭 넓은 시기를 다루고 있는 점에서, 그리고 노기영의 논문은 주로 1952년 이후의 민단 활동을 다루고 있는 점에서, 본 논문이 다루고자 하는 1945년부터 1952년까지의 시기와는 연구 대상 중점 시기를 달리 하고 있다.

II. 해방 직후 재일조선인 사회의 본국지향적 성격

1. 점령당국과 일본정부의 재일조선인에 대한 처우

여기서는 점령당국과 일본정부가 법적 지위 면에서 재일조선인을 어떻게 취급했는지 살펴봄으로써 해방 직후 재일조선인들이 한반도 지향적 성향을 분출하게 되는 정치적 사회적 배경을 파악하고자 한다. 점령당국은 일본 진주를 전후하여 거의 대부분의 조선인들이 귀환해 갈 것을 예측하고 기본적으로 이들의 법적지위를 명확히 하는 것을 고려하지 않았다.14) 1945년 10월 31일 점령당국의 각서는 일본 거주자들을 '연합국 국민' '중립국 국민' '적국 국민' '전쟁결과로 인해 지위가 바뀐 국가의 국민'과 같이 4가지로 분류했는데,15) 재일조선인은 이 가운데 어느 분류에도 해당되지 않았다. 게다가 이러한 애매한 지위는 점령 초기뿐 아니라 점령이 끝날 때까지도 계속되었다.16)

---

12) 김태기, 2000, 「한국정부와 민단의 협력과 갈등관계」, 『아시아태평양지역연구』 3권 1호(전남대학교 아시아태평양지역연구소).
13) 盧琦霙, 2007, 「1950年代民団の'本国志向路線'」, 『在日朝鮮人史研究』 37号.
14) Lee, Chang-Soo, 1981, "The Legal Status of Korean in Japan" in Lee, Chang-Soo & De Vos, George ed., *Koreans in Japan: Ethnic Conflict and Accommodation*, University of California Press, p.137.
15) SCAPIN /AG 312.4 /GS. 1945.10.31. Definition of United Nations, Neutral Nations and Enemy Nations.
16) SCAPIN-1757. 1947.8.4. Definition of United, Neutral, Enemy, Special Status and Undetermined

1945년 11월 1일 미국의 국무성이 발표한 「일본점령 및 관리를 위한 연합국 최고사령관에 대한 항복 후의 초기 기본지령」은 재일조선인의 법적 지위에 관한 최초의 정책적 규정이라고 할 수 있다. 그 지령은 제8항에서 "귀관은 군사상의 안전이 허용하는 한 대만인 및 조선인을 해방 인민으로 처우해야 한다. 그들은 이 지령에서 사용되는 '일본인'이라는 용어에 포함되지 않는다. 그러나 그들은 아직도 계속하여 일본 주민이기 때문에 필요한 경우에는 적국인으로 처우해도 좋다. 그들은 희망한다면 귀관이 정한 규칙에 따라 귀환할 수가 있다"고 규정했다.[17]

점령당국은 재일조선인의 국적 문제에 직접 관여하지 않는 방관적인 태도를 견지해 왔으며, 일본국내의 점령 질서 유지를 위해 만약 일본에 정착할 의사가 있는 자가 있다면 그에게는 일본인과 동일하게 국내법령을 준수시키려는 정책을 취해 왔다. 이러한 정책은 조선인의 귀환계획이 거의 마쳐가는 시기인 1946년 11월 20일 총사령부 대변인이 발표한 「재일조선인의 지위 및 취급에 관한 총사령부 섭외국 발표」[18] 속에서, 같은 달 5일에 민간정보교육국(CIE)이 발표한 "귀환을 거절한 조선인은 일본국적을 유지한다"[19]라는 취지의 내용을 부정하면서, "귀환을 거절하고 일본에 남기로 선택한 조선인은 모든 정당한 국내법령에 복종해야 한다"라고 강조하고 있는 점에서도 여실히 나타났다.

한편 일본정부는 점령당국의 재일조선인에 대한 방침이 불명확하다고 판단하고 일찍이 1946년 1월 하순부터 관계부처 간의 회의를 거쳐 일본정부의 방침을 결정했다. 그것은 점령당국에 대해 강화조약이 체결될 때까지 재일조선인을 일단 일본국민으로 보고 이들에 대한 사법경찰권과 형사재판권을 주장하자는 것이었으며, 이와 함께 이들의 불법행위를 상세히 조사보고하고 강제퇴거권까지 주장하자는 것이었다. 일본에 잔류하는 자는 일

Status Nations: SCAPIN-1912. 1948.6.21. Definition of United, Neutral, Enemy, Special Status and Undetermined Status Nations.
17) 外務省政務局特別資料課, 1978, 『在日朝鮮人管理重要文書集』, 湖北社, 10쪽.
18) 위의 책, 16-17쪽.
19) 위의 책, 14-15쪽.

본인과 동등하게 대우하고 이른바 '불량분자'는 한반도로 추방시키겠다는 것이었다.[20]

 아울러 일본정부는 재일조선인을 단속의 대상으로 간주하면서도 일본국민과 같은 참정권의 권리 주체로는 인정하지 않는 이율배반적인 조치를 강구했다. 그것은 일찍이 1945년 12월 중의원 의원 선거법의 개정과 함께 재일조선인·대만인에 대한 선거권 정지로 나타났다. 지난 식민지시기에 일본 본토에 거주하는 조선인·대만인에게는 일본인과 동등하게 '제국신민'으로서 선거권이 부여되어 왔다. 1918년의 제국의회 때부터 재일조선인·대만인에 대한 선거권 문제가 제기되기 시작하여 1920년의 중의원 총선거를 앞둔 시점에서 제국정부가 이들에게 선거권을 인정하는 해석을 내렸고 1925년의 보통선거법 시행과 함께 이들도 25세 이상의 남성이면 모두 선거권을 행사할 수 있었다.[21]

 패전 직후에도 일본정부는 재일조선인·대만인의 선거권 문제에 대해 애초 인정 방침을 유지하고 있었으나 11월에 들어서 국회에서 반대론자들의 추궁에 의한 심의를 거친 후 12월에 중의원과 참의원에서 이들의 선거권을 정지시키는 중의원 선거법이 통과되기에 이르렀다.[22] 12월 17일에 공포된 새로운 중의원 선거법은 부칙에 "호적법의 적용을 받지 않는 자의 선거권 및 피선거권은 당분간 이를 정지한다"라고 하여 이른바 「호적조항」을 삽입함으로써 재일조선인·대만인들을 선거인 명부에서 배제 혹은 삭제시켰다. 이에 따라 이듬해 4월에 실시하는 전후 최초의 중의원 총선거에서부터 조선인·대만인은 선거권을 행사할 수 없게 되었다.

 또한 소위 '개헌국회'로 불리는 1946년 5월과 6월의 제90회 제국의회가

---

20) 김태기, 1999, 「일본정부의 재일한인 정책: 미군에 의한 일본점령기를 중심으로」, 강덕상, 『근현대 한일관계와 재일동포』, 서울대학교출판부, 395-396쪽.
21) 松田利彦, 1995, 『戦前期の在日朝鮮人と参政権』, 明石書店, 13-26쪽.
22) 이처럼 재일한인의 정치적 권리를 배제하는 내용을 담은 개정 중의원 선거법은 幣原喜重郎내각이 점령당국의 인권지령을 받고 '자주적'으로 실시한 정치개혁의 하나로 그 중심은 여성참정권, 선거권·피선거권자 연령의 30세에서 25세로의 인하, 선거운동의 자유화, 중선거구제에서 대선거구제로의 전환 등이었다. 歷史學硏究會, 1990, 『日本同時代史1: 敗戦と占領』, 青木書店, 102-103쪽.

중의원 선거법과 마찬가지로 지방의회 및 지방단체장 선거법에서도 재일조선인·대만인의 선거권과 피선거권을 정지시키기로 결정함으로써 이들은 지방선거권도 행사할 수 없게 되었다. 또한 같은 해 6월의 귀족원 회의에서는 귀족원령이 일부 개정되어 기존에 임명되었던 식민지 출신 의원 9명(한인 6명, 대만인 3명)이 의원 자격을 상실하게 되었다. 이윽고 그 해 11월에 새로운 일본헌법을 공포한 직후에 열린 제91회 제국의회는 헌법에 기초한 참의원 의원 선거법을 마련하면서 중의원 선거법과 마찬가지로 부칙에 '호적조항'을 개설한 법안을 12월에 들어 성립시켰다.[23] 점령당국으로부터 이에 대한 이의제기가 없었으며 이로써 재일조선인·대만인의 선거권 정지를 위한 입법조치가 모두 끝나게 되었다.[24] 재일조선인·대만인은 식민지시기에 형성된 일본제국 신민이라는 지위로부터 해방됨과 동시에 일본 국가의 구성원 자격으로부터 배제당한 것이다.

2. 조선인연맹 준비위원회 결성

민단이 결성되는 시점은 1946년 10월이지만, 민단에 관여했던 조직원들에 의한 단체 결성 움직임은 일찍이 일본 패전에 따른 한반도 해방과 함께 생겨났다. 조선총독부 체제의 종결에 따라 한반도에서 새로운 국가건설의 움직임이 활발해진 것과 연동하여 일본의 조선인들도 한반도 귀환과 민족단체 결성에 적극적으로 참여했다. 한반도 국가체 형성과 관련하여 본국귀환 움직임이 이에 대한 직접적인 참여라고 한다면 민족단체 결성 움직임은 간접적 참여라고 할 수 있다. 해방 직후 재일조선인의 민족단체 결성 움직임을 생생하게 전달하는 일차적 자료로 1945년 9월에 발간된 조련 중앙 준비위원회의 소식지『회보』창간호가 있다. 이 자료는 도쿄(東京)의 민족단

---

[23] 水野直樹, 1997,「在日朝鮮人·台湾人参政権停止 条項の成立(続): 在日朝鮮人参政権問題の歴史的検討(二)」,『研究紀要』(世界人権問題研究センター) 2号, 69-74쪽.
[24] 1950년 4월에 중의원·참의원·지방자치단체장 및 지방의회 의원에 관한 법률을 하나로 묶어 공직선거법이 제정된 이래 오늘날에 이르기까지 계속되고 있다. 그 부칙 2항은 '호적조항'으로서 "호적법(1947년 법률 제224호)의 적용을 받지 않는 자의 선거권 및 피선거권은 당분간 정지한다"라고 규정하고 있다.

체 결성 움직임을 중심으로 정리하고 있는데 그 내용을 재구성하면 다음과 같다.

일본 패전 직후 당면한 문제인 귀국 문제, 생활 문제, 일본인과의 마찰 방지 등에 대한 대책을 강구하기 위하여 도쿄에 재주하는 조선인 동포 유지들이 4개의 단체를 결성했다. 처음에 '재류조선인대책위원회'와 '재일본조선인귀국지도위원회'가 합하여 '재일본조선인회'를 결성했고 이어 '재일본조선거류민연맹'과 '재일본조선인대책위원회'가 연합하여 '재일본조선인연맹'을 결성했다. 그 후 각지에서 민족단체가 발생하자 9월 9일 '재일본조선인연맹'을 중심으로 하여 '건국촉진동맹', '재일본조선인거류민단', '간토(關東)지방조선인협의회', 그리고 도쿄 이외 지역의 지방유지 대표들이 도쿄 요요기(代代木) 역전 요시모토(吉本) 빌딩에 회합했다. 그 결과 대중에 입각한 연맹 결성을 위하여 중앙 준비위원회를 조직하고 본부를 조선장학회관에 두게 되었다.25)

조선인 단체의 규합 과정에서 이미 9월 4일 시점에 준비위원장으로 내정되어 있던 조득성(趙得聖)이 준비위원회 대표로 선임되었다. 그는 기독교 목사로서 별다른 사회활동의 경험도 없었으며 일반 조선인에게는 거의 알려지지 않은 인물이었다. 준비위원회 결성을 기획한 권일의 회고록을 보면, 부위원장의 직무를 맡은 권일과 김정홍이 주축이 되어 좌우 파벌의 타협을 꾀하였으며, 점령군의 진주를 고려하여 영어에 능통한 조득성을 위원장으로 추대했다고 되어 있다.26) 준비위원회는 그 핵심 포스트에 해방 전 일본인들과 함께 조직 활동을 해 온 자들이 차지하고 있었고 대중적 지지를 갖지 못하는 소수 인사의 모임에 지나지 않았다.27) 준비위원회 구성을 주도했던 인물들은 그 '친일'적 한계로 인하여 10월 16일 조련 결성을 위한 전국대회에서 추출 당하게 된다. 이들은 그 후 보수 성향의 청년 단체로 결

---

25) 재일본조선인연맹 중앙준비위원회, 1945.9.25, 『회보』 창간호, 이 자료에 대한 사료적 의미와 내용에 대해서는 최영호, 2008, 『한일관계의 흐름 2006-2007』, 논형, 156-159쪽에 상세하다.
26) 權逸, 1987, 『權逸回顧錄』, 育英出版社, 90쪽.
27) 최영호, 1995, 『재일한국인과 조국광복: 해방직후의 본국귀환과 민족단체활동』, 글모인, 153-155쪽.

성되는 건청(조선건국촉진청년동맹)28)을 업고 일년 후에 민단을 조직하게 된다.

조련 준비위원회는 애초 귀환 문제와 생활안정 문제 등을 해결하기 위한 조직임을 천명했음에도 불구하고 이 단체는 근본적으로 본국지향성을 강하게 띠고 있었다. 앞에서 언급한 『회보』 창간호를 보면, 그 첫 장에는 「친애하는 동포여!!」라고 하는 제목의 논설이 실려 있는데, 논자는 모두(冒頭)에서 "우리는 신조선 건설이라는 중대하고도 곤란한 임무를 깊이 자각하고 그 달성을 위하여 헌신적 노력을 다하여야 될 것이며, 일본에 재류한 우리도 이 임무에서 제외되지 아니하는 것은 물론이다"라고 표현하고 있다. 또한 준비위원회가 채택한 「선언」에서도 "우리는 총력을 다하여 신조설 건설에 노력할 것이며"라고 되어 있었고, 6개 「강령」 가운데 첫 번째가 "우리는 신조선 건설에 헌신적 노력을 기함"으로 되어 있었다.29) 이는 한반도에 형성될 상상의 조국에 대한 재일조선인 사회의 본국지향성을 표명한 것으로 이해할 수 있다.

3. 한반도 신탁통치 문제와 신조선건설동맹 결성

1945년 12월 말 모스크바 삼상회의 결과가 알려지자 재일조선인 단체 가운데 보수적 청년단체 건청을 중심으로 반탁운동이 대대적으로 전개되었으며, 이를 계기로 단체 간 좌우대립이 본격화했다. 1946년 2월 조련이 전국대회에서 공공연하게 찬탁을 주장하고 인민공화국을 지지하게 되자 조직원 가운데 보수적 성향을 가진 조직원들이 조련 조직을 탈퇴하게 된다.

일본의 점령당국은 전반적으로 모스크바 회의에서 나온 '극동위원회'(FEC)와 '대일이사회'(ACJ)의 설립에 대해 호의적이지 않았다. 맥아더는 1월 2일 "새로운 일본 관리방식이 결정된 이상 그 운용에 노력하겠다"고 일단 결정을 받아들일 수밖에 없다는 의사를 표명했지만 이를 적극 수용하는 태도를

---

28) 조선건국촉진청년동맹의 결성과정은, 위의 책, 199-214쪽에 상세하다.
29) 위의 책, 157-158쪽.

비친 것은 아니었다. 그때 그는 한반도 문제에 관해서는 아무런 언급을 하지 않았다.30) 다만 2월 14일이 되어 "많은 조선인들이 신탁통치를 반대하고 있다"는 이유를 들어 미소에 의한 한반도 분할 움직임을 간접적으로 비판했다.31) 아무튼 점령당국의 모스크바 회의에 대한 비협조적 태도는 재일조선인 반탁 운동가들에게 좋은 운동 조건이 되었다.

앞서 조련 준비위원회를 조직했다가 조련 조직으로부터 축출당한 인사들은 조련에 반대하는 세력을 규합하여 민족주의적 성향이 강한 단체를 결성하고자 했다. 이들 가운데 권일과 조영주 등이 주동하여 일찍이 1945년 12월 초에 박열과 이강훈을 도쿄로 불러들여 새로운 단체의 대표자로 영입하는 작업에 들어갔다.32) 이때 박열과 이강훈은 정치범으로 오랜 투옥 생활을 한 후에 석방된 상태로 이념적으로 사회주의에 경도되어 가는 조련 조직과 거리를 두고 있었다. 때마침 이강훈은 12월부터 한 달 가량 한반도를 방문하는 동안 김구를 만나는 등 반탁운동의 열기를 몸소 체험했다.33) 새로운 단체를 조직하는 과정에서 건청 간부가 준비위원으로 참여하면서 건청 본부 사무실을 새로운 단체의 결성대회를 준비하는 상황실로 사용했다.34)

1946년 2월 8일 도쿄 나가노(中野)공회당에서 건동(신조선건설동맹)의 결성대회가 열렸다. 이 단체의 기관지 『신조선』 창간호에는 결성대회에서 채택한 선언문이 실려 있다. 선언문은 장문으로 이루어져 있는데 조련을 중심으로 하는 사회주의 성향의 조직원들이 찬탁 움직임을 보이고 있는 것에 대해서, "소아병자들이 정치적 야심에 사로잡혀 민족해방의 긴요한 각성을 망각하고 신탁통치를 지지하기에 동분서주"하고 있다고 비난했다.35) 건동 결성 후 그 조직원들은 격한 논조로 반탁 정보를 재일조선인 사회에 전파했다. 일본 점령당국의 검열을 거치지 않고 1946년 7월에 발행한 『신조선』

---

30) 『讀賣報知』, 1946.1.3.
31) 『讀賣報知』, 1946.2.16.
32) 權逸, 앞의 책, 109-110쪽.
33) 이강훈, 1946.1, 「다난한 정계」, 『청년』(조선건국촉진청년동맹문화부) 제2호, 5-6쪽.
34) 坪井豊吉, 1975, 『在日同胞の動き』, 自由生活社, 246쪽.
35) 『신조선』(신조선건설동맹), 창간호(1946.7), 4쪽.

창간호와 제2호, 그리고 검열은 거쳤으나 실제로 발행하지는 않은 제3호를 통하여 지속적으로 반탁을 주장했다. 특히 이강훈과 김정주 등이 작성한 수필은 신탁통치 방안을 "연합국에 의한 식민지 재분할의 의도"라고 하며 격렬한 어조로 비난했기 때문에 점령당국에 의해 여러 문장에서 삭제명령을 받기까지 했다.[36]

결과론적으로 보자면 반탁운동은 조련에 반대하는 세력에게 보수적 성향의 단체를 구성하는데 절호의 기회를 제공했으며 역사적으로 당위성을 결여한 조직가들에게 일부 재일조선인 대중을 끌어들이게 하는 현실적인 유인책이 되었다. 아울러 반탁운동은 재일조선인 사회 전반에 걸쳐 한반도 정치체제의 향방에 대한 관심을 불러일으킴으로써 본국지향성을 강화시키는 역할을 했다. 박열을 위원장으로 하고 이강훈과 원심창을 부위원장으로 하여 결성된 건동은 그 행동강령에서 "우리는 진정한 민주주의적 건국 의식을 함양하자" "우리는 민족의 자주성을 무시하는 신탁통치에 절대 반대한다" "우리는 조국 건설의 대강(大綱)과 구체안을 하루라도 빨리 완성하자" 등을 내세우며 본국지향성을 분명하고 강렬하게 표명했다.

건동은 소수 명망가와 조직가들이 모인 정치 클럽으로서 조직 활동의 범위가 한정되어 신문과 라디오를 통해 한일 간 친선과 한반도의 완전 독립을 표방하는 선전활동에 그쳤으며, 광범위한 사회활동을 전개하고 있던 조련에 비하면 재일조선인의 현실적 요망에 부응하는 활동은 거의 없었다. 게다가 조직이념이 파시즘을 용인할 만큼 극단적인 국가주의에 치우쳐 있었으며 음성적인 활동을 통한 대중 선동에 주력했다.[37] 이 단체가 공공연하게 조직명을 내걸고 행한 대외적 행사로는 건청과 함께 1946년 3월 1일에 거행한 독립만세 기념식, 같은 해 8월 15일에 거행한 해방기념식, 그리고 그 해 2월부터 7월에 걸친 순국열사에 대한 추도식과 봉환식을 거행한 일 정도에 지나지 않는다.

---

36) 小林知子, 1992, 「GHQによる在日朝鮮人刊行雜誌の檢閱」, 『在日朝鮮人史硏究』 22号, 87쪽.
37) 李瑜煥, 1980, 『日本の中の三十八度線: 民団・朝総連の歴史と現実』, 洋々社, 30쪽 ; 최영호, 1995, 앞의 책, 231-232쪽.

III. 민단의 결성과 초기 활동에 나타난 본국지향적 성격

1. 민단 결성대회에 나타난 본국지향적 성격

민단 결성은 건동 조직원의 주도에 의해 이루어졌다. 1946년 8월 31일에 열린 건동 제2차 전체대회에서 조선인의 생활을 보호하기 위한 목적을 내세워 거류민단을 조직하자는 안건이 가결되었다. 그해 9월 25일 건동은 32개 단체 대표가 참석한 가운데 '거류민단 결성 준비위원회'를 구성하고, 조련에서 탈퇴해 나온 고순흠을 그 위원장에 앉혔다. 같은 날 건청에서도 제3회 전체대회가 열려 민단 결성에 참여하는 문제를 논의했다. 이때 건청 중앙 조직 안에서 이에 반대하는 의견이 있었으나 다수의 의견에 따라 민단 참가를 결정했다.[38] 이윽고 10월 3일 도쿄 히비야(日比谷)공회당에서 민단 결성대회가 열렸다. 민단의 초대 단장에는 당시 건동의 위원장이던 박열이 선출되었으며, 부단장에는 건동 부위원장이던 이강훈이, 사무총장에는 역시 건동 부위원장이던 원심창이 각각 뽑혔다. 건동의 대표자들이 고스란히 민단의 대표로 자리를 옮긴 것이다.

건청의 기관지 『朝鮮新聞』은 민단 결성대회 상황을 보도하면서 대회에서 채택된 「선언서」와 「본국 및 각국대사관에 보내는 결의문」을 실었다.[39] 「선언서」의 요체라고 할 수 있는 3대 강령은 ① 재류동포의 민생안정, ② 재류동포의 교양향상, ③ 국제친선을 강조했다. 아울러 결성대회에서 채택한 「본국 및 각국대사관에 보내는 결의문」은 같은 해 8월에 일본 국회에서 조선인에 대해 강력 단속하겠다고 한 발언[40]을 제기하고, 이러한 일본인 정치가들의 편협한 태도를 고발했다. 이렇게 볼 경우 민단의 결성대회에서 대외적으로 발표한 문서에서는 앞에서 소개한 다른 단체에 비해 본국지향

---

38) 鄭哲, 1967, 앞의 책, 32-33쪽.
39) 『朝鮮新聞』, 1946.10.8.
40) 8월 17일 중의원 본회의에서 椎熊三郎 進步黨 의원이 재일한인에 대한 엄중한 단속을 요청하자 이에 대해 吉田茂 수상과 내무상, 법무상이 조선인에 대해 경찰력에 의한 철저한 단속으로 임하겠다고 답변한 바 있다.

성이 상대적으로 미약하게 나타났다고 할 수 있다.

그러나 이처럼 민단이 본국과 관련한 정치적 성격을 강하게 드러내지 않은 것은 다분히 조선인에 대한 차별이 엄존하는 일본정부나 일본사회, 나아가 좌파적 이데올로기에 경도해 가는 조련이나 재일조선인 사회에 대한 전략적인 자세였다고 할 수 있다. 재일조선인들의 본국 귀환이 거의 종결되는 시점에서 결성된 민단으로서는 당시 거류민 대부분의 현실적 요청을 해결하기 위한 방편으로 정치성을 띠지 않는 유연한 모습을 보일 필요가 있었다. 이것은 조선인들에게 있어서 무엇보다도 현실적으로 안정된 생활조건의 확보가 필요하다고 하는 시대상황적 요구가 소극적으로 반영된 것이라고 할 수 있다. 여하튼 이러한 민단의 어정쩡한 성격은 조직적 대립과 투쟁에 앞장섰던 조련은 물론 민단 내부 구성원으로부터 조차 "자주적인 문제의식의 결여와 사회정세에 추종하는 자세 가운데 주체성 확립의 의욕이 보이지 않는" 것이었다는 비판을 받았다.[41]

그렇다고 해서 민단이 일본정부나 사회에 대해 '해방민' 단체로서의 아이덴티티를 부정한 것은 아니다. 오히려 결성대회의「선언서」에서 '해방민'으로서의 자격 보장과 거주 자유의 확보를 요청했다.[42] 또한 민단은「선언서」를 통해 장래 한반도에서 수립될 독립정부의 보조기관을 지향하는 것을 내비쳤다. 아울러 민단의 소수 지도급 인사는 본국 정치지도자들과 네트워크를 유지하고 있었다. 예를 들어 위원장 박열과 부위원장 이강훈은 건동 시기부터 김구를 정점으로 하는 서울의 한독당 혹은 임시정부 세력 정치가들과 관계를 긴밀히 유지해 왔다.[43]

---

41) 李瑜煥, 1971,『在日韓國人60万: 民團・朝總聯の分裂史と動向』, 洋々社, 103쪽. 조련은 민단 결성에 대해 해방신문을 통해 "민단은 박열 일파가 민족반역자와 손잡고 만든 유령단체"라고 비난하는 논설과 함께,「재일동포는 조련 기빨 앞으로」라는 사설을 실었다.『해방신문』, 1946.10.10.

42)『朝鮮新聞』, 1946.10.8.

43) 본국 임시정부파와의 조직적 연결을 중시했던 박열은 1946년 10월 15일 도쿄 杉竝區의 사무실에「대한국민의회 주일변사공처」라는 간판을 내걸었으며, 대외적으로 처장이란 직명을 사용하기도 했다. 또한 1947년 4월에는 한반도 임시정부세력으로부터 국무위원이란 칭호를 얻었다. 그러나 점차 이승만과의 관계가 밀접해짐에 따라, 같은 해 6월 29일「대한민국임시정부 국무위원을 사임하는데 즈음하여」라

2. 외국인등록령 수용에 나타난 민단의 본국지향적 성격

일본정부와 점령당국은 조선인의 귀환이 종결되기도 전에 재일조선인에 대한 단속정책을 표면화 했다. 일찍이 민단이 결성되기 직전인 1946년 9월 20일 오사카(大阪府) 당국이 군정부 법무과의 허가를 얻어 오사카 거류 조선인들에 대해 소관 경찰서에 신청하여 거주증명서 교부를 받을 것을 공시하고 통지했다. 그리고 11월 30일에 거주증명서를 '조선인등록증'으로 바꿀 것을 조례화한 「조선인등록조례」(大阪府令 第109号)를 공포하고 그 이튿날부터 시행하도록 했다.[44]

「조선인등록조례」의 취지로는 지난 9월 5일 오사카 군정부가 지시한 「밀입국 조선인 송환에 관한 건」에 입각하여 밀입국자의 단속을 목적으로 할 것을 명시하고 있었으나, 그 조례 내용에는 오사카에 거류하는 조선인은 모두 관할 경찰서에 거주 신청할 것, 경찰서는 밀항자인지 아닌지를 판정한 후에 거주증명서를 발행할 것, 거주증명서는 항상 휴대할 것, 휴대하지 않을 때는 이유나 신분에 불문하고 일단 밀항자 수용소에 수용할 것, 등의 의무 사항이 규정되어 있었다. 이것은 일본에서 조선인이 가장 많이 거류하는 오사카 지역에서부터 조선인들을 치안대상으로 하는 한편, 재일외국인에 대한 관리체제 도입을 실험하는 작업이기도 했다.[45]

거주증명서 교부가 통지되자 우선 조련 오사카 본부는 9월 25일 제3회 정기대회에서 이에 대한 대책을 토의하고, 거주증명서를 과거 전시체제하에서 조선인을 감시하기 위해 사용되었던 협화회(協和會) 증명을 재현하는 것이라고 보고 거주증명에 대한 반대운동을 전개하기로 결의했다.[46] 그 다음날에는 보수적인 단체인 건청과 건동 오사카 본부 간부들과 함께 '조선

는 성명을 낸 후, 국무위원과 변사공처장 직명을 사용치 않게 되었다. 전준, 앞의 책, 492-493쪽.
44) 梁永厚, 1986, 「大阪府朝鮮人登錄條例制定(1946年)の顚末について」, 『在日朝鮮人史研究』 16号, 114-116쪽.
45) 위의 글, 120-122쪽.
46) 『해방신문』(關西版), 1946.10.5.

인탄압반대투쟁위원회'를 결성했으며 10월 7일과 11월 30일 두 차례에 걸쳐 대대적으로 '거주증명반대대회'를 열었다.47) 11월 30일 대회의 의장으로는 조련 오사카 본부 위원장 강철과 민단 중앙본부 부단장 이강훈이 선출되었다.48) 이른바 재일조선인 사회에 있어서 일시적 좌우합작이 이루어진 것이다.

조선인의 반대에도 불구하고 일본정부는「조선인등록조례」를 공포했으며, 이 조례로써 5개월간 오사카 거주 조선인들을 관리 통제했다. 이 조례에 의하면 등록증은 밀입국자의 조사방법 이외에는 사용치 못하고, 등록증 발행 시 등록소에 조선인 대표를 참가시키며 등록증은 오사카 관내에서만 유효하다고 규정하고 있었다. 그러나 이듬해 1월 8일 관내 경찰서장에게 비밀지령을 통해 밀입국자와 함께 등록식량 부정수급자를 일제히 검거하는데 그 근거 법령으로 쓰였다.

「조선인등록조례」의 역할은 1947년 5월 2일에 시행되는 외국인등록령의 기초를 쌓은 일이었다. 연합국 관계자를 제외한 외국인의 관리와 밀입국자 단속을 위해 국내법적 근거를 설정할 것을 그 입법 목적으로 했던 외국인등록령은 '입국 외국인에 대한 일반법'이라는 원칙론을 내세우면서도, 제11조에서 조선인과 대만인을 외국인으로 간주하여 밀입국 단속의 대상으로 할 것을 명확히 하고, 제11조와 부칙 제2항을 결합시켜 조선인과 대만인을 모두 등록의 대상으로 설정하여 부칙 제3항에 의해 조선인과 대만인 중에서 등록위반자들을 강제 퇴거할 수 있도록 했다.49) 6월 5일 내무성이 등록령 시행에 대한 협력을 의뢰해 오자, 조련 중앙본부는 수차례 일본정부와 협의에 임했다. 그 결과 외국인 등록 신청과 실시에 대해서 각 지방본부 지부 분회가 일본의 지방자치단체와 상호 협력하에 실행할 것을 결정하고, 6월 16일 "국제적 공법에 의한 무차별적이고 정당한 것이라면 거부할 이유가 없다"는 조련 단체의 공식적 입장을 정리하여 발표했다.50)

---

47) 梁永厚, 앞의 글, 117-118쪽.
48)『해방신문』, 1946.12.10.
49) 大沼保昭, 1986,『單一民族社會の神話を超えて: 在日韓国・朝鮮人と出入国管理体制』, 東信堂, 53-54쪽.

외국인등록령에 대한 민단의 견해는 6월 16일 '외국인등록문제위원회'의 이름으로 일본정부에 제출한 「외국인등록령에 관한 견해」에 잘 나타나 있다. 그 속에서 민단은 "일본정부는 조선인에 대해 외국인으로서의 모든 대우를 할 것"을 요구했다.[51] 민단과 함께 '외국인등록문제위원회'를 구성하고 있던 건청은 민단의 주장에 보조를 맞추고 있었다. 건청 기획국은 7월 11일부터 5차례에 걸쳐 「외국인등록령에 대하여」라는 일련의 경과보고를 배포하고 민단과 공동으로 등록령의 개정과 원만한 실시에 대해 점령당국에 진정서를 제출하는 한편 일본정부와도 절충을 거듭해 왔음을 조직원들에게 알렸다.[52] 민단과 건청의 공통적인 견해는 조련의 견해와 비교하면, 등록 업무를 각각 조선인 단체가 실시하고 점령당국이 마무리하도록 요구한 점과 일본국민이 조선인을 '해방민'으로 인식하도록 촉구한 점에서 약간 달랐다.

그러나 전반적으로 조련과 공통점이 많았다. 무엇보다도 재일조선인이 일본국민이 아니라는 점을 대전제로 하여 통일되지는 않았으나 공통적으로 국제적 수준의 인권을 향유하겠다는 희망을 표출했다.[53] 이러한 조선인 단체의 본국지향적 성격이 점령당국과 일본정부의 관리 단속 중심의 정책에 이용됨으로써 결과적으로 조선인 스스로를 구속하도록 '출입국관리체제' 설정을 거들어 주는 결과를 초래했다. 1947년 8월 18일 민단과 건청은 외국인등록령 실시에 협력할 것을 정식으로 표명하였으며, 20일에는 이 두 단체와 일본 내무성 조사국과의 공동성명을 통하여, "등록령은 금후 외국인으로서의 대우를 확보하고 한일 양 민족의 친선제휴를 도모하기 위해서도 그 완전 원만한 실시가 강하게 요구되고 있다"고 하는 취지의 내용을 발표하기에 이르렀다.[54] 외국인 등록은 1947년 8월부터 9월 중에 전면적으로 실시되었다. 이로써 일본정부는 이후의 재일조선인 전체에 대한 관리 단속

---

50) 『해방신문』, 1947.7.1.
51) 『民團新聞』, 1947.6.30.
52) 朝鮮建國促進青年同盟企劃局, 1947.7.11, 「外國人登錄令について」.
53) 이러한 일본의 외국인임을 당연시 여기는 재일한인 단체의 논조는 1946년과 1947년에 일본정부의 재산세법 적용에 대한 반대 운동에서도 여실히 표출되었다. 최영호, 1995, 앞의 책, 284-293쪽.
54) 朝鮮建國促進青年同盟企劃局, 1947.8.20, 「外國人登錄令について(その五)」.

장치를 확보하게 되었다.

3. 한국 정부수립에 따라 강화된 민단의 본국지향적 성격

1948년 8월 15일 한국정부가 수립되자 민단은 서울의 기념식전에 박열 단장을 비롯한 축하단을 대거 파견했다. 한국정부는 9월 3일 민단을 재외국민 단체로 인정하며 공인장(公認狀)을 전달했다. 이에 따라 민단은 10월 4일 전체대회를 열어 조직 명칭을 재일본조선거류민단에서 재일본대한민국거류민단으로 바꾸고 "우리는 대한민국 국시(國是)를 준수한다"는 강령을 채택했다.55) 때마침 10월 22일에는 이승만 대통령이 맥아더 사령관의 방한 답례로 일본을 방문하고 그 다음날 민단 지도자들이 모인 가운데서 강연회를 열었다. 비록 이 대통령이 재일한국인 단체를 경시하고 재일한국인의 생활 문제에 관심을 갖지 않아서 민단 조직원들을 실망시킨 면도 있지만,56) 당시 조련에 비해 현저하게 조직력이 떨어지는 민단에게 있어서 이렇게나마 한국정부로부터 공인을 받게 된 것은 조직을 강화시킬 수 있는 절호의 기회가 되었다.57)

민단은 한국정부의 재외국민 등록 보조 업무에도 적극 가담했다. 1949년 8월 1일 한국정부는 외무부령 제4호에 의해 주일대표부58)를 통해 재외국

---

55) 재일본대한민국민단, 1996, 『民團五十年史』, 재일본대한민국민단, 68-69・352-353쪽.
56) 이승만 대통령의 방일에 대해 민단 측은 하네다 공항에서 대대적인 환영 준비를 하고 기다렸으나 이승만 대통령은 민단 관계자와 조우하지 않고 공항을 빠져 나갔고. 이튿날 민단은 히비야 야외음악당에서 환영대회를 준비하고 기다렸지만 이 때에도 대통령은 모습을 드러내지 않았다. 강연회에서도 이 대통령은 재일한국인의 생활 문제는 전혀 언급하지 않고 일제 통치의 역사를 신랄하게 비판하고 일본과의 투쟁을 강조하는데 그쳤다. 權逸, 앞의 책, 146-147쪽. 그러나 이승만은 이듬해 2월 두 번째 일본을 방문했을 때에는 민단 주최의 환영대회에 참석하여 민족단결의 필요성을 역설했다.
57) 민단 50년사는 신생 대한민국으로부터 민단이 공인을 받게 된 것을 "암흑 가운데서 비로소 東天旭日을 보게 되었다"고 감격스럽게 표현하고 있다. 재일본대한민국민단, 앞의 책, 69쪽.
58) 한국정부는 일본 점령당국과의 합의에 의해 1949년 1월 도쿄 긴자(銀座)에 주일대표부를 설치하고 초대 대사로 정한경을 임명했다. 강노향, 1966, 『주일대표부』, 농

민 등록을 시행되기 시작했다. 정부수립 이전에는 재일조선인 모두가 외국인등록령에 의해 '조선적'을 가지고 있었는데, 수립 이후 조련계와는 차별된 '대한민국'적으로의 변경을 희망하는 소수 사람들이 있었다. 이들을 포섭하기 위해 민단 중앙본부는 일찍이 1948년 7월에 재외국민 등록을 예견하고 이에 대비하자고 하는 의견을 지방조직에게 하달한 일이 있다. 그리고 1949년 11월 민단 중앙본부에 '국민등록위원회'를 설치하고 대행 업무 태세를 갖추었다.59) 이렇게 주일대표부의 말단 영사 사무를 민단이 위탁 받아 국민등록 업무를 담당함으로써 민단 결성 때 조직 목표의 하나로 내걸었던 본국 보조기관이라는 역할을 비로소 수행하게 되었다.60)

한국전쟁 발발은 민단의 본국지향성을 더욱 강화시키는 계기가 되었다. 1950년 6월 25일 한국전쟁이 발발하자 민단은 신속하게 본국을 직접 지원하는 형태로 자원병 모집 운동을 전개했다. 자원병 모집 움직임으로 가장 민첩하게 반응한 단체는 민단본부 내부에 사무실을 두고 있던 학생 단체 한학동(재일본한국학생동맹)이었다. 일찍이 6월 27일 한학동은 긴급회의를 열고 한반도 전선에 의용군 지원병을 모집하기로 하는 안건을 논의했다. 이윽고 한학동 안에 '재일한교 학도의용군 추진위원회'를 설치했다. 이날 교토(京都)와 오사카 민단본부도 긴급 대책회의를 개최하고 의용군 모집을 결정했으며 곧 이어 민단본부 안에 의용군 접수처를 설치했다. 7월 2일 민단 중앙본부는 전국 지방본부 단장 긴급회의를 개최하고 의용군 모집을 공식화 했다.61) 이윽고 민단 중앙본부는 주일대표부와 긴밀히 연락하면서 7월 5일 간다(神田) 공립강당에서 '재일한국민족총궐기대회'를 개최하고,62) '비상

아PR연구소출판부, 13-14쪽.
59) 재일본대한민국민단, 앞의 책, 70쪽.
60) 민단 결성 때 채택한 「선언서」 중의 기본요령 가운데 4번째는 다음과 같다. "민단은 재류동포의 협동에 기초한 자치조직이며 장차 본국 및 그 외의 필요한 관계 당국이 승인하는 자치단체로 발전하거나 혹은 이러한 官設기관의 보조기관이 될 것을 목표로 한다. 위의 책, 46쪽 ; 李瑜煥, 1980, 34쪽.
61) 金賛汀, 2007, 『在日義勇軍帰還せず: 朝鮮戦争秘史』, 岩波書店, 10-11쪽. 한국전쟁 발발 한 달 만에 641명의 의용군을 모집하여 한반도 전선에 투입했다. 위의 책, 72쪽.
62) 「재일한국민족총궐기대회취지서」(1950.7.5), 朴慶植, 2000, 『在日朝鮮人關係資料集

대책위원회'를 구성하여 한국군 장병과 피난민에게 위문품을 전달하기도 했다.[63]

그러나 이처럼 민단이 본국지향적 성격을 강화시켜 간다고 해서 그것이 곧바로 조직력의 강화로 이어진 것은 아니다. 근본적인 문제는 한국정부의 예산 형편이 민단에게까지 혜택이 돌아갈 만큼 넉넉하지 않았던 것에 기인하지만, 한국정부가 민단을 신뢰하지 못하고 국민등록업무를 비롯하여 재일한국인 관련 업무를 주일대표부에 전적으로 맡겼고 민단에 소속된 지도급 인사들조차도 대부분 민단보다는 주일대표부 자문위원회에서 활동하기를 선호했기 때문이다. 여기에다가 박열을 단장으로 하는 초대 임원진 가운데 이승만정부의 지나친 반공정책을 반대하여 이강훈, 원심창 등이 퇴진하는 등 민단의 조직적 내홍이 끊이지 않았다. 나아가 박열은 이러한 조직 내 갈등을 극복하지 못하고 1949년 벽두에 단장에서 사퇴할 것을 선언하기에 이르렀다. 박열에 이어 1949년 4월 단장으로 선출된 정한경도 2개월만에 그만두고 자리를 조규훈에게 넘겨주는 등 조직내 결속력이 극도로 취약해졌다. 이와 함께 민단 지방조직은 조련 산하 지방조직과 사상과 이권을 둘러싸고 충돌하는 일이 많았다.[64]

한편 쉽사리 회복되지 않는 열악한 재정 상태는 초기 민단 지도부의 리더십을 더욱 취약하게 했다. 박열이 오사카 경제인 황성필을 부단장으로 영입하는 등 민단 재정난 타개를 위하여 경제인들을 기용하기도 했으나 그 효과를 거두지 못했다. 한국정부도 예산이 부족한 가운데 재일한국인 단체에 대한 재정 지원을 하기 보다는 도리어 주일대표부 운영 유지를 위하여 재일한국인 기업가로부터 지원을 받지 않을 수 없었다. 이러한 상황에서 한국정부는 민단의 재정적 곤란에 대해 아무런 대책을 제시하기 어려웠다. 1951년과 1952년 제1차 한일회담이 열리는 시기에는 특히 민단의 재정 상

成〈戰後編〉第3卷』, 206쪽.
63) 민단중앙총본부, 1950.7, 「비상대책위원회규약안」, 朴慶植, 2000, 『在日朝鮮人關係資料集成〈戰後編〉第3卷』, 206쪽. 민단은 1950년 10월까지 모금된 금액 932,712엔과 위문품 2,825봉지를 한국정부에 전달했다. 재일본대한민국민단, 앞의 책, 72쪽.
64) 재일본대한민국민단, 1996, 69-70쪽.

황이 극도로 악화되어 있었다. 1952년 10월 4일에 도쿄 중앙본부에서 열린 민단 제15회 전체대회 회의록을 보면, "1952년 4월 이래 수입이 극소하여 매월 20만 엔 정도의 재정으로 과거 수입의 3분의 1에 지나지 못함으로 긴급 긴요한 지출에만 충당했다"고 했다. 그리고 재일한국인들을 대상으로 기부 모금 운동을 전개했으나 일반인들의 경제난으로 모금 실적이 부진했다. 따라서 4월부터 6개월간에 걸쳐 "모든 임직원에게 무보수에 가까운 희생적 봉사로 최소한도의 재정"을 운용했다고 한다.[65]

Ⅳ. 제1차 한일회담에 나타난 민단의 본국지향적 성격

1. 재일한인 법적지위에 관한 주요 쟁점

샌프란시스코 대일 강화조약이 체결된 직후 미국의 중재로 한일회담을 위한 준비 작업으로서 1951년 10월 20일부터 28일까지 예비회담이 열렸다. 한일회담의 급선무가 재일한인의 법적 지위라고 하는 점에서 한국과 일본, 점령당국은 모두 견해를 같이 하고 있었다. 한일양국은 예비회담에서 재일한인 법적지위위원회를 구성하고 제1차 본회담이 시작되기도 전에 이 위원회는 10월 30일부터 제1차 회의를 열기 시작했으며 이듬해 4월 1일까지 총 36차에 걸친 마라톤 회의에 들어갔다. 1951년 12월 22일 제21차 회의 때 일본 측이 쟁점 사항에 관한 대폭적인 절충안을 제시하면서 의견 접근이 이루어졌으며 그 후로는 세부적인 사항에 대한 점검과 조율이 이루어졌다.

재일한인의 법적 지위는 제1차 한일회담에서 우선적으로 취급되어 다른 협정에 비해 상대적으로 한일 양국의 합의가 이른 시기에 그리고 비교적 순조롭게 이루어졌다고 할 수 있다.[66] 그것은 한국과 일본 모두가 전반적으로 회담에 소극적이었던 점에 비추어 일본정부가 점령 체제가 끝나기 전

---

65) 민단 제15회 전체대회(1953.10.4), 「집행기관보고서」중 「총무국보고서」.
66) 정인섭, 1996, 『재일교포의 법적지위』, 서울대학교출판부, 40-41쪽.

에 재일한국인의 국적이 한국에 있음을 확인하고자 한 것에 대해 한국 측이 이를 받아들였기 때문이다. 이것은 국적 문제 분과위원회 위원장 유진오가 12월 30일에 외무부에 제출한 경과보고에 잘 나타나 있다.67)

재일한인 법적지위와 관련하여 논의 대상이 된 것은 ① 국적 문제, ② 영주권 문제, ③ 처우 문제, ④ 강제퇴거 문제, ⑤ 귀국자 재산 반출 문제였다. 법적지위위원회에서 논의된 쟁점과 합의 사항을 표로 정리하면 다음과 같다.68)

양국의 주요 입장 쟁점	한국의 입장	일본의 입장	합의 사항
국적 문제	- 독립과 동시에 재일한인은 한국국적 보유	- 대일평화조약 발효와 함께 일본 국적이탈 - 국적의 기준은 호적 - 국적취득은 일본국적법에 의함	- 국적취득은 국제회의 의제가 될 수 없다는 데 합의
영주권 부여방식	- 1945년 8월 9일 이전 거주 확인 시 무조건 영주권 부여	- 출입국관리령에 의건 각자 신청. 개별 심사. 2천 엔 수수료 징수 후 허가	- 주일대표부의 등록증명서와 일본의 외국인등록부를 대조하여 1945년 8월 9일 이전 거주자로 확인되면 수수료 없이 영주권 부여
처우 문제	- 영주권자에 대한 내국민 대우 - 일반외국인에 금지된 권라도 재일한인의 경우 10-20년 특수 보호	- 내국인 대우 불가 - 통상항해조약 체결 시 최혜국민 대우	- 국제관례상 외국인에게 부여되지 않는 권리를 재일한인에게 잠정적으로 예외 적용

---

67) 「재일한인의 법적지위위원회 경과보고서, 1951」, 『제1차 한일회담(1952.2.15-4.21) 재일한인의 법적지위위원회 회의록, 제1-36차, 1951.10.30-1952.4.1』, 필름번호 C1-0001. 프레임 번호 0623(분류번호 723.1JA), 등록번호 81).
68) 박진희, 2008, 『한일회담: 제1공화국의 대일정책과 한일회담 전개과정』, 선인. 116-117쪽 참고.

강제퇴거 문제	- 극빈자 강제퇴거 불가 - 일본정부의 생활 보조 계속하도록 요구	- 생활보조 수혜자 강제퇴거 - 생활보조금 수령 포기 시 퇴거대상에서 제외	- 생활보조 금후 1년간 지속 - 차후 빈곤 문제 등으로 강제퇴거 사유발생 시 한국과 협의
귀국자재산 반출, 송금	- 제한 불가 - 금제품 운반 시 제재 가능	- 일본 수출무역관리령 적용 - 동산, 중량 4천 파운드 이내 - 현금, 10만 엔 이내	- 우체관리상 제한하는 것을 제외하고 귀환 한인의 반출 화물과 송금을 인정 - 한인 소유 토지 건물에 대해 외국인재산취득법 적용하지 않음

2. 재일한인 본국지향성에 대한 한일 양국 정부의 공통 인식

회담 가운데 국적 문제에 관하여 한일 양국 사이에 그 적용 시점에 대한 약간의 이견이 있었지만, 교섭 결과 협정문 제2조 1항에 "재일한인이 대한민국 국민임을 확인한다"고 명기하게 되었다. 영주권에 대해서는 일본 측이 애초에는 출입국관리령에 의한 영주허가 신청을 재일한인에게 요구했는데, 한국 측에서 이에 대해 반론을 제기하자 일본 측은 이를 받아들여 한국정부의 등록증명서가 있으면 영주권을 부여하는 선에서 합의에 임했다. 한일회담에서 양국 사이에 가장 의견이 대립되는 쟁점이 되었던 것은 국적 문제가 아니라 강제퇴거 문제였다. 일본 측이 출입국관리령의 규정을 들어 재일한인 가운데 빈곤자 등 지방공공단체의 부담이 되는 자에 대해 강제퇴거를 명할 수 있는 권리를 주장했으며, 이에 대해 한국 측은 빈곤자에 대해 일본정부가 생활보호를 계속할 것을 주장하고 그들의 강제퇴거에 반대하는 의견을 입장을 굽히지 않았다. 결국 일본 측이 수차례 공방 끝에 한국 측 견해를 받아들이게 되었다.[69]

그렇다고 해서 한일 양국이 재일한인의 권익을 적극 보호하는 선에서 합의한 것은 아니다. 한국 측은 역사적으로 '특수한 외국인'으로서 일반 외

---

69) 吉澤文壽, 2005, 『戰後日韓關係: 國交正常化交涉をめぐって』, クレイン, 38-39쪽.

국인과 달리 처우해야 한다고 주장했지만 그들에게 일본 국적을 포함한 국적선택권을 부여할 만큼 관대하게 접근하지 않았다. 일본 측도 한국 측의 '특수한 외국인' 주장을 일부 수용하면서도 일본 국민과 차별되는 외국인임을 주장하여 사회적 차별을 온존 내지 강화하는 입장을 견지했다. 무엇보다도 재일한인에게 국적선택권을 부여하지 않고 일방적으로 한일 양국이 국가이익에 맞추어 일률적 국적 부여에 합의하게 된 점은 한일회담의 중요한 문제점으로 지적되고 있다.[70]

국제법상 관례에 비추어 볼 때, 전쟁의 결과 영토 변경 또는 새로운 국가 성립이 있을 때 그 영토 안에 거주하는 주민의 국적은 강화조약이 발효될 때까지는 종래의 지위를 갖게 되고, 강화조약 발효 이후에는 국적 선택권을 갖는 것이 일반적이다. 주일대표부 법률 고문 자격으로서 제1차 한일회담에 대표로 출석했던 유진오도 일찍부터 이 점을 간파하고 있었다. 다만 그는 이러한 일반적인 국제법 관례를 인정할 경우, 한국 정부수립 이후 샌프란시스코 조약 발효 이전까지의 시기에는 재일한인의 법적지위가 일본 국민이었다는 것을 인정해야 하는 부조리에 빠진다고 하여 재일한인의 국적을 대한민국으로 해야 한다는 주장을 전개했다. 즉 법적으로 이미 한국이 독립했고 사실상 정부수립과 함께 재일한인에게 국적 취득 조치를 한 것으로 보고, 샌프란시스코 강화조약 이후 일본정부는 그 사실을 확인하는 데 그친다는 주장이었다. 만약 일본이 재일한인의 일본 국적을 고집한다면 그것은 일종의 이중국적 문제가 될 것이라고 주장하기도 했다.[71]

---

70) 이것은 샌프란시스코 강화조약 발효와 함께 일본 법무성 민사국장의 통달에 의해 재일한국인의 일본 국적이 '박탈' 당했다는 것과, 국적 선택의 기회를 '박탈' 당했다는 비판 지적과 일맥상통하는 것이다. 姜在彦, 1989, 『在日朝鮮·韓国人: 歴史と展望』, 労働経済社, 174-178쪽 ; 정인섭, 앞의 책, 89-102쪽.
71) 「주일대표부 유진오 법률고문의 일본 출장보고서, 1951.9.10」, 『한일회담 예비회담 (1951.10.20-12.4) 본회의 회의록, 제1-10차, 1951.10.20-12.4』, 필름번호 C1-0001. 프레임 번호 0084.

3. 제1차 한일회담에 대한 민단의 관여

민단이 제1차 한일회담에 어떻게 관여했는지, 그 실태를 파악할 수 있게 하는 일차적 자료로는 박경식 유고 자료를 편집한 자료집과 함께 재일한인 역사자료관에 소장되어 있는 민단 전체회의 회의록 원본을 들 수 있다. 그러나 이들 자료 모두 결손 부분이 많다. 또한 당시 민단의 기관지『民主新聞』를 통해서도 실태를 알 수 있을 것으로 생각되는데, 이 신문을 가장 많이 수록하고 있는 한국신문사 편집 자료집[72]에서조차 1949년 10월부터 1953년 5월까지의 신문이 누락됨에 따라, 현재 실태 파악이 어려운 상황이다. 이처럼 정보가 부족한 가운데 부분적으로 드러난 민단 관여 실태는 다음과 같다.

무엇보다 민단은 법적지위위원회 교섭에 민단 감찰위원장을 맡고 있는 전두수[73]를 옵저버로 참관시킴으로써 한일회담에 밀접하게 관여하게 되었다는 것을 지적하지 않을 수 없다. 한일회담 자료 가운데 법적지위위원회 회의록[74]에 의하면 그는 제1차(1951.10.30)에서 제5차(1951.11.9)까지 계속해서 교섭회의에 옵저버로 출석한 것이 확인되고 있다. 또한 민단은 회담 첫날 중앙본부 건물에서 '민중대회'를 열고 한국 측 회담 대표들을 초치하여 환영회를 개최했다.[75] 이밖에 1951년 11월 중에 민단 각 지방본부 단장이 "금일까지의 한미일 공동회의에 대한 중앙의 움직임과 지방 동지들에게 대한 요망서를 발표했다"고 하는 기록이 있는데,[76] 상세한 내용은 알려지고 있지 않다. 1952년 4월 24일에는 주일대표부에서 한일회담에 관한 민중대회를 하지 말도록 요청이 있어서 민단 중앙본부가 이 건을 회람시켜 민

---

72) 한국신문사, 1975,『한국신문축쇄판 1945-1963: 재일본대한민국거류민단중앙기관지』, 한국신문사.
73) 전두수(全斗銖)는 건동에서 외교부장을 역임한 바 있으며, 민단 감찰위원장과 주일대표부 자문위원회의 정치부 상임위원직을 맡고 있었다. 權逸, 앞의 책, 154-155쪽.
74)『제1차 한일회담(1952.2.15-4.21) 재일한인의 법적지위위원회 회의록, 제1-제36차, 1951.10.30-1952.4.1』, 필름번호 C1-0001, 프레임 번호 0623-1089.
75) 도쿄 중앙본부에서 열린 민단 제14회 전체대회(1952.4.3)의「집행기관보고서」에서 확인할 수 있다.
76) 민단 제14회 전체대회(1952.4.3),「집행기관보고서」.

단 내부 구성원들에게 주지시켰다는 기록이 있다.77) 또한 1952년 5월 8일에는 중앙본부가 한일회담에 관한 성명서 「한일회담의 경위와 우리의 태도」(韓居中總組發 제109호)를 국문과 일본어로 발표했다고 하는데 상세한 내용은 밝혀지지 않고 있다.78)

1952년에 들어 민단은 김재화 단장을 중심으로 하여 한국정부를 상대로 재외국민 단체임을 부각시키는 활동을 활발하게 전개했다. 4월 3일에 열린 민단 제12회 전체대회에서 한국정부에 보내는 「건의서」를 채택했다는 기록이 있다.79) 이 「건의서」 가운데는 민단이 재일한국인을 한일회담에 옵저버로서가 아니라 대표로 참가하게 해 달라는 요청이 들어있었다. 「건의서」의 내용은 ① 정부의 대일 무역의 일부는 민단을 통하여 재일한국인 공장으로부터 구입하여 줄 것, ② 재일동포의 중소기업자에게 한국은행 도쿄지점에서 융자해 줄 것, ③ 한일회담에 재일한국인 대표를 참가시켜 줄 것, ④ 한국 국회에 재일한국인 대표 6명을 '옵저버'로 참가시켜 줄 것 등을 요구한 것이다.

그 해 9월과 11월 김재화 단장 등은 한국을 방문하여 관계 기관을 찾아다니며 「건의서」 요청 사항을 재확인했다.80) 그리고 12월 10일 김재화는 민단 산하 단체장 등이 모인 가운데 본국 출장 결과에 관한 보고를 했는데, 이 가운데, ④ 재일한국인 대표 국회 파견에 관한 건은 건의대로 수락되었고,81) ② 한국은행 융자 문제는 외무부가 한국은행에게 200만 달러를 융자해 주도록 권고하기로 했다고 출장 성과를 발표했다.82) 그러나 그는 ①과 ③의 요청 사항에 대해서는 아무런 결과보고를 하지 않았다. 결과적으로

---

77) 민단 제15회 전체대회(1953.10.4), 「집행기관보고서」 중 「총무국보고서」.
78) 민단 제15회 전체대회(1953.10.4), 「집행기관보고서」 중 「총무국보고서」.
79) 재일본대한민국거류민단중앙총본부, 1952.9, 「본국정부에 요청건의서」. 朴慶植. 2000, 『在日朝鮮人關係資料集成〈戰後編〉第3卷』, 387-388쪽.
80) 이것은 오사카본부에서 열린 민단 제16회 전체대회(1953.4.12)의 「집행기관보고서」 중 「총무국보고서」에서 확인할 수 있다.
81) 盧琦霙, 앞의 글, 115-116쪽.
82) 한국정부의 승인에도 불구하고 실제로 1950년대에는 융자가 이루어지지 않았고 1961년 민주당정권에 들어서 이루어졌나. 위의 글, 116-119쪽.

한일회담에 민단 관계자를 대표로 참가시키고자 한 민단의 요구는 관철되지 않은 것이다.

V. 맺음말

이상으로 민단이 본국지향적 성향을 띠게 되는 정치적 사회적 배경으로 조선인들의 한반도 귀환 움직임과 함께 점령당국과 일본정부에 의한 조선인 배제정책이 있었음을 살펴보았다. 이에 따라 해방 직후 재일한인 단체가 기본적으로 '해방민' 단체로서 본국지향성을 띠게 되었고 일본정부의 외국인등록령이나 제1차 한일회담에 있어서도 본국국민체라고 하는데 대해 조직적인 이의제기를 하지 않았다는 점을 확인했다. 이 시기에 민단이 상상하는 정치적 중심으로서의 본국은 국민국가 이전 단계의 국가체로부터 국민국가 초기의 신생 대한민국정부였다.

한일회담 법적지위위원회의 논의 가운데 일본 측이 가장 중요시 했던 조선인들의 국적 문제에 국한시켜 보면, 결과적으로 제1차 한일회담은 재일한인과 한일 양국 정부 간 3자 간 균형 구도 위에서 진행되었다고 할 수 있다. 이러한 구도는 민단이 1952년 4월 샌프란시스코 대일강화조약 발효와 함께 재일한인이 일본에서 외국인으로 확정되었음에도 불구하고, 조약 발효로 일본이 독립된 것을 축하하는 축하문을 각국 정부 요인과 신문사에 발송하기도 한 것을 보아도 잘 알 수 있다.[83]

제1차 한일회담에 옵저버로 참석했던 전두수는 일찍이 1949년 10월에 대일 강화회의를 앞두고 민단 총본부 명의로 재일한인의 국적에 관한 논문을 출판하여 민단 조직원들에게 배포한 일이 있다.[84] 그의 견해는 한일회담 개최 이전의 재일한인 국적 문제에 대한 민단 내부의 주장에 불과한 것이기는 하지만, 그의 국적 문제 인식은 한일회담과 가장 밀접하게 관계하고 있

---

83) 민단 제15회 전체대회(1953.10.4)「집행기관보고서」중「총무국보고서」.
84) 재일본대한민국거류민단중앙총본부, 1949.10,「국적확정과 퇴거 및 재산문제」, 朴慶植, 2000,『在日朝鮮人關係資料集成〈戰後編〉第3卷』, 185-192쪽.

던 재일한인 단체의 인식을 대변하는 것이었다. 그는 한국의 독립과 함께 재일한인들이 대한민국 국적을 자동적으로 회복한 것으로 보았다. 여기에 한국정부의 재외국민 등록령에 의하여 국민등록을 시행하고 있고 재일한인 문제를 주일대표부를 통하여 해결한다는 사실이 대한민국 국적자임을 묵시적으로 승인하고 있는 것으로 보았다. 다만 이러한 묵시적 승인이 법적으로 명시될 때까지는 대외적으로 확정되었다고 말할 수는 없다고 하면서, 그는 한국의 재외국민으로서 일본에 의한 강제퇴거까지 예상하여 이에 대비해야 한다고 하며 다음과 같이 글을 맺고 있다.[85]

> 재일 60만 동포는 다 같이 우리 대한민국의 국제평화와 민주주의 발전을 위하여 노력하는 국가 목적에 합치하도록 각자 힘써야 할 것이다. 그리고 우리가 이 땅에 거주하는 까닭에 이 나라의 목적이 다시금 약소민족이라고 멸시하거나 또는 제국주의로 영토적 야망을 갖지 않는 한 이 나라의 민주화를 위하여 그리고 우리 한국인의 정당한 수익을 위하여 서로 협조하고 또 일부 파괴분자에 대하여 서로 협력해야 한다. 끝으로 최악의 경우, 재일한국인이 국적 확정이나 강화조약 체결 후에 본국으로 주소를 옮기게 된다는 것도 생각하여 그 대책도 강구해 갈 필요도 있다. 그리고 만일 우리가 일본에서 퇴거한다고 하더라도 그 기한은 적어도 1개년의 여유가 있을 것이다. 또 퇴거한다고 하더라도 우리가 이전할 수 있는 재산에 대해서는 본국 정부와 강화조약 체결에 주동적 역할을 할 국가와 일본 사이에 적당한 협약이 맺어질 것이다.

전두수의 개인적인 행적에 관하여 상세하게 알려져 있지 않다. 초기 민단에서 임원 활동을 하다가 1950년대 말 경 사망한 것으로 알려지고 있으며 그의 유골은 1976년 천안에 '망향의 동산'이 조성되면서 이곳 묘역으로 옮겨졌다.[86] 그의 견해와 행동은 대체로 해방 직후 민단 구성원 대부분의

---

85) 朴慶植, 2000, 『在日朝鮮人關係資料集成〈戰後編〉第3卷』. 191쪽.
86) 박병헌 전 민단단장의 교시에 의함. 2009년 4월 현재 망향의 동산 무궁화 묘역 가 1-3에 조성되어 있는 그의 묘비에는 세례명(요한)과 본명이 새겨 있으며 민단 감찰위원장을 역임했다고 하는 내용만 기재되어 있다.

생각을 대변한 것으로 보이며, 이와 같은 민단의 본국지향적 속성은 당시 재일한인 일반 대중의 심리를 그대로 반영한 것이기도 했다.

1980년대 민단 청년회가 해방 직후의 시기를 살았던 재일한인 1세를 대상으로 하여 조사한 설문조사 결과는 이것을 잘 말해 주고 있다. 설문 응답자 중 67.5%가 한반도로 언젠가는 귀환할 의사를 가지고 있었다고 했다. 이는 실제로 귀환했던 사람들의 귀환 의사에 합산할 경우, 해방 당시 재일한인 전체의 90% 이상이 귀환 의사를 가지고 있었다는 것을 말해준다. 또한 같은 설문조사 결과에 따르면 응답자 중 75.2%가 해방 직후 조련, 건청, 민단 등의 민족 단체에 참가한 경험이 있다고 했으며, 참가한 동기로는 '민족의 일원으로 당연했다'가 66.3%, '친구나 친척의 권유'가 10.5%, '생활을 위해서'가 6.7% 순으로 나타났다.[87]

해방 직후 재일조선인 민족단체는 한반도로 귀환하려는 사람들에게는 물론 일본에 생활기반을 두고 있는 사람들에게도 '해방민'으로서의 정치적 주체성을 인식시켜 주는 공간이 되었다. 일찍이 1946년에 들어서 귀환 움직임이 소강상태에 이르자 재일조선인 단체들이 조직적으로 조선인들을 포섭하고 정치화하는 운동을 전개하기 시작했다. 이 과정에서 많은 조선인들이 민족교육을 통해 한국말과 역사를 학습했을 뿐 아니라 자신들이 해방된 민족의 성원임을 인식하게 되었다.

그러나 재일한인들의 본국지향적 단체 운동과 본국지향적 아이덴티티 형성은 그들에 대한 일본사회의 차별과 일본정부의 단절정책에 대해 적극적인 대응이 아니라 소극적이고 회피적인 대응으로 이어질 수밖에 없는 근본적인 한계를 가지는 것이었다. 그러한 성향은 궁극적으로는 일본사회에 정착하고 있어 귀환할 수 없는 사람들에게까지도 일본사회로부터 소외시키는 역할을 했으며, 결과적으로 일본인 '단일민족신화'에 근거하여 일본정부가 이민족 단절정책을 전개하는데 대하여 이를 정당화하는 보조역을 수행하는 부작용을 낳았다고 할 수 있다.

---

[87] 在日本大韓民國靑年會, 1988, 『アボジ聞かせてあの日のことを』("我々の歷史を取り戾す'運動'報告書), 在日本大韓民國靑年會中央本部, 58-63쪽.

【참고문헌】

『신조선』(신조선건설동맹).
『제1차 한일회담(1952.2.15-4.21) 재일한인의 법적지위위원회 회의록, 제1-제36차, 1951.10.30-1952.4.1』.
「집행기관보고서」(민단 전체대회 자료).
『한일회담 예비회담(1951.10.20-12.4) 본회의 회의록, 제1-10차, 1951.10.20-12.4』.
『해방신문』.
『회보』(재일본조선인연맹 중앙준비위원회).
『民團新聞』.
『朝鮮新聞』.
『讀賣報知』.
SCAPIN(Supreme Command for Allied Powers Instruction Note).

강노향, 1966, 『주일대표부』, 동아PR연구소출판부.
강덕상, 1999, 『근현대 한일관계와 재일동포』, 서울대학교출판부.
김태기, 2000, 「한국정부와 민단의 협력과 갈등관계」, 『아시아태평양지역연구』 3권 1호(전남대학교 아시아태평양지역연구소).
박진희, 2008, 『한일회담: 제1공화국의 대일정책과 한일회담 전개과정』, 선인.
신영철, 1974, 『조총련』, 한국정경연구회.
이강훈, 1946.1, 「다난한 정계」, 『청년』 제2호(조선건국촉진청년동맹문화부).
재일본대한민국민단, 1996, 『民團五十年史』, 재일본대한민국민단.
전 준, 1972, 『조총련연구』(아세아문제연구소공산권연구총서11), 고려대학교아세아문제연구소.
정인섭, 1996, 『재일교포의 법적지위』, 서울대학교출판부.
최영호, 1995, 『재일한국인과 조국광복: 해방직후의 본국귀환과 민족단체활동』, 글모인.
＿＿＿, 2008, 『한일관계의 흐름 2006-2007』, 논형.
＿＿＿, 2008.12, 「해방직후 재일한인 민족교육의 특징과 한계: 조련의 '본국' 로컬리티 성향 교육을 중심으로」, 『한일민족문제연구』 15호.
＿＿＿, 2009.2.7, 「재외국민 선거권과 재일한국인」, 『한일시평』 186호.

한국신문사, 1975, 『한국신문축쇄판 1945-1963: 재일본대한민국거류민단중앙
　　　기관지』, 한국신문사.

姜在彦, 1989, 『在日朝鮮・韓国人: 歴史と展望』, 労働経済社.
權　逸, 1987, 『權逸回顧錄』, 育英出版社.
金慶海, 1979, 『在日朝鮮人民族教育の原點』, 田畑書店.
金仁德, 2003, 「韓国における在日朝鮮人史研究」, 『在日朝鮮人史研究』 33号.
金贊汀, 2007, 『在日義勇軍帰還せず: 朝鮮戰争秘史』, 岩波書店.
盧琦霙, 2007, 「1950年代民団の'本国志向路線'」, 『在日朝鮮人史研究』 37号.
朴慶植, 1976, 『在日朝鮮人關係資料集成第1卷』, 三一書房.
_____, 1976, 『在日朝鮮人關係資料集成第5卷』, 三一書房.
_____, 1983, 『朝鮮問題資料叢書第9卷: 解放後の在日朝鮮人運動Ⅰ』, 三一書房.
_____, 1984, 『朝鮮問題資料叢書補卷: 解放後の在日朝鮮人運動Ⅲ』, 三一書房.
_____, 1989, 『解放後在日朝鮮人運動史』, 三一書房.
_____, 2000, 『在日朝鮮人關係資料集成〈戰後編〉第3卷』, 不二出版.
_____, 2000, 『在日朝鮮人關係資料集成〈戰後編〉第4卷』, 不二出版.
梁永厚, 1986, 「大阪府朝鮮人登錄條例制定(1946年)の顚末について」, 『在日朝
　　　鮮人史研究』 16号.
李瑜煥, 1971, 『在日韓國人60万: 民團・朝總聯の分裂史と動向』, 洋々社.
_____, 1980, 『日本の中の三十八度線: 民團・朝総連の歴史と現実』, 洋々社.
在日本大韓民國靑年會, 1988, 『アボジ聞かせてあの日のことを』("我々の歴史
　　　を取り戻す運動"報告書), 在日本大韓民國靑年會中央本部.
鄭　哲, 1967, 『民團』, 洋々社.
_____, 1970, 『在日韓国人の民族運動』, 洋々社.
朝鮮建國促進靑年同盟企劃局, 1947.7.11, 「外國人登錄令について」.
_____, 1947.8.20, 「外國人登錄令について(その五)」.
大沼保昭, 1986, 『單一民族社會の神話を超えて: 在日韓国・朝鮮人と出入国
　　　管理体制』, 東信堂.
外務省政務局特別資料課, 1978, 『在日朝鮮人管理重要文書集』, 湖北社.
小林知子, 1992, 「GHQによる在日朝鮮人刊行雜誌の檢閱」, 『在日朝鮮人史研
　　　究』 22号.

篠崎平治, 1955, 『在日朝鮮人運動』, 令文社.
坪井豊吉, 1959, 『在日本朝鮮人運動の槪況』(法務硏究報告書第46集3号).
_____, 1975, 『在日同胞の動き』(坪井豊吉. 1959의 복각판), 自由生活社.
坪江汕二, 1965, 『在日本朝鮮人槪況』, 巖南堂.
松田利彦, 1995, 『戰前期の在日朝鮮人と參政權』, 明石書店.
水野直樹, 1997, 「在日朝鮮人・台湾人參政權'停止'条項の成立(続): 在日朝鮮人參政權問題の歷史的檢討(二)」, 『硏究紀要』 2号(世界人權問題硏究センター).
吉澤文壽, 2005, 『戰後日韓關係: 國交正常化交涉をめぐって』, クレイン.
歷史學硏究會, 1990, 『日本同時代史1: 敗戰と占領』. 青木書店.

Lee, Chang-Soo, 1981, "The Legal Status of Korean in Japan" in Lee, Chang-Soo & De Vos, George ed., *Koreans in Japan: Ethnic Conflict and Accommodation*, University of California Press.
Wagner, Edward W., 1951, *The Korean Minority in Japan, 1904-1950*, New York: International Secretariat, Institute of Pacific Relations.

한일법적지위협정과 재일한인 문제

한경구*

I. 머리말

이 글은 정리 작업 중인 한일회담 문서에 대한 초기 검토를 통하여 재일한인의 법적지위 및 대우에 관한 연구와 관련하여 향후 논의와 검토가 필요한 문제들을 정리하고 발견하려는 시도이다. 한일회담은 흔히 "군사독재정권이 경제개발을 위한 자금 확보를 위해 일본에게 중대한 양보를 한 것"이라고 규탄의 대상이 되어왔다. 특히 재일한인의 법적지위 및 대우와 관련해서는 재일한인들은 물론 많은 지식인과 연구자들에 의해 기민(棄民)정책이라는 표현이 사용될 만큼 격렬한 비난의 대상이 되어왔다. 일본 내에서도 "한일협정은 일본정부의 오만한 자세가 문제이기도 하였으나, 동시에 한국정부의 재일교포에 대한 배려가 조금도 없었다"는 지적도 있었다.[1]

한일회담은 1951년 10월부터 시작되었으나 1952년 평화선을 둘러싼 긴

---

* 서울대학교
1) 요시오카(吉岡增雄), 『在日朝鮮人の生活と人權』(정인섭, 1998, 『재일교포의 법적지위』, 서울대학교출판부, 319쪽에서 재인용).

장고조로 진전되지 못하다가 1953년 10월에는 식민통치를 긍정적으로 평가하는 '구보다 망언'으로 회담이 결렬되었다. 회담은 1958년에야 재개되었으며 결국 박정희정부를 대표하는 김종필과 오히라 사이에 청구권 문제가 타결을 보아 13년만인 1965년 6월에 한일 기본조약과 '일본에 거주하는 대한민국 국민의 법적 지위 및 대우에 관한 대한민국과 일본 사이의 협정'(한일법적지위협정) 등 4개의 협정이 타결되었다. 국내에서는 야당 정치인, 지식인, 학생운동 등의 거센 반발이 있었으며 조총련은 일본과 한국의 단독수교는 한반도의 분단을 고정시켜 통일을 방해하는 것이라며 맹렬히 비난하였고[2] 민단 역시 한국대표단의 저자세와 굴욕외교에 대해 분노를 표시하였다.[3]

특히 한일법적지위협정은 재일한인이 일본에 거주하게 된 역사적 배경과 이유 등에 대한 명시적 언급이 전혀 없이 다만 "일본사회와 특별한 관계"라는 표현을 사용한 함으로써 식민지 지배와 강제연행에 대한 일본정부의 도덕적·법적 책임은 물론 전후 20년간 재일한인이 일본사회에서 받은 온갖 인권 침해와 차별, 민족성 말살의 동화정책에 대해서도 침묵하였다는 비난을 받았다. 비록 한일협정에 의해 재일한인들은 '영주'를 인정받았으나 동시에 강제퇴거 사유가 4가지나 인정되었다고 볼 수도 있다. 또한 협정문

---

[2] 조총련은 한일조약의 체결에 맹렬히 반대하여 일본 각지에서 시위를 벌였으며 연인원 2백만 명이 데모에 참가하였다.
[3] 재일한인들은 이러한 법적지위협정에 대해 "한국정부의 인식이 얼마나 무지와 오류에 기초하고 있는가에 새삼스럽게 경악과 실망을 숨길 수 없다"는 반응이었다고 한다. 이문웅(1995)은 당시 한국 측 협상대표들이 외국인의 처우에 관한 국제법상의 인권보장에 관한 기준에 대해서 무지했기 때문에 이러한 결과가 되었다고 지적하고 있으나, 문서를 검토해 보면 세계 각국의 영주권 제도, 외국인에 대한 사회보장이나 교육과 관련된 입법례 등의 자료를 수집하고 검토한 노력이 발견되고 있으므로, 이러한 평가는 다소 부정확한 것이며 가혹한 것이다. 한편 설령 실무자들이 이를 인지하고 있었다고 하더라도 정치적 결정권자들이 이러한 인권보장을 협정의 최우선적 목표로 하여 진지한 노력을 기울이는 것을 원하였는가는 별개의 문제이다. 이러한 문제 많은 협정은 한일 양국의 역학관계 및 경제건설 자금을 확보하려는 박정희정부의 미묘한 양보 때문이기도 하지만, 직접적인 이해관계 당사자인 재일한인들의 권리의식 부족으로 그 목소리가 거의 반영되지 않았기 때문이라는 평가도 있다.

에는 민족교육을 보장하기 위한 아무런 적극적인 규정도 발견되지 않는다.[4] 재일한인들은 특히 법적지위협정이 일본정부에 민족교육은 "지위협정에서 약속하지 않았기 때문에 보장할 의무가 없다"는 구실을 주었다고 분개하였다. 생활보호와 관련해서도 국민건강보험을 재일한인에게 적용한 것 이외에는 국민연금, 아동수당, 공영주택입주 등 2백여 항목에 달하는 사회보장 및 사회복지의 적용에서의 차별은 그대로 방치되었다.[5]

그런데 법적지위협정에 대한 "한일양국간의 협정 부재 때문에 발생하는 자의적 차별을 일단 종료시켰으나 역사적 책임은 전혀 언급되지도 않았으며 또한 불합리한 차별도 거의 그대로 남게 되었다는 평가"(한경구, 2001)는 기본적으로 민족주의적인 시각을 기반으로 하고 있으며 특히 한일 양국 간의 관계에 주목한 것이다. 법적지위협정이 민족의 아이덴티티를 유지하는 데 필요한 민족교육의 필요성이나 발전을 위한 규정이 포함되지 않았기 때문에 민족교육이 무시되었다는 재일한인들의 평가 또한 그러하다.

한일법적지위협정이 대한민국의 재일동포정책이 기민(棄民)정책이라는 평가는 기본적으로 한국정부가 일본에 거주하는 한인을 포기해서는 안 되는데 포기했다는 것을 의미한다. 즉, "한국정부는 냉전구조에 휘말려 있는 상황에서 재외 동포를 돌볼 여유가 없었다. 특히 재일 동포에 대해서는 분단 구조를 그대로 반영한 분열정책을 폈다. ……게다가 일본과의 수교 교섭 과정에서 하나의 외교 카드로 이용하기도 했다. 한마디로 기민(棄民)정

---

4) 일본정부는 오히려 재일한인들의 교육 투쟁의 성과인 공립분교 및 민족학급의 형성에 의한 민족교육을 일소하려고 시도하였으며 또한 민족학교의 불인가를 지시하였다.
5) 형성의 과정도 전혀 다르고 국적에 대한 태도도 다르며 "항일투쟁"과 "중국혁명" 기간 중의 역할 등 전혀 다른 요소들이 관련되어 있기는 하지만 중국으로 이주한 한인들, 흔히 '조선족'이라 칭하는 재중한인들이 중국 내에서 누려온 지위와 권리는 한일회담 이후의 재일한인의 지위와 권리와는 전혀 다른 것이었다. 물론 '조선족'에 대한 차별도 있으며 또한 불신과 의혹의 대상이 되어 희생된 가슴 아픈 사례들도 있다. '조선족도 은근하지만 강력한 동화의 압력을 받고 있으며 사회경제적 기회라는 측면에서 매우 불리한 여건에 처해있기는 하다(한경구, 2002, 「연변 지역에서의 한국 위성방송 수용의 특성」, 『재외한인연구』 12(1), 재외한인학회). 그러나 법적지위와 권리는 재일한인과는 비교가 되지 않을 정도로 차이가 있다.

책이었다"⁶⁾는 평가는 과장을 섞어서 뒤집어 말하자면 한국정부가 냉전구조에 휘말려 있고 분단으로 인한 남북 대치 상황에서도 재일동포 사회를 분열시키는 결과를 가져오는 정책은 사용하지는 말았어야 하며 일본과의 수교교섭 과정에서 다른 국익을 희생시키더라도 재일한인의 권익만큼은 무슨 일이 있더라도 보호했어야 한다는 것을 전제로 하고 있다고도 할 수 있다.

한일법적지위협정에 대해 불만을 표시하거나 비판적 태도를 가진 사람들도 반드시 이러한 전제를 공유하는 것은 아닐 수도 있다. 민족을 우선시할 것인가 대한민국이라는 국가를 우선시할 것인가라는 문제로 이를 포착할 경우에는 이러한 전제를 수용할 수 있지만, 민족주의를 강조한다고 하더라도 소(小)를 위해 대(大)를 희생할 수는 없다거나, 즉 일부 해외거주자들의 권익보호를 위해 조국의 발전의 기회를 놓칠 수는 없다는 시각에서는 양자택일이 필요하다면 중대한 국익이 해외에 거주하는 일부 국민의 이익보다, 또한 민족 전체의 생존과 번영이 민족 일부의 권익보다 당연히 우선시 되게 된다.

최종적으로 타결된 한일법적지위협정을 검토해 보면 상당수 문제가 있는 내용이 발견된다. 그러나 민족주의나 국민국가를 중심으로 한일법적지위협정을 바라보게 되면 협상 테이블에서 보다 우수한 인재들이 보다 능란하게 협상에 임했을 경우 조금이라도 더 많은 양보를 일본 측으로부터 얻어낼 수 있었는데 그렇지 못했다는 기술적 비판이 가능할 뿐이다. 한일회담의 조속한 타결과 경제발전을 위한 자금의 확보 등 당시의 한국정부가 훨씬 더 중요하다고 판단하고 있던 '국익'을 위해 법적지위협정에서 더 이상의 요구를 하지 않고 최종 합의가 이루어진 것 자체에 대한 비판은 한계가 매우 뚜렷하게 된다. 재일한인은 식민지 지배에 희생되었으며 엄청난 고통을 받았지만 '재일한인의 역사적으로 특수한 지위'가 '한국 또는 한민족의 역사적으로 특수한 지위'보다 우선한다고 주장하는 사람은 심지어 재일한인 가운데에도 적을 것이기 때문이다.

---

6) 정대성, 2003, 「한국에게 재일 동포란 무엇인가」, 한일민족문제학회 엮음, 『재일조선인 그들은 누구인가』, 삼인, 52쪽.

그런데 한일법적지위협정의 교섭 과정이나 동 협정에 대한 비판은 보편적인 인권 및 다문화주의라는 측면에서 관찰할 수도 있다. 우리는 이미 다민족국가, 다문화사회로 진입했으며 단일민족국가 관념을 하루 빨리 탈피해야 한다는 주장이 공공연히 제기되고 있는 한국이나 다문화공생을 부르짖고 있는 일본사회, 그리고 한국도 아니고 북한도 아닌 자이니치로서의 삶을 강조하고 있는 재일한인사회의 현실을 염두에 두면서 한일법적지위협정의 교섭 과정을 바라보면 한일 간의 대립과 희생자로서의 재일한인이라는 종래의 구도에서 벗어나 한국과 일본이 국가, 국민, 외국인 등에 관한 기본적인 인식을 공유하고 있었으며 재일한인의 법적지위의 여러 문제점은 한일 양국이 국가이익을 우선시했던 때문이기도 하지만 당시의 정치가나 관료, 협상대표들의 인식의 한계 때문이었던 것은 아닐까 하는 의문도 제기된다.

한일법적지위협정의 내용은 무려 13년에 걸친 한일회담의 결과물이다. 회담에서는 여러 가지 논의와 제안이 있었고 온갖 협상 기술을 구사하며 집요한 주장과 설득과 버티기 등이 있었다. 결국 협정은 협상의 결과물로서 국익을 고려한 사안의 우선순위는 물론 양국의 교섭 능력의 차이, 재일한인의 상황 및 복지에 대한 배려, 양국 국력의 차이, 국익을 바라보는 시각의 차이 등 소위 협상력을 구성하는 요소들의 차이를 반영한다. 동시에 이는 국가란 무엇인가, 국민과 외국인은 권리와 의무 면에서 근본적으로 어떠한 차이를 갖는가, 타 국가에 거주하는 외국인은 기본적으로 어느 정도의 처우를 기대할 수 있는가, 하나의 국민국가 내에 이질적인 소수민족 집단의 존재는 바람직한 것인가 등 기본적인 인식의 공유 및 차이도 반영하고 있다. 즉, 협상의 결과는 양국의 국익의 타협점을 반영하고 있는 동시에 국가, 국민, 외국인, 이민 등에 대한 당대의 기본적인 인식도 반영하고 있는 것이다.

여기에서 주목을 요하는 것은 한국 측이 재일한인의 형성이 근본적으로 일본의 식민지 지배와 그 기간에 이루어진 강제연행 등에 기인한다고 보면서도 동시에 국가, 국민, 외국인, 이민 등에 대한 기본적 시각을 일본과 공유하고 있었다는 점이다. 한국이 일본에 대해 재일한인의 법적지위 및 처우와 관련하여 제기한 요구들은 역사적인 특수한 사정에 기인한 것으로서, '특수한'이라는 표현의 사용은 만일 양국 간에 그러한 특수한 사정이 없었다면 당연히 요구하지 않았을 권리라는 것을 의미하기도 한다. 한국 내에 거주하고 있는 중국인들, 즉 화교에 대한 대한민국정부의 태도와 정책을 검토해 보면[7] 한국정부가 외국인의 지위나 권리를 얼마나 제한하고 있으며 얼마나 차별적인 태도와 정책을 가지고 있었는가를 쉽게 알 수 있다. 한국은 한일회담 과정에서 한국 스스로는 결코 외국인에게 허용할 의사가 없는 지위와 권리를 '역사적 특수한 관계' 때문에 재일한인에게 허용할 것을 요구하고 있었던 것이다. 한국이나 일본이나 보편적인 인권에 대한 존중보다는 국가 주권과 국민통합을 강조하였다는 점에서 오히려 국가, 국민, 외국인, 이민 등에 대한 기본 인식은 매우 유사하였다고 할 수 있다.

일본은 자국 내에 소수민족의 형성을 극력 반대하고 외국인의 민족교육을 완강하게 거부하며 외국인의 거주나 여행에 대한 통제력을 집요하게 주장하였는데, 이는 협상에 나선 한국 측 대표들로서 극복해야할 쟁점이기는 했으나 다른 한편으로는 매우 이해하기 쉬운 태도이기도 했던 것이 아닐까? 한국 측 대표의 상당수는 일제 강점기에 법률 교육을 받았고 국가와 민족이 강조되는 시대에 청소년기를 보냈다. 충성의 대상이 일본에서 한국으로, 일본민족에서 한민족으로 바뀌었을 뿐, 국가의 주권과 민족단결은 여전히 중요하였다. 한국전쟁과 남북 분단 상황 때문에 국가의 이익과 국가의 통제권에 대한 인식은 일본에 조금도 뒤지지 않았을 것이라 추정해도 좋을 것이다.

그러므로 한일법적지위협정의 내용이 전적으로 일본에 대한 양보이며 굴욕외교의 결과라고 간주하는 것은 다소 지나친 것이 아니냐는 문제를 제기할 수 있다. 일부는 최종 타결을 위해 양보한 것도 있겠지만 상당수는 당시의 외국인 처우에 대한 일반적 원칙, 민족주의, 국민국가라는 틀, 한국전쟁, 분단과 대치 상황, 냉전 등이 복합적으로 작용하여 빚어낸 결과라고 볼 수도 있지 않을까? 또한 시간이 상당히 경과한 후에는 큰 문제가 되지

---

7) 상세한 것은 박은경, 1986, 『한국 화교의 종족성』, 한국연구원을 참조할 것.

않는 쟁점들이 회담 당시에는 상당한 중요성을 가진 현안으로 인식되었을 가능성도 있다.

  이 글은 이러한 문제의식에서 출발하여 관련 문서를 검토하는 과정에서 발견되는 여러 논의들을 정리하여 이들 중 본격적 연구가 필요한 문제나 질문으로 발전시키는 것을 목적으로 하고 있다. 회담 당시에는 명확히 예측하지 못하였으나 협정 발효 이후에 문제가 되거나 쟁점으로 부각된 내용들이 회담 진행 과정에서 어떻게 취급되었고 논의되었는지를 관련 문서를 통해 추적해 보는 것은 의미 있는 작업이 될 수 있을 것이다.

  외교 관련 문서는 기본적으로 많은 한계를 가지고 있다. 때로는 매우 중요한 내용이 문서상으로 나타나지 않는다. 그러므로 문서의 분석에서는 문서상으로 나타난 것들도 중요하지만 어떤 것들이 문서상으로 나타나지 않는가를 파악하는 것, 즉 "없는 것을 보는 것"도 중요하다. 초기부터 논의가 이루어지거나 많은 논란이 있었어야만 하는데 문서상에 그러한 것이 나타나지 않는다면, 이는 그 반대의 경우와 마찬가지로 중요한 의미를 갖는다. 즉 존재의 의미만큼 부존재도 의미를 갖는 것이라 할 수 있다.

  이 글은 문서에 대한 초기 분석인 만큼 '일본에 거주하는 대한민국 국민의 법적 지위 및 대우에 관한 대한민국과 일본 사이의 협정'과 관련된 문서들을 일별하면서 향후 본격적이며 정밀한 연구가 필요한 쟁점들을 도출하고 의문을 제기하는 것을 목적으로 하고 있다. 이를 위해 제II장에서는 주로 국적과 영주권, 외국인등록, 강제퇴거, 출입국 등과 관련된 사항, 즉 법적지위와 관련된 문제를 검토할 것이다. 특히 법적지위협정이 한일회담 전체에서 차지하고 있는 지위와 의미에 대한 검토와 문제 제기를 포함하므로 제II장의 부제에 '법적지위협정의 지위'라는 표현이 포함되었다. 제III장에서는 생활보호와 사회보험, 취업, 교육 등 주로 처우와 관련된 문제를 검토할 것이며, 제IV장에서는 이상의 논의를 정리하고 검토하여 글을 끝맺을 것이다.

II. 국적과 영주권: 법적지위협정의 지위와 재일한인에 대한 인식

1. 재일한인에 대한 인식과 관심의 부족

재일한인의 법적지위는 이론적으로는 물론 현지에 거주하는 당사자들에게는 삶의 여러 가능성과 한계에 장기적 영향을 미치는 이루 말할 수 없이 대단히 중요한 문제임에도 불구하고 청구권 문제에 비하면 한국과 일본과 미국정부, 정치가, 지식인, 학자들에 의해 상대적으로 경시되어왔다는 느낌을 준다. 이는 청구권 문제가 경제발전에 필요한 자금이라는 점에서 박정희정권의 중요한 관심사였으며 한일회담의 최종 타결 역시 청구권의 액수와 성격에 관한 협의를 중심으로 하고 있었다는 점에서 어쩌면 당연한 결과일 수도 있다.

다른 한편으로는 식민지 지배에서 벗어나 민족주의적 감정이 고양되어 있고 근대 국민국가의 건설과 국민통합에 열중하고 있는 한국에서 재일한인이라는 존재가 갖는 애매모호한 상징적 지위와 의미에 대한 인식의 부족[8] 때문일 수도 있다. 또한 한국에 거주하는 한인들이 재일한인에 대해 가지고 있던 복잡한 이미지와 감정과도 관련되어 있다. 자발적 이민이라는 관념이 뚜렷이 발달하지 않았던 해방 직후 또는 1950년대의 한국에서 재일한인은 언젠가 고향으로 돌아와야 할 존재이기도 하고 '반(半)쪽발이'이기도 했다. 강제로 끌려가기도 하고 먹고 살기 위해 가기도 했지만 머나먼 이국땅에서 차별과 핍박에 신음하는 불쌍한 존재이면서 동시에 전쟁터가

---

[8] 하나의 민족이 하나의 국가를 이루는 것을 이상으로 하는 단일민족국가들로 이루어진 국민국가 체제를 이상으로 한다고 할 때 재일한인처럼 하나의 국가 안에 존재하고 있는 대규모의 외국인 인구는 상징인류학적으로 본다면 깔끔하게 분류되는 범주에 속하지 않으므로 일종의 불결하고 위험한 존재가 된다. 국가를 중심으로 구성되어 있는 전통적인 국제법에서도 외국인의 지위와 권리는 통상이나 여행, 학업 등의 목적으로 하는 적어도 형식적·명목적으로는 일시적 체류자를 중심으로 하고 있지 동화를 거부하면서 영주를 목적으로 하고 있는 외국인은 상정하지 않고 있다. 그리하여 한일회담 당시의 재일한인의 경우는 적용할 법규도 발전하지 않았던 상황이라 할 수 있다.

된 한국과는 달리 안전한 곳에서 보다 많은 물질적 기회와 풍요를 누리고 있는 존재이기도 했다. 세계화의 진전에 따라 국가 간 노동 이동이 활성화되고 이민이 일상화되며, 다문화주의 정책이 공론화되고 있는 현재와는 전혀 다른 인식의 지평을 가지고 있었다. 재일한인이 일본에서 계속 살아나가기 위해 무엇이 필요한가에 대해 뚜렷한 인식이나 미래상이나 정책 비전을 갖기는 어려웠을 것으로 추정된다.

재일한인에 대한 확고한 정책 비전이 없다는 점에서는 해방 후에서 한일회담에 이르는 과정에서 매우 큰 역할을 할 수 있었고 또한 영향력을 가졌던 미국도 마찬가지였다. 미국은 전쟁이 종결될 당시 재일한인의 존재를 알고 있었고 이들이 일본 내에서 불리한 위치에 있다는 것도 인식하고 있었다. 그러나 전후에 이들의 법적 지위를 어떻게 처리할 것인가에 대해서는 큰 관심도 없었고 방침도 없었던 것으로 보인다. 정인섭(1996: 12)은 대일전에서 미국을 중심으로 하는 연합국 사령부가 재일한인을 점령 기간 중 어떻게 법적으로 처우할 것인가에 대하여는 "사전에 분명한 방침 설정이 없었던 듯"하다면서, 극동위원회가 1944년에 작성한 문서 "재일 비일본인 거류민에 대한 정책"은 조선인은 일본신민이지만 1923년 관동대지진 당시 대규모 폭력의 희생이 되었으며 한국의 독립이 약속되어 있으므로 일본의 항복 후에 동일한 적의에 직면할 위험이 있다고 지적하고 있다. 정인섭(1996)은 이를 "미국도 재일교포가 일본국적을 가진 비일본계인으로 특수한 역사적 배경을 지닌 집단임을 인식"하고 있었던 것으로 해석하고 있으나, 재일한인의 장래를 어떻게 할 것인가에 대한 관심이나 방침은 나타나고 있지 않다는 점을 지적하고 있다. 이러한 상대적 무관심은 재일한인을 지칭하는 용어가 경우에 따라 '해방민족' '비(非)일본인' '일본신민이었던 자' '적국인' 등(정인섭 1996: 22)으로 혼란스럽게 사용되고 있다는 사실로도 나타난다. 연합국총사령부는 점령지의 질서 확보에 1차적 관심을 가지고 있었으며 재일한인은 강제로 끌려왔다면 기본적으로 한국으로 귀환해야 하며 일본에 계속 거주할 경우에는 일본의 법질서를 존중하며 살아야 한다는 인식을 가지고 있었다. 이는 얼핏 보면 일본의 입장을 대변하는 것 같지만 다른 한편으로는 이민국가 미국의 기본적 인식을 반영하는 것이기도 하다. 거주지를 바꾸어 영주하려면 주재국의 법령을 준수하고 주재국의 시민권을 취득하는 것이 당연할 것이기 때문이다.

한편 한국이나 일본은 재일한인보다 청구권 문제에 훨씬 더 큰 관심을 가지고 있었다. 한일회담에서는 청구권 문제와 기본관계 이외에 어업, 평화선 문제, 문화재 반환 등과 더불어 재일한인의 법적 지위 문제가 주요의제로서 다루어지기는 하였다. 그러나 1951년에 시작되어 우여곡절을 거쳐 1965년에 한일기본조약이 성립하기까지의 한일회담의 경과를 살펴보면 회담 막바지에 양국 정부가 가장 관심을 가졌던 것은 청구권 문제이며, 법적 지위 문제는 "미해결"로 남겨놓았다.9) 즉, 양측의 주장이 팽팽히 맞서는 가운데 협상을 타결할 필요가 절박하게 되자, 가장 논란이 되는 청구권 문제를 해결하고 법적지위 문제는 '미해결'로 남겨둔다는 선택을 했던 것이며, 이는 법적지위 문제가 주요 의제이기는 했으나 양국정부의 일차적인 관심사는 아니었다는 것을 보여주고 있다.

2. 국가, 국민, 외국인에 대한 한일 양국의 인식의 유사성

한국의 정치가나 관료, 군인은 물론, 지식인과 학자들 또한 국민국가와 민족주의 담론의 틀 내에서 재일한인의 존재를 인식하고 이에 대한 대책을 논의하였다. 여기에는 한국이나 일본이 모두 단일민족국가를 표방하고 있었다는 역사적 사실도 매우 중요하게 작용하였다.10) 기본적으로 민족주의 담론은 하나의 민족이 하나의 국가를 이루는 것을 이상형(ideal type)으로 간주하며 "동질적인" 국민국가 내의 외국인의 집단은 비정상적이며 일시적이

---

9) "법적 지위 문제는 한일조약 이후에도 여전히 미해결의 현안으로 남아있으며 지금도 재일 한국인의 법적 지위 개선 문제는 한일간의 외교현안일 뿐 아니라 일본사회의 외국인 차별과 관련한 국내문제로서 중요한 위치를 차지하고 있다." 이원덕, 1996, 『한일 과거사 처리의 원점: 일본의 전후처리 외교와 한일회담』, 서울대학교 출판부, 4쪽.
10) 오구마의 『단일민족신화의 기원』에 의하면 일본은 경우에 따라 단일민족국가를 표방하기도 하고 제국으로서 다민족국가임을 표방하기도 하였다. 전후에는 소위 "단일민족국가의 신화"가 확산되었으며 일본 국민의 동질성이 강조되었다.

며 예외적인 것으로 취급하는 경향이 있다. 이들 이질적 집단은 거주국 국민에 동화되거나 궁극적으로는 본국으로 귀환하여야 할 일시적 존재이며 특히 단일민족국가에게는 성가시거나 위협적인 존재가 되기도 한다.

한국은 일본에 대해 재일한인의 특수한 지위를 인정할 것을 거듭 촉구했으며 일본은 이를 거부했는데, 이러한 한일 양국 간 커다란 입장의 차이에도 불구하고 기본적으로 국내 거주 외국인의 존재에 대한 양국 간의 입장 차이는 그리 다르지 않은 것처럼 보인다. 일본은 재일한인을 다른 외국인과 마찬가지로 취급할 것을 주장한 것이고 한국은 적어도 1945년 8월 이전에 일본에 도착한 한국인은 "특수한" 사정 때문에 다른 외국인과 동일하게 취급할 수 없다는 것을 강조한 것이지, 외국인에 대한 차별적 대우 자체를 부인한 것은 아니었다. 한국정부는 재한 중국인, 즉 화교에 대해서는 상당히 권리를 제한하고 있었는데, 이는 민족주의나 국민국가에 대한 당시의 기본적인 사고의 틀 내에서는 전혀 모순이 없는 것이었다. 화교는 한국에 의해 강제연행된 것이 아니었고 기본적으로 자발적으로 이동했기 때문이었다.

세계화의 진전에 따라 디아스포라가 일상적인 현상으로 인식되고 있고, 폭발적으로 증대하고 있는 한국정부의 다문화정책에 대해 "국가 주도 다문화주의"인가 "관 주도 다문화주의"인가가 논란이 되고 있으며, 일본에서도 다문화공생이 중요한 의제로 인식되고 있는 오늘날의 시각에서 재일한인에 대한 한미일 정부의 태도나 처리 방침을 살펴보면 일종의 격세지감을 느낄 수 있을 정도이다. 한국은 단일민족국가 관념이 매우 강하였으며 외국인에 대한 차별이 매우 심하였으나 2006년 이후에는 분위기가 일신하여 각종 다문화주의 정책과 담론이 풍성하게 등장하고 있으며 다문화국가 또는 다민족구가로의 이행을 공공연히 이야기하고 있는 상황이다. 한편 재일한인을 재외공민으로 규정하였던 북한은 여전히 강력한 민족주의를 고수하고 있으면서 한국의 다문화주의 정책을 맹렬히 비난하고 있다.

일본의 경우는 1979년 8월의 국제인권조약의 성립과 비준[11] 및 1982년 1월

---

11) 국제인권조약은 3부분으로 구성되는데 일본은 이 중에서 경제적 사회적 및 문화적 권리에 관한 국제규약(사회권 규약)과 시민적 정치직 권리에 관한 국제규약(자

의 난민의 지위에 관한 조약과 의정서의 효력 발생, 나아가 1985년 7월의 여성차별철폐조약의 효력 발생 등에 의해 과거의 국가 중심적 인권 관념을 극복하고 어느 정도 보편적 인권 관념을 도입하였다고 불 수 있다. 난민조약은 정치적 박해나 전란 등을 피해 자국을 떠난 사람들에게 입국과 거주를 승인하고 입법·행정 및 사회적 보호를 부여하려는 것으로서 합법적으로 입국하여 정주하고 있는 외국인에게는 직접적 관계가 없지만 난민으로 인정된 사람들의 권리, 특히 직업 및 사회보장에 대한 권리에 대해 내국민 대우 또는 최혜국민 대우를 할 것을 규정하고 있기 때문에 결과적으로 정주 외국인인 재일한인에게도 영향을 미치게 되었다.12) 특히 일본은 국제화의 진전과 더불어 다문화 공생이 정부와 지자체에서 핵심 구호로 등장하고 있으며 '이민국가 일본'이 논의되고 있다.13)

한편 생활인으로서의 재일한인에 대한 고려가 얼마나 부족했는가를 단편적으로 보여주는 것은 1956년 12월 20일에 작성된 「*대통령이 김용식 공사에게 보내는 서한」이다.14) 이 문서에서 이승만 대통령은 종전 전에 입국한 한국인들에게 500불씩 배상금을 지불하면 우리는 그들을 모두 수용할 수 있다는 점을 강조하고 있다. 물론 이러한 제안은 재일한인의 북한으로의 송환 문제가 대두된 시점에서 이루어진 것이며 또한 일본이 1인당 500불씩을 당장 지불할 가능성이 없다는 것을 전제로 하고 있는 실현 가능성 없는 제안이기는 하지만, 이러한 이승만 대통령의 제안에 생활인으로서의 재일한인의 선택이나 희망, 기회나 꿈같은 것에 대한 배려가 없다는 점은 명백하게 드러난다.

유권 규약) 등 2개만 비준하였으며 권리의 침해가 국내적 조치로 구제 받지 못할 경우 국제인권규약위원회에 직접 고충을 제기할 권리를 인정하는 선택의정서는 비준하지 않았다.
12) 인종철폐조약은 1965년 12월에 UN 총회에서 채택되어 1969년 효력이 발생하였는데 일본은 이에 가입할 경우 재일한인에 대한 차별을 유지할 수 없게 될 것이므로 가입을 최대한 미루었다는 있었다. 일본은 1995년에 가입하였다.
13) 川村千鶴子 編著, 2008, 『「移民國家日本」と多文化共生論』, 東京: 明石書店.
14) 「*대통령이 김용식 공사에게 보내는 서한」, 김영미·김영수·안소영·이이범·이현진, 2008, 『한일회담 외교문서 해제집 I: 예비회담-5차회담』, 동북아역사재단, 311쪽.

재일한인 전원의 고국 귀환이라는 발상은 고립된 것이 아니었다. 1958년 6월 11일에 작성된 "대통령 각하의 유시"라는 문서에도 한인 전부의 본국 귀환 문제가 등장한다.15) 한일회담에 대하여 이승만 대통령은 "재일한인의 추방문제에 관하여 만일 일본정부가 정당한 범위 내에서 그들에게 보상을 지불할 용의만 있다면 한인 전부를 고국으로 돌려보낼 수 있을 것"이라고 유시하고 있다. 아무리 실현 가능성이 낮다고는 하지만 이러한 발상은 기본적으로 한국인은 한국에서 거주하는 것이 적절하다는 기본적 인식을 바탕으로 하고 있으며 자신의 선택에 의해 자발적으로 외국에 영구적으로 거주한다는 삶의 대안은 고려하고 있지 않은 것이다.

3. 국익인가 재일한인의 권익인가

한일회담에서 재일교포 문제는 하나의 외교 카드에 불과했으며 한국정부는 재일한인의 권익에 관심이 적었다는 주장은 일견 타당해 보인다. 가장 주목할 만한 것은 1951년 9월 26일에 외무부 장관이 주일대사에게 보낸 공한 「재일교포의 국적 및 거주권 문제에 관한 건」16)의 기안문에 나타난 내용으로서 동 문서는 "재일교포의 국적 및 거주문제에 관하여는 장래 일본정부에 대해서 기본적인 제 문제를 논의할 때 동시에 해결할 계획이며 긴급한 문제가 아니라고 생각되니 일본정부와의 교섭을 본부의 별도 지시가 있을 때까지 중지하기 바란다"고 하고 있다. 이는 재일한인의 법적 지위에 관한 문제 해결의 시급성과 중대성에 대한 한국정부의 인식을 시사하는 것이다. 즉, 이는 긴급한 문제가 아니며 다른 기본적인 문제를 논의할 때 동시에 해결한다는 것은 협상 카드로서 사용될 수도 있다는 것으로 해석이 가능한 표현이다.

또한 1951년 10월 8일에 법무부 장관이 국무회의 의장에게 보낸 「재일한

---

15) 「대통령 각하의 유시」, 『한일회담 외교문서 해제집 II: 평화선·북송·6차회담 [예비교섭·청구권]』, 69쪽.
16) 「재일교포의 국적 및 거주권 문제에 관한 건」, 『한일회담 외교문서 해제집 I: 예비회담-5차회담』, 54쪽.

교의 국적에 관한 협정의 요강 심의의 건」이라는 문서17)는 일본에 거주하고 있는 한국인의 국적귀속에 관하여 두 가지 방안을 제출하면서 심의를 요청하고 있는데 이 문서는 재일한인의 권익과 국적 문제, 대한민국의 국익 사이의 긴장관계를 잘 보여주고 있다. 동 문서는 첫째, 재일한인 전부에게 한국국적을 취득시킴과 동시에 일본 영주권, 퇴거권, 기타 제반 권리를 부여하는 방안과 둘째, 1945년 8월 9일 이전부터 일본에 거주하고 있는 자들에게 모두 일본 국적을 부여하며 일정 기간 내에 국적선택권을 주되 한국국적 선택자에게 영주권, 퇴거권, 기타 제반 권리를 부여하는 방안 등 두 가지 방안을 비교하고 있다. 동 문서는 첫째 방안은 재일한인 전부가 한국국민이 된다는 이점이 있지만 경제적 무능자와 사상불온자들이 일본정부에 의해 추방되기 용이하다는 문제점이 있으므로 이 방안을 채택할 경우에는 대한민국의 동의 없이는 '출입국관리령'의 일방적 적용이 불가하도록 해야 한다고 하고 있다. 한편 두 번째 방안은 국적선택권을 부여하는 것으로서 외국의 선례들이 있는데, 이는 재일한인들이 경제적 처리와 무관하게 모두 일본 국적을 부여받을 수 있는 장점이 있지만 일부 애국자들을 제외하고 대한민국 국적을 선택하지 않을 가능성이 있다는 점을 우려하고 있다.

이러한 장단점의 비교와 우려는 정부가 작성한 문서인 관계로 재일한인의 입장에서 그 권익을 우선시한 것이 아니라 한국의 국가이익을 고려한 것이라는 점은 당연한 것이지만, 정부가 재일한인이 대한민국 국적을 갖는 것을 한국의 국가이익으로 간주하고 있으며 "일부 애국자를 제외하고는" 재일한인들이 대한민국 국적을 선택하지 않을 가능성이 있다는 것을 우려하고 있다는 사실을 드러내고 있다. 한편 재일한인 전원에게 대한민국 국적을 부여할 경우 재일한인들이 겪게 될 문제점 중 정부가 어떠한 것들을 주로 우려하고 있었는지도 보여주고 있다.

이와 관련하여 만일 당시 한국정부가 재일한인들에게 국적 선택권을 부여하였더라면 상당수 재일한인들은 징용이나 징집과 관련된 각종 보상, 원폭희생자에 대한 보상, 각종 사회 보장의 혜택을 누리고 차별도 적게 받았

---

17) 「재일한교의 국적에 관한 협정의 요강 심의의 건」, 『한일회담 외교문서 해제집 I: 예비회담-5차회담』, 54쪽.

을 것이라는 지적도 성립할 수 있다. 그러나 이러한 지적에는 일본정부가 일본인에게만 그러한 보상을 지급한 것 자체가 잘못이라는 점은 간과하고 있다는 문제점이 있다.

한편 많은 재일한인들의 경우 일본 국적을 취득하는 것을 민족성의 상실처럼 받아들이는 분위기였다는 점도 주목해야 한다. 실제로 '귀화 문제'는 재일한인 사회에서 일종의 터부로 되어 있었던 것이 사실이며 '민족차별과 싸우는 연락협의회'(민투련)에서 1979년경 일본국적에 대해 자유롭게 논의를 하자는 심포지엄을 개최했다가 '네오동화주의'라는 혹독한 비판을 받은 일도 있다고 한다.[18]

4. 외국인 등록제도와 출입국 관리

지문 날인이나 외국인 등록증 휴대 의무는 재일한인의 운동에서 매우 큰 쟁점이 되었던 것이지만 한일법적지위 협정에는 이와 관련된 규정이 포함되어 있지 않다.

오히려 협정 5조는 "제1조의 규정에 의거하여 일본국에서의 영주가 허가되어 있는 대한민국 국민은 출입국 및 거주를 포함하는 모든 사항에 관하여 본 협정에서 특히 정하는 경우를 제외하고는 모든 외국인에게 동등히 적용되는 일본국의 법령의 적용을 받는 것이 확인된다"고 규정하고 있는데, 이러한 규정은 재일한인의 특수한 지위를 포괄적으로 부인한 것이라는 비난을 받게 되었다. 이후 출입국관리와 관련된 재입국허가 문제, 외국인 등록증 휴대 문제, 지문날인 문제 등과 관련되어 발생한 문제들은 이 규정에서 미연에 방지할 수 있지 않았을까 하는 아쉬움을 남긴다.

재일한인에 대한 일본 출입국관리법상의 재입국허가제도의 내용도 오랫동안 논란의 대상이 되어왔다(정인섭, 1996: 183). 한일법적지위협정은 출입국과 관련하여 특별한 규정을 두지 않았으므로 협정 제5조에 의해 재일

---

18) 在日コリアンの日本國籍取得權確立協議會 編, 2006, 『在日コリアンに權利として の日本國籍を』, 東京: 明石書店, 56쪽.

한인의 일본 출입국은 다른 외국인과 동일하게 취급하는 법적 근거가 마련되었다고 할 수 있다.

이 때문에 한일법적지위협정은 재일한인들의 생활에 상당한 불편을 초래하는 결과를 낳게 되었다. 국제교류가 늘어나면서 재일교포도 해외여행을 할 필요가 늘어났는데 구 출입국 관리령은 재입국 허가기간을 1년으로 제한하고 있어 생활상 상당한 불편을 초래하였으며 재일한인은 매우 불안한 상태에 놓이게 되었다. 이러한 불편이 초래된 것을 단순한 무지나 무경험이나 적절한 관심의 결여라 비판할 수도 있으나 아마도 법적지위협정 협상 당시로서 재일한인의 장기적 해외여행은 한국정부가 예견하지 못하거나 심각하게 생각하지 못했던 것으로 추정할 수도 있다.

여기에는 또한 북한과의 대치상황이라는 요인도 작용하였다고 볼 수 있을 것 같다. 일본은 북한에 대한 재입국허가를 계속 거절하고 있었으며 한일법적지위협정 이후에도 매우 제한적으로 북한 방문자에 대한 재입국허가를 부여하였는데, 이는 한국정부로서는 오히려 환영할 일이었다.

재입국허가와 관련하여 불만이 증가하였으며 비극적인 사건도 발생하였으나 일본정부는 재입국허가를 행정처분으로 간주하면서 정부의 재량에 속하는 문제라는 입장을 견지하였다. 최고재판소도 이러한 견해를 지지하였으나, 동경고등재판소는 재입국허가는 기본적으로 해외여행의 자유와 관련된 문제로서 재입국을 다른 입국과 동일하게 자유재량에 속한다고 보는 것은 근본적으로 오류이며 외국인의 재입국을 인정할 것인가에 관해서도 재량의 여지가 있으나 이는 헌법상 상당히 엄격한 제한을 받는다고 판시한 바 있다.

특히 재입국허가 문제는 재일한인들의 지문 날인 거부와 관련되어 심각한 문제로 발전하기도 하였다. 지문날인을 거부할 경우 일본으로의 재입국을 허가하지 않는다면 이는 실질적으로 해외여행이 불가능해진다는 것을 의미하기 때문이다.

물론 외국인등록증의 휴대 의무 위반을 처벌하는 상황이나 재입국허가 문제가 지문날인 거부 운동과 관련되는 상황이 발생한다는 것은 한일법적지위협정의 교섭 당시에는 예상하지 못했던 것으로 보이며 또한 심각한 것으로 간주되지도 않았던 것 같기는 하다. 보편적 인권 개념보다는 국가의 권리가 보다 강조되었던 것은 일본만이 아니라 한국도 마찬가지였기 때문이 아닐까 하는 추정도 가능하다. 하지만 법적지위협정에서 예견되지 못한 상황에 대한 협상의 여지를 남겨놓지 않고 일본의 요청에 따라 제5조를 삽입한 것은 다소 성급한 것이 아닌가 하는 문제 제기가 가능한 것처럼 보인다.

제5조의 도입은 일본 측이 1965년 5월 4일에 제시한 협정 안에 따른 것이며 일본은 이를 포함시키기 위해 1965년 6월에는 협정영주권자의 직계 비속에 대한 영주권 문제에 대하여 협정의 효력 발생일로부터 25년 경과할 때까지는 "협의를 행할 용의가 있다"를 "협의를 행함에 동의한다"로 수정하겠다는 제안을 하였으며19) 결국 이를 관철시켰다. 이러한 과정은 면밀히 검토할 필요가 있다.

5. 강제퇴거

강제퇴거 문제는 재일한인협정에서 심각한 잘못이라 지적되고 있는 항목 중의 하나이다. 관련 문서를 검토하면 한국정부는 강제퇴거 사유를 축소시키는데 많은 노력을 기울였다는 것을 알 수 있다. 한국 외무부는 추방에 관해서도 미국, 브라질, 페루, 일본 등 각국의 사례들을 수집하여 비교하는 등 상당한 연구와 준비를 하였다.20) 또한 한국 측은 강제퇴거 사유와 관련하여 일본 측에 대해 매우 끈질기게 퇴거 사유의 축소 및 수정을 요구하였다.21) 퇴거강제 문제와 관련하여 전문가 회의가 최소한 12회에 걸쳐 개최되었음을 알 수 있다.22)

그러나 한일법적지위협정이 대한민국 국적을 가진 자를 대상으로 함에 따라 대한민국 국적을 갖지 않은 재일한인들은 강제퇴거가 여전히 불가능

---

19) 「법적지위문제에 관한 청훈」, 『한일회담 외교문서 해제집 IV: 고위 정치회담 및 7차회담 [법적지위·어업관계·문화재]』, 384쪽.
20) 『한일회담 외교문서 해제집 III: 6차회담』, 66쪽.
21) 위의 책, 60쪽.
22) 위의 책, 66쪽.

한 상황이 계속되었기 때문에 아무리 강제퇴거 사유를 엄격히 제한한다고 하더라도 한일법적지위협정은 강제퇴거를 새로이 가능하게 만들어준 기형적인 결과가 되어버린 것 또한 사실이다. 물론 강제퇴거의 사례가 많은 것은 아니지만 이는 일종의 이중 처벌의 효과를 가지며 재일한인에게 엄청난 불안감을 조성했던 것 또한 사실이다.

정인섭(1996)은 강제퇴거 대상자에 대하여 광복 이후에 일본으로 밀입국한 자에 대하여는 강제퇴거의 대상에서 제외하는 것에 동의하였다는 것을 문제시하고 있다. 왜냐하면 이러한 조치는 광복 이후의 밀입국자 중 일부가 "근본적으로는 광복 이전부터의 재일교포의 존재발생과 동일한 원인에서 비롯"되고 있다는 사실을 간과한 결과이기 때문이다.

그런데 문서를 검토하면 한국 측이 강제퇴거에 관하여 매우 신중하게 접근했으며 또한 강제퇴거의 사유를 축소하기 위해 집요한 노력을 했다는 것이 드러난다. 일본은 결국 강제퇴거 문제에 대해 한국 측이 일정한 양보를 한다면 일본 측도 영주권의 범위와 관련하여 일정한 양보를 할 의사가 있다는 점을 통보하기에 이르렀다. 즉 1962년 12월 15일에 주일 대사는 "……일본 측이 지난 번 회의에 이어 퇴거강제에 대해 다시 설명하였으며 한국이 일본 측 견해에 합의하면 영주권의 범위를 협정발효 시까지로 확대할 수 있다고 시사 함"이라고 보고하고 있다.[23] 이에 대해 외무부 본부도 1963년 3월 19일에는 퇴거강제 사유와 영주권 문제를 동시에 취급하라는 장관의 훈령을 내리고 있다.[24]

III. 대우 문제

한일법적지위협정의 지위는 우선순위라는 면에서 볼 때 청구권 문제에 비해 부차적인 것이었음은 명확하다. 더구나 법적지위협정은 일본 측이 동

---

[23] 「"법적지위관계 제12차 회의보고」, 『한일회담 외교문서 해제집 III: 6차회담』, 31쪽.
[24] 「"법적지위관계회의 진행방법의 건」, 『한일회담 외교문서 해제집 III: 6차회담』, 37쪽.

협정의 명칭 문제와 관련하여 강조하고 있듯이 재일한인의 국적 문제를 중심적으로 다루기 위한 것으로서 처우 문제나 먼 장래의 권익 등은 회담의 초기 단계에서는 주된 관심의 대상이 아니었다. 처우 문제에 대한 관심과 논의는 6차 회담이 열리고 있던 1963년에 가서야 본격적으로 등장하기 시작한다. 이 때문에 법적지위협정은 한국정부에 의해 소홀하게 취급되었다거나 중요 쟁점들에 관한 협상에서 간단히 양보가 이루어졌다는 비난을 받기도 했다. 문서를 통하여 한일회담 당시에는 물론 협정 발효 이후에도 문제시되었던 항목들을 각각 살펴보면서 향후 정밀 검토에 필요한 작업을 진행하기로 한다.

1. '법적 지위와 대우에 관한 협정'에서 '대우 문제'에 대한 대우

한국정부는 1963년 3월 19일에 가서야 "……지금까지 취급하지 못한 교육 문제, 생활보호 문제, 재산권과 직업 문제, 극빈귀국자의 보조금 문제, 국적확인 문제 등에 대한 일본 측의 구체적인 생각을 확인하는 방향으로 토의를 진행"하라는 훈령을 내리고 있으며 또한 재일교포들의 희망을 파악하여 참작할 것도 지시하고 있다.[25] 이러한 훈령 내용은 6차 회담 이전까지는 한국정부의 관심사가 재일한인의 생활 문제나 처우 문제와는 상당한 거리가 있었다는 사실을 드러내고 있다고 볼 수도 있다.

그런데 이러한 관심은 한국정부가 1961년부터 본격적으로 각국의 영주권 제도나 외국인의 거주 및 여행에 관한 규정 등에 관한 자료를 수집하고 연구하기 시작한 것과 관련을 가지고 있는 것으로 볼 수도 있다.[26] 또한

---

25) 「*법적지위관계회의 진행방법의 건」, 『한일회담 외교문서 해제집 III: 6차회담』, 37쪽.
26) 「ML-0215에 관하여 그간 영국정부에 조사 문의한 결과」, 「외국인에 대한 영주권 부여 관계 법령 및 관례 조사 보고의 건」(홍콩), 「당지 주재 외국인에 대한 영주권 부여 관계 법령 등 송부의 건」(제네바), 「영주권을 가진 외국인 자녀에 대한 영주권에 관한 건」(뉴욕), 「외국인에 대한 영주권 부여 관계 법령 및 관례 조사의 건」(터키), 「외국인에 대한 영주권 부여 관계 법령 조사 의뢰의 건」(이태리), 「이민과 영주에 관한 법률 및 규칙」(멕시코, 아이티, 에콰도르, 칠레, 브라질, 미국, 오스트리아), 「추방에 관한 사례 및 규정」(미국, 브라질, 페루, 일본), ……『한일

민족교육 문제와 관련해서도 각국의 제도와 법규에 대한 자료를 수집하여 연구하였다는 것을 알 수 있다.27) 미국, 영국, 프랑스, 중국(대만), 독일 등 서방구의 주요 국가는 물론 벨기에, 네덜란드, 룩셈부르크, 스위스, 오스트리아 등 작은 국가와 브라질, 페루 등에 이르기까지 상당히 광범위하게 자료를 수집했는데, 이러한 자료에 대한 분석은 영주권 제도나 외국인 교육과 관련된 기본적 이해에는 도움이 되었으나 정작 재일한인의 지위나 처우와 관련된 우리의 요구를 뒷받침할 수 있는 논리나 자료의 발견에 직접 기여한 것 같지는 않다.

아무튼 재일한인의 대우에 관한 문제는 국적 문제나 강제퇴거 문제에 비해 제6차 회담 기간 중에도 상대적으로 중요성이 부각되지 못하다가 제7차 한일회담 제1차 법적지위위원회가 개최된 1964년 12월 7일에 가서야 영주권이나 퇴거강제사유 이외에 "지금까지 다루지 못한(재일한인의) '처우 문제'에 관해 논의"할 것을 한국 측이 일본 측에 요청한다.28) 1951년에 시작된 한일회담에서 처우 문제가 1964년 12월에 가서야 본격적으로 다루어지지 시작했다는 것은 다소 놀라운 일이며 대우 문제에 대한 처우가 어떠한 것이었는가를 보여준다.

한국 측은 그 다음날인 12월 8일에 열린 법적지위위원회 제2차 회의에서도 대립점이 명확한 '영주권', '퇴거강제' 문제 외에 '처우 문제'도 동시에 토의하자고 제안하였다. 이러한 표현은 처우 문제는 비교적 대립이 적은 것으로 한국정부가 판단하고 있었다는 것을 시사한다. 이에 대해 일본 측은 영주권의 범위가 먼저 정해지지 않고서는 처우 문제도 논의할 수 없는 것이라 대응하고 영주권과 강제퇴거 문제를 계속 논의하였다.29) 일본 측은

회담 외교문서 해제집 III: 6차회담』, 67-73쪽.
27) 「*프랑스의 외국인 학교 설립의 건」, 「*네덜란드의 영주권 부여 및 외국인 교육시설의 규정」, 「영주권에 대한 조사」(독일의 영주권 및 외국인 교육), 「영주권 문제에 관한 응신」(대만의 영주권 및 외국인 교육), 「영주권에 대한 조사 의뢰」(벨기에의 외국인 교육), …… 「미국 내 외국인 학교의 법적 지위」, 『한일회담 외교문서 해제집 III: 6차회담』, 74-81쪽.
28) 「제7차 전면회담 법적지위위원회 제1차 회의 회의록」, 『한일회담 외교문서 해제집 IV: 고위 정치회담 및 7차회담 [법적지위 · 어업관계 · 문화재]』, 328쪽.

처우 문제를 다른 쟁점과 관련시켜 협상의 대상으로 하려는 의도를 드러내고 있다. 결국 회의는 일본 측의 영주권 범위 문제 선결과 한국 측의 처우 문제 논의 개시 입장을 확인하고 산회되었다.

한국 측은 12월 10일의 제3차 법적지위위원회에서 재일한인의 법적지위 문제의 해결은 일본의 식민지 통치 책임이라는 관점에 입각해야 한다는 점을 전제로 교육 및 사회보장 문제에 있어 영주권을 획득한 한인교포에게 일본인과 동등한 처우를 할 것을 강조하고 영주권자가 일본 내에 설치한 학교에 대한 일본정부의 인정 문제를 중점적으로 질의하였다. 그러나 일본 측은 학교 문제는 수용에 난색을 표명하였다. 한편 사회보장에 있어서는 한국 측이 재일한인의 국민건강보험 가입을 협정문에 규정할 것을 요구하였으나 일본 측은 건강보험 문제는 지방자치단체의 소관사항이라는 이유로 협정에 포함시키기 어렵다고 답변하였다. 일본 측은 처우 문제에 대해서는 양측의 토의로 합의된 지난 3월 9일의 일본 측 안 정도에서 토의를 종결하고 영주권 및 퇴거강제사유에 관한 토의를 계속하자고 강조하였다.[30]

한국 측은 12월 15일에 개최된 제4차 회의에서 재일한인의 교육 문제와 사회보장 문제를 계속 거론하였다. 사회보장 문제에 있어 한국 측은 경제 및 사회적 활동에 있어서 일본국민과 차별대우를 받지 않도록 처우에 관한 관계조항을 부속문서에 규정해 줄 것을 요구하였다. 처우에 관한 조항을 먼저 협정에 명시하면 이에 따라 국내법을 제정하게 될 것이며 이 점에서 협정에 규정하는 의의가 있다는 것이 한국 측의 주장이었다.

이에 대해 일본 측은 일본의 국내사정을 이유로 난색을 표명하면서 현재 국민건강보험은 지방자치단체에 따라 적용에 차이가 있으며 재일한인의 상당부분이 일본의 생활보호법에 의한 빈민 보호비를 지원받고 있는 만큼 일선 지방자치단체의 불평이 크다는 실정을 호소하였다. 또한 재일한인

---

29) 「제7차 전면회담 법적지위위원회 제2차 회의 회의록」, 『한일회담 외교문서 해제집 IV: 고위 정치회담 및 7차회담 [법적지위·어업관계·문화재]』, 329쪽.
30) 「제7차 전면회담 법적지위위원회 제3차 회의 회의록」, 『한일회담 외교문서 해제집 IV: 고위 정치회담 및 7차회담 [법적지위·어업관계·문화재]』, 330-331쪽.

이 설립한 학교의 졸업생의 진학자격을 인정하는 문제에 대해 일본 측은 부정적 입장을 재확인 하였다.[31]

그런데 한국 측은 대우 문제에 관한 협상을 개시한지 불과 두 달도 되지 않아 법적지위 문제에 관한 교섭에서 양보를 결정한다. 즉, 1965년 1월 21일에 속개될 법적지위 문제에 관한 회의에서 미성년자의 강제퇴거에 관한 제안 등 교섭지침을 청훈하는 전문에 대한 답신에서 외무부는 청훈한 교섭지침을 승인하면서 법적지위 문제에 관한 교섭에서 강경 입장을 완화할 방침임을 알리는 훈령을 보낸 것이다.[32]

이러한 외무부 본부의 태도 변화는 법적지위위원회에서 처우 문제에 관한 한국 측의 노력이 소극적으로 전개될 것이라는 점을 의미한다. 즉, 1965년 1월에 이미 한국정부는 처우 문제에 대해서는 양보하기로 결정한 것으로 추정할 수도 있다. 재일한인들이 한국정부의 재일동포정책이 기민정책이라고 비판하는 것도 교섭에 임하는 한국정부의 이러한 태도를 볼 때 무리가 아니라는 평가를 할 수 있을 것이다.

이러한 본부의 훈령 때문인지 1965년 3월 15일에 개최된 19차 회의에서는 법적지위 문제에 대한 한국 내 반응이 어떤지를 묻는 일본 측 대표의 질문에 대해 한국 측 대표는 국내에서는 별 반응이 없으며 '민단' 측에서 주시하고 있다고 답변하였다.[33] 이러한 답변은 협상의 전략이라는 면에서 볼 때 처우 문제에 대해 한국 측이 그리 중시하고 있지 않다는 메시지를 전달한 효과가 있다고 해석할 수 있다. 즉 한국 국민은 법적지위 문제를 상대적으로 그리 중시하고 있지 않지만 민단이 문제를 제기하고 있는 실정이라는 의미는 한국 측 교섭대표가 처우 문제에 대해 상당히 유연한 태도를 가지고 있다는 것을 의미하는 것으로 해석될 수 있다.

이미 강경한 입장을 완화하라는 훈령을 받은 상태에서 개최된 1965년 2

---

31) 「제7차 전면회담 법적지위위원회 제4차회의 회의록」, 『한일회담 외교문서 해제집 IV: 고위 정치회담 및 7차회담 [법적지위·어업관계·문화재]』, 331쪽.
32) 「*퇴거강제사유」, 『한일회담 외교문서 해제집 IV: 고위 정치회담 및 7차회담 [법적지위·어업관계·문화재]』, 333-334쪽.
33) 「제7차 전면회담 법적지위위원회 제19차회의 회의록」, 『한일회담 외교문서 해제집 IV: 고위 정치회담 및 7차회담 [법적지위·어업관계·문화재]』, 354쪽.

월 9일 개최된 11차 회의에서도 한국 측은 최혜국대우 규정이 어떠냐는 일본 측의 질문에 대해 재일한인은 특수한 입장에 있으므로 내국민 대우가 아니면 불안감을 갖게 될 것이라고 설명하고 한국 측의 요구는 실정법 또는 국제관계상 일반적으로 외국인에게 허용되지 않는 것을 제외하고 동등하게 적용해달라는 것으로서 교육 문제와 사회보장 문제에 있어서 일본국민과 차별받지 않는 대우를 해줄 것을 계속 요청하였다.

한편 1965년 3월 18일의 21차 회의에서는 재일한인의 법적지위에 관한 일본 측 안과 한국 측 안의 대립점을 조정하기 위한 노력으로서 '처우'에 관한 집중 토의가 이루어졌다. 한국 측은 협정의 구속력이나 시행력이라는 효력의 측면을 고려하여 서한에 규정된 사항을 모두 합의의사록에 규정하자고 주장하였다. 이에 대해 일본 측은 협정본문과 합의의사록, 서한에 규정되는 사항들의 성격을 설명함으로써 이에 대한 난색을 표명하였다. 한국 측은 그럼에도 불구하고 협정문 규정과 관련하여 민단 측의 반발이 많다는 사정을 일본 측이 이해해줄 것을 요청하였다.[34]

한국 측은 3월 22일에 열린 제22차 회의에는 거류민단 권일 고문을 출석시켜 재일한인의 처우에 관한 입장을 직접 표명하도록 하였다. 권일 고문은 민단으로서는 협정영주권자 자손의 영주권 문제, 사회보장 문제, 전후 입국자 문제를 가장 중요시한다고 발언하였으며 또한 입관령 위반사법은 은사적 견지에서 협정 발효와 동시에 인도적으로 고려해줄 것을 요청하였다.[35]

권일 고문이 출석하게 된 경위와 그 목적 및 효과는 향후 검토를 필요로 한다. 이론상 이는 일본 측의 한국 측의 요구를 정확하고 강력하게 전달한다는 효과도 있지만 한국 측 대표로서는 향후 발생할 민단의 반발 등을 완화시키기 위한 포석으로도 볼 수 있다. 즉, 일본 측의 완강한 태도로 인하여 그러한 결과가 된 것이지 우리 측으로서는 최선을 다했다는 모양새가

---

34) 「제7차 전면회담 법적지위위원회 제21회의 회의록」, 『한일회담 외교문서 해제집 IV: 고위 정치회담 및 7차회담 [법석시위·어업관계·문화재]』, 356쪽.
35) 「제7차 전면회담 법적지위위원회 제22차회의 회의록」, 『한일회담 외교문서 해제집 IV: 고위 정치회담 및 7차회담 [법적지위·어업관계·문화재]』, 359쪽.

갖추어지는 효과를 얻을 수 있었기 때문이다. 아무튼 한국 측은 권일 고문의 발언이 끝난 뒤 논의에 별 진전이 없으므로 다음 회의부터는 협정 전문부터 축조적으로 논의하자고 제안하는 것으로 회의를 끝냈다.

이후 법적지위에 관한 회의는 진전되어 1965년 4월에는 재일한인의 법적지위와 대우에 관한 협정안이 작성되었다. 1965년 4월 3일에는 영주권 신청 허가 범위, 협정영주권자의 자손에 대한 영주허가, 협정영주권자의 퇴거강제사오, 퇴거명령을 받은 자의 인도 문제 등에 대한 합의 사항 등에 대한 합의가 이루어졌으며 또한 협정영주권자의 일본에서의 교육 및 생활보호에 관한 사항 및 영주허가를 받은 재일동포의 귀국시의 재산 및 자금의 송금에 관한 사항 등에 대해 타당한 고려를 할 것을 약속하는 추가합의도 이루어졌다.36)

법적지위에 관한 합의가 상당히 진전된 상황에서 1965년 4월 21일에는 제25차 회의가 개최되었는데 여기에서는 법적지위 문제 가운데 가장 의견이 좁혀지지 않는 처우 문제가 중점적으로 논의되었다. 교육 문제와 관련하여 한국 측은 영주권자가 설립한 학교의 인가를 요구했던 종래의 주장을 철회하고 영주권자가 설립한 학교의 상급학교 진학자격을 인정해 줄 것을 요청했으나 일본 측은 실현가능성이 거의 없다고 답변하였다. 국민건강보험 문제는 한국 측은 사회보장전부를 적용해달라는 종래의 요구에서 후퇴하여 국민건강보험의 적용을 요구하는 쪽으로 방침을 변경하였다.37)

2. 생활보호와 사회보험

한일회담을 시작할 당시인 1951년에는 생활보호가 매우 중요한 회담 의제의 하나였다. 재일한인의 빈곤은 샌프란시스코 조약 발효 무렵에 "유달리" 심하였는데 재일한인의 생활보호대상율은 일본인의 10배가 넘기도 하

---

36) 「법적지위문제에 관한 합의사항」 및 「양해요강」, 『한일회담 외교문서 해제집 IV: 고위 정치회담 및 7차회담 [법적지위 · 어업관계 · 문화재]』, 363쪽.
37) 「제7차 전면회담 법적지위위원회 제25회의 회의록」, 『한일회담 외교문서 해제집 IV: 고위 정치회담 및 7차회담 [법적지위 · 어업관계 · 문화재]』, 367쪽.

였다(정인섭 1996: 315). 물론 이러한 빈곤은 한인에 대한 차별과 기회의 박탈 등 상당부분 구조적인 요인 때문이었다. 일본정부는 회담 초기부터 생활보호제도가 일본국민을 대상으로 하는 것이므로 한국정부에게 생활보호 책임을 맡을 것을 요구하면서 무능력자는 출입국관리령에 따른 퇴거강제대상이 된다는 점을 환기시켰다.

과연 일본의 생활보호법은 제1조에서 그 대상을 '국민'이라고 표현하고 있으므로38) 법률을 엄격하게 해석할 경우 생활보호법의 적용 대상은 일본국민에 한정된다는 주장이 성립한다. 한편 사회보장입법은 내외국인 평등주의가 원칙이며 무갹출제(無醵出制) 사회보장제도는 사회구성원의 세금을 재원으로 하며 재일교포도 전체적으로는 일본인과 마찬가지로 세금을 납부하므로 그 혜택을 동일하게 받을 권리가 있다는 지적도 있다. 또한 재일한인은 자신의 의사와는 상관없이 일본인으로 거주하다가 국적 변경이 된 것이므로 국적과 상관없이 일본사회의 구성원이라는 점에서 사회구성원의 세금으로 운영되는 생활보호를 받을 권리가 있다는 주장도 있다.39)

한편 한국은 전쟁 중이었고 재일한인의 생활보호를 위한 경제적인 능력이나 여유를 갖고 있지 않았다. 재일한인이 대한민국 국민임을 강조하는 한국 대표단에게 대한민국 국민인 재일한인에 대한 생활보호를 맡으라는 일본의 주장은 외관상으로 볼 때 논리적이며 타당한 것 같지만 사실은 한국이 이를 떠맡을 능력도 의사도 없다는 것을 알면서 집요하게 되풀이된 것이 아닌가 하는 느낌을 준다. 어쨌든 이러한 문제의 제기는 한국으로서는 상당히 곤혹스러운 것이었다. 문제가 처음 제기될 당시 한국은 전쟁 중이었고 법적지위 협정이 타결될 때까지도 한국은 여전히 경제적으로 어려운 상황이었다. 한국 대표단은 일본이 재일한인에 대한 생활보호를 계속할 것을 요구할 수밖에 없었다.

생활보호에 따르는 재정적 부담은 이 문제를 제기할 당시에는 일본에게도 상당하였을 것으로 추정된다. 심지어 일본은 1956년에는 재정적 부담을 축소시키기 위한 조치를 취하기도 하였다.40) 그러나 1957년에서 1961년까

---

38) 정인섭, 앞의 책, 316쪽.
39) 위의 책, 318쪽.

지 계속된 일본의 경기 호황으로 재일한인의 상당수는 생활불능상태에서 벗어날 수 있었으며, 일본정부 또한 경제가 매우 빨리 성장함에 따라 재일한인에 대한 생활보호는 심각한 부담이 아니게 되었다고 본다.

생활보호는 일본이 계속하는 것으로 법적지위 협정에서 최종 확인되었다. 그러나 일본은 재일외국인은 생활보호법의 적용대상이 되지 않으나 정치적 고려에 의하여 이를 준용한다는 입장을 견지하여 왔다. 즉, 일본은 재일한인은 생활보호의 권리가 있는 것이 아니라 일본정부가 베푸는 조치의 수혜자에 불과하며 조치 내용 등에 불만이 있더라도 불복신청은 할 수 없다는 것이다. 어쨌든 "생활보호제는 대부분의 사회제도로부터 소외되었던 재일한인에게 적용되는 몇 안 되는 제도 중의 하나"였다.

한국대표단으로서는 생활보호 문제에 대해서도 일본이 원인 제공자이므로 생활보호의 책임이 있으며 재일한인은 생활보호를 받을 권리가 있다는 점을 명확히 한다는 명분은 얻지 못했으나 실질적으로 생활보호를 계속 받을 수 있을 것이라는 사실에 만족해야 했다. 따라서 일각에서는 생활보호는 기존의 사실을 확인한 것에 지나지 않으며 법적지위 협정에 의해 새로이 얻은 것이 아니라는 비판이 존재한다.

3. 민족교육 관련

일본은 처우 문제에 관한 토의가 개시되자 재일한인이 일본인과 동등하게 일본 국가가 제공하는 의무교육을 받을 권리는 쉽게 인정하였다. 이는 평등에 대한 고려도 있지만 재일한인의 일본사회에 대한 동화를 우선적으로 고려했을 것으로 추정된다. 한국학교의 인가 또는 한국학교 졸업생에 대한 학력인정과 관련된 논의에서 드러나지만 일본국내에 소수민족을 형

---

40) 일본정부는 1956년에 재일외국인에 대한 생활보호실태를 일제 점검하여 재일교포 피보호자의 수를 대폭 감소시켰다. 재봉틀이나 리어카를 가지고 있으면 사실 여부와 상관없이 무조건 매달 일정액의 수입이 있는 것으로 간주하였고 1가구에 1개 이상의 시계나 양복장 등이 있으면 그 시가를 곧 수입으로 계산하는 방식이었다고 한다. 그 결과 재일한인은 생활 불능의 상황으로 몰렸고 일각에서는 이를 '조선 정벌'이라고 불렀다고 한다(정인섭, 앞의 책, 316쪽에서 재인용).

성하지 않는다는 것이 재일한인에게 일본의 의무교육을 받을 기회를 부여하는 주요 목적이었을 것이다.

일본은 한국인이 설립한 사립학교를 정규학교로 인정하라는 한국 측의 거듭된 요구를 완강하게 거부하였다.[41] 교육 문제는 협상의 후기에도 계속 거론되었다. 1965년 4월 21일에 개최된 제25차 회의에서도 교육 문제와 관련하여 한국 측은 영주권자가 설립한 학교의 인가를 요구했던 종래의 주장을 철회하고 영주권자가 설립한 학교의 상급학교 진학자격을 인정해 줄 것을 요청했으나 일본 측은 실현가능성이 거의 없다고 답변하였다.[42]

1965년 4월 23일의 26차 회의에서도 교육 문제에 관한 논의가 계속되었는데 일본 측에서는 문부성의 실무자가 참석하여 영주권자가 설립한 사립학교 졸업자에게 상급학교 진학자격을 인정하는 문제는 일본의 교육제도를 문란케 할 우려가 있다는 이유로 인정할 수 없다고 답변하였다.[43] 이에 대해 한국 측은 한국학교에 대해서는 상급학교 진학자격을 인정하지 않으면서 반일반미 교육을 일삼는 조총련계 학교를 그대로 방치하는 것은 결국 일본정부가 일본국 헌법을 파괴하는 활동을 묵인하는 것이라고 문제를 제기하였는데 일본 측은 이에 대해 이는 일본정부가 해결할 내정 문제라고 답변하였다.[44]

문서를 검토하면 한국 측은 민족교육 문제와 관련하여 나름대로 성실하게 노력을 전개한 것으로 나타난다. 다만 일본 측의 반대가 워낙 완강하였고 문부성 관계자까지 내세우며 한국 측 요구의 수용 불가능성을 강조하는 상황에서 법적지위위원회의 실무자들로서는 고위급의 정치적 타결 이외에

---

41) 예를 들자면 「*재일한인법적지위위원회 제4차 비공식보고」, 『한일회담 외교문서 해제집 III: 6차회담』, 15쪽.
42) 「제7차 전면회담 법적지위위원회 제25차 회의록」, 『한일회담 외교문서 해제집 IV: 고위 정치회담 및 7차회담 [법적지위·어업관계·문화재]』, 367쪽.
43) 「제7차 전면회담 법적지위위원회 제26차 회의록」, 『한일회담 외교문서 해제집 IV: 고위 정치회담 및 7차회담 [법적지위·어업관계·문화재]』, 368쪽.
44) 여기에서는 일종의 '하향평준화' 문제가 발생한다. 남북대치 상황에서 한국학교에 대한 전전을 이룰 수 없다면 조총련계 학교의 입장을 어렵세라도 만들겠다는 한국정부의 의도가 나타난다. 현재의 시점에서 보면 안타까운 일이지만 당시의 대치 상황에서는 그리 놀라운 일도 아니라고 할 수 있다.

는 더 이상의 진전을 이룩하기 어려웠을 것으로 보인다.

다만 한 가지 생각할 수 있는 것은 이민자에 대한 동화주의가 지배적 담론이던 시대로서 다문화주의 이념이나 민족 아이덴티티의 정치가 확산되어 있지 못한 상황에서 민족교육을 보편적 가치로서 주장할 것을 한국대표들에게 기대하는 것은 무리였을 것이라는 점이다. 한국은 한국 내의 화교학교에 대한 학력을 인정하지 않고 있는 상황이었으므로 이 문제 또한 '역사적 특수성' 이외에는 다른 설득 논리를 가지고 있지 못하였다는 점에 주목하여야 한다.

4. 직업선택과 차별

재일한인의 취업에 대한 실질적인 차별은 일본 사회에서 광범위하게 이루어져왔으나 일본정부는 직업선택에 대한 제한은 광업권 등 특수한 부분에만 한정된다고 강변하였다. 물론 법적, 형식적 차별은 없더라도 실질적으로 광범위한 차별이 이루어졌으므로 이는 심각한 문제였으나 법적지위협정은 법적 문제에 국한된다는 인식 때문이었는지 이에 대한 더 이상의 배려는 법적지위 협정에 나타나지 않는다.

결과론적으로 생각한다면 국공립학교의 교원 채용이나 간호사 자격, 조산원 자격 등과 관련한 배려나 인권 규약 수준의 차별 금지에 대한 확실한 규정이 있었으면 좋았을 것이라고 할 수 있을 것이다. 그러나 이러한 사회적 차별 문제는 당시의 수준에서는 법적인 간여와 조치가 절실히 필요한 분야로 간주되지 않았던 것 같다. 한국정부의 관심 부족도 문제시될 수 있으나 당시의 일반적인 사회적 통념과 법적 관념이 그러했던 것처럼 보인다.

예를 들자면 한국정부는 재일한인이 일본의 공무원이 될 권리가 없다는 일본 측의 주장을 당연한 것으로 간주하여 아무런 이견을 제시하지 않았다. 아마도 한국정부 역시 외국인이 한국의 공무원이 될 수 없다고 생각했기 때문에 이를 문제시하지 않았을 것으로 추정할 수 있다. 그런데 일본은 교육공무원이나 지방자치체 공무원 등 공권력의 행사나 국가의사형성과 직접 관련이 없는 직업에 대하여도 외국인, 특히 재일한인의 취업을 제한하였는데, 이는 어떤 의미에서는 회담 당시의 시점에서는 그리 중요한 문제가 될 것으로 예상하지 못했던 것이 아닌가 한다. 심지어 보육직이나 간호직 같은 경우에도 국적을 이유로 하여 취업이 제한되었는데, 간호직의 경우에는 이절자의 운동을 통해 문제가 해결되었지만, 법적지위협정의 한계를 보여주는 것이기도 하다.

IV. 맺음말

재일한인의 법적지위에 관한 한국정부의 기본적 태도와 인식이 한국의 국익을 우선으로 하고 있고 재일한인의 권익 보호를 부차적으로 하고 있다는 것은 어쩌면 당연한 일일 수도 있다. 재외국민의 권익은 국익의 일부를 구성하며 그 보호는 중요한 것이지만 선택에 직면할 경우 정부는 비교 교량을 하기 마련이다. 재일한인에게는 대단히 불행하게도 1951년 한일회담을 개시할 당시의 한국정부는 전쟁 중에 있었고 경제적 능력이 극히 제한되어 있었으며 재일한인에 대한 인식이나 재일한인의 장래에 대한 정책이나 비전은 상대적으로 부족하였다.[45]

즉, 한국정부로서는 일본과의 관계 정상화 및 청구권 문제가 우선적 관심사였으며 일본 또한 한국의 청구권 요구에 어떻게 대응할 것인가가 주된 관심사였지 재일한인의 법적 지위 문제는 양국 정부 모두에게 일차적 관심의 대상이었다고 보기 어렵다. 이는 미국도 마찬가지였다.

한국정부는 더구나 한일회담을 개시할 당시에는 전쟁 상황이었으며 정

---

45) 재일한인은 독립운동에서도 큰 역할을 하였다. 동경유학생에 의한 2.8 독립선언은 국내의 3.1운동에 영향을 주었으며 유학생의 민족운동은 1920년대와 30년대에 걸쳐 지속되었다. 한편 재일노총과 조선노동당 일본 총국을 중심으로도 민족해방운동이 전개되었으나 1930년대에는 일국일당 원칙에 따라 일본공산당에 흡수되었다. 1940년내의 민족독립운동은 대부분 비밀결사 운동으로 전개되었는데 일본에서의 운동은 민족독립운동의 매우 중요한 일부를 이루고 있으나 해방 후 한국에서 재일한인의 민족해방에 대한 기여는 상대적으로 높이 평가되지 못하였고 또한 발언권도 상대적으로 크지 않았다.

치적으로나 경제적으로나 재일한인의 권익을 우선적으로 고려할 여유가 없었다. 또한 공식적으로 재일한인은 자신들의 의사에 반하여 끌려간 사람들이라는 입장을 견지하고 있었기 때문에 재일한인이 일본에서 장기적으로 살아가면서 누려야할 권리나 지위에 대한 적극적 배려를 하는 것 또한 쉽지 않았다. 더구나 남북 대치 상황에서 한국은 일본 내 공산주의자의 북한행을 저지하고 이들을 송환하는 문제 등에도 관심을 기울이고 있었다.

한일법적지위협정의 지위는 과연 우선순위라는 면에서 볼 때 부차적인 것이었음은 명확하다. 더구나 법적지위협정은 재일한인의 국적 문제를 중심적으로 다루기 위한 것으로서 처우 문제나 먼 장래의 권익 등은 주된 관심의 대상이 아니었다고도 할 수 있다. 비록 재일한인의 처우에 관한 한국정부의 관심은 6차 회담시기에 나타나기 시작하며 7차 회담에서야 본격적으로 토의가 시작되었지만 이는 이러한 문제가 소홀하게 취급되었다거나 중요 쟁점들에 관한 협상에서 간단하게 양보가 이루어졌다는 것을 반드시 의미하는 것은 아니다. 이는 향후 정밀한 조사와 연구를 필요로 한다.

한국정부는 제6차 회담시기가 되면 한일회담에 대한 대비책으로 세계 각국의 영주권 제도, 외국인 출입국에 관한 제도, 강제추방에 관한 제도, 외국인 교육에 관한 제도 등에 관한 자료를 입수하여 송부할 것을 각 주재국 공관에 지시한다. 다만 사회보장제도나 직업과 관련된 제한이나 차별 문제에 대한 자료 수집을 지시한 문서는 보이지 않는다. 아마도 한국정부 자체가 또한 한국 측 협상대표 자신들이 사회보장이나 사회적 권리에 대한 관심이 적었던 탓일 수도 있다.

그나마 이렇게 광범위하게 수집된 자료들 중에서 한일 간에 쟁점이 되었던 여러 항목에서 한국 측의 주장을 뒷받침하기에 유리한 사례나 논리는 많이 발견되지 않았을 것으로 추정된다. 현재 다문화정책을 적극 추진하고 있고 외국인의 노동과 생활을 기본적 인권의 관점에서 보호하고 있는 국가들도 한국정부가 한일회담의 교섭을 위해 자료를 수집할 당시에는 국가, 국민, 외국인 등과 관련하여 매우 전통적인 시각에서 형성된 제도와 법규를 가지고 있었을 것이다. 더구나 교육 등에 관한 규정은 단일민족국가를 강력히 표방하고 있는 한국으로서 인정하기 어려운 내용들이었다는 사실 또한 한국 측 협상단의 입장을 어렵게 만든 것으로 보인다.

"일본에 거주하는 대한민국 국민"이라는 규정이 결과적으로 재일한인 사회에 분열을 일으켰다고 하나 북한의 전면 남침을 경험했던 당시의 대한민국정부로서는 이는 매우 중요한 명분인 동시에 외교정책의 중요한 일부였다. 특히 이러한 규정을 통해 일본 내의 북한 동조 세력을 약화시킨다는 목적도 있었을 것이므로 이를 간단히 비판하기는 어려운 일이다. 또한 계속 거주자의 대상을 1945년 8월 15일로 한 것은 한국정부의 주장에 따른 것이지만 이는 재일한인의 실상을 무시한 오류라는 비판46) 역시 신생 대한민국에서 8월 15일이 갖는 중요한 의미를 고려할 때 역시 그리 쉬운 일은 아니다.

재일한인은 일본에서 외국인노동자의 원조라 할 수 있으며 일본사회에서 재일한인의 삶은 다문화공생의 출발점이 되어야 했지만 당시에는 다문화주의나 정책과 관련된 모델이나 비전도 존재하지 않았으며, 한국 측은 모든 쟁점에 대해 재일한인의 역사적으로 특수한 사정을 거론하여 일본 측의 양보를 요구할 수밖에 없는 상황이었다.

한국 측이 강조한 재일한인의 역사적으로 특수한 사정, 즉 일본의 식민지 지배로 인한 피해와 강제연행으로 인한 재일한인의 형성은 청구권 협상에서는 유력한 논리이지만 재일한인의 법적지위에 관한 협상에서는 다소 복잡미묘한 의미를 갖게 된다. 일반적으로 불법행위에 의한 손해의 배상은 원상회복을 강조하게 되며 금전배상도 가능한데, 재일한인의 형성이 자발적 이주가 아니라 전적으로 식민지 지배 기간 중의 강제연행 내지는 생활고로 인한 어쩔 수 없는 도일 때문이었다면47) 가장 논리적인 대책은 원상

---

46) 한국정부는 뒤늦게 이러한 오류를 깨닫고 "일본정부에 또 다른 사정을 하는 상황"에 놓이게 되었다. 정인섭, 앞의 책, 53쪽.
47) 재일한인의 압도적 다수는 일본의 강제연행의 결과이다. 재일한인은 통상 식민지 시기에 조선 농촌에서 농민층의 몰락으로 배출된 이농민이 일본의 노동시장에 유입됨으로써 시작되었으며(소위 지율적 유입), 1939년부터 시작된 강제연행에 의해 본격적으로 규모가 확대되었고(소위 강제 유입), 일본의 패전 후 귀환하지 않고 잔류한 사람들에 의해 형성되었다는 것이 통설이다. 그런데 이러한 견해는 소위 자율적 유입이라 하더라도 결국은 식민지정책에 의해 토지를 상실하고 극도로 빈

회복, 즉 귀환과 금전적 배상이 된다. 이승만 대통령이 전원 귀환을 언급한 것도 실현가능성은 적다고 보았지만 일단은 이러한 논리에 따른 것이라고 할 수 있다.

재일한인은 정확한 통계는 아니지만 대개 2백만 명 중 1백 50만 명 정도가 귀환하였고 50만 명 정도가 잔류하였으며 상당수는 일단 귀환했다가 다시 일본으로 돌아간 것으로 알려져 있다. 일본 잔류나 일본으로의 재입국의 이유는 휴대품이나 금액에 대한 제한과 함께 한국에 연고나 생활 근거가 없거나 한국 상황이 불안한 때문이었다.

한일회담에 임했던 한국정부의 인식도 이러한 것으로 추정된다. 재일한인은 일제의 식민지배 때문에 어쩔 수 없이 고향을 떠난 존재로서 고국인 대한민국에 사는 것이 당연하며 일본에서 재일한인으로서 영구히 계속 살아간다는 것은 기대하지 못했으며 이에 필요한 적절한 수준의 대비가 강구되지 않았던 것으로 추정된다. 한국정부나 학자들이나 재일한인을 수동적 존재로서 파악했을 뿐이며 비록 한계 상황이기는 하지만 스스로 선택을 했다는 가능성은 공식적으로 인정하지 않았던 것 같다.

인간은 보다 나은 기회를 찾아서 일시적으로 또는 영원히 고향을 떠날 수 있으며, 낯선 곳에서 기반을 잡게 되면 동향 사람들이나 가족을 불러들이고 또 자신이 일하면서 살고 있는 곳에 애착을 가질 수 있다. 또한 비록 자신의 의지와 상관없이 이주를 하게 되더라도 새로운 장소에서 보다 나은 삶과 미래를 위한 희망과 가능성을 발견하고 일단 눌러앉기로 결심할 수도 있는 것이다. 비록 전반적인 상황은 일본제국주의의 식민지지배와 침략적 전쟁수행노력의 결과로 조성된 것이기는 하지만, 그러한 절박한 상황 속에서도 인간은 자신에게 허용된 (또는 강요된) 몇 가지의 대안 중에서 선택을 하게 된다. 강제연행 이전에 일본에 건너온 한인들이나, 비록 강제연행으로 일본에 오기는 했지만 전후에 일본에 거주하기로 결심한 사람들은 바로 이러한 선택을 한 것이다. 비록 일본의 식민지 지배의 결과 더 나은 대안들 중에서 선택을 할 수 없었던 것은 사실이지만 재일한인 사회의 형성

곤한 상황으로 몰리게 된 농민들이 이주한 것이기 때문에 강제연행과 본질적으로 그 맥락은 유사한 것으로 파악한다. 한경구, 앞의 글, 2001.

을 일본 식민지지배의 소산으로 파악하는 것은 이들의 선택을 무시하는 것이다.

상당수 재일한인의 경우 이러한 보다 나은 기회와 생활을 선택하였으나 이러한 선택은 한국에서는 정당한 것으로 간주되지 않았다. 재일한인의 "주체적" 선택이라는 측면은 한국의 연구자들이 종종 진지하게 고려하지 않았던 측면일 뿐 아니라 사실은 재일한인 스스로의 공식적 담론에서도 잘 인정되지 않았던 측면이기도 하다.

특히 강력한 민족주의와 민족감정, 일본의 식민지 지배에 대한 증오와 분노, 그리고 전후 일본정부 및 일본사회의 태도 때문에 재일한인의 이러한 주체적 선택의 측면을 공공연히 표명하거나 또한 그 정당성을 인정받을 수 있는 기회나 분위기를 허용하지 않았다고 볼 수 있다. 일본에 애착을 갖는다거나 일본이 살기 좋아서 한국에 가지 않겠다는 것은 정당한 욕망이나 선택으로서 표현되거나 존중되기 어려웠던 것이다.

한일 양국의 정치가들이나 협상 대표들의 경우 민족주의나 냉전구조 속에서 이러한 "주체적" 선택의 정당성과 의미를 지식인이나 연구자들에 비해 훨씬 더 소홀히 취급하는 경향이 있었을 것으로 추정할 수 있다. 심지어는 알고 있었다 하더라도 한국정부의 대표로서 협상을 하는 자리에서 이러한 인식은 오히려 청구권 협상의 입지를 어렵게 만드는 효과도 있었을 수도 있다. 일본 측 역시 이러한 자발적, 주체적 측면에 대한 언급은 구보다 망언에 버금가는 반발과 문제를 야기할 것임을 인식하고 있었을 것으로 추정할 수 있다.

국민국가는 국경을 만들어 사람들의 이동을 통제하고 있으며 이러한 통제를 당연시하고 있다. 자본주의의 발전과 노동시장의 변화, 그리고 노동력의 이동은 이러한 국경의 통제와 마찰을 초래하고 있다. 재일한인은 식민지배라는 특수한 사정을 배경으로 형성되었고 특히 강제연행이라는 잔혹한 경험을 겪었기 때문에 재일한인의 사회와 역사 및 한일법적지위협정에 대한 이해나 연구는 기본적으로 식민지배와 한일관계의 과거사 청산이 논의의 구도를 이루어 왔다. 그러나 이 문제는 이주의 문제, 다문화수의의 문제, 기본적 인권의 측면에서도 바라볼 수 있으며 이러한 시각은 재일한인의 역사와 한일법적지위협정에 대한 이해에 그동안 상대적으로 간과되었던 측면들을 부각시키는 등 상당한 기여를 할 수 있을 것으로 기대된다.

【참고문헌】

국민대일본학연구소 편, 2008, 『한일회담 외교문서 해제집 I: 예비회담-5차회담』, 동북아역사재단.
_____, 2008, 『한일회담 외교문서 해제집 II: 평화선·북송·6차회담 [예비교섭·청구권]』, 동북아역사재단.
_____, 2008, 『한일회담 외교문서 해제집 III: 6차회담』, 동북아역사재단.
_____, 2008, 『한일회담 외교문서 해제집 IV: 고위 정치회담 및 7차회담 [법적지위·어업관계·문화재]』, 동북아역사재단.
박은경, 1986, 『한국 화교의 종족성』, 한국연구원.
오구마 에이지 지음, 조현설 옮김, 2003, 『일본 단일민족신화의 기원』, 소명출판사.
이광규, 1983, 『在日韓國人: 生活實態를 中心으로』, 일조각.
이문웅, 1995, 『세계의 한민족: 일본』(세계한민족총서 4), 통일원.
이원덕, 1996, 『한일 과거사 처리의 원점: 일본의 전후처리 외교와 한일회담』, 서울대학교출판부.
정대성, 2003, 「한국에게 재일 동포란 무엇인가」, 한일민족문제학회 엮음, 『재일조선인 그들은 누구인가』.
정인섭, 1998, 『재일교포의 법적 지위』, 서울대학교출판부.
한경구, 2001, 「일본 속의 한국인」, 『한국사시민강좌』 제28집.
_____, 2002, 「연변지역에서의 한국 위성방송 수용의 특성」, 『재외한인연구』 12(1), 재외한인학회.
한일민족문제학회 엮음, 2003, 『재일조선인 그들은 누구인가』, 삼인.

川村千鶴子 編著, 2008, 『'移民國家日本'と多文化共生論』, 東京: 明石書店.

在日コリアンの日本國籍取得權確立協議會 編, 2006, 『在日コリアンに權利としての日本國籍を』, 東京: 明石書店.

高鮮徽, 『20世紀の滯日濟州道人: その生活過程と意識』(고선휘, 『20세기의 체일 제주도인: 그 생활과정과 의식』), 東京: 明石書店, 1998.

민단의 본국지향노선과 한일교섭*

노기영**

I. 머리말

1946년 결성된 재일본대한민국민단(이하 '민단')은 한국정부가 인정한 재일한국인 자치단체로서 현재까지 활동해왔다. 민단은 결성 이래 재일동포 사회의 이니셔티브를 장악하지 못한 채 재일본조선인연맹(이하 '조련'), 재일조선통일민주전선(이하 '민전'), 재일조선인총연맹(이하 '조총련')으로 이어지는 좌익세력과의 대립에서 열세를 면치 못했으며, 민단 내부에서도 정치노선의 분열과 파벌적 분쟁을 반복하였다고 알려져 왔다.

민단에 관한 기존 연구는 그리 많지 않다. 한국정부의 민단정책에 주목한 김태기는 이승만정권이 공산주의세력에 대항하는 것에만 관심이 있었을 뿐 그것을 실행할 구체적 재일한국인 정책은 없었다는 점을 지적하였다.[1] 이후 등장한 박정희정권이 민단을 철저히 장악하고 여당화한 데 비해

---
* 본고는 『일본공간』 6, 2009년에 게재된 논문을 수정, 보완한 것이다.
** 국가기록원
1) 김태기, 2000, 「한국 정부와 민단의 협력과 갈등관계」, 『아시아태평양지역연구』 제

1959년 민단으로부터 불신임결의를 받은 이승만정권의 민단정책은 실패했다고 할 수 있다. 최영호는 민단의 본국지향적 성격을 국가체에 대해 지방이 가지는 로컬리티로 파악하고, 초기 민단의 법적 지위 문제를 중심으로 분석하였다.2) 한편 제6, 7차 한일회담의 법적지위 문제에 대한 민단과 재일한국인의 대응을 실증한 김현수의 연구도 있다.3)

본 논문에서는 1950년대 초부터 1960년대 초에 이르는 한일교섭기 민단의 본국지향노선의 전개과정과 이에 대응하는 한국정부의 재일한국인 정책에 대해 살펴보고자 한다.4) 1950, 1960년대 민단의 활동은 남북 이데올로기 대립은 물론이고 한일관계의 전개에도 큰 영향을 받아왔다. 한일회담이 열렸던 이 시기에는 구보다 발언으로 인한 한일교섭 중단, 북송 문제, 한국의 정권교체라는 상황이 발생할 때마다 민단과 한국정부의 관계에 일정한 변화가 나타났다.

그리고 김재화, 정찬진, 권일 단장시대에 걸친 민단 지도부의 교체 역시 한국정부와의 관계 정립에 중요한 요소로 작용하였다. 특히 김재화 단장시대 본국에 대한 요청 활동이 좌절되자 자유당정권에 대해 불신임결의를 발표한 것은 센세이션을 불러일으킨 사건이었으며, 이후 민단 세력이 분열하는 단초가 되었다. 즉, 한국정부의 정책에 절대적인 지지를 보내야 하는 민단 내에서, 그 정책을 비판하는 세력이 공존할 수 있는 공간은 없었던

3권 1호, 전남대학교 아시아태평양지역연구소.
2) 최영호, 2009, 「재일조선인·한국인 사회의 '본국'로컬리티-초기 민단의 경우」, 『로컬리티 인문학』 창간호, 부산대학교 한국민족문화연구소.
3) 金鉉洙, 2004, 「日韓条約の締結と在日韓国人の対応-第6·7次会談期を中心に」, 『在日朝鮮人史研究』 34号, 在日朝鮮人運動史研究会.
4) 한국정부는 한일회담 개최와 함께 '재일한인'이라는 용어를 사용하도록 일본정부에 요청했지만, 실제 한국 내에서는 '재일한국인', '재일동포', '재일교포', '재일한교'라는 용어를 모두 사용하고 있었다. 1950년대 한국 사회에서 이 용어를 명확히 구분해서 사용했다고 보기는 어렵다. 본 논문은 당시 역사적 용어를 기본적으로 인용하되, 한국정부와 민단을 지지하거나 그 영향력하에 있던 이들을 지칭하는 단어로 '재일한국인'을 사용하기로 한다. '재일조선인', '재일조선·한국인'이라는 호칭의 의미와 정치성에 대해서는 尹健次, 2001, 『「在日」を考える』, 平凡社, 143-176쪽을 참조.

것이다.

 당시 민단계 재일한국인의 본국지향노선에 가장 큰 규정력으로 작용하고 있던 것은 한국 국적자이면서 일본 거주민으로 생활해야 하는 그들의 삶의 조건이었다. 이국땅에 거주하면서 본국에 대한 내셔널 아이덴티티를 갖고 있던 그들은, 본국의 정치경제적 상황에 직접적인 영향을 받아왔다. 그들이 가지는 본국지향성은 때로는 본국에 대한 절대적이며 무조건적인 지지와 순응을 낳기도 했다. 이에 반해 이승만정권은 무위무책(無爲無策)이라 불릴 정도로 재일한국인에 대해 무책임한 태도로 일관했으며, 한일교섭의 파행으로 때론 재일한국인을 친일적 세력으로 치부하기도 했다. 이후 박정희정권기에 이르러 재일한국인은 반공적인 재외국민이 되기 위한 통제와 관리의 대상이 되었다.

 여기서는 한일교섭기 민단의 본국지향노선과 한국정부의 재일한국인 정책의 변화에 대해 구체적으로 살펴보고, 그 과정이 민단이 처한 지역성과 시대성이라는 절대적 조건과 민단 지도부의 교체라는 상대적 조건이 얽혀서 나타난 결과였다는 것을 밝히고자 한다.

II. 민단의 본국지향노선

1. 본국지향노선의 배경

1) 민단과 주일대표부의 서열적 협력 체제

 1946년 10월 재일동포의 민생안정을 지향하는 자치단체로 결성된 민단은 1948년 9월 8일 한국정부로부터 재일한국인 단체로 공인장을 받았다. 1948년 10월에는 대한민국의 국시를 준수할 것을 표명하는 제2선언을 공표하고 본격적인 재일한국인 단체로서의 활동에 나서게 되었다.[5] 한편 GHQ

---

5) 민단30년사편찬위원회 편, 1977, 『민단30년사』, 재일본대한민국거류민단, 59-60쪽.

와의 연락을 위해 1949년 1월 개설된 주일대표부는 사실상 재외공관의 역할을 하게 되었는데, 이후 민단과 주일대표부의 관계도 한층 밀접해졌다. 주일대표부는 초기 한국정부로부터의 지원이 부족했기에 재원과 인재의 보충을 민단과의 협력관계 속에서 구축하려고 했다. 그러나 양자의 관계는 순조롭지 못했고 민단 내에서는 주일대표부 지지파와 반대파가 종종 대립하였다. 민단과의 불화 속에서 1949년 1월부터 1951년 2월까지 주일대표부의 공·대사는 5번이나 교체되었고, 1950년대 민단 내부에서는 세차례에 걸쳐 주일대표부의 공사, 대사의 추방운동이 벌어졌다.

하지만 두 기관은 대립과 갈등을 거듭하는 와중에서도 재일공관과 재일국민단체로서 재외국민사업 업무를 공동으로 추진하면서 협력관계를 유지하였다. 민단은 주일대표부의 사무를 수탁 받아 그 보조기관으로 일했는데 1949년 3월 4일에는 귀국 및 교육 관련 사무를 맡았다. 8월 1일 대한민국외무부령 제4호 재외국민령등록령에 따라 재외국민등록을 실시하였고, 11월 2일에는 대한민국국민등록을 위한 영사 업무의 일부를 받아 등록사무를 시작했다.[6] 국민등록, 호적, 귀국사무 등 행정사무에 있어서도 주일대표부를 관리기관으로 하여 민단의 중앙총본부(中央總本部), 현본부(縣本部), 지부(支部), 분단(分團)이 계열적으로 서류를 처리하였다.[7]

1953년 실시된 재외동포등록사무의 절차를 보면, 우선 민단 각 지부가 조사한 국민등록신청서를 접수받아 이를 편철하여 책자로 만들어 국민등록신청자명부를 작성한다. 그리고 각 지부가 성별, 연령별 통계를 작성하여 중앙총본부에 송달하면, 중앙총본부는 그 조사통계에 입각하여 전국통계표를 각 항목별(업종별, 교육정도, 재산상황 등)로 작성한 뒤 주일대표부에 제출하였다. 국민등록과 같은 전국조사에서 주일대표부는 인력확보를 위해 임시촉탁을 채용하였는데, 1953년도 국민등록사무를 위해서 주일대표부 5명, 민단 10명, 민단 각 지부(각 1명) 450명으로 총 465명의 임시촉탁을 채용할 계획을 세웠다. 하지만 한국 외무부는 252명의 6개월 임금정도만 예산으로 책정해 놓았기에 채용기간을 단축하도록 주일대표부에 지시하였

---

6) 『민주신문』 제327호, 1953.9.30.
7) 朴慶植 編, 2000, 『在日朝鮮人関係資料集成戦後編』 第3卷, 不二出版, 57·61쪽.

다.8) 이처럼 민단은 한국정부, 주일대표부와 서열적 협력 체제를 형성하여 그 하부기관처럼 활동하면서 반관반민적인 성격을 띠게 되었다. 그 가운데 민단과 한국정부의 접촉은 주일대표부를 매개로 하는 형태가 형성되었다.

주일대표부가 한국정부와 민단의 중개역할을 충실히 이행했는지에 대해서는 의문이 있다. 1953년 한국정부로부터의 중소기업 융자지원을 기다리던 중 민단의 재정 부족을 메우기 위해 한국은행 도쿄지점으로부터 75만 엔을 빌리고자 하였다. 당시 민단 사무총장이었던 정철은 김용식 공사에게 보증을 부탁했는데, 김용식은 "본국으로부터는 원조금도 융자금도 오지 않는다"며 그 자리에서 거절하였다.9) 당시 주일대표부가 재일한국인을 위해 일하지 않는다는 불만은 민단 내부에 항상 있었다. 소수이지만 특권의식을 가진 주일대표부가 민단을 장악하려고 했던데 반해 민단은 재외국민으로서 보호와 지원을 원했는데, 이러한 어긋난 기대는 양자 간의 분쟁을 더욱 부추기는 원인이 되었다. 이러한 상황을 극복하기 위해 민단은 한국정부에 직접 호소하는 방법을 선택하게 되었다.

2) 재일동포의 경제상황과 민단의 재정난

1950년대 전반 외국인등록을 한 재일동포는 약 60만 명이었는데, 외국인등록 국적란에 한국이라고 기재한 비율은 1952년 20%에서 1955년 25%로 서서히 증가하고 있었다. 일본정부가 일괄적으로 기재한 '조선국적'을 고치지 않은 이들 중에도 한국정부 지지자가 있었기 그 비율에 대해서는 여러 해석이 있었다.10) 한국정부 및 민단지지자가 적지는 않았을 것이라고 예상되는 상황에서, 민단이 조직과 자금 면에서 열세를 면치 못한 배경에는 재일동포 경제인의 위기와 그에 따른 찬조금 수입의 부족, 후발단체로서의

---

8) 「재외국민실태조사 1953-1960」, 한국외무부문서, 필름번호 P-0002, 107-109·114쪽.
9) 鄭哲, 1982, 『民団今昔』, 啓衆新社, 52쪽.
10) 森田芳夫, 1955, 『在日朝鮮人処遇の推移と現状』法務研究報告書 第43集 第3号, 法務研修所, 188-189쪽. 권일은 1951년 한국지지 45%, 중간 30%, 용공반한 20%, 공산당 5%로, 이대위는 1952년 우파 37%, 중간 34%, 좌파 29%로, 鈴木一는 1953년 한국 지지 20%, 중간유동표 60%, 북조선 지시 20%로 파악하였다.

불리함이 있었다. 해방된 지 1년 이상 지난 1946년 10월에 민단이 결성되었는데, 당시는 이미 조련이 재일동포의 대표 자치기관으로 활동하고 있었기 때문이다.

1950년대에 들어서면서 재일동포 경제인은 금융기관에서 융자받거나 어음을 현금화할 때 차별을 받기 시작했다. 1951년 한국전쟁 휴전회담 개시 이후 전쟁특수가 격감하였고 일본 대장성의 사무가 미군정에서 일본정부로 이관됨에 따라 그 차별은 더욱 노골적으로 나타났다. 일본패전 직후 일본경제의 1/3 혹은 1/5의 규모를 갖고 있다는 소문까지 났던 재일동포의 경제력은 이 시기에 들어서면서 급격히 나빠졌다.[11] 특히 미군점령기 배급경제에서는 재일동포 경제인이 일본인보다 유리했던 상황과 비교할 때 이러한 변화는 그들에게 큰 상실감으로 다가왔다.

민단 중앙총본부의 재정도 궁핍하여 1953년에는 전기료와 신문대금조차 내지 못하고 끊긴 상태였다. GHQ하에서 특별물자를 배급받아 재정을 운영하던 민단에도 재정난이 지속되었고, 민단을 지탱해주던 재일동포 경제인의 육성도 절실해졌다. 1957년 민단과 조총련의 재정에 대해 한국 내무부가 수집한 정보를 보면 다음과 같다.[12]

> 조총련에서는 전문담당자로 하여금 일본 각지의 사법보호위원회와 각 형무소를 정기적으로 순회 방문하여 교포 수형자 즉, 만기 출옥자 또는 가출옥자 등의 출옥 시일을 탐지하여, 그 일시에 형무소 문 앞에서 대기하고 있다가 장본인이 출옥하면 우선 위로를 한 후 봉투 10매, 엽서 5매, 편지지 1통 및 여비 1천 엔씩을 지급하여 환심을 산 후 조총련에 가입하게 하며⋯⋯ 거류민단 측에서는 민단에 가입하려는 인물에게 대해서 우선 이대통령 각하 초상화를 3만 엔에 사도록 강매하는 동시 가입금 등을 징수하는 관계상 민단가입자가 희소하여지는 실정이라고 함.

조총련이 위로하고 여비를 주었다는 대상이 정치범에 한정된 것이었는

---

11) 강노향, 1966, 『논픽션 주일대표부』, 동아PR연구소출판부, 217-218쪽.
12) 「재외국민실태조사 1957-1959」, 한국외무부문서, 필름번호 P-0001, 49-51쪽.

지 혹은 일반 수형자까지 포함한 것인지는 알 수 없지만, 두 단체의 재정 격차는 확연하였다. 그 원인은 조총련의 전신이었던 조련이 원래 사회사업적 동포원호단체로 활동하면서 방대한 조직과 풍부한 자금을 가지고 있었던 데 있다. 1949년 9월 조련이 GHQ에 의해 해산된 후에도 조직은 남아 있었으며 여전히 거액의 기부금을 각계로부터 모았다. 이에 비해 민단은 기부금도 원조도 쉽게 기대할 수 없는 상황이었다.[13]

재정난을 타개하기 위해 민단이 눈을 돌린 것은 여권사무를 도와주고 얻는 보조금이었다. 여권발급 절차는 민단을 통해 주일대표부로 넘겨졌기 때문에 그 과정에서 얻은 찬조금은 민단재정에 큰 비중을 차지하고 있었다. 당시 재일한국인에게 여권은 선망의 대상이자 사회적 지위를 나타내는 것이었다.[14] 1950년대 중반부터 민단은 여권 발급 희망자에게 1인당 30만 엔씩을 기부 받고 1년 보증 여권을 발급하는 형식의 참여회원제를 시행하였다. 이에 따라 급한 재정적 압박은 우선 피했지만, 참여회원제 실시로 여권사무에 대한 장악력이 떨어진 주일대표부와 갈등이 깊어졌다고 한다.[15] 이처럼 민단의 재정난 탈피와 재일동포경제의 활성화는 최대 관심사였으며 이를 타개하기 위해 한국정부에 지원을 요청하게 되었다.

2. 본국지향노선의 전개

1952년 4월 3일 민단의 제12회 전체대회에서 파벌적 경향을 타파하기 위해 단장을 3명으로 하는 '단장단체제'가 성립되었고, 원심창, 김재화, 김광남이 단장으로 선임되었다. 이 대회에서는 「본국정부에 대한 요청건의안」이 채택되었는데, 1952년 9월 김재화와 김광남이 한국을 방문하고 건의안을 정부에 제출하였다. 건의안의 내용은 아래와 같이 재일동포의 민생안정과 권익옹호를 위한 정치적 참가와 경제지원을 요청한 것이었다.[16]

---

13) 權逸回顧錄刊行委員會, 1987, 『權逸回顧錄』, 育英出版社, 161쪽.
14) 강노향, 앞의 책, 50-51쪽.
15) 鄭哲, 1967, 『民団』, 洋々社, 58-59・64쪽.
16) 朴慶植 編, 앞의 책, 387-388쪽.

1. 정부 무역 일부를 민단을 통해서 재일한국인 공장에서 구입할 것
2. 재일교포의 중소기업자를 위하여 한국은행 도쿄지점에서 융자를 하도록 할 것
3. 한일회담에 재일교포 민간인 중에서 대표를 참가케 할 것
4. 국회에 재일교포 대표 5, 6명을 참가케 하여 발언권을 부여할 것

본국으로부터의 지원이 필요하다는 인식은 당시 민단관계자 사이에 널리 공유되고 있었던 것으로 보인다. 1952년 1월 12일 민단 부단장 권일이 이원만과 함께 한국 국무위원들과 회담하고 제출한 요망사항과 유사하다. 그것은 '① 정부가 재일교포를 위해 민단에 300만 달러의 자금을 융자할 것, ② 일본에서 구입하는 물자는 군수이건 정부구입이건 모두 재일교포의 생산품을 우선적으로 구입할 것, ③ 재일교포의 교육을 위해 정부로부터 조사관을 파견하여 실태를 조사하고, 학교건설에 필요한 기초자금을 지원할 것'이었다.17) 「본국정부에 대한 요청건의안」에는 융자금액이 제시되지 않은데 비해 한일회담 및 국회 옵서버의 참가를 요구하였는데, 이는 한일회담 본회의 개시에 맞춰 재일한국인의 의견을 반영시키고자 한 시도였다.

그러나 후술한 것처럼 요청사항 중 1950년대에 실현된 것은 의결권이 없는 국회 옵서버의 참가뿐이었다. 이 문제는 결국 1959년 민단이 자유당정권 불신임결의를 발표하는 한 원인이 되었다. 한국정부에 대한 요청에 특히 열의를 가졌던 김재화는 1952년 「본국정부에 대한 요청건의안」은 물론 1959년 자유당정권 불신임결의를 주도해서 센세이션을 불러일으켰다. 김재화는 자신의 단장 재임기부터 정찬진 단장시대에 걸쳐 국회옵서버로서 재일동포지원책을 요청했는데, 이러한 활동은 민단 내부에서 '본국지향'과 '정치중시'로 비판받았다. 1950년대 민단의 본국지향노선은 김재화의 개인적 정치성향에 영향을 받았지만 1950년대라는 시대배경과도 관련이 있었다. 한국전쟁 발발 이후 재일동포 사회에서 좌우대립이 격화된 것은 말할 것도 없이, 우파세력 내에서도 내부세력의 이탈과 중립통일촉진세력의 등장으로 인해 민단이 강한 이니셔티브를 가지기 어려웠다. 다시 말해 1950년

---

17) 權逸回顧錄刊行委員會, 1959, 『祖国への念願』, 松澤書店, 56-61쪽.

대 본국지향노선은 이러한 민단 내부의 문제를 타개하려는 목적도 있었던 것이다.

1) 정치적 발언권의 획득: 국회 옵서버 참가

국회 옵서버 참가 요청은 10만 명에 1명의 비율인 60만 교포의 대표로 6명을 참가시켜 의결권 없는 발언권을 부여하도록 하자는 것이었다. 옵서버 파견은 비록 기표와 의결권은 없지만 민단이 대의기관의 역할을 한다는 의미를 포함하고 있었다. 그리고 주일대표부를 통하지 않고 재일한국인 문제를 국회에서 직접 논의할 수 있는 기회를 갖는 것이었다. 이 요청에 대해 이승만 대통령은 찬성을 표명하고 비서관을 국회로 보내 채택을 요청하였다.[18]

1952년 11월 14일 본회의에서 옵서버 참가 문제가 논의되었다. 일부 의원은 취지에 찬동하고 더 나아가 법적 조치를 강구해서 참정권을 주고 국회의원으로 참가시키자고 제안하였다.[19] 그러나 국회에 예외적인 존재를 두는 것에 반대하는 원칙론으로 인해 가결에 이르지 못하였다. 1952년 11월 17, 18일 외교위원회에서 구체안을 논의한 결과, 6명을 3명으로 줄일 것, 여비는 사비부담으로 할 것, 대표단의 수와 선출방법은 민주주의적 방식에 의해 민단이 결정할 것, 임기는 다음 정기국회인 제15회 국회회기로 하고 그 후 회기에 대해서는 새롭게 결정하여 통고할 것이라는 내용의 결의안을 11월 24일 본회의에 제출하였다. 그러나 그 자리에 출석한 김재화의 강력한 주장에 의해 6명을 참가시킬 것, 임기는 한국의 국회회기라 아니라 민단의 전체대회에서 선출되는 시점에서 다음 전체대회까지로 할 것 등 원안 그대로 채택되었다.[20]

민단 대표의 옵서버 참가는 재일동포 사회를 지원해야 한다는 국내 인식을 환기시키는 기회가 되었다. 1954년 7월 7일 민단 중앙총본부는 재일

---

18) 『동아일보』, 1952.10.8.
19) 「제14회 제21차 국회본회의 회의록」 1952년 11월 14일, 4쪽.
20) 「제14회 제28차 국회본회의 회의록」 1952년 11월 24일, 4-10쪽.

동포 문제를 심의하는 교포분과위원회를 국회에 설치하도록 요청하였고, 외교위원회 내에 재일본교포소위원회가 설치되었다.[21] 그중에서도 교육 문제 해결은 국회에서 종종 논의되었다. 재일동포 2세가 용공교육으로 공산화되는 것을 저지하는 일은 긴급하고도 중요한 문제로 여겨졌다. 민단 의장 김광남은 1953년 3월 24일 국회 본회의에서 '① 일본에 교육관을 파견하여 교육 문제를 해결할 것, ② 재일유학생 대책을 수립할 것, ③ 재일동포 아동교육에 대해 민족교육 대책을 수립할 것, ④ 재일동포 여권발행 사업을 간소화할 것, ⑤ 재외재산 반입의 길을 열어줄 것'을 요청했다. 그 결과 1954년도 예산에서 해외교육육성비가 계상되어 장학금 지급과 2명의 장학관 파견이 결정되었다.[22] 한국정부는 재일교포교육보조비와 규범학교 설비를 위해 1957년 2만 2,000달러, 1958년 7만 4,000달러, 1959년 18만 6,000달러, 1960년 36만 7,200달러를 보냈지만, 북한의 교육지원에 비하면 극히 적은 금액이었다.[23]

2) 경제지원에 대한 기대: 200만 달러 융자금 지원 문제

1952년「본국정부에 대한 요청건의안」중 중소기업을 위한 200만 달러 융자금 지원은 한국정부가 승인했음에도 불구하고 1950년대에는 실행되지 못하고, 1961년 민주당정권에 의해 비로소 실현되었다.

1950년 9월 현재 민단의 조사에서 일본 재류자 54만 1,597명 중 28만 6,118명(47.9%)이 실업상태였다.[24] 1950년대 전반에는 생활보호대상자 수가 늘어나서 1951년 10.1%였던 보호대상자 비율이 1955년에는 24.1%까지 높아져, 약 4명 중 1명이 보호대상자인 상황이었다.[25] 당시 재일동포 기업은 대부분 영세한 중소기업으로 자금조달에 곤란을 느끼고 있었다.

---

21) 『한국일보』, 1954.7.17, 12.8.
22) 「제15회 제40차 국회본회의 회의록」1953년 3월 24일, 2-3쪽 ;『조선일보』, 1953.11.2.
23) 李瑜煥, 1971,『在日韓国人60万』, 洋々社, 288쪽.
24) 朴慶植 編, 앞의 책, 92쪽.
25) 李瑜煥, 1960,『在日韓国人50年史』, 新樹物産出版部, 154-155쪽.

1952년 11월 서울출장에서 돌아온 김재화 단장은 국회 옵서버 참가와 200만 달러의 중소기업 융자금 지원 결정을 성과로 보고하였다. 이를 증명이라도 하듯 1953년 1월 방일한 이승만은 200만 달러의 융자금 지원을 약속하고 3월 27일 지원안이 국무회의를 통과하였다.26) 1953년 10월 21일에는 200만 달러 중 1차적으로 50만 달러의 융자금 지원을 실행하는데 이승만이 결재했다. 그 내용은 정부보유외화에서 50만 달러를 일본정부에 팔아서 일본 엔을 한국은행 도쿄지점의 특별계정에 넣어둔 후 신용조합원에게 빌려준다는 것이었다. 그리고 '① 운영위원회를 조직할 것, ② 신용조합원의 자격심사는 한국은행, 주일대표부, 민단에서 할 것, ③ 특별계정을 설치하여 처무할 것'을 민단에 지시하였다.27) 이에 따라 민단은 한국은행 도쿄지점, 주일대표부, 민단의 3자위원회의 설립에 나섰다.

융자금 지원 결정에 따라 민단과 재일동포 경제인을 중심으로 한국과의 경제적 협력에 대한 기대가 높아졌다.

첫째, 제1차 융자금 50만 달러를 받아들이기 위한 신용조합을 조직하였다. 1952년 2월 설립된 좌우합작의 동화신용조합에서 분리하여 나와 민단계로 구성된 한성신용조합을 결성하고 1954년 3월부터 업무를 시작하였다. 민단 중앙총본부 민생국은 각 지방에 신용조합을 결성하도록 지시하였는데, 이러한 움직임은 재일한국인 신용조합설립운동으로 연결되어 1958년에는 민단계 신용조합이 9개로 증가하였다.28)

둘째, 오사카지방을 중심으로 새로운 경제단체가 결성되었다. 재일동포가 많이 거주하는 오사카에서는 융자금 지원에 대비하여 보다 적극적으로 움직였다. 1953년 5월 13일 민단오사카본부 강당에서 재일한국인상공회 설립총회를 개최하고 정식으로 발족하였다. 재일한국인상공회는 7월 12일 한국 대한상공회의소의 특별초청으로 모국산업시찰단을 파견하고, 대일물자 구입에 있어서 재일동포 생산품을 우선적으로 구입해달라고 요청하였다.

---

26) 『조선일보』, 1953.4.2 ; 森田芳夫, 앞의 책, 209쪽.
27) 「제18회 전체대회, 제20회중앙의사회 집행기관 보고서 1954년 6월 10, 11일」 민단 중앙총본부(在日韓人歷史資料館 소장).
28) 李瑜煥, 1960, 앞의 책, 162-165쪽.

1953년 10월 구보다 발언 이후 한일 교역이 정돈상태에 빠지자 수차례에 걸친 한국정부와의 교섭으로 거래알선을 위해 대운무역주식회사를 발족시켰다.29) 한국과의 경제협력에 대한 기대감이 높아지면서 재일동포 경제인의 한국 왕래가 늘어났으며 상호부조체제도 정비되어 나갔다.

셋째, 민단 경제시찰단이 파견되었다. 민단은 이전에도 본국산업시찰단을 파견하였지만 융자금 지원 발표 이후 중소기업인 중심의 산업시찰단을 파견하기 시작하였다. 1954년 3차에 걸쳐 150여 명이 한국을 방문하였다. 이외에도 간사이 지방에서 재일한국인상공회가 주도하는 모국산업시찰단이 1953년부터 1956년까지 3회 파견되었다.30) 또한 민단은 재일동포 생산품의 우선 구매를 요청하기 위해 제15회 전체대회에서 설립된 심의위원회에서 5명의 구매위원을 선출하여 구매위원회를 설치하였다. 위원장으로서 임명된 김영준은 한국을 방문하여 정부요인과 교섭했지만 성과를 거두지 못하였고 구매위원회는 폐지되고 말았다.31) 재일동포 경제인의 기대는 경영자금의 조달과 생산품의 판로였기 때문에 이후에도 생산품의 선전을 위한 생산품전시회가 한국에서 수차례에 걸쳐 열렸다.

3. 융자금 지원의 불이행과 그 원인

한국정부의 승인에도 불구하고 200만 달러 융자지원책은 1950년대에는 결국 실행되지 않았다. 1954년 9월 29일 국회에서 김재화는 1차적으로 50만 달러를 원조하기로 한 약속이 아직 지켜지지 않았기 때문에 민단 내에서 비판이 나오고 있다고 했다.32) 그 결과 민간의 신용은 떨어지고 많은 재일동포 경제인이 민단으로부터 멀어져 갔다.

---

29) 在日大韓民國居留民團 大阪府地方本部, 1980, 『民團大阪30年史』, 1121-1123쪽.
30) 『민주신문』제349호, 1954.6.21 ; 재일한국인본국투자협회, 2005, 『재일한국인본국투자협회30년사』, 74쪽.
31) 「제18회 중앙의사회, 제16회 전체대회 집행기관 보고서 1953년 4월 11, 12일」(在日韓人歷史資料館 소장) ; 『민주신문』제354호, 1954.10.1.
32) 「제19회 제51차 국회본회의 회의록」1954년 9월 29일, 6-8쪽.

융자금 지원이 실현되지 않았던 이유에 대해서는 당시 몇 가지 해석이 있었다. 우선, 주일대표부의 비협력을 드는 의견이 있다. 민단에 비협력적이었던 김용식 공사의 반대로 지원을 받지 못했으며 이로 인해 민단과 주일대표부의 관계가 더 악화되었다는 것이다.33) 당시 주일대표부가 대통령의 결재사항을 뒤집을 정도로 영향력을 갖고 있었다고는 보기 어렵지만 민단에 적극적으로 협력하지 않았을 가능성은 높다. 또한 이와는 대조적으로 일본정부가 융자금 송금을 방해했다는 설명도 있었다. 1953년 10월 23일 주일대표부는 한국정부가 200만 달러를 한국은행 도쿄지점으로 송금하려고 했으나 일본정부가 거부했다는 성명을 발표하였다.34) 한편 일본 대장성의 반대와 재일유력자의 중상모략에 의해 중지되었다고 보는 의견도 있는데 이런 방해는 일시적이었을 가능성이 높다. 왜냐하면 민단 집행부가 일본정부와 재일동포 반대파에 대해 반발한 흔적이 그다지 보이지 않기 때문이다.

융자금 지원이 실행되지 못한 더 중요한 원인은 이승만의 소극성에 있었다. 국무회의를 통과하고 국정 최고결정권자가 결재한 사안이 시행되지 않았다는 것은 현실적으로 지출이 곤란한 상황이 있었을 것으로 추측된다. 그 이유로는 다음을 들 수 있다.

첫째, 이승만 대통령 부처가 달러 지출에 신경을 곤두세우고 관리했다는 이야기가 널리 알려질 정도로 1950년대 정부의 달러부족은 심각한 상태였다. 때문에 정부보유외화의 지출을 결정할 때 융자금 지원이 뒤로 미루어졌을 가능성이 있다. 둘째, 재일동포사회에 대한 한국 내에서의 인식이다. 한국정부의 수립 후 귀환하지 않은 재일동포에 대해 이승만이 좋게 생각하지 않았다고 한다. 정부수립 시 이승만은 재일동포의 기술력을 확보하고 그 재산반입을 기대하고 있었으나 한국전쟁이 일어나자 많은 사람들이 일본 정주를 선택하였다. 더욱이 국내에서는 한국전쟁으로 생계가 곤란해진 한국인보다는 재일동포가 보다 나은 생활을 하고 있다는 인식이 퍼져 있었다. 민단 내부에서도 전쟁을 금방 끝낸 상황에서 경제적으로 곤란한 본국에 경제적 지원을 요구하는 것은 잘못이라는 비판이 나올 정도였다.35)

---

33) 鄭哲, 1982, 앞의 책, 51-52쪽.
34) 『조선일보』, 1953.10.27 ; 坪井豊吉, 1975, 『在日同胞の動き』, 自由生活社, 563-564쪽.

여기에 더하여 이승만의 격렬한 반일태도가 융자금 지원책에 결정적인 타격을 주게 되었다. 융자금의 송금을 기다리던 1954년은 반일분위기가 정점에 달했으며 재일한국인 대책에도 악영향을 미쳤다. 이하에서는 이승만 정권의 반일정책과 민단의 대응에 대해 구체적으로 살펴보자.

III. 이승만정권의 반일정책과 민단

1. 친일·친공분자성명

구보다 발언으로 인해 한일회담이 결렬된 이후 한국정부는 일본 어선 나포를 비롯하여 일본상품의 배제 및 밀수단속을 강화하였다. 그런데 반일 정책에 타격을 입은 것은 일본인뿐만이 아니었다. 1954년 4월 28일 이승만의 담화는 재일한국인에게 큰 충격을 주었다.[36]

> 일본에 재류하는 동포들이 이번 총선거에 입후보하는 사람이 있다고 하여 거류민단의 요청으로 선거에 참가한다 하니 동포의 책임으로나 그 애국심은 가상은 하나 일본은 지금 우리나라 전 재산의 85%를 저의 것이라고 하고 우리나라의 최소한의 요구도 다 거부하고…… 또 일본 해군은 싸우라는 말만 있으면 한국과 싸운다 하며 한인 친일파를 보호해서 이전의 이조 때 모양으로 한국을 먹으려하니 총선거에 당하여 물자를 잠입케 하여 저의 친일하는 사람으로 정권을 도모하려는 이때에 지금 일본에 있는 한인 중에는 공산당원이 적지 않아서 지금도 종종 아편과 무기 등속을 틈틈이 잠매해서 지하공작을 도모하는 이때에 우리가 이런 한인 동포가 없을 걸을 알지마는 혹 이런 사람이 선거운동을 하게 된다면 매우 위험하니 물론 이런 사실을 알면 누구나 투표를 행할 사람이 없을 것이니 이런 점을 내가 재일교민단에 알게 하라고 지시했으니 일반 내외국

---

35) 『민주신문』 제354호, 1954.10.1.
36) 『조선일보』, 1954.4.30.

민들은 이대로 알고 내왕하는 것은 선거가 끝날 때까지는 엄금하니 살펴 보아야 할 것이다.

즉 친일분자와 함께 공산당 조직을 배경으로 한 재일동포가 5월 총선거에 입후보하려고 해서 한일 간 왕래를 엄금한다는 내용이었다. 그리고 5월 13일 담화에서 다시 한일교섭에 대한 일본의 자세를 비판함과 동시에 친일분자와 친공분자의 책동을 엄히 경계하도록 강조하였다. 더욱이 일본은 일본상품의 대한 밀수로 얻은 수입을 친일분자 양성을 위한 유학비로 충당하고 이들을 이용해서 한국의 정권장악을 기도하고 있다고 언급하였다.[37]

당시 이승만은 미국의 일본중시정책과 한일교섭에 대한 일본의 무성의에 강한 불쾌감을 나타내면서 반일정책을 추진하고 있었는데, 이에 더하여 재일한국인에게도 의혹의 눈길을 보낸 것이었다. 재일한국인 속에 친일·친공분자가 섞여 있다는 담화는 융자금 지원을 좌절시키는 결정적인 계기가 되었다.

외무부는 1954년 4월부터 한일 양국의 출입국자에 대한 여권발급을 제한하기로 했다. 당시 사용(私用)·공용(公用)의 목적으로 양국을 합법적으로 여행한 한국인과 재일한국인은 연간 3,000여 명이 넘었다. 1954년은 입국제한조치의 영향 때문인지 전년도보다 약간 감소하였으나 1950년대 재일한국인 출입국자는 매년 증가하였다.

〈표 1〉의 통계를 자격별로 나눈 조사에서 100명 이상의 항목을 살펴보면 출국자 4,013명 중 영주자가 2,009명, 유엔군요원이 515명, 가족 및 동반자가 488명, 통과자가 387명, 가족 및 동반자가 292명, 상용(商用)입국자가 279명이었다. 1954년 일본으로의 입국자는 3,587명 중 영주자가 1,539명, 가족 및 동반자가 517명, 유엔군요원이 514명, 통과자가 354명, 가족 및 동반자가 273명, 상용입국자가 247명이고 그 대부분은 한국으로의 왕래였다. 다시 말해 재일한국인과 그 가족 및 동반자의 외국방문이 70%를 차지하고 상용입국자도 다수 왕래하고 있었다.

---

37) 『조선일보』, 1954.5.15.

〈표 1〉 '조선인'의 입출국

연도	입국(명)	외국인 입국자 수에 대한 %	그중 한국으로부터의 입국(명)	출국(명)	외국인 출국자 총수에 대한 %	그중 한국으로의 출국(명)
1949년 11, 12월	79	3.2		99	4.1	
1950년	825	4.3		508	3.0	
1951년	1,035	3.8		734	3.0	
1952년	1,693	5.0		1,916	6.5	
1953년	3,772	8.1	3,765	4,013	9.2	3,891
1954년	3,587	6.2	3,058	4,015	7.3	3,696

* 출전: 森田芳夫, 1955, 『在日朝鮮人處遇の推移と現狀』法務研究報告書第43集第3号, 法務研修所, 129-130쪽.
(1) '조선인'이라는 용어는 모리타 마사오(森田芳夫)의 표기를 따랐으나 사실상 재일한국인의 이동을 나타낸다.
(2) 1952년까지 한국으로의 출국통계는 별도로 작성하지 않은 것으로 추정된다.

친일·친공분자성명과 입국제한 조치는 민단 측에 악영향을 미쳤다. 1954년 5월 국회의원선거에 입후보한 정찬진을 비롯한 4명의 민단 측 후보는 전원 낙선하였다.[38] 그리고 여권발급의 제한 때문에 민단이 파견하는 제2차 경제시찰단의 입국에도 지장이 생겼다. 1954년 6월 10~12일에 열린 제18회 민단 전체대회에서 친일파 문제에 대한 논쟁이 전개되어 대통령의 담화는 적절치 못했다는 결의문이 가결되었다.[39]

이처럼 한일국교정상화 이전에 재일한국인은 합법적 혹은 비합법적으로 국경을 왕래하는 존재였다. 그들은 한국과의 경제교류를 촉진함과 동시에 월경자로서의 이점을 살린 한일 매개자 역할을 수행하려고 시도하기도 하였다. 그러나 이승만은 재일한국인 대책에 소극적이었을 뿐만 아니라, 한일관계의 악화에 연동하여 재일한국인 사회는 친일적이라는 의혹을 보내어 결국 민단의 활동을 제한하는 결과를 초래하였다. 결국 이승만의 재일

---

38) 『민주신문』 제348호, 1954.6.1.
39) 『민주신문』 제349호, 1954.6.21 ; 坪井豊吉, 앞의 책, 563쪽.

한국인에 대한 인식이 여실히 나타난 친일·친공분자성명에 의해 융자금 지원은 실행에 이르지 못하고, 이로 인해 재일한국인 사회의 반이승만경향이 강해졌다.

2. 민단 내부의 친일파 문제

민단의 전신이었던 재일조선건국촉진청년동맹(이하 '건청')은 조련에서 이탈한 온건한 민족주의 우파, 반공주의자, 친일파가 모여 결성하였다. 건청은 노골적인 친일파를 중용하는 것은 피하고 있었으며, 1949년 한국의 반민족행위특별조사위원회 활동의 영향을 받아 친일파를 배척하고 있었다. 당시 한국정부가 민단에 친일파배제를 지시한 적은 없었지만 민단은 친일파를 제외할 방침을 스스로 밝혔다.[40] 때문에 해방 후 10년 정도는 민단 조직 내에서 친일파가 공식 활동을 할 수 없는 상태였다. 주일대표부 역시 친일파의 접근을 꺼렸으며 일제시기 일본 제국의회에서 중의원까지 지낸 박춘금은 주일대표부를 방문하려다 문전박대를 당하기도 했다.[41]

그런데 1950년대 중반에 일어난 정치적 변동으로 인해 민단은 딜레마적 상황에 빠져버린다. 1954년 10월 북한 외상 남일이 제안한 이른바 '남일어필'에 호응하여 1955년 1월 30일 재일남북통일촉진협의회(이하 '통협')이 결성되었다. 통일을 지향한 좌우합작의 협의체로서 결성된 통협에는 민단계, 민전계, 중립파가 참가하였는데, 민단계인 원심창, 권일, 이희원, 배정, 정인훈 등과 함께 중립계로서 김삼규, 박춘금도 참가하였다.[42] 이 중 민단계는 1948년 단독 정부수립에 반대한 남북협상 세력이 많았다. 그렇다 하더라도 민단의 현역고문과 전 간부가 통협 설립에 참가함으로써 민단은 큰 충격을 받았으며, 통협을 적성단체로 규정하고 반통협운동을 전개하였다.

한편, 민단의 재정확보라는 현실적 과제를 안고 있던 김재화는 일제시기 친일경력이 있던 인물이라도 민단에 협력하도록 바라고 있었다. 1953년 10월

---

40) 朴慶植 編, 앞의 책, 82쪽.
41) 「제20회 제25차 국회본회의 회의록」 1955년 4월 1일, 4-6쪽.
42) 민단30년사편찬위원회 편, 앞의 책, 73쪽.

5일 국회에 출석한 김재화는 박춘금과 같은 거물을 그대로 두기보다는 포섭해야 한다고 제안하였다.[43] 실은 박춘금은 이미 여러 차례 민단에 기부금을 내고 싶다는 의사를 밝히고 있었지만, 그의 친일경력 때문에 이를 거절하고 있던 상황이었다. 1955년 4월 1일 김재화는 통협에서 활동하던 친일인사의 문제를 언급하면서 포섭의 필요성을 다시 호소하였다. 공산주의와 싸우기 위해서라도 민생안정은 필요하며 박춘금, 권일 등과 협력함으로써 도움을 받을 수 있으니 주일대표부를 통해서 대책을 강구하도록 요청하였다.[44] 통협이 새로운 바람을 일으키고 있던 상황에서 민단이 조직 약체화를 탈피하기 위해서는 거물급 우파세력을 결집할 필요가 있다는 현실적 판단의 결과였다. 그러나 1955년 4월 제19회 민단 전체대회에서 김재화의 노선을 '정치중시'로 비판한 부단장 정찬진이 단장으로 선출되었다.

1956년 1월 박춘금, 권일 등은 통협에서 분리하여 나와 민주사회주의자동맹(이하 '민사동')을 조직하였다. 1957년 1월 20일 정찬진 단장은 민사동의 정치적 지향성을 묻는 편지를 보냈고 이에 민사동이 답장을 보냄으로써 양측은 화해하였다. 이후 민사동 사람이라도 민단에 출입하거나 가입할 수 있게 되었다.[45]

그러나 박춘금을 어떻게 대우할 것인지에 대해서는 여전히 이견이 있었다. 1958년 4월 제22회 전체대회에서 단장으로 복귀한 김재화는 그 자리에서 박춘금을 고문으로 추천했지만 참가한 대의원들에 의해 거부되었다.[46] 이 사건이 있은 후 민단의 재야세력으로 불리던 재경유지간담회는 오무라 소용소의 석방자 대책을 논의하는 자리에 박춘금을 초청하였다. 그 자리에서 박춘금은 '민단은 신용, 돈, 인재가 없다'며 민단의 무능함을 비판하였다.[47]

---

43) 「제16회 제49차 국회본회의 회의록」 1953년 10월 5일, 3쪽.
44) 「제20회 제25차 국회본회의 회의록」 1955년 4월 1일, 4-6쪽. 1955년 2월 5일 민단 중앙총본부 제21회 중앙의사회에서 원심창, 권일은 제명처분 당했는데, 이 제명처분은 1958년 10월 18일 해제되었다.
45) 權逸回顧錄刊行委員會, 1987, 앞의 책, 209-210쪽 ; 민단30년사편찬위원회 편, 앞의 책, 193-195쪽.
46) 鄭哲, 1967, 앞의 책, 193-195쪽.

이처럼 민단 내부의 일반적인 여론이 이른바 구친일파를 받아들이지 않는 것이었음에도 불구하고 민단의 일부 간부와 민단계 유지들은 포섭하기를 바라고 있었다. 특히 김재화의 친일파 포섭 주장은 한국이나 민단 내부에서 받아들여지지 못했으며 그 대책도 논의되지 못했다. 결국 민단 내부의 친일파 배제와 통합을 비롯한 중립파의 등장으로 민단은 우파진영을 결집할 수 없었다. 민단에서 이탈한 세력은 반민단, 반이승만정권의 성격을 강화시켜 나갔다.

 여기서 주목해야 할 점은 친일이라는 용어에 대한 이해이다. 이승만의 친일·친공분자성명은 과거에 대한 단죄가 아니라 현재의 행위를 가리키고 있는데 반해, 민단의 친일파 대책은 현재의 문제일 뿐만 아니라 과거의 문제이기도 했다. 이승만은 정치적 필요에 따라 친일파를 등용하는 등 유연한 자세를 취한 반면 대일정책으로서 반일이데올로기를 표명했는데, 이것은 전략적 측면이 강했다. 한편 일제시기와 해방 후에도 계속해서 일본에 거주해야 했던 재일한국인 사회에서 일본정부 및 일본인과의 관계를 재수립하기 위해서 친일파 문제에 대한 논의는 불가피했다. 그러나 불행히도 과거 청산을 위한 논의가 충분히 이루어지지 못했기 때문에 현재까지 재일한국인의 과거 문제가 남아 있는 것이다.

Ⅳ. 재일한국인 정책의 변화

1. 민단 3기관의 자유당정권 불신임결의

 1958년 10월 9일 민단은 북송저지 대책으로 북한강제노동자모집방지대책위원회를 구성하고 10월 27일 긴급중앙위원회를 열어 재일동포북송반대운동지침을 마련하였다. 이 지침에 따라 민단 각 지부는 성명을 발표하고 북송사업의 허구를 알리고자 하였다.[48] 그러나 이때까지 민단은 북송사업의

---

47) 鄭哲, 1967, 앞의 책, 182-184쪽.
48) 김동조, 1986, 『회상30년 한일회담』, 중앙일보사, 133쪽.

실태를 정확히 파악하지 못했으며 한국정부의 대책과 한일회담의 진척에 기대를 걸고 있었기에 미온적인 반대운동을 전개하였다.

일본정부가 북송사업을 결정하려는 움직임을 보이자 민단은 1959년 2월 2일 북송반대투쟁위원회를 결성하였다. 2월 13일 일본 각의는 정식으로 북송을 결정하였고 민단은 북송저지국민운동을 전개하였다. 한국에선 2월 13일 첫 반대시위가 있었고, 2월 21일 북송반대전국위가 서울운동장에서 반대집회를 연 것을 계기로 시위가 전국적으로 확산되었다. 민단도 2월 25일 도쿄 히비야 공원의 야외음악당에서 3,000명이 참가한 가운데 북송민중대회를 개최하고 도쿄 중심가를 행진하였다.[49]

김재화 단장과 박근세 의장은 북송반대운동을 위해 3월부터 국내에서 활동하다가, 4월 27일 국회 본회의에 출석하여 7개 항의 건의안을 제출하였다.[50] 그 내용은 '① 종합적인 근본대책을 세워 본국에서 명백한 방침을 지시해줄 것, ② 필경엔 상당수의 교포가 본국에 돌아올 수밖에 없을지도 모르니 지금부터 수입(受入)태세를 갖추어 줄 것, ③ 민족교육을 위해 원조를 계속 증대해줄 것, ④ 교포 상공인을 위해 일정한 금융자금을 융자해줄 것, ⑤ 교포의 생산품을 본국에서 적극적으로 구매해줄 것, ⑥ 교포의 본국 왕래 제한을 완화해줄 것, ⑦ 해외교민보조비를 비약적으로(최소한 20만 달러 선까지) 증액해줄 것'이었다. 이 건의안에는 1952년 이래 요청해오던 내용이 대부분 포함되어 있었다. 민단의 지속적인 요청에도 불구하고 무위무책의 재일한국인 정책은 바뀔 기운이 없었고, 민단 집행부의 불만은 높아져 갔다.

1959년 6월 15일 민단 3기관(집행기관, 의결기관, 감찰기관)은 재일동포 북송 문제에 관한 중대 시국에 대처하기 위한 연석회의를 개최하고, 민단 중앙총본부 단장 김재화, 중앙위원회 의장 박근세, 감찰위원장 이유천의 명의로 자유당정권에 대한 불신임결의를 채택하였다.[51]

---

49) 민단30년사편찬위원회 편, 앞의 책, 81-82쪽.
50) 『조선일보』, 1959.4.27.
51) 민단30년사편찬위원회 편, 앞의 책, 82쪽.

1. 재일동포 북송반대운동을 최후까지 계속 투쟁한다.
2. 일본정부에 대하여는 재일동포의 기본적 인권과 생활권 확보투쟁을 대중적으로 전개한다.
3. 본국정부에 대하여는 재일동포의 보호시책에 대한 10여 년에 걸친 청원을 해왔으나, 지금에 이르기까지 성의 있는 시책이 전무함으로 우리는 이 이상 인내할 수 없다. 이로써 자유당정권에 대하여 불신을 표명한다.

3기관의 불신임결의는 한국정부의 소극적인 북송저지대책에 대한 불만에서 제기된 것이지만, 이는 결국 이승만정권의 민단정책이 실패했음을 인정한 것이었다. 특히 이승만을 열렬히 지지하던 김재화가 본국에 대한 불신임결의를 주도한 것은 당시로서도 충격적인 사건이었다. 북송저지에 주력해야할 때 민단이 불신임결의를 발표하자 국회는 서둘러 대책을 강구하고자 나섰다. 6월 17일 국회 본회의에서는 「재외국민보호지도를 위한 건의안」과 「재일교포 북송반대에 관한 결의안」을 채택하였다.[52] 이 결의안은 정부에 전달되었고 김동조 외무차관은 재일동포를 위한 정부 보조금으로 1만 달러를 긴급 송금할 계획을 세우고 재무부와 협의하는 중이라고 밝혔다.

한편 불신임결의는 민단 내부에 더욱 큰 충격을 안겨주었다. 6월 18일 열린 전국민단단장회의에서는 중앙총본부의 성명은 정부 불신이 아니라 재일정책에 대한 불신을 나타낸 것일 뿐이라고 발표하고, 정부가 신용할 수 있는 대책을 강구해줄 것을 요구하였다.[53] 6월 21일에는 3기관추방민중대회 실행위원회가 결성되어 김재화 단장과 지도부에 대한 불신을 드러냈으며, 7월 14일 나고야에서 열린 제24회 임시전체대회에서 정인석이 단장으로 선출되었다.

한국정부와의 관계유지를 최우선적으로 여긴 민단 관계자들의 인식은 다음 발언에서 단적으로 드러난다. 6월 19일 임시회의에서 오사카 분단장 최인주는 "우리는 일본에서 어떤 대우를 받든 그리고 어떠한 사태가 발생

---

52) 「제32회 제45차 국회 본회의 회의록」 1959년 6월 17일, 17-24쪽.
53) 『동아일보』, 1959.6.19 ; 『조선일보』, 1959.6.19.

하든 재일민단은 조국애국 동포애로써 대한민국정부에 계속 절대지지할 것을 확인한다"고 선언하였다.54) 재일동포 사회의 이념 대립과 북송을 둘러싼 불안한 정황 속에서 재일한국인이 재외국민으로 존재하기 위해서는 본국에 절대적인 지지를 보내는 이외의 선택지는 없었던 것이다.

2. 한국 송환계획 구상과 좌절: 송환에서 영주로

한국정부가 북송 문제의 심각성을 깨달은 것은 꽤 늦은 시기였다. 조총련이 북송 희망동포 2만 명 이상의 서명을 확보하고 조직적인 선전을 펼칠 때까지 주일대표부는 북송을 희망하는 오무라수용소 억류자 문제에 몰두하고 있었다. 이는 정부와 주일대표부가 정세를 안이하게 판단하고 북송문제를 한일교섭 방해책의 일환으로 이해하고 있던 데 원인이 있었다. 그리고 1958년 5월 아쓰기의 방한 이후 한일교섭이 순조롭게 진행되고 있었기에, 한국정부는 기시 수상의 친한적 태도에 기대를 걸고 있었으며 일본이 북송을 용인하지 않을 것이라고 판단하였다.55)

북송을 저지하기 힘들어지자 이승만은 재일한국인을 한국으로 송환할 계획을 추진하였다. 조총련이 주도하는 북송사업에 타격을 가하면서 재일한국인을 한국으로 송환하고 그 대신 보상금을 받는 방안을 구상했던 것이다. 이 구상은 1959년 3월 20일 이승만, 다울링 주한미대사, 김동조 외무차관의 회담 시 처음으로 제기되었다. 이승만은 "일본정부가 재일한국인에게 적절한 보상을 지급한다면 우리는 귀국을 희망하는 모든 동포를 받아들일 용의가 있다. 재일한국인의 귀국은 일본 측이 바라는 일이어서 재일한국인 문제를 해결할 수 있는 최선책이라고 생각한다"고 말하고, 미국이 관심을 보인다면 송환 구상을 구체화해갈 용의가 있음을 밝혔다.56)

---

54) 『조선일보』, 1959.6.20.
55) 김동조, 앞의 책, 129-133쪽.
56) 위의 책, 160-161쪽. 북송 문제를 둘러싼 미국의 중재에 대해서는 朴正鎭, 2009, 「冷戰期日朝関係の形成(1945-65年)」, 東京大学大学院 総合文化研究科 地域文化研究専攻 博士論文, 243-254쪽 참조.

이에 대해 6월 17일 다울링은 김동조에게 미국의 특별지원금을 약속하였고, 7월 13일 이승만은 다울링과 김동조를 다시 불러, 일본이 재일한국인에게 보상금을 지급한다면 그들 모두를 받아들이겠다고 말했다. 다울링은 한국정부가 그렇게 한다면 일본 측도 어느 정도 재정적 보상을 할 것이며 보상금 지급은 개인별이 아닌 일괄 타결 형식을 취해야 할 것이라고 밝혀, 미국 측이 이 문제를 구체적으로 검토했음을 시사하였다.57) 8월 27일 한표욱 주미공사도 자유의지에 의한 재일한국인의 송환을 한국이 받아들일 경우 미국은 재정지원을 할 예정이라고 연락해왔다.58) 즉, 재일한국인을 한국으로 송환하는 대신 미국이 중재에 나서서 일본에게 자금을 대여해줄 수도 있다는 것이었다.

1959년 8월 이승만은 재일교포의 법적 지위교섭에 대한 지시를 기다리고 있던 도쿄의 한일회담 대표단에 재일교포의 송환에 대한 훈령을 내렸다. 그 내용은 '① 일본에 거주하는 모든 한국인은 본국에 귀환해 조국에서 다시 살도록 할 것, ② 일본정부는 귀국하는 재일동포가 소유한 전재산을 가지고 귀국할 수 있도록 조치하되, 일본에 강제로 끌고 간 보상금으로 1인당 1천 달러씩 지급할 것, ③ 만일 귀국하지 않는 교포는 우리 국민이라 할 수 없으니 이들을 우리 정부가 보호할 책임이 없고 따라서 일인들이 맡아서 처리할 것'이었다.59) 즉 자유선택의 원칙은 재일한국인에게 적용되어서는 안되며 만일 한국으로의 송환을 희망하지 않는 동포가 있다면 애국심이 없다고 단정하고 한국 국민으로 허용하지 않는다고 강조하였다.

다분히 감정적인 지시로 보였던 이 훈령에 대해 한일 양국은 각자의 계산이 맞춰 논의를 진전시켰다. 한국정부는 재일동포의 한국 송환을 강행하는 대신 적절한 보상금 지급과 재산 반입으로 경제적 보장을 얻으려 했고, 일본으로서는 골치 아픈 재일한국인 문제를 일거에 해결할 수 있었기 때문이다.

10월 9일 제4차 한일회담 한국대표단이 제출한 재일한국인에 대한 협정

---

57) 김동조, 앞의 책, 179·190쪽.
58) 「재일한인 북한 송환 1959.1-8」, 한국외무부문서, 필름번호 C1-0009, 403쪽.
59) 김동조, 앞의 책, 194쪽.

초안에는 송환과 관련된 내용이 포함되었다.[60] 주요사항을 살펴보면 '첫째, 동 협의서가 효력을 발휘한 후 2년 이내에 한국으로 귀환할 것을 희망하는 재일한인의 경우 일본정부가 그 송환과 재정착을 위한 보상금을 지급하고, 송환에 필요한 편의를 제공한다. 둘째, 재일동포가 대한민국에 귀환할 경우 소유동산은 자유롭게 이동할 수 있게 하고 세금 등을 징수하지 않는다. 셋째, 본인이 희망한다면 재일한인은 계속해서 일본에서 거주할 수 있으며 한국정부와의 협의 없이 국외로 추방될 수 없다'는 것이다.

이후 재일한국인의 한국 송환에 관한 협상은 보상금에 초점을 맞춰 진행하였다. 12월 10일 주한미대사관의 일등서기관 레너드는 최규하 외무차관과 회담을 갖고, 보상금 지불조항이 효력을 발휘한다면 100만 달러의 총보상금 중 2년 내 각 세대에 1,500달러씩 지불하게 된다고 설명하였다. 이 금액은 9월 일본정부의 요청에 따라 Usom-K 보고서에 기초하여 계산된 금액이었다. 레너드는 합의내용이 실현된다면 3만 명이 한국으로 돌아가고 2만 명은 북한으로 돌아갈 것이라고 예상했지만, 일본정부가 보상금을 지급할 의사가 있는지는 확실치 않다고 밝혔다.[61] 그런데 일본 측은 보상금이라는 표현은 사용할 수 없다는 입장이었고, 한국 측은 보상금이라는 표현을 유지하면서 보상금 수취인은 한국정부로 한다는 확약을 원했다. 그리고 보상금이 송환을 위한 시설제공에 이용되지 않도록 요구하였다. 이에 대해 맥아더 주일대사는 '보상'이라는 용어를 일본 측이 받아들이기 어려울 것이라고 하였고, 한국도 '재정원조'라는 용어는 받아들일 수 없다는 입장이었다.[62]

금액에 대해서 일본 측 교섭파트너였던 이세키 아시아국장은 한일 양국이 송환하는 세대수를 추산하면, 미국 측이 총보상금의 일시금 지급을 위해 일본에 자금을 빌려줄 것이라고 설명하였다. 그러나 맥아더 주일대사는 돌연 태도를 바꿔 미국은 중재자 역할을 할 뿐 보상금을 빌려줄 용의는 없다고 밝혔다. 미국이 재정지원에 부정적으로 나오자 일본 측은 한국과 미

---

60) 「재일한인 북한 송환 1959.9-60.1」, 한국외무부문서, 필름번호 C1-0010, 61-65쪽.
61) 「재일한인 북한 송환 1959.9-60.1」, 한국외무부문서, 필름번호 C1-0010, 209-211쪽.
62) 「재일한인 북한 송환 1959.9-60.1」, 한국외무부문서, 필름번호 C1-0010, 315-316·320-322쪽.

국이 교섭할 것을 제안했지만, 한국정부는 돈을 지불할 당사자는 일본정부이기 때문에 한국이 미국에 협력을 요청하는 것은 적절하지 않다고 거절하였다.[63] 이처럼 보상금 지급을 놓고 미국과 일본이 입장 차이를 보이면서 더 이상 논의는 이루어지지 못했다.

송환 문제를 둘러싼 협의내용에서 알 수 있는 것처럼 한국정부는 일관된 재일한국인 정책을 세우기보다는 골치 아픈 송환 문제를 보상금을 받으면서 일거에 해결하고, 재산반입을 통해 국내에 미치는 경제적 부담을 최소화하려 하였다. 하지만 이 논의는 정작 재일한국인 당사자의 의사와는 전혀 상관없이 진행되었을 뿐만 아니라 국내 정착대책도 전혀 검토되지 않았다.

결국 재일한국인의 한국 송환계획은 추진되지 못한 채 묻혀 버리고 말았다. 이승만의 파격적인 송환구상에 대해서는 당시 부정적인 의견이 많았다. 1959년 8월 10일 열린 제4차 한일회담 대표단 사전협의회에서 회담 대표인 유진오, 허정, 장경근, 이호는 재일동포를 무조건 받아들이는 송환대책에 반대하였는데 그 이유로 재일동포의 정치적 성향을 거론하였다.[64] 특히 자유의지를 따르지 않는 강제송환을 할 경우, 용공적 사상을 가진 자들이 한국에 들어오는 것을 막지 못한다는 것이었다. 더욱이 허정은 재일동포에게 국적선택의 자유를 주어야 할 것이라고 언급한 한편, 이호는 재일동포는 일본 국적을 취하던지 영주권을 취해야 하며 혹시 논의되고 있는 송환 문제를 재일동포가 안다면 큰 소동이 일어날 것이라고 예상했다. 유진오는 재일동포에게 국적선택의 자유를 주거나 일본 국적을 갖게 하는 것은 이 대통령이 절대적으로 반대하고 있으며 가능치 않다고 말했다. 즉 이승만이 재일동포의 국적은 모두 한국 국적을 취해야 한다고 생각했던데 반해 당시 회담 대표들은 유연하게 국적을 취하도록 해야 한다는 인식을 갖고 있었던 것이다.

재일한국인의 국적 문제에 대한 이들 관료의 인식은 박정희정권이 등장

---

63) 「재일한인 북한 송환 1959.9-60.1」, 한국외무부문서, 필름번호 C1-0010, 315-316·346·347·353-355쪽.
64) 「재일한인 북한 송환 1959.1-8」, 한국외무부문서, 필름번호 C1-0009, 268-273쪽.

한 이후 비로소 기본정책으로 정착하였다. 1962년 11월 10일 작성된 외무부 정무국 교민과의 「재외국민지도위원회간사회에 제출한 연구서(안)」을 보면 재일한국인에 대한 기본정책이 변화하였음을 알 수 있다.[65]

1. 자유민주주의 이념하에 재일국민을 단결시켜 대한민국 국민으로서 지위를 향유케 한다.
2. 적색침략의 위협으로부터 재일국민의 자유를 확보하며 생활의 향상을 기한다.
3. 대국민으로서의 위신을 고양하며 한일이해, 친선증진에 기여케 한다.
4. 재일국민을 되도록이면 일본에 영주케 하는 방향으로 육성 지도한다.

기본방침은 재일한국인을 '반공적 재외국민'으로 일본에 영주토록 지도한다는 내용이었다. 또한 연구서(안)에서는 재일한국인의 대부분이 귀국을 희망하지 않으며, 일본에서 생활할 수 없는 극빈자 혹은 고향에서 친척과 생활하려 하거나 한국에서 자녀를 양육시키려는 사람들이 귀국할 뿐이라고 지적하였다. 경제인, 지식층 등은 일본인과 결혼하거나 생활기반이 일본에 있으므로 한국으로 귀환하려 하지 않았기 때문이다. 즉 한국정부가 비로소 일본에 거주하는 재외국민으로서 재일한국인의 실체를 인정한 것이었다.

3. 박정희정권의 민단관리정책

이승만정권이 붕괴한 후 1960년 5월 25, 26일 도쿄에서 열린 제25회 전체대회에서 민단은 제3선언을 채택하였다. 제3선언이란 민단은 사상단체나 정치단체가 아니며 본국 혹은 해외의 어떠한 사조나 정치 주류에 치우치지 않고 그중 하나를 지지하거나 이에 가담하지 않는다는 탈정치화 선언이었다. 그러나 1961년 한국의 정치상황 변화로 인해 민단의 탈정치화선언은

---

[65] 「재외국민지도자문위원회에 관한 건 1963-1964」, 한국외무부문서, 필름번호 P-0002, 17-28쪽.

백지화되었고 민단은 더욱 정치적인 성격을 띠게 되었다.

1961년 5월 16일 제27회 전체대회가 개최되는 도중 한국에서 군사쿠데타가 일어났다는 뉴스가 들어왔다. 군사정권 성립 경과에 대한 김광남 의장의 보고가 있은 후 민단은 대회 명의로 군사쿠데타 지지 성명을 발표하였다.66) 이는 재일한국인의 권익을 위해 독자노선을 유지하고자 한 제3선언의 방기를 의미하였다. 이 대회에서 단장으로 선출된 권일은 김광남 의장과 함께 6월 13일 귀국하여, 22일 국가재건최고회의 관계자를 방문하고 23일에는 회견을 열어 민단은 군사쿠데타를 전적으로 지지하며 적극적으로 협력하겠다고 밝혔다.67) 지지표명 선언은 군사정권의 정당성을 인정하고 그 대가로 재일한국인을 위한 적극적 대책을 요망한 것이었다. 권일은 박정희정권과의 관계에서 협조적인 태도를 유지하면서 한일회담에 대한 정부의 입장에도 지지를 보냈다. 1963년 5월 제29회 전체대회에서 김금석이 단장이 된 후 법적지위 관철을 놓고 민단과 주일대표부가 대립한 적도 있었지만, 1964년 7월 다시 권일이 단장으로 선출됨으로써 정부와 밀접한 협력관계를 유지하였다.

권일 단장시대의 민단은 철저히 본국과의 협력관계를 중시하였고, 권일은 정부의 지지에 힘입어 뛰어난 지략으로 반대파를 배제해나갔다. 1961년 5월 단장취임 이후 권일의 과거행적과 정치성향에 대한 공개 질문장이 던져진 것을 시작으로 권일에 대한 성명이 여러 건 발표되었다.68) 그 내용은 일제시기 친일행적과 1950년대 민사동 활동에 관한 것으로 추정되는데 권일은 자신에 대한 공격은 단장 선거전의 여파일 뿐이라고 주장하였다. 그리고 단장으로 선출되자마자 자신을 반대한 도쿄본부 단장을 간부에서 제외하도록 요청하고, 일부 재일한국학생동맹(이하 '한학동') 간부에 대해서 중앙의사회의원 자격을 박탈하고 추방하였다. 주일대표부와 권일은 한 목

---

66) 민단30년사편찬위원회 편, 앞의 책, 83쪽.
67) 『조선일보』, 1961.6.23, 6.24. 1960년 7월 권일은 10년 만에 한국을 방문하였다. 당시 신문은 권일을 이승만정권으로부터 억압받아 방한하지 못했으며 동포를 위해 수백 회의 무료변론을 했던 양심적인 변호사로 소개하였다(『조선일보』, 1960.7.4).
68) 민단30년사편찬위원회 편, 앞의 책, 306쪽.

소리로 재일한국청년동맹(이하 '한청')을 용공으로 간주하여 압력을 가하고 한청 개조를 결의하였다. 민단 간부를 지낸 정철은 이러한 권일의 행동을 권위주의적 억압정책이라고 비판하였다.

1962년 3월 28일 권일은 남북협상평화통일론자와 군사정권 반대자 내지는 비판자들이 금후 민단조직과 그 산하단체 직원으로 취임하는 것을 배제한다는 「거류민단의 당면 기본태도」라는 성명을 발표하였다.[69] 그리고 3월부터 개최되는 민단의 각급대회에 대한 조총련의 침투공세를 배제한다는 성명을 발표하고, 민단과 박정희정권에 반대하는 세력은 용공세력으로 의심할 가능성이 있다고 시사했다. 1962년 5월 21, 22일 제28회 전체대회가 고베에서 개최되었는데 한청과 한학동 문제와 곽동의에 대한 제명처분 등으로 논란이 일었고 정찬진, 김재화, 김금석 등이 사의를 표명하기에 이르렀다.[70]

1960년대 민단의 분열은 권일이라는 개인적 요인으로 크게 작용했지만, 근본적으로는 박정희정권에 대한 인식, 통일 문제, 법적지위 관철운동을 둘러싼 입장 차이에서 기인했다고 할 수 있다. 권일은 반대파를 배제하기 위한 수단으로 반공주의라는 효과적인 명목을 내세웠으며 민단 내부에서는 통일 문제나 법적지위 관철을 주장할 수 없게 되었다. 한편 권일 단장시대에는 이른바 구친일파가 완전히 부활하였는데 이는 한일관계를 중시하는 정부의 방침에 따라 친일파의 활동공간이 넓어진 것이다.

박정희정권이 등장한 후 재일동포 경제인에 대한 융자금 지원은 물론 민단에도 거액의 지원비가 지출되었는데, 그 대신 민단은 통제와 관리의 대상이 되었다. 1961년 9월 4일 외무부는 정세 문화과장을 단장으로 한 4명의 재일교포 지도계몽단을 파견하였다. 이 계몽단은 3주간의 일정으로 일본에 체재하면서 민단 간부에게 군사쿠데타의 성격과 한국의 실정을 이해시키기 위한 특수훈련을 시키고, 일본 주요도시를 순회하면서 강연회를 개최하였다.[71] 또한 재일한국인 사회를 통제하고 관리하려는 정부의 의사가

---

69) 『조선일보』, 1962.3.29.
70) 민단30년사편찬위원회 편, 앞의 책, 84쪽.
71) 『조선일보』, 1961.9.2, 9.4.

명확히 나타난 것이 바로 1962년 재외국민지도자문위원회의 설치였다. 동 위원회는 그 역할을 다하지 못한 채 1968년 9월 폐지되고 말았지만, 설치 당시의 구상은 '재외국민의 지도, 보호 및 육성에 관한 기본정책의 수립 및 관계부장관의 자문에 응하는 기관'을 만드는 것이었다.[72] 외무부, 내무부, 국방부, 문교부, 보사부, 교통부, 공보부의 각 차관과 중앙정보부 제3국장으로 구성되는 동 위원회는 위원들의 회의 참석률이 낮아서 중대 사항은 공문으로 처리되었다. 주요 부처의 차관을 한 자리에 모아놓고 논의한다는 자체가 어려운 일이었는데, 그만큼 박정희정권이 재외국민으로서 재일한국인 문제에 각별한 관심을 갖고 있었다는 것을 알 수 있다. 그리고 정부는 1962년 1월 23일 민단 중앙기관지인 『민주신문』을 『한국신문』으로 개칭하고 2월 1일부터 일간으로 발간토록 했다. 신문 발간을 위한 재정의 85% 정도를 정부가 지원함으로써 민단의 의견을 완전히 장악할 수 있었다.[73] 그 외에도 민단의 각 기관에서 한국으로 보내는 문서도 민단 중앙총본부와 주일대표부를 통하도록 지시하여 톱다운 방식으로 운영하면서 민단 내에서 이견이 나올 여지를 차단하였다.

이처럼 박정희정권이 민단을 통제와 관리하에 두었던 것은 한일국교정상화를 비롯한 일본과의 관계개선을 위해 재일한국인을 통제할 필요가 있었기 때문이었다. 박정희정권의 민단관리정책은 친정부적인 민단 집행부에 힘을 실어주게 되고, 결과적으로 민단 내 세력 분열과 이른바 구친일파의 부활을 가져오게 되었다.

---

72) 「재일국민지도자문위원회에 관한 건 1963-1964」, 한국외무부문서, 필름번호 P-0002, 29-33쪽.
73) 「재일국민지도자문위원회에 관한 건 1963-1964」, 한국외무부문서, 필름번호 P-0002, 17-28쪽.

V. 맺음말

 이상과 같이 1950, 1960년대 민단은 한국정부에 대해 지원과 지도를 요청하는 본국지향노선을 지속적으로 추진한데 비해, 한국정부의 재일한국인 정책은 한일교섭의 전개에 따라 변화해갔다. 1950년대 세력의 열세와 경제적 궁핍을 겪던 민단은 한국정부에 정치적 참가와 경제적 지원을 요청했지만, 반일이데올로기를 표방하던 이승만정권은 재일한국인에 대해 무위무책으로 일관하였다. 이승만정권은 일본정부와 조총련의 북송 계획에 대응하여 재일한국인의 한국 송환을 추진하기도 했지만, 북송저지의 실패와 함께 민단으로부터 불신임결의를 받기에 이르렀다. 1960년대 박정희정권이 등장한 이후 재일한국인 정책에도 변화가 나타났는데, 민단은 정부로부터 지원을 얻는 반면 통제와 관리의 대상이 되었다. 결국 재일한국인은 반공적 재외국민으로서 관리 받게 되었고 민단 내부에서 이견을 가진 세력은 용공으로 간주되어 배제 당했다.
 민단이 재외국민 자치단체로 존재하기 위해서는 한국정부에 대한 절대적인 지지를 유지해야 했으며, 이로 인해 한국정부와의 관계에서 민단이 고를 수 있는 선택지는 매우 제한적이었다. 일제시기 경력과 정치적 성향이 달랐던 김재화, 정찬진, 권일로 이어지는 지도부 교체에 따라 한국정부에 대한 의존도와 지지도는 차이를 나타냈지만, 그렇다 해도 그들이 추구하는 본국지향성이 본질적으로 다르지 않았다.
 이에 반해 1950, 1960년대 한국정부는 한일교섭의 과정 속에서 반일·반공이데올로기를 선택적으로 구사하면서, 그 방침에 따라 재일한국인 정책을 바꿔 나갔다. 즉, 재일한국인 문제는 한일회담의 전개와 남북 이데올로기 대립의 종속적 변수로 결정되었으며, 한국정부의 재일한국인 정책은 한일관계에 대한 시의적 정책 변화를 반영한 결과물이었던 것이다.

【참고문헌】

「재외국민실태조사 1953-1960」, 한국외무부문서, 필름번호 P-0002.
「재외국민실태조사 1957-1959」, 한국외무부문서, 필름번호 P-0001.
「재일한인 북한 송환 1959.1-8」, 한국외무부문서, 필름번호 C1-0009.
「재일한인 북한 송환 1959.9-60.1」, 한국외무부문서, 필름번호 C1-0010.
「재일국민지도자문위원회에 관한 건 1963-1964」, 한국외무부문서, 필름번호 P-0002.

강노향, 1966, 『논픽션 주일대표부』, 동아PR연구소출판부.
김동조, 1986, 『회상30년 한일회담』, 중앙일보사.
朴慶植 編, 2000, 『在日朝鮮人関係資料集成戦後編』第3卷, 不二出版.
민단30년사편찬위원회 편, 1977, 『민단30년사』, 재일본대한민국거류민단.

權逸回顧錄刊行委員會, 1959, 『祖国への念願』, 松澤書店.
_____, 1987, 『權逸回顧錄』, 育英出版社.
鄭　哲, 1982, 『民団今昔』, 啓衆新社.
_____, 1967, 『民団』, 洋々社.
森田芳夫, 1955, 『在日朝鮮人処遇の推移と現状』法務研究報告書 第43集 第3号, 法務研修所.

한일회담과 '재일한국인'의 법적지위 문제*
퇴거강제를 중심으로

고바야시 레이코(저) / 정미애(역)**

Ⅰ. 머리말

현재 재일외국인에게 인정되고 있는 '영주권'이란 문자 그대로 일본에 거주하고 있는 외국인이 무조건 일본에 영주할 수 있다는 의미는 아니다. '출입국관리 및 난민인정법'에 위반될 경우, 일본에서 오랫동안 살아왔고, 생활기반이 일본에 있더라도 일본에서 강제적으로 퇴거당하게 된다.

1965년 6월 22일, 「일본국에 거주하는 대한민국 국민의 법적지위협정 및 대우에 관한 일본국과 대한민국과의 협정」(이하, '법적지위협정')이 체결되어, 1965년 12월 17일부터 법적지위협정에 근거한 출입국관리특별법이 시행되었다.

법적지위협정이 체결된 직후부터 그 내용에 대해 비판이 있었다. 영주권에 대해서는 법적 체류자격이 더욱 복잡해졌다든가, 혹은 "계속해서 일본

---

* 본고는 李鍾元・浅野豊美・木宮正史 編, 『歴史としての日韓国交正常化』(法政大学出版会, 2010년 간행예정)에 게재된 논문을 한글로 번역한 것이다.
** 고바야시 레이코(小林玲子): 배재대학교, 정미애. 국민대학교

에 거주하고 있는" 자에 대해서 '영주권'이 부여되는 범위가 한정되어 있다는 등의 비판이 있었다.[1] 예를 들면 퇴거강제 해당자에 대한 "외국의 원수, 외교사절 또는 그 공관에 대한 범죄행위에 의해 금고 이상의 형에 처해진 자로, 법무대신이 그 범죄행위에 의해 일본국의 외교상 중대한 이익이 침해되었다고 인정한 자"라는 규정은 그 적용범위가 확실하지 않고, 금고 이상의 형에 처해진 자에 대해 "일본국의 외교상 중대한 이익을 침해한 자"라는 판단은 미리 외무대신과 협의하지 않으면 안 된다고는 하지만, 법무대신에게 일임된다는 부분이 매우 위험하다는 지적이 있었다.[2]

외국인에 대한 법적 조치로서, 퇴거강제는 '전가(傳家)의 보도(寶刀)'라고 할 수 있다.[3] 법적지위협정에서는 비록 퇴거강제사유 항목은 적어졌지만, 출입국관리령 제24조의 퇴거강제사유와 비교해보면, 출입국관리령상의 퇴거강제사유는 일본의 국내법으로서 다른 국가에 대해 구속력을 갖지 못하는 것이었다. 그러나「한일회담」이라는 국가 간 조약에 의해 정식으로 인정되었을 때는 쌍방의 국가를 구속하는 힘을 갖게 되기 때문에 당당히 퇴거강제할 수 있게 되어 퇴거강제의 권한은 보다 강해질 우려가 있었다.[4]

그렇다면 왜 이와 같은 문제점을 안고 있음에도 한일회담에서 퇴거강제

---

1) 小川政亮, 1965.9,「日韓条約の批判的検討 在日韓国人の法的地位・待遇協定」,『法律時報』第37卷 第10号, 24-33쪽. 이하 小川 논문.
2) 小川 논문은 한일법적지위협정에 대한 비판적 검토로 특별법에 대한 것은 아니지만, '외국원수・외교사절 또는 그 공관에 대한 범죄행위에 의해 금고 이상의 형에 처해져, 일본국의 외교상의 중대한 이익을 해친 자'라는 규정에 관해, '외국원수・사절에 대한 폭행・협박・모욕'에 대한 형법 제90조, 91조가 전후 헌법 제14조의「법 아래 평등의 원칙」의 적용을 근거로 불경죄와 더불어 폐지되었다는 점에서 문제시하고 있다. 또한 식민지지배기에 강제연행이나 기타 사정에 의해 도일할 수밖에 없었고, 그대로 일본에 생활근거를 갖게 된 재일한국인으로부터 생활기반을 약탈하는 강제퇴거는 실정법을 넘어 근원적인 당위성의 레벨에서 이 문제를 생각했을 경우, 불만족스럽다는 비판이 있다(金敬得, 1995,『在日コリアンのアイデンティティと法的地位』, 明石書店, 98-99쪽).
3) 亀井靖嘉, 1960.11,「在留特別許可について」,『外人登録』第43号. 가메이(亀井) 자신은 이 논문의 마지막에서 "퇴거강제는 형(刑)이 아니므로 개인의 특수사정을 고려해서 다양한 정상을 참작이 이루어지지 않으면 안 된다"고 결론짓고 있다.
4) 橋本紀徳・松山正, 1964,「在日朝鮮人の永住権問題」,『在日朝鮮人の法的地位』在日朝鮮人の人権を守る会, 157쪽.

사유가 인정되었을까. 이 법률의 퇴거강제사유에 대해 한일에서 어떤 절충을 거쳐 성문화되었을까를 검증하는 것이 본고의 목적이다. 이와 같은 시도는 한일 양국이 한일회담을 통해 재일한국인을 앞으로 어떻게 일본사회에 자리매기고자 했는가를 이해하는 데 일정한 의의가 있다고 생각된다.[5]

선행연구 및 간행자료에서는 한국과 일본의 한일회담에서의 기본방침에 대해 다음의 내용들이 밝혀졌다.

대한민국정부 편『한일회담백서』(1965)는 다음과 같이 정리하고 있다. 일본 측은 퇴거강제는 국제사회에서 이해되고 있는 명백한 관례라는 입장인 데 대해, 한국 측은 재일교포는 대부분이 일제하에 강제징용 또는 징병으로 일본에 건너와 종전 후에도 계속해서 체류하게 된 역사적 배경을 고려하여, 그들이 원한다면 현재 일본에 거주하고 있는 한국인은 물론 그 자손도 언제까지나 일본에 거주할 수 있는 지위를 법적으로 보장하지 않으면 안 된다는 방침을 취했다. 또한 일본에 영주하게 된 이상, 교육, 사회보장, 재산권 등의 수익 및 권리행사에 있어서도 일본국민과 동일한 처우를 받을 수 있도록 할 방침이었다. 그러나 재일교포에 대한 처우가 일본국민과 동일하게 되지 않는 실질적 한계를 나타내는 것이 바로 영주권을 가진 자에게 적용되는 퇴거강제라고 적고 있다.[6] 따라서 한국정부는 당시 재일교포에 대해서 영주권이 인정되었을 경우, 한국이 독자적인 교육을 보장하기보다는 오히려 일본사회에서 불이익이 없도록 제도를 정비해야만 한다고 생

---

[5] 한일회담에서의 재일한국인의 법적지위를 논할 경우, 당연히 퇴거강제의 측면뿐만 아니라 영주권에 관한 문제점과도 균형을 맞춰 고찰해야 한다고 생각하지만, 본고에서는 지면상의 이유도 있어 퇴거강제를 중심으로 살펴보았다. 영주권, 사회보장, 교육 등의 측면은 금후의 과제로 하고자 한다. 또한 필자는 재외한국인의 법적지위에 관해 역사적인 입장에서 접근하고 있다.

[6] 앞의 책, 26-33쪽. 제5차・6차 회담에서 한국 측 대표의 일원이었던 이천상 변호사는 법적지위협정 체결 이전에 썼던「在日僑胞의 法的地位問題 韓日会談의 係争点—譲歩以前의 問題들」(『思想界』第12巻 第4号, 1964.4)에서 일본 측은 퇴거사유를 가능한 한 넓히고 영주권을 약화시켜, 협정상의 영주권은 유명무실화할 우려가 있기 때문에 가능한 한 일본 측에 대해서 재일한국인의 특수한 역사적 배경을 깊이 생각해 줄 것을 요구했다. 더불어 특히 교육에 관해 재일한국인은 앞으로도 일본에 계속 거주하는 만큼 재일교포 사회가 자립하고 발전하기 위한 기초로서 일본의 초등의무교육은 필요하기 때문에 밀기에 동의했다고 적고 있다.

각하고 있었고, 퇴거강제도 어쩔 수 없다고 생각했다.

또한 법적지위 문제의 해결을 왜 서둘렀는가에 대해서는 우선 역사적 배경을 고려하면, 재일교포를 불안하고 불확실한 상태에 두는 것은 바람직하지 않다는 것, 법적지위 문제의 해결을 통해 중립계, 조총련계에「모국」의 권위를 재확인시키기 위한 것이었다고 적고 있다. 요컨대 재일교포의 법적지위와 처우를 합리적인 협정체결을 통해 보장하는 것이 재일교포의 이익이 된다는 생각에서 조기타결을 목표로 했던 것이다.[7]

선행연구에s서 지적되고 있는 영주권의 주요 문제점을 정리하면 다음과 같다.[8] 첫 번째는, 기술한 바와 같이, 패전 후의 혼란기에 부모, 친족 등에 대한 생존확인 등의 이유로 어쩔 수 없이 일시적으로 귀국한 사람이나, 본국에서 생활하려고 했지만 생활난으로 단기간 체재하고 다시 일본으로 돌아간 사람들은 적지 않은데도 불구하고 협정영주권이 허가되지 않는다는 것이다.

두 번째는, 협정영주허가는 그 요건을 구비한 자가 신청하여 일본정부가 허가하기 때문에, 이때 요건심사가 이루어져 신청과 더불어 재일한국인에 대한 상세하고 엄격한 조사가 이루어진다는 점이다.[9]

한 마디로 퇴거강제라고 하더라도 회담 개시시기인 1952년도의 재일한국인의 취업상황은 63.6%가 무직이었고 7%가 일일노동자였다. 일본이 출입국관리령의 제24조를 그대로 재일한국인에게 적용하여 생활곤궁자 등을 강제송환할 수 있게 될 경우, 재일한국인의 70% 이상을 언제라도 퇴거강

---

7) 거의 같은 내용으로 元容奭, 『韓日会談―四年』(三和出版, 1965)에서는, 한일회담이 결렬될 경우, 재일교포의 법적 불안정 상태가 계속되므로, 그 사태를 피하기 위해서라도 조기타결이 초미의 관심사였다고 기술하고 있다.
8) 협정영주에 관한 주요 선행연구들은 1. 영주권, 2. 퇴거강제, 3. 일본국내에서의 대우, 이 세 가지 측면에서 어프로치하고 있다. 그중에서도 영주권, 퇴거강제에 관한 문제가 많은 비중을 차지하고 있다고 할 수 있다.
9) 金相賢, 1969, 『在日韓国史僑胞八〇年史』, 語文閣, 316-318쪽. 鄭印燮, 「在日僑胞의 法的地位」(『僑胞政策資料』 第52号, 1995.12, 25쪽)도 전전부터 계속해서 일본에 거주하고 있었다는 것을 입증하는 것은 매우 어려운 일이고, 또한 영주권이 부여되는 과정에서도 일본정부의 허가권, 조사권에 의해 철저한 조사를 통과하지 않으면 허가를 받을 수 없는 전적으로 수동적인 지위에 놓여 있었다는 것을 지적하고 있다.

제의 대상으로 할 수 있는 위기적 상황이었던 것이다.[10] 따라서 재일한국인 및 한국 측에게는 매우 현실적인 문제였다. 법적지위협정에서는 퇴거강제사유는 크게 1. 내란·외환(外患)을 저지른 자, 2. 국교에 관한 죄를 저지른 자, 3. 마약범, 4. 무기 혹은 7년 이상의 징역에 처해진 중범죄자의 네 가지로 정해져있다. 이와 같은 사항은 처음부터 재일한국인의 역사적 배경을 무시하고 기본적 인권을 박탈하여 억압을 계속하는 당국자의 구 식민지 통치자적 사고를 그대로 반영한 것이라고 할 수 있다.[11] 네 가지 중 2는 법무대신에게 인정이 일임된 점, 3과 4는 처벌된 후 형기를 마치면 그 사건에 대해서는 법률상 더 이상 책임을 묻지 않도록 되어 있음에도 불구하고, 그에 더해 국외추방이라는 처분을 한다는 것은 하나의 행위에 대해 이중의 처벌을 내리는 것이므로 전적으로 부당하다. 원래의 영주권에서 퇴거강제가 도를 넘어 강조되면 그것은 영주권이 아니라 일종의 조건부 주거권에 지나지 않는 것이 되고 만다.[12] 4에 대해서는 협정영주권자의 퇴거강제요건을 보면, 일반외국인에 비해 엄격하게 하지 않은 것은 표면상 재일한국인의 거주권을 강화하는 의미가 있다고 볼 수 있지만, 퇴거강제는 본국 또는 제3국이 추방자를 받아들일 때만 가능하다. 한일 간에도 1958년 이후에는 형법 위반자의 수용 및 송환요구는 완전히 중지되었다. 따라서 법적지위협정에서 퇴거강제는 한편으로 재일한국인을 퇴거강제할 수 있는 새로운 길을 열었던 것이다. 이는 다른 한편으로 조선총련계의 재일교포에게는 법적지위협정이 불리하게 작용하여 일본이 북한과 수교가 없기 때문에 추방불가 상태가 계속되게 되었다.[13]

이상과 같은 문제점을 안고 있음에도 불구하고 법적지위협정은 체결되었다. 한국 측이 설정했던 방침의 배경은 다음과 같다. 한일회담의 예비회

---

10) 姜徹, 1987, 『在日朝鮮人の人權と日本の法律』, 雄山閣, 140쪽. 구체적인 자료의 출처까지는 명기되어 있지 않다.
11) 金相賢, 앞의 책, 319쪽.
12) 위의 책, 321-323쪽 ; 姜徹, 앞의 책, 160쪽. 사회복귀의 기회도 주어지지 않고 국외로 추방하는 것은 이중의 고통을 가하는 것이라고 기술하고 퇴거강제사항은 폐지해야만 한다고 적고 있다.
13) 鄭印燮, 앞의 글, 26쪽.

담, 제1차, 4차, 7차 회담에서 교섭을 담당했던 김동조는 『한일의 화해(韓日の和解)』(サイマル出版社, 1993)에서 당시의 한국정부의 입장을 다음과 같이 회상한다. 생활보호를 받고 있는 재일한국인에 대해서는 궁극적으로는 독립국가로서 재일한국인을 보호할 책임이 한국정부에게 있지만, 당시 건국한 지 얼마 되지 않은 한국정부는 재정난으로 인해 보조할 형편도 안 되지만, 국가의 체면이 있기 때문에 재일한국인의 생활을 전적으로 일본정부에게 맡길 수는 없고, 그렇다고 생활보호 대상에서 제외되어 퇴거강제처분이 된 사람들을 받아들일 수도 없었다.[14]

따라서 한국 측은 재일한국인, 특히 생계유지가 곤란한 사람들에 대해 국가로서 보호할 필요성을 느끼면서도 실질적으로 이를 실행할 수 있는 상황이 아니었다. 또한 일본에 영주하는 이상, 가능한 한 일본에 의해 일방적인 불이익을 받지 않도록 법적지위를 조속히 확정하여 장래가 불투명한 상태를 오래 끌지 않도록 하는 한편, 일본인과의 차별을 줄여 재일교포 사회가 자자손손 일본의 의무교육을 받도록 해서라도 유지·발전해 나갈 수 있는 상황을 만들려고 했던 것이다. 또한 그렇게 함으로써 공산주의 세력과 대항하려 했음을 알 수 있다. 그러나 그런 가운데 정해진 법적지위협정에는 영주권, 퇴거강제사유에 관해 문제점이 남고 말았다.

따라서 본고에서는 양국이 각각 회담에 임하면서 갖고 있었던 방침이나 주장은 실제 진행된 교섭 속에서 어떻게 타협 혹은 양보되어 일정한 합의에 도달했는가, 그 합의 속에서 영주권, 퇴거강제에 대해서는 각각 어떤 인식을 갖고 있었는가를 주로 일본외무성에 의해 새롭게 공개된 문서를 가능한 이용하여 실증적으로 검증함으로써 체결과정을 명백히 밝히고자 한다.

한편 재일교포의 법적지위 문제에 관한 선행연구는 다음과 같다. 출입국관리법제에 관한 연구는 한일회담 이전의 상황에 대해 오누마 야스아키(大沼保昭)가 국제법학의 관점에서 풍부한 자료(법무성의 내부자료에 이르기까지)를 이용하여 그 문제점을 분명히 해왔다.[15] 최근에는 金太基, 『戰

---

14) 위의 글, 25쪽.
15) 주된 연구로 大沼保昭, 1973, 「出入国管理法制の成立過程: 一九五二年体制の前史」, 寺沢一 編, 『国際法学の再構築(下)』, 東京大学出版会. 그 외에도 국제법학의 관점

後日本政治と在日朝鮮人問題』(勁草書房, 1997)는 SCAP의 재일조선인정책을 체계적·실증적으로 규명했다. 이와 같이 한일회담 이전의 재일교포의 법적지위에 대해서는 연구가 심화되어 왔다. 이에 비해 한일회담에서의 재일교포의 법적지위에 관해서는 아직 학문적 축적이 없다.[16] 자료로서 회담의 회의록 공개가 중요한데 金太基, 「在日韓国人三世の法的地位と'一九六五年韓日協定'一·二」(『一橋論叢』第105巻 第1号·第106巻 第1号, 1991.1·7)은 한국 측의 회의록을 이용하여 재일교포 3세의 영주권이 어떻게 해서 협정에 포함되었는지를 밝히고 있다. 그러나 현시점에서는 일본에서 공개된 문서를 이용하여 재일교포의 법적지위에 대해 논한 것이 매우 적은 상황이다.

이하에서 본 논문은 회담의 내용전개에 근거하여 다음과 같이 구분하여 고찰한다. 우선, 제Ⅱ장에서 한일회담 이전의 퇴거강제 문제에 대해 기술한다. 제Ⅲ장에서는 예비회담에서 제3차 회담까지를 다룬다. 제4차 회담은 한국 측이 그때까지의 방침을 뒤집는 전환점으로 볼 수 있기 때문에 제Ⅳ장에서는 제4차 회담과 제5차 회담을 다룬다. 제Ⅴ장에서는 한국 측이 퇴거강제의 실시에 대한 인식을 수정하게 되는 제6차 회담부터 제7차 회담을 거쳐 법적지위협정의 가조인까지를 고찰한다.

II. 한일회담 이전의 '영주권'과 퇴거강제

1945년 9월 2일 일본이 항복문서에 조인하고, 1952년 4월 28일 평화조약이 발효되기까지의 6년 7개월간은, 일본의 통치권은 연합국 최고사령관의 제한하에 두어져 외국인 출입국관리는 총사령부의 손에 넘겨졌다. 여기에서는 우선, 1951년 10월 10일부터 한일 예비교섭이 시작되기까지 재일교포에 대한 출입국관리체제를 퇴거강제에 주목하여 살펴보고자 한다.

에서 논하고 있는 연구로 宮崎繁樹, 1970, 『出入国管理: 現代の'鎖国'』, 三省堂.
16) 그중에서 飛田雄一, 1980, 「サンフランシスコ平和条約と在日朝鮮人」(『在日朝鮮人史研究』 第6号)은 한국 측의 한일회담 회의록을 이용한 선구적인 연구이다.

패전에서 1946년 3월 말까지 130여 만 명의 조선인이 귀환했지만, 같은 해 3월 28일에는 체류 총수 647,006명이 등록했고, 그중 514,060명이 귀국희망자로 등록했다. 총사령부는 이 51만여 명의 귀국희망자를 계획적으로 귀환시키려고 했는데, 같은 해 여름 이후 귀환은 저조해진 반면, 일단 돌아가기는 했지만 살아갈 방도가 없는 사람들이 다시 일본으로 입국하게 되었다.[17] 이 때문에 조선인·대만인뿐만 아니라 일반외국인의 거주상황 등을 파악하기 위해 1947년 5월 2일에 외국인등록령(칙령 제207호)을 공포·시행했다.[18] 일본국적을 갖고 있었던 조선인, 대만인에 대해서는 제11종의 '간주(みなし) 규정'을 적용하여 퇴거강제의 대상자에 포함했다.[19]

---

17) 法務省入国管理局, 1959, 『出入国管理とその実態』, 12쪽(이하 『実態』(1959)로 줄임). 연합국의 관리하에서 1946년 3월 16일자 「귀환에 관한 각서」에 의해 일단 연합국 최고사령관의 허가가 없는 한, 상업교통이 가능하게 될 때까지 일본으로의 귀환을 허가하지 않게 되었다. 또한 불법입국을 막기 위해 1946년 6월 4일자 「위법 수출입무역에 관한 각서」를 발표하고, 엄중한 단속의 실시를 지령했다(金澤良雄 「外国人の入出国」, 『日本管理法令研究』 第15号, 1947, 40-42쪽). 1946년의 입국 조선인의 상황은 내무성 조사에 의하면, 밀항자 수와 검거 수(괄호 안)는 4월 557명(488명), 5월 1,543명(1,357명), 6월 1,280명(752명), 7월 8,934명(7,378명)이었다(終戦管理部, 1946.8, 「執務報告」 第3号, 荒敬 編, 1991, 『日本占領·外交関係資料集: 終戦連絡中央事務局·連絡調整中央事務局資料』 第3巻, 柏書房, 345쪽. 이하 『占領·外交関係資料集』로 줄임). 1946년에 미점령군·GHQ에 의한 귀환계획이 좌절되었던 상황에 대해서는 宮崎章, 「占領初期における米国の在日朝鮮人政策」(『思想』 734号, 1985.8)에서 자세히 다루고 있는데, 미점령군·GHQ에 의한 초기 재일조선인 정책이 오로지 본국에 송환하려는 정책이었다고 결론짓고 있다. 飛田雄一, 「GHQ占領下の在日朝鮮人の強制送還」(『季刊三千里』 第48号, 1986.10)은 1948년 경부터는 GHQ는 부정입국자만을 송환하면 된다고 했었던 데 비해, 일본은 일반 범죄자도 추방하고자 했던 경위를 논하고 있다.
18) 외국인등록령에 앞서 「오사카부(大阪府) 조선인등록조례」가 1946년 11월 30일에 제정되어, 다음 날 시행되었다. 이 조례가 5개월간 오사카부의 조선인을 관리·통제하기 위해 기능했다는 것을 梁永厚, 「大阪府朝鮮人登録条例制定(1946)の顛末について」(『在日朝鮮人史研究』 第16号, 1986.10)는 밝히고 있다.
19) 『実態』(1959), 12-16쪽. "1949년 11월 이후 1950년 1월 말일까지 3개월간에 법무총재로부터 퇴거강제 훈령이 내려진 건수는 1,088건인데, 모두 조선인으로 이 중 밀입국자가 1,077건으로, 등록수속위반을 이유로 한 것은 겨우 11건"이었다(川上巌, 1965.10, 「出入国管理のあゆみ(11)」, 『外人登録』 第99号, 29쪽. 이하에서는 저자를 생략하고 논문제목을 「あゆみ」로 줄임).

출입국관리에 대해서는 일본정부는 1950년 10월 1일에 외무성의 외국(外局)으로서 '출입국관리청'(1952년 11월 1일부터 '입국관리청'으로 개칭)을 설치하고, 출입국관리를 통일적 기구에 의해 하게 되었다.[20] 이후 총사령부의 요망에 따라 1951년 2월 「불법입국자 등 퇴거강제수속령」을 제정했으나, 실시 전에 총사령부로부터 다시 출입국 및 퇴거강제수속을 포함한 전반적인 법령을 제정하라는 적극적인 권고가 있어 1951년 10월 1일에 출입국관리령이 시행되었다.[21] 샌프란시스코 강화조약이 발효된 1952년 4월 28일을 기해 「포츠담 선언의 수락에 따라 발하는 명령에 관한 건에 근거한 외무성 관계 제 명령의 조치에 관한 법률」(법률 제126호)이 공포·시행되어, 1945년 9월 2일 이전부터 계속 거주한 조선인, 대만인(1945년 9월 3일부터 강화조약이 발표된 1952년 4월 28일까지의 기간에 일본에서 출생한 자를 포함)에게도 별도로 법률이 정하는 당분간은 체류자격을 갖지 않고도 체류할 수 있게 하여 출입국관리령이 적용되었다. 즉 일본국적을 박탈당한 것이다. 또한 강화조약 발효일을 기해 종래의 외국인등록령을 대신하여 외국인등록법이 공포되었다. 이는 출입국관리령이 조선인, 대만인에게도 적용되게 됨에 따라 외국인등록령에서 출입국 및 퇴거강제에 관한 규정을 이로부터 제외하여 동령(同令)의 외국인등록에 관한 부분을 법률화한 것이었다.[22]

출입국관리령에서 퇴거강제사유는 제4조에 정해져 있는데, 이 중 일본에 체류하는 자에 대한 조문을 이하에서 간단히 정리해보았다. 비록 영주가 허가된 자라 할지라도 이 중 하나라도 해당되면 일본에 체류할 수 없다.

(1) 여권에 기재된 체류자격을 변경하지 않고 그 체류자격 이외의 활동을 하는 자
(2) 여권에 기재된 체류기간을 경과하여 일본에 체류하는 자
(3) 한센병 환자

---

20) 外務省政務局特別資料課, 1965.9, 『管理月報』 第16号(『占領·外交関係資料集』 第10卷), 307쪽.
21) 『実態』, 1959, 18-20·57-58쪽.
22) 法務省入国管理局, 1964, 『出入国管理とその実態』, 22-23쪽.

(4) 정신장애자로 정신병원 등에 수용되어 있는 자
　(5) 빈곤자, 방랑자, 신체장애자 등으로 생활상 정부, 도도부현(都道府県) 혹은 시구정촌(市区町村)으로부터 보호를 받고 있는 자
　(6) 외국인등록에 관한 법령의 규정을 위반하여 금고 이상의 실형에 처해진 자
　(7) 장기 3년을 넘는 징역 또는 금고에 처해진 범죄소년
　(8) 마약관련법령의 규정을 위반하여 유죄판결을 받은 자
　(9) 무기 또는 1년을 넘는 징역 혹은 금고의 실형에 처해진 자
　(10) 매음 종사자 도는 직접관련자
　(11) 다른 외국인의 불법입국을 부추기거나 도운 자
　(12) 일본국 헌법 또는 정부를 폭력으로 파괴하려고 한 자 및 이를 목적으로 하는 정당, 기타 단체의 결성자 또는 가입자
　(13) 공공의 복지를 위협하는 정당, 기타 단체를 결성하거나 이에 가입한 자
　(14) (12)또는(13)에 해당하는 정당, 기타 단체의 목적을 달성하기 위한 활동을 한 자
　(15) 기타 외무대신이 일본국의 이익 또는 공안을 해치는 행위를 했다고 인정하는 자.23)

　이상의 사항에 관해 용의사실이 있다고 인정되어 이의가 있으면 법무대신에게 이의신청을 할 수 있지만, 이의신청이 '이유 없음'이라고 판단될 경우, 퇴거강제령이 발부된다. 특별히 사정이 있다고 인정된 경우에는 법무대신의 권한으로 체류특별허가가 주어진다.24) 이상이 출입국관리령에서 퇴

---

23) 出入国管理法令研究会 編, 1952,『外国人の在留と登録(出入国管理令及び外国人登録の手引)』, 帝国判例法規出版社, 34-36쪽. "본래 1947년 외국인등록령 자체가 충분히 법적 근거를 갖지 못한 채로 조선인의 퇴거강제를 규정한 것으로, 법적인 선례가 될 수 없는 것이었다. 그럼에도 불구하고⋯⋯ (중략) ⋯⋯ 일본의 입관정책, 그중에서도 특히 퇴거강제에 관한 법은 일본정부의 주장에 따르면 일본국민으로서 본래 퇴거강제할 수 없는 조선인을 "외국인으로 간주하여" 퇴거강제하는 허구를 기정사실화함으로써 샌프란시스코 강화=진정한 외국인관리체제로 나아가는 것이다."(大沼保昭, 1979.5,「資料と解説 出入国管理法制の成立過程一四」,『法律時報』第51卷 第5号, 103쪽).

거강제에 대한 내용이다. 일본 측은 한일회담에서도 이 제24조에 기초하여 재일한국인에 대해 퇴거강제를 실시한다는 것을 기본방침으로 했다.

III. 한국에 의한 반공정책과 퇴거강제 허용

1. 퇴거강제사유와 공산주의자 단속

여기에서는 예비회담(1951년 10월 30일부터 1952년 2월 14일)과 1차 회담(1952년 2월 15일부터 1952년 4월 1일)에 대해 살펴본다. 두 번의 회담을 통해 한국 측이 공산주의자 단속을 목적으로 일본 측의 제안인 퇴거강제의 실시를 받아들여 퇴거강제사유의 개요가 정해졌다.25)

---

24) 이와 같은 구제 수속이 포함된 배경으로는, 출입국관리의 권한을 요구하는 출입국관리청 당국자와 퇴거강제령서 발부 전에 구두심리가 필요하다고 주장하는 총사령부의 절충이 있었다. "때마침 연합국 국민에 대한 재판관할권이 우리나라(=일본)에 이양되어, 연합국 국민으로 이를 위반한 자에 대해서도 우리 측에서 단속할 수 있게 되었기 때문에, 총사령부에는 현행 등록령에 의한 처분에 대해 구제를 요구하는 법적 수속이 불충분하게 이루어지는 것은 한시도 간과할 수 없다는 강경한 분위기가 팽배해 있다. …… (중략) …… 정부 고관에 대해 강경하게 출입국관리청 설치령 및 외국인등록령의 개정을 요구하게 되었다."(「あゆみ(14)」, 『外人登錄』第102号, 1966.2, 31쪽).

25) 예비회담이 시작되기 전에, 한국 측과 SCAP의 DS(외교국: Diplomatic Section)과의 사이에 재일한국인의 국적에 관해 다음과 같은 논의가 오갔다. 1949년 5월 3일 정환범 주일한국대사가 DS에게 제출한 비망록에 의하면, 재일한국인의 국적에 대해 35년에 걸친 일본의 식민지 지배를 통해 일본의 국적법은 조선인에게는 적용도 시행도 하지 않았기 때문에, 한국민은 일본국적을 취득한 적이 전혀 없었다. 일본에 있는 한국인 거류민의 대부분은 일본에 의해 이루어진 강제나 교묘한 압력하에서 이주되었기 때문에 일본에 거류하는 한국인이 스스로의 자유의지로 일본에 있다는 것을 믿는 것은 오류이다. 따라서 그/그녀들에게 국적선택권을 부여하는 것은 받아들일 수 없다는 견해를 표시했다(GS로부터 DCS, SCAP에 보내진 문서, 1949.7.7, folder title「Status & Treatment of Koreans in Japan」国立国会図書館憲政資料室所蔵, 請求記号GS(B)-01615). 1951년 2월 6일 주일대표부가 DS에 송부한 문서 중에는, 개인이 대한민국의 헌법과 국적법에 따라 스스로의 요망으로 한국민으로서 간주되더라도, 일본에서의 국적법 상의 지위는 미정으로 실제로는 비일

예비회담 시, 일본은 (1) 재일한국인은 일반외국인과 마찬가지로 출입국관리령의 적용을 받는다, (2) 일본의 재량으로 바람직하지 않은 인물에 대해서는 국외추방할 수 있다는 방침이었다.[26]

11월 2일에 있었던 제3회 국적처우소위원회에서 유진오 수석위원은 1945년 8월 10일 이후 입국자 혹은 금후의 입국자가 일반외국인으로서의 취급을 받는 것은 받아들이지만, 1945년 8월 9일 이전의 입국자에 대해서는 종전 후 6년간 일본인과 같은 대우를 받아온 경위도 있으므로 출입국관리령의 적용대상에서 제외하여, 1945년 8월 9일 이전의 입국자에 대해서는 '악질자', 즉 공산주의 세력과 관계가 있는 인물을 제외하고 퇴거강제의 적용에서 제외할 것을 요구했다.[27]

요컨대 일본은 재일한국인을 완전히 외국인으로서 취급하여 일본인과 동등한 권리를 얻고 싶으면 귀화하라는, 즉 일본 국내에 2종의 외국인이 발생하는 것은 피하고 싶어했다.[28] 또한 전시 중 일본에 왔다고 하더라도 당시 SCAP 권고에도 불구하고, 귀화하지 않고 일본에 남아있었으므로 따로 고려하지 않는다는 입장을 분명히 나타냈다. 궁극적으로는 일본에 있는

본인으로서 취급되는 상태라면서 국적 문제에 대해 호소했다(주일한국대표부로부터 DS에 보내진 문서, 1951.2.6, 앞의 문서). 이에 대해 DS는 1945년 9월 2일 이전에 일본에 계속해서 거주하고 있는 한국인의 국적은 대한민국정부와 일본정부 간에 직접 교섭하여 최종결정에 이르기까지 미결 상태가 유지될 것으로 생각된다고 전하고 있다(DS로부터 주일 한국대표부에 보내진 문서, 1951.7.5, 앞의 문서). 한국 측은 한일회담에서도 재일한국인의 국적, 퇴거강제 등의 법적 지위와 대우에 관해 재일한국인의 대부분이 일본에 살게 된 역사적 배경을 대전제로 하지 않는다면 결코 해결할 수 없는 것이라는 취지의 주장으로 시종일관했다.

26) 1626「日韓交渉に関する資料(1951년 10월)」. 1951년 8월 10일 와지마 에이지(倭島英二) 외무성 관리국장이 DS를 방문했을 때 "범죄요소(criminal element)는 추방하고 싶다"고 말함으로써, 이 무렵부터 범죄자의 퇴거강제를 수행하려고 했다(688「国内朝鮮人問題につき日鮮間会談開催」).
27) 222「日韓会談処遇小委員会(第三次)(1951년 11월 2일)」.
28) 駐日代表部, 「在日本韓国同胞의 法的地位」(『外務月報』 第10号, 1950)에서 주일대표부는 재일교포의 대부분이 일본의 통제하에서 강제적으로 도일(渡日)하여 전후에도 본국에서의 생활근거가 없어졌기 때문에 돌아갈 수 없어서 할 수 없이 일본에서의 영세한 생활기반에 고착할 수밖에 없었거나 한국전쟁의 영향으로 귀국의 자유를 잃었다고 인식하고 있다.

한 외국인으로 살던가, 귀화해서 일본인이 되든가 하라는 것이다.29)
한편 한국은 1. 공산주의자의 퇴거강제에는 응하지만, 2. 재일한국인의 역사적 배경에 비추어 패전 이후 살기 시작한 자에 대한 퇴거강제는 인정하지 않는다는 주장을 폈다. 즉 한국은 당초 아무리 반공대책이 필요했다고는 하나 퇴거강제 자체를 인정하지 않는 태도는 아니었던 것이다. 제10회 국적처우소위원회에서도 패전 전부터의 거주자에 대해서는 폭력으로 정부를 전복하려는 등의 범죄에 한해서는 한국정부의 동의를 얻어 퇴거강제할 수 있다고조차 말했다.30)
제11회 국적처우소위원회는 11월 30일에 열렸는데 거기에서는 다음과 같은 말들이 오갔다.

> 다나카 미쯔오(田中三男): 거주권 문제에 관해서 분명히 해두고 싶은 것은, 출입국관리령은 재일조선인에게도 일반외국인으로서 적용된다는 것이다. 단 완화조치에 관해서는 고려해보겠다. 암묵적으로 묵인해 주었으면 한다.
> 유진오: 거주권은 이미 획득하고 있었으므로 처음부터 무조건 인정해달라는 것이 우리쪽 주장이었다. 일본 측에서 완화조치에 대해 고려하겠다는 의견이므로 우리로서도 일방적 주장을 멈추고 선처를 부탁하는 바이다.31)

이상을 보면, 예비회담에서는 한국 측은 퇴거강제를 전혀 인정하지 않는 태도가 아니라 출입국관리령을 기초로 하여 퇴거강제에 관한 절충을 수용하고 있었음을 알 수 있다. 단 이는 정세에 따른 부분이 크다. 한국 측은 거류민에게 외국인등록을 하도록 하고 싶다고 말했는데, "'등록을' 받지 않는 자는 퇴거강제의 대상이 되는 자이므로, 그들의 퇴거강제에 대해서는 우리 측도 협력하겠다"고 언급했다. 이러한 한국의 태도는 한국전쟁 중이라

---

29) 다나카 미쯔오(田中三男) 위원의 발언내용이다. 223「日韓会談処遇小委員会(제4차)(1951년 11월 7일)」.
30) 606「日韓会談記録(国籍処遇問題)제10회 국적처우소위원회(1951년 11월 22일)」.
31) 606「日韓会談記録(国籍処遇問題)제11회 국적처우소위원회(1951년 11월 30일)」.

는 것이 다분히 영향을 미쳤을 것이라는 견해다.[32]

그 후의 회담에서 퇴거강제사유는 '폭력혁명분자'나 한일우호에 저해행위를 한 자, 생활곤궁자로 좁혀져갔다. 1952년 2월 11일의 국적처우 문제에 관한 비공식회담에서는 협정체결 후부터 퇴거강제에 관한 협의기간 및 귀환자에 대한 특별조치를 인정하는 기간에 대한 논의가 이루어졌다. 퇴거강제에 대해 우선 퇴거강제사유를 다음의 세 가지로 나누어 생각하는 데 의견일치를 보았다. (1) 법에 의해 처분을 받은 적이 있는 자, (2) 법에 의한 처분은 받지 않았지만 악질적인 자, (3) 빈곤자와 같이 악질이라고는 할 수 없는 자.

제1차 회담에 들어가 1952년 2월 28일의 국적처우 문제에 관한 비공식회담에서 일본 측이 출입국관리령의 제24조에 따른 내용인「영주허가를 받은 재일한국인에 대한 퇴거강제의 운용에 관한 양해사항(안)」이 제출되었는데, 한국 측은 그 자체에는 반대하지 않았다.[33] 이를 바탕으로 4월 1일의 제35회 국적처우소위원회에 일본이 수정해서 제출한「양해사항(안)」은 다음과 같다.

재일한인의 국적 및 처우 등에 관한 한일의 약정에 따른 규정에 의해 영주허가를 받은 자에 대한 퇴거강제의 운용에 관한 한일 양국 관계당국 간의 협의 방법은 다음에 의한다.

記
一. 일본 측 당국은 다음의 퇴거강제사유에 해당한다고 인정되는 재일한인을 퇴거강제하는 경우에는 한국 측 당국과 협의한다.
  1. 출입국관리령 제24조 제1항 제4호 ハ(한센병 요양소의 수용능력상 입소가 실제 불가능한 경우 및 당사자가 요양소 내의 질서를 어지럽힌 경우 외에 퇴거강제하지 않을 것.)

---

32) 단, 이때 법무부 법무국장은 "거주권이 인정되더라도 퇴거강제가 적용된다면 그것은 사실상 뒤집어지는 결과가 되므로 불안하다"고 말했다[230「日韓会談第二次処遇小委員会(第一回)(1951년 11월 30일)」].

33) 606「日韓会談記録(国籍処遇問題)제 6회 국적처우 문제에 관한 비공식회담요지(1952년 2월 28일)」.

2. 동호 二 [정신위생법에서 정한 자]. (특히 악질적으로 병원의 질서 유지상 지장이 있는 경우 외에 퇴거강제하지 않을 것.)
3. 동호 ホ [빈곤자, 방랑자, 신체장애자]. (범죄를 범하고 유죄판결을 받은 경우 또는 치안을 문란하게 하는, 특히 악질적인 언동을 한 경우 외에 퇴거강제하지 않을 것.)
二. 전항 제3호에 해당하는 자가 자발적으로 퇴거를 희망하는 경우에는 일본 측 당국은 한국 측 당국과 협의하여 편의 수속에 의해 귀환을 원조한다.
三. 일본 측 당국은 출입국관리령 제24조 제1항 제4호의 (6) [외국인등록령위반], (7) [범죄소년], (8) [마약관계법위반] 및 (9) [형벌범]의 퇴거강제사유 중 어느 하나라도 해당하는 재일한인을 퇴거강제하는 경우에는 이를 한국 측 당국에 연락한다.
4. 일본 측 당국은 출입국관리령 제24조 제1항 제4호 (10), (11), (12), (13) 및 (14)의 퇴거강제사유 중 어느 하나라도 해당하고, 그로 인해 유죄판결을 받은 재일한인을 퇴거강제하는 경우에는 이를 한국 측 당국에 연락한다.
5. 일본 측 당국은 출입국관리령 제24조 제1항 제4호 (10) [매음관계자], (11) [불법입국관계자], (12) [정부를 폭력으로 파괴하려는 자], (13) [공공복지를 위협하는 자] 및 (14) [(12)와 (13)의 단체를 위해 활동하는 자]의 퇴거강제사유 중 어느 하나라도 해당하고, 그로 인해 유죄판결을 받은 재일한인을 퇴거강제하는 경우에는 이를 한국 측 당국에 연락한다.
6. 일본 측 당국은 출입국관리령 제24조 제1항 제4호 (15) [일본이익 저해자]의 퇴거강제사유에 해당한다고 인정하는 재일한인을 퇴거강제하는 경우에는 한국 측 당국과 협의한다.[34]

이때 퇴거강제사유의 내용보다도 제5, 6항에서 정한 협의기간에 대해 협의가 이루어졌다. 한국이 최대 7년간을 요구한 반면 일본은 5년을 전제했기 때문에 합의에 이르지 못하고, 소위원회는 중단되었다.[35] 협의기간이

---

[34] 606「日韓会談記録(国籍処遇問題)別途協議関係 永住許可を受けた在日韓人に対する退去強制の運用に関する諒解事項案(1952년 4월 1일)」.

길어지면 길어질수록 퇴거강제의 실시는 늦어지기 때문에 한국 측은 이를 의도했던 것이다. 4월 2일에 있었던 비공식회담에서 일본은 협정체결 후의 협의기간에 대해 최대 6년까지 고려할 수 있다고 회답했다. 또한 한국 측도 "'공산권에 관련된' 악질적인 자는 조약 성립 후 신속하게 500명이든 1,000명이든 검거해버리고 싶다"고 언급했다.36) 따라서 한국 측이 영주권을 해칠지도 모르는데도 불구하고 공산주의자를 검거하고 싶은 의향에서 퇴거강제의 실시에 응했던 것으로 보인다.

2. 세계인권선언과 일본에 의한 퇴거강제사유의 축소

제2차 회담(1953년 4월 15일부터 7월 23일)과 제3차 회담(1953년 10월 6일부터 1957년 12월 31일)의 토의내용은 다음과 같다.

1952년 5월 12일에 오무라 수용소로부터의 제8차 송환이 이루어졌는데, 그중 전전부터의 체류자 125명의 송환을 한국이 거부하여 역송환하는 사건이 발생하면서 약 1년간 회담이 중단되었다. 이후 이승만 대통령의 방일, 일본 민간어업대표의 방한 등에 의해 교섭재개의 분위기가 형성되어 4월 15일부터 회담이 재개되었다. 제2차 회담에서의 퇴거강제에 관해서는 이하와 같다.

한국 측은 작년과 마찬가지로 퇴거강제자의 송환에 대해서는 양 당사자의 합의에 의한 사전협의를 요한다고 주장하고, 일본은 (1) 영주허가가 부여된 자를 포함하여 재일조선인 중 출입국관리령 제24조에 해당하는 자(빈곤자 등을 제외)는 일본 측에서 자주적으로 송환한다.37) (2) 송환에 관한 협

---

35) 606「日韓会談記録(国籍処遇問題)제35회 국적처우소위원회(1952년 4월 1일)」.
36) 398「(三月三日)松本全権及び梁韓国首席代表会談要旨」. 1952년 4월 21일에 열린 비공식회담에서도 김용식 공사가 "국적처우의 문제를 해결한 후 특정 한인 공산당원을 송환하는 것을 우리 측에서 제안하면 일본 측에서 협력해 줄 수 있는가?"라고 마즈모토(松本俊一) 전권에게 묻자, 마즈모토는 서로 의견이 일치한 자에 대해서는 가능한 한 협력하겠다고 했다(401「松本全権・金公使非公式会談要録」).
37) 제2차 회담 시 일본 측은 빈곤자의 송환에 관해 그때까지보다 더 토의하고 검토했다. 1953년 5월 8일에 열린「재일조선인의 처우, 특히 교육 및 생활보호 문제에 관

2. 동호 二 [정신위생법에서 정한 자]. (특히 악질적으로 병원의 질서 유지상 지장이 있는 경우 외에 퇴거강제하지 않을 것.)
3. 동호 ホ [빈곤자, 방랑자, 신체장애자]. (범죄를 범하고 유죄판결을 받은 경우 또는 치안을 문란하게 하는, 특히 악질적인 언동을 한 경우 외에 퇴거강제하지 않을 것.)

二. 전항 제3호에 해당하는 자가 자발적으로 퇴거를 희망하는 경우에는 일본 측 당국은 한국 측 당국과 협의하여 편의 수속에 의해 귀환을 원조한다.

三. 일본 측 당국은 출입국관리령 제24조 제1항 제4호의 (6) [외국인등록령위반], (7) [범죄소년], (8) [마약관계법위반] 및 (9) [형벌범]의 퇴거강제사유 중 어느 하나라도 해당하는 재일한인을 퇴거강제하는 경우에는 이를 한국 측 당국에 연락한다.

4. 일본 측 당국은 출입국관리령 제24조 제1항 제4호 (10), (11), (12), (13) 및 (14)의 퇴거강제사유 중 어느 하나라도 해당하고, 그로 인해 유죄판결을 받은 재일한인을 퇴거강제하는 경우에는 이를 한국 측 당국에 연락한다.
5. 일본 측 당국은 출입국관리령 제24조 제1항 제4호 (10) [매음관계자], (11) [불법입국관계자], (12) [정부를 폭력으로 파괴하려는 자], (13) [공공복지를 위협하는 자] 및 (14) [(12)와 (13)의 단체를 위해 활동하는 자]의 퇴거강제사유 중 어느 하나라도 해당하고, 그로 인해 유죄판결을 받은 재일한인을 퇴거강제하는 경우에는 이를 한국 측 당국에 연락한다.
6. 일본 측 당국은 출입국관리령 제24조 제1항 제4호 (15) [일본이익저해자]의 퇴거강제사유에 해당한다고 인정하는 재일한인을 퇴거강제하는 경우에는 한국 측 당국과 협의한다.[34]

이때 퇴거강제사유의 내용보다도 제5, 6항에서 정한 협의기간에 대해 협의가 이루어졌다. 한국이 최대 7년간을 요구한 반면 일본은 5년을 전제했기 때문에 합의에 이르지 못하고, 소위원회는 중단되었다.[35] 협의기간이

---
34) 606「日韓会談記録(国籍処遇問題)別途協議関係 永住許可を受けた在日韓人に対する退去強制の運用に関する諒解事項案(1952년 4월 1일)」.

길어지면 길어질수록 퇴거강제의 실시는 늦어지기 때문에 한국 측은 이를 의도했던 것이다. 4월 2일에 있었던 비공식회담에서 일본은 협정체결 후의 협의기간에 대해 최대 6년까지 고려할 수 있다고 회답했다. 또한 한국 측도 "'공산권에 관련된' 악질적인 자는 조약 성립 후 신속하게 500명이든 1,000명이든 검거해버리고 싶다"고 언급했다.36) 따라서 한국 측이 영주권을 해칠지도 모르는데도 불구하고 공산주의자를 검거하고 싶은 의향에서 퇴거강제의 실시에 응했던 것으로 보인다.

2. 세계인권선언과 일본에 의한 퇴거강제사유의 축소

제2차 회담(1953년 4월 15일부터 7월 23일)과 제3차 회담(1953년 10월 6일부터 1957년 12월 31일)의 토의내용은 다음과 같다.

1952년 5월 12일에 오무라 수용소로부터의 제8차 송환이 이루어졌는데, 그중 전전부터의 체류자 125명의 송환을 한국이 거부하여 역송환하는 사건이 발생하면서 약 1년간 회담이 중단되었다. 이후 이승만 대통령의 방일, 일본 민간어업대표의 방한 등에 의해 교섭재개의 분위기가 형성되어 4월 15일부터 회담이 재개되었다. 제2차 회담에서의 퇴거강제에 관해서는 이하와 같다.

한국 측은 작년과 마찬가지로 퇴거강제자의 송환에 대해서는 양 당사자의 합의에 의한 사전협의를 요한다고 주장하고, 일본은 (1) 영주허가가 부여된 자를 포함하여 재일조선인 중 출입국관리령 제24조에 해당하는 자(빈곤자 등을 제외)는 일본 측에서 자주적으로 송환한다.37) (2) 송환에 관한 협

---

35) 606「日韓会談記録(国籍処遇問題)제35회 국적처우소위원회(1952년 4월 1일)」.
36) 398「(三月三日)松本全権及び梁韓国首席代表会談要旨」. 1952년 4월 21일에 열린 비공식회담에서도 김용식 공사가 "국적처우의 문제를 해결한 후 특정 한인 공산당원을 송환하는 것을 우리 측에서 제안하면 일본 측에서 협력해 줄 수 있는가?"라고 마츠모토(松本俊一) 전권에게 묻자, 마츠모토는 서로 의견이 일치한 자에 대해서는 가능한 한 협력하겠다고 했다(401「松本全権・金公使非公式会談要録」).
37) 제2차 회담 시 일본 측은 빈곤자의 송환에 관해 그때까지보다 더 토의하고 검토했다. 1953년 5월 8일에 열린 「재일조선인의 처우, 특히 교육 및 생활보호 문제에 관

한 협의회」에서는 생활보호수급세대가 증가하고 있어 "(재일조선인이) 돌아가지 않게 되면 후생성으로도 세계인권선언 등이 존재하는 오늘날, 인도 상 방치할 수는 없고 보호하지 않으면 안 된다. 요컨대 본 문제의 해결에는 돌아가게 하는 것이 선결이고, 귀환 장려를 위해서는 일시금(예를 들면 생활보호의 1년분)의 지급과 더불어, 귀환 화물의 제한 완화 및 송금 범위 확대 등 일정 정도의 희생을 치르는 것도 어쩔 수 없다는 의견이 지배적이었다." 즉 일시금을 지불하더라도 귀환시키자는 목소리가 많았기 때문에 "송금범위의 확대에 대해서는 대장성의 담당공무원에게 검토받기로" 했다(856「在日朝鮮人の国籍処遇問題に関する省内打合せ会」). 1953년 6월 11일, 히로타(広田積) 아시아국장 제2과장은 구로키(黒木利克) 후생성 사회국 보호과장을 내방하여 빈곤자에 대한 귀환 장려조치의 일환으로서 생활후생자금의 급여 문제에 관한 양해를 구했다. 구로키 보호과장은 이와 같은 조치가 "국가지출로 지급하는 것이라면 대장성으로서도 문제없을 것"이라고 회답했다(857「貧困者たる在日韓人の引揚勧奨措置について」). 이를 받아들여 후생성 보호과가 1953년 6월 19일 생활보호 수급자 76,000명을 3년에 걸쳐 송환하는 것을 계산해보았는데, 생활보호 소요비 9억 605만 4,000엔에 대해 송환업무 등의 소요비(송환수당을 가산하여)가 6억 5,988만 4,000엔이었다. 그러나 대장성은 "1. 실현가능성을 추측할 수 없다(구체적으로 어느 정도 돌아갈지, 돌아가지 않은 자에 대해서는 어떻게 할지 등). 2. 협정불이행의 경우, 뒤처리를 일본 측에 떠넘길 우려가 있다. 이상의 이유로 본 제도를 채용하기 위해서는 우선 내각에서 장래에는 생활보호를 중단하겠다는 방침을 정하는 것이 전제"라고 회답했다(860「法的地位に関する日本側見解」). 그 후 1958년 6월 9일에 열린 제4차 한일 전면회담에서 재일한인의 법적지위에 관한 위원회의 제4회 회합에서 가츠노(勝野) 주사가 "빈곤자에 대해서는 생활보호법이 적용되지 않는 자에게도 융통성 있게 적용하고 있고, 20억 엔 정도를 지출하고 있다. 이들을 방치할 수는 없기 때문에 장래 어떻게 할 것인지를 서로 연구해보자"고 부언하고, 이 건을 토의과제로 했다(1074「第四次日韓全面会談における在日韓人の法的地位に関する委員会の第四回会合」). 이에 대해 1958년 11월 10일 한국 측은 다음과 같이 회답했다. "재일한인에 빈곤자가 많은 것은 그 법적 지위 및 처우가 불안정하기 때문이다. 따라서 장래 그 법적 지위 및 처우를 원만히 해결하여 안주의 조건 및 환경을 만들어준다면 빈곤자는 대대적으로 줄 것이라고 생각한다. 특히 빈곤자의 대부분은 종전 전 징용 강제노동자로서 본의 아니게 일본에 끌려온 사람들이므로 그들이 현재 얼마나 괴로운 지경에 있는가에 대해서는 일본 측으로서도 전면적으로 책임을 느끼지 않으면 안 된다. …… (중략) …… 일본 측이 그들의 고난에 책임을 느끼고 성의를 갖고 그들을 처우할 생각이라면, 그들의 한국으로의 귀환에 대해 한국 측으로서도 충분히 검토할 용의가 있다."(1081「第四次日韓全面会談における在日韓人の法的地位に関する委員会の第一一回会合」) 1959년 2월 20일 최규하 주일대표부 참사관과 다카노(高野藤吉) 외무참사관의 회담에서 최 참사관은 일본 측은 재일조선인에게 17억 엔의 생활비를 지출하고 있다고 말하는데, 조선인은 175억 엔의 세금을 내고 있다"고 추궁했다

의는 사무적 연락 정도를 고려하고 있다는 취지를 전하자 한국 측은 사전 협의의 선을 양보하지 않고 휴회되었다.[38]

1953년 10월 6일에 제3차 한일회담이 개시되었으나, 10월 20일 제3본회의에서의 '구보타(久保田) 발언'에 의해 회담이 결렬되었다. 1954년 2월 8일에 확인된 제3차 회담의 협의에서 일본 측으로부터 종래와는 약간 달리 퇴거강제사유에 대해 '나환자, 정신병자, 빈곤자, 신체장애자 등'은 그 사실만으로 퇴거시키지 않고, 공공의 복지에 해를 미칠 우려가 있는 경우에만 이를 적용하는 등[39] 세계인권선언의 취지를 의식한 내용이 포함되었다.[40] 그러나 그 외에는 그때까지의 주장이 반복되어 큰 진전은 없었다.

Ⅳ. 한국 측에 의한 의사번복: 모든 퇴거강제사유 거부

1. '억류자' 상호석방 문제의 영향

제4차 한일전면회담(1958년 4월 15일부터 1960년 4월 15일)에서 재일한인의 법적지위에 관한 위원회의 제3회 회합은 1958년 6월 2일에 열려 가츠노 야스스케(勝野康助) 주사(主査)에 의해 재일한인의 법적지위에 관한 세

(329「崔参事官と会談の件」). 1959년 9월 이후, 한국인이 한국에 귀국할 때 일본이 보상금을 지불하는 안에 대해서는 일본 측에서 반대의견이 나오기 시작했다. 문서도 이 건에 대해서는 불개시(=비공개)로 되어 있는 부분이 많다. 1959년 12월 8일에 이르면 회담 상에서도 "당초 한국 측은 한국으로 귀환하는 재일조선인에 대해 일본정부가 '보상금'을 지불해야만 한다는 것과 이를 공동성명으로 발표해야만 한다는 것을 요구했으나, '보상금'을 지불해야만 하는 근거도 없고, 또 북한으로 귀환하는 경우의 관계도 있으므로 일본은 이를 강력히 거부"하는 결과로 끝났다(1556「在日韓人の処遇問題関係資料(1959년 11월-12월)」).

38) 479「第二次日韓会談概要(1953년 7월)」.
39) 860「法的地位に関する日本側見解(1954년 2월 8일)」.
40) 재일한인 생활부조에 대한 일본인의 인식은 "외국인인 조선인의 생활을 부조할 의무는 없지만, 세계인권선언의 취지에 따라 인도 상 방치할 수 없는 자에게 우리나라의 일방적 은혜조치로서 현재 생활보호법을 계속 적용하고 있다"는 것이었다(862「在日朝鮮人の概況(1954년 2월 12일)」).

가지 기본원칙이 제시되었다.

1. 재일한인의 특수한 사정을 고려하는 대상은 전전부터 계속해서 일본에 거주하는 한인으로 한정하고자 한다는 것.
2. 강제송환문제에 대해서는 재일한인이 특수한 사정에 있음을 고려할 것.
3. 강제송환이 원활하게 이루어지는 것을 전제로 전전부터 오랫동안 일본에 거주하고 있다는 특수사정을 기초로 그들에게 불안, 동요를 가하지 않을 것.[41]

이와 같이 일본이 패전 전부터의 거주자와 그렇지 않은 자를 구분한 처우를 제안한 데는 한일 양국 간의 부산과 오무라 수용소의 이른바 '억류자' 상호석방 문제가 영향을 미쳤다.[42]

종래 한국 측은 패전 전부터 거주하고 있는 재일한국인에 대해서는 역사적 요인을 고려해야만 하기 때문에 공산주의자를 제외하고는 퇴거강제처분이 되지 않도록 일본에 요청해왔는데, 1952년에는 오무라 수용소로부터의 송환자 중 전전부터의 재주자의 송환을 거부하는 수단을 쓰기도 했다. 1952년 1월 18일에 한국정부가 설치한 '이 라인'에 의해, 이 수역에서 어업을 하고 있던 일본 어선에 대해 '이 라인'을 침범했다고 하여 나포하는 일이 발생했다. 1952년 7월 이전에는 어업종사자는 특별사면의 명목으로 비교적 단기간에 일본으로 송환되었으나, 7월 이후부터는 형(刑)을 받은 자는 만기까지 복역시키고 형기를 마친 후에도 부산에 있는 수용소에 구금하도록 했다. 이런 가운데 1955년 8월 20일에 가도와키 스에미쯔(門脇季光) 외무차관이 한국 공사에게 억류되어 있는 일본인의 조기송환을 요구하자, 김 공사가 오무라 수용소에서 형기를 마친 범죄자를 즉시 석방해야만 한다

---

41) 1073「第四次日韓全面会談における在日韓人の法的地位に関する委員会の第三回会合(1958년 6월 2일)」.
42) 재한 억류 일본인어부와 오무라에 수용되어 있는 조선인에 관한 논의 중에 한국 측이 일본에 대해 전전에 조선인이 일본으로 이주할 수밖에 없었던 원인에 대해 강하게 언급했다(1434「在韓抑留日本人漁夫と在大村韓人の問題に関する第一回協議議事要録」).

고 요구했다. 가도와키 차관은 이는 전혀 다른 성질의 문제라고 지적하면서 오무라 문제에 대해 가능한 범위에서 할 수 있는 한 하고 있으므로, 한국 측도 신속히 석방할 것을 요망함으로써 양자를 관련시켜 교섭하게 되었다. 9월 9일에 주일대표부 참사관이 나카가와(中川融) 아시아국장에게 "전전부터의 재일조선인으로 오무라에 수용 중인 자를 우선 일본 측에서 석방하는 것을 조건으로 일본인 어민을 송환하도록 이 대통령에게 진언했다"고 전하고, 더욱이 22일 오무라 문제의 해결을 일본인 억류 어민의 송환의 조건으로 하는 것은 본국 정부의 견해라고 비공식적으로 전했다. 그 후 한일 간에 단속적(斷續的)으로 대화가 이루어졌으나, 다음해 1956년 1월 6일에 야나기(柳) 참사관이 오무라에 수용 중인 종전부터의 재일조선인은 즉시 석방되어야 하며, 또한 장래의 문제에 대해서는 한일회담에서 결정될 때까지는 이와 같은 한국인은 오무라에 수용하지 않도록 해달라는 것이 한국 외무부로부터의 회답이었다고 전했다. 또한 "계속해서 한국인 강제퇴거의 기준을 즉시 협의해야만 한다는 나카가와 국장의 안은 거부되지 않겠느냐는 질문에 대해, 야나기 참사관은 '그렇다'고 대답"했기 때문에, 일본 측은 더 이상의 타개책은 없어졌다고 하고, 이 문제에 일단 종지부를 찍었다.[43] 그러나 1956년 4월 2일에 김 공사가 시게미츠 외상을 방문하여 '억류자' 상호석방에 관해 원칙적으로 "1. 한국정부는 억류 일본인 어부 중 형기만료자를 석방한다. 2. 한국정부는 밀입국자(종전 이후의 자)를 받아들인다. 3. 일본정부는 종전 전부터 일본에 재주하는 한인으로 강제퇴거 처분되어 오무라 수용소에 있는 자를 석방한다. 단, 일본에 머물지 귀국할지는 본인의 자유의사에 맡긴다. 더욱이 석방의 실제적 방법은 재일 한국대표부 측 위원과 일본정부 측 위원 간에 사무적으로 협의하여 결정한다"는 데 합의했다. 이 합의내용에 대해서는 법무성이 법무성의 주장이 전혀 포함되어있지 않다고 하여 시게미츠·김 합의의 발표 이후에도 외무성을 추궁했다. 이처럼 '억류자' 상호석방은 한일 간에 원칙적으로 합의했지만, 일본 측에서 의견대립이 계속되었기 때문에, 석방 실시는 대폭 지연되게 되었다.[44] 1957

---

43) 1266「わが抑留漁民と大村収容所問題との関連について」(1956년 1월 15일 외무성 아시아국 제5과 작성).

년 2월 25일에 기시 노부스케(岸信介)내각이 성립하자, 한일예비회담은 나카가와 아시아국장과 김 공사 간에 진전되었다. 이와 같은 경과를 거쳐 일본 측에서는 1957년 3월에 다음과 같은 각서안을 만들었다.

재한억류일본인어부와 피퇴거강제 재일한인의 조치에 관한 일본국 정부 및 대한민국 정부 간의 양해각서(안)
한일 양국정부는 다음의 조치를 취하는 데 의견이 일치했다.
1. 한국정부는 형기를 마치고 한국내 외국인수용소에 수용 중인 일본인 어부를 일본에 송환하고, 한인 밀입국자의 송환을 받아들인다.
2. 일본국정부는 종전 전부터 일본에 거주하고 있는 한인으로 퇴거강제 처분되어 입국자수용소에 수용중인 자를 석방한다.
3. 본 각서는 서명일로부터 효력이 발생한다.
1957년 3월 일 도쿄에서 본서 2통을 작성했다.
일본국을 위해
대한민국을 위해

(비공표)
부속양해(안)
한일간 전면회담이 1957년 4월 일에 재개되어 회담에서는 퇴거강제자의 인수 기준을 포함하여 재일한인의 처우문제가 신속히 협의 결정될 것이라는 기대하에, 협의가 결정되기까지 일본국 정부는 한인형벌법령 위반자의 강제퇴거를 위한 수용을 자제한다. 밀입국자 수용소에 수용 중인 재일한인을 석방하는 데는 피석방자의 당분간의 생활지도의 필요를 고려하기로 한다.[45]

시게미츠·김 합의에 기초하여, 일본 측은 강제퇴거처분에 관해 종전 전부터 일본에 살고 있는 자와 패전 이후에 일본에 살기 시작한 자를 나누어

---

44) 吉澤文寿, 2005, 『戦後日韓関係-国交正常化交渉をめぐって-』, クレイン, 73-78쪽.
45) 1517「覚書 在韓抑留日本人漁夫と被退去強制在日韓人の措置に関する件」. 1960년 3월에 드디어 상호송환이 실현되었다.

대처하기로 했다. '억류자' 상호석방 문제는 한일회담에서 교섭 중인 재일 한국인의 처우에서 퇴거강제안건과는 별개의 문제로 했다. 그러나 패전이라는 시점에서 구분하여 그 이전부터의 거주자는 퇴거강제처분을 실시하지 않는다는 점에 한일이 일단 합의에 도달했다는 것, 또한 '부속양해'에서 한일회담이 재개되면 퇴거강제기준에 대해 협의결정할 것이 법적지위의 기본원칙으로서 그대로 제4차 한일회담에서도 받아들여졌다.

2. 한국에 의한 퇴거강제에 관한 토의 거부

일본 측이 제시한 이 원칙은 언뜻 보면 종래의 한국 측 주장을 받아들인 것처럼 보이지만, 7월 1일의 제4차 회담 제5회 회합에서 일본은 "종전 전부터의 재일한인의 퇴거강제기준에 관해 일본 측으로서는 입관령이 이상적이라는 것이고, 이들의 특수사정을 고려하면 이를 굽히고 가는 것이 되므로, 우선 한국 측에서 어떤 기준으로 하고 싶은지 안을 내놓았으면 한다"고 거듭 요구했다.[46] 결국 일본은 종전부터 거주하고 있는 재일한인에 대해 고려하겠다고 말하면서도 기본적으로는 출입국관리령 제24조를 축으로 검토한다는 방침으로, 당초 주장에서 변하지 않았다. 더욱이 7월 11일에 가츠노 입관국장은 유태하 공사에게 다음과 같은 [토의자료]를 보내 한국 측에 개별 항목의 구체적인 검토를 요구했다.

[토의자료]
태평양전쟁이 끝나기 전부터 계속해서 일본에 재주하는 한국인이라도 일본 측이 다음과 같은 이유에 의해 한국영토로 송환하려고 하는 경우, 한국 측으로서는 이를 어떻게 취급할 생각인지를 다음 처우위원회까지

---

46) 1075「第四次日韓全面会談における在日韓人の法的地位に関する委員会の第五回会合(1958년 7월 1일)」. 1958년 10월 27일 "일본 측으로서는 이전에 재일한인의 강제퇴거에 관해 제안했고, 입관령으로 말하자면 이상의 제안을 전부 실행하고 싶은데도 불구하고, 한국 측과 협의해서 타협점을 찾아내려고 한다"고 말한 것으로 보아 일본 측의 의향이 파악된다[1080「第四次日韓全面会談における在日韓人の法的地位に関する委員会の第一〇回会合(1958년 10월 27일)」].

연구해 오신다면 회의의 의사진행상 매우 유의미하다고 사료됩니다.
1. 사법재판소에 의해 유죄판결을 받은 자
2. 매음과 관련한 일에 종사한 자
3. 불법입국을 방조한 자
4. 나환자 수용소에 수용된 자, 정신장애자로 병원에 수용된 자, 또는 빈곤, 방랑, 신체장애 등으로 공공의 부담이 되는 자
5. 체류기간을 초과하여 불법으로 잔류한 자
   1) 준법정신이 결여된 경우
   2) 체류상태가 불량하여 체류기간의 갱신 신청이 각하된 자
6. 폭력행위에 의해 일본국헌법을 파괴하려 한 자, 또는 일본국의 이익 또는 공안을 해치는 행위를 한 자.[47]

이에 관해 한국 측으로부터는 제4차 회담이 끝날 무렵인 1959년 11월 2일이 되어서도 구체적인 회답은 없었다.[48] 1959년 11월 10일의 제11회 회합에서 한국 측은 "일본 측에서 강제퇴거문제가 중요하다고 하는 것은 주객이 전도된 것으로 그 진의가 의심스럽다. 특히 영주권을 가진 재일한인이 일방적이고 자의적인 결정에 의해 강제퇴거를 당하게 된다면, 이는 사실상 협정에 의해 부여되어야만 하는 영주권을 무의미하게 하는 것이다. 한국 측으로서는 누누이 말했듯이 강제퇴거와 같은 불행한 사태가 발생하지 않도록 하는 것이 선결문제이고 건설적인 것이라고 생각하지만, 만일

---

47) 1076「第四次日韓全面会談における在日韓人の法的地位に関する委員会の第六回会合(1958년 7월 8일)」. 재일한인에 대한 퇴거강제의 집행상황에 관해 1958년 6월 7일에 법무성은 다음과 같이 회답했다. "3. 나환자, 정신병자 또는 빈곤자로 전기(前記) 1에 해당하는 자 [체류자격이 있는 자]에 대해서는 수용시설 등의 질서를 어지럽히는 경우 이외에는 퇴거를 강제하지 않는다는 방침을 취하고 있다(昭和二十六年政令第三百十九号第二十四条第四号ハ, 二, ホ, 昭和二十八年管審合第七八四号法務事務次官等通牒別表). 단, 3 이외의 자라도 1에 해당하는 자는 한국 측이 사실상 받아들이지 않고 있다. 4. 한일상호석방각서에 따라 형벌법령 위반 조선인을 전부 가석방한다."[1084「第四次日韓全面会談における在日韓人の法的地位に関する委員会の第一四回会合」(1958년 12월 8일)].
48) 1092「第四次日韓全面会談における在日韓人の法的地位に関する委員会の第二二回(再開第七回)会合(1959년 11월 2일)」.

불행하게도 해당자가 발생하는 경우에는 양국 간에 협의하여 사례별로 강제퇴거 문제를 다루어야 하며, 이는 영주권 문제와 관련하여 당연한 귀결이라고 생각한다"고 말했다.49)

결국 한국은 지금까지 출입국관리령상의 실제 각 항목에 관한 구체적인 절충은 회피해왔기 때문에, 그 진의는 만약 일본에 의해 퇴거강제의 해당자가 나오면 그때 일본 측과 협의기간을 두고 논의해야만 한다는 것이었다. 이는 일본의 주도로 일방적으로 퇴거강제를 실시하게 하지는 않겠다는 한국 측 의향의 표현이었다.

12월 15일의 제15회 회합에서 일본은 퇴거강제사유의 범위를 명확히 하는 것은 일본정부의 중대관심사이므로 한국 측의 생각을 명확히 해달라고 요청했다.50) 일본이 전전부터 거주하고 있는 재일한국인에 대해 특별한 배려를 하는 것은 출입국관리령 제24조에 대해 재일한국인의 경우 다른 외국인보다 완화하겠다는 범위를 넘는 것은 아니었다.

이러한 일본의 대응에 대해 한국 측은 "교환조건과 같이 강제퇴거를 받아들인다면, 영주권을 부여하는 것(은) …… (중략) ……(재일한국인은) 특별히 과거에 자신의 의지에 반하여, 때로는 불가항력에 의해 일본에 건너오거나 혹은 끌려와서 고난을 겪은 데 대해, 안정된 생활이 아니라 어떻게 강제퇴거시킬 것인가에 주안점이 있는 것처럼 생각한다"고 회답했다.51) 일본은 전전부터 거주한 재일한인에 대해 그 사정을 감안하여 특별한 배려를 하겠다고 했고, 그 점에서 양국이 합의하기로 회담 전에 확인한 것처럼 보였으나, 실은 일본이 퇴거강제의 실시에 주안점을 두었기 때문에 한국은 불신감을 갖고 있었다. 퇴거강제에 대해서는 그 후에도 교착상태에 빠져 논의는 진전되지 않았다.

---

49) 1081「第四次日韓全面会談における在日韓人の法的地位に関する委員会の第一一回会合(1958년 11월 10일)」.
50) 1085「第四次日韓全面会談における在日韓人の法的地位に関する委員会の第一五回会合(1958년 12월 15일)」.
51) 위의 문서와 같음.

3. 일본에 의한 퇴거강제사유 4항목의 제시

제5차 한일 전면회담(1960년 10월 25일부터 1961년 5월 16일)에서 재일한인의 법적지위에 관한 위원회는 1960년 11월 7일부터 시작되었다. 11월 14일의 제2차 회합에서 한국 측은 재일한국인의 영주권 문제는 특수성이 있음을 이해해달라고 언급하고, 처음에는 영주권자의 퇴거강제에는 전면적으로 반대하는 제4차 회담에서의 자세를 견지했다.[52] 그러나 일본의 국익, 혹은 한일 우호관계를 현저히 해치는 자 이외의 퇴거강제는 인정하지 않는다는 견해로 바뀌었고, 이에 따라 일본의 입국관리국에서는 퇴거강제에 관해 1960년 12월 12일 이하와 같이 일본 측의 견해를 정리하여 방침을 세웠다.

> 3. 문제는 어떤 사유에 대해 한국 측의 동의를 받아내는가이다. 현재 고려되는 사유로서는
> (1) 폭력적 파괴활동을 한 자 등(출입국관리령 제24조 제1항 제4호 12, 13, 14 해당자)
> (2) 일본국의 이익 또는 공안을 해치는 행위를 한 자(동 제4호 15 해당자)
> (3) 마약 등의 단속법령을 위반하여 유죄가 된 자(동 제4호 8 해당자)
> (4) 무기 또는 1년을 넘는 징역 혹은 금고에 처해져 집행유예의 언도를 받지 못한 자(동 제4호 7 해당자)[53]

이상에서 보아 알 수 있듯이, 법적지위협정에서 정한 4개 항목의 원형이 제5차 회담에서 제시되었던 것이다.

일본 측은 다음과 같이 설명했다. (1), (2)는 현재까지 전혀 적용한 사례가 없고, 앞으로도 여기에 해당하는 자가 나올지는 의문이다. 단, 앞으로 해당자가 나올 경우, 그와 같은 자는 필시 '공산계' 또는 '북한계 분자'일 것

---

52) 1094「第五次日韓全面会談予備会談における在日韓人の法的地位に関する委員会の第二回会合(1960년 11월 14일)」.
53) 1150「第五次日韓会談予備会談開始後, 既に提出された『在日韓国人の永住許可と退去強制』に関する問題点とこれに対する見解案(1960년 12월 12일)」.

으로 생각되므로, 송환처를 한국으로 하는 것은 종래 일본정부가 일관되게 취해온 "인도주의에 반하여 본인이 희망하지 않는 곳(박해가 기다리고 있는 곳)으로 송환하는 일은 하지 않는다"는 방침에 반하는 것이 된다.

따라서 협정을 맺더라도 운용면에서는 실시할 수 없는 사태가 발생하기 때문에, 그 점은 한국 측의 양해를 받아둘 필요가 있다고 일본 측은 생각하고 있었다.54) 한국 측은 공산주의자의 단속수단으로서 퇴거강제를 예비회담에서부터 어느 정도 용인해 왔는데, 일본이 한국에 송환할 수 없다고 나온 것이다.

그 후도 12월 17일의 법적지위위원회의 실무팀 회의에서 일본은 이케가미 쯔토무(池上努) 검사로부터 "입관령의 해당사유 중 어느 항목은 퇴거를 실시하지 않는다는 한국 측의 안을 제출받아야 한다"고 말해, 구체적으로 퇴거강제사유를 정하고자 했다. 이에 대해 한국의 이천상 대표는 "폭력으로 일본정부를 전복시키려 한다든가, 양국의 친선관계를 해치는 자 등은 당연히 받아들이겠지만, 마약 등을 한 자는 받아들일 수 없다"고 답해 종래 주장을 반복했다.55)

12월 19일에 이루어진 제6차 회합에서 일본은 다시 다카세 지로(高瀨侍郎) 입관국장이 양국 간에 협정상의 용어해석을 통일시켜 분쟁을 피하지 않으면 안 되므로, 한국 측의 생각을 일본의 출입국관리령 제24조가 규정하는 각 사유와 결부시켜 설명하도록 요구했다.56) 이를 받아들여 1961년 1월 10일에 열린 제5차 비공식회담에서는 한국 측 엄영달 공사가 "입관령 몇

---

54) 이와 같은 양해를 한국 측에 요구하는 것은, 공산주의자의 경우 한국에 강제송환할 수도 없고 그렇다고 국교도 없는 북한에 송환할 수도 없다. 이 때문에 일본의 주권행사가 제약을 받게 되기는 하지만, 1957년 12월 3일의 상호송환각서 실시 시, 한국 측이 '북송' 희망자를 송환하지 않았던 점을 약속위반이라고 해서 일본정부를 격하게 공격해서, 그 결과 한일 간 교섭마저 중단했던 안 좋은 경험이 있다. 이에 비추어서라도 일본 측은 일단 한국 측의 양해를 받아 둘 필요가 있다고 판단하고 있었다(앞문서와 같음).
55) 1107「日韓会談法的地位委員会ワーキング・グループの打合せに関する件(1960년 12월 17일)」.
56) 1098「第五次日韓全面会談予備会談における在日韓人の法的地位に関する委員会の第六回会合(1960년 12월 19일)」.

조 몇 항을 제외하고는 퇴거강제를 실시하지 않는다"고 분명히 명기해달라고 말하고, "특별히 고려하겠다"는 말은 애매해서 후에 문제를 남길 우려가 있으므로, 출입국관리령의 조항에 의거하여 구체적으로 검토하고 싶다는 요망을 제출했다.57) 그러나 2월 2일의 제6회 비공식회담에서는 제5회에는 출석하지 않았던 이천상 대표가 영주권자에 대해서는 일률적으로 퇴거강제하지 않도록 해달라는 주장을 다시 제출했다.58) 한국 측으로서는 일본으로부터 반공정책으로서의 퇴거강제실시가 이미 곤란하다고 전달받은 이상, 영주권을 동요시킬 것이 틀림없는 퇴거강제 처분의 실시를 받아들일 이유가 전혀 없었던 것이다.

이로 인해 일본은 한국 측에 대해 비공식회담의 기록은 본국에 전해졌는지 따져 묻고, 이대로는 협의를 더 이상 진행하는 것은 무의미하며, 오히려 휴회하는 편이 낫다고까지 말했다.59) 한국 측은 제6회 회담에서 표명된 일본 측의 의향을 잘 생각해 보겠다고 하고, 다음 비공식회담의 날짜는 다음 주에 다시 얘기하기로 하고 산회했다.60) 그 후 3월 30일의 제9회 비공

---

57) 1109「法的地位問題に関する第五回非公式会談記録(1961년 1월 10일)」. 한국 측 출석자는 엄영달 공사, 문철순 참사관이었다.
58) 1110「法的地位問題に関する第六回非公式会談記録」. 한국 측 출석자는 이천상, 진필식 두 대표, 권태식 서기관이었다.
59) 한국 측은 일본 측이 제시한 해당사유가 광범위하고 막연하여 종래의 토의선에서 후퇴했을 뿐만 아니라 영주권을 유명무실화할 가능성이 있다고 거듭 항의하고, 토의에 응할 자세를 보이지 않았다(1155「法的地位委の運営について」).
60) 그 사이, 일본 측에서는 퇴거강제에 관해 다음과 같은 방침을 세웠다.
'퇴거강제를 실시하지 않는다'와 '퇴거강제에 관한 일본국의 법령을 적용하지 않는다'는 표현의 차이에 관해 입관 당국의 설명에 의하면 '실시하지 않는다'는 표현의 경우, 구체적으로는 현행법하에서 크게 세 가지 방법을 취할 수 있다.
 ① 입관령 위반사건으로서의 절차에 착수하지 않는다(예를 들면 빈곤자 등에 대해서).
 ② 입관령 위반사건으로서 처리하지만, 동령 제50조의 법무대신의 체류특별허가에 의해 1년, 3년 등의 체류기간을 부여한다(예를 들면 범죄자 등에 대해서).
 ③ 입관령 위반사건으로서 처리하고, 퇴거강제령서를 발부하지만 강제령서를 집행하지 않고 가석방하여 자발적 의사에 의해 출국하도록 한다(예를 들면 특히 악실석인 자에 대해서).
요건대 비록 한국에 양보하여 퇴거강제를 실시하지 않는다고 협정 조문에 포함시

식회담,(61) 4월 6일의 법적지위위원회의 제9회 회합(62)에서도 한국 측은 퇴거강제 문제에 관해 본국으로부터의 지시가 없다는 이유로 대화는 진전되지 않았다

V. 퇴거강제의 의의 전환에서 가조인으로

1. 한국의 반공정책에서 자국민의 권리보호로의 전환

제6차 회담은 1961년 10월 20일부터 1964년 4월 11일까지 열렸다. 1961년 11월 29일은 퇴거강제에 대한 논의만을 목적으로 제1회 법적지위위원회의 퇴거강제에 관한 전문가회의가 열렸다. 이 날 회의에서는 출입국관리령 제24조의 각 항목에 관한 토의가 이루어져 (8) 마약범, (9) 1년을 넘는 형에 처해진 자, (12), (13), (14) 정부전복 등 파괴활동을 기도한 자를 토의대상으로 하여 차분하게 회의가 진행되었다.(63) 그러나 12월 12일의 제2회 전문가회의에서는 (8) 및 (9)는 퇴거강제의 적용에서 제외하기로 하고, 나아가 이들 문제는 앞으로 체결될 도망범죄인 인도, 사법공조 등의 조약에서 고려하기로 했다. 일본은 범죄인 인도조약은 한국 측으로부터 인도요구가 없으면 일본 측에서 인도하는 조치를 취할 수 없을 뿐만 아니라, 인도요구도 예를 들면 한국인이 한국 내에서 범죄를 저지르고 일본으로 도망친 경우에 이루어지는 것으로, 재일한국인은 관계없다는 것을 지적했다.(64) 퇴거강제가 협정에 포함되는 것은 받아들인다 하더라도 퇴거사유를 얼마나 좁힐 것

키더라도, 출입국관리령 위반사건으로서 취급할 수 있고, 당사자를 일본에 살기 힘든 상태로 하는 것은 가능하도록 만든 것이다(1156「日韓予備会談における法的地位委員会の今後の進め方に関する基本方針」).
(61) 1113「法的地位問題に関する第九回非公式会談記録(1961년 3월 30일)」.
(62) 1101「第五次日韓全面会談予備会談における在日韓人の法的地位に関する委員会の第九回会合(1961년 4월 6일)」.
(63) 948「法的地位委員会の退去強制に関する専門家会議(第一回)(1961년 11월 29일)」.
(64) 949「法的地位委員会の退去強制に関する専門家会議(第二回)(1961년 12월 12일)」.

인가가 교섭되었던 것이다.

일본 측은 법적지위위원회가 재개되자 1962년 9월 17일에 다음과 같은 방침을 세웠다.

> 1. 본 문제(퇴거강제문제)에 대해서는 이미 한국 측이
>   (1) 일본정부를 폭력으로 전복하려 한 자
>   (2) 한일 양국의 친선관계를 현저히 저해하는 반사회적 행위를 한 자
>   의 두 가지 범주의 강제송환에 동의하고 있고, 현행 입관령 소정의 퇴거강제사유에 (1), (2)가 속하는지에 대한 검토에도 응하고 있다. 그중 (2)에 속하는 것으로 '10년 이상의 형에 처해진 자'에 대해 동의하고 있다. 그러나 이 정도로는 불충분하다는 것은 분명하므로 영주허가의 범위 확대와 관련하여 보다 양보를 받아내야만 할 것이다.
>   2. 일본 측이 한국 측에 양보를 요구하는 점은 다음과 같음.
>   (2)의 범주에 대해서는 '7년 이상의 형에 처해진 자'(연간 20~27명 정도)까지로 양보하게 하고(10년 이상으로는 연간 8명 정도), 또한 '마약범'으로 중경미하지 않은 자, 예를 들면 '2년 이상의 형에 처해진 자'(연간 20명 정도) 등에 대해 반드시 양보를 얻어내고자 한다.[65]

요컨대 일본은 퇴거강제의 대상자가 조금이라도 많아지도록 회의를 진행시키려고 생각했던 것이다.

제3회 법적지위위원회에서 한국 측은 다음과 같이 발언했다. "일본 측이 주장하는 국내법은 퇴거강제사유가 광범위하기 때문에 영주권이 유명무실해 질 우려가 다분히 있다. 출입국관리사무를 관장하는 행정당국에 많은 자유재량을 부여하고 있는 동령의 운영은 그때그때 당국자의 정책과 방법에 따라 좌우되는 매우 불안정한 것이라고 할 수 있다."[66] 한국 측은 퇴거강제가 일본 행정담당자의 자유재량에 의해 결정되어버릴 것을 우려하여 그

---

65) 1580「法的地位委再開に当っての問題点(1962년 9월 17일)」. 이하에서 알 수 있듯이 제7차 회담에서 일본은 7년 이상으로까지 양보를 받아낸다.

66) 938「第六次日韓全面会談における在日韓国人の法的地位に関する委員会第三回会合(1961년 12월 19일)」.

점을 반론했던 것이다.

이에 대해 일본은 1962년 3월 5일의 제4회 전문가회의에서 '(15) 법무대신이 일본국의 이익 또는 공안을 해치는 행위를 했다고 인정하는 자'에 대해 언급하면서, 한국 측으로서는 일본의 행정관청인 법무대신의 재량에 맡겨져 있는 점에 불안을 갖고 있을지도 모르지만, 일본 측으로서는 이를 제외하면 외환(外患), 국교에 관한 죄를 범한 자 등 국가적 법익을 침해한 자, 혹은 소요죄와 같이 국가권력에 반항한 자 등을 퇴거강제할 여지가 없어지게 되어 매우 불안하다는 뜻을 전하고, 특히 (15)는 '기타'와 같은 개념은 아님을 강하게 주장했다.[67]

12월 4일에 열린 한일 예비교섭 법적지위관계회합 제8회에서는 일본 측으로부터 역시 (15)에 관해 '법무대신이 일본국의 이익 또는 공안을 해치는 행위를 했다고 인정하는 자'는 법무대신의 인정에 의해 발동되지만, 행정소송의 길이 열려있기 때문에 법무대신의 재량에 한계가 있다고 언급하고, 한국 측에 이해를 구했다.[68] 그러나 그 후에도 논의는 한일 간에 평행선을 달리게 되었다. 이에 따라 일본은 1962년 12월 19일의 제13회 회합에서 퇴거강제의 요건에 관해 파괴활동방지법(파방법)의 조항을 들어 일본 측의 생각을 명확히 주장하고, 다음의 내용을 제시했다.

1. 일본국의 파괴활동방지법 제4조 제1항 제1호에서 정한 폭력주의적 파괴활동을 한 것에 의해 금고 이상의 형에 처해진 자. 단, 집행유예를 언도받은 자는 제외.
2. 일본국의 파괴활동방지법 제4조 제1항 제2호에서 정한 폭력주의적 파괴활동을 한 것에 의해 2년 이상의 징역 또는 금고에 처해진 자. 단 집행유예를 언도받은 자는 제외.
3. 7년을 넘는 징역 또는 금고에 처해진 자.
4. 영리 목적으로 또는 상습적으로 마약류의 단속에 관한 일본국의 법령 규정을 위반하여 형에 처해진 자.

---

67) 951「法的地位委員会の退去強制に関する専門家会議(第四回)(1962년 3월 5일)」.
68) 670「日韓予備交渉法的地位関係会合第八回会合(1962년 1월 24일)」.

5. 일본국 법무대신이 일본국의 외교상 중대한 이익을 해치는 행위를 했다고 인정한 자.[69]

이 중 5에 관해 한국 측으로서는 매우 불안하므로 '일본국 법무대신의 인정'을 빼고, 유죄판결을 받은 자만으로 줄여줄 것을 요구했다. 또한 파방법 제4조 제1항 제2호에서 정한 폭력주의적 파괴활동을 한 자(정치상의 주의 혹은 시책을 추진, 지지하거나 또는 이에 반대하는 목적을 갖고 소요, 방화, 열차전복, 살인, 강도 등을 하거나 혹은 그것을 예비, 음모, 교사, 선동한 자)에 대한 토의가 이루어져, 이천상 대표가 "38도선에서 북과 대립하고 있는 한국으로서는 예를 들어 민단이 반공정신에 투철한 나머지 총련과 충돌한 경우에, 이에 해당하여 퇴거당하면 곤란하다"고 말하고, 이외에도 문인구 대표가 "예를 들어 재일한국인이 생활보호 등의 문제로 데모를 한 경우는 어떤가"라고 물었다. 이에 대해 히라가 겐타(平賀健太) 법무성 민사국장은 정치상의 시책에 관련되는데, 살인, 방화 등을 한 경우라면 몰라도 평온하게 데모를 했다면 폭력주의적 파괴활동에는 해당되지 않는다고 회답했다.[70] 한국 측으로서는 특히 2에서 재일한국인이 자신들의 처우에 대해 일본정부에 시책을 요구한 경우, 그것이 퇴거강제에 상당하는 행위로 인정될 우려가 있는 데에 불안감을 갖고 보다 구체화하자는 입장을 취했다.

이상에서 살펴본 바와 같이 지금까지 한국정부는 반공정책의 수단으로서 퇴거강제를 용인하고 있었지만, 그것이 별 도움이 안 된다는 것이 제5차 회담에서 분명해졌기 때문에, 오히려 재일한국인이 퇴거강제처분이 되지 않고 일본사회에서 어떻게 하면 권리를 옹호할 수 있는가 하는가로 관심이 옮겨가게 되었던 것이다.

1963년 11월 15일의 제37회 회합에서 그때까지의 견해를 정리·확인한 후, 1964년 1월 22일에 법무성 입국관리국에서는 '내란죄, 외환죄, 소요죄를 범한 자'에 대해 외무성의 협정안을 검토하여 다음과 같은 안을 작성했다.

---

69) 671「日韓予備交渉法的地位関係会合第一三回会合(1962년 12월 19일)」.
70) 671「日韓予備交渉法的地位関係会合第一四回会合(1962년 12월 22일)」.

'내란죄, 외환죄, 소요죄를 범한 자'에 관해 한국 측이 "부화뇌동한 자까지 퇴거하는 것은 곤란하므로 2년 이상의 형에 처해진 자(집행유예 제외)로 제한해 달라."는 주장에 대해, 일본 측은 "부화뇌동한 자를 제외하는 정도라면 좋지만, 2년 이상으로 제한하는 것은 지나치다."고 반대하고 있는데, 이 점에 대해 현재 우리 측 주장을 관철시킬 것인가, (외무성 작성안대로) 혹은 타결을 위한 양보로서 명분을 쫓느니 실리를 취한다는 생각으로 '1년 이상의 형'으로까지 좁혀 양보할 것인가(1년 이상으로 하면 부화뇌동을 제외한 경우에 비해 소요죄의 6개월 이상 1년 미만이 증가할 뿐으로 거의 원안대로 간다고 볼 수 있음) 앞으로의 경과에 따라 이중 어느 쪽인가를 취하기로 한다.[71]

요컨대 한국 측은 '2년 이상의 형'으로 함으로써 퇴거강제 해당자를 최대한 줄이려는 생각인데 대해, 일본은 '1년 이상의 형'까지 양보할 생각이었다. 그러나 다음에서 보는 바와 같이, 제48회 회합에서 일본으로부터 한국 측에 제시한 제안은 부화뇌동, 집행유예를 제외함으로써 양보는 했지만, 금고(1개월 이상부터) 이상의 형으로 하여 퇴거강제처분을 받는 자가 보다 많아지도록 수정한 것이었다. 1964년 1월 29일의 제48회 회합에서 일본이 토의용 자료로서 제출한 「일본국에 체류하는 특정의 대한민국국민의 법적 지위에 관한 협정안」의 강제퇴거의 조문안은 이하와 같다.

제3조
제2조 1의 규정에 기초하여 영주허가를 받은 자는, 그 자가 이 협정의 효력발생일 이후 다음의 하나에라도 적용되게 되었을 경우를 제외하고 일본국으로부터의 퇴거를 강제 받지 않는다.
  (1) 내란에 관한 죄, 외환에 관한 죄 또는 소요의 죄를 범한 것에 따라 금고 이상의 형에 처해진 자(집행유예를 언도받은 자, 내란 및 소요에 부화뇌동하여 형에 처해진 자는 제외한다.)
  (2) 영리목적을 갖고 마약류의 단속에 관한 일본국의 법령을 위반하여

---

71) 1588「日韓会談在日韓国人の法的地位問題に臨む当省としての態度について: 外務省協定案を中心として(1964년 1월 23일)」.

무기 또는 2년 이상의 금고에 처해진 자(집행유예를 언도받은 자는 제외한다.) 및 마약류의 단속에 관한 일본국의 법령을 위반하여 이 협정의 발효 발생일 이전에 처해진 형을 포함하여 3회 이상 형에 처해진 자
(3) (1) 및 (2)에서 언급한 자 외에 무기 또는 7년을 넘는 징역 또는 금고에 처해진 자
(4) 일본국의 외교상의 중대한 이익을 해치는 행위를 한 자

부속문서의 골자(안)
2. 퇴거강제
(一) 일본국 정부는 협정 제3조(2) 또는 (3)에 해당하는 자라는 이유로 퇴거시킬 경우에는 그 자의 가족구성 등에 비추어 인도적 고려를 한다(이 점은 비공표로 한다).
(二) 일본국 정부는 협정 제3조(4)에 해당하는 자라는 이유로 퇴거를 강제할 경우에는 그 송환예정일로부터 30일 전까지 이를 대한민국 정부에 통보한다.[72]

이에 대해 이경호 법무부 법무국장은 대체로 합의하지만, (4)에 관해서는 비공표라도 좋으니 부속문서에 일본의 외교상의 이익을 해친 자인지 아닌지를 쌍방이 협의해서 결정한다는 취지를 명기하자고 요구했다.[73] 이 문제에 관해 다음과 같은 논의가 오갔다.

도미타 마사노리(富田正典) 입국관리국 차장은 문뜩 떠오른 생각에 불과하다면서, 유죄가 된 자라고 하면 협의할 필요가 없어지는 것 아닌가 하고 제안했다. 이에 대해 이경호 국장은 그러면 파방법 4조 1항 2호의 정치목적을 갖고 한 범죄 중, 예를 들면 공무집행방해를 했더라도 조금이라도 외교상의 이익을 해쳤다면 퇴거강제 된다고 반론했다.

한편 이케가미(池上努) 참사관이 일본의 외교상의 이익을 해쳤는지의 여부를 판단하는 데 한국정부와 협의하지 않으면 안 된다고 하면 국내적으로

---
72) 678「日韓予備交渉法的地位関係会合第四八回会合(1965년 1월 29일)」.
73) 679「日韓予備交渉法的地位関係会合第四九回会合(1964년 2월 10일)」.

여론이 좋지 않을 것이라고 말했다. 외교상의 이익을 해친 자를 퇴거강제에서 어떻게 다룰 것인지에 대해서는 합의하지 못한 채 제6차 회담은 폐회되었다. 한국 측으로서는 일본의 재량에 맡겨져 퇴거강제가 결정되게 되면 먼 훗날까지 문제점으로 남게 된다는 인식이 매우 강했기 때문에 일본이 일방적으로 결정하는 사태를 회피하려고 했던 것으로 보인다.

2. 한일법적지위협정의 가조인

제7차 회담은 1964년 12월 3일부터 1965년 6월 22일까지 열렸다.[74] 1965년 1월 29일 재일한국인의 법적지위에 관한 위원회 제8회 회합에서 일본 측이 흉악범의 '7년을 넘는'이라는 조건은 절대 양보할 수 없다고 하여, 한국 측은 당초 '흉악범으로 10년 이상'을 주장하면서, 만약 한국 측이 '7년을 넘는'에 응한다면, 일본 측은 기타 항목에서 무엇을 양보할 수 있는지 질문했다. 이에 대해 일본 측은 내란, 외환, 소요에 관해서는 소요를 삭제하겠다고 대답했다.[75] 2월 2일의 제9회 회합에서 이경호 대표는 1. 내란, 외환,

---

74) 1964년 12월 30일에 한국 외무부 아주국에서 작성한 한국 측 안은 다음과 같다.
   1. 내란에 관한 죄, 또는 외환에 관한 죄를 범하고 2년 이상의 금고 또는 징역형을 받은 자. 단, 집행유예를 언도받은 자와 내란에 부화뇌동하여 형을 받은 자는 제외한다.
   2. 영리를 목적으로 마약류 단속에 관한 일본국 법령을 위반하여 3년 이상의 금고 또는 징역형을 받은 자 또는 마약류 단속에 관한 일본국 법령을 위반하여 3회 이상 형에 처해진 자로 다시 3년 이상의 금고 또는 징역형을 받은 자. 단, 집행유예를 언도받은 자는 제외한다.
   3. 흉악범죄에 의해 10년 이상의 금고 또는 징역형을 받은 자.
   4. 국교와 관련한 죄를 범하고 2년 이상의 금고 또는 징역형을 받은 자. 단, 집행유예를 언도받은 자는 제외한다.
   (한국 측 공개자료 분류번호741·12, 등록번호 1934『한·일간의 일본에 거주하는 대한민국 국민의 법적지위와 대우에 관한 협정자료, 1964-66』).
75) 98「第七次日韓全面会談在日韓国人の法的地位に関する委員会第八回会合(1965년 1월 29일)」. 소요죄가 삭제된 이유로서 "일본 측이 주장하는 소요죄는 재일교포의 단체행동 등에 중대한 영향을 미칠 염려가 있어 이를 삭제하기로 했다"는 것이다(한국 측 공개자료 분류번호 723·1 J A, 등록번호 1547『한·일회담 각 현안에 관한 양측 입장과 해결방안, 1965』).

2. 마약범, 3. 흉악범의 3항목에 관해 일본의 제안을 본국 정부에 청훈(請訓)한 바 동의해도 무방하다는 회답이 있었다고 말해, 이 세 항목에 관해서는 의견일치를 보게 되었다.76)

하리가이 마사유키(針谷正之) 대표가 2월 5일의 제10회 회합에서 6차 회담에서 현안으로 남겨진 '일본국의 외교상의 중대한 이익을 해친 행위를 한 자'에 관해서는 '외국의 원수, 외교사절 또는 그 공관에 대한 범죄행위, 기타 국교에 관한 죄에 의해 금고 이상의 형에 처해진 자로 일본국의 외교상의 중대한 이익을 해쳤다고 인정되는 자'로 하면 어떻겠냐고 말하자, 이경호 대표는 그 선에서 타결하자며 즉시 본국정부에 청훈하겠다고 답했다.77)

그러나 2월 9일 제11회 회합에서 야기 마사오(八木正男) 대표가 '외교상의 이익을 해친 자'에 관해 그 후 일본 측 내부에서 검토한 결과, 상황이 나빠졌다고 말했다. 그 이유로서 '외교상의 중대한 이익을 해친 자로 인정되는 자'라는 문구를 붙이면, 앞으로 이에 대한 인정을 둘러싸고 갈등이 발생할 우려가 있다는 것, 다른 퇴거강제사유가 판결이라는 객관적 사실을 근거로 하고 있으므로 조문 전체의 균형을 상실한다는 것 등을 들어, '외국의 원수, 외교사절 또는 그 공관에 대한 범죄행위, 기타 국교의 죄에 의해 금고 이상의 형에 처해진 자'로 하자고 말했다.

이에 대해 이경호 대표는 이와 같은 경우, 예를 들면 외국공관에서 단순절도 등 외교상의 이익을 침해하지 않는 경우도 퇴거강제할 수 있게 된다며 강하게 불만을 표시했다. 한편 외교상의 중대한 이익을 해쳤는지는 일본 측에 판단을 일임하므로 하리가이(針谷)안에 응해도 좋다(단, 집행유예를 언도받은 자는 제외)는 회훈이 있었다고 말했다.78)

요컨대 한국 측으로서는 가능한 한 퇴거강제가 적용되는 범위를 좁히고

---

76) 98「第七次日韓全面会談在日韓国人の法的地位に関する委員会第九回会合(1965년 2월 2일)」.
77) 98「第七次日韓全面会談在日韓国人の法的地位に関する委員会第一〇回会合(1965년 2월 5일)」.
78) 99「第七次日韓全面会談在日韓国人の法的地位に関する委員会第一一回会合(1965년 2월 9일)」.

싶었기 때문에, 이 경우 '외교상의 중대한 이익을 해쳤다고 인정되는 자'라는 문언에 의해 일본의 재량이 들어가게 된다고 하더라도 경범이 배제되기 때문에 범위가 좁아진다고 판단했던 것이다. 이경호 대표는 협정을 맺는 자의 의도가 어떻든, 협정의 실시단계에서는 그때마다 협정의 문면에 따라 해석되기 때문에, 일본 측 제안대로는 간혹 그 대상이 외국공관이라는 이유로 단순범죄까지 퇴거강제의 대상이 될 우려가 크다고 말하고, 객관적 표현으로 단순범죄를 제외하는 것은 기술적으로 곤란하므로 인정(認定)을 받아들이는 수밖에 없다고 주장했다.[79]

이에 대해 2월 26일의 제14회 회합에서 야기(八木) 대표는 다음과 같이 제안했다. 퇴거강제 사유 중 '외교상의 이익을 해친 자'에 관해서는 국교에 관한 죄를 범한 자는 무릇 외교상의 이익을 해친 자이므로, 여기에 다시 같은 잣대를 들이대는 것은 이상하다. 따라서 국교에 관한 죄를 범한 자는 금고 이상의 형에 처해진 것만으로 퇴거강제하기로 하고, 기타 외국의 원수, 외교사절 도는 기타 공관에 대한 범죄행위에 의해 금고 이상의 형에 처해진 자에 대해서는 일본국의 외교상의 중대한 이익을 해친 자라고 하면 어떻겠냐고 말했다.[80]

3월 4일의 제16회 회합에서 이 대표가 본국정부로부터 이 안에 동의해도 무방하다는 회훈이 있었다고 말해, 본 문제는 실질적 합의해 도달했다.[81]

---

79) 99「第七次日韓全面会談在日韓国人の法的地位に関する委員会第一二回会合(1965년 2월 12일)」
80) 99「第七次日韓全面会談在日韓国人の法的地位に関する委員会第一四回会合(1965년 2월 26일)」.
81) 100「第七次日韓全面会談在日韓国人の法的地位に関する委員会第一六回会合(1965년 3월 4일)」. 3월 3일에 재일본 대한민국 거류민단이 「재일한국인의 법적 지위 및 처우문제에 관한 요구사항」을 시이나(椎名悦三郎) 외상에게 제출했다. 그중 퇴거강제 문제에 관해서는 다음과 같다.
1. 파괴활동에 관한 범죄로서는 내란, 외환에 관한 죄로 한정한다.
2. '외교상의 이익저해 행위'와 같이 추상적 항목은 절대 용인하지 않는다.
3. 흉악범은 10년 이상의 실형을 받은 자, 마약범에 관해서는 한일협정 발효일 이후 세 건 이상을 범한 자로 한다(469「在日韓国人の法的地位および処遇問題に関する要求事項」).
3의 흉악범을 '10년 이상'으로 하는 등 한국 측과 같은 요망이었다. 동시에 2의 '외

3월 17일에 일본 측이 제시한 퇴거강제에 관한 조문은 다음과 같다.

제2조 제1항
(a) 일본국에서 내란에 관한 죄 또는 외환에 관한 죄를 범하여 금고 이상의 형에 처해진 자(집행유예를 언도받은 자 및 내란에 부화뇌동하여 형에 처해진 자를 제외)
(b) 일본국에서 국교에 관한 죄를 범하여 금고 이상의 형에 처해진 자 및 외국의 원수, 외교사절 또는 외교사절단의 공관에 대한 범죄행위에 의해 금고 이상의 형에 처해져 일본국의 외교상의 중대한 이익을 해친 자
(c) [생략]
(d) 일본국의 법령을 위반하여 무기 또는 7년을 넘는 징역 또는 금고에 처해진 자

이 내용은 3월 28일에 열린 시이나(椎名) 외무대신과 이 외무부 장관 간에 합의되어 4월 3일에 각의의 승인을 얻어 가조인되었다.[82]

VI. 맺음말

예비회담 단계에서 일본은 국가주권의 발동으로서 협정상 영주자가 되는 재일한국인에 대해서도 출입국관리령을 전면적으로 적용할 것을 주장했다. 근저에는 2종의 외국인의 존재를 인정하지 않고, 일본인과 동등한 권리를 얻고 싶으면 귀화해야만 한다는 인식이 관철되고 있었던 것이다. 이에 대해 한국 측은 퇴거강제를 공산주의자의 단속 수단으로 생각했고, 또한 교섭 중에 일본으로부터 출입국관리령의 적용을 묵인할 것을 요구받았기 때문에, 회담 중 퇴거강제가 영주권을 근본부터 흔드는 것이라는 의견

교상의 이익저해 행위'에 관해서는 일본의 판단에 좌우되기 때문에 당연한 것이지만 반대 입장이었다.
82) 468「在日韓国人の待遇問題についての合意された事項のイニシアルに関する閣議了解」.

도 제시되었지만, 퇴거강제가 재일한국인에게 적용되어도 좋다는 자세였다. 단 재일한국인이 일본의 식민지지배하에 강제적으로 징용, 징병되어 일본에 살게 된 역사적 배경으로 볼 때 전전부터 계속 일본에 살고 있는 자의 경우, 퇴거강제의 적용은 인정하지 않으며 이것은 한국정부로서는 국가의 긍지에 관한 문제라는 주장이었다. 1차 회담에서도 출입국관리령의 퇴거강제사유를 기초로 일본과 한국은 절충을 시도했다. 2차 회담에서 한국 측은 협정이 성립한 후 퇴거강제를 실시할 때에는 구체적인 사안에 대해 한일 간에 어떻게 실시할 것인가를 협의하는 기간을 갖자고 주장했다. 그 목적은 퇴거강제의 실시가 일본의 재량에 완전히 맡겨지는 것을 피하는 것이었다. 이는 재일한국인에 대해 국가로서 책임이 있다는 의식에 근거한 것이라고 할 수 있다.

그러나 제4차 회담에 들어가자 양자가 그때까지의 주장을 크게 바꾸었다. 우선, 4차 회담 이전에 논의된 이른바 '억류자' 상호석방 문제가 일본의 태도에 영향을 미쳤다. 1957년의 나카가와 아시아국장과 김 공사의 합의문서에서 일본정부는 "종전 전부터 일본에 거주하고 있는 조선인으로 강제퇴거 처분에 의해 입국자수용소에 수용 중인 자를 석방한다"고 명기했다. 여기에 이르러 일본은 패전 전부터 계속해서 일본에 있었던 조선인이라는 범주를 인정했던 것이다. 이는 일본이 문면상이기는 하나 여타의 외국인과는 다른 재일한국인의 역사적 특수성을 인정했다고 할 수 있다. 이 내용을 포함시켜 일본 측은 패전 전부터 일본에 거주하고 있는 한국인에 대해서는 특수사정을 고려하여 강제송환 문제에 대처한다는 기본원칙을 제시했다.

이에 대해 한국 측은 그때까지의 방침에서 돌변하여, 퇴거강제사유의 각 항목에 대한 검토를 전면 거부하고, 만약 퇴거강제에 상당하는 사례가 나올 경우에 그때마다 한일 양국이 논의하면 된다는 주장으로 바뀌었다. 요컨대 일본이 자의적으로 퇴거강제자를 만들지 않도록 하겠다는 의향이 보다 강화되었던 것이다.

5차 회담에서는 일본 측이 법적지위협정에서 퇴거강제항목의 원형이 되는 네 가지 사유를 제시했다. 그러나 일본정부는 '인도주의'에 의해 퇴거강제자를 본인이 희망하지 않는 곳으로 송환하는 일은 하지 않는다는 방침을 취했기 때문에, 만약 공산주의자가 퇴거강제사유에 해당한다 하더라도 한국으로 송환하는 일은 사실상 없었을 것이다. 결국 한국은 예비회담 당시부터 반공대책으로서 퇴거강제를 용인해 왔음에도 불구하고, 그것이 별로 도움이 되지 않는다는 것을 확인하게 된 것이다. 이 때문에 한국은 그때까지의 방침을 전환하여 영주권자에게는 일률적인 퇴거강제를 실시하지 않도록 해달라는 주장을 하게 된 것이다. 이에 5차 회담은 그 이상의 진전 없이 종료되었다. 6차 회담에서는 한국 측은 퇴거강제에 관한 협정안에 대응하는 자세를 보였는데, 가능한 한 퇴거강제자가 나오지 않도록, 또한 일본의 재량에만 맡겨버리지 않도록, 후일 화근이 남지 않게 하기 위해 일본에 가능한 한 대항했다. 요컨대 실질적인 반공정책의 수단이 되지 않는 이상, 자국민이 불리한 처분을 받지 않는 것을 목적으로 교섭한다는 방향으로 방침을 전환한 것이다. 이때 특히 문제가 되었던 것은 '일본의 외교상의 이익을 해쳤는가의 여부'에 관한 사항이었다. 불이익 행위가 있었는지를 법무대신이 판단하기로 했는데, 일본 측은 일본의 행정당국자의 자의적 재량에 해당되지 않으며, 또한 퇴거강제라는 국가 권리의 발동에 대해 일일이 한국 측과 토의하게 된다면, 일본정부는 국내적으로 반발을 사게 된다는 점에서 한국 측을 설득했다. 그러나 양국은 합의에 이르지 못한 채 폐회되었다.

　7차 회담에서는 가조인에 이르렀다. 최후까지 조정이 이루어졌는데 예를 들면 다음과 같다. 본고의 서두에서도 언급한 바와 같이, 한국정부는 '외교상 중대한 이익을 해쳤다고 인정되는 자'라는 문구는 경범죄에 대해서도 기계적으로 퇴거강제가 적용될 수 있다고 판단하여, '외교상 중대한 이익을 해쳤다고 인정되는 자'인지의 여부를 일본의 재량에 포함시키면 바로 퇴거처분이 되지 않을 가능성이 높다고 한국 측은 판단했기 때문에, 굳이 이 문구를 넣기로 한 것이다. 이렇게 하여 출입국관리특별법에 퇴거강제에 대한 조문이 들어가게 되었다.

　한국정부는 재일한국인이 일본사회에 적응하여 불이익을 받지 않도록 하는 데 주안점을 두고, 가능한 법적지위가 불안정한 상태가 계속되지 않도록 하는 것을 전제로 하고 있었기 때문에 타결에 이르렀다. 즉 한국정부가 한일회담을 통해 최종적으로 의도하고 있었던 재일교포사회란 일본인과 가능한 한 동등한 대우를 받고 장래 자립하여 자자손손 계속해서 존재해야만 한다는 것이었다. 그것은 일본에 생활기반이 있는 이상, 살아가기 위해서는 필요한 것이기 때문이며, 한일회담의 논의에서도 이러한 점이 주장되었다. 이에 대해 일본정부는 막판까지 재일한국인이 특히 범죄자의 경우, 보다 많이 확실하게 일본에서 추방되도록 하는 방책을 협정에 포함시키고자 했다. 그것은 제4장에서 검증한 바와 같이, 내란, 외환죄에 대해서는 한국 측은 '2년 이상의 형'이라는 범주를 두고자 했던 데 대해, 일본은 '금고', 즉 1개월 이상의 형으로 해서 범위를 넓히려고 했다. 마찬가지로 무기 또는 7년을 넘는 징역 또는 금고에 처해진 자에 대해서는 당초 한국은 '10년 이상'을 주장했으나, 일본은 '7년 이상'을 요구하여 성립시켰다. 일본 측의 계산으로는 '7년 이상'의 경우, '10년 이상'의 경우에 비교해 해당자가 3배 이상 증가하기 때문이다.

요컨대 한국 측은 한일회담에서 재일한국인의 퇴거강제 문제란 재일한국인이 생기게 된 역사적 배경을 기점으로 하여 근본적으로 해결되어야만 한다는 기본방침으로 회담에 임했다. 이에 비해 일본 측은 퇴거강제권을 일본이 장악함으로써 일반적인 외국인과는 다른 재일한국인의 '특수한 지위'를 부정하고, 궁극적으로는 '바람직하지 않은 자'는 귀국시키고, 일본사회에서 살아가는 자에게는 귀화를 선택하도록 하여, 교섭을 진행시키기 위해 역사적인 문제에 대해 표면적으로만 대응했던 것뿐이었다. 한일회담을 통해 양국은 재일한국인의 법적지위 및 처우에 관해 논의하고, 합의를 이끌어내고자 했지만, 근본적으로 쌍방의 방침은 괴리된 채 종결되었고, 법적지위협정 시행의 출발점이 되었던 것이다.

【부기】
1. 본고에서 재일한인, 재일조선인 혹은 재일교포는 재일한국인·조선인의 총칭이다(본고에서는 용어를 일률적으로 통일하지 않고 저자가 사용한 용어를 그대로 번역했다. — 역자).
2. 외무성 공개문서를 사용한 경우에는 문서번호와 문서제목만을 명기했다.

【참고문헌】

法務省入国管理局, 1959, 1964, 『出入国管理とその実態』.
外務省政務局特別資料課, 1965, 『管理月報』 第16号.
出入国管理法令研究会 編, 1952, 『外国人の在留と登録(出入国管理令及び外国人登録の手引)』, 帝国判例法規出版社.
姜徹, 1987, 『在日朝鮮人の人権と日本の法律』, 雄山閣.
金敬得, 1965, 『在日コリアンのアイデンティティと法的地位』, 明石書店.
金相賢, 1969, 『在日韓国史僑胞八〇年史』, 語文閣.
元容奭, 1965, 『韓日会談一四年』, 三和出版.
鄭印燮, 1995, 「在日僑胞의 法的地位」, 『僑胞政策資料』 第52号.
飛田雄一, 1980, 「サンフランシスコ平和条約と在日朝鮮人」, 『在日朝鮮人史研究』 第6号.
_____, 1986, 「GHQ占領下の在日朝鮮人の強制送還」, 『季刊三千里』 第48号.
荒敬 編, 1991, 『日本占領・外交関係資料集: 終戦連絡中央事務局・連絡調整中央事務局資料』 第3巻, 柏書房.
大沼保昭, 1973, 「出入国管理法制の成立過程: 一九五二年体制の前史」, 寺沢一 編, 『国際法学の再構築(下)』, 東京大学出版会.
_____, 1979, 「資料と解説 出入国管理法制の成立過程一四」, 『法律時報』 第51巻 第5号.
川上巌, 1965, 「出入国管理のあゆみ(11)」, 『外人登録研究』 第15号.
亀井靖嘉, 1960, 「在留特別許可について」, 『外人登録』 第43号.
小川政亮, 1965, 「日韓条約の批判的検討 在日韓国人の法的地位・待遇協定」, 『法律時報』 第37巻 第10号.
橋本紀徳・松山正, 1964, 「在日朝鮮人の永住権問題」, 『在日朝鮮人の法的地位』, 在日朝鮮人の人権を守る会.
宮崎繁樹, 1970, 『出入国管理: 現代の'鎖国'』, 三省堂.
吉澤文寿, 2005, 『戦後日韓関係—国交正常化交渉をめぐって—』, クレイン.
梁永厚, 1986, 「大阪府朝鮮人登録条例制定(1946)の顛末について」, 『在日朝鮮人史研究』 第16号.

李天祥, 1964, 「在日僑胞의 法的地位問題 韓日会談의 係争点—譲歩以前의 問題들」, 『思想界』 第12卷 第4号.

제2부

재산 청구권과 피해자 보상 문제

제5차 한일회담과 청구권 문제

한상일*

I. 머리말

1965년 체결된 '한일협정'은 그동안 많은 억측을 생산했고 끊임없는 비판의 대상이 되어왔다. 특별이 회담을 최종적으로 주도하고 협정을 조인한 박정희 정권은 '굴욕외교' 또는 '매국외교'의 주체라는 비난을 피할 수 없었다. 그러나 지난 40여 년 동안 봉인되었던 한일외교문서가 공개됨으로써 회담의 실체를 투명하게 볼 수 있고, 또한 자료미비로 나타날 수밖에 없었던 많은 억측과 비판의 진부를 확인할 수 있게 됐다. 한국정부는 2005년 1월에 청구권 관련 외교문서 5권을 1차로 공개하고, 다시 8월 3만 6,000페이지에 달하는 156권의 외교문서를 전면 공개함으로서 교섭의 전체상을 분석할 수 있게 됐다.[1]

---

* 국민대학교
1) 국민대학교 일본학연구소는 2005년 1월과 8월에 공개된 방대하고도 난해한 외교문서 전체를 체계적으로 분류·정리하고, 이에 해설을 달아 회담의 진행과 내용을 보다 쉽게 이해할 수 있도록 『해세십』을 발간했다. 동북아역사재단의 지원을 받

이미 널리 알려진 바와 같이 국교정상화를 위한 한일 두 나라의 교섭은 1951년 10월에 시작해서 1965년 6월에 결실을 거두었다. 14년 8개월이라는 이 기간 동안에 한국에서는 이승만, 장면, 박정희로 정권이 바뀌었고, 일본에서는 요시다 시게루(吉田茂)에서 사토 에이사쿠(佐藤榮作)에 이르기까지 여섯 차례 내각이 교체됐다.

지속과 중단을 반복하면서 7차례 진행된 회담은 크게 3단계로 나눌 수 있다. 1~4차 회담은 이승만 정권에서, 5차 회담은 장면시대에, 그리고 6~7차 회담은 박정희 체제에서 이루어졌다. 세 정권을 거치면서 진행된 이 회담들은 상호연관성을 가지고 있으면서도 그 성격과 내용에 있어서는 상당한 차이가 있다. 이는 세 정권이 처해있던 시대적 상황과 여건을 고려할 때 당연한 결과라 하지 않을 수 없다.

장면정권하에서 진행된 제5차 회담은 그동안 별로 관심과 연구의 대상이 아니었다. 단명으로 끝난 정권의 교섭이고 또한 회담기간도 7개월(1960. 10~1961.5)이라는 짧은 기간 사이에 이루어졌다. 그러나 5차 회담은 그 후 진행된 회담과 최종적으로 조인된 한일협정에 중대한 영향을 미쳤다는 것이 필자의 주장이다. 필자는 그동안 회담에 참여했던 인물들의 회고록과 외무부 자료를 바탕으로 제5차 회담을 분석하고, 제5차 회담이 박정희정권하에서 진행된 회담에 중대한 영향을 미쳤을 뿐만 아니라, 1965년 체결된 한일기본조약의 기본 틀을 제시하는 결과를 가져왔다는 점을 주장하는 논문을 이미 발표한 바 있다.[2]

이 글에서는 공개된 회담록 가운데 제5차 회담의 내용, 특히 본회의 회의록(사전교섭 및 비공식회담)과 일반청구권소위원회 회의록을 분석하여 앞서 발표한 논문의 주장을 재확인하는 한편, 제5차 회담의 중요성을 재규명하려고 한다.

아 2008년 5권으로 발간된 이 『해제집』은 다음과 같이 구성됐다. I권 '예비회담~5차 회담', II권 '평화선·북송·6차 회담(예비교섭·청구권)', III권 '6차 회담', IV권 '고위정치회담 및 7차 회담(법적지위·어업·문화재)', V권 7차 회담(기본관계·청구권·협정체결)을 포함하고 있다. 국민대학교 일본학연구소 편, 『한일회담외교문서해제집, I~IV』(동북아역사재단, 2008). 이하에서 『해제집』으로 약칭함.

2) 한상일, 1995, 「第5次韓日會談小考」, 국민대학교, 『사회과학연구』 제8집.

5차 회담은 기본관계, 재일한인의 법적지위, 한국 청구권, 평화선 및 어업이라는 4개의 위원회를 두고, 한국 청구권 위원회 밑에 일반청구권, 선박, 문화재의 3개 소위원회를 두고 위원회, 소위원회 별로 회담을 진행했다.3) 그러나 이 글에서는 5차 회담에서 커다란 변화를 보이고 있는 '청구권 문제'를 중심으로 분석하기로 한다.

II. 배경

제5차 회담은 한일관계의 새로운 전기를 마련했다. 5차 회담에 임하는 한국과 일본 두 나라는 이제까지와 달리 양국이 국교정상화를 조속히 실현해야한다는 데 견해를 같이하고 이를 위한 적극적인 자세를 보였다. 이와 같이 한일 두 나라가 관계정상화를 위한 강한 의지를 보이게 된 데는 몇 가지 이유가 있다. 첫째 두 나라의 국내정치의 변화이다. 1960년 한국과 일본 두 나라는 모두 정치적 격변을 체험하고 새로운 정권이 출범했다. 한국에서는 그동안 장기집권하면서 강력한 반일노선을 취해온 이승만의 자유당 정권이 1960년 4월 혁명으로 무너지고 민주당 중심의 장면내각이 탄생했다.

이승만정권과 달리 장면정부는 출범하면서부터 "대일관계의 정상화를 주요외교정책의 하나"로 확정하고 회담을 서둘렀다.4) 당시 사회적으로 팽배해 있던 반일분위기의 원인인 '재일교포의 북송' 문제에도 어느 정도 수용하는 융통적인 자세를 보였다. 5차 회담의 수석대표였던 유진오 박사도 민주당정부는 대일 문제 해결을 "정부의 기본정책"으로 삼고 있었다고 술회하고 있다.5)

일본 문제에 대한 민주당정부의 이러한 적극적인 태도는 당시 외무장관 정일형이 8월 24일 밝힌 정부의 대외정책의 기본 방향에 잘 나타나고 있

---

3) 「한일회담 제2차 전체회의 경과보고」, TM-1110, 『해제집 I』, 673쪽.
4) 外務部 政務局 亞洲課, 『韓日會談의 槪觀과 諸問題』(외무부 내부문건), 67-73쪽. 이하에서 『諸問題』로 약칭함.
5) 兪鎭午, 1963, 「韓日會談의 回顧」, 兪鎭午, 『民主政治에의 길』, 일조각, 251쪽.

다. 정장관은 "선린호혜원칙에 입각하여 신의와 상호이해로써 양국의 외교 관계를 하루 속히 정상화시키다"는 원칙과 재일교포의 "북송저지문제 등 현안의 제문제 해결을 위한 협상을 추진한다"는 원칙을 밝혔다. 그리고 "이를 위해 필요하다면 (한국)정부는 수상 또는 외상 급의 고위급회담을 개최할 수 있다"고 밝혀 한국 측은 고위급회담을 제의할 정도였다.[6] 장면 국무총리가 내각을 구성한 다음날 외무부 장관이 일본 측에 수뇌회담을 제의할 만큼 서둘렀다.

일본 또한 커다란 정치적 변동을 체험했다. 1960년 6월 미일안보조약개정으로 일본은 정치적 격변과 사회적 분열과 진통을 체험했다. 그리고 조약개정을 주도한 기시(岸信介)내각이 물러나고 이케다 하토야(池田勇人)정권이 탄생했다.

미일안보조약 개정으로 심대한 정치·사회적 갈등을 체험한 이케다내각의 정책노선은 민감한 정치·외교 문제보다 '소득 2배 증가' 등과 같은 국민들의 생활과 경제 문제에 역점을 두다. 그러나 한일국교정상화를 위한 회담 재개 문제는 달랐다. 이케다는 수상으로 취임한 직후 그동안 한일회담을 결렬시킨 재일교포의 북송 문제를 빨리 종결시켜 한국과의 마찰을 피하려 했고, 고사카 젠타로(小坂善太郎) 외상을 한국에 파견하여 한일회담 재개를 위한 길을 열려고 노력했다. 1960년 9월 6일 일본정부의 최초 공식 사절로 한국을 방문한 고사카는 그의 방한성명에서 한일 두 나라는 "예부터 경제·문화 등 여러 면에서 깊은 관계가 있고, 일의대수(一衣帶水)인 가장 가까운 이웃으로서 손에 손을 잡고 나가야 할 사이"인 한국과의 관계개선을 위해 "한국국민의 대일감정을 충분히 존중하여 공영의 방향"으로 나가고 싶다는 뜻을 밝혔다. 그리고 한일 두 정부 "흉금을 터놓고 대화를 나눔으로써 다년간 쌓인 여러 가지 현안문제를 해결"하고 하루 속히 관계정상화를 이룰 것을 희망했다.[7] 22시간 체류하는 동안 한일 두 나라는 그동안 중단됐던 회담을 10월부터 재개한다는데 합의했다. 그리고 그는 한국

---

6) 정일형, 1991, 『오직 한 길로』, 을지서적, 279쪽 ; 金東祚, 1986, 『回想 30年, 韓日會談』, 중앙일보사, 203쪽.
7) 정일형, 위의 책, 281쪽 ; 金東祚, 위의 책, 203쪽.

측에 한국에 일본대표부 설치를 희망한다는 일본의 뜻을 전하기도 했다.
 한일회담을 촉진시킨 둘째 이유는 양국의 새로운 정권의 등장과 함께 50년대와 달리 한일 두 나라는 서로를 필요로 하게 됐다는 상황의 변화이다. 한일 두 나라는 공산주의라는 공동의 적에 대응하기 위해서도 상호 협조가 필요했지만, 보다는 경제적 필요성이 더욱 커졌다. 5·16군사혁명으로 5차 회담이 중단된 직후 수석대표를 역임했던 유진오 박사는 양국의 상호 필요성을 다음과 같이 회고하고 있다.

> 5차 회담에서 우리 측은 종래와는 달리 회담을 적극적으로 추진하는 태도로 임하였는데, 그 이유는…… 우리의 경제건설을 위해서도 일본으로부터 받을 것은 속히 받고 일본의 자본이나 기술을 도입할 필요를 느꼈기 때문이었다. 일본 측도 여러 가지 잡음은 있었지만 한일양국관계를 개선하여야 하겠다는 근본인식에 있어서는 우리와 마찬가지였다. 그것은…… 일본의 경제가 자본이나 기술 또는 상품을 외국으로 수출하지 않으면 안 될 단계까지 성장하여, 한국에 대한 청구권 지불 또는 경제협력은 그러한 그들 자신의 경제상의 필요를 충족해 주는 한 방도가 되기 때문이었다.[8]

 민주당정권이 출범하면서 당면한 제일 중대한 과제는 어떻게 하면 속히 경제적 자립을 이룩하느냐 하는 것이었다. 이를 위해서는 자본과 기술이 필요했다. 더욱이 그동안 한국의 경제를 떠받쳐 주고 있던 미국의 경제원조가 크게 삭감되고 있었기 때문에 새로운 자원이 필요했다. 뿐만 아니라 민주당정권이 수립한 제1차 경제개발5개년계획(1962~1966)을 추진하기 위해서도 외국으로부터의 자본과 기술이 필요했다. 물론 이 계획은 5·16군사 쿠데타로 인하여 궤도에 진입시키지 못했다.
 장면의 민주당정권은 이러한 경제적 문제를 일본과의 국교정상화와 청구권 타결을 통해서 해결하려고 했다. 고사카 외상이 한국을 방문했을 때 장면 총리가 "일본은 성의를 가지고 대한경제협력을 해야 할 것이 분명해

---

8) 俞鎭午, 1963, 앞의 책, 252-253쪽.

졌다. 구체안이 제시되면 수락할 용의가 있다"고 밝힌 것도 이러한 의도를 뒷받침해주고 있다. 또는 민주당정권이 구상했던 1961년도 중점적 시책중의 하나가 일본과의 국교정상화에 수반하여 일본의 투자와 차관 가능성을 검토하고, "1961년 상반기에 회담을 완결시키고 하반기에 한일 간의 경제협력 체제를 수립하는 것을 목표"로 하고 있었다는 것이 이를 잘 설명해 주고 있다.9)

일본도 경제적 의미에서 한국이 필요해 졌다. 전후 일본의 경제부흥에 결정적인 계기가 된 한국동란이 지나고 1960년대에 들어서면서부터 일본경제는 상품이나 자본을 해외로 수출하지 않으면 안 될 단계에 도달했고, 또한 새로운 생산기지가 필요했다. 일본은 시장 확대를 위하여 소위 정경분리의 원칙을 내세워 소련, 중공, 북한 등의 공산진영과도 무역관계를 확대해 나갔다. 식민지적 유산이 가장 많이 남아 있고 저렴한 노동력이 풍부한 한국은 지리적으로나 정치적으로 또는 경제구조나 운영방법 등으로 보아 일본의 독점적 상품·자본시장과 가장 효율적인 생산기지가 될 수 있는 좋은 여건을 두루 갖추고 있는 국가였다. 그러한 의미에서 한국과의 국교정상화는 일본에게 있어서 중요하고 시급한 과제의 하나로 등장했다. 이러한 현실적 필요에 따라 집권 자민당은 재계와 협조하여 당내에 한일문제간담회를 설치하고 한일회담을 적극적으로 지지하고 나섰다.

이 시기에 한일회담을 촉진시킨 또 하나의 중요한 배경을 미국의 역할이었다. 국제질서가 냉전체제로 전개되자 미국은 한·미·일로 이어지는 동북아 방위체제를 구상하고 이를 위해서는 한일관계의 정상화가 무엇보다 필요하다고 인식하고 있었다. 1951년에 개최된 제1차 회담도 미국의 요구와 중재에 의해서 이루어지게 된 것도 이를 잘 설명해 주고 있다. 또한 1960년대에 들어서면서부터 미국은 전후 막대한 군사·경제원조로 인하여 국제수지가 악화되고 있는 것을 해결하기 위하여 선진경제국가에게 후진국에 대한 경제 원조를 분담하려 했고, 그러한 맥락에서 한국경제발전은 일본에 위임하려 하고 있었다. 미국의 이러한 의도는 장면정권 수립 직후

---

9) 『한국일보』, 1961.1.5.

의 C. 허터(Christian Herter) 미 국무장관의 발언에도 그대로 나타나고 있다.

> 미국에 있어서 한일 두 나라는 모두 버릴 수 없는 동맹국이다. 이 두 동맹국이 뿔을 맞대고 있는 것은 자유진영의 입장을 약화시키고 공산진영을 이롭게 하는 것이라고 생각하고 있다. 두 나라가 정치·경제적으로 협력 체제를 이룩하는 것이 한일양국뿐만 아니라 미국과 자유진영 전체에도 유익하다고 판단하고 있다. 경제적으로는 미국이 방대한 방위지원 원조로 한국경제를 일방적으로 도와주는 것이 아니라 한국이 가장 가까운 일본과 정상적인 경제관계를 계속하여 자연히 한국경제가 발전하는 형태를 바라고 있다. 군사적으로는 극동미군이 양국에 두 다리를 걸치고 있음에도 불구하고 양국의 사이가 나쁜 것은 여러 가지로 미국을 불편하게 만들고 있다. 미국정부는 그동안 이승만정권의 대일감정에는 지나침이 있었다고 생각하고 있다.[10]

한일관계정상화의 가장 큰 걸림돌로 인식되고 있던 이승만대통령이 물러나고 새로운 정권이 들어서자 미국은 한일 두 정부에게 관계를 정상화시킬 것을 요구하는 한편, 막후에서 원만한 회담을 위한 조정자의 역할을 담당했다.

1960년 4·19혁명 이후에 출범함 민주당의 장면정권은 이승만 시대와 달리 일본과의 관계개선을 위한 회담에 '지나칠 정도로' 적극적인 자세를 보였다. 당시 일본이 1960년 11월 12일로 만료되는 북한과의 재일교포 북송협정을 1년 연장할 움직임을 보이던 시기임을 감안하면 더욱 그렇다. 김동조의 표현을 그대로 빌리면 "민주당 정부는 '대일화친(對日和親) 내각'이라는 세평"을 받을 만큼 앞서갔다.[11]

적극적 자세를 취하기는 일본 또한 마찬가지였다. 특히 1960년 11월에 실시된 29회 중의원 총선거에서 자민당이 63.4%의 의석을 확보하면서 이케다내각도 조기 타결을 위한 열의를 보였다. 『요미우리(讀賣)신문』에 의

---

10) 『朝日新聞』, 1960.9.9.
11) 金東祚, 1986, 앞의 책, 204쪽.

하면 회담이 본격적으로 시작되기도 전에 일본외무성은 "12월 중으로 분과위원회 토의를 마무리 짓고 2월(1961)까지 본회담을 개최하여 늦어도 4월 중에는 한일 국교를 회복시키고 대사를 교환할 수 있도록 일정"을 잡고 있었다.[12]

한국과 일본을 둘러싸고 있는 이러한 상황과 여건의 변화는 한일관계정상화를 위한 회담을 급진적으로 발전시켰다.

III. 회담진행과 회담내용의 개략

5차 회담은 1960년 10월 25일부터 일본 외무성 회의실에서 예비회담을 개최하는 것으로부터 시작됐다. 첫 회담에서 한국의 유진오 수석대표는 "한국의 신정부는 한일관계의 정상화를 그 주요 시정목표의 하나로 정하고⋯⋯일본의 신내각도 한일관계를 새 방침아래 성의를 갖고 해결할 것을 밝힌 바 있어 이 회담의 전도에 큰 희망을 갖는다"는 기대를 거는 의견을 밝혔다. 이에 대해 일본의 사다와(澤田廉三) 수석대표도 "한국의 신정부가 수립된 이래 일한 두 나라 사이에는 우호친선의 기운이 높아졌다"고 전제하고, "이번 회담이 모두 원만하게 진행되고 가까운 미래에 양국간에 확고한 우호친선관계의 기초가 확립되어 서로 번영하고 손을 잡아 국제평화의 유지에 노력하게끔 되기를 마음으로 희망"한다고 화답했다.[13] 5·16쿠데타로 중단될 때가지 지속된 예비회담은 4차례의 본회의와 여러 차례의 사전교섭과 비공식회담을 진행됐다.[14]

예비회담에서 한일 두 정부는 5차 회담을 성공적으로 이끌기 위해서는 이제까지와 달리 먼저 실무자급의 절충을 통하여 양측의 입장을 어느 정도 조정한 후 본회담을 진행하는 것이 보다 효과적이라는 데 의견을 같이 했다. 그리고 4차 회담에서 이미 결정된 대로 위원회를 구성하고 토의를 진

---

12) 『해제집 I』, 52쪽.
13) 「한일예비회담개최」, TM-10176, 『해제집 I』, 669쪽 ; 金東祚, 1986, 앞의 책, 206쪽.
14) 구체적 내용은, 『해제집 I』, 667-731쪽.

행하기로 했다.15)

1960년 11월 7일부터 시작된 재일한국인의 지위와 권익 문제를 취급한 재일한인의 법적지위위원회는 이 위원회는 비교적 활발한 논의를 전개했다. 제2차 회의에서 자손에게 영주권을 부여하는 문제, 영주권 발급 시 증명서 문제, 영주권 신청 기간 문제 등이 논의됐다. 한국 측은 재일한국인이 일본에서 살게 된 특수성을 강조하고, 종전 당시부터 계속하여 일본에 거주하고 있는 한국인과 그 자손들에게는 일본의 영주권을 부여하고, 그들의 의사에 반하여 일본에서 강제적으로 퇴거시키지 말 것을 요구하고, 일본에 거주하는 동안 경제적으로나 사회적으로 일본인과 대등한 대우를 해 줄 것을 주장했다. 그리고 재일한국인들이 한국에 돌아와서 살기를 원할 때에는 그들의 재산 전부를 제한 없이 가지고 갈 수 있도록 할 것을 요구했다.

1961년 4월 27일까지 법적위원회는 10차례의 정식회담과 여러 차례의 비공식 회의를 진행했다. 주요 의제는 앞에서 지적한 문제를 중심으로 영주권을 부여할 재일한인의 범위, 영주권 허가 방법, 강제퇴거 문제, 영주귀환자의 재산반출, 교육 문제, 생활보호 문제 등에 대하여 어느 정도 의견 접근을 볼 수 있었으나 합의에 도달한 사항은 없었다.16)

1960년 11월 9일부터 시작된 어업 및 평화선위원회는 일본이 제시한 주요어업종류, 어업종류별 어업상황, 국내규제제도, 자원조사, 국내어류소비 상황 등을 중심으로 논의를 진행했다. 공식회의는 세 차례로 끝났다. 그러나 14차례에 걸친 비공식회담을 진행하면서 어업자원상태를 조사하기로 합의한 것 이외에 의제에 대한 구체적 논의나 의견접근을 이루지 못했다. 이는 한일 두 나라가 이 회의에 임하는 근본 전략에 차이가 있었기 때문이다. 즉 일본 청구권 문제(문화재와 선박 문제)와 어업 및 평화선 문제의 동시

---

15) 제4차 회담에서 한일회담의 전체적 기본 틀을 기본관계위원회, 재일한국인 법적지위위원회, 한국 청구권위원회, 어업 및 평화선위원회 등의 4개 위원회를 구성했고, 한국청구권위원회 안에 일반청구권 소위원회, 선박 소위원회, 문화재 소위원회 등의 3개 소위원회를 설치했다. 外務部 政務局, 1960, 『外交機密, 韓日會談略記』(외무부 내부문건), 209-210쪽 참고. 이하에서 『略記』로 약칭함 ; 『諸問題』, 77-78·86쪽 ; 『해제집 I』, 326-389쪽.

16) 회담의 전체 내용은 『해제집 I』, 639-666쪽 참조.

토의를 원했으나, 한국은 양자를 분리하여 전자는 적극적 해결을 도모하고, 후자는 일전한 원칙(예를 들어 공동조사위원회 설치 등)에만 합의하고 실질적인 토의에 들어가지 않는다는 입장이었다.[17]

제5차 회담의 가장 중요한 위원회는 문화재소위원회, 선박소위원회, 일반청구권소위원회가 포함돼 있는 한국청구권위원회의 논의사항이다. 그 가운데서도 핵심은 일반청구권에 관한 사안이라 할 수 있다. 문화재소위원회나 선박소위원회의 회담은 4차 회담에서 논의된 것 이상의 진전을 보지 못했다.

1960년 11월 11일부터 시작된 문화재 소위원회는 2차례의 소위원회, 한 차례의 수석대표 사이의 비공식회의, 그리고 두 차례의 전문가 회담을 가졌다. 한국은 문화재소위원회 제1차 회의에서 이미 4차 회담에서 제시한 5개 항목의 문화재에 몇을 더 추가하여 반환목록을 제시했다. 그것들은 1. 일본 정부에서 '중요문화재' 또는 '중요미술품'으로 지정한 문화재 ; 2. 소위 조선총독부 또는 조선고적연구소가 반출한 문화재 ; 3. 소위 총독 또는 통감이 반출한 문화재 ; 4. 경상남북도 소재 분묘 기타 유족에서 출토된 문화재 ; 5. 고려시대 분묘 또는 기타 유적지에서 출토된 문화재 ; 6. 서화전적 및 지도 원한 ; 7. 일본인 개인이 소장하고 있는 각종문화재였다. 그러나 이에 대해 일본 측은 국유문화재는 원칙적으로 돌려주지만 '기부'의 의미이지 '반환'이 아니라는 것, 사유문화재는 인도 불가, 그리고 문화재를 돌려주는 것은 정치적, 문화적 고려에 의한 것이지 법률적 의미가 아니라는 것을 명확히 했다.[18] 그 후 앞에서 지적한 것과 같이 비공식, 전문가 회의를 가졌으나 이렇다 할 뚜렷한 진척이 없었다.

제1차 선박소위원회는 1960년 11월 11일 개최됐다. 이어서 11월 18일 양측의 수석위원 사이에 진행된 비공식회의에서 회담을 위한 6개 항의 합의를 만들어냈다. 즉, 1) 법 이론에 대한 논의는 더 이상 되풀이하지 않는다. 2) 토의는 (종래의 4개 항 중에서) 의제 A부터 시작한다. 3) 종래에 예비회담에서 양측이 제출한 선박명부에 관해서는 이번회의에서 재확인한다. 4) 명

---

17) 『해제집 I』, 773쪽 ; 어업 및 평화선 위원회의 전체회의는 760-784쪽 참조.
18) 『해제집 I』, 634-635쪽.

부 중 일본 측이 종래 조사미필 또는 불명 등의 이유로 조사결과를 제시하지 않은 것에 대하여 일본 측이 회답한다. 5) 조사된 잔여 선박의 명부를 양측에서 추가로 제출한다. 6) 일본 측은 가능하다면 최종적인 추가명부를 제출한다.[19] 그러나 1961년 5월 12일까지 8차례의 공식회의와 2차례의 비공식회의가 이루어 졌으나 주목할 만한 합의를 이끌어 내지 못했다.

청구권위원회의 핵심이라 할 수 있는 일반청구권소위원에서는 대단히 중대한 논의가 있었고, 앞에서도 지적했듯이 1965년의 조약체결의 틀을 마련해 주었다.

5·15군사혁명으로 중단되기까지 7개월 동안 계속된 일반청구권소위원회는 13차례의 공식회의와 1차례의 비공식 회의를 가졌다. 1960년 11월 10일 일본 외무성에서 개최된 1차 회의에서 니시하라 나오카도(西原直廉, 대장성 이재국장) 일본 측 수석대표는 "현안이 원만하게 해결"될 수 있도록 노력할 것을 강조했다. 유창순 한국 측 수석대표는 "한일국교정상화는 평등하고 우호적인 통상교역을 위시한 양국 간의 긴밀한 경제협력에 의해 견고해지는 것"이라고 강조하고, "청구권문제의 성의 있는 해결은 장차 우리가 기대하는 두 나라 사이의 경제적 공존공영의 길로 전진하는 데 있어서 길을 닦는 것이 될 것"임을 주장하면서 "성실한 논의와 협력"을 당부했다. 그리고 이어서 그는 1952년 한국이 제시한 '8개 항목의 청구 요강'을 다시 제시하고 설명했다.[20]

---

19) 『해제집 I』, 733쪽 ; 회담의 전체는 732-759쪽 참조.
20) 『해제집 I』, 804쪽 ; 外務部 政務局, 『第5次韓日會談豫備會談會議錄』, 3-4쪽. 이하에서 『第5次』로 약칭함. 최초의 한일회담이 시작된 6일 후인 1952년 2월 21일 일본 측에 제시한 '한일 간 재산 및 청구권 협정요강 한국측안'인 8개 항은 다음과 같다. 1) 한국으로부터 가져온 고서류, 미술품, 골동품, 기타 국보지도 원판 및 지금과 지은을 반환할 것. 2) 1945년 8월 9일 현재 일본정부의 대한조선총부 채무를 변제할 것. 3) 1945년 8월 9일 이후 한국으로부터 이체 또는 송금된 금액을 반환할 것. 4) 1945년 8월 9일 현재 한국에 본사(점) 또는 주사무소가 있는 법인의 재일재산을 반환할 것. 5) 한국법인 또는 한국자연인의 일본국 또는 일본국민에 대한 일본 국채, 공채, 일본은행권, 피징용한인 미수금 기타 청구권을 변제할 것. 6) 한국법인 또는 한국자연인 소유의 일본법인의 주식 또는 기타 증권을 법적으로 인정할 것. 7) 앞에서 지적한 모든 재산 또는 청구권에서 발생한 모든 과실을 반환할 것. 8) 반환 및 결제는 협정 성립 후 즉시 개시하여 늦어도 6개월 이내 완료

회담은 한국이 제시한 8개 항의 청구요강을 중심으로 토의했다. 그러나 그동안 일본은 재한 구일본재산의 소유권을 주장하고나 또는 재한 구일본재산의 한국귀속으로 한국이 요구하는 청구권의 일부가 '상쇄'되어야 한다고 주장하며 청구권 토의 그 자체를 거부해 왔다. 5차 회담에서는 일본이 이제까지와 달리 청구항목을 테이블 위에 올려놓고 항목별로 하나씩 논의하는 데 합의했다. 5·16으로 회담이 중단될 때까지 8개 항 중 제5항의 일부까지 상호의견을 교환하고 논의했으나 물론 의견일치나 합의에 도달한 것은 하나도 없다. 그러나 한국 측은 청구권 회담에서는 지금까지와 달리 식민지 시대에 대한 책임 문제와 지불형식에 대해서 상당한 양보의 가능성을 제시함으로서 앞으로 전개될 회담의 새로운 틀을 제시했다.

IV. 중요한 쟁점

1. 식민지시대에 대한 책임 문제

이승만정권 당시에 진행된 1~4차 회담의 한국 측 기본 원칙은 식민지시대에 대한 일본의 입장이었다. 이승만 대통령이 내세운 절대로 양보할 수 없는 조건은 일본의 식민지통치에 대한 확실한 반성과 사죄였다. 한일회담을 시작하면서 이승만대통령은 "우리가 일본으로부터 가장 필요로 하는 것은…… 과거 비행에 대한 뉘우침과 이 시점 이후 우리와 공정하게 대하겠다는 새로운 각오와 이와 관련한 구체적이고도 건설적인 증거"라고 강조하면서, 회담에서 이러한 증거가 나타나기를 희망한다는 뜻을 밝혔다.[21] 이는 식민지 지배에 대한 일본의 국민적 반성과 사죄 없이는 청구권, 평화선, 국교정상화 그 어느 것도 해결할 수 없다는 확실한 태도였다. 그러나 5차

할 것(『해제집 I』, 806쪽 ; 『略記』, 331-332쪽 ; 『諸問題』, 15-22쪽). 이 8개 항목의 요강은 그 후 조금씩 내용이 변했으나 근본 골자는 제6차 회담까지 계속됐다.
21) 「한일관계와 관련, 재외외교사절에 보내는 대통령 친서」, 5~9쪽(「올리버문서」. 李庭植, 1986, 『韓國과 日本-政治的관계의 照明』, 60쪽에서 재인용).

회담에서는 이 부분이 크게 달라졌다.

그러나 5차 회담에서 나타난 가장 중요한 결과는 한국이 일본의 식민지지배에 대한 책임추궁을 포기했다는 점이다. 그리고 이 결과는 그 후 진행된 회담과 조약체결에 중대한 영향을 미쳤다.

한일회담에 임하는 일본의 기본자세는 어떻게 해서라도 식민지지배에 대한 역사적 책임을 회피하려 했고, 그래서 한국이 제기하고 있는 8개 항의 청구항목이 '배상(reparation)'적 성질의 것이 아니라는 것을 주장하며 관철하려고 했다. 청구권을 '배상'으로 인정할 경우 일본은 식민지지배에 대한 책임을 인정하고 그에 대한 보상을 의미하는 것이기 때문이다. 물론 이러한 주장은 5차 회담에서 처음으로 나타난 것은 아니다. 1953년 10월에 있은 3차 회담에서도 구보다 간이치로(久保田貫一郎) 수석대표는 "배상권의 문제에 있어서는 일본은 전쟁 중 동남아시아 제국에서 약탈을 한 것이든지 파괴한 데 대하여 배상을 하려하고 있으나 일본이 한국에서 그러한 일을 한 사실이 없으니 배상할 여지가 없다"고 주장함으로서 배상청구권을 부인하고, "36년간의 일본의 한국 통치는 한국 국민에게 은혜를 베풀었다"라고 식민지지배에 대한 정당성을 강조했다. 물론 한국 측 대표는 구보다의 발언에 강력히 항의하고 그 발언을 취소할 것을 요구했다.[22] 그러나 일본은 이에 응하지 않았고 회담은 상당기간 중단되었다. 이는 한일회담에 임하는 일본의 입장은 처음부터 식민지지배에 대한 반성의 뜻을 가지고 있지 않았다는 것을 설명해주고 있다.

식민지시대에 대한 책임을 부인하는 일본의 이러한 논리는 5차 회담에서도 계속됐다. 1961년 4월 6일 개최된 제9차 일반청구권소위원회에서도 일본측의 요시다 노부쿠니(吉田信邦) 위원은 "한국은 일본에 대한 교전국도 평화조약의 서명국도 아니며 또한 동조약(샌프란시스코 평화조약-필자) 제14조의 이익을 받는다는 입장에 있는 것도 아니므로 일본에 대한 reparation을 청구할 권리가 없음은 말할 것도 없다"라고 일본의 기본입장을 밝혔다.[23] 일본은 한국이 전쟁대상국이거나 또는 조약서명 당사국이 아니기 때

---

22) 『略記』, 150·207-208쪽 ; 『해제집 I』, 278~279쪽.
23) 『第5次』, 136-137쪽. 『해제집 I』, 829~831쪽. 샌프란시스코 평화조약 제14조는 일본

문에 역시 배상 청구대상국이 될 수 없다는 주장이다.

이러한 일본의 입장에 대해 장면정권은 처음부터 식민지지배에 대한 일본의 책임을 추궁하는 것을 가볍게 취급하는 태도를 보였다. 1961년 1월 13일 개최된 일반청구권소위원회 제3차 회의에서 한국은 1910년의 합병조약을 "null and void"라고 한 이상 "한국정부가 이처럼 불법 조약에 기초한 점령으로 인해 국민이 받은 고통과 손해에 대한 대가를 주장하는 것이 당연한 권리임. 그럼에도 불구하고 한국 측이 포괄적 보상이 아니라 대일청구8개항목만을 제시한 것은 일본의 대한청구권 해소라는 사정을 고려한 결과"라고 밝혔다. 그리고 3월 29일 개최된 회의에서도 한국 측 대표는 "당초 한국이 일본에게 재산청구권을 행사할 때 평화조약 제4조에 의하여 일본의 대한 재산청구권이 없어졌다는 사실을 충분히 고려하여 방대한 각종 청구권 중에서 극히 중요한 것 내지 사법상의 채무변제의 성질을 가진 것만을 택하여 8개 항목으로 추려 제출하였던 것이다"라고 설명하고 있다.[24] 이는 한국이 일본에 제시한 '8항목의 청구요강'이 '정산 요구의 범위'를 넘지 않고 있다는 것을 시사하고 있다. 식민지지배의 책임을 추궁하고, 식민지지배가 한국역사에 미친 부정적 역할에 대한 '배상'을 요구하는 논리가 포함된 것이 아니다.

한국이 일본의 식민지지배에 대한 책임을 간과하는 논리는 그 이후 회담에서도 나타나고 있다. 4월 13일의 10차 회담에서 한국 측 대표는 한국이 재한구일본인의 재산을 취득한 것은 "일본의 다년간 한국지배로써 한국인의 노예화된 사실에 대한 정신적 고통과 경제적 착취의 대가를 지불하는 의미가 아닐 수 없으며 엄밀한 국제법상 용어로써 배상의 개념이든 보상의 개념이든 또는 비일본화의 개념이든 간에 실질적인 의미에서 일본의 한국지배에 대한 보상이라는 것은 분명하다"라고 일본의 식민통치를 규탄하고

의 '전쟁책임'에 대한 배상을 규정하고 있는 조항으로서 한국은 이에 포함시키지 않고 있다. 즉 제21조에 의하면 "한국은 본 조약의 제2조, 제4조, 제9조, 및 제21조의 이익을 향유할 권리를 가진다"라고 제한하고 있다.
24) 『해제집 I』, 828쪽 ; 『第5次』, 116쪽. 평화조약 제4조는 일본이 영유권을 포기한 지역의 재산처리를 규정하고 있다.

있으면서도, 한국이 청구하는 8개 항목이 "배상(reparation)의 성질을 가진 것이 아니고 반환(restitution)의 성질을 가진 것"이라고 규정함으로서 일본 측 논리에 동조하는 태도를 보였다.25)

일본의 식민지 통치에 대한 책임 추궁을 포기하는 결정적 계기는 한국의 대일청구권에 관한 미국무성의 각서발표와 이에 대한 한국정부의 해석이라 하겠다. 제1차 회담이 시작된 이후 일본은 한국의 대일청구권에 대하여 이미 미군정 당국을 통하여 한국정부에 이양된 구 일본정부 및 일본인의 재산에 대한 권리를 요구하며 제3차 회담까지 대한청구권을 주장했다.26) 물론 일본의 대한청구권 주장은 한일회담이 지연된 중요한 원인의 하나로 작용했다. 이 문제를 해결하고 한일 두 나라의 이견을 조종하기 위하여 대일평화조약의 기초자인 미국 측의 견해를 문의하였고, 미국은 1957년 12월 31일 정부의 공식 견해를 양국에 전달했다. 미국정부의 각서는 다음과 같은 세 가지 요점을 내포하고 있다. 즉 첫째, 일본은 대한청구권을 주장할 수 없다, 둘째, 한국의 대일청구권에 관하여서는 한일 양국이 협력하여 결정할 일이다, 셋째, 한국정부의 재한일본재산 인수로 인하여 한국의 대일청구가 어느 정도 소멸 또는 충족되었는가는 양국이 협의하여 결정할 일이다.27) 한일 두 정부는 이 각서의 내용에 동의하고 일본은 정식으로 대한청구권을 철회했으나 그 내용을 공개하지는 않았다.

그러나 그동안 공개하지 않고 비밀시해 온 미국의 각서 및 8개 항목에 관한 기사가 1961년 2월 3일자 조간신문에 보도됐다. 미국의 각서가 신문에 보도된 당일 예비회담 소위원회는 비공식 회의를 갖고 한국은 일본정부

---

25) 『第5次』, 152-153쪽.
26) 1945년 8월 9일 현재의 재한일본인의 재산은 1945년 12월 6일의 주한미군정 법령 33호에 의하여 동년 9월 25일자로 미군정당국에 귀속 소유되었으며 이것은 다시 1948년 9월 11일의 '한미간 재산 및 재정에 관한 최초협정'에 의하여 한국정부에 이야기 되었고, 그 후 일본은 샌프란시스코 조약 제4조에서 전기 미군정부당국의 처분의 효력에 승인한 것이다. 그러나 일본은 제3차 회담까지 재한국일본인의 재산처리에 대해서 이의를 제기하며 대한재산 청구권을 주장함으로서 회담을 지연시켰다. 일부은 제4차 회담에 임하면서 이를 포기했다. 『第5次』, 247쪽.
27) 전문은 『第5次』, 250-259쪽 참고.

에게 사전협의 없이 보도한 것에 대해서 항의했으나, 일본 측은 공산당의
원 가와카미(川神寬一)가 제3의 소스를 통하여 각서를 확보하고 언론에 보
도했다고 답변하며 정부가 무관함을 주장했다.28) 결국 한국은 이미 보도된
각서를 공식적으로 공표하는 데 합의하지 않을 수 없게 되었다.

한일 두 정부가 미국의 각서 내용을 공표하기로 합의했다는 것은 앞으
로 진행되는 회담에서는 청구권 문제를 이 각서의 내용에 근거한다는 것을
합의했다는 것을 뜻하고 있다. 즉 식민지 지배에 관한 책임 추궁과 같은 근
본 문제는 논외로 하고, 금액의 액수 문제를 협의하는 것을 주요의제로 한
다는 것을 합의 한 것이라 하겠다. 이러한 해석은 미국의 각서 공표와 함
께 발표한 한국정부의 입장 표명에 더욱 확실하게 나타나고 있다. 3월 9일
각서 공표와 함께 발표한 정부의 해석은 다음과 같다.

> 우리 측은 당초 대일청구를 제기함에 있어서 과거 36년간의 걸쳐 일본
> 으로부터 한국 국민이 받은바 심적 내지 물적 피해가 막대한 것이 있지
> 만 앞으로 양국 간의 새로운 선린관계를 개척한다는 대국적인 견지에서
> 여사한 배상적인 성격을 가진 청구권은 불문에 부치기로 하였으며 종전
> 당시를 기준으로 하여 우리 측이 반환 또는 청산 받아야 할 청구권 중에
> 서도 극히 중요한 것만을 요구하였든 것이다.29)

이 내용은 3월 14일 외무부 장관 기자회견으로 재확인됐다.30)

5차 회담에서 장면정권은 식민지지배로 인해 한국인이 받은 고통과 피
해를 지적하고 있으면서도 '새로운 선린관계를 개척' 한다는 이름 아래 이
에 대한 '배상적 성격의 청구권'을 포기하고 있다. 이것은 결국 한일회담을

---

28) 그러나 당시의 상황과 비공식회담, 그리고 각서내용을 공개하기로 합의한 3월 8일
의 회담을 검토해 볼 때 일본 측이 공개를 유도한 흔적이 농후하다. 즉 일본 측은
미국의 각서내용을 언론을 통하여 사전에 공개하고, 그리고 한국정부와 발표를 합
의하는 수순을 밟았다. 「비공식회의」, 『第5次』, 238-244쪽 ; 「공식회의」, 『第5次』,
39-49쪽 ; 『해제집 I』, 813쪽.
29) 『第5次』, 245-246쪽.
30) 『해제집 I』, 817쪽.

성사시키기 위해서 일본의 식민지지배에 대한 책임추궁을 더 이상 문제 삼지 않는다는 것을 의미하고 있다.

2. '경제협력'이라는 지불형식에 대한 문제

5·16군사혁명으로 중단된 제5차 회담이 그 후 박정희 체제에서 진행된 6차 회담에 결정적으로 영향을 미친 또 하나의 중요한 사안은 청구권을 어떠한 방식으로 해결하느냐 하는 문제를 대체로 합의했다는 사실이다. 즉 장면정권은 일본이 제시하는 청구권 문제의 해결을 '경제협력의 명목'으로 '유상, 무상의 형식'으로 지불한다는 데 동조한 것이다. 이것은 결국 뒷날 "양국 간의 경제협력을 증진"한다는 이름 아래 '무상 3억 불, 유상 2억 불, 민간 1억 불'로 청구권 문제를 해결하는 기틀을 만들어 주었다.

민주당정권과 진행한 5차 회담에서 일본은 일찍부터 청구권 문제는 '배상'이 아니라, '경제협력'의 형태로 이끌어 간다는 것이 기본전략이었음을 알 수 있다. 1960년 10월 27일 유진오 수석대표가 자민당 실력자의 한 사람인 후나다 나카(船田中)를 예방했을 때 그는 "한국청구권문제는 경제협력이라는 형태로 해결"할 수 있지 않겠냐고 제의하고 있다.[31] 또한 1961년 2월 11일 유진오 수석대표가 기시(岸信介) 전 수상을 만나고 난 후 외무부장관에게 보낸 보고서에도 일본의 의도가 잘 들어나고 있다. 보고서는 기시 전 수상의 견해를 3가지로 기술하고 있다.

> 1. 대한민국이 공산당과 싸우고 있는 것은 결과적으로 는 것은 일본을 위하여 싸우는 것이나 다름없다. 한국에 적색정권이 생기는 경우를 상상한다면 일본은 무슨 일이 있더라도 대한민국과 정상적 국교를 맺고 이를 도와야 할 것이다.

---

31) 「후나다 나카와의 면담내용 보고의 건, 한일예회 제5호」, 『해제집 I』, 672쪽. 1961년 2월 1일 가진 면담에서도 후나다는 같은 내용의 의견을 피력했다. 『해제집 I』, 717쪽.

2. 일본이 한국을 돕는 것을 재침략이라고 걱정하는 사람의 심정은 알 겠으나 현하의 국제정세로 보아 침략이란 있을 수 없다. 침략을 생각하는 일본사람은 하나도 없다.
3. 청구권을 청구권으로 해결해야한다는 한국 측 주장에 의의가 없다. 다만 이 문제는 첫째, 청구권의 대부분은 북한에도 관련이 있는 것이어서 일본사회당, 북한, 조총련 등의 맹렬한 반대가 나올 우려가 있고, 둘째 법적 근거가 아주 확실한 것이 아니면 일본 국회나 여론이 납득하지 않을 것이므로 액수에 있어서 한국 측이 희망하는 것이 될 가능성이 극히 적다. 청구권에 비하면 경제협력의 방식은 국회를 통과하기도 국민을 납득시키기도 훨씬 통과가 수월하다. 액수가 너무 많다고나 조건이 나쁘다고 할 사람은 있겠지만 한국의 경제건설을 위하여 무상이나 차관을 준다는 그 자체에 대하여는 크게 반대하지는 않을 것이다.[32]

그러면서 그는 "한일문제에 대하여 비교적 관심이 적은" 이케다 수상을 독려하겠다는 것과, 공산당과 사회당을 포함한 야당과 조총련 및 북한의 반대를 재차 강조하면서 한일문제를 해결하려면 "한일 양국이 모두 중대한 결심을 해야한다"는 것을 거듭 강조했다.

한일회담에 중대한 영향은 미친 후나다나 기시 전수상의 설명에서 확인할 수 있는 것은 야당이나 국민의 반대를 설득하기 위해서는 청구권을 '청구권' 또는 '배상'이라는 명목이 아니라 '한국의 공산화'를 내세워, 무상이나 차관과 같은 '경제협력'의 형태로 매듭짓는다는 기본 원칙을 가지고 있었음을 알 수 있다.

식민지책임 문제가 회담의 전면에서 사라지자 일본의 정치권도 회담추진을 위하여 적극적인 태도를 보였다. 4월 26일에는 자민당 내에 이시이(石井光次郎)를 대표로 하는 '한일문제간담회'가 설치되었고, 5월 6일에는 노다(野田卯一) 의원을 단장으로 하는 자민당방한의원단이 한국을 방문하

---

[32] 「기시 전 일본수상 및 전 농림상과의 면담내용 보고」, 『해제집 I』, 720쪽. 기시의 이러한 입장은 4월 11일 면담에서도 다시 나타나고 있다. 『해제집 I』, 724쪽.

여 장면 총리의 일본 방일을 초청하는 이케다 수상의 친서를 전달하는 한편 조기 타결을 위한 분위기를 조성했다. 방한의원단과 함께 한국을 방문한 일본 측 회담대표의 한사람인 이세키(伊關佑二郞) 아시아국장은 "현재의 한일회담은 5월 말이나 6월 초에 끝내고 6, 7, 8 3개월 동안 내부조정을 행하고 9월에는 정식회담(회담기간은 1, 2개월)을 열어 현안을 일거에 해결"한다는 회담일정을 밝힐 정도였다. 이와 같이 적극적인 태도를 취하면서 가장 어려운 청구권 문제의 해결방안을 당시 외무차관인 김용식과 합의를 만들어 냈다. 그의 회고록에서 김용식 차관은 다음과 같이 기록하고 있다.

> 1961년 5월 6일, 일본 중의원 일행이 서울을 방문했다. 5월 9일 오전 9시 30분쯤 일본 아주국장 이세키 씨가 나를 찾아와서 동경에서 진행 중인 한일예비회담을 본회담으로 격상시켜 한국의 대일청구권과 어업권문제에 관해 정치적 타결을 하자는 제의를 해왔다. ……이 회담에서 처음으로 무상, 유상의 형식으로 일본이 한국에 지불한다는 이야기가 나왔다. ……이날 나와 이세키 국장과의 회담은 약 1시간 계속되었으며, 이세키 국장이 말한 무상, 유상의 형식으로 한국에 지불하고 싶다는 내용은 종래 한국이 일본에 청구한 8개 항목을 말하는 것이었다. ……이세키 국장과 나와의 회담에서 금액은 토의되지 않았으나 지불형식만은 토의된 셈이었다.[33]

물론 6차 회담에서도 청구권 문제를 어떠한 방식으로 해결할 것인가 하는 것이 하나의 쟁점이 되었다. 그러나 이미 5차 회담에서 합의된 것을 바탕으로 일본은 청구권 해결이라는 명목으로는 '수천만 불' 이상은 지불할 수 없고, '한국의 독립을 축하하고, 한국에 있어서의 민생안정과 경제발전에 기여하기 위하여 무상 내지는 유상의 경제 원조를 한다는 형식'이라면 '상당한 금액'을 제공할 수 있다는 것을 끝까지 주장했다.[34] 한일 두 나라의

---

33) 김용식, 1993, 『새벽의 약속』, 김영사, 343-344쪽.
34) 6차 회담에서 일본은 청구권이라는 명목으로는 1,500만 불(대장성) 또는 7,000만 불(외무성) 이상은 지불할 수 없으므로, 한국이 청구권이라는 명목을 포기하고 경제원조라는 형태를 받아들이고 금액을 상향조정할 것을 거듭 거듭 주장했다. 예

국교정상화에 있어서 가장 중대하고 논의의 쟁점이었던 청구권 문제는 결국 1965년 조약체결 시 일본이 주장한대로 '경제협력'의 이름으로, 그리고 '유상, 무상'의 지불형식으로 해결됐다.

3. 청구권의 금액 문제

그것이 '배상'이었든 '보상'이었든, 또는 '경제협력'이었든 정부 당국이 의도하고 있었던 청구권의 '금액'은 5차 회담까지 회담까지 전혀 나타나지 않는다. 다만 4차 회담을 위한 예비교섭당시 이승만 대통령이 김용식 공사에게 보낸 공한에 막연한 형태로 한 번 나타난다. 즉 1956년 3월 28일 김공사에게 보낸 공한에 이승만 박사는 다음과 같은 내용을 포함하고 있다.

> 현 단계에서 일본이 샌프란시스코평화조약을 위반하고 청구권을 요구하는데도 미국이 공식적으로 철회를 요구하지 않는 상황에서 한일관계에 대한 미국의 중재를 원치 않음. 미국이 일본에 그러한 요구는 부당하다는 것을 인식시켜줄 수 있다면 미국의 중재를 받아들일 것임. 현재 우리의 상황을 개선하기 위한 특단의 조처가 필요하다고 생각함. 일본은 미국의 지지를 얻어 자신들에게 유리한 방향으로 상황을 만들어가려고 하며, 우리는 그 경우 일본이 필리핀에 지불하기로 했던 전쟁배상금의 10배에 해당하는 금액을 일본에 전쟁피해보상금으로 청구할 것임. 당신은 일본이 문제해결을 위한 노력을 보이지 않으면 공식성명서를 통해 우리는 일본과의 모든 협상을 취소하고 그들에게 전쟁배상금을 청구할 것이라는 점을 알릴필요가 있음.35)

컨대 6차 회담 시 일본 측 수석대표인 스기 미치스케(杉道助)는 1962년 8월 21일 개최된 정치회담 예비절충회의에서 "청구권이라는 개념을 남겨두는 이상 무상원조의 개념을 가져온다는 것은 힘들며, 아무리 많아야 수천만 불 밖에는 지불을 인정할 수 없다는 입장을 유지하지 않을 수 없다"고 일본의 태도를 명확히 했다. 일본은 이러한 입장을 지속했고 관철시켰다. 스기의 발언, 外務部 政務局, 『第6次 韓日會談 會議錄(III) - 第2次 政治會談 豫備折衝』, 28-34쪽 ; 裵義煥, 1991, 『보릿고개는 넘었지만』, 코리아헤럴드, 193쪽.

35) 『해제집 I』, 289쪽.

여기서 이승만 대통령이 제시하고 있는 '일본이 필리핀에 지불하기로 했던 전쟁배상금'이라는 것은 1955년 5월 하토아먀 이치로(鳩山一郞) 당시 일본 총리는 필리핀정부 협상단 수석대표가 제시한 8억 달러(무상지원 5억 5,000만 달러, 상업차관 2억 5,000만 달러)의 배상 요구를 그대로 수용한 것을 뜻하고 있다. 이승만 대통령이 요구하고 있는 '필리핀에 지불하기로 했던 전쟁배상금의 10배'라는 것은 80억 불을 의미하고 있었다. 이승만 대통령은 '전쟁피해보상금'으로 80억 불을 요구하고 있고, 공한에서 볼 수 있듯이 그 의지는 대단히 강했음을 알 수 있다.

그 후 진행된 5차 회담에서도 구체적으로 액수 문제가 논의된 기록은 찾아볼 수 없다. 그러나 비공식 회담이나 대화 속에서 어느 정도 의중을 들어낸 흔적은 남아있다. 김동조의 회고록에 의하면 당시 민주당정권은 '마지노선으로 8억 달러 복안'을 가지고 있었고, 유진오 수석대표는 '2억 달러 이상을 받기 힘들 것'으로 생각하고 있었다 한다.[36]

그러나 회담 기간 동안 언론을 통하여 6억 불 또는 7억 불의 경제원조설이 끊임없이 계속됐다.[37] 특히 1960년 말 동아일보는 보다 구체적으로 청구권 문제의 해결은 일본이 "한국이 재산청구권을 포기하는 것을 전제로 약 6억 불의 자본, 기술 원조를 제공"하고, "일본 측의 원조는 년 3부5리의 저리자금으로서, 20년 분할상환에 의한 장기차관형식"이 될 것이라는 보도까지 나타났다.[38] 한일 두 정부는 이를 즉각 부인했다. 물론 이러한 보도의 진원지가 어디고 또 얼마나 사실에 근거했는지는 알 수 없다.

그러나 2005년 공개한 5차 회담 자료 가운데 구체적으로 액수를 상정한 2개의 문서가 들어 있다. 물론 회담 중 이 액수가 논의된 흔적은 없다. 그러나 최초로 서면화된 이 문서는 당시 장면정권이 어느 정도의 금액을 상정하고 있었던 지를 보여주는 중요한 자료라 하지 않을 수 없다. 또한 이 문서로 볼 때 액수에 있어서 한일 두 나라 사이에 상당한 차이가 있음을 알 수 있다.

---

36) 金東祚, 1986, 앞의 책, 208쪽.
37) 『해제집 I』, 705 · 707 · 708 · 709 · 716 · 810쪽 참조.
38) 『동아일보』, 1960.12.12-13.

여기서 이승만 대통령이 제시하고 있는 '일본이 필리핀에 지불하기로 했던 전쟁배상금'이라는 것은 1955년 5월 하토야마 이치로(鳩山一郞) 당시 일본 총리는 필리핀정부 협상단 수석대표가 제시한 8억 달러(무상지원 5억 5,000만 달러, 상업차관 2억 5,000만 달러)의 배상 요구를 그대로 수용한 것을 뜻하고 있다. 이승만 대통령이 요구하고 있는 '필리핀에 지불하기로 했던 전쟁배상금의 10배'라는 것은 80억 불을 의미하고 있었다. 이승만 대통령은 '전쟁피해보상금'으로 80억 불을 요구하고 있고, 공한에서 볼 수 있듯이 그 의지는 대단히 강했음을 알 수 있다.

그 후 진행된 5차 회담에서도 구체적으로 액수 문제가 논의된 기록은 찾아볼 수 없다. 그러나 비공식 회담이나 대화 속에서 어느 정도 의중을 들어낸 흔적은 남아있다. 김동조의 회고록에 의하면 당시 민주당정권은 '마지노선으로 8억 달러 복안'을 가지고 있었고, 유진오 수석대표는 '2억 달러 이상을 받기 힘들 것'으로 생각하고 있었다 한다.[36]

그러나 회담 기간 동안 언론을 통하여 6억 불 또는 7억 불의 경제원조설이 끊임없이 계속됐다.[37] 특히 1960년 말 동아일보는 보다 구체적으로 청구권 문제의 해결은 일본이 "한국이 재산청구권을 포기하는 것을 전제로 약 6억 불의 자본, 기술 원조를 제공"하고, "일본 측의 원조는 년 3부5리의 저리자금으로서, 20년 분할상환에 의한 장기차관형식"이 될 것이라는 보도까지 나타났다.[38] 한일 두 정부는 이를 즉각 부인했다. 물론 이러한 보도의 진원지가 어디고 또 얼마나 사실에 근거했는지는 알 수 없다.

그러나 2005년 공개한 5차 회담 자료 가운데 구체적으로 액수를 상정한 2개의 문서가 들어 있다. 물론 회담 중 이 액수가 논의된 흔적은 없다. 그러나 최초로 서면화된 이 문서는 당시 장면정권이 어느 정도의 금액을 상정하고 있었던 지를 보여주는 중요한 자료라 하지 않을 수 없다. 또한 이 문서로 볼 때 액수에 있어서 한일 두 나라 사이에 상당한 차이가 있음을 알 수 있다.

---

36) 金東祚, 1986, 앞의 책, 208쪽.
37) 『해제집 I』, 705·707·708·709·716·810쪽 참조.
38) 『동아일보』, 1960.12.12-13.

두 개의 문서는 표로 만들어졌다. 두 문서 모두 정확한 일자는 표시되 있지 않다. 그러나 MINISTRY OF FOREIGN AFFAIRS라고 명시돼있는 공문서 용지에 '대일청구중 최중요 항목 및 설명서'와 '청구금액 양측대조표'라고 수기돼 있는 것으로 보아 외무부에서 작성한 것으로 보인다. 한자(漢字)로 표기돼있는 명세 및 설명서와 수치는 모두 손으로 쓰여 있다. '청구금액 양측대조표'에 의하면 한국 측은 두 개의 안을 만들고 있는 데, 제1안은 13억 불, 제2안은 9억 불로 기록돼 있다. 그리고 일본의 경우는 0.6억 불로 표시돼 있다. 그러나 "대일청구중 최중요 항목 및 설명서"에는 4억 4천만 불의 액수를 산정하고 '최소한 3억 불'로 기록돼 있다.[39] 두 문서 모두 항목과 수치를 기록한 이외에 아무런 설명도 없기 때문에 두 문서의 상호보완성이나 액수의 관련성과 정확한 의미를 알 수 없다. 그러나 이 문서에 비추어 장면 정권이 생각하고 있었던 경제협력의 액수는 최소 3억 불에서 최대 13(9)억 불이었다고 유추해 보아도 큰 잘못이 아니라고 생각된다. 청구권의 이러한 액수가 공식회담에서는 논의되지 않았지만, 회담에 참석하고 있는 사람들 가운데 상호 의사를 타진하기 위하여 비공식회담이나 또는 개인 차원에서 논의될 수도 있었을 것이라고 추측해 볼 수 있다. 1960년도 말부터 한국과 일본 언론에 등장한 6억 또는 7억 불 설도 이에 근거한 것으로 보인다. 결국 한국정부의 요구가 10억 불이 넘지 않는 다는 것은 명확해 졌다.

박정희 체제에서 진행된 1962년 8월 24일의 정치예비회담에서 한국 측 수석대표인 배의환 대사가 6억 달러를 제시하고 있는 것을 볼 때,[40] 당시 언론의 보도가 전여 근거 없는 것은 아니고, 또 이는 5차 회담의 연속에서 이루어진 것이라 할 수 있다.

제5차 회담에서 민주당정권이 식민지 지배에 대한 책임추궁을 서둘러서 포기하고, 경제원조 명목의 무상, 유상이라는 지불방식에 합의하고, 요구하는 금액을 조급하게 제시한 이유는 무엇일까? 이러한 의문에 대한 해답은 여러 시각에서 찾아볼 수 있으나 가장 중요한 이유는 확실한 원칙과 전략

---

39) 『해제집 I』, 847쪽. 두 문서의 구체적 표는 1157~1161쪽 참조.
40) 『6차한일회담 회의록(III)』, 46쪽 ; 裵義煥, 1991, 앞의 책, 194쪽.

도 없이 청구권 문제 해결을 서둘렀다는 점이다. 즉 민주당정권은 경제적 안정을 이룩하고 경제개발정책을 조기에 실시하기 위하여 일본의 자금과 기술을 끌어 들인다는 데 급급하여 청구권 문제의 해결을 서둘렀다. 회담 진행 과정에서 한국 측은 "청구권 문제가 조속하고 원활히 해결되어야 전체적인 문제의 해결"이 이루어진다는 것을 거듭 강조하며 조기 타결만을 서둘렀다는 데서 기인한다고 할 수 있다.[41] 뿐만 아니라 '강력한 지도력을 발휘하지 못한' 장면내각의 친일정책을 인지한 '정치인과 상인'들은 경제협력이라는 이름아래 일본의 정치인과 경제인을 접촉하여 독자적 로비활동을 전개한 것 또한 전체 회담에 중대한 영향을 미쳤다. 정부 통제권 밖에서의 무질서한 접촉은 물론 회담의 흐름과 협상에 혼란을 야기시켰다.[42]

이에 반하여 일본은 처음부터 식민지시대의 문제 또는 북한에 대한 입장 등에 대하여 확실한 원칙을 가지고 임했을 뿐만 아니라 한국이 제시한 8개 항목에 대해서도 그 근거를 세밀히 따지면서 회담을 단계별로 진행시켰다. 민주당정권이 경제적 지원을 절실히 필요로 하고 있다는 것을 잘 알고 있는 일본은 한국 측에 직간접으로 조건들을 양보할 것을 요구했다. 더욱이 민주당 집권 이후 한국 안에서 거듭되는 정치적 불안과 사회적 혼란을 지켜보면서 일본은 과연 민주당정권이 계속 집권하며 회담을 성사시킬 수 있을지에 회의를 가지게 됐고, 따라서 한국의 국내 상황을 정관하면서 점차 회담에 소극적 자세로 임했다.

원칙과 전략의 허술함, 경제적 필요성, 협상의 미숙, 정정의 불안, 사회의 혼란 등이라는 환경에서 진행된 협상에서 민주당정권은 일본이 원하는 대로 회담이 진행될 수 있는 길을 터주었다.

---

41) 『第5次』, 4・23・29・35・41쪽.
42) 유진오 수석대표는 당시 한국의 '군소경제인들이 양국관계의 호전을 내다보고 무질서하게 일본 산업가와 접촉했다'고 밝히고 있다(「한일회담의 회고」, 253쪽).; 정부의 통제를 벗어난 한국 측의 청탁에 대하여 사다와 수석대표는 유진오박사에게 "막연히 한국의 개인들이 찾아와서 경제협력에 관한 이야기를 해도 우리들은 그들을 믿을 수 없으므로 비공식적으로라도 좋으니 정식창구를 통해서 한국의 경제건설계획을 알았으면 좋겠다"라고 말할 정도로 혼란스러웠다(金東祚, 1986, 앞의 책, 209쪽).

V. 맺음말

　제5차한일회담은 1961년 5·16군사혁명으로 중단됐다. 그러나 이 짧은 기간의 협상은 박정희정권에 의해서 추진되고 타결된 한일국교정상화에 중대한 영향을 미쳤다. 앞에서 살펴 본 것과 같이 5차 회담에서 나타난 무엇보다 중요한 사안은 한국이 일본의 식민지지배에 대한 책임추궁을 포기했다는 것이다. 한일회담에서 민주당정권은 한국과 한국인은 36년에 걸친 일본의 식민지 지배를 통하여 막대한 물질적, 신체적, 심리적 피해를 받은 것을 강조하면서도, '새로운 선린관계의 구축'을 위해서 피해에 대한 배상을 청구하지 않는다고 밝힘으로서 식민지지배에 대한 책임을 더 이상 문제 삼지 않는다는 것을 확실히 했다. 둘째는 식민지지배에 대한 배상 대신에 '경제협력'이라는 이름으로 '무상, 유상'의 지불형식으로 청구권 문제를 해결한다는 데 동의함으로서 지불방법에 있어서도 합의를 보게 되었다. 물론 박정희정권하에서 진행된 6차 회담에서도 청구권의 명칭, 금액, 지불형식 등에 대해서 협상이 계속됐다. 그러나 청구권의 명칭이나 지불형식은 커다란 이견 없이 5차에서 합의된 대로 실시됐다. 셋째, 청구금액 또한 5차 회담의 틀 안에서 결정됐다는 것이다. 물론 그것이 실현되리라고 생각하지는 않았지만 이승만 박사의 80억 불이, 5차 회담에 이르러서는 10억 불 미만으로 줄어들었다는 사실이다. 물론 6차 회담에서 액수를 결정하는 데 있어서 상당한 협상과 시간이 걸렸다. 그러나 그 결과는 결국 5차 회담에서 소문으로 나타났고 두 정부가 강력히 부정했던 무상 3억 불, 유상 2억 불, 민간상업차관 1억 불이라는 6억 불로 확정됐다. 물론 그 결정이 박정희-이케다(池田勇人), 김종필-오히라(大平正芳)의 정치회담을 통하여 이루어 졌지만 5차 회담의 틀을 뛰어 넘은 것은 결코 아니었음을 알 수 있다.[43]

　이러한 의미에서 볼 때 제5차 한일회담은 1961년 10월부터 진행된 제6차

---

43) 뒷날 "김-오히라 메모"로 알려진 1962년 11월 12일 김-오히라 2차 회담에서 합의된 사항은 무상 3억 불, 유상 1억 불, 민간상업차관 1억 불 이상으로 된 것을 볼 때 5차 회담 시에 언론에 보도되었던 6억 불도 전혀 근거가 없는 것은 아니라 하겠다. 『동아일보』, 1992.6.22 ; 裵義煥, 1991, 앞의 책, 213-215쪽.

회담과 1965년 체결된 국교정상화 조약에 중대한 영향을 미쳤다. 일본이 보상을 거부하고 경제협력이라는 이름으로 식민지지배의 책임을 은폐할 수 있는 틀이 생겨났다. 동시에 과거청산을 은폐하므로 오늘까지 지속되는 감정적 갈등의 씨앗이 배태됐다.

【참고문헌】

국민대학교 일본학연구소, 2008, 『한일회담외교문서해제집 I: 예비회담~5차 회담』, 동북아역사재단.
外務部 政務局, 1960, 『外交機密, 韓日會談略記』(외무부 내부문건).
外務部 政務局 亞洲課, 『韓日會談의 槪觀과 諸問題』(외무부 내부문건).
『동아일보』.
『한국일보』.

金東祚, 1986, 『回想 30年, 韓日會談』, 중앙일보사.
정일형, 1991, 『오직 한 길로』, 을지서적.
裵義煥, 1991, 『보릿고개는 넘었지만』, 코리아헤럴드.
한상일, 1995, 「第5次韓日會談小考」, 국민대학교, 『사회과학연구』 제8집.
李庭植, 1986, 『韓國과 日本-政治的關係의 照明』.

한일회담에서의 피해보상교섭의 변화과정 분석*
식민지 관계 청산에 대한 '배상', '청구권', '경제협력' 방식의 '연속성'을 중심으로

장박진**

I. 머리말

　한일 간의 식민지 지배에 얽힌 과거처리 문제 중 피해보상의 문제는 바로 핵심이었으며 그만큼 선행연구에서도 많은 관심의 대상으로 되어 왔다. 하지만 동 교섭이 배상에서 청구권으로, 그리고 마지막으로는 경제협력이라는 명목상의 극적인 변화를 통해서 타결된 결과 여태까지의 관심은 주로 그 처리방식 변화의 원인 규명에 모아져 왔다고 말할 수 있다. 예컨대 미국의 극동정책에 따른 한국의 대일평화조약 참가 좌절이라는 시각은 동 교섭이 배상에서 청구권으로 바뀌어야 했던 원인을, 또 박정희정권의 군사독재성의 강조나 한국의 경제적 궁핍을 부각시키는 논리는 청구권에서 경제협력방식으로 변하지 않을 수가 없었던 원인을 각각 짚어보려고 한 접근이라고 말할 수 있다.

---

* 본고는 『정신문화연구』, 제31권 제1호(2008.3), 209~241쪽에 게재한 것을 이 책 게재에 즈음하여 다시 일부 가필·수정한 것이다.
** 국민대학교

무엇보다 그런 변화에 무게를 둔 연구에는 한일 간의 특수한 과거관계의 청산이 그 해결방식의 변화에 따라 질적인 '단절'을 겪었다는 문제의식이 깔려 있다. 예컨대 선행연구 가운데 피해보상교섭을 가장 심도 있게 분석한 오타(太田修)는 한국 측 배상획득의 움직임을 '식민지 지배의 청산을 촉구한 것'이라고 규정하는 반면에 청구권 방식에 대해서는 '식민지 지배·전쟁으로 인한 피해와 손해의 청산을 지향한 것이 아니'라고 평가했다. 또 소위 김·오히라(大平正芳) 합의로 인해 확립된 경제협력 방식에 따라 "식민지 지배·전쟁으로 인한 피해자의 보상 문제 및 그 역사인식의 문제는 모두 그 표현(=재산 청구권·경제협력협정)에 봉인되기로 되었다"고 서술하여 명목변화에 따른 피해보상교섭의 질적인 '단절'을 천명했다.[1]

하지만 명목변화에 따른 피해보상교섭의 질적인 '단절' 여부의 판단은 그런 변화에 대한 고찰과 함께 그 변화과정을 관통한 연속성이라는 측면도 검토해서 내려질 필요가 있다. 특히 이 관점이 중요한 이유는 한일회담이 약 14년에 걸쳐서 더구나 '4·19' '5·16'이라는 극적인 정치변동을 통해서 이승만, 장면, 박정희라는 세 정권하에서 이루어진 바람에 그 교섭의 변화과정이 각 정권의 속성과 맞물려 이해되는 경향이 지나치게 강하기 때문이다. 그러나 한일회담 관련 문서가 공개된 오늘날 그런 전통적인 틀을 넘어 사실관계와 논리에 기초해서 각 정권하에서 일어난 일들을 분석, 평가하고 보다 균형이 있는 시각을 바로 세우는 것은 한일회담 관련의 연구에 남겨진 또 하나의 중요한 과제임은 틀림없을 것이다.

저자 역시 식민지 관계 청산의 소멸과정을 밝히는 문제의식으로부터 동 피해보상교섭을 포괄적으로 분석했으나,[2] 거기에서는 그 문제의식에 따라 동 교섭의 연속성에 관해서는 충분한 검토를 하지 못했다. 따라서 본고에서는 한국 측이 공개한 공식문서에 주로 의거하면서 그 해결방법과 액수교

---

1) 太田修, 『日韓交涉 請求權問題の硏究』(クレイン, 2003) 중 배상에 관해서는 58쪽, 청구권에 관해서는 78쪽, 경제협력에 관해서는 215쪽에서 각각 인용했다. 번역은 인용자가 했다. 또 인용 부분 중 (=)을 단 보충설명은 저자가 가했다.
2) 장박진, 『식민지 관계 청산은 왜 이루어질 수 없었는가: 한일회담이라는 역설』(논형, 2009) 제3부에서 이 문제를 특히 논했다.

섭에 초점을 맞추어 한일 간 피해보상교섭의 연속성을 부각시키고자 한다. 양자를 중심으로 분석하는 것은 바로 배상, 청구권, 경제협력이라는 해결 방식의 표면적인 변화와 달리 동 교섭의 해결방법에는 일관성이 있었음을 밝힘으로써 피해보상교섭의 연속성이 부각되기 때문이며 또한 액수의 분석 역시 그런 명목의 변화에도 불구하고 동 교섭이 강한 연속성을 지니고 있었음을 밝히는 데 중요한 증거를 제시한다고 생각하기 때문이다.

본고는 위 분석을 통해서 여태까지의 지배적인 이해와 달리 동 문제의 해결방식의 변화가 한일 간 식민지 지배에 관한 피해보상 문제의 해결에 질적인 '단절'을 주었다고 판단하는 것은 타당하지 않음을 밝힌다.

II. 변화과정의 분석

1. 이승만 집권기의 변화

1) 배상에서 청구권으로

배상에서 청구권교섭으로의 변화는 이승만정권이라는 동일한 정권하에서 일어난 일이었다. 그러나 동 피해보상의 처리문제가 바로 배상에서 청구권 문제로 바뀌게 됨에 따라 그 변화에 일종의 질적인 '단절'을 찾게 됨은 자연스러운 귀결이었다. 따라서 우선 본고는 그 문제의식에 따라 배상에서 청구권으로의 변화의 의미와 그 변화에 숨어 있는 연속성을 짚어보는 작업부터 시작해야 한다.

한일회담 개시 전에 새롭게 수립된 이승만정부가 일찍부터 배상방식으로서 한일 양국 간의 피해보상 문제를 처리하려 했던 것은 한일회담 연구에 있어서 이미 널리 알려져 있는 사실이다. 한국정부가 1949년 9월 작성한 『對日賠償要求調書』는 바로 '배상'이라는 말을 씀으로써 그 해결방식에 대한 한국 측 입장을 천명한 것이라고 평가된다. 배상은 그 당시의 국제법상 교선에 따른 패전국의 승전국에 대한 피해보상을 뜻하는 것이 일반적이었다. 따라서 그 방식으로 인한 해결은 결국 한국이 대일 전승국으로서의 보상을 받음으로써 동 문제를 처리하려고 한 것이라고 말할 수 있다. 하지만 배상으로 인한 문제 해결 방식은 그 좌절에 의하여 그 후 청구권방식으로 변한 결과 양국 간의 피해처리에 관해 보다 적극적인 방식으로 보이지만 그것 역시 결코 식민지 지배에 대한 처리를 위하여 한국 측에게 최선의 처리 방식을 반드시 뜻하는 것이 아니라는 점에 먼저 주의를 기울여야 한다. 다시 말하면 배상방식은 한국 측이 1910년에 시작된 불행한 역사를 독자적으로 처리할 전망을 갖지 못한 탓에 동 문제를 연합국의 대일평화조약의 일환으로 처리할 수밖에 없었던 입장에서 도출된 궁여지책이라는 소극적인 측면이 강했다고 볼 수 있다.

한국이 『對日賠償要求調書』를 작성하던 1949년 가을쯤은 그 후 한일 간의 피해보상 문제에 강한 영향을 주게 될 대일평화조약 초안 자체는 불투명한 시기였다.[3] 그러나 한국의 경우 이미 그 시점에서 대일 전승국으로서 그 후 대일정책에 압도적인 영향력을 행사한 미국과 영국이 동시에 불행하게도 과거 한일병합을 승인한 나라였다는 조건이 작용하지 않을 수가 없었다. 이 조건 가운데 일본의 지배에 대한 원천적인 불법성에 따라 한국이 그 피해보상의 기회를 따로 찾는 것은 그 법적근거와 한국 측 정치적인 역량이라는 측면에서 볼 때 사실상 불가능한 상황이었다고 볼 수 있다.

실제 한국정부는 대일평화조약을 둘러싼 교섭 속에서 대일평화조약 서명국 참가요구 이외에 대마도의 귀속이나 일본의 재군비에 대한 우려들을 거론하거나[4] 서명국 참가 좌절 후에도 평화조약 한국 관련 조항의 수정요

---

3) 塚元孝, 1992, 「韓国の対日平和条約署名問題: 日朝交渉, 戦後補償問題に関連して一」, 『レファレンス』, no. 494, 96쪽에서는 대일평화조약 초안은 1947년 3월부터 몇 차례 작성되었다고 하나 대일평화조약의 본격적인 교섭의 주역인 덜레스(John F.Dulles)가 국무장관 정책고문 취임 이후 처음으로 대일강화에 관한 각서를 미국무성에 제출한 것이 1949년 6월 6일의 일이며 또 대일평화조약의 원칙을 정한 소위 대일강화7원칙이 발표된 것이 1950년 11월 24일이니만큼 1949년 가을 이 조약내용 자체를 정확히 정한 시기가 아니었던 것은 틀림없다.

4) United States Department of State, 1977, 694.001/7-951, "Memorandum of Conversation, by the Officer in Charge of Korean Affairs in the Office of Northeast Asian Affairs (Emmons)", *Foreign Relations of the United States, 1951, Vol. Ⅵ, Asia and the Pacific,*

구를 한 사실들은 있다. 그러나 동 요구는 2조(a)에 독도포기, 4조(a)에서 재한일본인 재산 몰수 및 그 한국으로의 이양에 대해 영향을 끼치지 않음을 확인할 것, 그리고 9조에 별도의 협정까지는 맥아더라인은 존속시킬 것들을 명기할 것을 요구한 것에 불과하며[5] 병합조약 원천 무효라는 근본적인 요구를 공식 제기한 사실은 없다.[6] 또한 이러한 사정은 후술할 『對日賠償要求調書』에서 일본 통치 중의 "농단(壟斷) 작취"로 규정한 강제공출에 관한 제4부의 근거 설명에서조차 한국정부가 그 저가 수탈성을 문제로 삼는 일이 있어도 그것을 가능케 한 병합 자체의 불법성으로부터 그 청구 논리를 짜지 않았다는 것이 상징하고 있다.[7] 또 그 피해보상의 상징인 인적, 물적 피해에 관한 제3항이 1937년 중일전쟁 이후의 보상요구에 머무르고 있었던 것도 이러한 사정을 뒷받침하고 있다고 볼 수 있을 것이다.

---

part 1, Washington: United States Government Printing Office, pp.1183~1184.
5) "[attachment] The Korean Ambassador (Yang) to the Secretary of State," ibid., p.1206.
6) 흥미로운 것은 주일대표부는 1950년 10월 본국에 대한 청훈의 의미도 담은 연구 『한일회담 예비회담(1951.10.20~12.4), 자료집, 대일강화조약에 관한 기본태도와 그 법적근거, 1950』에서 강제로 인한 조약은 무효라는 논리로 병합조약 원천 무효론에 선 대일교섭을 건의하고 있었다. 그러나 이런 건의가 그 후 본국정부에 의하여 대미교섭에서 전혀 거론되지 않았다는 것은 대일평화조약이라는 틀 안에서는 한국이 병합조약 무효라는 입장에서 교섭할 수 있는 그런 입장에 있지 않았음을 역으로 입증하고 있다고 볼 수 있다.
7) 한국정부는 제4부를 포함한 각 항목 설명에 들어가기 전의 서문에서 일본의 한국 지배가 한국국민의 의사에 반한 비인도적 및 비합법적인 것이었다는 인식을 드러내고 있다. 그러나 주의해야 할 것은 그러한 것은 '카이로선언', '포츠담선언'으로 인해 세계에 선포되었다고만 규정했을 뿐, 그 비합법성이 각 구체적인 항목 청구의 논리적 전제라는 인식을 밝히지 않고 있다는 점이다. 제4부의 설명에 있는 "농단 착취", "저가 수탈"이라는 애매한 청구 근거도 한국 지배의 불법성이라는 전체적 성격 규정을 반드시 전제로 해야 하는 것이 아니다. 이러한 청구 근거에 관한 설명은 『對日賠償要求調書』, 1~4쪽을 참고. 단 저자가 아사노(淺野豊美), 나가사와(長澤裕子) 두 선생님의 배려로 인해 열람한 동 조서는 1954년 판이며 이것과 당초 작성된 1949년 판의 차이 등에 관해서는 아직 불명이다. 또 동 조서의 내용은 『제4차 한일회담(1958.4.15~60.4.19) 청구권관계자료, 1958』로서 일부 정리되고 있으며 위 내용들은 동 문서의 601-606쪽에서 확인 가능하다. 또한 한일회담 공식문서에는 통상 2~3개 정도의 쪽수 표기가 있으므로 이하 쪽수는 인용자가 임의로 택해서 하나만 기술하노록 한다.

따라서 한국 측이 배상방식으로서 피해보상 문제를 해결하려 했던 것은 불법지배에 따른 독자적인 청산의 가능성이 없는 상황하에서 대일 전승국이라는 지위를 이용해서 일종의 정치적인 해결을 도모해야만 했던 입장으로부터 도출된 불가피한 선택이었다고 보는 것이 보다 적절하다. 그러나 이 선택은 원래 양국 간의 개별적인 문제인 대일 보상요구를 연합국과 일본의 전후 처리의 틀 안에서 처리해야 할 단서를 당연히 제공하지 않을 수가 없었다.

다시 말하면 대일 배상요구이라는 '적극적인 자세'는 실은 연합국의 대일정책에 그 실천 여부를 전적으로 의지하지 않을 수가 없는 수동적인 자세를 동시에 의미한 것이었다. 결국 미국의 극동정책으로 인해 일본의 전쟁 책임을 회피시키는 구조하에서 한국은 대일전승국의 지위로부터 배제되었다. 그로 인해 양국 간의 피해보상 문제는 한일회담에서는 평화조약 4조(a)의 규정에 따른 상호 재산권 처리의 문제로서 시작된 것은 주지의 사실이다.

따라서 배상방식에서 청구권방식으로의 변화는 한국의 과거처리에 관한 독자적인 판단결과가 아니라 어디까지나 미국의 관여라는 극동에서의 구조적 연속성이 가져다준 변화에 불과했다. 다시 말하면 배상 건 청구권 건 간에 그 명목으로 인한 해결은 이승만정권이라는 개별적인 속성이 반영된 선택 결과라기보다 그 당시 한국에 들어선 정권 모두에게 주어진 국제정치상의 구조적 현실이었다고 봐야 할 것이다.

물론 배상에서 청구권방식으로의 변화가 그 문제 해결에 관한 교섭내용에 관해서 한국 측에 큰 수정을 요구하게 됨은 사실일 것이다. 배상은 전승·패전 국가 간이라는 비대칭적인 역학 아래 이루어지는 것이므로 그 해결에는 정치적인 판단이 짙게 개입할 수 있는 데 반해 재산의 권리소유자(rightful owner)에 대한 반환(restitution)을 뜻하는[8] 사권의 행사인 청구권 처리는 바로 재산소유에 관한 법적 근거나 자료적 증빙이라는 보다 실무적인 절차를 요구한다. 하지만 그런 겉으로 나타난 변화에도 불구하고 현실

---

[8] 배상(reparation)과의 이런 구별은 실제 한일회담에서도 나와 있다. 예컨대 『제3차 한일회담, 본회의 회의록 및 1~3차 한일회담 결렬경위, 1953.10~12』, 1272쪽.

적인 문제의 해결방법이라는 측면에서는 질적인 차이가 별 없었음을 이해할 수 있다. 이를 살펴보기 위하여 한국 측 배상 요구와 청구권 요구를 필요 부분만 다시 간단히 정리하면 〈표 1〉과 같이 된다.9)

〈표 1〉을 보면 큰 틀로서 알 수 있듯이 대일평화조약 서명국 참가 좌절로 인하여 배상요구가 불가능해짐에 따라 한국정부가 대일 청구권으로서 요구한 것은 사실상『對日賠償要求調書』에 있던 항목 중 제1항목과 제2항목이었다. 즉 동 조서 중의 제1항목은 그대로 청구권 8항목 중의 제1항으로서, 그리고 동 제2항목을 제2항목에서 제6항목으로 세분화시켜 작성한 것이 '대일 8항목 요구'였다. 바꾸어 말하면 배상 수취 자격 상실에 따른 삭제 항목은 제3부와 제4부를 의미했다. 제3부는 직접적으로 전시 피해에 해당하는 보상 항목이며 이것이 삭제된 것은 한국이 대일교전국이 되지 못했던 데서 귀결된 것은 확실하다. 또한 제4부에 관해서도 대일전승국이라는 '정치적 지위' 상실에 따라 "농단 착취"라는 애매한 개념으로 배상 청구를 하는 것이 불가능하다는 판단으로 삭제되었다고 볼 수 있다.10) 요컨대 정치적 색깔 짙은 청구 항목이 삭제된 것이었다.

따라서 그 삭제가 의미한 것은 민사법적으로 처리하지 못하는 정치적 해결 부분은 삭제한다는 것이었다. 하지만 여기서 주의해야 하는 것은 이것을 역으로 말한다면 배상요구 시점에서도 그 요구항목은 정치적인 해결을 의미하는 부분과 실무적인 해결방법이 적용되는 청구권 부분11)으로 구

---

9) 『對日賠償要求調書』에 관해서는 동 조서, 5~9쪽에서 저자가 정리했다. 또 '대일 8항목 요구'는『제2차 한일회담(1953.4.15~7.23), 청구권위원회 회의록, 제1차~3차, 1953.5.11~6.15』, 1119~1120쪽에 수록.
10) 본론에서 강조했듯이 배상은 기본적으로 교전국가 간에 적용되는 개념이었으나 동시에 불법 행위에 따른 피해 보상의 의미도 지니고 있었다. 이 점은 일본외무성의 인식이기도 하다. 예컨대 伊藤哲雄, 1994, 「第二次世界大戦後の日本の賠償・請求権処理」,『外務省調査月報』no.1, 84쪽 ; 89~90쪽의 각주 15를 참조. 따라서 한국의 연합국 참가 좌절 후도 불법적인 식민지 지배에 대한 피해 보상으로 배상이 이루어질 가능성은 적어도 논리적으로는 남았었다. 그럼에도 불구하고 한국 측이 결국 이 항목을 삭제한 것은 "농단 착취"라는 일본통치의 내용 추궁을 병합조약 불법성에 기초해서 진행하는 것은 불가능하며 대일전승국이라는 정치적 지위를 활용할 수밖에 없었던 그러한 입장을 반영하고 있다고 말할 수 있을 것이다.
11) 예컨대 주일대표부는『對日賠償要求調書』제2부에 해당하는 '확정채권'에 대해 이

〈표 1〉『對日賠償要求調書』와 '대일 8항목 요구'

『對日賠償要求調書』	'대일 8항목 요구'
제1부: 현물반환의 부 - 지금(249톤633키로198.61글람) - 지은(89톤112키로205.12글람) - 선박, 지도, 기타 제2부: 확정채권의 부(17,429,362,305엔 및 4,000,000 상해(上海) 불) - 일계 통화, 일계유가증권, 상해불화, 보험금, 은급, 기타미수금, 체신관계 특별계정 제3부: 중일전쟁 및 태평양전쟁에 기인한 인적, 물적 피해(12,122,732,561엔) 제4부: 일정부의 저가 수탈에 의한 손해 (1,848,880,437엔)	제1항: 한국으로부터 가져간 고서적, 미술품, 골동품, 기타 국보, 지도원판, 및 지금과 지은을 반환할 것 제2항: 1945년 8월 9일 현재 일본정부의 대 조선총독부 책무를 변제(辨濟)할 것 제3항: 1945년 8월 9일 이후 한국으로부터 이체 또는 송금된 금원(金員)을 반환할 것 제4항: 1945년 8월 9일 현재 한국에 본사 또는 주된 사무소가 있는 법인의 재일재산을 반환할 것 제5항: 한국법인 또는 한국 자연인의 일본국 또는 일본국민에 대한 일본국채·공채, 일본은행권, 피징용 한인 미수금 기타 청구권을 변제(辨濟)할 것 제6항: 한국법인 또는 한국 자연인 소유의 일본법인의 주식 또는 기타 증권을 법적으로 인정할 것 제7항: 전기 제 재산 또는 청구권에서 생(生)한 제과실을 반환할 것 제8항: 전기 반환 및 결제는 협정 성립 후 즉시 개시하여 늦어도 6개월 이내에 종료할 것

성돼 있었다는 점이다.

그러나 강조해야 하는 것은 배상 수취 자격 상실로 인해 평화조약 4조에 근거한 청구권교섭에 들어가고 나서도 이런 실무적인 방법의 적용부분과 정치적 해결방법의 적용부분의 병용(倂用)이라는 구성은 변함이 없었다는 점이다.

───

종류의 재산권은 일본의 패전과는 아무런 상관없는 것이므로 대일평화조약 전이라도 청구 가능하다는 인식을 드러내고 있다. 『한일회담 예비회담(1951.10.20~12.4), 자료집, 대일강화조약에 관한 기본태도와 그 법적 근거, 1950』, 58쪽.

청구권교섭은 한국 측이 '대일 8항목 요구'를 1951년 2월 20일 제출함에 따라 제1차 한일회담에서 일단 토의되기 시작했으나 동 회담이 일본 측의 소위 '역청구권' 주장으로 인해 진전이 없이 결렬되고 말았음은 이미 주지의 사실이다. 그러나 보다 세부적으로 살펴볼 때 일본 측으로부터 '역청구권'이 정식하게 제기된 제5차 청구권분과위원회 이전에 이미 한국 측은 제1항목에 관해 "본 항은 전부 정치적인 것이다"[12]고 말하여 문제를 정치적으로 해결할 것을 분명히 요구하고 있다. 이 이유가 일본과의 법적 견해 차이로 인해 그 실무적인 반환(restitution)이 어려운 금, 은, 각종 문화재 등에 관해서는 현질적인 관점에서 정치적인 해결을 도모하려고 한 것이었음은 틀림없을 것이다.

즉 배상 자격 상실에 따라 표면적으로 일어난 대일 보상요구의 범위의 변화에도 불구하고 이승만정권하의 청구권 문제 해결에 있어서는 당초부터 '정치적인 해결'이라는 방법을 부분적으로나마 적용하려 하고 있었던 것이었다. 그리고 강조했듯이 청구권 부분과 정치적인 부분의 병용이라는 방법은 배상요구 시점에서 이미 확립되어 있었던 것이었다.

이 사실이 가리키는 것은 배상 건 청구권 건 간에 그 명목 변화에 따라 문제의 처리방법에 질적인 차이가 생겼다는 등의 사실은 없었다는 점이다. 다시 말하면 배상방식이면 그 처리방식에 따라 한일 간의 식민지 지배에 따른 피해보상이 가능해지고 청구권이 됨으로써 그것이 불가능해졌다는 등의 이해는 원천적으로 성립되기 어려운 견해라고 해야 하겠다.

물론 『對日賠償要求調書』 제3항목과 제4항목의 삭제에 따라 청구권 요구는 보다 그 항목상 피해보상의 의미를 상실하게 된 것은 사실이다. 하지만 처리해야 할 피해보상의 대상은 원래 1910년 이후의 일이었다. 이것을 생각할 때 배상방식 역시 그 요구항목이 그 일부에 그칠 수밖에 없었다는 점에서 청구권방식의 범위와 단지 연속적인 차이만이 있은 것에 불과했다. 또 이하 논하듯이 가령 한국이 그 후 배상 수취가 가능한 나라가 되어도 대일평화조약의 틀 안에서 교섭해야만 했던 한국이 그 요구 액수에 관해 청

---

12) 제3차 청구권분과위원회에서의 발언. 『제1차 한일회담(1952.2.15~4.21), 청구권분과위원회 회의록, 제1차~8차, 1952.2.20 4.1』, 322쪽.

구권과는 현격한 차이 있는 결과를 얻어냈다고 추측하는 것은 어렵다. 실제 한국의 대일평화조약 서명국 참가를 본국에 건의한 주한 미대사 무치오(John Muciio)조차 한국의 서명국 참가에는 한국 내 일본인 재산 취득 이상의 배상을 요구하지 않는 것을 한국 측에게 조건으로 제시할 생각을 전하고 있었다.13) 이러한 점들을 생각할 때 '배상', '청구권'이라는 명목 차이에 따라 1910년에 시작된 식민지 관계 청산 여부에 대해 질적 변화가 일어났다고 판단함은 적절하지 않아 보인다.14)

어쨌든 제1차 한일회담에서 일본 측의 '역청구권' 주장이 터지자 그 후 이승만 집권기의 청구권교섭에 있어서 본고의 문제의식과 비추어 볼 때 주목할 만한 움직임은 없어졌다.

2) 액수의 변화

한편 이승만정권하에서 배상에서 청구권이라는 해결방식의 변화가 액수에 관해 어떤 차이를 가져다주었는가? 한국정부가 〈표 1〉 『對日賠償要求調書』에 담은 액수는 31,400,975,303엔+4,000,000상해(上海)불, 합계 약24억 780만 불 가량이었다.15) 하지만 우선 제기해야 하는 것은 이후의 액수 변화를 살펴보는 데 만약 한국이 대일평화조약에서 대일전승국이 되었으면 동 액수는 실제로서 획득 가능한 액수로 볼 수 있는가라는 문제이다. 물론

---

13) United States Department of State, 1976, 740.0011 PW(Peace)/12-349, "The Ambassador in Korea(Muccio) to the Secretary of State", *Foreign Relations of the United States, 1949, Vol. VII, The Far East and Australasia, Part 2*, Washington: United States Government Printing Office, p.911.
14) 사실 한일회담 당초부터 교섭 당사자로서 중요한 역할을 수행한 유진오는 반대로 '대일 8항목 요구'에도 반환(restitution)적인 요구 이상의 보상요구가 포함되고 있다고 주장하고 있다. 俞鎭午·劉彰順, 1964, 「對談: 交涉十年 會談 六回의 內幕」, 『思想界』, 緊急增刊号, 34쪽.
15) 이하 엔화와 미불 환산은 1945년 8월 15일 현재의 15엔 : 1불을 기준으로 했다. 그리고 금 가격은 당시 1그램 당 1.2345불(약 3억 817만 불), 지은은 0.0251불(약 223만 불)로 계산했다. 금, 지은의 가격은 佐々木隆爾, 1994, 「アジア太平洋戦争の戦後補償のために支った金額」, 『日本史研究』 388号, 201쪽에 의거했다.

법적으로 대일 전승국이 되었다면 그 후 대일교섭에 있어서 보다 유리한 위치에 설 수 있는 측면이 있는 것은 사실이다. 배상은 일정한 청구근거와 완전히 뗄 수 없다고 쳐도 실질적으로 전승·패전국 간이라는 정치적인 역학관계하에서 이루어지는 이상 이후 청구권교섭으로서 실제 겪어야 했던 요구근거 및 증빙서류 마련 등의 복잡한 절차를 줄일 수 있는 측면이 있기 때문이다.

그러나 동시에 한국의 배상 수취는 어디까지나 미국의 극동정책의 귀결로서 마무리 짓게 된 대일평화조약으로 가능해질 것이었다. 대일평화조약은 그 제14조에서 대일 전승국인 연합국에 대해 자국 내 일본 관련 재산의 몰수와 함께 기본적으로 역무배상의 권리만을 규정함으로써 일본에 대한 추가적인 부담을 지극히 억제하는 내용이었다. 물론 이런 대일 유화적 조항에 반발하여 그 후 개별적 배상교섭을 벌인 동남아 각국의 대응에 보이듯이 한국 역시 따로 추가교섭을 벌일 가능성은 있었을 것이다. 하지만 제2차 대전 시 한국과 일본이 본격적인 교전관계에 있었던 것이 아님에 따라 일본 측이 전투행위에 따른 약탈, 파괴 행위의 존재를 부정하고 있는 상황 아래[16] 더구나 이미 상당한 액수의 재한일본인 재산이 한국 측에 이양되었던 것을[17] 생각할 때 가령 한국이 연합국에 참가했다고 해도 한국정부가 1949년 시점에서 준비한 약 24억 불 가량의 액수를 그대로 받아냈다고 판단하는 것은 거의 현실적이지 않다.[18]

---

16) 제3차 한일회담 제2차 본회의에서의 발언.『제3차 한일회담, 본회의회의록 및 1~3차 한일회담 결렬경위, 1953.10~12』, 1261~1262쪽.

17) 물론 이것은 1945년 12월의 군정령 33호에 의한 미군정에 의한 몰수와 1948년 9월의 "대한민국정부 및 미국정부 간의 재정 및 재산에 관한 최초협정"에 의한 것이다. 그러나 그 이양규모는 동 협정에는 기술되지 않고 있으므로 정확한 액수는 알 길이 없다. 하나의 예로서 1945년 8월 시점에서 SCAP의 민간재산관리 재외재산국이 정리한 일본의 재외재산 조사에 의하면 일본이 남한지역에 갖고 있던 법인, 개인, 정부자산(육, 해군 분을 제외)규모는 22억 7,553만 5,422불이었다. SCAP Civil Property Custodian, External Assets Division, 1945, "Japanese External Assets", 大蔵省財政室 編, 1982,『昭和財政史-終戦から講和まで-』第20卷, 東洋経済新報社, p.433. 물론 이것은 그 모두가 몰수, 이양된 것을 뜻하는 것은 아니지만 한국의 대일 요구액수가 약 24억 불 정도임을 생각할 때 상당한 규모의 재산이 이양되었다고 판단된다.

18) 이 근거의 또 하나의 이유로서 일본과 배상교섭을 통하여 가장 많은 액수를 타낸

실제 『對日賠償要求調書』를 작성한 한국정부조차, 그 제2부의 설명에서 "전쟁의 승부와는 하등 관련이 없는 단순한 기성채권채무관계이며 따라서 배상문제와는 본질적으로 아무 관련이 없는 것이고 우리가 절대로 관철하여야 할 요구이며 권리"[19]라고 지적하고 실질적으로 이 부분의 대일청구를 실현시켜야 하고 또 가능한 요구 항목으로 인식하고 있었다.

따라서 24억 불을 기준으로 삼아 이후 줄어든 액수의 변화가 마치 배상에서 청구권, 그리고 경제협력방식으로의 변화에 따른 것으로 생각하는 것은 출발부터 옳지 않다. 또 반대로 배상 수취 자격 상실에 따라 요구항목에 큰 변화가 불가피해진 청구권교섭에서의 액수의 움직임 역시 이하 논하듯이 배상 요구 시의 액수와 거의 차이가 없었다.

제1차 한일회담 이후 이승만정권이 구체적으로 청구액수를 어떻게 정하고 또 그것이 어떻게 변했는지, 또 최종 타결액수를 얼마로 구상했었는지 등은 일체 분명하지 않다. 한일회담 당초부터 실무자로서 관여한 김동조의 회고에 의하면 이승만 집권기 청구권 액수에 관한 진지한 검토는 없었다고 진술하고 있는 것을 보면[20] 일본의 '역청구권' 등으로 인하여 청구권에 관한 구체적인 교섭 진전의 전망 자체가 어두웠던 시기인 만큼 액수에 관한 구체적인 목표, 교섭전략 등은 일체 세워지지 않았던 가능성도 배제하지 못한다.

하지만 김동조의 그런 증언과 달리 소위 '구보타(久保田貫一郎) 발언'을 계기로 장기 중단 상태에 빠진 후의 한일회담 재개교섭에서는 일본의 '역청구권' 포기의 약속에 따라 한국 측의 청구권만이 토의 대상으로 된 무렵부터 액수에 관한 서술이 나오기 시작한다.

비공식적이지만 일본의 대한청구권 포기가 사실상 전달된[21] 1956년 후

필리핀이 배상 5.5억 불 그리고 경제협력 2.5억 불, 합계 8억 불이었다는 것도 고려해야 한다. 물론 필리핀과 비교해 35년에 이르는 한국의 피해를 강조하는 생각도 있을 수 있으나 배상은 제2차 대전 시의 구체적인 교전관계에 따른 피해 보상이 주된 것이니만큼 35년이라는 지배관계 자체는 대일평화조약에 의한 배상요구의 대상이 되지 않는다.

19) 『제4차 한일회담(1958.4.15-60.4.19) 청구권관계자료, 1958』, 603~604쪽.
20) 김동조, 1986, 『회상 30년 한일회담』, 中央日報社, 97~98쪽.

반기에 들어 9월 24일 경무대에서 이승만이 당시 주일대표부에서 실무교섭을 맡은 김용식에게 직접 지시한 훈령은 제1차 한일회담 당시 요구한 8항목 요구 중 제1항목에 해당하는 지금(地金)·지은(地銀), 문화재, 기타에 관해서 4억 불 가량을 요구할 것이었다.[22] 이듬해 1957년 초에는 한국정부는 재개회담에 임할 청구권 방침으로서 〈표 2〉와 같은 요구리스트를 작성하고 있다.[23]

〈표 2〉의 '대일 8항목 요구'는 제1차 한일회담 당시 한국 측이 제시한 8항목 요구와 비교하면 당초 없었던 제7항 선박 반환에 관한 조항이 들어간 점, 또 제1차 회담 당시의 요구 중 제7항을 제8항으로 옮긴 대신 당초의 요구에 명시되었던 지불개시 시기에 관한 제8항의 내용을 삭제한 점 등, 약간의 차이가 있다. 그러나 선박 문제는 이미 회담의 의제였다는 점, 그리고 삭제된 개시 시기의 문제는 아직 현실적인 문제가 아닌 점을 고려하면 기본적으로 제1차 한일회담 당시의 한국 측 요구와 거의 차이가 없는 것이라고 평가해도 무방하다.

이상의 요구 항목 중 제2항에서 제6항까지를 합한 합계는 289억 8,188만 7,489.44엔, 약 19.32억 불이었다. 이 수치는 한국이 평화조약 서명국 참가를 기대하고 작성한 『對日賠償要求調書』 중 제2부 확정채권의 부와 제3부 중일전쟁 및 태평양전쟁에 기인한 인적, 물적 피해 그리고 제4부인 일정부의 저가 수탈에 의한 손해 분을 합한 총액 314억 97만 5,303엔, 약 21억 불과는 그 액수에 관해 2억 불 가량의 감소를 의미하나 그 이유는 알 수 없다.

또한 제1항 중 지금, 지은의 반환요구의 중량은 『對日賠償要求調書』 당시의 수치가 그대로 유지돼 있으므로 이들 액수가 각각 지금 약 3억 817만

---

21) 필자가 확인한 한 1956년 8월23일의 김용식과 일본외무성 나카가와(中川融) 아시아국장과의 면담 자리에서 나카가와 국장은 일본정부는 자신의 청구권을 주장하는 의도가 없음을 전하고 있다. 『제4차 한일회담 예비교섭, 1956~58, (V.1 경무대와 주일대표부 간의 교환공문, 1956~57)』, 1550쪽.
22) 위의 문서, 1562쪽. 동 문서는 추후 손으로 약간의 문장 수정이 이루지고 있으나 그 요지에 변화는 없다.
23) 위의 문서, 1627~1628쪽. 또 동 리스트 제4항과 제5항에 관해서는 당초 인쇄된 수지가 손수로 수정돼 있으므로 〈표 2〉에서는 그 수정된 액수만을 기술했다.

〈표 2〉 1957년 초에 작성된 한국정부의 제4차 한일회담에 임할 청구권 방침

제1항	한국에서 가져간 이하 물건들 - 고서적 및 문서(7834점) - 미술품, 정밀품(curious), 기타 국보, 지도 원판 - 지금(249,633,198.61그램) - 지은(89,076,205.12그램)
제2항	1945년 8월 9일 현재 조선총독부에 대한 일본정부의 채무: 5,634,722,252.54엔(추계)
제3항	1945년 8월 9일 이후 한국으로부터 이체 또는 송금된 금원: 5,719,421,602.85엔(추계)
제4항	1945년 8월 9일 현재 한국에 본점을 둔 법인의 재일본 재산: 2,983,165,878.63엔(추계)
제5항	한국인 또는 한국법인이 소유하는 일본의 기관 발행의 국·공채·일본은행권, 피징용 한국인 노동자에 대한 일본정부의 채무(군속으로서의 피해에 대한 보상을 포함), 기타 한국인 또는 한국법인의 대일본정부 또는 일본인에 대한 청구권: 14,618,820,025.23엔 이상(추계)
제6항	한국인 또는 한국법인의 일본법인이 발행한 주식 또는 유가증권 소유의 법적권리를 인정할 것: 25,757,730.19엔 이상(추계)
제7항	1945년 8월 9일 현재 한국치적선 중 이후 일본영해에 위치한 선박 및 1945년 8월 9일 현재 한국영해에 위치한 선박 중 이후 일본영해에서 발견된 선박: 177척
제8항	위 재산 및 청구권부분에서 생긴 것 및 앞으로 생길 모든 이자 분

불, 지은 223만 불, 합계 약 3억 1,000만 불임을 감안하고 기타 제1항 중의 문화재 등의 가치를 고려하면 이 수치 역시 위에서 말한 1956년 9월 24일 이승만의 지시에 있던 4억 불 요구와 큰 차이는 없다고 판단된다.

이상 1957년 초 이미 일본의 대한청구권 포기가 확정되며 회담 재개 교섭이 본격화됨에 따라 회담의 조기 재개가 기대되던 무렵 한국정부가 교섭을 위하여 내부적으로 작성한 청구 액수는 『對日賠償要求調書』 시대의 액수와 거의 일치하는 약 23억 3,200만 불(19.32억 불+4억 불) 가량이었다. 따라서 배상에서 청구권 명목으로 바뀐 뒤에도 이승만정부가 작성한 내부적인 청구 액수는 실은 배상액수와는 큰 차이가 없는 것이었다. 이것은 배상에서 청구권 방식으로의 변화가 액수에 큰 영향을 준 것이 아님을 입증

하고 있다.

　물론 이상의 사실들은 그 액수가 당시의 한국 측 진정한 요구액이었음을 단순히 뜻하는 것이 아니다. 제4차 한일회담에서는 청구권교섭은 1958년 5월에 한국청구권위원회로서 세 차례만 열렸다. 그러나 그 회의에서는 일본 측의 소극적인 태도 등으로 인해 문화재 반환 문제를 의제로 포함하는가 등 소위원회 구성 문제만 토의가 이루어졌고 액수에 관한 실질적인 토의는 전혀 없었다고 추측되므로[24] 참된 요구 액수에 관해서는 불투명한 부분이 많다.

　그 후 청구권교섭은 일반청구권소위원회로서 12월 다시 세 차례 진행되었다. 한국정부는 재개된 일반청구권소위원회 제2차 소위원회에서 제1차 한일회담 당시 제출하던 '대일 8항목 요구' 중 이하 제1항목부터 6항목까지의 해당부분을 제안할 것을 훈령한 문서를 12월 초에 보내는 등 새로운 움직임을 일부 보이기 시작했다.[25]

- 한국으로부터 가져간 지금, 지은
- 1945년 8월 9일 현재 일본정부의 대 조선총독부 채무
- 1945년 8월 9일 이후 한국으로부터 이체 또는 송금된 금전
- 1945년 8월 9일 현재 한국에 본사(점)를 가진 법인의 재일재산
- 한국 자연인 또는 한국법인이 가진 일본당국이 발행한 일본국채·공채, 일본은행권, 기타 통화, 피징용 한국인에 대한 일본의 보상의무, 또 일본국, 일본인에 대한 한국인 및 한국 법인의 기타 청구권
- 한국법인 또는 한국 자연인 소유의 일본의 법인에 의하여 발행된 주식 또는 기타 증권에 대한 합법성

　하지만 위 6항목의 제시 지시와 달리 동 훈령은 액수에 관해서는 나중에 보낸다는 것을 지시하고 있는 것을 보면[26] 1957년 초의 〈표 2〉에 있던 내

---

24) 동 회의 기록은 『제4차 한일회담, 청구권위원회 회의록, 제1차~3차, 1958.5.20~12.17』, 548~570쪽에 수록.
25) 위의 문서, 577쪽.
26) 위의 문서, 같은 쪽. 그러나 동 훈령이 동시에 각 항목별에 관한 총액수 및 수

부 작성 리스트의 요구 액수는 이 시점에서 정식한 요구액수가 아닌 가능성이 높다. 결국 제4차 한일회담에서의 청구권 토의는 다음 12월 17일 제3차 소위원회에서 한국 측이 문화재를 뺀 청구권 8항목 토의를 요구한 데 대해 일본 측이 검토해서 답한다는 대답을 한 것을[27] 끝으로 이상의 진전이 없었으므로 제4차 한일회담까지 정식한 요구액수가 일본 측에 제시된 일은 한국 측 공식문서를 보는 한 없었다고 말할 수 있다.[28]

그러나 한국 측 내부에서는 1959년 1월 29일자로 작성된 훈령에서 일본에 대한 요구총액이 19억 2,922만 불임이 명시되어 있다.[29] 시기적으로 봐 이 수치가 위에서 말한 1958년 12월의 훈령에 있던 나중에 보낼 요구 액수에 해당되는 것으로 보인다. 만약 이 추측이 맞으면 이 시점에서의 한국 측 요구 액수는 1957년 초에 작성된 약 23억 3,200만 불에 비교해 약 4억 불 가량의 추가적인 삭감을 뜻하나 그 감소의 이유 및 내역 변화 등은 모른다.[30]

그러나 여기서 무엇보다 강조해야 하는 것은 상기 액수 역시 이승만 시대의 최종 요구액이 아닌 가능성이 지극히 높다는 점이다. 동 훈령에서는 이 요구액은 "Alternative A"로 되어 있으며 "Alternative C"가 최종 타협선임이 따로 지시되어 있다.[31] 즉 이 시점에서 한국정부는 최종 타협 액수를

량에 관해서는 제시하지 않도록 지시한 것을 보면 이미 한국 측 내부에서는 액수가 정해지고 있었던 가능성이 높다. 이것은 동 훈령이 각 항목의 소항목(sub-item)에 관한 액수 또는 수량을 제시할 것을 지시하고 있는 데서도 엿볼 수 있다.

27) 위의 문서, 589~590쪽.
28) 다만 제4차 한일회담 전반기 한국 측 수석대표를 맡은 임병직은 분과위원회에서의 대립점의 하나가 한국 측의 청구 액수 3억 불 이상에 대해 일본 측의 4천만 불 내외의 추산에 있었다고 회고하고 있다. 林炳稷, 1964, 『林炳稷 回顧錄』, 女苑社, 515쪽. 그러나 이것은 회담 공식문서에서는 확인되지 않는다.
29) 『제4차 한일회담, 교섭 및 훈령 1958~60』, 1409쪽. 다만 동 훈령문서에는 그 벽두 "not adopted"라는 손으로 인한 기입이 있으므로(같은 문서, 1404쪽) 동 수치는 정식으로는 훈령되지 않았던 가능성이 높다.
30) 다만 액수에 약간의 차이가 있으나 만약 1957년 초의 약 19.32억 불이 그대로 1,929,220,000불에 해당한다면 이 4억 불의 감소는 단지 제1항목을 뺀 액수이었다는 가능성이 크다.
31) 『제4차 한일회담, 교섭 및 훈령 1958~60』, 1409쪽.

다른 것으로 상정하고 있었던 셈이었다. 그러나 안타깝게도 그 수치가 명시된 자료 "Annex Ⅲ"은 첨부되지 않고 있으므로 이 시기의 한국정부의 최종 요구액수가 얼마였는지 공식문서를 통한 최종확인은 불가능하다. 다만 당시 한일회담의 교섭에 관여한 유태하는 4억 불, 김유택은 3억 불 이상이라는 증언을 하고 있는 것을 보면32) 적어도 산출되어 있던 19억 불 가량의 액수가 진정한 요구 액수였다는 가능성은 거의 없어 보인다.

확인 가능한 이승만 집권기의 액수의 움직임은 이상이나 표면적으로 약 24억 불 가량으로 출발한 청구 액수가 최저 4억 불 가량까지 줄어든 것을 보면 상당한 변화가 일어났다고 판단하기 쉽다. 하지만 그런 변화는 결코 배상에서 청구권방식으로 바뀐 결과 일어난 변화라고 보기는 어렵다. 상술했듯이 대일평화조약에서 일본의 경제적인 부담 삭감을 규정한 미국의 극동정책을 배경으로 한다면 전쟁 당시의 공헌이 전무하며 또 교섭상의 역량이 미흡한 당시의 한국이 배상요구로서 작성한 24억 불 가량의 액수를 그대로 수취할 수 있는 가능성은 거의 없었다는 점, 역으로 청구권 명목으로서 이승만정부가 작성한 맨 처음 요구 액수 역시 배상과 큰 차이가 없는 액수이었다는 점, 그러나 그것은 결코 실제 받아야 할 최종 액수라기보다 교섭상의 제시 액수에 불과했다고 풀이 된다는 점 등을 생각할 때 액수의 변화는 명목변화에 따른 청구 항목의 차이로 인한 질적인 변화라기보다 일본과의 교섭 속에서 생긴 현실적인 판단에 따른 액수 삭감이었던 가능성이 훨씬 높아 보인다. 즉 액수 면에 관해서도 배상과 청구권에 큰 '단절'을 보기는 어려운 것이다.

---

32) 유태하의 증언은 柳泰夏, 1986, 「李라인과 對日會談」, 權五琦 편, 『現代史주역들이 말하는 정치증언』, 東亞日報社, 347쪽 및 363쪽. 한편 김유택의 증언은 한국일보사, 1981, 『財界回顧10 歷代金融機關長篇 Ⅱ』, 한국일보사출판국, 170쪽.

2. 장면 집권기의 변화

1) 청구권방식의 후퇴

결국 이승만 집권기에 진전이 없었던 청구권교섭이 이승만정권의 붕괴로 인한 극적인 정권 교체에 따라 큰 진전의 기미를 보이기 시작했음은 이미 널리 알려져 있는 바이다. 사실 청구권에 관해서 장면 집권기에는 비록 5・16쿠데타로 인해 제5항목 도중에서 끝나기는 했으나 이승만 시대에는 없었던 '대일 8항목 요구'에 관한 항목별 토의가 이루어졌다. 그러나 과연 그 진전은 한국 측 정권 교체에 따른 방침 변화의 결과라고 보는 것이 옳은 것인가? 이 문제를 생각할 때 우선 주목해야 할 것은 일단 일본 측 '역청구권'의 포기가 결정되고 나서, 따라서 장면 집권기의 교섭과 같이 한국의 일방적인 청구권 토의가 약속되고 재개된 제4차 한일회담에서는 이승만정부 역시 확실히 신속한 문제 해결을 도모하는 자세를 가지고 있었다는 점이다. 예컨대 외무부는 1958년 7월 오무라(大村)수용소에 있던 북한 귀국 희망자 석방을 계기로 표면화된 대립 가운데서도 10월 중순 주일대표부에 보낸 훈령에서는 정부는 모든 회의를 신속하게 처리할 것을 희망하고 있으며 보다 빠른 시일 내에 모든 문제에 관해서 일본 측과 최종해결(showdown)을 행할 의사가 있음을 제시하고 있다.[33] 이런 한국정부의 지령은 당시 교섭 당사자이던 유태하의 증언과도 일치한다.[34]

하지만 제4차 한일회담은 진전이 없었다. 물론 그 이유는 '북송'사업에 대한 양국 대립이 크게 작용한 것은 주지의 사실이나 세부적으로 볼 때 동 문제로 말미암아 양국의 본격적인 대립이 일어난 것은 1959년 초의 일이었다.[35] 그럼에도 불구하고 1958년 4월에 시작된 제4차 한일회담에서는 청구

---

33) 『제4차 한일회담, 교섭 및 훈령, 1958~60』, 1323쪽.
34) 유태하는 이승만이 1959년 3월 한일회담의 참된 타결을 결심했다고 증언하고 있다. 柳泰夏, 앞의 글, 347쪽 및 363쪽. 그러나 그 이유는 3월 26일의 이승만의 생신 때 본인을 직접 불러서 그 이야기를 했다는 것이므로 이승만이 최종 타결의사를 그 이전에 갖고 있었음은 틀림없다. 동 증언은 같은 책, 348쪽.

권 토의는 이미 언급했듯이 5월 및 12월에 각각 세 차례씩 진행된 것뿐이며 더구나 그 토의 역시 일본 측의 소극적인 태도로 인해 좀처럼 진전되지 않았다. 즉 장면 집권기의 교섭과 같이 일방적인 대일청구가 가능해짐에 따라 적극적인 해결을 도모하는 자세를 보이던 이승만 집권기의 교섭이 전혀 진전되지 않았던 것은 역으로 그 진전이 한국 측 정권 교체에 따른 대일교섭의 방침 변화에 기인했다기보다 결국 일본 측의 방침에 따른 것이었음을 여실히 보여주고 있다.

그것은 한국 측 정권 교체 이후 일본 측이 표시한 "우리나라가 다음으로 올 한국의 신 정권에 큰 기대와 관심을 기울인 것은 당연지사"36)라는 기대감의 표현과 무엇보다 그것을 현실적으로 조기에 구체화시킨 9월의 방한 사절단 파견이라는 일본 측의 적극적인 자세에서 확인 가능하다.37) 물론 이런 일본 측의 자세 변화는 후술하는 바와 같이 대일강경파이던 이승만정권의 붕괴에 따라 일본 측에 유리한 교섭 진전의 전망을 내다본 것이었다.

아무튼 일본 측 방침변화에 따라 청구권 토의가 본격적으로 시작될 제5차 한일회담 개시를 앞두고 1960년 10월 무렵 장면정부가 세운 청구권 방침은 사법상의 변제원칙에 기초하면서도 정치적 해결도 고려한다는 것이었다.38) 또 그것을 구체화시킨 것으로 보이는 1961년 1월경 작성된 대일청구권의 내역을 정리하면 〈표 3〉과 같이 된다.39) 즉 위에서 언급한 방침과 〈표 3〉을 감안하면 알 수 있듯이 장면정권은 요구근거 및 증빙서류를 기준으로 보다 세밀한 현실적인 검토를 가하여 청구권으로서 대일 청구가 가능한 것과 그것이 어려운 부분을 나누어 그 부분에 관해 정치적 해결을 도모

---

35) 外務部 政務局, 1960, 『韓日會談略記』, 211쪽.
36) 外務省, 1961, 『わが外交の近況』 第5号, 大蔵省印刷局, 63쪽.
37) 일본 측의 적극적인 자세에 관해서 덧붙여 말한다면 방한 사절단 파견 시 이케다(池田勇人) 수상 자신이 같이 방한할 것을 정식으로 제청했다는 정일형 당시 외무부장관의 증언도 있다. 정일형, 1984, 「왜 朴政權의 韓日會談을 反對했나」, 『新東亞』, 1984년 10월호, 275쪽. 다만 이러한 사실은 공식 문서에서는 확인하지 못한다.
38) 『제5차 한일회담 예비회담, 본회의회의록 및 사전교섭, 비공식회담 보고, 1960.10~61.5』, 2027쪽.
39) 『제5차 한일회담 예비회담, 일반청구권소위원회 회의록, 1~13차, 1960-61』, 854~861쪽.

〈표 3〉 장면정부가 작성한 1961년 1월경의 대일청구권 요구 내역

	요구액	반환요구 근거	증거 자료
1. 지금, 지은	지금: 약 2억 5천만 그램(25만 kg) 지은: 약 9천만 그램(9만 kg)	약	충분 (단 지금, 지은은 일 당국에서 약 5억 6천만 엔의 대금을 국체 등으로 지불하고 반출한 것이므로 우리 측에서 전기 대금을 환불하고 반환받아야 할 것임)
2. 조선총독부의 대일채권의 반환요구 총액: 약 56억 8천만 엔			
1) 체신부관계 채권	약 21억 엔	강	대부분 완전
2) 1945.8.9 이후 일본이 한국 내 각 은행에서 인출한 금원	약 26억 7천만 엔	약	미약(微弱)
3) 일본국고금 계정 채권	약 9억 엔	강	충분
4) 조선총독부의 재일재산	약 1천만 엔	요(要) 검토	충분
3. 1945.8.9 이후 일본으로 불법 이체 또는 송금된 금원의 반환요구 총액: 약 8억 9천만 엔			
1) 조선은행 본점으로부터 재일지점에 송금된 금원	약 2억 3천만 엔	강	충분
2) 재한일본 계 은행 지점으로부터 재일 본점에 송금된 금원	약 6억 6천만 엔	강	충분
4. 한국 내에 본사를 가지고 있는 법인의 재일재산의 반환요구 총액: 약 66억 7천만 엔			
1) 특수금융기관의 재일재산	약 64억 7천만 엔	약	충분
2) 기타 법인의 재일재산	약 2억 엔 추산 (전부 미조사 상태에 있음)	약	미조사 상태

5. 각종 유가증권, 피징용 한인 미수금, 한국인의 대일본정부 및 개인에 대한 채권 등의 반환요구 총액: 약 232억 6천만 엔			
1) 일본유가증권(국채, 지방채, 정부보증사채, 정부기관사채, 일반사채, 일반주식)	약 74억 5천만 엔	증권의 내용에 따라 상이	대부분 완전
2) 일본 계 통화	약 16억 엔	강	충분
3) 피징용 한인 미수금	약 2억 4천만 엔 (추산)	확실(일본 측도 동조)	불확실
4) 전쟁으로 인한 인적 피해 보상	약 132억 엔 (요 재검토)	강	약
5) 한국인의 대일본정부 청구(은급)	약 3억 엔 (이남 분만)	요 검토	충분
6) 한국인의 대일본법인 청구(보험액)	약 4억 7천만 엔 (추산)	강	요 조사
6. 한국인 소유 일본법인의 주식 또는 기타 증권	총 약 2천만 엔	-	-

하려 했다고 판단된다. 환언하면 이승만정부 당시 그 '대일 8항목 요구' 중 제1항목에 한정돼 있었던[40] 정치적 해결의 적용범위를 사실상 보다 확장하려고 한 것이 장면정권의 역할이었다고 볼 수 있다. 이 의미에서 장면정권이 이승만 집권기의 교섭과 비교해서 낳은 변화는 단지 그 적용범위의 변화이지 해결방법 등의 근본적인 변화가 아니었다고 말해야 하겠다.

한편 일본 측이 적극적인 자세로 전환한 것은 장면정권 수립에 따라 동문제의 경제협력방식에 의한 해결이 가능하다고 판단한 결과임은 틀림없다. 사실 제5차 한일회담 당시 중요한 교섭무대로 된 수석대표 간 비공식 회담에서 일본 측은 수차례 청구권방식에 의한 해결의 어려움을 부각시켰다.[41] 무엇보다 장면 집권기의 마지막 교섭이던 1961년 5월의 일본 측 국

---

[40] 이것은 어디까지나 자료적으로 확인 가능한 제1차 한일회담 시의 이야기며 그 후의 변화는 확인되지 않는다. 그러나 이후 변화가 일어났다고 해도 그것은 결국 정치적 해결범위의 확장이 되었을 터이라는 측면에서 장면 집권기의 움직임과 같다.

회의원단 방한에 동행한 이세키(伊關佑二郞) 아시아 국장은 이케다 수상의 한국 측 견해의 타진이라는 명령에 따른 것으로서 "실험적 토의(Exploratory Talking)" 형식이지만 무상원조로 인한 해결을 희망한다는 의사를 전달하고 있다.[42]

결국 제2공화국은 5·16쿠데타로 인해 무너진 결과 경제협력방식에 의한 해결에 매듭을 짓는 일은 없었다. 그러나 한국 측의 경제적인 궁핍, 경제계획의 진전과 외자의 필요성,[43] 미국의 자세, 일본 측의 교섭 우위 등을 고려할 때 만약에 장면정권하에서 교섭이 진전되었어도 이하 고찰하는 박정희정권하의 교섭 결과와 별 다른 바가 없었음은 틀림없을 것이다.

2) 액수의 변화

한편 액수에 관해서 장면정부는 〈표 3〉에 있는 요구 총액수를 약 366억 엔, 약 24억 불로 산출하고 있었다.[44] 즉 장면 집권기 작성된 청구 액수는 이승만 집권기에 작성되던 배상요구 액수와 거의 똑같은 것이었다. 물론 이 액수의 존재 역시 제5차 회담 시의 정식 요구액이었음을 단순히 뜻하는 것이 아니다. 사실 한국 측은 〈표 3〉에 있듯이 반환근거의 강약, 증거자료

---

41) 이런 수석 간 비공식회담의 내용에 관해서는 장박진, 앞의 책, 371~376쪽.
42) 「주영대제 1041호」, 『제6차 한일회담 예비교섭, 1961, 전2권, (V.2 9~10월)』, 151~154쪽.
43) 경제건설과 청구권문제의 연관성은 박정희 시대만의 이야기가 아니다. 예컨대 유진오 수석은 1961년 4월 기시(岸信介) 전 수상과의 면담 자리에서 이후 10년간에 서 약 17억 불 정도의 외화의 필요성을 피력하고 있다. 『제5차 한일회담 예비회담, 본회의회의록 및 사전교섭, 비공식회담 보고, 1960.10~61.5』, 2175쪽.
44) 『제5차 한일회담 예비회담, 일반청구권소위원회 회의록, 1~13차, 1960~61』, 841쪽. 다만 위의 수치를 정확하게 계산하면 제1항 지금, 지은 분을 빼고 365.2억 엔이다. 동 문서는 동 수치 산출 시의 지금, 지은의 취급에 관해서는 언급하지 않고 있으나 요구 근거가 약으로 돼 있는 것, 그리고 위의 자료의 수치가 약 366억 엔으로 표기돼 있는 것으로 봐 요구액에 포함하지 않았다고 봐 무방하다. 한편 오타는 다른 한국 측 문서를 이용해서 제5차 한일회담 당시의 한국 측 내부 산출 총액수가 지금 지은을 포함해서 약 18억 6,722만 불이었음을 소개하고 있다. 太田修, 앞의 책, 160~162쪽. 그러나 동 수치와 본론의 수치의 관계는 모른다.

등의 준비 가능성을 문제로 삼아 청구액의 전부를 변제받음은 곤란하다고 지적하며 요구 액수는 필리핀에 대한 배상액 총8억 불(순 배상액 5억 5천만 불, 경제협조 2억 5천만 불)보다 적어지지 말아야 한다는 것과 일본의 6억 불 경제원조의 제의를 수락할 경우에도 최소한 2억 불 또는 3억 불은 순청구권으로서 받도록 할 것을 권장하고 있다.[45]

그러나 위 구상 자체는 그 후 장면정권하에서 정식한 방침이 된 것으로 보이지는 않는다. 사실 이세키 국장은 상술한 1961년 5월의 국회의원 방한 시 청구권으로서 5억 불이 한국 측의 요구였음을 어느 한국 측 정부 관계자로부터 들었다는 발언을 하고 있다.[46] 또 이 5억 불이라는 수치는 그 당시 일본 측 국회의원을 맞이한 김용주의 증언과도 일치하므로[47] 장면정권은 그 막판교섭에서 5억 불을 받을 것을 목표로 했었다고 보인다.

따라서 그 당시 한국정부의 최종 목표는 청구권으로서 5억 불, 그리고 남은 것을 경제협력으로서 받으려고 한 것이었다고 추측할 수 있다. 그리고 이 액수는 최종 타결인 무상 3억 불＋정부차관 2억 불＋민간신용공여 3억 불＝8억 불과 일치하는 것이었다.

위의 8억 불이라는 액수 자체는 이승만 집권기의 자료에서는 직접 확인하지 못하는 액수이다. 따라서 이 8억 불과 이승만 집권기의 액수와의 관계는 불투명하고 혹시 그것이 장면 집권기 새롭게 나온 수치였다면 그 의미에서는 변화가 일어났다고 평가된다. 또 그 근거가 필리핀보다 적지 말아야 한다는 등의 정치적인 성격이 짙어짐에 따라 이승만 집권기의 구상보다 한 층 청구권으로서의 성격을 잃어버린 것도 사실이다. 그러나 확인했

---

45) 위의 문서, 841~842쪽. 또 이 8억 불에 관해서는 정일형도 1964년 국회 본회의에서 민주당정권의 청구액수가 비록 사안(私案)이나 8억 불이었음을 증언하고 있으므로 공식문서의 내용과 일치한다. 국회회의록, 「제6대국회, 제41회, 제8차 국회본회의」, 제8호, 1964년 4월 1일, 15쪽.
46) 「JW-0967」, 『제6차 한일회담 예비교섭, 1961, 전2권, (V.2 9~10월)』, 117~119쪽.
47) 김용주, 1984, 『風雪時代八十年 나의 回顧錄』, 新紀元社, 296~297쪽. 이 증언에서 또 주목되는 것은 이 5억 불의 구성에 관해서 무상 3억 불, 유상 2억 불이라는 후술할 김·오히라 합의의 내용이 이미 구체화 돼 있었다는 점이다. 그러나 이것 자체는 공식문서에서는 확인되지 못한다.

듯이 이승만 집권기 그 청구권교섭에서의 구상으로서 약 19억 불에서 4억 불 가량의 액수범위의 윤곽이 드러나고 있었다는 점을 미루어 볼 때 이 5억 불+3억 불=8억 불 가량이라는 액수는 확실히 이승만 집권기에 이미 상정 돼 있던 액수범위 내에서 산출된 것만큼은 틀림없다. 이 의미에서는 장면 정권하에서 확인 가능한 청구 액수는 이승만 집권기에 작성되던 액수의 범위를 넓히는 등의 새로운 시도는 없었다고 풀이 된다. 액수의 표면적인 변화는 이승만 집권기의 액수 범위 내에서의 움직임에 불과했던 것이다.

3. 박정희 집권기의 변화

1) 경제협력방식으로 인한 해결

이상 피해보상교섭에 관해 이승만정권과 장면정권과의 연속성을 논했으나 한일 간의 피해보상 문제를 청구권방식으로부터 경제협력방식으로 전환시켜 해결시켰다고 이해되어 온 박정희정권의 교섭은 전 정권하의 교섭들과 어떤 관계에 있었는가?

이 문제를 고찰하는 데 우선 박정희정권은 동 문제 처리를 어떻게 인식했었는가 하는 문제부터 검증하는 것이 중요하다. 박정희정권은 재개될 제6차 한일회담을 앞둔 1961년 9월 중순 박정희 당시 국가재건최고회의 의장 자신이 직접 참여한 토의에서 한일회담 조기 재개의 필요성을 이하와 같이 정리하고 있다.[48]

- 최근의 북한괴뢰 정권과 소련 및 중공 간의 군사동맹 체결로 인하여 아국으로서는 더욱 방공체제의 강화가 필요한 바, 한일양국 간의 전반적인 제휴는 한국의 반공 입장 안정에 도움이 될 것이다.
- 한일관계 정상화는 현안문제 해결을 전제로 하는 바, 이 경우 상당액의 변제금의 반환이 예측되는 데 동 금액은 한국의 국가경제 재건에 도움이 될 것이다.

---

[48] 「외정(아) 제274호」, 『제6차 한일회담 예비교섭, 1961, 전2권(V.2 9~10월)』, 193쪽.

・ 국교정상화 후는 경제협조 문제도 추진될 것이므로 국가경제 재건
  에 필요한 외자도입의 길을 열어줄 수 있을 것이다.

즉 위 방침에서 보이듯이 한국정부에게는 이미 동 문제는 평화조약 4조에 기초한 청구권 처리 문제가 아니라 한국의 반공안보와 경제건설을 위한 자금 도입의 문제로 인식되고 있었다. 따라서 박정희정권에 필요한 것은 청구권 문제의 처리를 위한 법과 자료에 기초한 충분한 실무적 토의가 아니라 경제건설에 필요한 자금 도입의 신속한 실현이었다.

박정희 집권기 강조된 정치적인 해결이라는 것은 바로 이 목적을 달성하기 위한 "속전속결"[49]의 수법을 뜻했다. 따라서 중요한 것은 박정희정권 하의 정치적 해결이라고 함은 이승만, 장면 집권기에 있던 법적 근거, 증빙 절차의 문제 등으로 인하여 청구권으로서 해결하기 어려운 부분에 관한 해결방법을 의미하는 것이 아니다. 이하 논하듯이 하루라도 빠른 자금 확보를 위하여 실무자 토의를 거쳐 해결 가능한 부분까지도 포함하여 일괄 타결시키는 것이야말로 전 정권들과 다른 박정희정권의 지향한 정치적 해결 방법이었다. 우선 박정희정권은 정권 장악 후 얼마 안 되는 1961년 7월 「韓日會談에 對한 政府의 基本方針」을 작성, 청구권 문제에 관해 〈표 4〉와 같은 3안의 교섭방침을 세우고 있다.[50]

내용상 동 방침 중 제3안이 사실상의 현실적인 최종안임은 틀림없다. 그 제3안이 제시한 "객관적인 타당성 있는 청구권을 총합하여 정치적인 고려를 가미하여 일정한 절대 청구액수를······ 고수"라는 규정은 바로 "청구권을 총합", "정치적인 고려를 가미" 등, 청구권 부분과 정치적 부분의 해결방법을 애매하게 연결시키고 있다. 그러나 다음 항에서 논할 제3안에 해당하는 수치 산출 방법(=〈표 5〉) 및 그 수치에 담겨지고 있었던 뚜렷한 정치적 목적의 존재 등을 감할 때 동 안은 이승만, 장면 집권기의 교섭에 있던 청구권+정치적 해결이라는 이분법적인 해결방법을 지양하고 필요한 절대액수를 위하여 청구권 액수 자체를 정치적으로 꾸미기로 한 것으로 풀

---

49) 김동조, 앞의 책, 216쪽.
50) 『제6차 한일회담 예비교섭, 1961, 전2권(V.1 /~8월)』, 52-54쪽.

〈표 4〉 1961년 7월의 「韓日會談에 對한 政府의 基本方針」

제1안	우리의 대일청구권은 군정법령 제2호, 제33호, 한미 간 재산 및 재정에 관한 최초협정, 대일평화조약 제4조b항 등의 근거하에 청구할 것이다. 따라서 배상적 성격의 것은 포함되어 있지 않고 주로 사법상의 채무변제적인 성격을 가진 청구권으로 되어 있다.
제2안	미국무성은 1957년 12월 31일 한국의 대일청구가 일본의 재한재산의 귀속으로 말미암아 어느 정도 소멸되어 있는가를 양국의 특별협의에서 토의해야 할 것이라는 각서를 내놓고 동 각서는 양 측에 의하여 수락되었은 바, 이 점을 고려하여 제2안에서는 법률적인 근거 및 숫자상의 증빙자료가 미약한 것은 청구 안 중에서 삭제하기로 하다.
제3안	최종적인 단계에 있어서는 객관적인 타당성 있는 청구권을 총합하고 정치적인 고려를 가미하여 일정한 절대 청구액수를 획정하여 끝까지 고수한다.

이 된다. 다시 말하면 동 방침은 필요한 액수 확보를 위하여 사실상 온 항목에 정치적인 해결방법을 도입하는 방침을 세운 것이었다. 이 방침에 따라 한국정부는 8월의 김유택 경제기획원 원장 파견 등 정치적인 해결에는 적극적으로 나서는 한편 제6차 회담 개최에 즈음하여 청구권 토의를 위한 실무자 회의에 관해서는 지극히 소극적인 훈령을 보내고 있다.[51]

그리고 8월의 김유택에 의한 정치적인 사전 절충과 이하 언급할 1962년 3월의 정식한 제1차 정치회담에 실패하자 한국정부는 신속한 해결을 위하여 상술한 장면 집권기의 마지막 교섭무대이던 1961년 5월의 국회의원 방한 시 일본 측으로부터 전달되던 무상제공 방식, 즉 사실상의 경제협력방식으로 인한 해결을 최종적으로 추진할 것을 결심했다고 판단된다. 사실 한국 측은 제1차 정치회담 결렬 1주 후인 3월 24일에 「앞으로의 韓日會談에 臨할 基本方針」을 작성하여[52] 정치협상에 의한 타결총액을 늘리기 위하여 명목에 관해서는 청구권과 무상을 합쳐 다른 명분이 서는 이름을 붙여 해

---

51) 예컨대 제6차 한일회담 개시를 3일 앞둔 17일 한국정부는 증거대조 등의 사무는 신속한 진행을 위하여 가급적 피할 것, 법적 이론에 관한 최종결론 또는 증거대조에 관한 결정적 언질들은 주지 않도록 할 것 등을 지시하고 있다. 「외정(아) 제118호」, 『제6차 한일회담, 본회의 회의록 및 종합보고, 1961~62.2』, 111쪽.
52) 『제6차 한일회담, 제1차 정치회담 이후의 교섭, 1962.3~7』, 14~23쪽(46~55쪽에도 재수록).

결시킨다는 방침을 정했다. 즉 한국 측은 이 시점에서 '청구권' 방식으로 인한 해결을 최종적으로 일절 포기한 것이었다.

그 결과 타결된 것이 주지의 김·오히라 합의였다. 동 합의로 인해 청구권 문제는 무상, 정부차관, 민간차관이라는 구성으로 해결되었다. 이 의미에서는 동 교섭은 박정희정권하에서 청구권 명목으로부터 경제협력으로 인한 해결로 변화되었음은 틀림없다. 그러나 그 변화는 동시에 '연속성' 위의 변화이었음을 알 수가 있다.

실제 표면적으로는 '단절된' 것으로 보이는 청구권과 경제협력방식은 현실적인 문제의 해결이라는 '보조선'을 그으면 그 연속성이 드러난다. 왜냐하면 양국 간에는 한일병합조약의 유효성에 대한 근본적인 법적 견해 차이와 그에 따른 재산권에 관한 각 항목마다의 지불의무를 둘러싼 대립이 있었다. 또 청구권으로 인정되는 부분에 관한 구체적인 증빙의 현실적인 어려움이라는 조건과 그것을 무릅쓰고 그 해결을 이루어내는 데 요구될 한국 측 정치적 역량의 부족이라는 현실이 있었다. 이런 엄연한 선행조건 아래 동 문제의 해결에는 명목과 상관없이 정치적 해결이라는 해법이 출발부터 불가피했다.[53] 실제 제1차 한일회담 시 청구권 요구로서 제출된 '대일 8항목 요구' 중 제1항의 지불에 관해서는 정치적 해결이라는 요구가 나와 있었다. 또 장면정권하에서도 청구권 부분과 정치적인 부분을 다시 재검토하고 사실상 정치적 해결부분의 확대를 도모하려고 했었다.

따라서 박정희정권하의 김·오히라 합의가 이루어낸 것은 장면정권까지 일관되게 나타나고 있었던 정치적인 해결의 범위를 전 항목에 확장시키는 것이었다고 말할 수 있다. 이 의미에서는 한일회담 기간 중 일어난 청구권에서 경제협력으로 인한 해결이라는 방식변화는 질적인 단절이라기보다 법적근거와 증빙절차를 거쳐 모든 것을 실무적으로 해결하려고 하는 하나

---

[53] 이 의미에서는 일본 측 역시 정치적 해결을 도모해야만 했다. 다만 일본 측이 생각한 정치적 해결이라고 함은 일부 그 존재가 인정되는 청구권 부분도 포함해서 모두 경제협력방식으로 해결시키는 것이었다. 이와 같이 정치적 해결방법으로서 경제협력 방식을 정착시키려 한 일본 측 움직임은 장박진, 앞의 책, 371~376쪽에서도 논했다.

의 극(極)으로부터 그런 절차를 빼고 정치적인 판단으로 일괄 지불하는 또 하나의 극으로의 연속적인 이동에 불과했음을 알 수 있다.54) 다시 말하면 이승만 집권기 전자에 가까웠던 위치가 그 후 장면정권을 거쳐 박정희 집권기에 이르러서는 경제건설이라는 명확한 시대적인 요구를 위하여 또 하나의 극으로 옮겨가야만 하는 과정이었던 것이다. 따라서 청구권에서 경제협력이라는 개념상의 '단절'은 주어진 구조적 조건하에서 현실적으로 문제를 풀기 위한 정치적 해결의 적용범위의 연속선상의 변화에 불과한 것이었다.

물론 청구권에서 경제협력 명목으로의 변화는 일본의 자금공여가 재산권에 기초한 '환불'이 아니라 일본의 '은혜'로 인한 것임을 뜻하는 성격을 지니므로 양자에 차이가 있는 것은 사실이다. 그러나 청구권 역시 원래 일본의 한국지배의 성격규정과는 아무런 상관없이 가능한 것이니만큼 가령 그것이 실현되었다고 하더라도 그것은 일본의 식민지 지배 자체의 청산을 이루어낼 수 있는 것이 아니었다.55) 더 나아가서는 배상이라고 할지라도 한국의 경우는 미국의 대일정책의 틀 안에서 문제를 해결해야만 했던 이상 『對日賠償要求調書』제3항에 있었듯이 그 적용범위는 주로 제2차 대전 시기의 피해에 그칠 수밖에 없었다. 배상 역시 식민지관계 자체의 청산을 결정적으로 가능케 하는 방식이 아니었던 것이다.

따라서 박정희정권하에서 일어난 경제협력으로 인한 해결은 그 방식으로 인해 식민지 지배의 청산이 불가능해졌다는 등의 단절된 변화를 낳은 것이 아니라 배상요구 시부터 이미 내포되고 있었던 식민지 지배 청산에 관한 한계 내에서의 변화에 불과했던 것이었다.

2) 액수의 변화

마지막으로 박정희정권하에서 구상된 액수와 그 변화는 전 정권들과 어

---

54) 물론 논리적으로는 모든 것을 정치적으로 해결해도 그 명목을 청구권으로서 지불한다는 가능성이 있으나 이것은 일본 측 자세로 인해 현실적이지 않다.
55) '식민지 시대에 일어난 문제들의 처리'와 '식민지 지배 자체에 대한 청산'은 전혀 다르다는 것에 주의가 필요하다. 이에 관해서는 장박진, 앞의 책, 제2장을 참고.

떤 관계에 있었을까? 앞서 논한 1961년 7월의 세 가지의 청구권 방침에 맞추어 한국정부가 작성한 구체적인 요구항목 및 액수는 〈표 5〉와 같이 정리된다.[56]

〈표 5〉 1961년 7월의「韓日會談에 對한 政府의 基本方針」에 기초한 구체안[57]

	제1안	제2안	제3안
제1항 지금과 지은			
(가) 지금	2억 5천만瓦	양보	포기
(나) 지은	9천만瓦	-	포기
1) 조선 지출(持出)분	7천만瓦	양보	-
2) 북지(北支)준비은행담보분	2천만瓦	2천만瓦	-
계(計) 지금	2억 5천만瓦	-	-
지은	9천만瓦	2천만瓦	0
제2항 조선총독부의 대일채권			
(가) 체신부관계 채권	20억 8천만 엔	18억 4천만 엔	
ㄱ) 과초(過超)금	15억 엔	15억 엔	
ㄴ) 국체 및 저축채권	1억 4천만 엔	6천만 엔	
ㄷ) 생명보험 및 우편 연금	3억 1천만 엔	1억 6천만 엔	7억 엔
ㄹ) 해외 환(爲替), 저금, 채무	7천만 엔	7천만 엔	
ㅁ) 포고령3호에 의한 수취계정	5천만 엔	5천만 엔	
ㅂ) 저축이자	1천만 엔	포기	
(나) 8.9 이후 일본인 인출금원	26억 7천만 엔	포기	포기
(다) 일본국고 계정 상 채권	9억 엔	포기	포기
(라) 조선총독부의 재일재산	1천만 엔	포기	포기
계	56억 6천만 엔	18억 4천만 엔	7억 엔
제3항 8.9 이후 이체(移替) 송금된 금원			
(가) 조선 지출 금원	2억 3천만 엔	양보	양보
(나) 재한 일계은행 송금 금원	6억 6천만 엔	6억 6천만 엔	3억 엔
계	8억 9천만 엔	6억 6천만 엔	3억 엔
제4항 한국 내 본사 법인의 재일재산			
(가) 폐쇄기관의 재일재산	64억 7천만 엔	30억 엔	양보

---

56) 『제6차 한일회담 예비교섭, 1961, 선2권(V.1 7·8월)』, 55~61쪽.

(나) ( )법인의 재일재산	2억 엔			
계	66억 7천만 엔	30억 엔	0	
제5항 기타 각종 청구권				
(가) 각종 유가증권	72억 엔	70억 엔	50억 엔 및 1억 불	
(나) 일본계 통화	15억 엔	15억 엔		
(다) 피징용 한인 미수금	2억 3천만 엔	1억 5천만 엔		
(라) 전쟁으로 인한 피해보상	4억 불	2억 5천만 불		
ㄱ) 피징용자	3억 불	-		
ㄴ) 군인 및 군속	1억 불	-		
(마) 은급청구	3억 엔	3억 엔		
(바) 한국인의 대일본 법인청구	4억 7천만 엔	포기		
(사) ( )법인에 대한 청구	2천만 엔	2천만 엔		
계	97억 2천만 엔 및 4억 불	89억 7천만 엔 및 2억 5천만 불		
	제1안	제2안	제3안	
총계	229억 4천만 엔	144억 7천만 엔	60억 엔	
	4억 불	2억 5천만 불	1억 불	
	지금: 2억 5천만瓦	-	-	
	지은: 9천만瓦	지은: 2천만瓦	-	
미 불 합계 (15:1로 환산)	19억 3천만 불	12억 1천만 불	5억 불	

이 시점에서 우선 주목되는 것은 군사정부는 약 19억 불, 12억 불이라는 안도 작성했으나 제3안이 사실상의 최종목표임을 감안했을 때 정권 장악 후 2개월도 채 안 되는 사이에 박정희정권은 정치적인 일괄 해결 방식으로 최저액수 5억 불을 목표로 정했었다는 점이다. 다만 여기서 주의해야 할 것은 동 수치는 군사정부가 새롭게 작성한 것으로 보기는 어렵다는 점이다. 상술했다시피 1957년 초 무렵 이승만정권은 약 19.32억 불이라는 수치를 산출하고 있으며 또한 5억 불은 앞서 언급한 장면 집권기의 1961년 5월

---
57) 표 중의 제4항 (나)와 제5항 (사) 부분에 단 ( )는 인쇄 불선명으로 인해 알아보지 못함을 뜻한다.

국회의원단 방한 시 양국 사이에서 이미 교환되고 있었던 액수이었다는 점 등으로 미루어 동 요구액수는 군사정권 이전에 이미 작성돼 있었던 것을 그대로 채용한 것이라고 추측된다.[58]

또 8월의 김유택 원장 방일에 의한 액수의 사전 조율 시 일본 측에 요구한 액수는 위 세 가지 안에 없는 8억 불이었으나 이것은 장면 집권기 이미 나와 있었던 정치적 액수임을 고려할 때 동 8억 불은 청구권 부분에 관한 제3안의 5억 불에 경제협력 부분을 더한 액수로 추측되며 따라서 이 수치 역시 전 정권하에서 이미 나와 있었던 것에 부합하는 것으로 볼 수 있다.

1962년 3월 정치적 해결을 위한 하나의 고비가 된 제1차 정치회담이 정일권·고사카(小坂善太郎) 두 외상 간에서 열렸다. 한국정부가 그 제1차 정치회담에 임할 준비로서 작성한 계획안은 〈표 6〉과 같은 것이었다.[59]

〈표 6〉 제1차 정치회담에 임할 한국 측 청구권에 대한 방침

	청구내용	우리 측 제시액 (태도)	일본 측 태도	해결방식	제1안
1	지금	249톤	청구근거 없음	무상원조	5억 엔
	지은	67톤			
2	(체신부관계) - 우체국 예금 - 간이보험 및 연금 - 해외이체 및 저금 - 동결 수취 금	12억 엔 1.3억 엔 0.7억 엔 0.4억 엔	3.7억 엔 1억 엔 태도불명 태도불명	청구권	10억 엔
3	이체 국채	제5항 국채와 합변 토의	왼 측과 같음	-	왼 측과 같음
4	(재일지점 재산) - 폐쇄기관 관계 - SCAPIN1965관계	전 재산청구 (자료제시 요구)	한국인 지분만 인정?	청구권	한국인 지분만 청구(0.4억 엔)

---

58) 제2안인 약 12억 불은 전의 정권하에서는 나타나지 않았던 액수이나 바로 그 액수가 중간적인 값임을 생각하면 새 정부의 독자성으로 적극적으로 평가하는 것은 과장일 것이다.

59) 『제6차 한일회담, 제1차 정치회담, 동경, 1962.3.12~17 전2권(V.2 최덕신-고사까(小坂)외상회담, 1962.3.12~17)』, 25~26쪽. 다만 제2안, 제3안은 생략했다.

5	1. 각종 유가증권	87억 엔	개인소유 분은 현물 제시 조건으로 인정	청구권	6억 엔
	2. 일본은행권	15.2억 엔	비 입회(立會) 소각 분, 군표, 중앙 준비 은행권 등은 지불 어려움	청구권	15억 엔
	3. 피징용자 미수금	2.3억 엔	근거 있는 액수만 지불	청구권 무상원조	2억 엔
	4. 피징용자 보상금	3.6억 불	- 미수금과 같이 취급 - 생존자분만 불인정 - 미수 관계 자료와 대사	청구권 무사원조	1.8억 불
	5. 은급	3억 엔	- 미수금은 인정 - 국적상실 시가 문제	청구권 무상원조	3억 엔
	6. 귀환자 기탁금	1.1억 엔	조련관계 분 불인정	청구권	0.58억 엔
	7. 생명보험	4.5억 엔	제6항과 포괄토의	청구권 무상원조	2억 엔
6	한국인의 대일본 정부 또는 개인에 대한 청구	1. 제5항까지 포함되지 않은 청구권은 인정 2. 시효의 중단 (회담타결까지)	1. 구체적인 태도 회피 2. 소송의 복잡화를 고려	-	주장관철
7	이자 청구	회담 체결까지 분	구체적인 태도 표시는 없으나 부정적	-	양보
8	변제기간	양측 간 특별협의	왼 측과 같음	-	변제 3방식 고려하에 협의
기타	한일 간 청산 계정 문제	-	청산 요구	-	재산 청구권 해결 시 면제

한국 측은 〈표 6〉에 기초해서 동 외상회담에서 5억 불을 요구할 방침이었으나 그 내역은 다음과 같았다.[60]

- 청구권 형식으로:
  - 엔 표시 분: 10억 엔(제2항)＋6억 엔(제5항 1)＋15억 엔(제5항 2)＋2억 엔(제5항 3)＋3억 엔(제5항 5)＋0.58억 엔(제5항 6)＋2억 엔(제5항 7)＝38억 58백만 엔≒2.57억 불
  - 미불 표시 분: 1.8억 불(제5항 4)
- 무상원조 형식으로: 5억 엔(제1항)≒0.33억 불(15엔 : 1불로 계산)
- 미불 합계: 4.7억(2.57억＋1.8억＋0.33억) 불, 기타 약 0.46억 불의 청산계정(OA)

위의 청산계정(OA)이라 함은 한국 측의 대일 무역적자에 따른 지불책무를 뜻하는 것이며 그 수치는 보다 정확하게 그 당시 4,573만 불 가량이었다. 따라서 동 요구 액수 5억 불은 4.7억 불 이외에 대일 무역적자 탕감 분을 포함한 총액 약 5.16억 불에 해당하는 수치였다고 판단된다. 또한 이 5억 불은 1961년 7월에 작성되던 최종 양보선이던 제3안으로서 이미 정해졌던 액수인 만큼 한국 측은 시급한 타결을 위해 이 제1차 정치회담에서 액수에 관해 최종안을 내놓을 예정이었음을 알 수가 있다.

일견 각 항목마다 실무적으로 산출된 것으로 보이는 동 5억 불은 실은 어떤 정치적인 목적을 위하여 꾸며진 것이었다. 즉 제3안의 방침에 있던 "일정한 절대 청구액수"는 경제개발5개년계획에 필요한 외자 소요액이었다. 한국정부는 대일청구액을 고려하는 데 있어서는 5개년 계획에서 소요되는 외화 사정을 고려해야 한다고 하면서 수입에 필요한 총 소요 외자액수 24.16억 불 중 4.7억 불을 아직 충족전망이 없는 결손액으로 간주하고 있었다.[61]

---

60) 제1안에 관한 보다 보기 쉬운 내역 표는 위의 문서, 55~56쪽에 수록. 다만 그 표에서는 제1항은 "6억"으로 표기돼 있으나 다른 표와의 대조로 "5억"으로 했다.
61) 「외자 수요액 획득예상표(1)」, 위의 문서, 52쪽. 다만 5억 불은 장면 집권기에 이미 나타났었던 액수임을 생각하면 그 5억 불을 일본으로부터 받을 것을 전제로 결손

한국정부는 바로 이 4.7억 불이야말로 "5개년 계획을 수행 상 절대적으로 확보하여야 할 액수"로 지적, 대일교섭 상 "우리 측 청구액수의 최저라인 설정에 있어서 중요한 '바로메터'"로 규정하고 있다.62) 5억 불은 위 4.7억 불과 청산계정 탕감분도 포함하여 내려진 정치적 액수이었던 것이다.

다만 실제 제1차 한일회담에서 한국 측이 제시한 액수가 7억 불이었음은 이미 알려져 있는 유명한 사실이다. 그러나 그 수치는 정치회담에서의 일본 측 소극적인 태도에 접한 한국 대표단이 일본 측의 소액 제시를 우려, 본국에 대한 청훈을 통하여 제시 예정이던 5억 불의 액수를 급히 늘린 것이므로63) 위의 방침과의 모순은 없어 보인다.

결국 일본 측 제시 액수 청구권 7,000만 불, 차관 2억 불과의 현격한 차이로 인해 동 회담이 실패로 돌아가자 이미 위에서 언급했듯이 한국 측은 1962년 3월 24일의 「앞으로의 韓日會談에 臨할 基本方針」에 따라 청구권 개념의 상용을 최종적으로 단념했다. 그 결과 나온 것이 1962년 11월의 김·오히라 메모에 의한 양국 합의였다. 제1차 김·오히라 회담 당초 한국 측의 최종 타결액수는 합계 6억 불 이상 그 속에서 순변제+무상 항목으로 3.5억 불 받는 것이었다.64) 그러나 결국 제2차 회담 결과 무상 3억, 유상 2억, 민간차관 1억 이상, 합계 6억 불 이상, 그리고 그 후 막판 교섭에서 어업 협력 및 선박 관련을 포함하여 민간차관 부분을 2억 더 늘려 합계 8억 불 이상으로 해결되었음은 이미 주지하는 바이다.

따라서 액수에 관해 박정희 집권기 새롭게 변화된 것은 실질적으로 없었다고 판단된다. 계획안에 있던 최대액수 19억 불 가량의 액수 역시 이승만 집권기에 이미 확인 가능한 액수이며 청구권 부분으로서 받으려고 한 5억 불은 이승만 집권기에 이미 나돌고 있던 4억 불 이상의 액수이자 장면 집

　액을 4.7억 불 정도로 한 가능성도 있을 것이다.
62) 위의 문서, 47쪽.
63) 제시액수를 갑자기 늘렸다는 사실은 다음 자료에서 확인 가능하다. 「第1次 韓日政治會談의 分析과 今後의 韓日問題에 關한 建議」, 『제6차 한일회담, 제1차 정치회담 이후의 교섭, 1962.3~7』, 192쪽.
64) 합계 6억 불은 「對日折衝에 關한 훈령」, 『김종필 특사 일본방문, 1962.10~11』, 32쪽. 순변제+무상 항목 3.5억 불은 「各懸案問題解決에 對한 우리의 立場」, 동 문서, 59쪽.

권기 일본 측에 비록 비공식적이지만 전해지고 있었던 액수이기도 했다. 또합계 8억 불 역시 청구권 부분과 경제협력 부분을 합친 액수로서 장면 집권기에 한국정부 내부에서 이미 거론되고 있었던 것을 감안하면 박정희정권은 결국 이들 전 정권하에서 만들어진 액수의 범위를 넘는 등의 새로운 변화를 일으킨 일은 없었던 것이었다. 다시 말해서 경제협력방식이라는 표면상의 변화와 달리 박정희정권하에서의 액수의 움직임은 이승만 집권기로부터 자리 잡아 온 범위 내에서의 변동에 불과했던 것이다.

III. 맺음말

 이상 이승만, 장면, 박정희라는 세 정권하 일어난 피해보상교섭의 변화과정을 분석했다. 표면상에 나타난 개념상의 큰 변화와 달리 배상에서 청구권, 그리고 경제협력방식으로서 이어져 온 동 교섭은 실은 재산권에 기초해서 법과 증빙절차를 거쳐 이루어질 환불방식과 그 방법을 피해서 해결해야 할 정치적 해결의 적용범위의 변화에 불과했음을 밝혔다. 따라서 배상, 청구권, 경제협력이라는 명목상의 차이에도 불구하고 그 처리방법에 있어서 단절된 변화는 없었으며 한일 간의 식민지관계 처리의 성사에 관해 그 개념상의 변화로 인해 질적인 차이가 생겼다고 판단하는 것은 타당하지 않다고 결론을 내릴 수 있다.
 물론 지금까지 강조되었듯이 배상에는 전쟁 시의 전투행위에 따른 피해보상의 항목이 들어가거나 또 청구권은 경제협력방식에 비해 자신의 채권을 돌려받는 의미가 있다는 등의 차이가 있음은 틀림없다. 그러나 한일 간의 과거처리 문제는 원래 1910년에 시작된 식민지 지배관계에 기인하는 것이었다는 점, 또 한일 양국은 제2차 대전 시 본격적인 교전관계에 있지는 않았으며 따라서 전투 행위에 따른 배상은 지극히 일부에 한정되지 않을 수가 없었다는 점들을 감안하면 배상 수취자격 상실에 따라 한일 간의 과거처리가 결정적으로 미흡한 상태로 되었다는 등의 추론은 설득력을 잃는다.
 청구권 개념 역시 이것이 한일 간외 특수한 지배・피지배 관계 자체의 청산이라기보다 재산권에 기초한 채권의 반환문제이니만큼 이 방식으로 인한 처리의 실현이 식민지 관계의 청산을 가능케 하는 것이 아니었다. 이 점들을 생각할 때 경제협력에 의한 식민지 관계 청산의 미흡함은 실은 배상요구 시부터 이미 내포되던 연속적인 한계의 틀 안에서의 변화에 불과했다고 말해야 하겠다.

이런 연속성은 액수의 변화 과정에서도 볼 수 있다. 당초 배상요구로서 약 24억 불 가량이던 대일 요구 액수는 실은 청구권 개념으로의 변화에도 불구하고 크게 달라진 것은 없었다. 이것은 1957년 초 이승만 집권기 작성된 약 23억 3,000만 불 가량의 수치에도 볼 수 있고 또 장면 집권기의 1960년 10월쯤의 요구액수 약 24억 불 역시 그것을 입증하고 있다. 물론 한일회담의 진전에 따라 최종적으로 그 액수는 5억 불 가량까지 감소했으나 이 사실 역시 경제협력 방식이라는 처리방식의 변화에 따른 '단절'을 뜻하는 것이 아니다.

그 근거로서는 우선 당초 배상 요구액수 24억 불 가량의 요구 자체가 도저히 현실적으로 실현 가능한 액수가 아니므로 그 수치를 액수 감소의 현실적인 기준으로 삼는 것은 적절하지 않다는 점, 또 이승만, 장면 집권기 청구권방식에 의한 해결에도 불구하고 내부적으로는 배상요구와 거의 차이 없는 액수가 작성되어 있었다는 점, 거꾸로 일본의 '역청구권'이 포기되고 나서 청구권 문제의 타결이 현실적인 과제로 된 제4차 한일회담 시에는 청구권방식에 의한 해결 요구로서 4억 불 가량까지 이미 감액돼 있었던 가능성이 크다는 점, 또 장면 집권기 5억 불은 이미 한국 측의 최종 요구액이었다는 점, 그리고 박정희정권하에서 제1차 정치회담의 실패로 인해 청구권 명목의 최종적인 포기가 결정되기 전부터 5억 불이 이미 최저 목표액수로 되었었다는 점들을 들 수 있다. 따라서 결과로서의 액수의 감액은 해결방식의 변화에 따른 변동이 아니라 실현 가능성과 한국 측의 필요액수라는 현실적인 판단으로 인해 구체화된 것이라고 추측된다. 다시 말하면 배상, 청구권, 경제협력이라는 해결방식의 변화가 액수에 관해 큰 변화를 일으켰다고 보는 것은 타당하지 않다는 것이다.

이상 한일 간의 피해보상교섭의 변화는 그 개념상의 단절과 달리 밀접한 연속성을 지니고 있었음을 밝혔다. 그 해결방식의 변화가 식민지 관계라는 특수한 과거관계의 청산 성사에 근본적인 차이를 낳은 일은 없었던 것이다.

【참고문헌】

『한일회담 예비회담(1951.10.20~12.4), 자료집, 대일강화조약에 관한 기본태도와 그 법적 근거, 1950』.
『제1차 한일회담(1952.2.15~4.21) 청구권분과위원회 회의록, 제1차~8차, 1952.2.20~4.1』.
『제2차 한일회담(1953.4.15~7.23) 청구권위원회 회의록, 제1차~3차, 1953.5.11~6.15』.
『제3차 한일회담 본회의 회의록 및 1~3차 한일회담 결렬경위, 1953.10~12』.
『제4차 한일회담 예비교섭 1956~58, (V.1 경무대와 주일대표부 간의 교환공문, 1956~57)』.
『제4차 한일회담 청구권위원회 회의록, 제1차~3차, 1958.5.20~12.17』.
『제4차 한일회담 교섭 및 훈령, 1958~60』.
『제4차 한일회담(1958.4.15~60.4.19) 청구권관계자료, 1958』.
『제5차 한일회담 예비회담, 본회의 회의록 및 사전교섭, 비공식회담 보고, 1960.10~61.5』.
『제5차 한일회담 예비회담, 일반청구권소위원회 회의록, 1~13차, 1960~61』.
『제6차 한일회담 예비교섭, 1961, 전2권, (V.1 7~8월)』.
『제6차 한일회담 예비교섭, 1961, 전2권, (V.2 9~10월)』.
『제6차 한일회담 본회의회의록 및 종합보고, 1961~62.2』.
『제6차 한일회담 제1차 정치회담, 동경, 1962.3.12~17 전2권, (V.2 최덕신－고사까(小坂) 외상회담, 1962.3.12~17)』.
『제6차 한일회담, 제1차 정치회담 이후의 교섭, 1962.3~7』.
『김종필 특사 일본방문, 1962.10~11』.
外務部 政務局, 1954, 『對日賠償要求調書』.

, 1960, 『韓日會談略記』..

국회회의록, 1964, 「제6대국회 제41회 제8차 국회본회의」 1964.4.1, 제8호.
김동조, 1986, 『회상 30년 한일회담』, 中央日報社.
김용주, 1984, 『風雪時代八十年 나의 回顧錄』, 新紀元社.
俞鎭午·劉彰順, 1964, 「對談: 交涉十年 會談六回의 內幕」, 『思想界』 1964년 4월호.
柳泰夏, 1986, 「李라인과 對日會談」, 權五琦 편, 『現代史주역들이 말하는 정치증언』, 東亞日報社.
林炳稷, 1964, 『林炳稷 回顧錄』, 女苑社.
장박진, 2009, 『식민지 관계 청산은 왜 이루어질 수 없었는가: 한일회담이라는 역설』, 논형.
정일형, 1984, 「왜 朴政權의 韓日會談을 反對했나」, 『新東亞』 1984년 10월호.
한국일보사, 1981, 『財界回顧10 歷代金融機關長篇 II』, 한국일보사출판국.

伊藤哲雄, 1994, 「第二次世界大戦後の日本の賠償・請求権処理」, 『外務省調査月報』 no.1, 77~115쪽.
太田修, 2003, 『日韓交渉 請求権問題の研究』, 東京: クレイン.
外務省, 1961, 『わが外交の近況』 第5号, 東京: 大蔵省印刷局, 1961.8.
佐々木隆爾, 1994, 「アジア太平洋戦争の戦後補償のために支払った金額」, 『日本史研究』 388号, 1994.12, 193~207쪽.
塚元孝, 1992, 「韓国の対日平和条約署名問題: 日朝交渉, 戦後補償問題に関連して」, 『レファレンス』 no. 494, 1992年 3月号, 95~100쪽.

SCAP, Civil Property Custodian, External Assets Division, 1945, "Japanese External Assets", 大蔵省財政室 編, 1982, 『昭和財政史ー終戦から講和までー』 第20巻(英文資料), 東京: 東洋経済新報社.
United States Department of State, 1976, *Foreign Relations of the United States 1949*, Vol. Ⅶ, The Far East and Australasia, Part 2., Washington: United States Government Printing Office.
　　　　　　　　　　　　　　　　, 1977, *Foreign Relations of the United States*

1951, Vol. Ⅵ, Asia and the Pacific, Part 1., Washington: United States Government Printing Office.

1965년 한일조약과 한국인 개인의 권리

김창록*

I. 머리말

1965년 한일조약과 관련하여 가장 중요한 법적 쟁점으로 남아 있는 것은, 그 조약들에 의해 한국인 개인의 권리가 어떻게 처리되었는가이다.

이 쟁점은, 1990년대 초반에 일본군'위안부' 피해자들을 필두로 한 한국인 피해자들이 일본정부의 책임을 추궁하기 시작하면서 등장했고, 이후 한국인 피해자들이 일본정부를 상대로 일본에서 제기한 소송들에서 본격적으로 다투어졌다.

그런데 이 쟁점에 관해 조약체결 당사자인 한일 양국 정부는 서로 다른 주장을 내놓고 있다. 이것은 곧 이 쟁점이 한일 간의 미해결 과제로 남아 있다는 것을 의미한다. 이 과제의 해결을 위해서는, 국가가 개인의 권리를 소멸시킬 수 있는가, 그리고 소멸시킬 수 있다면 그 법적 효과는 어떻게 되는가라는 법적인 쟁점들에 대한 분석도 필요하지만, 무엇보다 조약체결

---

* 경북대학교

당사자인 한일 양국 정부가 1965년에 무엇을 '합의'했는가를 밝혀내는 것이 중요하다.

위와 같은 인식 아래, 이 글에서는, 우선 한일 양국 정부가 구체적으로 어떤 주장을 해왔고 또 하고 있는지를 정리하고, 위의 쟁점들과 관련하여 1965년에 한국인 피해자들의 권리가 어떻게 처리되었는지를 한일회담 관련문서들을 재검토하여 밝히기로 한다.

II. 한일 양국의 주장[1]

1. 「기본조약」 및 「협정」의 내용

이 글의 쟁점과 관련하여 한일 간에 합의된 내용을 담고 있는 한일조약의 주요 조문은 아래와 같다.

> 「대한민국과 일본국간의 기본관계에 관한 조약」(이하 '「기본조약」')
> 제2조
> 1910년 8월 22일 및 그 이전에 대한제국과 대일본제국간에 체결된 모든 조약 및 협정이 이미 무효(already null and void)[2]임을 확인한다.

---

[1] 이 장의 내용은 필자의 기발표논문, 김창록, 2004, 「한일간 과거청산에 있어서의 국가의 논리와 개인의 권리」, 『법사학연구』 30의 II, III, IV의 내용을 수정·보완한 것이다.

[2] 「기본조약」은 한국어, 일본어 및 영어로 작성되었으며, '해석에 상위가 있을 경우에는 영어본에' 따르기로 합의되었다. 한국어문의 '이미 무효'는 일본어문에는 'もはや無効'로 되어 있으며, 그 의미와 관련하여 한일 양국 사이에 '해석에 상위'가 있다. 따라서 이 부분에 관해서는 영어문이 중요한 의미를 가지게 된다. 본문에서 해당 영어문을 괄호 안에 표기한 것은 그 때문이다.

「대한민국과 일본국간의 재산 및 청구권에 관한 문제의 해결과 경제협력에 관한 협정」(이하 '「협정」') 제1조
1. 일본국은 대한민국에 대하여
(a) ……3억 아메리카합중국 불($ 300,000,000)……의 가치를 가지는 일본국의 생산물 및 일본인의 용역을 본 협정의 효력 발생일로부터 10년 기간에 걸쳐 무상으로 제공한다.……
(b) ……2억 아메리카합중국 불($ 200,000,000)……의 액수에 달하기까지의 장기 저리의 차관으로서, ……일본국의 생산물 및 일본인의 용역을 대한민국이 조달하는데 있어 충당될 차관을 본 협정의 효력 발생일로부터 10년 기간에 걸쳐 행한다.

「협정」 제2조
1. 양 체약국은 양 체약국 및 그 국민(법인을 포함함)의 재산, 권리 및 이익과 양 체약국 및 그 국민간의 청구권에 관한 문제가 1951년 9월 8일에 샌프런시스코우시에서 서명된 일본국과의 평화조약 제4조 (a)에 규정된 것을 포함하여 완전히 그리고 최종적으로 해결된 것이 된다는 것을 확인한다.
2. 본조의 규정은 다음의 것(본 협정의 서명일까지 각기 체약국이 취한 특별조치의 대상이 된 것을 제외한다)에 영향을 미치는 것이 아니다.
(a) 일방체약국의 국민으로서 1947년 8월 15일부터 본 협정의 서명일까지 사이에 타방체약국에 거주한 일이 있는 사람의 재산, 권리 및 이익.
(b) 일방체약국 및 그 국민의 재산, 권리 및 이익으로서 1945년 8월 15일 이후에 있어서의 통상의 접촉의 과정에 있어 취득되었고 또는 타방체약국의 관할하에 들어오게 된 것.
3. 2의 규정에 따르는 것을 조건으로 하여 일방체약국 및 그 국민의 재산, 권리 및 이익으로서 본 협정의 서명일에 타방체약국의 관할하에 있는 것에 대한 조치와 일방체약국 및 그 국민의 타방체약국 및 그 국민에 대한 모든 청구권으로서 동일자 이전에 발생한 사유에 기인하는 것에 관하여는 어떠한 주장도 할 수 없는 것으로 한다.

「대한민국과 일본국간의 재산 및 청구권에 관한 문제의 경제협력에 관한 협정에 대한 합의의사록(I)」(이하 '「합의의사록」') 2

협정 제2조에 관하여
(a) "재산, 권리 및 이익"이라 함은 법률상의 근거에 의거하여 재산적 가치가 인정되는 모든 종류의 실체적 권리를 말하는 것으로 양해되었다.
(b) "특별조치"라 함은 일본국에 관하여는, 제2차 세계대전 전투상태의 종결의 결과로 발생한 사태에 대치하여 1945년 8월 15일이후 일본국에서 취해진 전후 처리를 위한 모든 조치(1951년 9월 8일에 샌프랜시스코우시에서 서명된 일본국과의 평화조약 제4조(a)의 규정에 의거하는 특별 약정을 고려하여 취해진 조치를 포함함)를 말하는 것으로 양해되었다.
(c) "거주한"이라 함은 동조2(a)에 기재한 기간내의 어떠한 시점까지던 그 국가에 계속하여 1년이상 거주한 것을 말하는 것으로 양해되었다.
(d) "통상의 접촉"에는 제2차 세계대전의 전투상태의 종결의 결과, 일방국의 국민으로서 타방국으로부터 귀환한 자(지점 폐쇄를 행한 법인을 포함함)의 귀환시까지의 사이에, 타방국의 국민과의 거래 등, 종전후에 발생한 특수한 상태 하에서의 접촉이 포함되지 않는 것으로 양해되었다.
(e) 동조3에 의하여 취하여질 "조치"는 동조 1에서 말하는 양국 및 그 국민의 재산, 권리 및 이익과 양국 및 그 국민간의 청구권에 관한 문제를 해결하기 위하여 취하여 질 각국의 국내조치를 말하는 것으로 의견의 일치를 보았다.
(f) 한국 측 대표는 제2차 세계대전의 전투상태의 종결후 1947년 8월 15일전에 귀국한 대한민국 국민이 일본국내에 소유하는 부동산에 대하여 신중한 고려가 베풀어질 수 있도록 희망을 표명하고, 일본 측 대표는 이에 대하여 신중히 검토한다는 취지의 답변을 하였다.
(g) 동조 1에서 말하는 완전히 그리고 최종적으로 해결된 것으로 되는 양국 및 그 국민의 재산, 권리 및 이익과 양국 및 그 국민간의 청구권에 관한 문제에는 한일회담에서 한국 측으로부터 제출된 "한국의 대일 청구 요강"(소위 8개 항목)의 범위에 속하는 모든 청구

가 포함되어 있고, 따라서 동 대일청구요강에 관하여는 어떠한 주장도 할 수 없게 됨을 확인하였다.
(h) 동조 1에서 말하는 완전히 그리고 최종적으로 해결된 것으로 되는 양국 및 그 국민의 재산, 권리 및 이익과 양국 및 그 국민간의 청구권에 관한 문제에는 본 협정의 서명일까지에 대한민국에 의한 일본 어선의 나포로부터 발생한 모든 청구권이 포함되어 있고, 따라서 그러한 모든 청구권은 대한민국 정부에 대하여 주장할 수 없게 됨을 확인하였다.

2. 한일 양국의 국내조치

일본은, 「협정」 제2조 3의 "일방체약국 및 그 국민의 재산, 권리 및 이익으로서 본 협정의 서명일에 타방체약국의 관할하에 있는 것에 대한 조치"와 '관련'하여 1965년 12월 17일 「재산 및 청구권에 관한 문제의 해결과 경제협력에 관한 일본국과 대한민국 사이의 협정 제2조의 실시에 수반되는 대한민국 등의 재산권에 대한 조치에 관한 법률」(법률 제144호)를 제정하여, "대한민국 또는 그 국민(법인을 포함)의 재산" 중, 「협정」 제2조 3의 "재산, 권리 및 이익에 해당하는 것"을 "1965년 6월 22일자로 소멸"(제1조)시키는 조치를 취했다.

한국은, 1) 1966년 2월 19일 「청구권자금의운용및관리에관한법률」(법률 제1741호)을 제정하여, "大韓民國 國民이 가지고 있는 1945年 8月 15日 以前까지의 日本國에 대한 民間請求權은 이 法에서 정하는 請求權資金 中에서 補償하여야 한다"라고 규정하고(제5조 1항), 2) 1971년 1월 19일 「대일민간청구권신고에관한법률」(법률 제2287호)을 제정하여, 한국인이 소유하고 있는 일본 은행권 및 일본국정부의 보조화폐, 일본국정부 등이 발행한 유가증권, 일본 금융기관에 예입된 예금, 일본국정부기관에의 기탁금, 일본국정부에 대한 채권 등과 함께 "일본국에 의하여 군인·군속 또는 노무자로 소집 또는 징용되어 1945년 8월 15일 이전에 사망한 자"(피징용사망자)는 신고를 하도록 하고(제2조 1항), 3) 1974년 12월 21일 「대일민간청구권보상에관한법률」을 제정하여, 재산, 권리 및 이익에 해당하는 것에 대한 보상

조치와 함께, "請求權申告法 第2條 第1項 第9號의 被徵用死亡者에 대한 請求權補償金"으로서 "1人當 30萬원"을 지급하는 조치를 취했다(제4조 2항).

3. 일본의 주장

한국인 개인의 권리, 즉 "법률상의 근거에 기초하여 재산적 가치를 인정할 수 있는 모든 종류의 실체적 권리"(「합의의사록」 제2조 (a))인 '재산, 권리 및 이익'과 청구권에 관한 일본정부의 입장은, 「협정」에 의해 '해결이 끝났다'라는 것이다. 즉, 한국인 개인의 권리가 있었는데 그것이 「협정」에 의해 '해결되었다'라는 것이다. 문제는 '해결되었다'라는 것의 의미이다. 이에 대한 일본정부의 주장은 재산, 권리 및 이익과 청구권 각각에 대해 다르며, 또 청구권에 관해서는 시대에 따라서도 다르다.

1) 경제협력의 증진과 권리 문제의 해결 사이에 법률적인 상호관계는 존재하지 않는다

우선 일본정부는 「협정」 제1조의 '경제협력의 증진'과 제2조의 '권리문제의 해결' 사이에는 아무런 법률적인 상호관계도 존재하지 않는다는 입장을 일관되게 취해오고 있다.

1965년 11월 5일의 '일본국과 대한민국 사이의 조약 및 협정 등에 관한 특별위원회'에서 시이나 에쯔사부로오(椎名悅三郎) 외무대신은, 5억 달러와 대일청구권 사이에 "법률상의 관계는 없습니다"[3]라고 명언했다. 1966년 3월에 발간된 『일한조약과 국내법의 해설(日韓條約と國內法の解說)』[4]도,

---

3) 日本衆議院, 1965.11.5, 「日本國と大韓民國との間の條約及び協定等に關する特別委員會議錄第10號」, 20쪽.
4) 谷田正躬外2編, 1966, 『日韓條約と國內法の解說』(『時の法令』別冊), 大藏省印刷局. 이 책은, 그 '머리말'에서, "해설 중 의견에 관한 부분은 모두 필자의 사견이다"(5쪽)라고 하고 있지만, 그 편자들이 外務省 外務事務官・法務省 入國管理局參事官・農林省 農林事務官 3인으로 되어 있는 점과, 그와 같은 특수한 직위에 있는 자들이 1965년의 「기본조약」 및 「협정」에 대해 "가능한 한 정확한 이해에 도움이

"경제협력의 증진과 청구권문제의 해결은 동일한 협정의 내용으로 되어 있지만, ……양자 사이에는 전혀 법률적인 상호관계는 존재하지 않는 것이다",5) "제1조에서 규정하는 5억 달러의 자금공여는, ……어디까지나 경제협력으로서 이루어지는 것에 다름아니다"6)라고 명언했다. 또, 1990년대에 들어와서도, 예를 들면, 1993년 5월 26일의 중의원 '예산위원회'에서 탄바(丹波實) 외무성 조약국장은, 「협정」의 "제1조와 제2조 사이에는 법적인 직접적 연관은 없습니다"7)라고 명언했다.

이와 같이 일본정부는 「협정」의 제1조와 제2조 사이의 법적 관계를 일관되게 부정하고 있다. 이것은 곧 「협정」의 의해 일본이 한국 및 한국인에게 배상금을 지불한 것은 아니라고 하는 것을 의미한다.

그런데, 사실은 일본정부의 이러한 주장은 1900년대 초 한일 간 조약의 효력에 관해 규정한 「기본조약」 제2조에 관한 주장과 밀접한 관련이 있다. 그 조문에 대해 일본정부는, "'이제는 무효'라고 하는 것은, 현재의 시점에서 이미 무효가 되어 있다고 하는 객관적인 사실을 서술한 것에 지나지 않는다. ……또한, 무효가 된 시기에 관해서는, 병합조약 이전의 조약들은 각각의 조약에 규정된 조건의 성취 또는 병합조약의 발효와 함께 실효했고, 병합조약은 한국의 독립이 이루어진 시기, 즉 1948년 8월 15일에 실효했다"라고 주장해왔다. 이러한 주장의 근거는 "정당한 절차를 거쳐 체결되었다",8) "대등한 입장에서 또 자유의사에 따라 이 조약이 체결되었다"9)라는 것이다. 즉, 일본정부의 주장에 따르면, 1910년의 병합조약을 비롯한 1900년대 초 한일 간 조약들은 정당한 절차에 따라 체결된 것으로서 유효이며, 그에 기초한 한반도 지배는 합법적이었다는 것이다. 이러한 논리에 따르면 한반

되도록 개괄적인 해설을 도모"한(5쪽) 것이라고 하고 있는 점을 고려할 때, 당시의 일본정부의 입장이 반영되어 있는 것이라고 보아 틀림이 없다고 할 것이다.
5) 위의 책, 62쪽.
6) 위의 책, 63쪽.
7) 日本衆議院, 1993.5.26, 「豫算委員會會議錄第26號」, 36쪽.
8) 谷田正躬外2編, 앞의 책, 14쪽.
9) 사토오(佐籐榮作) 총리대신의 발언. 日本衆議院, 1965.11.5, 「日本國と大韓民國との間の條約及び協定等に關する特別委員會議錄第10號」, 2쪽.

도 지배와 관련하여 일본은 잘못이 없으므로 배상할 것도 없다는 결론에 이르게 된다. 「협정」제1조와 제2조 사이에 법적인 상호관계가 존재하지 않는다는 일본정부의 주장은 그 연장선상에 위치하는 것에 다름 아닌 것이다.

요컨대, 일본정부의 주장에 따르면 일본이 한국에 지불한 5억 달러는 한국 및 한국인의 권리 문제와는 아무런 법적 연관이 없다. 따라서 권리 문제의 해결은 5억 달러와는 상관없이 설명되지 않으면 안되는 것이다.

2) 「협정」에 의해 소멸된 것은 국가의 권리만이다

또한 일본정부는, 권리 문제가「협정」자체에 의해서는 "국가와 국가 사이에서는 완전히 그리고 최종적으로 결착되어 있다"[10]라고 일관되게 주장해오고 있다. 양국이「협정」에서 권리 문제가 "완전히 그리고 최종적으로 해결된 것이 된다는 것을 확인"하고, 그것에 대해 "어떠한 주장도 할 수 없는 것으로 한다"라고 약속한 이상, 양국은 자신의 권리를 스스로 포기하였고, 그 결과 양국의 권리는 소멸되었다고 보지 않을 수 없다. 따라서 그 한도에서 "국가와 국가 사이에서는 완전히 그리고 최종적으로 결착되어 있다"라고 하는 일본정부의 주장은 타당하다고 할 수 있다.

또한 일본정부는 일관되게 개인의 권리와 관련하여「협정」에 의해 소멸된 것은, 그것에 관한 국가의 외교보호권만이라고 주장해왔다. 즉, 1965년 11월 5일의 '일본국과 대한민국 사이의 조약 및 협정 등에 관한 특별위원회'에서 시이나 외무대신은,「협정」에 의해 "외교보호권만을 포기했다"라고 수차례 확인했으며,[11] 1966년 3월에 발간된『일한조약과 국내법의 해설』도, "협정 제2조 3의 규정의 의미는, ……국가가 국제법상 가지는 외교보호권을 행사하지 않는다는 것을 약속한 것이다"[12]라고 명언했다. 또한, 1990년

---

10) 타니노(谷野作太郞) 외무성 아시아국장의 발언. 日本参議院, 1991.8.27,「豫算委員會會議錄第3號」, 9쪽.
11) 日本衆議院, 1965.11.5,「日本國と大韓民國との間の條約及び協定等に關する特別委員會議錄第10號」, 17쪽 이하.
12) 谷田正躬外2, 앞의 책, 64쪽.

대에 들어와서도, 1991년 8월 27일의 참의원 '예산위원회'에서 야나이(柳井俊二) 외무성 조약국장은, "일한 양국이 국가로서 가지고 있는 외교보호권을 상호 포기한 것이라는 것입니다. 따라서, 소위 개인의 청구권 그 자체를 국내법적인 의미에서 소멸시킨 것은 아닙니다. 일한 양국 간에 정부의 입장에서 이것을 외교보호권의 행사로서 문제삼을 수는 없다 이러한 의미입니다"13)라고 명언했고, 1994년 3월 25일의 중의원 '내각위원회'에서, 타케우찌(竹內行夫) 외무대신관방심의관은, "일한 양국민의 재산청구권 문제에 관해서는, 양국이 국가로서 가지고 있는 외교보호권을 서로 포기한 것입니다. 협정상의 취급으로서는, 일한협정의 규정 그 자체에 의해 개인의 재산 내지 청구권을 국내법적인 의미에서 직접 소멸시켰다는 것은 아니라는 점은, 종래부터 말씀드리고 있는 바입니다"14)라고 명언했다.15)

요컨대, 일본정부의 주장에 따르면, 「협정」에 의해 소멸된 것은 국가 자신의 권리와 국민의 권리에 대해 국가가 가지고 있는 외교보호권만이며, 국민 개인의 권리는 「협정」 자체에 의해서는 소멸되지 않은 것이다.

---

13) 日本參議院, 1991.8.27, 「豫算委員會會議錄第3號」, 10쪽.
14) 日本衆議院, 1994.3.25, 「內閣委員會會議錄第1號」, 8쪽.
15) 위와 같은 일본정부의 해석은 1956년의 「일소공동선언」의 청구권포기 조항(제6항 제2단락: 소비에트사회주의공화국연방은, 일본국에 대해 일체의 배상청구권을 포기한다. 일본국 및 소비에트사회주의공화국연방은, 1945년 8월 9일 이래의 전쟁의 결과로서 발생한 일방의 국가, 그 단체 및 국민의 타방의 국가, 그 단체 및 국민에 대한 모든 청구권을 상호 포기한다)에 대한 해석에서도 그대로 관철되어 있다. 즉, 1991년 3월 26일 참의원 내각위원회에서, 타카시마(高島有終) 外務大臣官房 審議官은 "저희들이 반복해서 말씀드리고 있는 점은, 일소공동선언 제6항의 청구권 포기라는 점은, 국가 자신의 청구권 및 국가가 자동적으로 가지고 있다고 생각되고 있는 외교보호권의 포기라는 것입니다. 따라서, ……우리나라 국민 개인의 소련 또는 그 국민에 대한 청구권까지 포기한 것은 아닙니다"(參議院, 1991.3.26, 「內閣委員會議錄第3號」, 12쪽)라고 명언했고, 1994년 3월 25일 중의원 내각위원회에서, 니시다(西田恒夫) 外務省 歐亞局 러시아課長은 "일소공동선언 제6항에서 국가가 청구권을 포기하고 있습니다만, 이것은 국가 자신의 청구권을 제외하면, 소위 외교보호권을 포기하고 있기 때문에, 국민이 러시아 혹은 그 국민에 대한 청구권 자체를 포기한 것은 아닙니다"(衆議院, 1994.3.25, 「內閣委員會議錄第1號」, 5쪽)라고 명언했다.

3) 한국인의 권리에 관한 일본정부의 주장

일본정부의 주장에 따르면, 한국인의 권리 중 '재산, 권리 및 이익'은 그에 관한 '국내법적 조치'인 법률 제144호에 의해 소멸되었다.

한편, 한국인의 권리 중 청구권은, 일본정부의 주장에 따르더라도, 소멸된 적이 없다. 위에서 살펴본 것처럼, 일본정부는 「협정」에 의해 소멸된 것은 외교보호권을 포함한 국가의 권리만이라고 주장하고 있으며, 한국인의 청구권의 경우 법률 제144호와 같은 국내법적 조치도 취하지 않았기 때문에, 한국인의 청구권은 여전히 존재하고 있다는 결과가 되는 것이다. 그런데, 청구권에 관한 일본정부의 주장은 시대에 따라 미묘한 차이를 보이고 있다.

우선 일본정부는, 1965년 당시에는 단지 "외교보호권만을 포기했다"라고 하는 데 머물렀다. 그러나, 1990년대에 들어와서는, 예를 들어 1993년 5월 26일의 중의원 '예산위원회'에서 탄바 외무성 조약국장이, "청구권에 대해서는, 그 외교적 보호의 포기에 머무르고 있다. 개인의 소위 청구권이라는 것이 있다고 한다면, ……그러한 형태로는 존재할 수 있는 것"16)이라고 명언한 것처럼, 청구권이 '존재'한다는 것을 적극적으로 인정했다. 그리고, 예를 들어, 역시 같은 '예산위원회'에서 탄바 외무성 조약국장이, 청구권은 "'재산, 권리 및 이익'에 해당하지 않는, 법률적 근거의 유무 자체가 문제가 되고 있다고 하는 클레임을 제기하는 지위를 의미한다. ……예를 들면 A와 B 사이에 다툼이 있어서, A가 B에게 맞았다, 그래서 A가 B에 대해 배상하라고 하고 있다. 이러한 사이에서는, 그것은 A의 B에 대한 청구권일 것이라고 생각하는 것이다. 그러나, 이윽고 재판소에 가서, 재판소의 판결로서, 역시 B는 A에 대해 채무를 지고 있다라는 확정판결이 나왔을 때, 그 청구권은 비로소 실체적인 권리가 된다"17)라고 명언한 것처럼, 또 예를 들어, 1994년 3월 25일의 중의원 '내각위원회'에서, 타케우찌 외무대신관방 심의

---

16) 日本衆議院, 1993.5.26, 「豫算委員會會議錄第26號」, 37쪽.
17) 日本衆議院, 1993.5.26, 「豫算委員會會議錄第26號」, 36쪽.

관이 "개인으로서의 청구를 예를 들면 재판소에 제기한다고 하는 권리까지 빼앗겼다라는 것은 아닙니다"[18]라고 명언한 것처럼, 청구권의 의미를 구체적으로 제시했다.[19] 나아가, 일본정부는, 예를 들어 1992년 3월 9일의 중의원 '예산위원회'에서, 쿠도오(工藤敦夫) 내각법제국장관이 "손해배상청구에 관해 어떤 취급이 이루어질 것인가에 관해서는 재판소의 판단을 기다리고 있다"[20]라고 명언한 것처럼, 청구권의 실현 여부는 재판소의 판단에 맡겨서 결정할 문제라는 입장을 밝혔다.[21]

그런데, 2000년대에 들어오면, 일본정부의 주장은 적지 않게 후퇴하게 된다. 일본정부는, 2000년 11월 2일 釜山從軍慰安婦·女子勤勞挺身隊公式謝罪 等에 관한 공소심 준비서면에서, "동 협정상의 '청구권'에 해당하는 경우에는, 애당초 국내법상으로는 법적 근거를 결여하는 것이며, 또 국제법상으로도 그것을 우리나라에 청구할 수 있는 것은 한국이었는데, 한국이 외교보호권을 포기하고 있는 이상, 한국은 우리나라에 청구하는 것은 불가능하며, 또 한국국민에게는 애당초 이러한 클레임을 제기할 수 있는 지위는 없기 때문에, 한국국민이 이것을 청구해도 우리나라는 이것을 인정할 법적 의무는 없는 것이다"[22]라고 주장했다. 또한 2003년 9월 19일 朴昌煥 외 39명이 공소를 제기한 사건의 준비서면에서는, "'청구권'에 관해서는, 일한청구권협정 제2조 3에 일률적으로 '어떠한 주장도 할 수 없는 것으로 한

---

18) 日本衆議院, 1994.3.25,「內閣委員會會議錄第1號」, 8쪽.
19) 1997년 3월 4일의 중의원 '예산위원회 제1분과회'에서 토오고오(東鄕和彦) 외무대신관방심의관은, "국가로서는, 이 일소공동선언 제6항 제2단락에 의해, 모든 청구권을 포기하고 있지만, 이것은 개인으로서의 청구가 이루어지는 것을 방해한다는 취지는 아닙니다"(日本衆議院, 1997.3.4,「豫算委員會第一分科會會議錄第2號」, 19쪽)라고 명언하여,「일소공동선언」의 청구권포기조항에 대해서도 같은 주장을 하고 있다.
20) 日本衆議院, 1992.3.9,「豫算委員會會議錄第15號」, 11쪽.
21) 1992년 3월 21일 참의원 예산위원회에서, 미야자와(宮澤喜一) 내각총리대신은, 일본군'위안부'피해자들이 제기한 구체적인 소송에 관해, "소송의 행방을 지켜보고자 한다"라고 답변했다. 日本參議院, 1992.3.21,「豫算委員會會議錄第6號」, 15쪽.
22)「平成一0年 (ネ) 第二七八號 釜山從軍慰安婦·女子勤勞挺身隊公式謝罪等請求控訴事件 準備書面(三)」, 2000.11.2.

다'라고 되어 있고, 동 협정 제2조 1에 '청구권에 관한 문제가 완전히 그리고 최종적으로 해결된 것이 된다'라는 것이 확인되어 있다. …… '청구권'에 관해 어떠한 주장도 할 수 없고, 완전히 그리고 최종적으로 해결되었다는 것은, 한국 및 그 국민이 어떠한 근거에 기초하여 일본국 및 그 국민에게 청구하더라도, 일본국 및 그 국민은 그것에 응할 법적 의무는 없다는 것을 의미한다. ……따라서, 한국국민이 이 '청구권'에 기초하여 우리나라에 청구를 했다고 해도, 우리나라는 그것에 응할 법적인 의무가 없는 것이 된다"[23]라고 주장했다.

4. 한국의 주장

한국인 개인의 권리에 관한 한국정부의 주장은, 일본정부의 그것에 비해 명확하지 않으며, 시기에 따라 서로 상충되는 등 혼란된 모습을 보이고 있다.

1) 경제협력의 증진과 권리 문제의 해결 사이에 상호관계가 존재한다

우선 한국정부는, 일본정부와는 반대로, 「협정」 제1조와 제2조 사이에 상호관계가 존재한다는 입장을 취했다. 1965년 8월의 '韓日間 條約과 諸協定批准同意案審査特別委員會'에서, 張基榮 경제기획원장관이 "이 청구권 제2항[24]에 있는 소위 무상 3억 불은 청구권이 아니라 한걸음 더 나아가서 실질적으로는 배상적인 성격을 가진 것이라고 생각합니다. 그런 의미에서 이것은 경제협력이 아니라 청구권이 주로 되어있"다라고 발언한 것이 그 대표적인 예이다.[25] 이 발언은 전반적으로 명확하지는 않지만, 적어도 「협정」

---

23) 「平成11年(ネ)第206號 損害賠償請求控訴事件 第12準備書面」, 2003.9.19.
24) '제1조 1(a)'를 잘못 이야기한 것으로 판단됨.
25) 「韓日間 條約과 諸協定批准同意案審査特別委員會會議錄」 1965.8.3-11, 高麗大學校 亞細亞問題研究所日本研究室 編, 1976, 『日韓關係資料集〈第一輯〉』, 高麗大學校 出版部, 242쪽.

제1조에 의해 일본이 한국에 3억 불을 무상으로 지급한 것이 한국 및 한국인의 권리 문제 해결의 대가로서의 성격을 가진다는 취지인 것은 분명하다. 1966년 2월 19일의 「청구권자금의운용및관리에관한법률」이 "大韓民國 國民이 가지고 있는 1945年 8月 15日 以前까지의 日本國에 대한 民間請求權은 이 法에서 정하는 請求權資金 中에서 補償하여야 한다"(제5조 1항)라고 한 것은 그 구체적인 표현이라고 볼 수 있을 것이다.

그런데, 일본의 경우와 마찬가지로, 사실은 한국정부의 이러한 주장은 1900년대 초 한일 간 조약의 효력에 관해 규정한 「기본조약」 제2조에 대한 그 주장과 밀접한 관련이 있다. 그 조문에 대해 한국정부는, "해당되는 조약 및 협정에 관하여는 1910년 8월 22일의 소위 한·일합병조약과 그 이전에 대한제국과 일본제국 간에 체결된 모든 조약 협정 의정서 등 명칭 여하를 불문하고 국가 간 합의문서는 모두 무효이며 또한 정부 간 체결된 것이건 황제 간 체결된 것이건 무효이다. 무효의 시기에 관하여는 '무효'라는 용어 자체가 별단의 표현이 부대되지 않는 한 원칙적으로 '당초부터' 효력이 발생되지 않는 것이며 '이미'라고 강조되어 있는 이상 소급해서 무효(Null and Void)이다"26)라고 주장했다. 이와 같은 주장의 근거는, 그 조약들이 "과거 일본의 침략주의의 소산"27)이라는 것이었다. 즉, 한국정부의 주장에 따르면, 1910년의 병합조약을 비롯한 1900년대 초 한일 간 조약들은 일본의 침략주의의 소산이므로 당초부터 무효이며, 그에 기초한 한반도 지배는 불법적인 것이었다는 것이다. 이러한 논리에 따르면 한반도 지배와 관련하여 일본은 배상해야 한다는 결론에 이르게 된다. 「협정」 제1조와 제2조 사이에 상호관계가 존재한다는 한국정부의 주장은 그 연장선상에 위치하는 것에 다름 아닌 것이다.

요컨대, 한국정부의 주장에 따르면 일본이 한국에 지불한 무상 3억 달러는 한국 및 한국인의 권리 문제와 관련이 있다. 따라서 권리 문제의 해결은 무상 3억 달러와 연관지어 설명되지 않으면 안되는 것이다.

---

26) 대한민국정부, 1965, 『한일회담백서』, 19쪽.
27) 1965년 8월 8일, 韓·日間 條約과 諸協定批準同意案審査特別委員會에서의 李東元 외무부장관의 발언, 高麗大學校亞細亞問題研究所日本硏究室 編, 앞의 책, 252쪽.

2) 1965년 당시의 주장

한국인 개인의 권리에 관해 1965년 당시의 한국정부는, "재산 및 청구권 문제의 해결에 관한 조항에 의해 ……우리가 최초에 제시한 8항목의 대일청구권요강에서 요구한 것은 모두 소멸되게 되었다. 따라서 地金 및 地銀에 관한 청구, 과거의 조선총독부체신국 관계의 청구(우편저금, 간이생명보험 등), 한국에 본사를 둔 법인의 재일재산에 관한 청구, 한국인이 소지한 일본계통화, 각종 유가증권(국채, 공채 등), 피징용자의 미수금 및 보상금, 은급 등에 관한 청구, 한국인의 대일정부 및 일본국민에 대한 각종 청구가 모두 완전히 그리고 최종적으로 소멸한 것이 된다"[28]라고 주장했다. 당시의 한국정부가 국가의 외교보호권과 개인의 권리를, 그리고 재산, 권리 및 이익과 청구권을 구별하여 생각했는지는 명확하지 않다. 하지만, 위의 주장에서는 한국인의 권리가 "모두 완전히 그리고 최종적으로 소멸"된다는 데 중점이 두어져 있었다는 점에는 의문의 여지가 없다. 그렇다면 당연히 보상의 문제가 제기되게 된다. 그에 관한 한국정부의 입장은, 유추하건대, 일련의 국내조치를 통해 청구권자금으로 보상을 했다는 것이 될 것이다. 물론 재산, 권리 및 이익에 대해서는, 비록 그 보상이 충분하고도 적정한 것이었는지는 별론 하더라도, 일정한 보상조치가 이루어진 것이 사실이다. 하지만, 청구권의 경우는 피징용사망자의 유족에 대해 1인당 30만 원씩의 보상금을 지급한 것을 제외하고는 어떠한 조치도 취해지지 않았다. 그렇다면, 피징용사망자의 유족 이외의 피해자들의 청구권은 어떻게 된 것인가? 그것도 소멸되었는가? 소멸되었다면 국가의 외교보호권만 소멸된 것인가 아니면 개인의 청구권 자체가 소멸된 것인가? 개인의 청구권까지 소멸되었다면 그에 대한 보상은 어떻게 되었는가? 이러한 의문들이 당연히 뒤따르게 되지만, 당시의 한국정부는 이에 관해 어떠한 설명도 제시하지 않았다.

---

28) 대한민국정부, 1965.7.5, 『대한민국과 일본국간의 조약 및 해설』, 84쪽.

3) 1990년대의 주장

한국정부의 설명은 1990년대에 들어와서 제시되었다. 한국정부가 국회의 답변을 통해 「협정」에 의해 소멸된 것은 외교보호권만이며, 개인의 청구권은 소멸되지 않았다고 주장한 것이 그것이다.

즉, 1991년 10월 11일 제156회 국회 본회의에서 李相玉 외무부장관은 "過去史에 기인하는 對日被害補償問題는 1965年에 체결된 ……협정에 의해 兩國政府間에 法的으로는 이미 일단락 되었습니다"29)라고 주장했다. 1995년 9월 20일 국회 통일외무위원회에서는 孔魯明 외무장관이 "우리 정부는 1965년 韓・日協定 締結로 일단 일본에 대해서 정부차원에서의 금전적 보상은 일단락된 것으로 이렇게 보고"30)라며 정부 차원의 문제 해결을 인정하는 한편으로, "개인적인 請求權에 대해서는 정부가 그것을 인정을 하고 있"31)다라고 하여, 개인의 청구권은 소멸되지 않았다라고 주장했다. 1998년 1월 26일 국회 통일외무위원회에서는 柳宗夏 외무부장관이, "65년의 청구권협정은 당시에 주로 財産權에 대한 보상청구권을 중심으로 교섭이 되었고 不法行爲에 대한 배상책임을 대상으로 한 것이 아니다"32)라고 주장했다. 그리고 2000년 10월 25일에는 이정빈 외교통상부장관이, 김원웅 국회의원의 질의에 대한 서면답변서를 통해, "한・일 양국 정부는 피징병・징용자의 배상 등 양국간 청구권에 관한 문제를 해결하기 위하여…… 협정을 체결하여 양국 정부간에 청구권 문제를 일단락지은 바 있습니다. 다만, ……정부로서는 「협정」이 개인의 청구권 소송 등 재판을 제기할 권리에는 영향을 미치지 않는다는 입장입니다"라고 재확인했다.

---

29) 第156會國會, 1991.10.11, 「國會本會議會議錄第7號」, 154쪽.
30) 第177回國會, 1995.9.20, 「統一外務委員會會議錄 第3號」, 64쪽.
31) 위의 회의록, 65쪽.
32) 第187回國會(閉會中), 1998.1.26, 「統一外務委員會會議錄 第1號」, 27쪽.

4) 2000년대의 주장

한국정부는, 2002년 10월에 한국인 피해자 100명이, 자신들이 요청한「협정」관련 문서공개에 대한 외교통상부의 거부처분을 취소해줄 것을 요청하며 제기한 소송(이른바 '100인 소송')과 관련하여 2003년 5월 14일 외교통상부가 제출한 준비서면[33]을 통해, 한국정부는, "대한민국 정부가 한일청구권협정 체결 후 대일 민간청구권에 대한 보상 입법을 통하여 일본국을 대신하여 일제 강점기 피해자들에 대한 보상을 종료"했기 때문에 공개의 실익이 없다라고 주장했다. 이 주장은 한국인 피해자 개인의 청구권은 존재하고 있다고 한 1990년대의 주장과 상충되는 것인데, 이것은 한국정부가 충분한 검토 없이 소송에서의 반박논리로서 동원한 때문인 것으로 추측된다.

한국정부는 위 소송에서의 일부 패소를 계기로 한일회담 문서공개에 관해 전면적으로 재검토했으며, 그 결과 2005년 8월 26일에는 한일회담 관련 문서를 전면 공개하는 조치를 취했다. 그리고 같은 8월 26일에 대통령 소속기관인 '한일회담 문서공개 후속대책 관련 민관공동위원회'는, "한일청구권협정의 법적 효력 범위"에 관해, "한일청구권협정은 기본적으로 일본의 식민지배 배상을 청구하기 위한 것이 아니었고, 샌프란시스코 조약 제4조에 근거하여 한일양국간 재정적·민사적 채권·채무관계를 해결하기 위한 것이었"기 때문에, "일본군위안부 문제 등 일본정부·軍 등 국가권력이 관여한 반인도적 불법행위에 대해서는 청구권협정에 의하여 해결된 것으로 볼 수 없고, 일본정부의 법적 책임이 남아있"다라는 결정을 내렸다. 또한 동위원회는, "한일협정 협상 당시 한국정부가 일본정부에 대하여 요구했던 강제동원 피해보상의 성격, 무상자금의 성격, 75년 한국정부 보상의 적정성 문제"에 관해, "청구권협정을 통하여 일본으로부터 받은 무상 3억 불은 개인재산권(보험, 예금 등), 조선총독부의 대일채권 등 한국정부가 국가로서 갖는 청구권, 강제동원 피해보상 문제 해결 성격의 자금 등이 포괄적으로 감안되어 있다고 보아야 할 것"이며, "청구권협정은 청구권 각 항목별

---

33)「서울행정법원 2002구합 33943 정보공개거부처분취소사건 준비서면」, 2003.5.14.

3) 1990년대의 주장

한국정부의 설명은 1990년대에 들어와서 제시되었다. 한국정부가 국회의 답변을 통해「협정」에 의해 소멸된 것은 외교보호권만이며, 개인의 청구권은 소멸되지 않았다고 주장한 것이 그것이다.

즉, 1991년 10월 11일 제156회 국회 본회의에서 李相玉 외무부장관은 "過去史에 기인하는 對日被害補償問題는 1965年에 체결된 ……협정에 의해 兩國政府間에 法的으로는 이미 일단락 되었습니다"29)라고 주장했다. 1995년 9월 20일 국회 통일외무위원회에서는 孔魯明 외무장관이 "우리 정부는 1965년 韓·日協定 締結로 일단 일본에 대해서 정부차원에서의 금전적 보상은 일단락된 것으로 이렇게 보고"30)라며 정부 차원의 문제 해결을 인정하는 한편으로, "개인적인 請求權에 대해서는 정부가 그것을 인정을 하고 있"31)다라고 하여, 개인의 청구권은 소멸되지 않았다라고 주장했다. 1998년 1월 26일 국회 통일외무위원회에서는 柳宗夏 외무부장관이, "65년의 청구권협정은 당시에 주로 財産權에 대한 보상청구권을 중심으로 교섭이 되었고 不法行爲에 대한 배상책임을 대상으로 한 것이 아니다"32)라고 주장했다. 그리고 2000년 10월 25일에는 이정빈 외교통상부장관이, 김원웅 국회의원의 질의에 대한 서면답변서를 통해, "한·일 양국 정부는 피징병·징용자의 배상 등 양국간 청구권에 관한 문제를 해결하기 위하여…… 협정을 체결하여 양국 정부간에 청구권 문제를 일단락지은 바 있습니다. 다만, ……정부로서는「협정」이 개인의 청구권 소송 등 재판을 제기할 권리에는 영향을 미치지 않는다는 입장입니다"라고 재확인했다.

---

29) 第156會國會, 1991.10.11,「國會本會議會議錄第7號」, 154쪽.
30) 第177回國會, 1995.9.20,「統一外務委員會會議錄 第3號」, 64쪽.
31) 위의 회의록, 65쪽.
32) 第187回國會(閉會中), 1998.1.26,「統一外務委員會會議錄 第1號」, 27쪽.

4) 2000년대의 주장

　한국정부는, 2002년 10월에 한국인 피해자 100명이, 자신들이 요청한「협정」관련 문서공개에 대한 외교통상부의 거부처분을 취소해줄 것을 요청하며 제기한 소송(이른바 '100인 소송')과 관련하여 2003년 5월 14일 외교통상부가 제출한 준비서면33)을 통해, 한국정부는, "대한민국 정부가 한일청구권협정 체결 후 대일 민간청구권에 대한 보상 입법을 통하여 일본국을 대신하여 일제 강점기 피해자들에 대한 보상을 종료"했기 때문에 공개의 실익이 없다라고 주장했다. 이 주장은 한국인 피해자 개인의 청구권은 존재하고 있다고 한 1990년대의 주장과 상충되는 것인데, 이것은 한국정부가 충분한 검토 없이 소송에서의 반박논리로서 동원한 때문인 것으로 추측된다.
　한국정부는 위 소송에서의 일부 패소를 계기로 한일회담 문서공개에 관해 전면적으로 재검토했으며, 그 결과 2005년 8월 26일에는 한일회담 관련 문서를 전면 공개하는 조치를 취했다. 그리고 같은 8월 26일에 대통령 소속기관인 '한일회담 문서공개 후속대책 관련 민관공동위원회'는, "한일청구권협정의 법적 효력 범위"에 관해, "한일청구권협정은 기본적으로 일본의 식민지배 배상을 청구하기 위한 것이 아니었고, 샌프란시스코 조약 제4조에 근거하여 한일양국간 재정적·민사적 채권·채무관계를 해결하기 위한 것이었"기 때문에, "일본군위안부 문제 등 일본정부·軍 등 국가권력이 관여한 반인도적 불법행위에 대해서는 청구권협정에 의하여 해결된 것으로 볼 수 없고, 일본정부의 법적 책임이 남아있"다라는 결정을 내렸다. 또한 동위원회는, "한일협정 협상 당시 한국정부가 일본정부에 대하여 요구했던 강제동원 피해보상의 성격, 무상자금의 성격, 75년 한국정부 보상의 적정성 문제"에 관해, "청구권협정을 통하여 일본으로부터 받은 무상 3억 불은 개인재산권(보험, 예금 등), 조선총독부의 대일채권 등 한국정부가 국가로서 갖는 청구권, 강제동원 피해보상 문제 해결 성격의 자금 등이 포괄적으로 감안되어 있다고 보아야 할 것"이며, "청구권협정은 청구권 각 항목별

---

33)「서울행정법원 2002구합 33943 정보공개거부처분취소사건 준비서면」, 2003.5.14.

금액결정이 아니라 정치협상을 통해 총액결정방식으로 타결되었기 때문에 각 항목별 수령금액을 추정하기 곤란"하지만, "정부는 수령한 무상자금중 상당금액을 강제동원 피해자의 구제에 사용하여야 할 도의적 책임이 있"는데, "75년 우리정부의 보상 당시 강제동원 부상자를 보상대상에서 제외하는 등 도의적 차원에서 볼 때 피해자 보상이 불충분하였다고 볼 측면이 있"다라고 정리했다.[34]

한국정부는 이러한 정리에 따라, 2006년 9월 25일 "1975년에 실시된 정부 보상에서 일제강점하 국외 강제동원 희생자와 그 유족 등에 대한 국가의 지원이 충분하지 못하였음을 감안하여 국가가 인도적 차원에서 이들의 오랜 고통을 위로하고 국민화합을 도모하는 차원에서 위로금 등을 지급"하기 위하여, 「일제강점하 국외 강제동원 희생자 등 지원에 관한 법률안」을 국회에 제출했다. 이「법률안」은, 다소의 우여곡절 끝에 명칭과 내용에 약간의 수정이 가해져, 「태평양전쟁 전후 국외 강제동원희생자 등 지원에 관한 법률」로서 2007년 11월 23일 국회에서 가결되어, 2008년 6월 10일부터 시행되었다.

III. 쟁점과 실증

1. 쟁점

위와 같은 한일 양국의 주장을 전제로 할 때, 한국인 개인의 권리와 관련하여 현재의 시점에서 특히 문제가 되는 것은, "일본군위안부 문제 등 일본정부·軍 등 국가권력이 관여한 반인도적 불법행위"와 징용·징병 등 강제동원에 의해 피해를 당한 한국인들의 권리에 대해 누가 어떻게 구제를 해야 하는가이다. 이들 권리 중에는 예를 들어 징용피해자의 임금 등의 미

---

34) 국무조정실, 2005.8.26, 「[보도자료] 한일회담 문서공개 후속대책 관련 민관공동위원회 개최」.

수금과 같이 '재산, 권리 및 이익'에 해당하는 것도 포함되어 있지만, 그 주된 부분은 반인도적 불법행위나 강제동원을 이유로 한 손해배상청구, 즉 '청구권'에 관한 것이다.

이들 한국인들의 권리와 관련하여, 특히 일본에서의 소송에서 다투어지고 있는 중요한 법적 쟁점은, 1965년 한일조약에 의해 국가의 외교보호권만이 소멸된 것인가 아니면 개인의 권리까지 소멸된 것인가, 그리고 외교보호권만이 소멸된 것이라면 개인의 권리에 대한 의무가 지금 이행되어야 하는가이다.[35]

만일 1965년 한일조약에 의해 국가의 외교보호권만이 아니라 개인의 권리까지 소멸된 것이라면, 그에 대한 보상조치가 취해져야 한다. 그리고 그 보상조치를 해야 할 의무자는 한일조약의 내용에 의해 판단되지 않으면 안된다. 반대로, 만일 1965년 한일조약에 의해 국가의 외교보호권만이 소멸된 것이라면, 개인의 권리에 대한 의무가 이행되지 않으면 안된다. 다만, 개인의 권리를 소멸시키지 않으면서도 그에 대한 의무를 한일 양국 중 어느 한 나라가 이행하기로 합의를 했다면, 그에 따라 의무가 이행되지 않으면 안 될 것이다.

한일회담 문서는, 적어도 현안이 되어 있는 법적 문제를 염두에 둘 때는, 이들 쟁점들과 관련하여 주목되는 것이다. 아래에서는 한일회담 문서 중에서 이들 쟁점과 관련된 부분들을 정리해보기로 한다.

2. 「대일청구요강안」

한국 측은 1952년 2월 21일 제1차 한일회담 청구권분과위원회 제1차 회의에서 8개 항목의 「대일청구요강안」을 제시했는데, 그중 이 글의 쟁점과 관련된 부분은 아래와 같다.

(5) 한국법인 또는 한국자연인의 일본국 또는 일본국민에 대한 일본국

---

[35] 김창록, 2007.4, 「일본에서의 대일과거청산소송―한국인들에 의한 소송을 중심으로―」, 『법사학연구』 35 참조.

채, 공채, 일본은행권, 피징용한인 미수금 기타 청구권을 변제할 것
(6) 한국법인 또는 한국자연인 소유의 일본법인의 주식 또는 기타 증권을 법적으로 認定할 것
(7) 전기 諸財産 또는 청구권에서 生한 諸果實을 반환할 것
(8) 전기 반환 및 결제는 협정 성립 후 즉시 개시하여 늦어도 6개월 이내에 종료할 것 36)

이러한 한국 측의 주장에 대해 일본 측은 역청구권 주장을 이어오다가, 1957년 12월 31일자로 소위 대한재산청구를 철회하였다. 하지만, 일본정부가 위 8개 항에 대해 실질적으로 논의에 응한 것은 제5차 회담 때부터였다.

3. 제5차 회담

1960년 11월 10일에 개최된 예비회담 일반청구권 소위원회 제1차 회의에서는 한국 측에 의해 위의 청구권 8개 항목이 다시 한번 제시되었다. 그런데 그 회의록의 말미에 첨부된 「한국의 대일청구 요강」에는, 제5항과 관련하여, 아래와 같이 "보상금"이 포함되고 청구의 내용이 구체화되는 등, 1952년의 요강안과는 다소 다른 내용이 포함되어 있었다.

5. 한국법인 또는 한국자연인의 일본국 또는 일본국민에 대한 일본국채, 공채, 일본은행권, 피징용한인의 미수금, 보상금 기타 청구권의 변제를 청구함
본항의 일부는 하기 사항을 포함한다.
　1) 일본 유가증권
　2) 일본계 통화
　3) 피징용인 미수금
　4) 전쟁으로 인한 피징용자의 피해에 대한 보상
　5) 한국인의 대 일본정부 청구
　　　은급 관계 및 기타

---
36) 「한국의 대일청구요강안」, 『제1차 한일회담(1952.2.15-4.21) 청구권 관계자료, 1952』.

6) 한국인의 대일본인 또는 법인청구
7) 기타 37)

이후 이 8개 항과 관련하여 일본 측이 "법적 근거"와 "사실관계"의 확인을 요청하고 그에 대해 한국 측이 설명을 하는 과정이 이어지는데, 그중 이 글의 쟁점과 관련하여 특히 주목되는 피징용자 보상금 관련 부분들을 추려보면 아래와 같다.

우선 1961년 4월 28일 예비회담 일반청구권 소위원회 제12차 회의에서 피징용자에 관해 논의가 이루어졌는데, 그 과정에서 일본 측이 "보상금이란 어떠한 성격의 것인가"라고 물은 데 대해, 한국 측은 "미수금은 그 당시 규정에 의하여 받을 것을 받지 못한 것을 말하며 보상금은 생존자, 부상자, 사망자를 포함하여 피징용자에 대한 보상 즉 정식적 고통에 대한 보상을 말하는 것이다"라고 답했다. 그리고 일본 측이 "이 항목은 사적인 청구가 대부분이라고 생각하며 종래 이러한 청구는 국교가 정상화하지 못하였기 때문에 해결을 보지 못한 것으로 앞으로 국교가 회복되고 정상화되면 일본의 일반 법률에 따라 개별적으로 해결하는 방법도 있다고 생각하는데 이 점 어떻게 생각하는가"라고 물은 데 대해, 한국 측은 "우리는 나라가 대신하여 해결하고자 하는 것이며 또 여기에 제시한 청구는 국교회복에 선행해서 해결되어야 할 것으로 생각한다"라고 답했다.38)

1961년 5월 10일의 예비회담 일반청구권 소위원회 제13차 회의에서는, "피징용자 보상금"을 둘러싸고 아래와 같은 심각한 논란도 벌어졌다. 우선 보상금의 성격과 관련하여, 일본 측이 "보상이란, 국민징용령 제19조에 의하여 유족부조료, 매장료 등은 지불하기로 되어 있고, 공장에 있어서는 공장법에, 군인 군속에 있어서도 그러한 원호규정이 있었는데, 당시의 그러한 베이스에 의한 보상을 의미하는가"라고 물은 데 대해, 한국 측은 "그것

---

37) 「한국의 대일청구 요강(개략 설명)」, 외무부 정무국, 『제오차 한일회담 예비회담 회의록 - 일반청구권위원회, 선박위원회, 문화재위원회』, 19쪽.
38) 「제5차 한일회담 예비회담. 일반 청구권 소위원회 제12차 회의 회의록」, 『제5차 한·일회담 예비회담. 일반 청구권 소위원회 회의록, 1-13차, 1960-61』, 346-347쪽.

과는 다르다. 우리들은 새로운 기초 하에 상당한 보상을 요구한다"면서, 그 새로운 기초로서 "다른 국민을 강제적으로 동원함으로써 입힌 피징용자의 정신적, 육체적 고통에 대한 보상"을 제시했다. 이에 대해 일본 측이 다시 "징용될 때에는 일단 일본인으로서 징용된 것이므로 당시의 원호 같은 것, 즉 일본인에게 지금 한 것과 같은 원호를 요구하는 것인가"라고 물은 데 대해, 한국 측은 다시 "우리들은 새로운 입장에서 요구하고 있다. 그 당시 일본인으로서 징용되었다고 하지만 우리들은 그렇게 생각하지 않는다. 일본 사람은 일본을 위해서 일하겠지만 우리들은 강제로 동원되었다. 이 점 사고방식을 고쳐주기 바란다"라고 되받았다.[39]

다음으로 보상의 형식에 관해, 일본 측이 "피해자 개인에 대하여 보상해 달라는 말인가"라고 물은 데 대해, 한국 측은 "우리는 나라로서 청구한다", "피해자에 대한 보상은 우리 국내에서 조치할 성질의 것이라고 생각한다"라고 답했다. 이에 대해 일본 측은 "개인 베-스가 아니라는 것은 이해할 수 없다. 원래 정식 수속을 밟았더라면 지불할 수 있었다고 본다. 우리측으로서는 현재라도 미불금을 지불할 용의가 있다는 것은 전 회담에서도 언급하였다. 요컨대 우리 입장은 미불금이 본인 손에 들어가지 않으면 안된다고 본다", "일본 원호법을 원용하여 개인 베-스로 지불하면 확실해진다"라고 개인에 대한 직접 보상을 주장했지만, 한국 측은 "우리는 우리의 국내 문제로서 조치할 생각이며 이 문제는 인원수라든가 금액의 문제가 있으나 여하튼 그 처분은 우리 정부 손으로 하겠다"라며 한국정부에 의한 국내 조치의 방식을 고집했다.[40]

이와 같은 공방을 통해 확인되는 것은, 우선 보상금의 성격에 관해, 이 단계의 한국 측은 "강제로 동원"된 데 따르는 "피징용자의 정신적, 육체적 고통에 대한 보상"을 주장한 데 대해, 일본 측은 그러한 보상금이 지급되어야 한다는 것을 인정하지 않고, 국민징용령, 공장법, 원호법 등 "일본의 일반 법률"에 따라 인정될 수 있는 것만을 염두에 두고 있었다는 것이다. 다

---

39) 「제5차 한일회담 예비회담. 일반 청구권 소위원회 제13차 회의 회의록」, 『제5차 한·일회담 예비회담. 일반 청구권 소위원회 회의록, 1-13차, 1960-61』, 374쪽.
40) 위의 회의록, 375-377쪽.

만 한국 측의 주장은 구체성을 결여하고 있었다. 일본 측이 명부가 있느냐, 조사한 적이 있느냐라고 물은 데 대해 "명부는 없다", "조사"한 일도 없다라고 대답하고 있을 뿐이다.[41] 한편, 일본 측의 주장은, 제13회 회의에서 요시다 주사대리가 "청구권"이란 "법률상 유효하게 성립되어 있는 것에 한한다"[42]라고 한 것과도 맥이 통하는 것이다. 즉 일본 측은 징용이 강제동원이라는 의식이 전혀 없었으며, 그 때문에 손해배상을 해야 한다는 의식도 전혀 없었던 것이다.

다음으로 보상의 형식에 관해서는, 일본 측은 일본의 법적 절차에 따른 개인에 대한 직접 보상을 주장한 데 대해, 한국 측은 한국정부가 보상금을 일괄 지급받아 국내 문제로서 처분하겠다고 맞섰다는 사실이 확인된다. 일본 측의 주장은 위의 보상금의 성격에 대한 인식의 연장선상에 있는 것이라고 할 수 있으며, 관련 자료가 많이 소실되었고, 한국인이 일본 국내의 법적 절차를 밟아 지급을 받는 것이 용이하지 않았다는 점을 생각할 때는, 사실상 보상을 유명무실하게 할 수도 있는 주장이었다. 한편 한국 측의 주장은 위의 보상금의 성격의 경우와 마찬가지로 구체성이 결여된 것이었다.

4. 제6차 회담 이후

1) 법적 근거에 관한 논란은 6차 회담 들어서도 이어졌다. 1961년 12월 15일 일반청구권 소위원회 제7차 회의에서는, 한국 측이 "조리상으로 보더라도 불합리하므로 우리측은 청구의 법적 근거가 있다고 주장하는 것이다. 즉, 조리가 법원(法源)의 하나라고 하는 것은 일본에 있어서도 이론이 없는 것이다"라고 조리를 법적 근거로 내세운 데 대해, 일본 측은 "법률 외에 조리가 있다는 것은 알겠으나, 조리론은 딴 데서 취급할 문제이고 우리들은 법률관계, 사실관계를 명확히 하지 않으면" 안된다라고 반박하는 장면도 연출되었다.[43] 또 일본 측은, 일본은행권에 관해 논의하는 장면에서, "후에

---

41) 위의 회의록, 378-397쪽.
42) 「5月10日請求権小委員会第13回会合における吉田主査代理の発言要旨」, 『제5차 한·일 회담 예비회담. 일반 청구권 소위원회 회의록, 1-13차, 1960-61』, 359쪽.

개인이 가지고 와서 지불하여 달라고 할지도 모르는 데 그러한 때 문제가 된다고 본다"[44]라며 개인 보상을 하지 않을 경우의 문제점에 대해 신경을 쓰는 모습을 보였다.

한편 1961년 12월 21일 일반청구권 소위원회 제8차 회의에서는, 한국 측이 청구권요강 제6항을 아래와 같이 수정할 것을 제의했다.

> 제목: 한국인(자연인 및 법인)의 일본 정부 또는 일본인(자연인 및 법인)에 대한 권리 행사에 관한 원칙.
> 내용: 한국인(자연인 및 법인)의 일본 정부 또는 일본인(자연인 및 법인)에 대한 권리로서 이상 요강 제1항 내지 제5항에 포함되지 않은 것은 한일회담 성립 후일지라도 개별적으로 행사할 수 있음을 인정할 것. 이 경우에는 국교정상화될 때까지 시효는 진행되지 않을 것으로 할 것.[45]

한국 측은 그 취지를 "회담 진행 도중에 여러 가지 종류의 청구를 주장하여 오는 것이 있는데 이것을 검토할 시간도 없거니와 과연 그 주장이 근거가 있는 것인지 없는 것인지도 알 수 없기 때문에 이것을 별개 취급으로 하여 회담 성립 후라도 개인이 청구할 수 있는 길을 터 놓기 위한 것"[46]이라고 설명했다. 이에 대해 일본 측은 "우리로서는 역시 자연인이나 법인 관계의 청구권 일체가 이 회담에서 해결되었으면 하는 희망이다"라고 받았다. 하지만, 한국 측은 "이 회담의 의제에 들어 있지 않는데도 불구하고 이 회담이 성립되었다고 해서 이러한 개인 청구권이 없어지게 된다면 그것도 곤란한 문제가 아닌가. 따라서 이 경우에는 회담과는 관계없이 개인간의 청구 또는 재판소에 소송을 제기할 수 있게 하자는 것"이라고 주장하면서,

---

43) 「일반청구권 소위원회 제7차회의 회의록」, 『제6차 한·일회담. 청구권위원회 회의록, 1-11차, 1961.10.27-62.3.6』, 148-149쪽.
44) 위의 회의록, 151-152쪽.
45) 「일반청구권 소위원회 제8차회의 회의록」, 『제6차 한·일회담. 청구권위원회 회의록, 1-11차, 1961.10.27-62.3.6』, 190쪽.
46) 위의 회의록, 182쪽.

"재판소에서 주장할 수 없는 것이라고 하면 몰라도 주장조차 할 수 없게 한다면 그것도 곤란한 문제"라고 맞받았다.[47]

한편 일본 측이 "제1항목 내지 제5항목에 들어 있는 개인 청구권 관계는 어떻게 되는가"라고 물은 데 대해서는, 한국 측은 "그것은 이 회담에서 일괄하여 결정하게 되는 것이므로 개인으로서는 주장할 수 없고 그 외의 것은 실제 있는지 없는지는 모르겠으나, 있을 경우에는 그 권리를 주장할 수 있게 하자는 것이다"라고 대답했다.[48]

또한 1962년 2월 8일의 제10차 회의에서는 일본 측 미야가와 주사가 "징용자 보상금에 관하여는 한국 측은 생존자에 대하여 정신적 고통에 대한 보상을 청구하고 있으나, 그 당시의 한국인의 법적 지위가 일본인이었다는 점에 비추어 일본인에 지불된 바 없는 보상금은 지불할 수 없다고 생각한다. 그러나 사망 및 상병자에 대하여는 당시의 국내법에 의하여 급여금이 지불되었을 것인 바 미지불된 것이 있으면 피징용자 미수금으로 정리될 것이니 그 항목에서 검토하는 것이 좋을 것으로 생각하며, 따라서 피징용자 보상금이라는 독립된 항목으로는 응하기 어렵다"[49]라고 주장했다.

위와 같은 공방을 통해 확인할 수 있는 것은, 제6차 회담에 들어서서도 한일 양측의 피징용자 보상금에 관한 인식은 평행성을 달리고 있었다는 것이다. 일본 측은 여전히 '법적 근거'를 캐물었고, 한국 측은 "조리"를 내세우면서까지 정당화를 시도했다. 다만, 위의 공방 중에서, 한국 측이 요강 제6항을 수정 제의한 것의 의미는 적지 않다. 한국 측의 주장은, 회담에서 다루어지지 않은 청구권까지 회담의 결과 주장할 수 없게 된다는 것은 옳지 못하며, 적어도 재판소에서 다툴 수는 있게 해야 한다는 것이었는데, 이것은 지극히 타당한 것이라고 하지 않을 수 없다. 하지만, 일본 측은 회담의 결과 청구권 문제가 완전히 종결되어야 한다는 입장이었다. 그런데 이 차이 역시 청구권에 관한 양측의 인식의 차이가 반영된 것이라고 할 수 있

---

47) 위의 회의록, 185-186쪽.
48) 위의 회의록, 183쪽.
49) 「일반청구권 소위원회 제10차회의 회의록」, 『제6차 한·일회담. 청구권위원회 회의록, 1-11차, 1961.10.27-62.3.6』, 236-237쪽.

다. 한국 측은 "피징용자의 정신적, 육체적 고통에 대한 보상"까지를 포함하는 것으로 청구권을 폭넓게 인식하고 있었던 데 대해, 일본 측은 일본의 국내법에 의해 이미 성립되어 있는 권리만을 염두에 두고 있었던 것이다.

2) 이와 같이 '법적 근거'에 관한 공방이 이어지는 가운데, 한국 측은 "'합의'에 도달하기 위하여서는 결국 8개 항목을 세목별로 법률관계와 사실관계를 따지는 방법이 아닌 어떤 다른 방법에 의할 수밖에 없다는 것을 절실히 인식하게 되었다." 그래서 "청구권문제는 8개 항목을 법이론적으로 검토하는 방식을 지양하고 1962년 8월에 개시된 제2차 정치회담 예비회담 이후 준정치적 방법으로 다루기 시작하여 주로 청구권의 명목과 액수를 중심으로 토의"하게 되었다. 청구권의 명목과 관련해서는 "일측은 당초부터 청구권에 대한 純辨濟로 하면 법률관계와 사실관계를 엄격히 따져야 될 뿐아니라 38선 이남에 국한되어야 하며 이렇게 하면 그 금액도 적어져서 한국측이 수락할 수 없게 될 터이니 유상과 무상의 경제협력의 형식을 취하여서 금액을 상당한 정도로 올리고, 그 대신 한국측이 청구권을 포기하도록 하자고 제의"했다. 이에 대해 "한국측은 청구권에 대한 순변제로 받아야 하는 입장이나 문제를 대국적 견지에서 해결하기 위하여 청구권 해결의 테두리 안에서 순변제와 無償條支佛의 2개 명목으로 해결할 것을 처음에 주장하였으며, 그 후에 다시 양보하여 청구권 해결의 테두리 안에서 순변제 및 무상조지불의 2개 명목으로 하되 그 금액을 각각 구분 표시하지 않고 총액만 표시하는 방법으로 해결할 것을 제의하였다."[50] 이런 와중에서 1962년 11월 12일 김-오히라 합의가 도출되었으나, 그 후에도 명목과 금액에 관한 양측의 공방은 이어졌다.

특히 일본이 한국에 공여하는 자금의 명목과 관련해서는 회담이 막바지로 치달으면서 격렬한 공방이 전개되었다. 1965년 5월 14일 제7차 회담 청구권 및 경제협력위원회 제6차 회의에서는, 일본 측은 자금의 명목이 "경제협력"이라면서, "한국측에서는 청구권의 대가라는 생각이 있는 것 같은

---

50) 「한일회담 일반청구권문제」, 『제6차 韓・日회담. 청구권관계자료, 1963』, 19-23쪽.

데 우리측에서는 그렇게 생각하고 있지 않고 따라서 기본적인 사고의 차이가 있는데 이것은 시정 조정되어야 한다", "일본의 일방적인 의무에 입각해서 제공하는 것으로 되면 곤란하다", "한국측에서 이 돈은 우리가 받아야 하는 것이니 마음대로 하여야겠다고 하면 곤란하다"라고 주장한 데 대해, 한국 측이 "전혀 의무가 없다고 하는 것은 말이 되지 않는다"[51]라고 반발하는 장면도 연출되었다. 일본 측은 경제협력자금이라고 주장한 데 대해, 한국 측은 청구권자금이라고 맞받은 것이다. 이것은 협정의 체결이 각국의 국내에 미칠 영향을 고려한 주장이었고, 35년간의 한반도 지배의 성격에 대한 양국의 인식의 차이가 반영된 주장이었지만, 청구권의 문제와 관련지워 본다면, 일본 측은 '상대방의 권리는 남아있다'고 우기고 있는 데 대해, 한국 측은 '우리의 권리는 해결되었다'라고 우기고 있는 묘한 장면이었다.

하지만 이러한 공방은 어디까지나 자금의 명목에 관한 '큰 이야기'였을 뿐, 이 글의 쟁점인 한국인 개인의 권리가 구체적으로 어떻게 될 것인지에 관한 것은 아니었다. 이 단계에서 일본 측이 주로 문제삼은 것은, '북한에 관한 청구권문제, 조선총독부와 한국정부와의 관련 문제, 재일한국인의 청구권문제, 종전(2차 대전)의 시점 해석 문제'[52]였을 뿐이다.

한편, 한국 측은 "지금까지의 청구권문제 해결의 경위로 보면 각종의 청구권이 덩어리로 해결된 것으로 되었"으며[53] 이로써 "완전히 그리고 최종적으로 모든 청구권이 해결되었다고 해석할 수 있으므로 이 문제에 관하여는 앞으로 양국이 각각 국내적으로 여하히 소화하며 처리할 것인가 하는 문제만이 남아있는 것이며 따라서 별반 문제가 없지 않은가"[54]라고 판단하고 있었다. 다시 말해 한국 측도 "덩어리로 해결"된다고 생각하고 있었을 뿐, 한국인 개인의 권리가 구체적으로 어떻게 될 것인지에 관해서는 특별

---

51) 「청구권 및 경제협력위원회 제6차 회의 회의록」, 『제7차 한일회담. 청구권관계회의 보고 및 훈령, 1965. 전2권』 V.2, 164-167쪽.
52) 「전보」 JAW-04381, 『제7차 한일회담. 청구권관계회의 보고 및 훈령, 1965. 전2권』 V.2, 19쪽.
53) 「제7차 한일회담 청구권 및 경제협력위원회 제1차 회의 회의록」, 『제7차 한일회담. 청구권관계회의 보고 및 훈령, 1965. 전2권』 V.2, 26쪽.
54) 위의 회의록, 23쪽.

한 고려가 없었다는 것이다.

이 점은 당시 한국 국내의 정황에 비추어보아도 확인할 수 있는 것이다. 1964년 2월 3일 경제기획국장은 외무부 아주국장에게 보낸 협조전55)에서, "한일 국교정상화에 따르는 경제협력에 관한 기본협정 및 자본의 배분사용에 관한 제반문제"에 관해 "경제기획원에서도 그 준비를 하고자 하오니 다음 사항에 대한 귀부의 공식견해를 알려주시기 바랍니다"라고 하면서, "기본협정이 체결되면 개인의 청구권은 소멸되어 정부가 이를 보상하여야 합니까"라고 문의했다. 이에 대해 외무부 아주국장은 1964년 2월 5일자의 회신56)에서 "대일청구권 금액은 양측의 법이론과 사실인정에 현저한 차이가 있어 결국 김·오히라 합의에 의하여 정치적으로 일괄 타결되었습니다. 그러나 이것은 개인 청구권이 소멸된 것은 아니며, 정부는 개인청구권을 각 항목별로 이에 대한 가부, 기준 및 방법을 강구하여야 할 입장에 있습니다"라고 답했다.

또한 1964년 4월 7일 재무부장관이 경제기획원장관에게,57) "한일회담이 성공적으로 타결될 전망이 짙어감에 따라 가. 조선은행을 비롯한 대일재산 보유 국내법인, 나. 군정법령 제57호에 의한 일본은행권 및 대만은행권의 예탁인, 다. 기타 정부의 대일본 재산청구권과 관련있는 재산의 보유자들로부터, 한일회담이 성공적으로 타결될 경우 이들 재산에 대한 정부의 보상조치 여부와 그 방법에 관하여 문의 또는 진정이 많이 들어오고" 있는 것과 관련하여, "한국정부의 대일재산청구권 총액 중 이러한 민간인에 관련된 부분은 (1) 이것이 엄연한 사유재산이라는 점과 (2) 또 정부는 다만 민간인을 위하여 재산청구권 행사를 대행했다는 점에 비추어 한일회담이 종결 되는대로 일본으로부터의 보상금액 중에서 합리적인 방법으로 보상조치를 강구해 주어야함은 지극히 당연한 일로 사료"되므로, "'민간인 보유

---

55) 「한일회담에 관한 건」, 『속개 제6차 한·일회담. 청구권위원회 회의록 및 경제협력문제, 1964』, 74쪽.
56) 「한일회담에 관한 건」, 『속개 제6차 한·일회담. 청구권위원회 회의록 및 경제협력문제, 1964』, 77쪽.
57) 「조선은행을 비롯한 민간인 보유 대일재산에 대한 보상조치에 관하여」, 『속개 제6차 한·일회담. 청구권위원회 회의록 및 경제협력문제, 1964』, 138-139쪽.

대일재산'에 대한 적절한 보상조치에 관하여도 진지한 연구 검토가 있어야 할 것"이나, "다만 청구권 액수가 한국정부에서 일본정부에 제시한 재산청구권명세에 불구하고 정치적으로 타결된 액수이기 때문에 본건 민간인 보유 대일재산에 대한 보상조치를 강구함에 있어서 (1) 보상을 요하는 재산의 종류, (2) 보상액, (3) 보상방법 등에 관하여 여러 가지 복잡한 문제가 야기될 것이므로 관계기관과의 협의하에 사전에 적절한 대책을 수립할 것이 요청"된다고 통보했다. 이러한 요청을 받은 경제기획원장관은 1964년 5월 2일 외무부장관에게,[58] "가) 현재 진행되고 있는 청구권의 해결교섭이 타결될 경우 민간인보유 대일재산청구권은 삭감되는 것인지 만약 삭감된다면 국제법상의 근거는 무엇인가, 나) 현재 진행되고 있는 대일교섭은 민간보유대일재산청구권의 보상을 전제로 한 것인지 또는 개별적인 보상을 하지 않을 것인지의 여부, 다) 보상을 하지 않을 경우 국내법상의 여러 가지 문제는 여하히 처리할 방침인지"에 관해 "유권적인 견해"를 물었다. 이에 대해 외무부장관은 1964년 5월 8일 경제기획원장관에게,[59] "한일회담에 있어서 아측이 일본측에 제시한 청구권은 대일평화조약 제4조(a)항에 근거하는 것으로 이에는 정부 당국의 청구권은 물론 아국국민(법인 포함)이 보유하는 개인청구권도 포함되어 있"고, "한일회담에서 청구권문제를 교섭함에 있어서 한일 양측은 (1) 각 청구항목에 대한 상환의무의 법적 근거, (2) 각 청구항목에 관한 사실관계의 규명(증거제시 문제), (3) 일본 원화로 표시된 청구권의 환율 문제, (4) 대일 평화조약 제4조(b)항에 대한 미국 측 해석 각서에 표시된 미국 측 의견의 처리 문제, (5) 아국정부의 행정권이 미치지 못하는 지역에 관련되는 청구권의 처리 문제(소위 남북한 문제) 등에 관하여 의견을 달리하고 양측 입장에는 현격한 차이가 있었으므로, 양측은 각 청구항목을 사무적으로 해결할 방도가 없었던 것이며, 따라서 정치적인 해결을 모색하여 1962.11.12에 있었던 김·오히라 회담을 거친 후, 양국 정부의 승

---

58) 「조선은행을 비롯한 민간인 보유 대일재산에 대한 보상조치에 관하여」, 『속개 제6차 한·일회담. 청구권위원회 회의록 및 경제협력문제, 1964』, 137쪽.
59) 「민간인 보유 대일 재산청구권에 대한 보상 조치」, 『속개 제6차 한·일회담. 청구권위원회 회의록 및 경제협력문제, 1964』, 141-142쪽.

인을 얻어 1962년 말에 해결원칙에 합의한 것"인데, "이와 같이 청구권 문제는 아측의 각 청구항목을 일일이 따져서 해결하는 방식이 불가능하였으므로 각 청구항목을 일괄하여 해결하게 된 것인바, 아측 청구권에는 위 2항에서 설명한 바와 같이 아국 국민(법인 포함)이 보유하는 개인 청구권도 포함되어 있는 것이므로, 이번에 일본과 청구권 문제를 해결하게 되면 전기한 개인 청구권도 포함해서 해결하는 것으로 되는 것이며, 따라서 정부는 개인 청구권 보유자에게 보상 의무를 지게되는 것이라고 생각"되므로, "당부로서는 개인이 정당한 청구권을 가지고 있을 경우에는 정부가 이를 보상하여야 한다고 생각하는 바, 이에 있어서는 아측이 일측과 교섭하였을 시에 문제되었던 제 문제점 즉 (1) 청구권의 법률근거, (2) 증거의 제시 문제, (3) 일본 원화 표시로 된 청구권의 환율 문제 등이 검토되어야 할 뿐만 아니라 보상의 대상을 결정함에 있어서도 신중한 결정이 있어야 할 것이므로 이를 위한 정부관계 기관간의 협의와 대책수립이 있어야 할 것으로 생각"한다라고 밝혔다. 그리고 1965년 4월 17일이 수석대표가 외무부장관에게 보낸 전보[60]에서는, 일본 측은 "개인관계 청구권에 관하여 어떠한 문제가 있는가 조사 연구 중"이라고 하는 데 대해 "아측으로서는 이·시이나 합의사항에 의하여 일단 개인관계 청구권이 소멸되었다 하는 것이 확인되었고 따라서 앞으로의 문제는 그것을 양국이 각각 국내적으로 어떻게 소화시킬 것인가가 남는 것으로 생각한다고 하고 아측으로서는 이에 관한 별반 준비가 없는데 개인관계 청구권 하나하나를 따로따로 검토하는 경우 일측의 처리 여하는 반사적으로 아측에게도 영향이 있을 수 있다는 고려도 할 수 있으므로 일측의 생각을 조속히 알려주었으면 한다"고 했다고 보고되어 있다.

이와 같이 한국 측은 협정의 체결에 의해 한국인 개인의 권리에 관한 '일정한' 국내적 조치가 취해져야 한다는 사실은 인식하고 있었다. 하지만, 그 인식은 "덩어리로" 해결되었으니 무언가 해야 한다는 수준에 머물러 있었을 뿐이며, "별반 준비가 없"었다. 국내조치와 관련하여 정부 부처 간에 논의된 것은 「협정」상의 '재산, 권리 및 이익'에 관한 것이었을 뿐, 피징용

---

[60] 「전보」 JAW-04315, 『제7차 한일회담. 청구권권계회의 보고』 및 훈령, 1965. 전2권』 V.2, 13쪽.

자의 보상금 등 청구권에 관한 부분이 논의된 흔적은 발견되지 않는다. 협정 체결 후 외무부 동북아주과가 작성한「청구권 및 경제협력에 관한 협정 내용 설명」61)에도, 협정의 성과에 대한 설명과 자금의 도입방식에 관한 설명은 포함되어 있으나, 개인의 청구권에 관한 언급은 전혀 없다.

Ⅳ. 맺음말

 지금까지 살펴본 것처럼, 한국 측 한일회담 문서에서는, 이 글의 쟁점들을 해결해 줄 수 있는 명확한 자료는 발견되지 않는다.
 제5차 회담에서 전개된 피징용자 보상금 관련 논의는, 한국과 일본이 그 문제에 관해 각각 어떤 인식을 가지고 있었는지를 알게 해주는 실마리를 담고 있다. 하지만, 그것을 통해서도, 1965년 한일조약에 의해 국가의 외교보호권만이 소멸된 것인가 아니면 개인의 권리까지 소멸된 것인가, 외교보호권만이 소멸된 것이라면 개인의 권리에 대한 의무가 지금 이행되어야 하는가라는 질문에 대한 답은 찾을 수가 없다.
 정치적 타결로 흘러버린 제6차 회담 이후의 문서들에서는 더더구나 실마리가 발견되지 않는다. 한국 측이 '일정한' 국내적 조치가 필요하다는 인식을 가지고 있었다는 사실은 확인되지만, 그것이 구체적으로 무엇에 대한 어떠한 성격의 조치여야 하는 것인지에 대해, 한국정부가 깊이 고민한 흔적은 발견되지 않는다.
 이 글의 쟁점 해결을 위해 보다 직접적으로 확인할 필요가 있는 일본 측의 인식은, 어쩌면 당연한 이야기이지만, 한국 측 한일회담 문서를 통해서는 명확하게 확인하기 어렵다. 일본 측은「협정」에 의해 국가의 외교보호권만 소멸된다고 보았는가 아니면 한국인 개인의 권리까지 소멸된다고 보았는가, 한국인 개인의 권리까지 소멸된다고 보았다면 그중 특히 청구권에

---

61)「청구권 및 경제협력에 관한 협정 내용 설명」,『제7차 한일회담. 청구권 및 경제협력에 관한 협정 내용 설명 및 자료, 1965』.

대해서는 어떻게 생각하고 있었는가라는 쟁점에 관한 해결의 실마리를 찾기 위해서는, 역시 일본 측 한일회담 문서의 전면공개를 기다리지 않을 수 없을 것으로 생각된다. 이 글의 쟁점들은, 그 일본 측 문서들에 대한 분석과, 한국 측 문서들과의 비교 검토를 거친 후에야 최종적으로 해결될 수 있을 것이다. 그 점에서 일본 측 문서의 공개가 시급히 요청된다고 할 것이다.

【참고문헌】

「민간인 보유 대일 재산청구권에 대한 보상 조치」,『속개 제6차 한·일회담. 청구권위원회 회의록 및 경제협력문제, 1964』.
「5月10日請求權小委員會第13回会合における吉田主査代理の発言要旨」,『제5차 한·일회담 예비회담. 일반 청구권 소위원회 회의록, 1-13차, 1960-61』.
「일반청구권 소위원회 제10차회의 회의록」,『제6차 한·일회담. 청구권위원회 회의록, 1-11차, 1961.10.27-62.3.6』.
「일반청구권 소위원회 제7차회의 회의록」,『제6차 한·일회담. 청구권위원회 회의록, 1-11차, 1961.10.27-62.3.6』.
「일반청구권 소위원회 제8차회의 회의록」,『제6차 한·일회담. 청구권위원회 회의록, 1-11차, 1961.10.27-62.3.6』.
「전보」 JAW-04315,『제7차 한일회담. 청구권관계회의 보고 및 훈령, 1965. 전2권』 V.2.
「전보」 JAW-04381,『제7차 한일회담. 청구권관계회의 보고 및 훈령, 1965. 전2권』 V.2.
「제5차 한일회담 예비회담. 일반 청구권 소위원회 제12차 회의 회의록」,『제5차 한·일회담 예비회담. 일반 청구권 소위원회 회의록, 1-13차, 1960-61』.
「제5차 한일회담 예비회담. 일반 청구권 소위원회 제12차 회의 회의록」,『제5차 한·일회담 예비회담. 일반 청구권 소위원회 회의록, 1-13차, 1960-61』.

「제7차 한일회담 청구권 및 경제협력위원회 제1차 회의 회의록」, 『제7차 한일회담. 청구권관계회의 보고 및 훈령, 1965. 전2권』 V.2.
「조선은행을 비롯한 민간인 보유 대일재산에 대한 보상조치에 관하여」, 『속개 제6차 한·일회담. 청구권위원회 회의록 및 경제협력문제, 1964』.
「청구권 및 경제협력에 관한 협정 내용 설명」, 『제7차 한일회담. 청구권 및 경제협력에 관한 협정 내용 설명 및 자료, 1965』.
「청구권 및 경제협력위원회 제6차 회의 회의록」, 『제7차 한일회담. 청구권관계회의 보고 및 훈령, 1965. 전2권』 V.2.
「한국의 대일청구 요강(개략 설명)」, 외무부 정무국, 『제오차 한일회담 예비회담 회의록-일반청구권위원회, 선박위원회, 문화재위원회』.
「한국의 대일청구요강안」, 『제1차 한일회담(1952.2.15-4.21) 청구권 관계자료, 1952』.
「한일회담 일반청구권문제」, 『제6차 한·일회담. 청구권관계자료, 1963』
「한일회담에 관한 건」, 『속개 제6차 한·일회담. 청구권위원회 회의록 및 경제협력문제, 1964』.

高麗大學校亞細亞問題硏究所日本硏究室 編, 1976, 『日韓關係資料集〈第一輯〉』, 高麗大學校出版部.
국무조정실, 2005.8.26, 「보도자료 한일회담 문서공개 후속대책 관련 민관공동위원회 개최」.
대한민국정부, 1965, 『한일회담백서』.
_____, 1965, 『대한민국과 일본국간의 조약 및 해설』.
「서울행정법원 2002구합 33943 정보공개거부처분취소사건 준비서면」, 2003.5.14.
第156會國會, 1991.10.11, 「國會本會議會議錄第7號」.
第177回國會, 1995.9.20, 「統一外務委員會會議錄 第3號」.

김창록, 2004, 「한일간 과거청산에 있어서의 국가의 논리와 개인의 권리」, 『법사학연구』 30호.
_____, 2007, 「일본에서의 대일과거청산소송-한국인들에 의한 소송을 중심으로-」, 『법사학연구』 35호.

日本衆議院, 1965.11.5, 「日本國と大韓民國との間の條約及び協定等に關する
　　　特別委員會議錄第10號」.
日本參議院, 1991.8.27, 「豫算委員會會議錄第3號」.
_____, 1992.3.9, 「豫算委員會會議錄第15號」.
_____, 1992.3.21, 「豫算委員會會議錄第6號」.
_____, 1993.5.26, 「豫算委員會會議錄第26號」.
_____, 1994.3.25, 「內閣委員會會議錄第1號」.
_____, 1997.3.4, 「豫算委員會第一分科會議錄第2號」.
「平成一0年（ネ）第二七八號 釜山從軍慰安婦・女子勤勞挺身隊公式謝罪等請
　　　求控訴事件 準備書面(三)」, 2000.11.2.
「平成11年(ネ)第206號 損害賠償請求控訴事件 第12準備書面」, 2003.9.19.

谷田正躬外2編, 1966, 『日韓條約と國內法の解說』(『時の法令』別冊), 大藏省
　　　印刷局.

제3부

기본관계 문제와 북일수교의 전망

한일국교정상화 교섭에서의 기본관계 교섭

요시자와 후미토시(저) / 정미애(역)*

I. 머리말

한일국교정상화 교섭(한일회담)에서 기본관계 교섭이란 1965년 6월에 체결된 한일기본조약(대한민국과 일본국 간의 기본관계에 관한 조약)의 내용에 관한 한일 간의 외교교섭을 가리킨다. 한일기본조약은 전문 및 본문 7조로 구성되어 있다. 이 중 종래의 기본관계연구가 논점으로 해 온 것은 본문의 제2조(구 조약 무효확인 조항) 및 제3조(한국정부의 유일합법정부 확인 조항)이었다. 제2조는 1910년 8월 22일 이전에 한일 간에 체결된 모든 조약 및 협정이 "이미 무효(もはや無効)"(already null and void)라는 것을 확인하는 조항이다. 일본정부는 'もはや'라는 단어가 있음으로써, 체결 당시는 이들 조약 및 협정이 국제법상 '유효'했다고 설명하고, 한국정부는 '무효'(null and void)라는 표현에 의해 당초부터 '무효'였다고 설명하고 있다. 또한 제3조는 한국정부가 '한반도에 있는 유일한 합법정부'라는 것을 확인하는 조항

---

* 요시자와 후미토시(吉澤文寿): 니가타국제정보대학, 정미애: 국민대학교

이다. 단, 조문에 있는 유엔총회 결의는 남한만을 한정하는 것으로, 유엔 감시하에 선거가 실시된 대한민국정부가 수립된 경위를 고려하여 한국정부의 합법성을 인정한 내용이다. 일본정부는 한국정부의 관할권은 남한만이라고 설명하고 있는 데 대해, 한국정부는 이 유엔결의가 한국정부의 관할권을 제한하는 것은 아니라고 하여, 한반도 전역에 대한 관할권을 주장하고 있다.

한일회담 연구에서 기본관계에 주로 초점을 맞춘 연구는 청구권 등에 비하면 그 중요성에도 불구하고 그 수가 적다. 필자도 이전에 기본관계 교섭을 고찰한 적이 있지만, 사료 상의 제약이 커서 한일 양국 정부의 내부 논의까지 정리할 수 없었다.[1] 그러나 최근 한일 양국 정부에 의한 한일회담 관련 외교문서 공개(또는 개시결정)에 의해 이하에 정리하는 바와 같은 출중한 연구가 나오기 시작했다.

장박진, 「한일회담에서의 기본관계조약 형성과정의 분석」은 기본관계연구에 새로운 시각을 도입한 획기적인 논문이다. 이 논문은 주로 한국정부가 공개한 문서를 이용하여 기본관계 교섭을 분석한 결론으로 ① 제2조의 구 조약 무효확인 조항이 과거를 청산하는 원칙을 정하는 성격을 갖고 있지 않다는 것, ② 한일회담 당초부터 한국안의 구 조약 무효 시점이 애매하게 되어 있었다는 것, ③ 제3조의 한국정부의 유일합법정부 확인조항은 한국정부가 적극적으로 획득한 외교성과였다는 것, ④ 기본조약교섭을 통해 제2조 및 제3조는 한일 간의 교섭 대상이었다는 것을 논증했다.[2] 또한 이이범, 「한일 기본관계조약의 합의과정에 대한 실증 분석」은 한국 측의 사료와 더불어 부분적으로 일본 측의 새로 나온 사료를 이용하여 기본관계 교섭의 흐름을 간결하게 정리했다.[3]

---

1) 吉澤文寿, 2005, 『戦後日韓関係 国交正常化交渉をめぐって』, クレイン.
2) 장박진, 2008, 「한일회담에서의 기본관계조약 형성과정의 분석: 제2조 '구 조약 무효조항' 및 제3조 '유일 합법성 조항'을 중심으로」, 『국제·지역연구』 17권 2호 (2008년 여름), 1-39쪽.
3) 이이범, 「한일 기본관계조약의 합의과정에 대한 실증 분석」, 2008년 11월 7일 서울 프레스센터에서 열린 국제회의(『외교문서의 공개와 한일회담의 재조명』)의 발표문, 92-102쪽.

이들 논문에서 공통되는 점은, 첫째, 일본 측의 사료가 충분히 활용되고 있지 않다는 것이다. 2008년까지 외무성이 개시(=공개)를 결정한 약 6만 장의 공문서 등은 많은 불개시(=비공개) 부분을 포함하고 있지만, 다행히도 기본관계 교섭에 관해서는 대부분이 공개되어 있다. 둘째, 첫 번째 상황에서 파생한 것이라고 할 수 있는데, 기본조약 제2조 및 제3조 이외의 논점이 충분히 밝혀지지 않았다는 점이다. 예를 들면 전문(前文)만 보더라도 일본 측의 문서에서는 대일평화조약 제2조(a)에 의한 조선의 독립승인에 관해, 지금까지 밝혀진 것 이상으로 외무성이 고집했던 것을 알 수 있다. 한편 한국 측은 일본과 새로운 관계를 구축하는 기초로서 전문에 한일 간의 '과거청산'을 명기할 것을 원했다. 셋째, 기본관계 이외의 교섭과의 관련성에 관해 분명히 해야 할 여지를 남겨놓았다는 것이다. 예를 들면, 기술한 장박진, 이이범이 한국정부의 관할권 문제의 배경에 한반도 남부의 재산 청구권이나 북일교섭의 가능성을 둘러싼 공방이 있었다는 것을 분명히 밝히고 있는 바와 같이, 기본관계 교섭의 논점은 다른 교섭과의 관련에서 논의되어 왔다. 그런 의미에서 기본관계 교섭은 분명 한일 간 외교관계의 '기본'을 정하는 교섭이었다.

본고에서는 이상의 점에 기초하여, 기본관계 교섭의 회의록 이외에도 일본정부 및 한국정부 내부의 논의를 검토함으로써 한일 양측의 주장의 목적을 보다 분명히 하고자 한다. 본고에서는 한일회담을 이하의 3기로 구분한다. 즉 한일 양측으로부터의 조약안에 기초한 구체적 논의가 진행된 제1기(~1952년 4월), 기본관계 교섭이 진척되지 않았던 제2기(1952년 4월~1964년 12월), 다시 한일 양측으로부터 조약안이 제시되어 논의 끝에 한일기본조약이 완성된 제3기(1964년 12월~1965년 2월)로 나누어, 각 시기의 교섭내용을 검증한다. 아울러 기본관계 교섭을 통해 한일회담의 역사적 의의에 대해 다시 생각해보고자 한다.

II. 제1기의 기본관계 교섭(~1952년 4월)

1. 한일회담에의 사전준비

주지하는 바와 같이, 한국정부는 1951년 9월에 열린 샌프란시스코 강화회의에 서명국으로 참가하기 위해 준비하고 있었다. 한국정부의 공개문서 중, 그 준비작업의 일부로서 주목되는 것이 1950년 10월에 한국 주일대표부 대일강화조사위원회가 작성한 「대일강화조약에 관한 기본태도와 법적 근거」이다.

이 사료에서 주일대표부는 '한일합방조약 무효론'을 전개했다. 즉 제2차 한일협약 체결 시 조약체결 당사자인 한국정부 고관에 대한 협박이 있었으며, 동 조약체결에 의해 한국의 외교권을 빼앗고 제3차 한일협약에서 한국군을 해산시켜 한국을 군사점령한 상태에서 한국병합조약을 체결한 일본의 대한정책의 강제성을 논했다. 아울러 "강제로 체결된 조약의 효력은 조약체결 당사자에게 강제를 가해 체결되었을 때는 물론 무효이지만, 전쟁과 같은 쌍방의 강제의 연장이 아닌, 즉 원인이 없는 강제는 그것이 국가 전체의 가해로서 체결되었다 하더라도 조약은 무효"[4]라는 것이었다.

단, 이 '무효론'은 "국가질서유지(시효(時效)의 정신) 또는 무리대리(無理代理)행동으로 추인하여 무효를 주장하지 않는 부분도 있다"고 했다. 즉 조선총독부의 시정에 관해서도 조선은행권의 발행, '집단생활자의 최고 의무 범위 내'의 징세, 한국국민의 권리를 위한 공채 발행, 일본과의 무역, 사법에서 도의적 책임을 위반한 반사회적 범죄자에 대한 판결, 사회질서유지에 필요한 입법 등은 '무효'의 대상으로 하지 않는다는 것이다.[5]

역으로 말하면, 이 논의에서 '무효'의 대상으로 하지 않는 것 이외에 대해서는 대일구상의 대상이 될 수 있다는 것이다. 이 사료에서는 전쟁목적

---

4) 「韓日会談予備会談(一九五一. 一〇. 二〇――二. 四)資料集: 対日講和条約に関する基本態度とその法的根拠, 一九五〇」(한국정부 공개문서 분류번호 723.1 JA, 등록번호 76. 이하 한/723.1 JA/76으로 표기), 17쪽.
5) 위의 문서, 12-13쪽.

이나 일본의 화재지변(火災地變)의 부흥을 목적으로 발행한 공채, 국제법상 불법행위가 있는 무역에 의한 가치의 차이, 한국병합을 정당화할 의도에서 발생한 일체의 구속, 벌금, 체형 등에 대해 배상 또는 보상을 요구한다고 하고 있다.6) 이들 항목은 한일회담에서 청구권교섭의 의제가 되지는 않았지만, 이 사료가 나타내는 바와 같이 구 조약 무효론이 대일청구권과 전혀 관계없다고는 할 수 없을 것이다.

그런데 이 사료에서 더욱 주목할 것은 재일조선인의 국적에 대해서이다. 이 사료에서는 '재일한인의 국적문제'에 대해 다음과 같이 적고 있다. "재일한인은 처음부터 끝까지, 즉 어떤 순간에도 일본국적을 취득한 적이 없을 뿐 아니라, 여권 및 해외에서 일본의 외교권하에 있을 때에도 일괄적으로 보호적(保護籍) 정도였다. 단 그 기능만이 36년간 정지되어 있었고, 일본의 패전으로 자동적으로 그 기능이 발휘되었기 때문에, 재일한일에 관해 국적 선택 운운 하는 것은 그 법적 근거가 취약하다."7) 요컨대 일본 통치하의 조선인은 일본국적을 갖지 못하고 보호적 정도였고, 한국병합 이전에 갖고 있었던 한국국적을 일본 패전 후에 회복시켰다는 견해이다. 1951년 9월 10일에 주일대표부 법률고문인 유진오가 작성한「일본출장 보고서」에서도, 1948년의 대한민국 성립에 의해 재일조선인도 한국국적을 갖는다는 견해가 나타나 있다.8) 이들 주장은 구 조약 무효의 논리를 기초로 대한제국과 대한민국의 통치를 중시하는 인식을 근본에 두고 있다. 즉 재일조선인 모두가 한국국적을 갖는다는 한국정부의 주장은 구 조약 무효의 논리와 궤를 같이 하는 것이었다.

한편 일본 측의 사전준비에 관해서는 1951년 10월 11일에 외무성이 작성한「대한 절충방식에 관해 생각할 수 있는 3가지 안」을 검토하고자 한다. 이 사료에서는 제1안으로서 일본정부가 샌프란시스코 강화조약(이하 '대일강화조약'으로 표기) 제2조에서 조선독립을 인정함으로써 재일조선인이 모

---

6) 위의 문서, 21-23쪽.
7) 위의 문서, 76쪽.
8)「韓日会談予備会談(一九五一. 一○. 二○ー一二. 四)本会議会議録, 第一ー一○次, 一九五一」, 한/723. 1 JA/77, 13-14쪽.

두 대한민국 국민이 된다는 것을 표면에 내세우고, 한국과의 협정은 불필요하다는 방침을 내걸었다. 더욱이 제2안으로 한일기본조약을 체결하고, 그 일환으로서 재일조선인의 국적 문제에 대해서만 구체적 협정을 맺는다는 방침을 제시했다. 나아가 외무성은 제3안으로서 "우리 측 종래의 방침을 관철하여", "우선 국적문제만을 협정에서 다루되, 이 협정은 계속해서 절충해야만 하는 포괄적인 한일기본조약의 일환에 포함되는 것이다. 따라서 그 발표(강화조약 실시 전을 예상)는 기본조약의 실시와 동시라는 것을 모두(冒頭)에서 분명히 밝히고 절충에 들어간다"는 방침을 제시했다.9)

이와 같이 일본정부는 재일조선인을 일본 독립 후에 한국국적을 보유하는 자로 하여 한일기본조약을 체결하고, 대일강화조약 발효 시 외교관계를 설정한다는 적극적인 방침을 세웠던 것이다. 여기에서 주목할 것은 일본정부가 대일강화조약을 통해 조선의 독립을 승인했다고 하는 견해이다. 일본정부는 재일조선인을 한국국적 보유자로 간주하기 위해서는 대한민국의 독립을 승인할 필요가 있다고 생각했다. 요컨대 기본관계 교섭에서 대일강화조약 제2조의 문제의 원점(原點)은 재일조선인의 국적 문제였다.

2. 예비회담에서의 기본관계 교섭

이상과 같은 한일 양측의 사전준비를 거쳐 샌프란시스코 강화회의 후에 시작된 한일회담의 예비교섭에서는 옵저버인 GHQ/SCAP로부터 제시된 「재일조선인의 법적지위」 및 「한일 간 일체의 현안에 관한 2국간 교섭을 위한 의제 작성과 교섭방법 연구」가 주된 의제였다. 더욱이 한국 측이 선박 문제를 의제에 추가할 것을 제안해, 이 교섭에서 토의하게 되었다. 1951년 11월 8일의 제6회 회합에서 한일 양측이 의제를 제안했다. 일본 측으로부터의 제안은 a) 외교관계 설립 문제, b) 재일조선인의 국적 문제, c) 채무정리 문제, d) 어업 문제, e) 해저전선 문제, f) 통상항해조약, g) 기타의 내용이

---

9) 일본정부 개시결정, 문서개시번호 1171, 문서번호 1625(이하 일/1171/1625로 표기. 한편 일본정부 개시결정문서는 불개시부분이 있기 때문에 「공개문서」가 아니라 「개시결정문서」라고 한다. 따라서 '쪽' 대신 '-매쩨'로 표기한다.)

었다. 한국 측으로부터의 제안은 a) 재산 청구권, b) 어업, c) 통상항해, d) 기타였다.10) 이 중 일본 측은 (a), (b), (f) 이외의 의제를 평화조약 발효 후로 미루어도 된다고 언급한 데 비해, 한국 측은 모든 의제에 대해 평화조약 발효 전에 해결해야만 한다고 주장했다.11) 일본 측은 재일조선인의 법적지위 문제를 해결한 후, 외교 및 통상항해 관계를 수립하기를 원했다. 역으로 말하면 외교관계를 수립한 후 해결해야만 하는 현안은 재일조선인의 법적지위 문제뿐이었다. 한편, 한국 측은 한일 간의 모든 현안의 해결을 목표로 했다. 후술하는 바와 같이 한국 측은 평화조약 발효 전에 모든 현안을 해결하고, 일본과의 외교관계를 수립하고자 했다.

그런데 일본정부의 교섭방침에 대해서는 이하의 세 가지 점에 충분히 유의하지 않으면 안 된다. 첫째, 일본정부는 한국 측이 '방공협정'과 같은 '고도의 정치적 의의가 있는 협정을 체결하는 구상'을 갖고 있음을 경계했다. 같은 해 10월 29일에 외무성이 작성한「한일 양국 간의 기본관계 조정에 관한 방침(안)」에서 한일기본조약의 내용은 일소기본조약을 참고로 하여 (1) 방공협정과 같은 것은 피한다. (2) 한국 측의 대일 재산청구는 일절 포기시킨다. (3) 재일조선인의 법적지위, 선박 등「금후의 교섭에서 성립해야만 하는 협정내용」에서 적당한 것을 기본조약의 일부로 포섭하는 형식을 취한다는 것이었다.12) 이와 같이 일본정부는 한국과의 외교관계를 수립할 때, 정치적으로 한반도 정세에 관여하게 되는 것을 주의 깊게 피하려고 했다.

둘째, 일본정부는 한국정부를 '조선의 정통정부'라고 인정하는 한편으로, 한반도 북부지역에 관한 문제에 대해 신중하게 검토했다. 우선, 샌프란시스코 강화회의 직전에 작성되었다고 생각되는「문제가 될 수 있는 점들(그 중 하나)」에는 "대한민국이 북한에 대해 현실적으로 지배권과 관할권을 갖고 있지 않은 현실 사태를 교섭에서 수시로 이용해야만 한다"13)고 적고 있다. 이와 같이 일본정부는 한국정부의 관할권 문제를 일본 측에서 재산 청

---

10) 일/2199/63, 95-96매째.
11) 위의 문서, 82매째.
12) 일/1171/1627. 1-4매째.
13) 위의 문서, 제2분책의 57매째.

구권 문제를 유리하게 교섭하기 위한 유력한 도구로 생각하고 있었다.

더욱이 11월 8일에 외무성이 작성한 「북한지역 관련문제를 어떻게 다룰 것인가」라는 문서에서는 한국정부를 "조선의 정통정부"로 인정하고 "한반도 전역에 걸쳐 평화조약 제4조에서 말하는 '행정을 하고 있는 당국'"으로 간주하면서도, 한국정부의 시정이 "북조선에 미치지 않고 있는 것도 사실"이라고 적고 있다. 이에 입각하여 외무성은 '북한지역에 있는 재산의 처리'를 검토했다. 일본정부가 조선민주주의인민공화국(이하 '북한'으로 줄임 - 역자)정부를 '한국정부에 대한 교전단체로서 인정하고 이와 교섭한다'는 안에 대해서는 일본정부가 북한정부를 "정통정부에 대해 항전하고 전국적 정부의 수립을 목표로 하는 '반란상태'에 있는 지방정치단체로, 교전단체 이전의 것"으로 간주하기 때문에 한국과 동시에 교섭할 수 없다고 했다.

외무성은 북한정부를 교전단체로 승인하지 않는 한편으로, 편의상 사절을 파견하는 안을 '현실성 있는 안'이라고 하면서도, 최종적으로는 한국정부를 한반도 전역에서의 정부로 생각하고 한반도 북부의 재산도 교섭대상으로 하는 안을 선택한 것 같다.14) 이러한 일본정부의 방침은 12월 23일에 외무성 아시아 2과가 작성한 「한일화친조약 요강」 제3항의 「청구권에 관하여」에서 「한국(북한지역을 포함)」으로 한 데에 반영되었다. 이 내용은 이듬해 1월 5일에 아시아 2과가 작성한 「일본국과 대한민국 간의 화친조약 초안(제1차 안)」 및 1월 12일자의 「일본국과 대한민국 간의 우호조약 초안(제2차 안)」에도 포함되었다. 한일회담의 본회담 개시 직전인 2월 13일에 작성된 제3차 안에는 청구권의 대상에 한반도 북부의 재산을 포함한다는 표현이 삭제되었지만, 일본 측의 기본자세에 변화는 없었다고 생각된다.15)

세 번째로, 일본정부는 기본조약안을 솔선해서 제시함으로써 한국과의 교섭을 유리하게 진행하고자 했다. 1951년 11월 25일에 외무성이 작성한 「한일기본관계 조정교섭에서 유의해야만 할 사항」이라는 문서에는 "한국 측은 국제교섭, 조약체결 등에 익숙하지 않기 때문에 우리 측에서 잘 준비된 초안을 제시한다면 상당히 교섭을 리드할 수 있다고 생각된다"고 적고 있다.16)

---

14) 일/1186/1835, 제1분책의 6-10매째.
15) 위의 문서, 18-75매째.

이와 같이 일본정부는 한국정부의 외교경험 부족을 잘 이용할 수 있는 방법으로써 기본조약의 준비를 진행했다. 실제로 일본은 예비교섭에서 법적 지위 이외의 의제에 관해 한국 측의 설명을 들어둔다는 입장을 유지하면서 이듬해 2월의 본회담을 향해 기본조약안을 착착 검토하고 있었다.

3. 제1차 회담에서의 기본관계 교섭

1) 일본 측 제1차 조약안 「일본국과 대한민국 간의 우호조약 초안」

제1차 회담에서는 우선 1952년 2월 16일의 본회의 제2회 회합에서 일본 측이 「일본국과 대한민국 간의 우호조약 초안」을 제출했다. 그 후 이 안은 기본관계위원회에서 토의되었다. 그 전문 모두(冒頭)에서 "일본국은 1951년 9월 8일 샌프란시스코에서 서명된 일본국과의 평화조약 규정에 따라 조선의 독립을 승인하고 제주도, 거문도 및 울릉도를 포함한 조선에 대한 모든 권리, 권한 및 청구권을 포기했다"고 대일강화조약 제2조(a)를 거의 인용하여 일본의 조선독립 승인을 명시하고, 제3단에서는 "양국은 양국 간의 새로운 관계발생에서 유래하는 각종 현안을 화협(和協)의 정신에 따라, 나아가 정의와 형평의 원칙에 따라 신속하게 해결할 것"을 제창했다.

또한 본문에서는 제1조에 한일관계가 유엔헌장에 기초를 두고 있다는 것, 제2조에 외교 및 영사관계의 설정, 제3조에 통상항해 조항, 제4조에 "대한민국 및 일본은 1945년 9월 2일 이전의 어느 시점부터 일본국에 계속해서 거주하는 한인을 포함한 모든 한인이 대한민국 국민이며, 일본국 국민이 아니라는 것을 확인한다"고 하는 재일조선인 국적 조항, 제5조에는 제4조에 부수되는 재일조선인의 처우, 제6조에는 대일강화조약 제4조(a)를 거의 인용하여 재산 청구권 문제를 "화협의 정신에 따라, 나아가 정의와 형평의 원칙에 따라 가능한 신속하게 해결한다", 제7조에 해저전선 조항, 제8조에 "국제법 및 국제관습의 원칙에 기초한 공해(公海)의 어업자원을 개발하는 각

---

16) 위의 문서, 제1분책의 11-12매째.

자의 권리에 비추어 자유와 평등의 입장에서" 어업협정을 체결한다고 하고, 제9조에 비준조항이 설치되었다.17) 일본 측의 제1차 조약안은 대일 강화조약에 준거하면서도, 제6조 및 제8조에서 단적으로 알 수 있듯이 한일 간의 여러 현안의 해결에 대한 원칙을 일본 측이 제시했다.

이 초안에 대해 한국 측으로부터 나온 주된 의견은 다음과 같다.18) 첫째, 전문 제1단에 있는 '조선'을 '한국'으로 바꾸어 달라는 것. 둘째, 이 조약 체결에 따라 한일 간의 과거로부터 계속 이어진 여러 현안을 해결하는 것이므로, 조약의 명칭을 '우호'보다는 '평화'에 가까운 명칭으로 하는 편이 좋다는 것. 셋째, 전문 제3단의 "양국 간의 새로운 관계 발생에 유래하는"이라는 표현에 관해서는 "과거로부터 계속 이어진" 현안도 이 조약체결에 의해 해결되지 않으면 안 된다는 것. 넷째, 제4조는 재일조선인에게 한정한 규정으로 하는 편이 좋고, 한국정부는 1945년 8월 9일을 독립일로 한다는 것. 다섯째, 제6조의 재산 청구권에 관해 한국 측은 대일강화조약 제4조(a)뿐만 아니라 제4조(b)도 중시하고 있다는 것. 이외에 통상항해조항, 어업조항 등에 관한 질문이 나왔다. 이에 대해 일본 측은 첫째와 넷째 질문에 관한 대응으로 전문 제1단, 본문 제4조 및 그에 관련된 제5조를 모두 삭제하기로 하고, 나머지 논점에 관해서는 일본 측의 제안 이유를 거듭 설명하기만 하고 조약안은 수정하지 않았다.

2) 한국 측 안「대한민국과 일본국 간의 기본조약(안)」

같은 해 3월 5일의 제4회 회합에서 한국 측이 제시한「대한민국과 일본국 간의 기본조약(안)」은 일본 측 제1차 조약안의 문구를 받아들이지만, 한국 측의 독자적 조문으로서, 주목할 것은 "대한민국은 일본국을 독립주권

---

17) 「第一次韓日会談(一九五二. 二. 一五-四. 二一)本会議会議録, 第一--五次」, 한/723.1 JA/82, 35-39쪽. 1952년 2월 22일의 기본관계위원회 제1차 회합에서 제4조 및 제5조에 수정이 있었다. 인용문에서 수정부분을 밑줄로 표시했다. 일/892/973, 3매째.
18) 일본 측 제1차안에 대한 질의는 일/892/973-975.

국가로서 승인한다"는 제1조와 "대한민국 및 일본국은 1910년 8월 22일 이전에 구 대한제국과 대일본제국 간에 체결된 모든 조약 또는 협정이 무효라는 것(are null and void)을 확인한다"고 하는 제3조이다.19) 외무성은 이 한국 측 조약안을 외무성 내에서 검토한 후, 제1조 및 제3조의 삭제를 요구하기로 결정했다.20) 이 안에 대한 외무성 내의 의견으로서 조약 4과의 오사토 마사오(大郷正夫)가 작성한 「기본관계위원회 한국 측 제안(제1조 및 제3조)에 대한 의견」이 특히 주목된다.

오사토는 제1조에 관해 일본의 주권회복이 평화조약에 의한 것이므로 "한국에 의한 일본의 주권승인은 국제법상 특별한 의미를 갖지 않는다", "역으로 일본에 의한 한국의 승인이야말로 새로운 국가의 승인이라는 국제법상의 효과가 발생하는 것"이라고 기술했다. 나아가 일본 측이 제1차 안에서 조선의 독립승인 부분을 자발적으로 삭제한 것을 들어 "한국에 의한 일본의 주권승인만을 규정하는 것은 매우 균형을 상실한 것"이라고 주장했다.21)

또한 제3조에 관해서는 '무효'라는 용어가 '처음부터 성립하지 않는다'는 것인지 '일단 성립하고 이후 효력을 상실'했다는 것인지 하는 문제를 제기했다. 나아가 오사토는 전자에 대해서는 당시 개인에 대한 조약체결 강제 등이 있었음을 인정하지 않고, "진정한 합의, 즉 진정한 의견일치가 존재"했고, "국가의 병합은 국제법상 인정되고 있다"고 한국병합 불성립론을 반론했다. 후자에 관해서는 "병합 사실이 완성됨과 동시에 조약이 효력을 상실했다"고 주장하고, 일본의 조선지배의 합법성을 주장했다. 또한 오사토는

---

19) 일/892/976. 원문은 28-33매째. 일본어 번역문은 3-8매째. 영어 번역문은 13-15매째. 한편 원문은 「第一次韓日会談(一九五二. 二. 一五-四. 二一)基本関係委員会議録, 第一-八次」, 한/723.1 JA/80, 28-33쪽에도 있지만, 이 안은 수정된 안이므로 일본 측 사료를 참조했다.
20) 「韓国側基本条約案に対する意見(案)」 1952년 3월 11일자, 일/1186/1835, 제2분책의 3-11매째.
21) 위의 문서, 제2분책의 18-20매째. 한편 오사토(大郷)는 한국안 제1안을 「대한민국 및 일본국은 상호 다른 측 당사국의 정치적 독립 및 영토의 보전을 존중한다」는 대안을 제시했다. 앞의 문서 「第一次韓日会談(一九五二. 二. 一五-四. 二一)基本関係委員会議録, 第一-八次」, 29쪽을 보면, 이 안은 한국 측의 수정안으로서 채용된 것 같은데 기본관계위원회의 논의에는 나오지 않는다.

"일본과 한국은 전쟁상태가 아니었다", "한국은 제3조에서 규정하는 조약의 당사자로서의 한국과 동일하지 않다"고 하여 한국정부의 법통론(法統論)도 부정했다.[22]

3월 12일의 제5회 회합에서 제3조의 구 조약 무효 확인조항이 중심적으로 논의되었다. 한국 측은 우선 제1조에 관해서는 본국 정부와 협의하고 있는 중이라는 이유로 보류했다. 그리고 한국 측의 유진오 대표는 제3조에 관해 다음과 같이 말했다. "우리 측은 국민적으로 1910년 이전의 조약은 당시로 거슬러 올라가 무효라는 강한 신념·국민감정이 있지만, 그것을 내가 이 자리에서 강하게 주장하면 이 회담은 결말이 나지 않게 된다. 일본 측의 주장도 있고, 또 당시로 거슬러 올라가 무효라고 한다면 여러 가지 복잡한 문제가 발생한다. 그 점을 피하면 이 규정에 따라 한국의 국민감정을 수습할 수 있고, 일본 측으로서도 별로 잃을 것도 없기 때문에 (일본을) 자극하는 일이 되지는 않을 것이다." 나아가 유진오는 "이를 받아들여 과거의 잘못을 인정하는 것이 두 민족의 장래를 위해 좋다고 생각한다"고 주장했다. 이에 대해 일본 측의 오노 가쯔미(大野勝巳) 위원은 병합조약이 "유효, 적법한 조약이었다는 것은 의문의 여지가 없다"고 하고, 구 조약 무효 확인 조항이 일본의 국민감정도 자극한다고 한 뒤, "이 우호조약이 좋은 모양새로 맺어지는 것이 결과적으로 과거의 개운치 않은 것들을 없애는 일이 될 것이다. 한국 측의 강한 희망이기는 하나, 이 조약에서는 제외하고 싶다"고 주장했다.[23] 그러나 한국 측은 제3조의 삭제에 동의하지 않았다.

그런데 일본정부의 개시결정 문서에는 이 회합 전에 이루어진 오노와 유진오의 비공식회담 기록이 있다.[24] 이 문서에 의하면, 오노가 한국 측 조약안 제1조 및 제3조에 관해 "자발적으로 삭제하는 것을 생각해보면 어떻겠는가"하고 묻자, 이에 대해 유진오는 제1조를 보류하겠다는 뜻을 밝혔다고 한다. 그러나 제3조에 관해서는 주장을 굽히지 않았고 "어쨌든 무효",

---

22) 위의 문서, 제2분책의 21-24매째.
23) 일/892/977, 특히 한국안 제3조에 관한 토론은 14-24매째. 이때 유진오는 한국정부의 법통을 주장했다.
24) 「日韓会談省内打合せ会議事要録」 1951년 3월 13일자, 일/1171/1636.

즉 "'막연하지만 무효가 되었다'고 규정하고 싶다"고 말했다고 한다.

이러한 유진오의 발언은 장박진 등이 이미 지적한 바와 같이, 한국안의 구 조약 무효 확인조항이 일본 측의 입장을 배려하여 시기를 특정하지 않은 막연한 제안이었다는 것을 뒷받침하고 있다. 그러나 일본 측은 한국 측의 제안에 대해 원칙적으로 삭제해야만 한다고 요구했다. 오사토나 오노가 말한 바와 같이, 일본 측은 한국병합조약 이전의 제 조약이 '유효, 적법'했다고 생각했고, 한국 측의 한국병합조약 불성립론 및 대한제국정부에서 대한민국정부로의 법통을 인정하려고 하지 않았다. 즉 일본 측에게 문제가 된 것은 '무효'의 시기가 아니라 '무효'(null and void)라는 말이었던 것이다.

3) 일본 측 제2차 안「일본국과 대한민국 간의 우호조약(안)」

3월 22일의 제6회 회합에서 일본 측이 한국안의 요소를 가미한 제2차 조약안을 제출했다. 이 안에서는 전문 제3단에 "구 대한제국과 일본국 간에 체결된 모든 조약 및 협정이 대한민국과 일본국과의 관계를 규제하는 것은 아니라는 것을 확인한다"는 문구가 삽입되었다는 것, 본문 제3조의 재일조선인의 국적에 관해 "일본국은 일본국에 거주하는 한인이 일본국 국민이 아니라는 것을 인정하고, 또한 대한민국은 전기(前記)의 한인이 대한민국이라는 것을 확인한다"고 한 것, 청구권과 어업에 관한 조항을 빼고 총 5조의 간결한 형식으로 한 것이 주목된다.25) 또한 제7차 회합에서 일본 측 제2차 조약안의 영어 번역문이 배포되었다.

이에 대해 제6회 및 제7회 회합에서 한국 측에서 제출한 주된 의견을 정리하면 다음과 같다. 우선 한국 측은 조약의 명칭에 관하여 '정상적인 관계가 아니었던 것을 정상으로 되돌린다는 의미'에서 '기본조약'으로 해야만 한다고 주장했다. 이에 대해 일본 측은 '우호' 정신을 배제하는 것은 아니라는 것을 확인하는 데 그쳤다. 또한 본문 제3조의 재일조선인의 국적문제에 관해 한국 측은 국적처우소위원회의 논의에 입각하여 결정하는 편이 낫

---

25)「日韓会談第六回基本関係委員会議事要録」1952년 3월 22일자, 일/892/978, 29-31매째.

다고 하면서 "일본국 및 대한민국은 일본국에 거주하는 한인이 대한민국 국민이라는 것을 확인한다"는 문안을 제시했다. 일본 측은 법무부 민사국 주관인 히라가 겐타(平賀健太)를 중심으로 재일조선인이 일본국민이 아니라는 것을 확인하지 않으면 이중국적이 발생할 여지가 있다는 견해를 제시하고, 한국 측의 의견에 반론을 제기했다. 또한 이 조문에 관해 한국 측은 '완전히 빼도 좋다'는 입장인 데 대해, 일본 측은 "우리의 법률문제 담당자가 넣기를 강하게 요망한다"고 말했다. 요컨대 재일조선인이 한국국적을 갖고 일본국적을 갖지 않는다는 것은 일본정부의 외국인 관리정책상 필수사항이었다.

그리고 한일 양측이 격렬한 토론을 벌인 것이 전문 제3단의 구 조약 무효 확인조항이었다. 한국 측은 1910년 이전의 조약이 무효라는 것을 확인하는 편이 간단명료하다고 주장했다. 그러나 일본 측의 히라가(平賀) 대표가 "일본의 법률용어에서 무효라는 자구는 처음부터 무효라는 의미가 들어가기 때문에 부적절하다"고 말한 것처럼, 일본 측은 구 조약이 성립되지 않는다는 의미를 나타내는 자구를 철저히 거부했다.[26]

4) 제1차 회담에서의 「일단의 합의안」?

4월 2일의 제1차 회담에서 기본관계위원회의 마지막 회의인 제8차 회의가 열렸다. 이 회의의 의사록의 상세한 내용은 일본정부의 개시문서에만 기록되어 있다.[27] 일본 측 의사록에 의하면, 조약명칭을 「기본조약」으로 하고, 구 조약 무효 확인조항에 관해서도 '일본국과 대한민국과의 관계에서 효력을 갖지 않는다'고 하는 데 합의가 성립했다고 적혀 있다. 그러나 같은

---

[26] 위의 문서 및 「日韓会談第七回基本関係委員会議事要録」 1952년 3월 28일자, 일/892/979. 유진오는 구 조약 무효 확인조항에서 '무효'라는 용어를 사용하는 것은 본국으로부터의 지령이라고 거듭 언급했다.

[27] 「日韓会談第八回基本関係委員会議事要録」, 일/892/980. 한편 한국정부 공개문서 「第一次韓日会談(一九五二. 二. 一五-四. 二一)基本関係委員会会議録, 第一-八次」에는 일본의 조약안에 대한 반응을 물어본 오노(大野)의 질문에 대해 유진오가 아직 본국으로부터의 지령을 받지 않았다고 말했다고 기록되어 있다.

의사록의 상세한 토론을 보면, 유진오는 끝까지 '무효'라는 단어를 사용하려는 취지를 설명하고 있어, 반드시 '효력을 갖지는 않는다'는 표현으로 합의가 성립했다고 간주할 수는 없다. 유진오는 '무효'라는 단어를 사용하지 않는 대신에「기본조약」이라는 명칭을 철회하라고 발언했지만, 이 발언이 어떻게 처리되었는지는 불명확하다.

한국정부 공개문서에「일단의 합의안」으로 표시된 조약안「대한민국과 일본국 간의 기본적 관계를 설정하는 조약(안)」에는 이와 같은 유진오의 발언이 무시되어, 일본 측의 의사록에 따르는 형태로 조약 명칭에 '기본적 관계'라는 표현이, 전문 제3단의 구 조약 무효 확인에 관해서는 '효력을 갖지 않는다'는 자구가 채용되어 있다. 그러나 의사록을 읽어보면, 쟁점에 관한 논의가 딱히 결론을 내지 않은 채 끝나고 있다. 요컨대 이「일단의 합의안」이라는 것은 일본정부가 논의의 여지를 남긴 채 기본조약 성립을 향해 작성한 일본 측의 최종안에 지나지 않는다고 할 수 있다.28) 제1기의 기본관계 교섭에서는 독립승인 조항에 관해서는 한일 양측이 철회하기로 하고 일단 해결을 보았지만, 특히 구 조약 무효 확인조항에서의 합의형성에는 실패했던 것이다.

III. 제2기의 기본관계 교섭(1952년 4월~1964년 12월)

1. 제2차 및 제3차 교섭에서의 기본관계 교섭

한국에 있는 일본인 재산에 대한 일본 측의 청구권 주장 등의 문제에 의해 제1차 회담이 결렬된 결과, 한일국교정상화가 실현되지 않은 채 1952년 4월 8일에 대일 강화조약이 발효되었다. 그 후의 한일회담은 재개와 휴회를 거듭하게 되는데, 한일 간의 여러 현안을 둘러싼 양자의 대립이 용이하게

---

28)「第一次韓日会談(一九五二. 二. 一五-四. 二一)基本関係委員会会議録, 第一-八次」, 52-54쪽.

해소되지 않는 상황에서 조기에 국교정상화가 실현될 전망은 멀어져갔다.

일본정부는 한일 간의 여러 현안 중, 한일회담이 결렬되면 일본 측에 '불리'해지는 것은 재일조선인의 강제송환 문제뿐이라고 생각하고 있었다.[29] 즉 제1차 회담 결렬 후인 1952년 8월 19일에 외무성 아시아 2과가 작성한 「한일회담 문제의 검토」에 의하면, 한일회담의 성패를 결정짓는 '2대 문제'는 '강제송환과 청구권 문제'라고 되어 있다. 외무성은 한국정부가 일본 측에 한국에 있는 일본인 재산에 대한 청구권을 포기시키기 위해, 재일조선인 강제송환자를 받아들이기를 거부하고 있다고 판단하고, 청구권의 상호 포기에 따른 국내보상의 실시 등 부담을 고려하여 "차제에 한일회담의 재개를 서두를 필요 없다"는 결론에 도달할 수밖에 없다고 했다.[30] 이와 같은 판단의 배경에는 "크게 보면 장래 한국이 일본에 의지하는 관계가 되지, 일본이 한국에 의지하는 관계에 있지 않다. 따라서 때는 우리에게 유리하게 작용한다고 봐도 좋다"[31]고 하는 생각이 있었다.

일본정부는 제1차 회담 결렬 후, 기본관계조약에 여러 현안의 해결에 관한 원칙을 포함하는 방침을 사실상 포기했다. 그리고 구 조약 무효 확인조항에 관해서는 7월 11일에 열린 한일회담 재개에 관한 (각 성)연락회의에서 와지마(倭島) 아시아국장이 "과거의 문제를 불문으로 하는 것은 수호조약의 원칙"[32]이라고 발언한 바와 같이 토의대상으로 하지 않기로 했다.

또한 제1차 회담에서는 표면화되지 않았지만, 한국정부의 관할권을 둘러싼 문제에 관해서도 일본정부는 계속 검토하고 있었다. 이승만 대통령 방일에 즈음해서 대응을 협의한 1953년 1월 23일자 「한일회담 재개의 기본조건에 관하여」라는 문서에서 '한국정부의 성격'에 관해서는 "1948년 12월 12일의 유엔총회 결의에 따르기로 한다"고 하고 있다. 단, 협정 안에서 "명확히 한정적인 의도를 表現하는 것은 한일회담 전체를 파괴할 우려도 있으

---

29) 「会談決裂の場合韓国側の不利となる諸点」 1952년 4월 4일자, 작성자 불명. 일/1171/1644, 1매째.
30) 일/904/1041. 1-6매째.
31) 위의 문서, 17매째.
32) 「日韓会談再開に関する(各省)連絡会議」, 일/904/1039, 17매째.

므로 이를 회피하고, 국회 설명을 위해 반드시 필요한 경우는 단지 전기(前記)의 유엔총회 결의를 인용하는 데 그친다"는 방침이었다.[33]

1953년 4월 15일부터 제2차 회담이 시작되지만, 그 직전의 8일자「한일회담 교섭방침」에 의하면, 기본관계는 외교, 영사관계의 설정만을 거론하고, 미얀마, 인도네시아, 필리핀 등과 이미 교환하고 있는 교환공문의 형식에 따라 "종래 문제가 되어 왔던 한일병합조약 등의 무효논의를 피할 수 있다"로 되어 있다.[34] 이와 같이 제1차 회담 결렬 후의 일본정부의 방침은 외교관계의 설정을 최우선으로 하고, 구 조약 무효 확인을 회피하는 한편으로, 한국정부의 관할권 문제에 관해서는 여전히 신중한 태도를 취했다.

제2차 회담에서는 기본관계 교섭이 두 차례 열렸는데, 구 조약 무효 확인 조항 등의 논점에 관해 서로의 입장을 확인하기 위한 간단한 의견교환이 이루어졌을 뿐, 다른 현안을 다루는 분과회의가 결론에 도달할 때까지 휴회하기로 합의했다.[35] 또한 제3차 회담에서도 기본관계 교섭은 분과회의가 한 차례 열렸을 뿐이었다.

제2차 회담 기본관계 분과회의 제2회 회의에서는 재일조선인의 국적 문제에서 한일 양측이 미묘한 입장의 변화를 보였다. 재일조선인의 강제송환을 조기에 실현하기 위해 '한국국적' 확인을 서두르는 일본 측의 스즈키 참사관은 "한국 국적법의 적용을 받는 이들 한인이 당연히 한국적을 취득했다고 해석하고 있다"고 발언했다. 이에 대해 강제송환을 거부하는 한국 측은 재일조선인의 국적에 관해 "일본과의 관계에서 협정이 성립되기 전까지는 미확정"이라고 발언했다. 한편 일본 측의 구보타(久保田) 대표는 "일본 국내에서도 한국적을 강제하는 데 대해 북한계 주민 사이에 강한 반대가 있다고 지적하고, 가능하면 국적조항을 조약에서 제외하고, 발표하지 않는 문서에서 한국적을 확인할 것"을 제안했다. 이에 대해 한국 측도 국내의 논의를 의식해서인지 "앞으로도 전 회의와 같은 주장", 즉 재일조선인이 일률적으로 한국국적을 갖는다는 주장을 계속할지도 모른다고 언급했다. 이와

---

33) 일/904/1045, 13-14매째.
34) 일/904/1050, 8매째.
35)「昭和二八年度会談日誌 前期会談日誌」, 일/827/497.

같이 한일 양측이 모두 재일조선인을 한국국적 보유자로 하려는 한편으로, 북한 지지자에 대한 대응(일본정부)과 강제송환의 거부(한국정부)를 위하여 그와 모순되는 주장도 제기되었다.36)

또한 제3차 회담 제2회 본회의에서 한반도 북부의 구 일본인 재산을 둘러싸고 다음과 같은 논의가 이루어진 것이 주목된다. 일본 측의 기록에 의하면, 김용식 주일공사는 "유엔 결의에 나타난 대로 한국은 한반도 유일의 합법정부이고, 북한은 한국의 일부이다. 미 군정부의 일본재산 접수명령은 지도원리를 나타낸 것으로 미 군정부의 관할이 38도선 이남에 있지만, 북한에 있는 일본인재산도 마찬가지로 처리된다"고 발언했다고 한다. 이에 대해 구보타 대표는 "조선에서는 한국이 유엔결의에 의해 인정된 유일한 국가라는 의미에서의 합법성을 의심하는 것은 아니지만, 실제로 지배가 미치는 범위에 관해서는 유엔결의에는 한정적 표현이 있음을 지적하고, 또한 어찌되었든 북한은 미 군정부의 권한 밖"이라고 언급했다.37) 이 논의는 재산청구권 문제, 특히 한반도 북부의 재북 일본인재산의 처리와 관련하여 한일 간에 한국정부의 관할권에 관해 논의된 최초의 사례라고 할 수 있다.

2. 중단기부터 제4차 회담까지의 기본관계 논의

한일회담은 1953년 10월의 제3차 회담이 '구보타 발언'에 의해 결렬되자 완전한 중단기에 들어갔다. 1955년 1월부터 3월까지의 다니 마사유키(谷正之) 대사와 김용식 대사와의 회담에서 한국 측이 한일 불가침조약의 체결을 제기하여 일본 측이 한미일 공동선언안 및 한일 수호우호조약 요지를 준비해서 교섭을 진행했는데, 북한이 대일 접근의 움직임을 보이자 한국 측의 태도가 강경해져 결국 교섭은 결론을 내지 못한 채 종료했다.

그 후 1957년 12월의 한일공동선언에 의해 일본 측이 '구보타 발언' 및

---

36) 「日韓交渉報告(一○)基本関係部会第二回会議状況」 1953년 5월 25일자, 久保田参与, 일/1081/692, 11-21매째.

37) 「日韓交渉報告(再七)日韓交渉第二回本会議状況」 1953년 10월 13일자, 久保田参与 작성, 일/2434/169, 6-7매째.

한국에 있는 일본인재산에 대한 청구권 주장을 철회하는 등 변화를 보여 한일회담이 재개되게 되었다. 한일공동선언에는 합의의사록이 첨부되어 있는데, 그 의사록 속에는 공표되지 않은 것도 있었다. 그중 하나가 제4차 회담의 의제인데, 그중 하나에 "1910년 및 그 전에 체결된 조약 및 협정이 효력을 갖지 않는다는 사실의 확인에 관한 사항"이 포함되어 있었다.38) 그러나 이듬해 4월 15일부터 시작된 제4차 한일회담에서는 기본관계위원회가 한 번도 열리지 않았다.

이전의 회담과 비교해서 제4차 회담에 임하는 일본정부의 방침을 검토하면, 외교관계의 수립을 우선하고, 조약형식을 간결한 것으로 한다는 기본 자세를 계승하면서도, 몇 가지 변화를 보였다. 우선 1957년의 한일공동선언의 취지를 반영하여 기본조약에 구 조약 무효 확인조항이 포함되게 되었다. 1958년 4월 22일자로 두 가지 안이 작성된 「한일기본조약 및 의정서」의 전문에 "일본국과 구 대한제국 간에 체결된 모든 조약 및 협정이 일본국과 대한민국과의 관계에서 효력을 갖지 않는다는 것을 확인한다"는 문장이 있다.39)

그리고 한국정부의 관할권 문제에 관해서는 제4차 회담에 임하는 일본정부의 후지야마 아이이치로(藤山愛一郎) 외상의 훈령에 다음과 같이 나타나 있다. "원칙적으로는 전 조선에 걸친 문제를 한국정부와 교섭하는 게 되지만, 교섭에 있어서는 대한민국정부의 지배가 북한에 미치지 않는다는 현실 사태에 비추어, 우리나라가 한국정부와 맺는 조약 중 사항에 따라서는, 전 조선에 걸쳐 규정하는 것이 불가능하거나 또는 부적당한 것이 있고, 또한 만약 전 조선에 걸쳐 규정하더라도 당장 현실에서는 북한에 적용할 수 없는 사항도 있을 수 있다는 것을 고려할 것"40)을 당부했다. 즉, 일본정부는 조선의 분단정부 중 계속해서 한국정부만을 상대로 하면서도 한국과의

---

38) 「在韓抑留日本人漁夫と在日収容韓人等の措置及び日韓間全面会談再開に関する日韓両国政府間取極並びに本件取極実施のためにとるべき措置についての閣議請議の件」, 일/1144/1527, 14매째.
39) 일/1152/1537, 5, 12매째.
40) 「訓令 日本国と大韓民国との全面会談における」, 1958년 4월, 일/1152/1536, 2-3매째.

교섭에서 북한에 관해서는 '백지'로 하는 방침을 이 시점에서 명확히 했던 것이다.

또 한 가지, 기본관계 교섭의 문제로서 주목할 것이, 독도=다케시마 영유권 문제이다. 기술한 후지야마 외상의 훈령에 "본 건의 조기해결을 촉진하기 위해 다케시마 문제는 별도 해결을 도모하기로 한다"[41]고 되어 있다. 또한 동년 7월 2일에 외무성이 작성한 「한일회담 교섭방침」에는 "다케시마 문제는 당사자 간 분쟁이 있는 사안으로서 앞으로 문제로 남을 것"[42]이라고 되어 있다. 이와 같은 독도=다케시마 영유권 문제가 장래 한일회담의 문제로서 일본정부의 기본방침에서 명기된 것은 제4차 회담이 처음이었다.

3. 제5차 회담에서 기본관계 논의

1960년대에 들어오면, 한국전쟁 후의 경제부흥에서 북한에게 뒤쳐진 한국에 대한 경제지원의 필요성에서 한일회담 타결의 기운이 높아졌다. 장면 정권과 이케다(池田)정권 간에 이루어진 제5차 회담에서는 기본관계 교섭은 한 번도 이루어지지 않았지만, 일본정부 내부에서 기본관계 교섭에 관한 논점을 정리하는 작업이 진행되고 있었다.[43]

1960년 12월 1일자로 조약과가 작성한 「한일교섭에서 일본정부의 입장에 관한 법률상의 문제점」은 기본관계 교섭에 관련된 논점에 대한 일본정부의 입장을 보다 명확히 한 문서이다. 우선 '한국정부의 지위'에 관해서는 1948년 12월 12일의 유엔결의 195(III)의 내용에 따라 "한반도에 성립한 유일한 합법정부이지만, 그 실효적 지배와 관할은 남한에만 미치고 있다"고 하는 종래의 입장을 재확인했다. 즉 그것은 "북한의 사실상의 권위(authority)를 전혀 부정하지 않고, 나아가 조약의 각 조항의 적용은 한국정부가 실효적 지배와 관할을 미치고 있는 남한에 한한다"는 것이다. 더욱이 한국정부

---

41) 「訓令 日本国と大韓民国との全面会談における」, 4매째.
42) 일/1152/1538, 2매째.
43) 1960년 10월 20일자로 외무성 조약국 조약과가 작성한 「대한민국 관할권의 한계」라는 문서는 그 일례이다. 일/1186/1839, 12-28매째.

의 지위에 관해서는 "특히 조약에 명시된 규정을 만들지 않는다"고 하여, 조약 전문에 기술한 유엔결의를 상기하는 취지의 문장을 넣는 데 그치도록 방침을 제시했다. 또한 일본정부에 의한 한국독립 승인의 시점을 어디까지나 대일 강화조약 발효 시로 요구하면서도 한국정부의 입장을 배려해서인지 독립승인의 효과를 1948년 8월 15일(미 군정부가 군정을 끝내고 한국이 독립을 선언한 날)까지 소급할 수 있도록 했다.44)

더욱이 구 조약 무효 확인조항에 관해서는 구 대한제국으로부터 대한민국으로의 법적승계관계가 전혀 존재하지 않는다는 입장에서 구 조약 무효 확인조항이 법적으로 무의미할 뿐만 아니라 법적승계 관계를 주장하는 한국 측의 조약 불성립론을 이끌어내지 못할 지도 모르는 위험을 포함한다고 하여 삭제 또는 합의의사록으로 돌릴 것을 방침으로 했다.45) 이는 전문(前文)에서 구 조약 무효 확인조항을 포함하는 안을 제시했던 제4차 회담 시의 방침에서 전환했다기보다 본래의 일본정부의 입장으로 회귀했다고 할 수 있다. 상기 사료에서 한국정부의 관할권과 관련하여 다시 대일 강화조약에 의한 한국독립 승인 문제를 제기한 것 등을 감안하면, 제5차 회담에서의 일본정부의 자세는 종래보다 자신들의 입장을 전면에 내세우고 있다고 할 수 있다. 이는 한국 측과의 교섭에서의 협상을 의식한 자세로 생각된다.

4. 제6차 회담에서의 기본관계 교섭

군사 쿠데타에 의해 성립된 박정희정권과 이케다정권 사이에서 행해진 제6차 회담은 1962년 말의 한일 간 최대 현안이었던 청구권 문제에 관한 원칙적 합의가 이루어져 국교정상화의 가능성이 한층 높아졌다. 이와 같은 상황을 배경으로 일본정부는 기본관계 교섭을 준비했다.

1963년 8월 1일에 외무성 북동 아시아과가 작성한 「한일회담의 제 현안

---

44) 일/1186/1841, 1-7매째.
45) 위의 문서, 8매째.

에서 북한 문제가 관련되는 몇 가지에 관한 협정상의 취급에 관해」라는 문서는 기본관계의 조약형식에 관해 공동선언을 선택할 것을 구체적으로 제시하고 있다. 북동 아시아과는 영토 문제 등 한일 간에는 입장이 달라 쌍방을 만족시키는 표현이 매우 곤란한 문제가 있음을 이유로 들어 "이와 같은 문제를 회피하기 위해 국교정상화에 관한 공동선언 방식에 의해 국교수립, 대사 교환 등 최소한도 필요한 내용만을 함의하는 방식을 취하는 것이 적당"하다고 했다.[46]

또한 한국정부의 관할권과 관련하여 재산권 청구교섭의 대상을 남한에 한정하는 한편, 북일교섭에 관해서는 한국정부를 유일합법정부로 하고 있기 때문에, "한국정부와 함께 북한 당국을 상대로 북한지역에 관한 청구권 문제에 대해 교섭을 하는 것은 현재 생각할 수 없다"고 했다. 더욱이 재일조선인의 국적 문제에 관해서는 "한국정부에 충성을 맹세하는 자"만을 적용대상으로 하기 때문에 "한국 측이 희망하는 바와 같은 재일조선인 모두가 '대한민국 국민'임을 확인하는 취지의 조항 삽입은 일본 측으로서는 절대 응할 수 없다"는 입장을 분명히 했다.[47] 그러면서도 일본정부는 한국정부의 관할권 문제를 제시하는 데는 여전히 신중한 태도를 취했다.

1964년 4월 14일자로 외무성 조약과가 작성한 「한일 기본관계 문제의 처리방침(안)」에서는 「공동선언 또는 교환공문」에 의한 외교관계의 수립이라는 방침을 재확인했다. 조약형식으로 하지 않는 이유로서 (1) 조약형식으로 하면 구 조약 무효확인, 관할권 조항을 포함해야만 한다는 논의가 나오기 쉽고, '관련한 한일 양국에게 처리곤란한 문제가 파생적으로 발생하는 것을 방지하는 것이 바람직하다'는 것과 (2) 제 현안의 해결에 관한 협정의 총괄로서 기본조약을 만드는 것을 기술적으로 곤란하다는 두 가지를 들고 있다.[48] 요컨대 일본정부는 기본관계 교섭상 현안을 모두 불문에 부친 채 공동선언 또는 교환공문이라는 약식협정에 의해 국교정상화를 하려 하고 있었다.

---

46) 일/1186/1845, 2매째.
47) 위의 문서, 4, 7매째.
48) 일/1186/1847, 8-12매째.

외무성 내에서 이 처리방침안이 토의된 기록에 의하면 구 조약 무효 확인조항에 관해서는 "언제부터 무효가 되었는지가 나오지 않는다면 지장은 없지만, 조항 그 자체가 없다면 그보다 나은 것은 없으므로 처음 일본 측 안을 제시할 때는 삭제하기로 결정되었다"49)고 한다. '언제부터 무효가 되었는지가 나오지 않는다면 지장 없다'는 부분은 일본 측의 양보선으로 주목된다. 단 최종적인 기본조약이 '이미(もはや) 무효'라는 표현으로 결정된 것을 고려하면, 이 양보선은 한국 측 안을 그대로 받아들이는 것을 의미하지 않는다고 할 수 있다. 또한 한국정부의 관할권에 관해서는 '관할권 조항으로 1항을 따로 만들지 않고, 한국독립의 승인 규정에 관할권에 관한 문구('현재 지배하는 지역'으로 한다)와 유엔결의를 적용하는 형태'로 하기로 했다.50)

이상과 같은 논의가 18일자로 외무성이 작성한「일본국과 대한민국과의 공동선언(안)」에 반영되어 있다. 우선 제1항에 "일본국은 1951년 9월 8일에 샌프란시스코시에서 서명된 일본국과의 평화조약 제2조(a)의 규정에 근거하여 조선의 독립을 승인하고, 나아가 1948년 12월 12일의 유엔총회결의 195(III)의 취지를 존중하여 대한민국 정부를 승인한 것을 확인한다"고 되어 있다. 제2항에서 협정에 의한 제 현안의 해결을 확인하고, 제3항에서 "전항의 관련 제 협정의 적용에 있어서는 대한민국 정부의 유효한 지배 및 관할권이 한반도 북부에 미치지 않는 것을 고려한다"고 하고 있다. 제3항은 상기의 외무성 내에서의 논의와 언뜻 보면 모순되는데, 이는 분명 한국 측과 협상을 의식하여 삽입한 문구일 것이다. 더욱이 제7항에서는 공동선언 및 관련 제 협정의 해석, 또는 적용으로부터 발생할 분쟁에서 교섭에 의해 해결에 이르지 않는 문제는 국제사법재판소에 부탁하지 않으면 안 된다고 하고 있다. 이는 독도=다케시마 영유권을 의식한 조항이다.51)

제6차 회담에서 기본관계위원회는 1964년 4월 23일과 5월 8일에 개최되

---

49)「日韓会談基本関係問題」1964년 4월 15일자, 북동아시아과「內田君ファイル」라고 되어 있음), 위의 문서, 21매째, 밑줄은 원문과 같음.
50) 위의 문서, 22매째.
51) 일/1186/1848.

었다. 일본 측은 공동선언안을 작성하여 임했는데, 한국 측은 요강안을 제시하지 못했기 때문에 공동선언안을 제시하지 않았다. 한국 측이 "한국 국민의 감정으로 보더라도 기본관계 제 협정은 과거 36년간의 일본의 지배를 청산하고, 새로운 한일관계의 기초가 되어야만 한다"고 하여 조약 형식을 주장한 데 대해, 일본 측은 "청구권, 기타 한일회담의 현안이 해결된 것을 확인하고, 그 위에서 외교관계를 설정한다는 방침"이라며 공동선언 방식을 주장했다. 한국 측은 일본의 공동선언 형식의 주장에 대해 "과거 3회에 걸친 일본 측 제안은 모두 조약의 형식을 취하고 있다"고 하고, "전혀 의외로 생각한다"며 실망감을 나타냈다.[52] 이와 같이 11년 만에 재개된 제6차 회담에서 기본관계 교섭은 '과거청산'을 중시하는 한국 측과 한일 간의 여러 현안을 보류하고 '외교관계의 설정'을 중시하는 일본 측이 교섭 당초부터 계속된 견해차를 확인하는 것으로 끝났다.

Ⅳ. 제3기의 기본관계 교섭(1964년 12월~1965년 2월)

1. 제7차 회담에서 기본관계 교섭

1) 한일 양측에서 제시한 합의 요강안

제7차 회담에서 기본관계 교섭은 1965년 2월로 예정된 시이나(椎名悦三郞) 외무대신의 방한까지 모두 13차례 열려 조기타결이 촉구되었다. 그 배경에는 청구권, 어업, 재일조선인의 법적지위 등 여러 현안에 관한 타결 전망이 보이기 시작했다는 교섭 당사자의 판단과 한국정부가 베트남 파병을 결정함으로써 한미일 3국이 한국에 대한 반공지원체제의 강화를 서둘렀던 것을 들 수 있다.

1964년 12월 10일의 기본관계위원회 제2차 회의에서 제시된 일본 측의

---

52) 일/821/448.

합의 요강안은 4월 18일에 작성한 기술한「일본국과 대한민국과의 공동선언(안)」과 거의 같은 것이었다.53) 한국 측으로부터는 제1항의 평화조약, 유엔결의 언급, 제3항의 한국의 관할권, 제7항의 분쟁해결수단으로서의 국제사법재판소에의 제소에 관한 질문이 있었다.54)

한편 한국 측의 합의 요강안은 11월 30일에 외무부 동북아과가 기안한「기본관계문서에 대한 우리 측의 기본입장」에 기초하고 있다. 그「일반지침」제1항에서는 '한일 간의 좋지 못한 과거 관계를 청산'할 것, 제2항에서는 '대한민국 정부만이 한반도의 유일합법정부라는 우리 측의 입장은 어떤 경우에라도 유지하도록 한다'는 것이 정해져 있다. 한국정부의 유일합법 확인 조항이 한국정부의 방침으로서 포함된 것은 이것이 처음이다. 또한 보다 구체적인「세부지침」에서도 '과거의 불행한 양국 간 관계를 청산함으로써 양국 간의 새로운 관계를 개선한다는 취지'를 규정하고, '구한말에 일본과 체결한 모든 조약의 무효를 규정한다. 무효의 시점을 당초부터(abinitio)로 하도록 최대한의 노력을 한다'는 것 등이 정해져 있다.55)

한국 측의 합의 요강안은 형식을 조약으로 할 것, 전문에서 '대한민국 정부가 한국에서 유일합법정부라는 사실의 확인', 본문에서 '한국과 일본국 간에 1910년 8월 22일 및 그 이전에 체결된 모든 조약 또는 협정이 무효라는 사실의 확인' 등을 그 내용으로 했다.56) 일본 측은 이들 내용에 관해 질문하고, 아울러 기본관계위원회에서 독도=다케시마 영유권 문제에 관해 '해결 전망'을 찾고 싶다고 주장했다.57)

이들 논의에 기초해 12월 16일의 제4회 회의에서 한일 양측의 요강안의

---

53) 「日韓基本關係に關する合意要綱案」1964년 12월 10일자, 일/1186/1851, 1-6매째.
54) 제7차 한일회담 기본관계위원회의 의사록은 다음과 같다. 일/1090/1345-1347.「第七次韓日会談, 基本関係委員会会議録及び訓令一九六四. 一二-六五. 二」, 한/723.1 JA/1455. 이하 번잡을 피하기 위해 이들 의사록에 관해서는 특별한 인용 등을 제외하고 각주를 생략했다.
55) 「第七次韓日会談, 基本関係委員会会議録及び訓令一九六四. 一二-六五. 二」, 8-9쪽.
56) 「基本関係に関する韓国側立場要綱(案)」1964년 12월 10일자, 앞문서 일/1186/1851, 7-21매째.
57) 주 54와 동일.

정리표가 작성되었다. 그중 '토픽으로서 내용에 이의가 있는 것'으로서 과거청산과 1910년 8월 22일 이전의 조약 또는 협정의 무효 확인, 한국정부가 유일합법정부라는 사실의 확인과 샌프란시스코 평화조약 제2조(a)의 규정 및 유엔결의 195(III)의 취지 확인, 한국정부의 관할권문제, 분쟁처리조항, 합의문서의 형식 및 명칭의 5항목이 거론되어, 이들 문제에 관해 기본관계위원회에서 계속해서 토의하게 되었다.

2) 한일 양측에서 제시된 제1차 조약안

다음해 1월 26일에 열린 제7차 회의에서 한일 양측으로부터 제1차 조약안이 제시되었다. 일본안의 표제는 마지막에 정하겠다고 해서 공란으로 되어 있다. 또한 본문은 제1조에 제 현안의 해결 확인조항을 포함하여 외교관계 등의 설정 상 필요최소한의 항목을 그 내용으로 하고 있다. 일본 안에서 주목되는 것은 본문에 부기(付記)된 2개의 주석이다. '주1'은 "'한국의 유효지배 및 관할권은 한반도 북부에 미치지 않는 것을 고려할 수 있다'는 규정은 1에서 언급한 관계 제 협정에서 그 적용범위의 문제가 처리되는 것을 전제로 삭제 한다"고 하는 것이다. '주2' 'ICJ에의 부탁'은 "당해 관계 제 협정에서 동일한 취지가 거론된다면 삭제해도 좋다"는 것이다.[58] 특히 일본 측은 '주1'에 관해 "한국 측이 희망하는 유일합법 정부라는 규정의 삽입은 일본 측으로서 받아들이기 불가능"하기 때문에 관할권에 관한 기술을 삭제하고, 아울러 전문에서 유엔결의에 입각해 한국정부가 유일합법 정부라는 것을 암시했다고 설명했다.[59] 요컨대 일본 측은 관할권 규정을 조문에 담지 않는 '양보'를 표시하는 것으로써 한국 측의 유일합법정부 조항의 주장을 철회시킬 것을 노렸던 것이다.

또한 일본 측은 구 조약 무효 확인조항에 관해 "대일본제국과 대한제국 간의 조약이 이미 효력을 갖지 않는다는 취지의 규정을 한국 측이 반드시

---

58)「日本国と大韓民国との間の基本関係に関する(合意)案」1965년 1월 25일자 및「日本国と大韓民国との間の————(案)」1965년 1월 26일자. 일/1186/1851, 37-61매째.
59) 일/1090/1346, 7-26매째.

넣고 싶다고 한다면, 전문에서 이에 대해 언급하는 것을 검토할 용의가 있다"고 발언했다.60) 즉 일본 측은 체결 당초에는 유효였다고 해석할 수 있는 조문을 바라고 있었다.

한편 영문으로 작성된 한국 안은 제2조에 한국정부의 유일합법 확인조항, 제3조에 구 조약 무효 확인조항이 제시되었다. 한국정부의 유일합법 확인조항이 포함된 조약안이 작성된 것은 이것이 처음이다. 그 문안은 다음과 같다.

> Article II It is confirmed that the Government of the Republic of Korea is the only lawful government in Korea.
>
> Article III It is confirmed that all treaties or agreements concluded between the Empire of Korea and the Empire of Japan on or before August 22, 1910 are null and void.61)

여기에 나타난 대로 유일합법 확인조항에서는 "the only lawful government in Korea", 구 조약 무효 확인조항에서는 "are null and void"가 사용되었다. 한국 측은 제2조(그리고 제3조에서 공통)에 관해 "It is confirmed that"(~라는 것이 확인된다)이라고 완곡하게 표현했고, 제3조에 관해서는 "한국 측은 구 조약이 처음부터 무효라는 생각이지만, 일본 측의 입장도 있으므로 'are null and void'로 표현을 중성화했다"고 설명했다.62) 그러나 특히 후자에 관해 일본 측은 null and void라는 표현 그 자체를 문제시했기 때문에 표현이 중성화되었다고는 이해하지 않았다.

---

60) 위의 문서.
61) 「DRAFT BASIC TREATY BETWEEN THE REPUBLIC OF KOREA AND JAPAN」, 일/1186/1852.
62) 일/1090/1346, 7-26매째.

3) 기본관계위원회에서 제시된 조약안

그 후 2월 5일의 제9차 회의에서 일본 측으로부터 제2차 조약안이 제시되었다. 이 조약안에서 특히 주목되는 것은 제5조에 처음으로 구 조약 무효 확인조항이 포함되었다는 것이다. 단 그 내용은 "대일본제국과 대한제국 간에 1910년 8월 22일 이전에 체결된 모든 조약 및 협정이 일본국과 대한민국 간에 효력을 갖지 않는다는 것이 확인 된다"고 하는 것으로 제1차 회담 때부터 일본 측이 주장해 온 '효력을 갖지 않는다'(have no effect)라는 표현이 유지되었다.63) 이 점에 관해 일본의 조약안의 기초가 된 2월 2일의 외무성 조약안에 "null and void를 받아들여할 할 때를 위해 남겨 두라"는 메모가 첨부되어 있다.64) 즉 이 조약안은 한국 측이 주장하는 구 조약 무효 확인조항 및 null and void라는 표현을 받아들이는 대신에 구 조약이 체결 당시 유효였다는 일본 측의 주장을 이 조항에 넣기 위한 준비단계였다고 할 수 있다. 또한 제6조에서는 국제사법재판소에의 제소가 남았고, 제7조의 비준조항의 주(注)에서 「양국 정부 간의 제 협정」에 "다케시마 등에 관한 협정을 포함한다"65)고 명기되었다.

이에 대해 한국 측은 전문에 '역사적 배경'이라는 표현을 넣을 것과 대일강화조약 제2조(a)에 대한 언급을 삭제할 것, 한국정부가 한반도의 유일합법정부라는 것을 명기할 것 등을 요구했다. 또한 구 조약 무효 확인조항에서 null and void에 관해 한국 측은 "abinitio라는 단어가 들어가 있지 않으므로 당초부터 무효였다고는 해석할 수 없는 여지도 있는 것은 아닌가"라고 반론하고, 'are null and void'가 한국 측의 최종안이라고 주장했다.66) 그러나 일본 측은 null and void에 조약이 당초부터 무효였다는 의미가 포함된다는 입장을 견지했다.

2월 8일의 제10차 회의에서 한국 측의 영문 제2차 조약안이 제시되었다.

---

63) 위의 문서, 55매째. 동 조약안의 영문은 2월 8일의 제10회 회합에서 제시되었다.
64) 「未定稿 日本国と大韓民国との間の基本関係に関する条約(案)」, 일/1186/1852, 20매째.
65) 일/1090/1346, 56매째.
66) 위의 문서, 63매째.

이 안에서 주목되는 것은 제2조의 한국정부의 유일합법정부 확인조항이다. 즉 "It is confirmed that the Government of the Republic of Korea is the only lawful government in Korea as declared in the resolution 195(III) of the United Nations General Assembly"67)라고 유엔결의를 구체적으로 삽입한 것이다. 그러나 일본 측은 여전히 'the only lawful government'라는 표현에 대해 "일본 측으로서 절대 수용할 수 없는 조항"이라고 주장했다.68)

2월 10일의 제11차 회의에서는 일본 측이 제3차 조약안을 제시했다.69) 이 조약안에서는 몇 가지 주목할 점이 있다. 첫째로, 일본 안에서 처음으로 조약 명칭을 Treaty로 했다는 것이다. 둘째로, 전문에 한국 측이 주장한 '역사적 배경(the historical background)'을 삽입하고 대일 강화조약의 인용에 관해서는 제2조(a)에 대한 언급을 삭제한 것이다. 셋째로, 제5조에서 처음으로 한국정부의 합법 확인조항을 추가했다. 그리고 넷째로, 제6조의 구 조약 무효 확인조항에서는 처음으로 null and void라는 표현을 받아들였다.

이와 같이 일본 측의 제3차 조약안은 형식으로서는 상당히 한국 안에 가까워졌지만, 다음의 몇 가지에서는 일본정부의 주장을 고수하고 있어 그러한 의미에서 일본 측의 입장을 변경한 것은 아니라고 할 수 있다. 첫째, 유일합법정부 확인조항에서는 한국안의 표현 중 'the only lawful government'를 'a lawful government'로 변경하여 '유일'이라는 뉘앙스를 배제하고 있다. 둘째, 구 조약 무효 확인조항에서는 'have become null and void'로 하여 구 조약이 당초부터 무효라고 해석할 수 있는 여지를 좁히고 있다. 셋째, 여전히 제7조에서 국제사법재판소에 회부한다는 문구가 남아 있다.

단 일본 측의 제3차 조약안이 토의된 제11차 회의에서 일본 측은 유일합법 확인조항에서 "It is confirmed that the Government of the Republic of Korea is the only lawful government in Korea having been declared as a lawful government in the Resolution 195(III) of the United Nations General Assembly"라는 대안을 제시했다. 이에 대해 한국 측은 이 대안을 포함하여

---

67) 위의 문서, 72매째.
68) 위의 문서, 61매째.
69) 일/1090/1347, 9-14매째.

일본 안을 검토하겠다고 말했다.70) 일본 측이 'the only lawful government' 라는 문구를 조약안으로서 제시한 것은 이것이 처음이다.

또한 한국 측은 제6조의 구 조약 무효 확인조항에 관해 'have been null and void'라는 안도 제시했지만, 일본 측은 "당초 한국안의 are null and void 와 마찬가지로 나쁘다"며 이를 받아들이지 않았다.71)

시이나 외상이 방한하기 전의 마지막 기본관계위원회인 제13차 회의가 2월 15일에 개최되었다. 이 회의에서 조약의 배열에 관한 합의에 도달했다. 즉 제1조 외교관계, 제2조 구 조약 무효 확인, 제3조 한국정부의 유일합법정부 확인, 제4조 유엔헌장의 준수, 제5조 통상, 제6조 민간항공, 그리고 제7조 비준이다.72) 독도=다케시마 영유권 문제를 포함한 분쟁해결수단으로서 국제사법재판소에 제소한다는 조항은 이 시점에서 삭제되었다. 이에 관해서는 일본 측이 "시이나 외상 방한까지는 충분히 토의할 여유가 없다는 시간적 이유"를 들어 양보했다고 한국 측의 의사록에만 기록되어 있다.73) 이렇게 해서 전문에서 유엔결의 및 대일 강화조약 언급, 한국정부의 유일합법조항 및 구 조약 무효 확인조항만이 미해결 문제가 되었다.

2. 시이나 외상 방한시의 기본관계 교섭

시이나 외상 방한시의 2월 18일에 열린 기본관계 문제 실무자회의에서 전문의 유엔결의와 대일 강화조약을 상기하는 문안은 거의 합의에 도달했다. 특히 대일 강화조약에 관해서는 일본 측이 한국정부의 독립을 승인하기 위해 필수라고 했던 동 조약 제2조(a)를 특정하지 않음으로써 일본 측의 의도가 애매해지는 문안이 되었다.74)

이렇게 해서 구 조약 무효 확인조항과 한국정부의 유일합법정부 확인조

---

70) 위의 문서, 7-8매째.
71) 일/1090/1347, 6-7매째.
72) 위의 문서, 28매째.
73) 「第七次韓日会談, 基本関係委員会会議録及び訓令一九六四. 一二-六五. 二」, 221쪽.
74) 위의 문서, 262-263쪽.

항만이 남겨지게 되었다. 이들 문제에 관한 문안이 2월 19일에 열린 이른바 청운각 회합으로 구 조약 무효확인에 관해서는 '이미 무효'='are already null and void'로, 한국정부의 유일합법정부 확인조항은 '~에서 분명히 나타난 바와 같이'='as specified in'으로 최종적으로 합의되었음은 기존 연구에서 밝혀져 있다. 후자에 관해서는 장박진이 지적한 바와 같이, 일본 측이 '유일한 합법정부'라는 표현에 관해 유엔결의가 직접 수식하는 바와 같이 'the only such lawful government in Korea as……'[75]라는 안을 제시했는데, 이 안은 채용되지 않았다. 그러나 정말 중요한 청운각 회합에 관한 기록은 한일 양측의 공문서에 포함되어 있지 않아 사료상의 침묵이 지켜지고 있다. 그로 인해 현재로서는 청운각 회합 그 자체에 관해 새로운 사료에 기초한 논의는 할 수 없다.

그런데 장박진은 이 두 가지 문제가 거래대상이었다고 한다. 그러나 이 주장에는 다음과 같은 의문이 든다. 첫째로 일본 측은 청운각 회합 이전에 한국정부의 유일합법 확인조항에 관해서는 the only lawful government라는 표현을, 그리고 구 조약 무효 확인조항에 관해서는 null and void라는 표현을 이미 받아들였고, 따라서 일본 측으로서는 한국 측에 강하게 양보를 요구할 수 있는 입장이었다고 할 수 있다. 둘째로, 한국정부의 유일합법 확인조항은 일본 측이 한국정부의 관할권 문제를 제시한 데 대해 한국정부가 한반도 전역을 관할하는 정부라는 법적 성격 혹은 이념의 부정을 방지하기 위해 역으로 일본 측에 적극적으로 받아들이도록 요구했던 조항이다. 요컨대 이 조항은 한국정부의 정통성에 관련된 문제였기 때문에 마지막까지 문안을 신중히 검토했던 것이다. 최종적으로 유엔결의가 한국정부의 성격을 수식하는 부분이 as specified in이 되는데, 장박진이 기술한 바와 같이 다른 문안과 그다지 다르지 않다면, 청운각 회합에서 논의되기까지 이 문안의 해결이 지연된 이유를 알 수 없다. 셋째로, 구 조약 무효확인에 관해서는 한국정부가 일본정부의 입장을 배려하여 무효의 시점을 명시하지 않았다

---

[75] 일/1186/1853, 73, 82매째. 일본어문은「大韓民国政府は、国際連合総会決議第九五(III)に明記されているような朝鮮にある合法的な政府としては唯一のものであることが確認される」로 되어 있다(위의 문서, 77매째).

는 점에서 일본이 받아들일 수 있었다고 한다면, already라는 표현도 최종적으로는 허용범위였다고 할 수 있다. 네 번째로, 만약 기본조약교섭이 결렬된다면 일본의 외상을 서울에 초대하여 기본조약을 가조인(initial)하는 한국정부가 일본정부보다 더 큰 정치적 손해를 입게 될 것으로 추측할 수 있다.

이러한 이유들을 종합하여 청운각 회합에 임하는 한일 양국의 입장을 비교하면, 한국 측이 보다 '불리'한 상황이었다고 할 수 있지 않을까. 한국 측으로부터 제기되어 기본조약의 근간이 된 구 조약 무효 확인조항과 한국정부의 유일합법 확인조항이 일본 측의 문안으로 최종적으로 낙착되었으므로 이에 대해서는 한국 측이 당초 상정하고 있었던 것보다 더 일본 측의 의도가 반영된 결과가 되었다고 할 수 있다. 단 일본 측의 입장에서 본다면, 한국정부의 독립승인, 한국정부의 관할권 문제, 독도=다케시마 영유권 문제 및 국제사법재판소에의 제소에 관해서는 기본조약에서 제외하든가 희석되었기 때문에 한일 양국의 타협의 산물이었다는 것은 확실하다. 이 점에 관해서는 이전의 본인의 견해를 수정하지 않으면 안 된다.

V. 맺음말

우선, 서론에서 지적한 기존연구에 대한 논점에 관해 정리하고자 한다. 첫 번째로 기본관계 교섭의 논점은 구 조약 무효확인과 한국정부의 유일합법뿐만 아니라 일본정부에 의한 한국정부의 승인, '과거청산'이냐 '과거를 불문'하느냐 하는 조약의 기본정신의 문제, 독도=다케시마 영유권 문제 등 많은 논점을 포함하는 것이었음이 증명되었다. 두 번째로, 기본관계 교섭에서 거론된 문제는 한일회담의 다른 제 현안과 관련이 있는 것이었다. 구 조약 무효확인 및 일본정부에 의한 한국정부의 승인 문제는 재일조선인의 법적지위, 한국정부의 관할권 문제와 그것으로부터 파생한 한국정부의 유일합법 확인 문제는 북한의 일본인 재산 문제와 중요한 관계가 있었다. 단 회담이 진전됨에 따라 각각의 위원회에서의 검토에 의해 제 현안이 타결을 향해 진전되면서 기본조약에서의 논의는 보다 정신적인 성격으로 변화했다.

그러나 제 현안의 타결 정신을 손상할 수 있는 조문이 기본조약에 규정되는 것에는 한일 모두 신중했다. 세 번째로 본론에서 여러 군데에서 지적한 바와 같이 한일 양측에서 약 10만 장의 외교문서가 공개 또는 개시결정됨으로써 한일회담에 관한 보다 진상에 접근하는 고찰이 가능해졌다. 현재 계속되고 있는 북일 국교정상화교섭, 그리고 일본정부가 앞으로도 마주해야만 하는 식민지 책임 문제의 바람직한 모습을 추구하기 위해서도 금후에도 사료 공개의 중요성을 지적하지 않을 수 없다.

　기본관계 교섭에서는 한일 간의 제 현안을 해결한 후 외교관계를 수립하고자 했다. 그러나 일본정부가 중시한 한국정부의 독립승인 및 관할권, 독도=다케시마 영유권과 한국정부가 중시한 '과거청산', 구 조약 무효확인, 한국정부의 유일합법 정부확인 등의 제 문제에 관해 양자 간에 합의가 성립하거나 이해가 깊어지는 일은 없었다. 한일기본조약은 상호이해를 거치지 않고 외교관계의 수립을 서두른 이른바 '동상이몽'의 산물이었다. 한일, 그리고 미국 등이 보려고 했던 '꿈'은 동아시아 반공체제를 구축하여 한국의 경제부흥을 실현시키고 아울러 동맹국이 공산국가군을 압도하여 성장해가는 모습이었다.

　냉전이 종결되고 20년이 지난 현재의 동아시아에서 새로운 지역세계를 구축한다면, 그것이 북일 국교정상화가 됐든 한일기본조약 재체결이 됐든 동아시아공동체 구상이 됐든 기본조약교섭에서 의제가 되었던 식민지주의 및 분단 문제에 마주서서 이들을 극복해야만 한다. 지금처럼 우리들이 스스로의 장래를 그릴 힘을 시험받는 시대는 없을 것이다.

【부기】
　본문에 조선, 한국, 대한민국, 북한, 조선민주주의인민공화국 등 다양한 지명이 등장하는데, 저자가 사용한 용어를 대부분 그대로 번역했다.

【참고문헌】

이이범, 2008,「한일 기본관계조약의 합의과정에 대한 실증 분석」, 2008년 11월 7일 서울 프레스센터에서 열린 국제회의(『외교문서의 공개와 한일회담의 재조명』) 발표문.

장박진, 2008,「한일회담에서의 기본관계조약 형성과정의 분석: 제2조 '구 조약 무효조항' 및 제3조 '유일 합법성 조항'을 중심으로」,『국제·지역연구』17권 2호.

吉澤文寿, 2005,『戦後日韓関係　国交正常化交渉をめぐって』, クレイン.

「韓日会談予備会談(一九五一. 一〇. 二〇－一二. 四) 資料集: 対日講和条約に関する基本態度とその法的根拠, 一九五〇」.

「韓日会談予備会談(一九五一. 一〇. 二〇－一二. 四) 本会議会議録, 第一－一〇次, 一九五一」.

「第一次韓日会談(一九五二. 二. 一五－四. 二一) 本会議会議録, 第一－五次」.

「第一次韓日会談(一九五二. 二. 一五－四. 二一) 基本関係委員会会議録, 第一－八次」.

「日韓会談省内打合せ会議事要録」.

「日韓会談第六回基本関係委員会議事要録」.

「日韓会談第七回基本関係委員会議事要録」.

「日韓会談第八回基本関係委員会議事要録」.

「日韓会談再開に関する（各省）連絡会議」.

「日韓交渉報告(一〇)基本関係部会第二回会議状況」.

「日韓交渉報告(再七)日韓交渉第二回本会議状況」.

「日韓会談基本関係問題」.

「日韓基本関係に関する合意要綱案」.

「韓国側基本条約案に対する意見(案)」.

「会談決裂の場合韓国側の不利となる諸点」.

「昭和二八年度会談日誌　前期会談日誌」.

「在韓抑留日本人漁夫と在日収容韓人等の措置及び日韓間全面会談再開に関

する日韓両国政府間取極並びに本件取極実施のためにとるべき措置
についての閣議請議の件」.
「訓令 日本国と大韓民国との全面会談における」.
「日本国と大韓民国との間の基本関係に関する(合意)案」.
「第七次韓日会談, 基本関係委員会会議録及び訓令一九六四. 一二-六五. 二」.

한일기본조약과 북한 문제*
유일합법성 조항과 그 현재적 함의

이 원 덕**

I. 머리말

1965년에 체결된 한일기본조약에는 당시 일본의 한반도정책이 압축적으로 표현되어 있다고 할 수 있다. 특히 기본조약 제3조에는 한국의 법적 지위와 관련하여 "한국이 UN 결의 195(3)에 명시된 바와 같이 한반도에서 유일한 합법정부"라고 규정하고 있다. 그렇다면 일본정부는 당시 북한을 과연 어떤 존재로 인식하였으며 일본의 대북한정책의 본질은 과연 무엇이었을까? 냉전체제 종결 이후 변화된 동북아 국제정세 속에서 일본은 북한과의 국교정상화교섭에 임하고 있는데 여기서 일본이 취하고 있는 대북한정책의 기본적인 입장은 무엇인가? 현재 북일교섭은 핵, 미사일 문제, 납치문제라는 장애물로 인해 난항을 겪고 있지만 장기적으로 북일 관계는 어떻게 진행될 것인가?

---

* 본고는 『한국정치외교사논총』 제31집 2호(2010년 2월)에 게재된 본인의 논문을 가필 수정한 것임을 밝혀둔다.
** 국민대학교

이 글은 이 문제에 대한 해답을 찾기 위한 실마리를 제공하기 위해 한일기본조약 제3조의 설치과정과 그것이 지닌 함의를 분석하고자 한다. 본 연구는 한일회담에 관한 양국의 외교문서의 전면 공개를 계기로 하여 수행되었음을 밝혀 둔다. 2005년 한국정부는 34,000장에 이르는 한일회담 관련 외교문서를 공개한 바 있으며, 일본정부도 2008년에 전격적으로 60,000여장의 한일회담 외교문서를 공개하였다. 이러한 외교문서의 공개는 한일회담에 관한 보다 실증적인 연구를 촉진시키는 계기를 제공하였다.

본 논문에서는 이러한 문제의식에 근거하여 다음의 구체적인 네 가지 질문에 대한 해답을 찾아보고자 한다. 첫째, 한국을 유엔결의가 명시한 바와 같은 유일한 합법정부라고 규정한 조항은 어떠한 과정을 통해 설치되었는가? 본 논문은 한국과 일본은 한일회담에서 한국의 법적 지위와 관련하여 각각 어떠한 입장을 견지하였으며 이러한 입장이 제3조에서 어떻게 타협을 모색했는지를 새롭게 공개된 한국과 일본의 외교문서를 통해 분석한다. 둘째, 한국과 일본은 제3조 한국의 유일합법성 조항을 각각 어떻게 해석하였는지 그리고 그것이 지니고 있는 현재의 함의는 무엇인지를 살펴본다. 셋째, 향후 북한의 미래는 어떻게 진행될 것이며 그에 따라 1965년 한일기본조약에서 백지상태로 처리된 북일 관계는 어떻게 전개될 것인가를 분석해 보고자 한다. 넷째, 미해결상태로 놓여있는 북한의 대일청구권 문제는 만약 한국이 주도하는 통일이 달성될 경우에는 어떻게 처리될 것이며 그것이 갖는 의미는 무엇인가를 검토해본다.

II. 한일기본조약 제3조(유일합법성 조항)와 북한 문제

한일기본조약의 제3조 '한국의 유일합법성 조항'은 북한정부의 존재를 이 조약에서 어떻게 다루고 있는지를 보여주는 핵심적인 부분이다. 즉, 일본이 한일기본조약을 한국과 체결하면서 북한을 어떻게 인식하고 있었는지 또 장차 북한과는 어떠한 관계를 맺으려고 의도했는지를 잘 보여주는 부분이 바로 제3조라고 할 수 있다. 따라서 여기서는 한일기본조약의 제3

조가 어떻게 설치되었는지를 공개된 외교문서를 통해 밝혀보고 이 조항을 한국과 일본 그리고 북한이 각각 어떻게 해석했는지를 실증적 분석을 통해 조명해본다.

1. 유일합법성 조항의 설치과정

한국의 유일합법성 문제가 한일회담에서 본격적인 이슈로 대두된 것은 1962년 12월의 일이었다. 김-오히라 메모에 의해 청구권 문제의 해결 원칙이 합의된 이후 유일합법성 문제는 비로서 본격적인 논의의 대상이 되었다.[1] 12월 21일 열린 제6차 한일회담 제2차 정치회담 예비절충 전체회의 제20차 회의에서 한국 측은 일본 측과 사전협의 없이 일방적으로 기본관계조약교섭에 관한 원칙을 제시했다. 이때 제시된 유일 합법성 관련 조항은 영토조항의 형식으로 나타났다. 즉, 영토조항 항목에서 "영토조항에 관해서 양국 입장의 조정을 위하여 현재 행정적 지배하에 있는 지역 및 앞으로 행정적 지배에 들어올 지역[2]"으로 하는 방법이 있다고 주장했다.[3] 이처럼 한국정부가 기본조약의 효력을 전 한반도라고 표기하고 싶었던 것은 한국이 한반도에서 유일한 합법정부라는 것을 부각시키고 향후에 이뤄질지도 모를 '북일교섭'을 미리 막으려는 의도[4]에서 나온 것이었다.

그러나 이러한 영토조항은 1년 반 동안의 회담 중단상태를 거친 이후 1964년 5월 25일자의 기본관계조약의 지침에서 마침내 취소되고 그 대신 제7차 회담이 재개된 후 1964년 11월 30일자의 일본과의 기본조약 조문교

---

1) 장박진, 2008, 「한일회담에서의 기본관계조약 형성과정의 분석: 제2조 구조약 무효 조항 및 제3조 유일합법성 조항을 중심으로」, 『국제지역연구』 제17권 제2호(2008년 여름), 18-19쪽. 이 논문은 기본조약교섭 과정을 한국외교문서에 입각하여 실증적으로 분석한 선구적인 분석으로 필자의 논문 작성에 큰 시사를 주었음을 밝혀둔다.
2) 여기서 현재 행정적 지배하에 있는 지역은 남한지역, 앞으로 행정적 지배에 들어올 지역은 북한지역을 의미하는 것으로 해석된다.
3) 외교통상부 외교문서, 『한일 간의 기본관계에 관한 조약 1964-65 전5권(V.1 교섭 및 서명)』, 6쪽
4) 장박진, 앞의 논문, 20쪽.

섭의 준비 안에서 다음과 같은 형태로 재조정되어 나타났다.[5]

> 제3조: 대한민국정부 만이 한반도에 있어서 유일한 합법정부임은 어떠
> 한 경우에도 유지. 따라서 "두개의 한국" 또는 "이북에 별도의
> 권위" 가 있다는 개념이 절대로 포함되지 않도록 한다.

즉, 유일합법성 문제에 관한 한국 측의 조항 초안이 모습을 드러낸 것이었다. 즉, 1964년 5월의 지침에서 일단 삭제된 영토조항이 유일합법성 조항이라는 형태로 부활한 것이었다. 이 준비 안은 다시 약간의 조정을 거쳐 대일교섭에서 '기본관계에 관한 한국 측 입장 요강 안'이라는 모습으로 제시되었다.[6] 이 요강 안에 따르면 조약이 전문에 "대한민국이 한국에 있어서 유일한 합법정부임을 확인"한다는 내용이 제시되었다. 반면 일본 측이 제시한 '일한기본관계에 관한 합의 요강 안'에서는 조약의 본문에서 "1)대일평화조약 제2조(a)의 규정 및 UN결의 195(III)의 취지 확인, 2)본 선언 및 위 협정의 적용에 있어서 대한민국 정부의 유효한 지배 및 관할권은 현실적으로 한반도의 북측 부분에 못 미치고 있음이 고려됨"이라는 내용이 명시되었다.

한국 측은 전문에서 대한민국이 한국에서 유일한 합법정부임을 주장하고 있는데 반해 일본 측은 한국정부의 관할권이 남측에 한정됨을 규정하고 유엔결의 195(III)을 명기할 것을 주장함으로서 서로 대립하였다. 일본 측이 유엔결의 195(III)의 명기를 요구한 것은 한국이 유엔의 감시하에 이루어진 선거를 거쳐 수립된 합법정부인 것은 틀림없으나 한국의 시정권이 선거가 실시된 한반도의 남측에 한정된다는 점을 부각시키려는 의도에서 나왔다고 볼 수 있다. 이 조항을 둘러싸고 한일 간의 논쟁이 가열된 것은 말할 나위도 없다. 이후 1965년 1월 25일자 훈령에서 한국정부는 교섭대표단에 대해 유일합법성 조항과 관련하여 다음과 같이 지시를 내렸다.

---

5) 한국외교통상부 외교문서『제7차 한일회담 기본관계위원회 회의록 및 훈령 1964, 12-65.2』, 7-9쪽.
6) 장박진, 앞의 논문, 21쪽.

한국정부가 유일한 합법정부라는 사실의 확인과 대일평화조약 제2조 및 유엔결의 195(III)의 취지 확인에 관해서 이하 단계에 따라 교섭한다.
가) 유일한 합법정부취지 확인조항을 삽입한다. 단 유엔결의 195(III)과 평화조약 제2조는 언급하지 않는다.
나) 유엔결의 195(III)만 언급하되 그 결의안의 전 내용을 인용하지 않는 표현(예: 유엔결의 195(III)에서 대한민국정부가 유일한 합법정부임을 선언하고 있음에 비추어…… 등.
다) 평화조약 제2조를 부득이 인용해야 할 경우에는 동 규정만을 특별히 인용하는 것처럼 인상을 주지 않는 표현(예: 한국에 관련된 평화조약 각 조항을 유념하고……)을 사용.
한국정부의 관할권 문제: 대한민국의 관할권에 제한이 있다는 인상을 주는 규정은 절대로 수락하지 않도록 한다.7)

이어 최종안으로서는 기본관계조약의 제2조에

It is confirmed that the Government of the Republic of Korea is the only lawful government in Korea as recognized under Resolution 195(III) of December 12, 1948 of the United Nations General Assembly

라는 조문을 제시할 것을 지시하고 있다. 이에 대한 설명으로서 다음과 같은 내용을 담고 있다.8)

아 측으로서는 유엔결의 195(III)이나 기타를 인용함이 없이 대한민국정부가 유일한 합법정부라는 사실을 확인하는 규정을 둠이 최선의 방안이 될 것이나, 일 측의 강력한 반대가 예상되고 또한 일 측으로서는 유엔결의 195(III)을 한국정부의 관할권에 제약이 있다는 인상을 주는 표현으로서 인용하려는 의도를 가지고 있는 것으로 생각되므로 아 측은 최종입

---

7) 한국외교통상부 외교문서 『제7차 한일회담 기본관계위원회 회의록 및 훈령 1964,12-65,2』, 89-92쪽.
8) 한국외교통상부 외교문서 『제7차 한일회담 기본관계위원회 회의록 및 훈령 1964,12-65,2』, 79-82쪽.

장으로서 유엔결의 195(III)을 인용하되 전 내용을 인용하지 않고 한국정부가 유일한 합법정부라는 것을 확인하는 방법으로서 위의 안과 같은 표현을 본문에 삽입코자 하는 것이며 교섭에 따라 전문에 포함시킬 수도 있을 것이다.9)

이 훈령에 따라 한국 측은 "It is confirmed that the Government of the Republic of Korea is the only lawful government in Korea"라는 조문을 주장하였고 반면 일본 측은 전문에서 "국제연합 총회가 1948년 12월12일에 조선의 독립 문제에 관하여 결의 195(III)을 채택한 것을 상기하여"라는 문구의 삽입을 주장하였다. 교섭 과정에서 일본 측은 애초에 준비했던 '일한기본관계에 관한 합의 요강 안'에서 "관할권이 남측에 한정 된다"는 규정은 삭제하는 대신 한국 측 요구인 유일합법성 조항을 그대로 수용하는 것은 불가능하다는 입장을 표명했다.

이에 따라 한국 측은 2월1일 이미 제시한 조문의 문구 뒤에 "as declared by the United Nations General Assembly Resolution"를 추가한 새로운 안을 제시하고 타협을 시도했다. 즉, 한국 측은 유엔결의라는 표현의 명시를 요구하는 일본 측 제안을 수용하면서도 내용적으로는 관할권을 남측으로 한정하는 성격이 짙은 195(III)이라는 표현을 회피하는 방안을 타협안으로 제시했다. 그러나 이도 일본 측의 강력한 반발을 받게 되자 마침내 2월8일 제10차 위원회에서 한국 측은 유엔 결의 195(III)을 명시하는 조문으로 후퇴하게 되었다. 즉, 한국 측의 제안은 다음과 같은 내용이었다.10)

> It is confirmed that the Government of the Republic of Korea is the only lawful government in Korea as declared in the Resolution 195(III) of December 12, 1948 of the United Nations General Assembly"

---

9) 한국외교통상부 외교문서『제7차 한일회담 기본관계위원회 회의록 및 훈령 1964, 12-65.2』, 83-87쪽.
10) 한국외교통상부 외교문서『제7차 한일회담 기본관계위원회 회의록 및 훈령 1964, 12-65.2』, 156쪽.

이는 일본 측의 유엔결의 195(III)의 명시 요구를 수용하면서도 그 내용에 있어서는 "유엔결의 195(III)이 대한민국의 한국에서의 유일합법성을 선언했듯이"라는 수식어를 붙이는 방식이었다. 이처럼 한국 측은 최후의 순간까지 유일합법성 조항을 포기하지 않고 일본에게 밀어붙였다. 일본은 이의 수용을 거부하면서 다음과 같은 또 다른 수정안을 한국 측에 제시하였다.[11]

It is confirmed that the Government of the Republic of Korea is a lawful government in Korea as declared in the Resolution 195(III) of December 12, 1948 of the United Nations General Assembly.

일본 측은 한국 측 안의 the only lawful government를 a lawful government로 바꿈으로써 한국이 한반도의 유일 합법정부가 아니고 단지 하나의 합법정부임을 부각시키려고 의도한 것이었다. 그러나 이 안 역시 한국이 순순히 받아들일 수 있는 것이 되지는 못했다. 한국이 만약 하나의 합법정부라고 한다면 북한 역시 하나의 합법정부가 되는 것을 인정하는 결과가 되기 때문이었다. 2월 12일 제5차 수석대표회담에서 일본 측은 a lawful government라는 부분을 철회하고 새로운 두 개의 안을 제의했다.

즉, 첫째, 한국 측이 주장하는 the only lawful government in Korea를 받아들이는 대신 그 뒤에 within the meaning(or sense) of the Resolution 195(III)……라는 수식어를 붙이거나 둘째, is (the) such only lawful Government in Korea as declared in the Resolution 195(III)……로 하자는 제안이었다.[12] 이 둘은 공통적으로 한국의 유일합법성을 인정하되 유엔결의 195(III)에서 명시한 바와 같이 그 관할권이 남측에 국한된다는 의미를 반드시 규정해야 한다는 일본 측의 일관된 주장을 담은 내용이었다. 이 안 역시 한국으로서는 수용할 수 없는 것이었다. 2월 15일 제13차 위원회에서 조문의 최종 배열에 대

---

11) 한국외교통상부 외교문서 『제7차 한일회담 기본관계위원회 회의록 및 훈령 1964.12-65.2』, 202쪽.
12) 위의 책, 271쪽.

한 합의가 성립됨과 동시에 일본 측은 새로운 수정안을 다음과 같이 제시했다.13)

······is only such lawful Government in Korea as is specified(described or declared) in the Resolution 195(III)······.

2월 17일 시이나 외상이 한국을 방문한 가운데 기본관계조약 안에 대한 양국의 최종문안 수정을 위한 교섭이 이루어졌는데 여기서 일본 측의 상기 안의 두 부분에 대해서 집중적인 토의가 벌어졌다.14) 한국은 such라는 단어의 삭제를 요구하고 일본 측은 such의 고수를 주장하였다. 그리고 한국 측은 as specified라는 부분을 as recognized 또는 as stipulated로 바꿀 것을 주장한 데 반해 일본 측은 as specified 또는 as meant in, as defined by로 명기할 것을 주장하였다.15) 일본은 such라는 단어를 삽입함으로써 한국의 관할권이 195(III)에 의해 남측에 한정된다는 의미를 강조하려고 한데 반해 한국은 such의 삭제를 통해 한국의 유일 합법성을 더욱 강하게 부각시키고자 했다고 해석된다. 또한 동사 부분에 있어서도 일본은 가능한 한 195(III)의 관할권에 대한 제약성이 드러나는 서술어를 주장한 반면 한국은 유일합법성의 부분이 잘 드러나는 서술어를 채택하고자 한 것으로 풀이된다. 결국 이와 같은 양국의 팽팽한 입장은 다음과 같이 such라는 단어를 삭제하고 동사 부분은 as specified를 채택하는 선에서 최종적인 타협이 이루어지게 되었다.

It is confirmed that Government of the Republic of Korea is the only lawful Government in Korea as specified in the Resolution 195(III) of the United Nations General Assembly.

---

13) 한국외교통상부 외교문서 『한일 간의 기본관계에 관한 조약 등 1964-65 전5권 (V.1 교섭 및 서명)』, 101-108쪽.
14) 오재희, 2008, 「오랄 히스토리: 오재희 전 주일대사 인터뷰」, 『일본공간』 제3호, 162-263 참조.
15) 한국외교통상부 외교문서 『제7차 한일회담 기본관계위원회 회의록 및 훈령 1964.12-65.2』, 295쪽.

또 한 가지 흥미로운 것은 as specified의 앞에 코마를 넣을 것이냐의 문제를 놓고 한국과 일본은 격돌을 벌였다는 점이다. 한국 측은 코마의 삽입을 주장하였고 일본 측은 코마가 불필요하다고 주장한 것이다. 코마가 들어갈 경우와 그렇지 않을 경우의 미묘한 뉘앙스가 고려되었기 때문이다. 즉, 코마를 삽입할 경우는 한국의 유일합법성이 강조되는 한편 유엔결의 195(III)의 관할권에 대한 한정적 의미부여가 약화되는데 반해 코마가 없을 경우는 한국의 유일합법성이 한반도의 남측 만에 관할권을 인정한 유엔결의 195(III)의 강한 구속을 받는 것으로 해석된다. 바로 이점 때문에 양국은 코마의 삽입여부를 놓고 최후의 순간까지 논쟁을 벌인 것이다. 결국 양국의 번역문은 코마의 삽입여부를 각자의 편의에 맡기도록 하였고 그 결과 다음과 같은 번역문이 각각 채택되었다. 한국어로는

> 대한민국 정부가 유엔총회의 결의 제195(3)에서 명시된 바와 같이, 한반도에 있어서의 유일한 합법정부임을 확인 한다.

라고 번역되었고 일본어로는

> 大韓民国政府は, 国際連合総会決議第百九十五(III)に明らかに示されているとおりの朝鮮半島にある唯一の合法的な政府であることが確認される.

라고 번역되었다. 한국어 번역문은 코마를 삽입하여 한국의 유일합법성이 최대한 강조되도록 하였고 반면 일본어 번역문은 한국의 관할권이 남측에 한정된다는 의미가 부각될 수 있도록 코마를 삭제하고 유엔결의가 명시하는 바와 같은 정부라는 의미를 최대한 강조한 문구가 채택되었다.[16]

---

16) 朝鮮政策の改善を求める会, 1989, 『提言: 日本の朝鮮政策』, 岩波ブックレット129, 23-27쪽.

2. 제3조에 관한 한일 양국 정부의 상반된 해석

이상의 경위를 거쳐서 한일기본조약 제3조에는 "대한민국 정부가 유엔 총회의 결의 제195(3)에서 명시된 바와 같이, 한반도에 있어서의 유일한 합법 정부임을 확인 한다"라는 규정이 채택되었다. 유엔결의 195(III)를 삽입한 것은 한편으로 한국의 유일 합법성을 인정하면서도 또 한편으로는 그 관할권의 범위를 한반도 이남에 한정하고 있다는 해석이 가능하게 되었는데 양국은 이 결의의 이러한 이중구조에 착안하여 대립되는 양국의 입장을 타협시키기 위해 이 조항이 설치된 것이다. 이 조항을 두고 한국정부는 대한민국의 유일 합법성을 확인한 것으로, 일본정부는 한국의 관할권을 한반도의 이남으로 한정함으로써 북한의 실체를 사실상 인정함으로써 향후 정세변화가 오면 북한과의 교섭을 진행할 수 있도록 한반도 이북지역을 백지상태로 남겨놓은 것으로 인식하였다. 이 조항은 한국과 일본의 각자 편에 따라 해석되었다.

앞에서 자세히 살펴보았듯이 애당초 한국은 한국의 관할권이 한반도 전역에 미친다는 내용을 조약에 삽입할 것을 주장하였다. 분단체제하에서 북한과의 정통성을 다투는 관계에 있던 한국으로서는 "한국이 유일한 합법정부이며 북한은 불법적인 괴뢰집단"이라는 사실을 일본에게 각인시키고자 의도하였던 것이다. 그러나 일본 측은 북한의 존재를 완전히 부정하고 한국의 관할권이 한반도 전역에 미친다는 해석의 여지를 남길 수 있는 표현이 삽입되는 것을 최대한 회피하였다. 즉, 일본은 1952년 중화민국과의 강화조약 부속교환 공문에서 조약이 중화민국정부의 지배하에 있는 영역에서만 적용된다는 것을 규정한 것과 같은 취지를 표현한 것으로 볼 수 있다. 일본이 한국의 요구를 받아들이지 않은 것은 무엇보다도 당시의 국내 정치 상의 고려도 중요한 변수가 되었다. 당시 야당이었던 사회당과 공산당 그리고 혁신계열의 시민단체, 대학생들은 남한과의 단독 타결은 남북분단을 고착시켜 한반도 통일을 저해하고 한국의 군사력을 강화시켜 남북 대립을 격화시킨다는 이유로 강력한 반대의 입장을 표명했다.

제3조에 대한 양국 정부의 공식해석은 근본적인 괴리를 보여 왔다. 한국

정부는 비준국회에서 유엔결의 195(3)에 따라 "문자 그대로 대한민국이 한반도에 있어서 유일한 합법정부"이며 일본이 북괴와 정상적인 외교관계 또는 영사관계를 맺을 수 있는 가능성을 봉쇄한 것으로 해석하였다. 한일회담 과정에서 한국만이 한반도의 유일 정통정부임을 일관되게 주장해 온 한국은 조약의 체결로 일본이 한국의 주장을 받아들였다고 해석한 것은 당연했다. 예를 들어 이동원 외무장관은 "기본조약이 명기하고 있는 바대로 일본은 두 개의 한국을 인정하고 있지 않다. 한국이 한반도의 유일한 합법정부라는 의미에서 일본과 북한과의 외교관계 개설 가능성을 봉쇄했다"고 평가하고 있다. 이러한 논리에 따르면 북한은 비합법정권이 되며 한일기본조약이 존재하는 한 일본이 북한과 국교를 수립하는 것은 불가능하고 북한과 관계를 맺을 시는 유일한 합법정권인 한국정부의 동의 혹은 이해가 필요하다는 것이다.

한편 일본정부의 제3조에 대한 인식은 이와는 큰 대조를 보이고 있다. 가령 일본정부의 한일기본조약에 대한 가장 대표적인 유권해석은 『한일조약과 국내법의 해설』이라는 정부발행 책자에 잘 나와 있는데[17] 이 책자의 한일기본조약 제3조에 관한 해석을 옮겨보면 다음과 같다.

> 제3조는 대한민국정부는 유엔총회결의 195(III)에서 명시되어 있는 것과 같은 한반도에 존재하는 유일한 합법적인 정부라고 확인하고 있다. 이 규정은 일본 측의 강한 주장에 의해 도입된 조항으로 유엔총회결의 195(III)를 그대로 확인함으로써 한국정부의 기본적 성격을 확인한 것이다. (중략)
> 총회는 …… 임시위원회가 관찰 및 협의가 가능했던 바의, 전 한반도 국민의 대다수가 거주하고 있는 지역에 대해서 유효한 지배 및 관할권을 미치고 있는 합법적인 정부(대한민국정부)가 수립되었다는 점, 그리고 이 정부가 한반도의 해당 지역의 선거민의 자유의지의 유효한 표명으로 그리고 임시 위원회가 감시하는 선거에 기반을 두고 있으며, 이 정부가 한반도에 있어서 유일한 합법정부라는 것을 선언한다.

---

17) 日本外務省, 1965, 『時の法令: 日韓条約と国内法の解説』, 15-17쪽.

현재 대한민국정부의 유효한 지배 및 관할권이 미치는 범위는 한국전쟁의 결과, 이른바 휴전선 이남에 그치고 있어 결의채택 시의 38도선 이남과는 약간 다르지만 현재 대한민국정부는 당초의 정부와 법적으로 동일한 기반에 서 있으며 또한 결의는 그 후의 유엔 총회에서 자주 재확인된 바 있으므로 제3조는 결의의 취지를 그대로 확인함으로써 대한민국정부의 기본적 성격을 분명히 한 것으로 볼 수 있다.

여기서 주의해야 할 것은 제3조는, 다른 한편으로는, 이 조약의 적용범위를 정하는 것이 아니라는 점이다. 즉, 이 조약에 관해서는 적용범위의 문제가 발생하지 않기 때문에 그와 같은 문제에 관해서 규정을 두고 있지 않다. (중략)

또한 이 제3조에 대해서는 한국의 영역에 관해서 한국헌법이 한국의 영토는 한반도 및 부속도서로 한다고 규정하고 있는 것을 일본이 인정한 것이 아닌가라는 비판도 있지만, 제3조는 결의 195(III)의 취지를 그대로 확인한 것에 불과한 것이지 거기에 해당되는 것이 아니라는 것은 명백하다.

일반적으로 이국 간에 국교관계를 수립할 때 상대국의 영역에 관해서 확인 또는 유보하지 않는 것이 국제관행이다. 어느 국가를 승인하는 것은 그 국가의 헌법규정의 내용의 승인까지를 의미하는 것은 결코 아니다. 따라서 한국의 헌법이 현재 유효한 지배 및 관할권을 미치고 있는 지역 뿐 아니라 한반도 전역을 대한민국의 영토로 규정하고 있다고 해도 그것은 한국과의 국교관계를 유지하는 국가와는 무관한 일이라고 할 수 있다.

또 일본은 이 제3조에 의해 한반도의 남북분열을 영구화하려는 것이 아님은 물론이고 한국도 국시로서 하고 있고 유엔도 목표로 하고 있는 한반도 통일이 달성된다면 그것은 한국 뿐 아니라 일본에게도 극히 환영할만한 일이라는 것은 말할 필요조차 없다.

즉, 이상에서 알 수 있듯이 일본정부의 공식입장은 제3조에서 일본이 한국의 유일합법성을 인정한다고 해서 그것이 기본조약의 범위를 한반도 전역으로 간주하고 있는 것은 결코 아니며 한국헌법이 한국의 영토를 전 한반도로 규정하고 있다고 하더라도 한일기본조약에 의해 그것이 인정되었다는 것은 아니라는 점을 이 책자는 상세하게 설명하고 있다.

이러한 일본정부의 입장은 국회의 비준과정에서도 그대로 드러나고 있다. 1965년 10월에 개최된 국회의 한일조약 특별위원회에서 일본정부는 이 문제와 관련하여 "북의 부분에 대해서는 이 조약에서 아무것도 정하고 있지 않으며" 청구권 협정도 한일 간의 문제를 다룬 것일 뿐, 북한 부분에 대해서는 "공백상태"로 남겨놓은 것이라는 공식입장을 표명하였다. 또 시이나 외상은 한일협정의 청구권 문제와 관련해서는 "청구권 문제는 일본의 재산 청구권으로 한국의 실제 관할에 있는, 지배할 수 있는 지역 만에 한정된 것이고 또한 한국의 대일청구권 혹은 재산이라는 것은 명백히 전 한반도라고 쓰지 않고 한국 및 한국민이라고 쓰고 있다. 따라서 청구권의 문제에서 북한이 제외되어 있다. 따라서 제3조에서 의심할 여지없이 휴전선 이남이라고 못을 박고 있는 것이다"라고 답변하였다.18)

이렇게 볼 때 한일조약의 체결이 일본정부에게 한반도에 존재하는 또 하나의 국가 즉, 북한의 존재를 부정하거나 또 북한과의 관계를 먼 장래까지 구속하는 것은 결코 아니었다. 일본정부의 의도는 한일기본조약의 적용범위를 38도선 이남의 한국에 한정시켜 북한과의 관계를 백지상태로 유지하는 것이었다. 즉, 일본정부는 휴전선 이북에 사실상의 정권이 존재한다는 사실을 염두에 두면서 한일회담에 임한 것이었으며 이 조약이 북한에 관해서는 아무것도 규정하지 않다고 보고 있었다.

더욱이 일본정부는 한일기본조약체결 후에는 북한과의 교류를 확대할 의사를 가지고 있었다. 예들 들면 이시이 고지로 법무상은 "북한이 정말로 평화적인 태도로 일본과의 경제교류에 임한다면 양국에 이익이 될 것이다"라는 인식하에 북한과의 경제교류 확대에 전향적인 태도를 표명했다. 또 "북한과의 왕래를 금한 1955년 10월 24일의 사무차관회의 약정은 수정되어야 한다"고 발언해 북한과의 왕래에 대해서도 유연한 자세를 보였다.19)

이러한 제3조에 관한 일본정부의 입장은 한일조약 비준국회 이후에 있

---

18) 고려대학교 아세아문제연구소, 1977, 『한일관계 자료집 제1권』, 아세아문제연구소, 511-512쪽.
19) 위의 책.

어서도 일관되게 유지되어 왔다. 예를 들면 1973년 5월 30일의 일본 중의원 외무위원회에서 외무성의 다카지마 마스로 조약국장은 다음과 같이 설명하고 있다.[20]

> 이것은 일한국회에서 정부 측이 반복해서 설명한대로 한일기본조약의 제3조의 취지는 한국이 한반도의 남측에 대해서 관할권과 지배권을 가지고 있다는 의미에서의 합법적인 정부라는 것을, 다만 일본정부로서 확인한 것에 지나지 않는 것으로 한반도의 북측에 관해서는 일본정부는 여전히 백지상태이다. 따라서 그러한 관점에서 볼 때 북한과의 관계를 일본이 장래 설정함에 있어서 제3조 또는 한일기본조약이라는 것은 하등의 방해가 되지 않는다는 태도를 종래부터 일관되게 주장해왔다.[21]

참고로 한일당사국 이외에 가장 관련이 깊은 북한의 경우 한일기본조약 제3조를 어떻게 인식하였는지를 살펴보자. 제3조에 관해 북한의 『노동신문』은 1965년 2월 21일자 논설에서 다음과 같이 논평하고 있다.

> 한일협정은 대한민국을 한반도에서 유일한 합법적인 정부로 인정한다는 어처구니없는 말로 시작된다. 전 조선인민을 기만하는 매국적인 '한일조약'은 60년 전의 을사보호조약과 본질상 어떠한 차이도 없는 명실 공히 그 再版이다.

북한과의 관계를 백지상태로 남겨두려는 일본정부의 의도와는 상관없이 북한은 제3조를 일본이 한국을 한반도의 유일한 정부로 인정하고 기본조약 자체를 전혀 무시하는 태도를 보였다. 이러한 인식하에 북한은 기회가 있을 때마다 한일조약의 무효 및 조약의 파기를 주장했다. 이러한 인식에

---

20) 朝鮮政策の改善を求める会, 앞의 책, 22쪽.
21) 이러한 일본정부의 입장은 반복적으로 표명되고 있다. 가령 1974년 9월5일 중의원 외무위원회에서 외무성은 "우리로서는 현재 한국내지 한국 정부에 관해서 한반도 전체의 유일한 정부라는 인식을 가지고 있지 않으며 남측의 유효하고도 실효적으로 지배하고 관할하고 있는 국가이며 정부라는 인식에 서 있는 것이다. 한일기본조약을 체결했을 때의 정부의 인식은 바로 그러한 것이었다"고 밝히고 있다.

서서 북한은 대일재산 청구권 문제와 관련해서는 다음과 같은 입장을 표명한 바 있다.[22]

> 청구권 협정에서 일본정부는 이미 일제가 조선에서 행한 야만적인 식민지배의 악랄성에 대한 조선인민의 막대한 재산청구권을 박정희 일당에게 얼마간의 금전을 던져 줌으로써 흥정을 끝내버렸다. 그것조차도 경제협력의 레테르를 붙여서 일본정부는 의무를 져버렸을 뿐 아니라 원조자의 가면을 쓰고서 경거망동을 서슴지 않았다. 일본 당국과 박정희 일당 사이에 주고받은 것은 사적인 금전거래에 불과하였지 결코 배상금의 지불이 아니었다.

이렇게 볼 때 북한은 한일기본조약 제3조의 한국정부의 유일합법성 조항은 원천적으로 무효일 뿐 아니라 북한의 대일청구권 문제 또한 한일협정에 의해 전혀 영향을 받지 않는다는 입장을 견지하였다고 볼 수 있다. 따라서 북한은 한일협정에 의해 어떠한 영향을 받지 않는 만큼, 한일조약과 무관하게 장차 일본과 국교정상화교섭을 진행하여 청구권 요구를 제기해야 한다고 확신하고 있었다.

III. 북일 관계와 북한의 대일 청구권

1. 수교교섭 이전의 북일 관계

샌프란시스코 강화조약은 '코리아'라는 국가가 한반도에 존재하는 두 개의 국가인 남한과 북한 중 어느 쪽을 의미하는지는 명확히 규정하지 않았다. 또 남북한의 어느 쪽도 강화조약체결의 당사자가 아니었다는 점은 주권을 회복한 일본이 한반도와 새로운 관계를 맺을 때 남북한 중 어느 쪽을

---

22) 조선대학교, 1965, 「북한의 대일재산 청구권 협정에 대한 입장」, 『매국적 한일조약은 무효다』, 조선대학교, 109-112쪽.

상대로 선택할 것인가라는 새로운 문제를 발생시키는 것이었다.[23]

그러나 일본이 한반도 외교의 상대로 한국을 선택하리라는 것은 예측가능한 일이었다. 첫째, 강화조약이 서방 측 국가와의 관계 정상화를 도모한 단독 강화였으며 미국과 안보조약을 체결했다는 사실은 동서 냉전 속에서 일본이 서방 측의 일원이 되는 길을 택했다는 것을 의미한 것이기 때문이었다. 둘째로 한국이 미국의 지원하에 유엔의 의해 한반도에서의 유일정통정부로 승인받고 있었기 때문이다. 셋째, 일본정부는 강화조약체결 시점에 한국이 한반도의 유일 정통정부라는 인식을 표명하고 있었다.

즉, 1951년 10월에 열린 12회 임시국회(1951년 10월)에 설치된 '강화조약 및 미일안보조약 특별위원회'에서 "일본은 조선의 독립을 승인한다는 것은 어떤 형태의 승인인가?"라는 야당 측의 질문에 대해 당시 니시무라 조약국장은 "두 개의 정부 중 어느 쪽을 정통 정부로 할 것인가는 일본이 자주독립국으로 결정하면 될 문제이다. 물론 일본은 유엔총회와 그 외의 해당기관에 의해 정통정부로 승인을 획득한 한국정부를 택할 방침임에는 틀림없다고 대답했다.[24]

일본이 국제 냉전체제하에서 한국정부를 한반도의 정통정부로 인식하고 교섭에 임하기로 한 것은 어쩌면 당연한 선택이라고 할 수 있다. 그러나 그렇다고 해서 일본이, 1950년대의 한국정부의 대북한 시각과 같이, 북한을 불법적인 단체나 괴뢰적인 성격의 집단이라고 인식한 것은 결코 아니었다. 일본은 남한정부와 더불어 북한에 존재하는 김일성정권을 사실상의 정치적 실체로 인정하는 입장을 취하고 있었다고 볼 수 있다. 가령 한일회담이 진행 중이던 1960년 2월 12일 이케다 수상은 중의원 본회의에서 "유엔 감시하에 행해진 선거에 의해 성립한 정부를 정통한 것으로 보아 한국정부를 상대로 하고 있지만 사실 문제로서 38선 이북에 별도의 정부가 있음을 염두에 두고 교섭을 하고 있다"고 발언한 바 있다.

앞 장에서 자세히 살펴본 바와 같이 당시 일본정부가 한국 측의 강한 반대에도 불구하고 한일조약의 적용범위를 남한에 한정한다는 입장에 서서

---

23) 신정화, 2004, 『일본의 대북한정책』, 오름, 50쪽.
24) 吉澤清次郎, 1973, 『日本外交史』 28卷, 鹿島平和研究所, 419-444쪽.

북한과의 관계를 '백지상태'로 한 이유는 장래 일어날 수 있는 변화에 대응할 수 있는 여지를 남겨두기 위한 선택이었다. 조약교섭 과정에서 북한이 제시한 '미일제휴 남조선 침략' 비난이나 '통일 전의 한일조약은 무효'라는 주장에 대한 일본 나름의 궁여지책이기도 하였다.

1990년 9월 가네마루 방북이 실현되기 이전의 북일 관계는 적어도 정치적인 영역에서는 공백상태로 존재하였다. 즉, 이 기간 동안 일본은 공식적으로는 한반도에서 한국정부를 유일한 합법정부로 인정하는 입장을 취해왔고 1965년 한일기본조약체결에 의해 일본의 이러한 입장은 공식적으로 확인되었다. 그러나 일본이 북한과의 관계를 공백으로 남겨둔 것은 언젠가 국내외적 조건과 상황이 성숙하면 대북 관계를 정상적으로 개선시키겠다는 의도의 표명이기도 하였던 것이다. 한일기본조약 제3조는 일본의 이러한 이중적인 의도를 규정하고 있는 문서에 다름 아닌 것이다. 즉, 동 조약 제3조에서 일본은 한국정부의 유일합법성을 인정하면서도 동시에 유엔결의 195(3)를 원용함으로써 한국의 법적 관할권이 한반도의 남쪽에 한정된다는 점을 확인하였다. 전후 일본은 한일조약과 관계없이 현실적으로 존재하는 북한정권의 실체를 인정하는 태도를 취해왔다.

1990년 이전의 북일 관계는 외교적으로는 비정상적인 이국관계의 범주에 머물러 있었다. 일본은 이 시기 동안 한국 일변도의 대 한반도정책을 추진하여 북한과는 정부 간 공식관계를 수립하지 못한 채 비공식 레벨의 교류만을 유지하였다. 즉, 일본정부는 정경분리의 원칙을 내세워 그때그때의 상황적 필요에 의해 북한과의 제한된 무역과 인적 왕래를 부분적으로 용인하는 정책을 취해왔다. 일본이 이처럼 북한과의 관계를 비정치 분야의 제한된 교류에 묶어두고 한국일변도의 정책을 취하게 된 배경에는 동서냉전과 미국의 대 한반도정책이라는 국제적 제약요소가 강력하게 작용하였다는 점을 무시할 수 없다.

즉, 전후 일본은 미국이 주도하는 공산권 봉쇄전략의 틀 속에서 자신의 국제적 위상을 정립하고 대미관계를 기축으로 하는 대외정책을 추진하였다. 따라서 전후 냉전시대를 통하여 일본은 미국의 대한반도정책의 테두리를 벗어나지 않는 범위에서 한반도정책을 실시하지 않을 수 없었다. 일본은 정치, 경제적으로 한국과 긴밀한 관계를 유지하였고 군사, 안보적으로도 미국을 축으로 하여 한국과 간접적인 협력관계를 추진해왔다. 이 결과 일본은 적어도 정치, 안보 면에서 한국과 군사적인 대치관계에 있는 북한과는 잠재적인 적대관계를 유지해왔다. 그럼에도 불구하고 일본은 냉전구조가 완화되고 미국의 공산권 봉쇄전략이 이완되는 시기를 이용하여 간헐적으로 북한과의 관계개선을 시도하였다.

북일 관계의 개선 시도가 처음으로 나타난 것은 1955년경의 일이었다. 당시 하토야마(鳩山一郎)정권은 스탈린 사후 미소 간의 긴장완화와 평화공존의 분위기가 조성됨에 따라 소련과의 관계정상화를 중심으로 하는 대 공산권 접근정책을 추진하였고 그러한 정책의 일환으로 북한과의 관계개선을 시도하였다. 그러나 이러한 대북 접근시도는 제한적인 무역의 실시와 조총련 계 재일동포의 북송을 실현시켰을 뿐 더 이상 진전되지 못하였다.

북일 관계의 두 번째 개선시도는 1972년 다나카(田中角榮)정권에서 나타났다. 다나카정권은 전격적인 미중 관계의 정상화와 중일수교 그리고 남북한 관계의 대화무드 조성을 핵심으로 하는 동아시아 냉전의 완화와 데탕트 구조의 도래라는 국제환경의 변화에 따라 북한과의 관계개선을 시도하였던 것이다. 그러나 이러한 관계개선의 시도는 양국 간 무역거래의 진척과 정치가의 상호왕래를 실현시켰을 뿐, 더 이상의 정치적 관계 전환으로는 이어지지 못하고 말았다.

2. 북일 수교교섭과 대일 청구권 문제

1990년 9월 가네마루 방북과 3당 선언을 계기로 개시된 북일 수교교섭은 전후 북일 관계의 기조를 획기적으로 전환시킨 사건으로 이해될 수 있다. 즉, 이전의 두 번에 걸친 접근 움직임은 기본적으로 양국 간의 부분적인 관계개선의 시도에 불과했던 것인데 비해 가네마루 방북으로 실현된 양국의 접근은 국교수립을 그 목표로 하는 정부 간 본격교섭으로 나타났다. 가네마루 방북의 구체적인 성과는 일본의 자민당, 사회당과 북한 노동당 사이에 이루어진 3당 공동선언이라는 형태로 가시화되었다.

3당 공동선언은 일본의 대북정책을 근본적으로 수정하는 획기적인 내용을 담고 있다는 점에서 주목을 요한다. 물론 3당 선언은 정부 간의 공식적인 합의를 규정한 것이 아닌 정당 간의 합의를 문서화한 것으로 조약이나 협정으로서의 국제법적 효력을 갖는 것으로 볼 수는 없다. 3당 공동선언에서 확인된 사항 중 특히 주목되는 점은 다음의 두 가지이다.

 첫째, 제2항에서 "3당은 양국 간에 존재하는 비정상적인 관계를 해소하고 가능한 한 빠른 시기에 국교관계를 수립해야 한다고 인정 한다"고 표명하고 있다. 즉, 향후 정부 간 교섭을 통해 양국이 정식 국교관계를 수립하기로 합의한 것이다. 이 합의를 바탕으로 북일 정부 간에는 1991년부터 1992년의 약 2년에 걸친 수교교섭이 진행되었다. 비록 2년간에 걸친 정부 간 수교교섭은 매듭을 맺지 못한 채 결렬되었으나 이 교섭에서는 양국 간의 모든 현안이 폭넓게 논의되었다.

 둘째, 3당 공동선언 제1항에서 "3당은 일본이 36년간 조선인민에게 준 불행과 재난, 전후 45년 간 조선인민이 입은 손실에 대해서 북한에게 충분히 사죄하고 보상해야 한다는 것을 인정 한다"고 규정하고 있는 점이다. 동 선언에서 36년간의 식민지배에 대해서 일본이 북한에게 사죄와 보상을 해야 한다는 입장을 표명한 것은 이례적인 일이었다. 즉, 이는 1980년대 이래 일본의 정치지도자들이 한국을 대상으로 하여 행해 온 일련의 과거사 반성의 발언을 북한에게도 확대시킨 것으로, 향후 북일 관계의 정상화를 추진하려는 일본의 의도를 표명한 것으로 주목된다. 더 나아가 일본이 이 조항에서 전후 36년간의 대한반도정책에 대해서 사죄, 반성하고 그에 대한 보상 의무를 명문화한 것은 매우 이례적인 것으로 평가된다.

 3당 공동선언 후 북일 양국은 1991년부터 2년 간 도합 8차례에 걸쳐 수교를 위한 정부 간 교섭을 진행시켰으나 북한의 핵 개발 의혹이 불거져 나오면서 더 이상의 진전을 이루지 못한 채 결렬을 맞이하였다. 2년간의 수교교섭을 통해 양국은 기본 문제와 보상 문제 그리고 핵 문제를 비롯한 국제 문제 그리고 이은혜의 신원확인 문제 등을 두고 각자의 입장을 개진하고 토의를 전개하였으나 근본적인 대립을 해소하는 데까지는 이르지 못하였다.25) 여기서는 북한의 대일 요구와 직접 관련을 갖는 기본관계와 재산

청구권 문제를 중심으로 북일 양국의 쟁점에 관한 논의 상황을 개관해보면 다음과 같다.

1) 기본관계

기본 문제에서 가장 큰 대립은 북한의 법적인 관할권의 범위를 둘러싼 양국의 상이한 주장에서 비롯되었다. 즉, 일본 측은 한일관계와의 정합성을 확보한다는 관점에서26) 북한의 관할권의 범위를 휴전선 이북으로 명확히 규정해야 한다고 주장한데 반해서 북한 측은 '조선은 하나'라는 입장에서 분단국가를 인정하는 표현을 피할 것을 주장하였다. 즉, 북한은 국가 간의 국교수립에서 반드시 관할권의 명기가 논의될 필요가 없다고 주장하는 한편 굳이 관할권을 표기해야 한다면 "조선은 하나이며 평화적으로 통일되어야 한다"는 전제가 규정되어야 한다는 논리를 전개하였다.27)

두 번째로 일본은 샌프란시스코 강화조약을 양국 간의 관계를 생각하는 기초로 삼아야 한다고 주장한데 반해서 북한은 동 조약의 체결국이 아니므로 동조약과는 무관하게 양국관계를 논의해야 한다는 주장을 피력하였다. 즉, 일본 측은 북한과의 수교교섭의 전제가 샌프란시스코 조약 제4조의 1항에서 규정하고 있는 '한반도의 당사자와 일본과의 직접교섭에 의한 재산청구권 해결'의 틀 속에서 진행되어야 하며 이것은 바로 한일수교의 기초이기도 했다는 입장을 표명하였다.

---

25) 2년간에 걸친 북일 수교교섭의 경위와 여기서 논의된 4대 의제에 대한 북한과 일본의 입장에 관해서는 최상용·이원덕·이면우 공저, 1998, 『탈 냉전기 한일관계의 쟁점』, 집문당, 191-199쪽을 참조.

26) 한일기본조약 제3조에서 일본은 형식적으로는 대한민국정부의 한반도에서의 유일합법성을 인정하였으나 한편으로 한국의 현실적인 관할권의 범위를 38선 이남으로 인정하고 있는 유엔결의 195(3)를 원용함으로써 한국의 관할권을 한반도의 남쪽으로 제한한다는 입장을 취하고 있다. 관할권 문제에 관해서 한일 양 정부는 각기 다른 해석을 취하고 있다. 즉, 일본은 북한의 존재를 고려하여 한국의 관할권이 남쪽에 한정된다는 입장을 견지하고 있으며 한국은 한국의 관할권이 한반도전역에 미치는 것으로 해석하고 있다.

27) 「朝日國交正常化のための政府間第七次本會談」, 『月刊 朝鮮資料』, 1992.6.

일본 측으로서는 한일관계에 이어 북일 관계를 수립하는 것은 강화조약 4조에서 규정하고 있는 재산 청구권 해결을 통한 관계정립의 공백부분을 메우는 것으로 인식하고 있는 것이다. 반면 북한 측은 샌프란시스코 강화조약은 한민족이 일본과 교전관계에 있었다는 사실을 부인하고 있다는 점에서 북일 관계의 기초가 될 수 없다고 보고 있다. 즉, 북한 측의 주장에 따르면 북일교섭은 전승국과 패전국의 관계를 기초로 하여 논의되어야 할, 사실상의 강화조약의 성질을 띤 협상으로 간주하고 있는 것이다.

셋째로 북한의 대일청구권 요구와는 직접 관련이 없지만 과거 일본의 조선식민지 지배에 대한 역사인식의 괴리 문제가 어떻게 토의되었나를 살펴보자. 일본의 조선 지배를 규정한 일련의 구 조약의 해석을 두고 양국은 첨예한 대립을 보였다. 1991년 1월 30일의 제1차 교섭에서 북한의 전인철 외교부장은 일본이 과거 조선인민에게 입혔던 재난과 손실에 대한 문서상의 공식 사죄를 요구함과 동시에 "1910년 한일합방조약을 비롯하여 일본이 구조선에게 강요했던 모든 조약과 협정이 무효임을 선언해야 한다"고 주장하였다.28) 즉, 북한 측은 일본의 조선 지배를 규정한 일련의 구조약이 일본의 강압과 무력에 의해 강요된 것이므로 원천적으로 불법이며 무효라는 입장을 표명하였다.

이에 대하여 일본 측은 1991년 3월 11일의 제2차 교섭에서 한일합방조약을 비롯한 구 조약은 이미 무효가 되었지만 당시에는 합법적으로 체결, 실시된 것이라는 입장을 주장하여 북한의 주장을 정면으로 반박하였다. 구조약의 무효시점에 관한 대립은 제2의제인 경제 문제와 동전의 양면관계를 구성하고 있는 사안으로서 양국 간 교섭의 가장 핵심적인 주제이기도 하다. 즉, 북한의 주장대로 당초부터 구조약이 불법이고 무효라는 것을 일본이 인정한다면 당연히 불법점령에 따른 배상 내지 보상을 지불해야 하고 반면 일본 측의 주장대로 이미 무효가 되었지만 합법적으로 식민지배가 이루어졌다고 인정한다면 민사상의 권리, 의무관계를 재산 청구권의 범주 내에서 처리하게 되는 것이다.

---

28) 「朝日國交正常化のための政府間第一回本會談」, 『月刊 朝鮮資料』, 1991.4.

2) 대일 청구권 문제

북일교섭의 의제 중 과거 식민지지배에 대한 물질적 보상을 다루고 있는 부분이 다름 아닌 제2의제 경제적 문제이다. 이 의제에 관해서 북한은 일본에 대하여 다음의 세 가지 물질적 요구를 제기하였다. 첫째, 식민지시대는 조선민족과 일본이 사실상의 교전상태에 있었고 일본의 패전에 의해 조선의 해방이 실현되었다는 인식에 서서 일본은 북한에 대해 전쟁배상을 지불해야 한다는 요구를 제기하였다. 둘째, 일본의 조선 식민지배는 조선인민에게 막대한 손실과 재난을 입혔으므로 일본은 이에 상응하는 보상을 지불해야 한다는 것이다. 셋째, 일본은 전후 45년간 북한에 대해 적시정책을 추진하였고 이 결과 북한이 입은 피해와 손실에 대해서도 적절한 보상을 지불해야 한다는 것이다. 이 부분은 가네마루의 방북 시 실현된 3당 선언에서 규정하고 있는 '일본의 북한에 대한 전후보상의 의무'를 기정사실로 받아들여 그것을 바탕으로 제기하고 있는 요구라고 할 수 있다.

북한이 일본에게 전쟁배상의 요구를 제기하는 이유로서 전인철 대표는 제1회 회담에서 "과거의 조일관계는 역사적인 견지로 보거나 법률적인 견지에서 보아도 식민지와 종주국의 관계라기보다는 침략을 강행한 일본과 침략에 대항하여 싸운 조선 사이의 교전관계였으며 특히 1930년대부터 김일성장군의 지도하에 조선인민군은 항일전을 정식으로 선포하고 15년간 일본군과 싸워서 승리하였다. 전쟁에는 주권국가간의 전쟁도 있고 식민지전쟁, 식민지 해방전쟁도 있다"고 주장하였다.[29]

또한 전후 45년간의 보상을 제기하는 이유로서 북한의 전인철 대표는 다음의 네 가지를 들었다. 첫째, 일본은 조선의 분열에 책임이 있다. 둘째, 한국전쟁시기에 일본군은 미 침략군의 보급기지, 수리기지, 공격기지의 역할을 수행하였다. 셋째, 한국전쟁시기에 일본군은 해상작전 등에 참가하였다. 넷째, 일본은 한국전쟁 후 전쟁피해를 극복하기 위해 투쟁하는 조선인민에 대하여 적대정책을 실시함으로써 막대한 피해를 입혔다.[30]

---

29) 「朝日國交正常化のための政府間第一次會談」, 『月刊 朝鮮資料』, 1991.4.

이러한 북한의 주장에 대해 일본 측은 전면적으로 부정하는 태도를 취하였다. 일본 측은 한일합방조약과 그 이전에 맺어진 일본과 조선과의 일련의 조약 및 협정은 합법적으로 체결 실시된 것이며 따라서 일본과 조선은 결코 전쟁상태에 있지 않았다는 기존의 주장을 되풀이하면서 북한의 배상요구를 일축하였다. 즉, 일본 측은 당시 한반도에는 주권국가가 존재하지 않았으며 김일성 빨치산부대는 독립부대로서가 아니라 중국공산당의 동북인민혁명군의 일부로서 주로 중국 동북지방에서 활동한 것에 불과하다고 주장하여 북한의 입장과 대립하였다.

일본 측은 이어서 북한이 제기한 전후보상에 대해서도 이를 전면적으로 거부하는 입장을 취하였다. 즉, 한국전쟁에서 일본이 한국을 지원한 것은 유엔 안보리의 결의에 따른 것이며 전후 45년간 국교가 수립되지 못했던 것은 동서냉전하에서의 심각한 한반도 정세와 북한의 정책 때문이므로 일본이 전후공백과 관련하여 북한에게 보상할 의무는 전혀 존재하지 않는다고 주장하였다. 일본 측은 정부 간 교섭에서 전후보상의 의무를 규정한 3당 선언은 어디까지나 정당 간의 합의에 불과하며 일본정부는 3당 선언에 구속되지 않는다는 입장을 견지하여 왔다.

물질적 보상부분에서 일본 측이 북한에게 제공해야 할 것으로 인정한 것은 재산 청구권 부분이었다. 일본이 경제 문제의 합당한 의제로 인정한 것은 샌프란시스코 강화조약 제4조에서 규정하고 있는 재산 청구권의 문제에 관해서일 뿐이었다. 즉, 일본 측은 일본과 조선이 영토적으로 분리되는 과정에서 해결되었어야 할 재산, 청구권의 처리가 미결상태로 남아있다는 사실을 인정하고 이 부분이 국교교섭을 통해 해결되어야 한다는 입장을 주장하였던 것이다. 일본이 지불해야할 것으로 인정한 재산 청구권은 조선인이 가지고 있었던 연금증서, 유가증권, 우편저금 등과 징병, 징용으로 연행된 사람들에 대한 미지불 임금 등으로 구성된다. 이러한 일본의 태도는 한일회담에서도 일관되게 견지된 것으로 일본이 북한과의 교섭에서 한일관계와의 정합성을 유지하겠다는 원칙을 천명한 것도 따지고 보면 보상,

---

30) 위의 책.

배상방식이 아닌 경제협력 혹은 청구권방식으로 물질적 과거청산을 마무리 짓겠다는 의도를 드러낸 것으로 볼 수 있다.

물질적 보상을 재산 청구권으로 한정하는 경우에도 재산 청구권의 구체적인 대상을 어디까지로 할 것인가 또 재산 청구권 주장의 정당성을 입증해 줄 물적 증거를 어떻게 확보할 것인가의 문제는 여전히 대립의 소지를 안고 있다. 이 점과 관련하여 일본 측은 재산 청구권은 법적 근거가 확실한 것에 한정하며 재산 청구권 요구는 사실관계를 뒷받침하는 객관적 자료가 제출이 있을 경우 이에 응할 수 있다고 주장하고 있는 것이다. 그러나 북한 측은 재산 청구권을 식민지지배에 의한 피해와 손실에 대한 보상 개념으로 해석하고 있어서 재산 청구권의 범위 문제에 관해서 일본 측과 커다란 인식의 차이를 보이고 있다.[31] 또 재산 청구권을 뒷받침해야 할 물적 자료에 대해서는 전적으로 일본 측이 내놓아야 할 성질의 것이지 북한이 입증할 수 있는 것이 아니라고 반박하였다.

3. 북일 평양선언(2002)과 대일 청구권 문제

1992년 북일 수교교섭이 결렬된 이후 북일 관계는 길고도 긴 정체 상황을 맞이하게 된다. 2000년 교섭이 재개되어 세 차례 회담이 열리긴 했지만 별다른 진척을 보지 못한 채 종료되고 말았다. 이러한 북일 관계에 일종의 돌파구를 연 것이 고이즈미 수상의 전격적인 평양 방문이었다. 고이즈미 수상은 평양을 방문하여 김정일 위원장과 단독회담을 개최함으로써 북일 수교교섭의 장애물이 되어왔던 납치 문제, 핵 문제를 전격적으로 해결하고 북한과의 관계정상화를 꾀하겠다는 결의를 보인 것이었다.

고이즈미 총리는 2002년 9월 17일 평양을 방문하여 김정일 위원장과 역사적인 북일 정상회담을 개최하였는데 이 정상회담은 북일 관계에 획기적인 이정표를 기록한 것으로 평가된다. 이로써 북일 관계는 그간의 적대적이고 비정상적인 관계를 청산하고 새로운 협력관계 구축을 위한 제일보를

---

31) 山本剛士, 1991, 「日朝交渉の焦點-植民地支配は正當だったのか」, 『世界』 1991.11.

내딛는 계기를 마련하였다. 이 회담에서 양 정상은 양국관계의 걸림돌이 되어 왔던 일본인 납치의혹, 안전보장 문제 대해 대담하고도 솔직한 의견교환을 통해 문제해결을 향한 돌파구를 만들어내는 한편, 양국 간의 수교교섭과 대일청구권 문제에 관해서도 중요한 원칙적인 합의를 이뤄냈다. 이 정상 간의 합의는 평양선언으로 명문화되었는데 그 내용은 다음과 같다.

우선 양국은 첫째, 일본 측이 가장 중점을 둔 11명의 일본인 납치의혹 문제에 대해서는 김일성 위원장 스스로가 북한 특수부대에 의한 납치행위를 전면적으로 인정하고 유감을 표명하였다. 둘째, 안전보장 문제에 관해서도 김정일 위원장은 '핵 문제 해결을 위한 국제규약의 존중'과 '미사일 발사실험의 동결시한 연장'을 약속하는 과감한 결단을 보여주었다. 납치 문제와 핵 문제에 관해서 북한은 과감한 양보를 단행했다고 할 수 있다.

한편 수교교섭과 관련해서는 일본 측의 사죄표명으로 1995년의 무라야마(村山富市) 총리의 담화 수준이 원용되었다. 다음으로 대일 청구권 문제에 대해서는 과거 한일조약의 해결방식과 동일한 경제협력방식에 의한 타결 원칙이 선언되었다. 이는 기본적으로 1965년의 한일조약 및 재산 청구권 협정의 틀이 북일 수교과정에서도 답습된다는 것을 의미하는 것이었다. 이 평양선언에서의 합의는 향후 북일 관계정상화의 기본 틀을 규정한 것으로 매우 중대한 의미를 갖게 되었다. 즉, 일본이 북한에게 제공할 식민지배의 보상의 틀이 경제협력방식으로 실현된다는 것을 의미하는 것이다.

주지하다시피 1965년에 체결된 한일 간의 재산 청구권 협정은 식민지배의 보상 문제와 관련하여 일본 측이 총액 개념으로 일정 액수를 지불하고 그 지불의 수반적인 결과로서 대일 재산 청구권 문제가 종결된 것으로 간주한다는 형식을 취하고 있다.[32] 이 지불 방식은 기본적으로는 경제협력방식이라고 할 수 있는데 그에 따르면 일본의 정부개발원조의 지불 형태를 띤다.[33] 따라서 북한의 대일 청구권 문제도 이러한 방식을 답습하여 일본

---

[32] 한일회담의 경우에 있어서도 청구권 문제의 해결은, 법적 근거와 자료를 둘러싼 양국의 상이한 입장으로 말미암아 실무적인 레벨의 교섭에서 해결되지 못하고 결국은 총액방식에 의해 정치적으로 타결되었다. 이 과정에 대한 자세한 분석으로는 이원덕, 1996, 『한일과거사 처리의 원점』, 서울대학교 출판부를 참조.

측이 경제협력방식으로 일정액을 북한에게 제공하고 그 결과 식민지보상 문제의 종결을 선언하는 형태로 귀결될 것이다.

이렇게 되면 일본이 북한에게 경제협력 내지 청구권의 명목으로 지불할 액수가 얼마가 될 것인가가 핵심적인 문제가 될 것이다. 현재 공식적으로는 북일교섭에서 이 청구권 액수에 관해서 구체적인 논의가 어떻게 이루어졌는지에 대해서 표명된 바 없다. 그러나 일본 매스컴 등의 비공식적인 보도에 따르면 2002년 당시 50억 불에서 100억 불 사이의 액수가 양국 간에 논의되었다는 관측이 있을 뿐이다. 어쨌든 향후 북일 간의 청구권 문제가 재론된다면 기본적으로 2002년 평양선언에서의 합의에 따라 일본 측이 경제협력방식에 의해 일정액을 북한 측에 제공하는 형태로 해결을 볼 것임에 틀림없다.

Ⅳ. 맺음말

2009년 이후 김정일 위원장의 와병설이 나돌면서 북한의 체제변화에 대한 예측들이 심심치 않게 나오고 있다. 김정일 이후의 후계구도가 확정되지 않은 가운데서 갑작스런 김정일의 유고 상황이 벌어진다면 북한은 지도체제의 공백상태가 초래되어 적지 않은 혼란으로 이어질 가능성이 매우 높다. 김정일의 리더십이 당분간 건재하게 유지된다 하더라도 그의 연령이나 건강상태를 감안하면 장기적으로 지속되기는 어려울 것이고 포스트 김정일시대가 도래하면 북한은 새로운 변화를 겪게 될 가능성이 농후하다. 그러나 북한 체제가 어떠한 새로운 변화를 겪게 된다 하더라도 궁극적으로는 한국이 주도하는 한반도 통합으로 수렴될 가능성은 여전히 존재한다. 이런 점을 감안할 때 북일 수교 및 북일 간 청구권 문제 해결이 미결 상황에서

---

33) 일본 정부개발원조 지불 방식은 일반적으로 현금이 아닌 자본재나 역무의 방식으로 이루어지며 프로젝트 형태의 지원으로 이루어지는 것이 그 특징이다. 일본 정부개발원조의 일반적인 특징에 관해서는 稲田十一, 1985, 「發展途上國と日本」, 渡邊昭夫 編, 『戰後日本の對外政策』, 有斐閣選書를 참조.

한반도의 통일이 도래할 경우, 북한의 대일청구권 문제의 향방은 어떻게 귀결될 것인가의 문제를 지금 시점에서 진지하게 검토해 보는 것은 중요한 일이다.

결론부터 말하자면, 만약 북일 국교정상화가 달성되기 이전에 한반도에서 통일이 이뤄진다면 통일한국정부는 북한의 대일 재산 청구권 권리를 승계 받게 될 것이다. 만약 북일 간에 재산 청구권 문제가 미해결의 상태에서 한반도의 통일이 먼저 도래한다면 북한 지역의 대일 재산 청구권은 당연히 통일정부가 계승하게 될 것이다. 그러한 주장의 근거는 다음의 네 가지 요소에 의해 성립된다.

첫째, 1965년 한일기본조약에서 일본은 한국의 유일합법 조항을 승인하였음에도 불구하고 한반도의 북쪽에 현실적으로 존재하는 북한정권의 실체를 완전히 부인한 것은 아니었다. 일본정부가 한일기본조약의 제3조에서 한국정부의 유일합법성 조항을 수용하는 조건으로서 한국정부의 끈질긴 반대에도 불구하고 '유엔결의 195(3)에 명시되어 있는 대로' 라는 어구의 삽입을 고집하여 끝내 명문화를 관철시킨 것은 한국의 관할권이 한반도의 남쪽에 한정된다는 사실을 조약에서 확인해두려고 의도한 결과였다. 즉, 일본은 장차 북한과의 관계설정에 있어서 한일기본조약이 아무런 법적 장애요소가 되지 못하도록 이 문구의 설치를 주장하였던 것이다.

한편 북한도 한일기본조약은 북일 관계의 수립에 하등의 장애요소가 될 수 없다고 인식하고 있었다. 북한은 1965년 한일조약이 조인된 이튿날 발표된 정부성명에서 "조선민주주의 인민공화국 정부는 한일조약과 협정들이 무효라는 것을 엄숙히 선언한다. 조선민주주의 인민공화국 정부는 이번 체결된 조약과 협정들을 인정하지 않을 것이며 그것을 끝까지 반대할 것이다"라고 주장하였다. 또 김일성은 1972년 1월 요미우리 신문과의 인터뷰에서 "북일 간에 국교가 수립되면 자연히 한일조약은 취소되고 말 것이다"라고 발언함으로써 한일조약이 북일 간 국교수립에 아무런 장애가 되지 못함을 밝힌 바 있다.[34]

---

34) 조선중앙통신사, 『조선중앙년감 1966-1967』, 91쪽.

둘째, 1990년대 이후에 이루어진 북일 수교교섭 과정에서도 일본은 북한의 대일청구권 요구를 당연한 권리로 인정하는 자세를 견지해 왔다. 다만, 북한에 제공할 자금의 성격이 배상인가, 보상인가 아니면 청구권인가 경제협력이 될 것인가의 문제를 둘러싸고 논란이 벌어져 왔지만, 일본정부는 일관되게 북한에 대한 경제적 지불 의무를 지니고 있다고 인식해 온 것은 움직일 수 없는 사실이다.

셋째, 한국은 비록 1965년 한일협정 체결 당시 한국이 한반도의 유일 합법정부이며 따라서 한국의 대일 청구권 자금이 한반도 전역을 대표하여 제공받은 것이라는 입장을 취하긴 했지만, 이러한 입장은 어디까지나 당시의 치열한 동서냉전 대결구도와 남북한 간의 군사적 대치라는 특수한 상황 속에서 나온 정치적 논리였다고 볼 수 있다. 그러나 한국의 이러한 입장은 1988년 7·7선언 이후 180도 전환된 바 있다. 즉, 한국정부는 북한을 한반도에 존재하는 사실상의 합법정권으로 인정하는 방향으로 정책의 전환을 시도하였고 이러한 입장은 90년대 초반 남북 기본합의서의 채택과 남북한의 유엔 동시가입으로 나타났으며 2000년의 남북 정상회담과 6·15선언으로도 재차 확인된 바 있다. 따라서 한국은 북일 수교교섭에서 북한이 북한 지역 및 주민의 대일 청구권을 주장하는 것에 대해 그것이 합법적이고 정당한 것으로 간주하고 수용하는 입장을 취해왔다.

넷째, 통일 한국의 대일 청구권 주장은 국제법적으로도 보더라도 정당하고 타당한 것으로 간주된다. 만약 북한이 한국정부에 의해 흡수통일 된다면 북한이 보유하고 있던 법적 권리와 의무가 통일 한국정부에 의해 그대로 승계되는 것은 지극히 당연하다고 볼 수 있다. 이러한 통일 한국의 일본에 대한 법적 권리는 국가 주권의 승계 원리로 볼 때 자연스러운 것으로서 일본이나 국제사회도 이를 인정하게 될 것으로 판단된다.

【참고문헌】

고려대학교 아세아문제연구소, 1977, 『한일관계 자료집』 제1·2집.

국민대 일본학연구소, 2008, 『한일회담 외교문서 해제집』 제1권~제5권, 동북아역사재단.
신정화, 2004, 『일본의 대북한정책』, 오름.
손기섭, 2007, 「일본의 대 북한 국교교섭의 정책결정: 실력자 정치에서 관저 정치로」, 『일본연구논총』 제25호.
오재희, 2008, 「오랄 히스토리: 오재희 전 주일대사 인터뷰」, 『일본공간』 제3호.
윤홍석, 2007, 「상호주의와 고이즈미 정권의 대북한정책」, 『세계지역연구 논총』 제25-3호.
이원덕, 1996, 『한일과거사 처리의 원점』, 서울대학교출판부
장박진, 2008, 「한일회담에서의 기본관계조약 형성과정의 분석: 제2조 구조약 무효조항 및 제3조 유일합법성 조항을 중심으로」, 『국제지역연구』 제17권 제2호(2008년 여름).
_____, 2009, 『식민지 관계 청산은 왜 이루어질 수 없었는가』, 논형.
조선대학교, 1965, 「북한의 대일재산 청구권 협정에 대한 입장」, 『매국적 한일조약은 무효다』, 조선대학교.
조선중앙통신사, 『조선중앙년감 1966~1967』.
최상용·이원덕·이면우 공저, 1998, 『탈 냉전기 한일관계의 쟁점』, 집문당.
한국 오코노기 연구회 편, 2005, 『신 한일관계론』, 오름.
한국외교통상부 외교문서 『제7차 한일회담 기본관계위원회 회의록 및 훈령 1964.12-65.2』.
한국외교통상부 외교문서 『제7차 한일회담 기본관계위원회 회의록 및 훈령 1964.12-65.2』.
한국외교통상부 외교문서 『한일 간의 기본관계에 관한 조약 1964-65 전 5권 (V.1 교섭 및 서명)』.
한일관계사연구논집 편찬위원회 편, 2005, 『해방 후 한일관계의 쟁점과 전망』, 경인문화사.

姜尙中, 2003, 『日朝関係の克服』, 集英社新書.
高崎宗司, 2004, 『検証: 日朝交渉』, 平凡社.
吉澤清次郎, 『日本外交史』 28卷, 鹿島平和研究所, 1973.
吉沢文寿, 2005, 『戦後日韓関係: 国交正常化交渉をめぐって』, クレイン.

稲田十一, 1985, 「發展途上國と日本」, 渡邊昭夫 編, 『戰後日本の對外政策』, 有斐閣選書.
山本剛士, 1991, 「日朝交渉の焦點-植民地支配は正當だったのか」, 『世界』1991.11.
日本外務省, 1965, 『時の法令: 日韓条約と国内法の解説』.
朝鮮政策の改善を求める会, 1989, 『提言: 日本の朝鮮政策』, 岩波ブックレット 129.
「朝日國交正常化のための政府間第七次本會談」, 『月刊 朝鮮資料』, 1992.6.
「朝日國交正常化のための政府間第一回本會談」, 『月刊 朝鮮資料』, 1991.4.

제4부

선박·문화재 반환교섭 과정과 그 이면

한일 선박 반환교섭에 관한 연구*
1차 회담 선박분과위원회 교섭을 중심으로

남 기 정**

Ⅰ. 머리말

본 연구는 그동안 교섭 담당자의 회고에서 간간이 드러나는 짧은 몇 줄의 문장에서 미루어 짐작할 수밖에 없었던 한일 선박 반환교섭에 관한 최초의 본격적인 연구이다. 본고와 같이 한일회담에 관한 실증적 연구가 가능해 진 것은 2005년 8월 한일회담에 관한 3만 5천여 장의 외교문서를 한국 외교부가 공개함으로써 가능해졌다.[1] 또한 2008년부터는 일본 측도 불

---

* 본고는 한국외국어대학교 일본연구소가 발간하는 『일본연구』 제43호에 발표한 논문임을 밝혀둔다.
** 서울대학교
[1] 국민대학교 일본한연구소는 2005년 말부터 한일외교문서의 정리 및 해제작업을 추진하여 2008년에 각기 약 800여 쪽 분량의 해제집 5권을 동북아역사재단의 협력을 통해 출간했다. 나아가 동 연구소는 해제집에 수록된 주요 자료들을 파일로 입력하여 영인본이 아닌 활자화된 모습으로 12권 분량의 자료집을 작성했다. 해제집은 자료의 전반적 소재를 파악하는 데 큰 도움이 되며, 비발간 자료집은 완성도가 떨어지는 점은 있지만, 오래되어 잘 보이지 않는 원사료를 이해하는 데 지대한 도움이 된다. 국민대학교 일본학연구소, 『한일회담 외교문서 해제집』 I-V, 2008 ;

완전하나마 한일회담에 관한 자료를 공개함에 따라 연구자들이 이용할 수 있게 되었다.2) 그 밖에 참고해야 할 자료로는 당시 교섭에 참가했던 홍진기의 전기와 황부길의 수기를 들 수 있다.3)

그동안 한일회담에 관한 연구의 축적에도 불구하고,4) 선박 반환 문제에 관한 연구는 전무하다. 선박 문제에 대한 연구의 부진은 이 문제가 최종적으로는 청구권 문제 속에 해소되어 반환을 둘러싼 교섭이 아무런 결론을 내리지 못한 채 종료되었다는 사실에 기인하는 것 같다. 그러나 한일 양국에서 공개된 자료를 검토하다 보면, 양국이 선박 반환교섭에서 전개한 치열한 공방은 그 어느 분과위원회에 못하지 않다는 것을 알게 된다. 한국 측은 선박 반환교섭의 향방이 청구권 문제 해결의 향방을 결정지을 수 있다는 점을 의식하고 있었으며, 당시로서는 최대한의 노력을 경주하여 일본과의 법리론 공방을 전개하고 있었다. 한편 이 점을 잘 알고 있었던 일본 또한 선박 반환교섭에서의 방어를 위해 상당히 고심하고 집중했던 흔적을

국민대학교 일본학연구소,『한일회담 외교문서 자료집』(미발간 자료집) I-XII, 2008.
2) 일본 측 공개 문서에 대해서는 다음을 참조하시오. 요시자와 후미토시,「일본의 한일회담 관련 외교문서의 공개상황에 대하여」,『일본공간』4권, 2008.11, 114-147. 이하 일본정부 공개문서는『日本政府公開日韓会談文書』로 소개할 것이며, 문서번호는 요시자와 후미토시가 정리한「일본 외무성 외교문서 공개 리스트」(『일본공간』4권, 2008.11. 148-211)에 의거했다. 한편, 일본 외무성 공개문서는 2009년 봄부터 국민대학교 일본학연구소에서 해제 작업을 추진하고 있으며, 문서 그 자체는 문서공개 운동을 전개해 온 일본의 연구자 모임인 다음의 사이트에서 다운로드하여 볼 수 있다. http://www7b.biglobe.ne.jp/-nikkan/(최종방문일, 2010년 1월 29일).
3) 중앙일보사,『維民 洪璡基 傳記』, 1993.7 ; 황부길, 2001.11-12,「황부길 회고록①/②」,『해양한국』.
4) 한일회담에 관한 최초의 본격적인 연구로 이원덕의『한일 과거사 처리의 원점』(서울대학교 출판부, 1996)을 들 수 있다. 일본에서 나온 최초의 통사적 연구로는 다카사키 소지(高崎宗司)의『検証・日韓会談』(岩波新書, 1996)이 있으며, 이원덕과 다카사키의 연구에 선박 문제가 간략히 언급되어 있다. 이후 박진희, 2008,『한일회담: 제1공화국의 대일정책과 한일회담 전개과정』, 선인 ; 오타 오사무, 2008,『한일교섭: 청구권문제 연구』, 선인 ; 장박진, 2009,『식민지 관계 청산은 왜 이루어질 수 없었는가』, 논형 ; 吉澤文寿, 2005,『戦後日韓関係』, クレイン ; 趙胤修, 2008,『日韓漁業協定の国際政治―海洋秩序の脱植民地化と『国益』の調整』, 東北大学大学院法学研究科博士論文 등의 연구가 나왔으나, 아직 선박 반환 문제를 본격적으로 다룬 연구는 없다.

엿볼 수 있다. 따라서 선박 반환교섭에 대해서는 그 해결의 내용 보다는 쟁점이 부상하고 대립점이 형성되는 과정에 보다 주목하여 분석해 볼 필요가 있다. 특히 선박 반환교섭의 전체 윤곽이 드러난 제1차 회담 시의 33차에 걸친 선박분과위원회의 교섭이 중요하다.

이하, 선박 반환 문제가 부상하는 과정, 한일 간 선박 반환교섭의 전개, 문제의 해소과정 등을 제1차 회담 시의 교섭을 중심으로 하여 순차적으로 추적하고 마지막으로 그 의미를 확인하는 것으로 결론을 맺고자 한다.

II. 선박 반환 문제의 제기

1945년 12월 6일, 미군정 법령 33호가 공포되어 1945년 8월 9일 현재 한국 내 일본과 일본인의 국공유재산과 사유재산을 모두 미군정에 귀속시키는 조치가 내려졌다. 이에 남한 과도정부는 미군정 법령 33호를 근거로 미군정 당국과 선박 반환교섭을 개시하여, 1946년 8월 일본이 끌고 간 조선우선 등 5-6척의 선박 가운데 5척을 반환받는 데 성공했다. 이는 미군정의 요청을 받아들인 일본점령 연합국 최고사령관(SCAP) 측의 협조에 의한 것이었다. SCAP 측은 5척의 선박을 양도하면서 나머지 선박들도 소재가 확인되는 대로 즉시 반환될 수 있도록 조치를 취하겠다고 약속했다. 그런데 그로부터 불과 6개월 뒤인 1947년 초, SCAP은 방침을 변경하여 남한 과도정부가 반환에 성공한 5척의 선박을 다시 일본에 반환하라고 요구해 왔다. SCAP 측은 5척의 선박을 재반환하도록 요구하면서 그 근거로 '당초 선적주의에 의해 한국에 선박을 반환했지만, 이는 잘못된 결정이며 속지주의로 처리했어야 옳았다'는 법이론을 들고 나왔다.[5]

이러한 변화의 배경에는 SCAP을 상대로 한 일본정부의 치밀한 공작이 있었다. 일본 측은 1946년 말과 1947년 초, 종전연락중앙사무국의 총무부장 아사카이 고이치로(朝海浩一郎)가 대일이사회의 미국 측 및 영 연방 측

---

5) 중앙일보사, 1993.7, 『維民 洪璡基 傳記』, 66쪽.

대표를 만나 배상 문제를 둘러싸고 연합국 측의 태도 완화를 요청했다. 대일이사회 미국대표인 애치슨과 대일이사회 영 연방대표인 맥마흔 볼은 아사카이의 설득에 공감하며, 일본정부의 입장에 우호적인 방향으로 선회하고 있었다. 이들은 폴리사절단의 방침이 징벌적인 배상을 염두에 두고 있다며, 이에 부정적인 입장을 취하기 시작했다.[6]

SCAP의 태도가 변화한 배후에는 이러한 일본 측의 공작이 있었던 것이다. 그럼에도 불구하고 정부수립 후 한국정부는 SCAP 측을 상대로 교섭을 계속하여 나머지 선박의 소재파악과 반환을 적극적으로 요구해 나가겠다는 방침을 굳히고, 김용주 해운공사 사장을 단장으로 한 대일선박회담 사절단을 일본에 파견하여 SCAP 측과 교섭에 들어갔다.[7]

1949년 6월 8일, 선박 문제를 교섭하기 위해 한국 측 대표단이 ECA(경제협력국) 법률고문인 스콧(Denny F. Scott) 등과 함께 방일했다. 한국대표단은 9일 주일대표단과 간단한 인사 모임을 가진 뒤, SCAP 측 대표단과 교섭했다.[8] 이후 10일부터 18일까지, 한국 측과 SCAP 측의 교섭이 매일 개최되었다. 그러나 10일 동안의 교섭에도 불구하고 한일 간 선박의 '상호 반환(mutual return)'을 둘러싸고 SCAP과 한국 측은 최종적 해결(thoroughgoing solution)에 대한 합의를 이끌어 내지 못했다.[9]

---

6) 연합국최고사령부를 상대로 한 일본 외무성의 공작에 대해서는 남기정「샌프란시스코 평화조약과 한일관계: '관대한 평화'와 냉전의 상관성」(『동북아역사논총』 22호 별책, 2008.12), 47-54쪽을 참조하시오.
7) 한국 측 대표단은 홍진기 법무부 법무국장, 황부길 교통부 해운국장, 오진호 상공부 수산국장대리 등으로 구성되었다. SCAP 측 대표단은 단장 브린(H.A. Breen) 민간재산관리국 정책고문(Policy and Control Advisor to Civil Property Custodian[CPC])을 비롯, 블레이크(D.A. Blake), 데이튼(W.H. Dayton), 잰(A.E. Jann) 등 민간재산관리국의 관계자들, 국무부에서 SCAP 외교국에 파견되어 있던 리처드 핀(Richard B. Finn), SCAP 법무국의 캐링턴(E.J. Carrington), SCAP G4의 해써웨이(A.T. Hathaway) 등으로 구성되었다. 『維民 洪璡基 傳記』, 67-68 ; "Transmitting Copy of Report on SCAP-Korean Ship Conference", Report on SCAP-Korean Ship Conference, Scott, Denny F., United States. Department of State, RG59, Records of the U.S. Department of State relating to 895, 895B, 995, 995B., MF005978 (문서명, 자료명, 작성자, 작성과, 문서그룹, 수록자료명, 한국국회도서관 청구기호 순).
8) "Report on the SCAP-Korean Ship Conference", Ibid.

그런데 6·25전쟁의 발발을 계기로 상황이 반전되었다. SCAP은 한일회담 개최를 앞두고 1951년 9월 10일 대일본정부 각서(SCAPIN) 2168호를 발표하여, 1945년 8월 9일 현재 한국선적의 모든 선박을 반환하고 양국은 이 문제를 위한 교섭을 개시하도록 일본정부에 지시했던 것이다.[10] 한편 SCAP은 9월 10일자로 한국대표부에 서한을 보내, 한국치적선박의 반환과 인수에 관하여 9월 10일 기준으로 60일 이내에 일본정부와 교섭을 개시하도록 요청했다.[11] SCAP의 입장은 다시 선적주의로 선회했던 것이다.

III. 선박 반환교섭의 전개 1: 1차 회담의 33차례 교섭을 중심으로

1. 선박분과위원회의 구성과 의제의 설정

이하 제3장에서는 한일회담 외교문서에 기초하여 선박 문제를 둘러싼 대립점과 교섭의 전체적인 윤곽이 드러난 제1차 회담시의 33차례의 교섭을 중심으로 한일 간 교섭의 전개를 재구성해보고자 한다.

---

9) "Transmitting Copy of Report on SCAP-Korean Ship Conference", Ibid.
10) 『維民 洪璡基 傳記』, 67-68쪽.
11) 「한일선박분과위원회 제2차 회의 의사록」, 『선박위원회 회의록』, 723.1 JA 선1951-52 1-33차, 83, 정무과, 1952, C1-0001, 1316-1325(분류번호, 등록번호, 생산과, 생산년도, 필름번호, 프레임 번호 순. 이하 이 자료는 『회의록(1)』으로 약칭하며, 인용된 부분의 프레임 번호를 표시한다. 또한 원 자료에는 33차례에 걸친 선박분과위원회를 차수(次數)로 구분하여 의사록을 수록하고 있으나, 7차에 걸친 한일회담의 차수와 각각의 회담에서 진행된 분과위원회의 차수를 구분하기 위해, 선박분과위원회의 경우는 회수(回數)로 표기하기로 한다. 2차 회담 이후의 분과위원회의 표기도 마찬가지로 이와 같은 원칙을 따르기로 한다) ; 한국 외무부, 1951, 『선박문제위원회 회의록: 제1차 한일회담』. 1951년 한국 외무부 공개 자료는 2005년도 공개분 회의록보다 정리가 잘 되어 있으며 보존상태가 좋으나, 회담 후에 편집되었다는 느낌이 든다(이하 이 자료는 『회의록(2)』로 표기한다). 이하 『선박위원회 회의록』과 함께 국회도서관 소장『회의록(2)』의 인용 출처를 병기한다. 또한 일본 측 공개문서 가운데 일본운수성 해운국 총무과에서 작성한 文書番號 622, 「第一次日韓会談船舶会議要旨」, 『日本政府公開日韓会談文書』도 참조하시오.

1951년 10월 24일과 10월 25일의 제3차 및 제4차 한일회담 예비회담의 결의에 따라 선박분과위원회가 독립 위원회로 구성되었다. 위원회에는 최종적 결정권이 주어졌으며, 본회의에 보고할 의무가 있었다. 한국 측은 토의사항으로 '의제(a) ; 1952년 9월 11일자 SCAP 서면의 일본정부에 대한 각서에 의한 한적 선박 반환 집행에 관한 건'과 '의제(b): 1945년 8월 9일 또는 그 이후 한국 수역에 있었다가 일본으로 돌아간 선박 귀속 건'을 취급할 것을 제의했다.12) 의제(a)는 선적주의에 입각한 요구였으며, 의제(b)는 속지주의에 입각한 요구였다.13)

선박분과위원회 1회 회의는 1951년 10월 30일에 개시되었다. 오전 10시, 일본 운수성 대신의 응접실에서였다.14) 사용언어, 회의록의 작성, 회의 진행, 발표 형식 등에 대해 합의한 뒤, 의제설정과 관련하여 일본 측은 한국 측이 제시한 의제(b)에 대해 SCAP으로부터 어떠한 지시도 없었다고 하여, 이에 대한 준비를 위해 제2회 회의까지 하루의 여유를 요구했다.

선박분과위원회 제2회 회의는 11월 1일 오후 2시 일본 운수성에서 개최되었다. 의제(a)의 이행과 관련하여 한국 측은 1951년 9월 10일의 SCAP 각서가 한일 간 교섭을 통한 문제의 해결을 촉구하고 있다고 주장한 반면,

---

12) 「선박위원회 회의록, 1-10차」, 『회의록(1)』, 1233.
13) 이렇게 하여 구성된 선박분과위원회의 한국 측 위원장으로는 양유찬 대사의 명을 받아 법무부 법무국장이던 홍진기 씨가 임명되었다. 그 외 한국 측 참석자는 황부길(교통부 해운국장), 문덕주(교통부 해운국 감리과장), 지철근(통상부 수산국 어로과장), 한규영(주일대표부 삼등서기관) 등이 위원으로 참석했으며, 진필식(외무부 정무국 제2과, 중간에 본국지령에 의해 소환됨), 윤상송(대한해운공사 상무이사), 정화일(대양수산회사 총무부장) 등이 부위원으로 참석했다. 일본 측은 외무사무관 겸 배상청 차장이던 가와사키 이치로(河崎一郎)가 위원장으로 임명되었다. 그 외 구니야스 세이치(国安誠一, 운수성 해운조정부장), 가메야마 노부로(亀山信郎, 운수성 해운국 총무과장), 가와게 이치로(河毛一郎, 운수성 해운국 정기선과장), 고야마 겡이치(小山健一, 배상청 특수재산정리위원회 위원장), 요코야마 마사오미(横山正臣, 대장성 관리과장), 마키노 세이치(牧野誠一, 대장성 제2국유재산과장) 등이 위원으로 참석했으며, 핫도리 고로(服部五郎, 배상청 총무부장), 도미오카 노부가즈(富岡延一, 운수성 선박국 등록측교과(登錄測交課)], 후쿠이 시게타카(福井重孝, 운수성 해운조정부 특수재산과) 등이 부위원으로 참석했다. 「선박분과위원회 경과 중간보고에 관한 건」, 『회의록(1)』, 1278-1279.
14) 「제1회 선박분과위원회 회의록」, 『회의록(1)』, 1306-1313.

일본 측은 그 각서의 내용이 기왕의 SCAP의 입장과 모순되는 것이기 때문에 한국 측과 교섭에 들어가기 전에 SCAP 당국과 절충할 필요가 있다고 하여 한국 측이 제시한 의제 설정에 문제를 제기하고, 오히려 '의제(c): 일본이 한국 측에 대여한 5척의 선박의 반환 문제'와 '의제(d): 한국 측에 억류된 어선의 반환 문제'를 의제로 설정할 것을 요구했다.15)

의제는 11월 6일에 열린 제4회 회의에서 최종적으로 정리되었다. 한국 측이 제기한 의제 (a)는 '1945년 8월 9일 현재 한국치적 선박 반환에 관한 문제'로 하고, '1951년 9월 11일자 한국대표부에 대한 SCAP 서한이 종용한 선박반환에 관한 수배 문제를 포함한다'는 데 대해 쌍방이 합의했다. 한국 측이 제기한 의제(b)에 대해서는 일본 측이 채택 토의할 것에 합의하여 원안대로 하기로 결정했다. 한편 일본 측이 제기한 의제(c)에 대해 한국 측은 이 문제가 한국 측이 제기한 의제(a)에 포함되는 것인 만큼 채택할 필요가 없다고 주장했으나, 일본 측이 토의의 각도가 다른 것이라고 반박하여, 결국 한국 측은 일본 측의 주장을 받아들여 일본 측이 제기한 의제(c)를 채택했다. 의제(d)에 대해서는 나포선의 성격 규정과 해결 주체에 대한 쌍방의 입장이 일치되지 못하여 의제로는 채택하지 않고 별도로 구체적인 조정을 하기로 했다. 그러나 이후 일본 측은 한국 측이 의제(a)를 분리하여 조속한 해결을 요구할 때마다 의제(d)를 연계시키면서 포괄적 해결을 요구하는 전략을 구사했다.

2. 한국 측의 '의제(a) 우선해결 입장'을 둘러싸고

제5회 회의(1951.11.9)에서 한국 측은 일본 측에 다음과 같은 5개 항의 설명을 요구했다. 1) 일본이 반환할 1945년 8월 9일 현재 한국치적 선박의 완전한 리스트와 각 선박 속구(屬具) 선용품(船用品) 목록, 2) 1951년 9월 11일 현재 전항 각 선박의 현황 설명서, 3) 일본정부가 전항의 선박 현상을 보전

---

15)「한일선박분과위원회 제2차 회의 의사록」,『회의록(1)』, 1316-1325 ;『회의록(2)』, 31-42쪽.

하기 위해 취한 조치의 설명, 4) 1951년 9월 11일 이후 반환 실시할 때까지의 전항의 선박이 취득할 과실처리에 대한 일본 측의 견해, 5) 일본이 생각하고 있는 전항 선박의 반환방법 및 반환일자 등이었다. 이에 대해 일본 측은 선박 반환에 대한 법적 근거를 질문하고, 한국이 선적주의와 수역주의 모두를 주장하는 데 동의할 수 없다는 입장을 밝혔다.[16)]

제6회 회의 이후 제11회 회의까지 11일 동안은 일본 측이 의제(a)와 (b)를 동시에 토의하자는 주장을 되풀이하고, 한국 측이 의제(a)의 우선 해결과 의제(b)의 별도 토의를 주장하는 평행선이 지속되어 사실상 회의는 아무런 진전 없이 겉돌았다.[17)]

한국정부가 한일회담 초기에 선박분과위원회에 주목하여 이에 큰 노력을 경주했던 이유는 선박 반환 문제가 '재산 및 청구권' 문제의 일부분이긴 하지만 재산 및 청구권에 관한 내용이 '복잡방대'하여 장기적인 토의가 예상되기 때문에, 긴급한 해결이 필요한 선박 문제를 분리하는 것이 타당하다고 판단했기 때문이다. 그러나 그보다 더 중요한 이유는, 선박 반환교섭을 유리하게 전개하게 해 주는 법적근거를 토대로 반환에 성공하면 재산 및 청구권 협정을 위한 교섭에서 유리한 대전제를 만들 수 있다고 생각했기 때문이었다.[18)]

3. 의제(b)의 국제법적 근거를 둘러싸고

제12회 및 13회 회의(1951.11.26/28) 의제(b)의 취지에 대한 한국 측 설명이 있었다. 의제(a)의 토의를 신속히 하기 위해 필요한 절차라는 일본 측 제안을 받아들인 것이었다. 1945년 8월 9일 현재 또는 그 이후 한국수역에 있던 일본 또는 일본인의 선박은 미군정 법령 제33호에 의해 1945년 9월 25일자로 미군정청에 귀속 및 소유되었고, 1948년 9월 11일자 한미 간 최초

---

16) 「제5차 선박분과위원회 의사록」, 『회의록(1)』, 1342-1346 ; 『회의록(2)』, 56-62쪽.
17) 「제6차 선박분과위원회 의사록」, 『회의록(1)』, 1349-1357 ; 「제11차 한일선박분과위원회 의사록」, 『회의록(1)』, 1383-1388 ; 『회의록(2)』, 63-73 · 97-103쪽.
18) 「선박분과위원회」, 『회의록(1)』, 1266.

재정 및 재산에 관한 협정에 의해 그 소유권이 한국에 양도되어 한국의 국유선박이 되었기 때문에 일본에 반환을 요구한다는 종래의 입장을 반복 설명했다.19)

제14회 회의(1951.11.30)에서는 한국 측이 제13회 회의에서 의제(b)의 취지를 설명한 데 대해 일본 측에서 14개 항의 질문을 제기했다.20) 한국 측은 제15회 회의(1951.12.4)에서 이에 대한 답변을 제출했다. 한국 측은 답변을 제출하면서 이후의 회담에서는 의제(a)에 집중하여 12월 12일까지 선박문제 전반을 해결하도록 쌍방이 최선을 다할 것에 합의할 것을 요구하여 일본 측의 동의를 얻었다.

일본 측 질문사항에 대한 한국 측의 답변을 분석해 보면, 한국 측은 의제(b)가 전반적으로 미군정 법령 33호에 근거를 둔 사안이며, 그 자체가 미군정 종료 이후에도 국제법적 효력을 지니고 있는 것으로 간주하고 있었음을 알 수 있다.21)

4. 다시 '의제(a)의 우선해결'을 둘러싸고

제16회 회의(1951.12.6)에서 한국 측은 일본 측이 의제(b)와 관련하여 요구한 답변이 끝났으니 이와 관련한 설명은 이제 더 이상 할 필요가 없게 되었음을 확인하고, 의제(a)에 집중하여 문제 해결에 임해줄 것을 일본 측에 요구했다. 구체적으로는 한국치적으로 확인되어 반환 리스트를 이미 제출했던 선박 19척의 반환을 요구하며 그 구체적 인도일자와 방법에 대한 의견제시를 일본 측에 요구했다.22)

---

19) 「제12차 선박분과위원회 의사록」, 『회의록(1)』, 1392-1395 ; 『회의록(2)』, 105-110쪽.
20) 일본 측의 주요 질문사항은 다음과 같다. 미군정 법령 33호와 관련하여, 선박의 귀속에 관한 명문이 있는가, 미군정의 관할이란 어디인가, 선박의 물리적 소재란 무엇을 말함인가, 그 유효기간은 언제까지인가 등이며, 한미재정협정과 관련하여, 협정 내용에 선박의 인도에 관한 명문이 있는가 등이었다. 「제14차 선박분과위원회 의사록」, 『회의록(1)』, 1405-1407 ; 『회의록(2)』, 11/-120쪽.
21) 「제15차 선박분과위원회 의사록」, 『회의록(1)』, 1414-1417.
22) 「제16차 선박분과위원회 의사록」, 『회의록(1)』, 1419-1421 ; 『회의록(2)』, 129-132쪽.

제17회 회의(1951.12.7)에서는 SCAP 각서의 이행 주체에 대한 논쟁이 이어졌다. 일본정부는 각서 이행의 의무 여부를 SCAP에 문의한 결과, SCAP으로부터 '그 이행은 한일 양국 간의 직접적 외교적 절충으로 해결하라'는 지시를 얻었다고 하여, 한국 주일대표부에 대한 SCAP의 서한을 근거로 선박 반환의 즉시 이행을 요구하는 한국 측과 '양국 간 협의'에 의한 의무-권리의 발생을 주장하는 일본 측이 대립했다. 한국 측이 SCAP의 의견을 직접 확인하자고 제의하자 일본 측은 반환의 의무를 부인하는 것은 아니라며, 한국 측이 주장하듯 의제(a)의 우선 이행에 고집하지 말고, 일본 측이 제기한 의제(c)와 의제(d)를 포함하여 동시에 포괄적으로 해결하자는 주장이었다고 해명했다.23) 제18회 회의(1951.12.10)에서도 의제 설정을 둘러싼 대립이 계속되었다.24)

그런데 제19회 회의(1951.12.11)에서 일본 측이 의제(a)와 의제(c)가 동일한 근거에서 나오는 것이니 연계해서 해결하자고 제안하자, 한국 측은 두 의제를 연계 토의하여 대상선박을 확정하자는 점에 동의하는 대신, 추가선박 명부를 제출했다. 또한 어선에 대해서도 추가 선박명부를 제출할 것이라는 입장을 전달하고, 어선은 상선보다 더 어려운 점이 많다는 점을 들어 별도의 소위원회 구성을 제의했다.25) 한국 측으로서는 19회 회의의 성과로서 상선에 더해 어선의 반환을 별도로 요구하여 교섭할 수 있는 가능성을 열게 되었으나, 이 회의는 의제(c)가 부상하는 계기가 되기도 했다. 한국 측 제의는, 후술하는 바와 같이 1952년 2월 13일에 개최된 30회 회의에서 받아들여져, 상선 및 어선 소분과 위원회가 구성되었다.26)

제20회 회의(1951.12.12)에서는 한국이 제출한 22척의 선박명단에 대한 일본 측의 설명이 있었다.27)

---

23) 「제17차 선박분과위원회 의사록」, 『회의록(1)』, 1423-1431 ; 『회의록(2)』, 133-145쪽.
24) 「제18차 선박분과위원회 의사록」, 『회의록(1)』, 1434-1438 ; 『회의록(2)』, 147-152쪽.
25) 「제19차 선박분과위원회 의사록」, 『회의록(1)』, 1440-1442 ; 『회의록(2)』, 153-155쪽.
26) 「한일선박분과 제30차 회의보고서」, 『회의록(1)』, 1571-1575 ; 『회의록(2)』, 291-298쪽.
27) 「제20차 선박분과위원회 의사록」, 『회의록(1)』, 1444-1449 ; 『회의록(2)』, 156-162쪽.

5. 의제(c)의 등장과 대상선박의 입증 작업

제19회 회의에서 한국 측이 의제(c)를 의제(a)에 연계하여 토론하겠다는 일본 측의 요구를 받아들임으로써, 제21회 회의(1951.12.17)에서 의제(c)에 대한 한국 측의 입장이 표명되었다. 한국 측은 일본 측이 의제(c)에서 한국 측에 '대여'한 5척의 선박의 일본으로의 '반환'을 요구하는 데 대해, 이들 선박이 1945년 8월 9일 현재 한국에 치적한 선박이기 때문에 분명히 SCAP 각서에 따라 한국에 반환되어야 할 선박이며, 이와 동시에 5척의 선박의 현황 및 현상 보전을 위한 한국정부의 조치, 반환일자 및 방법 등에 대해 설명해 달라는 일본 측의 요청을 받아들일 필요가 없다고 대응했다.[28] 제22회(1951.12.18)와 23회 회의(1951.12.19)에서도 이 5척의 선박을 둘러싼 공방이 계속되었다.[29]

제24회 회의(1951.12.20)에서는 상호 간에 충실히 조사할 시간을 갖기 위해 선박위원회를 1952년 1월 7일까지 소집하지 않고 1월 8일에 25차 회의를 갖기로 합의하고 폐회했다.[30] 그러나 제25회 회의는 예정일보다 11일 늦게 1월 19일에 개최되었다. 이는 조사작업의 어려움을 보여주는 일례로 생각된다. 한국 측은 25회 회의에서 침몰, 폐선 등으로 보고된 내용의 입증을 일본 측에 요구하는 한편,[31] 제26회 회의(1951.1.22)에서는 한국 측이 반환받아야 할 선박의 근거자료로 부산항 수급회사의 급수일지를 제출했다. 이와 동시에 미군정청에서 일본으로 소유권이 이동했던 구 한적 선박을 반환받은 예로서 아리요시 료키치(有吉良吉)의 각서를 제시했다. 각서는 1945년 12월 25일자로 작성되었으며, 그 8조에는 '갑(아리요시)은 1945년 8월 15일 이후 조선으로부터 일본에 철거한 선박 중 재조선 미군정청에서 요구하는

---

28) 「제21차 선박소위원회 의사록」, 『회의록(1)』, 1452-1458 ; 『회의록(2)』, 165-173쪽.
29) 「제22차 선박소위원회 의사록」, 『회의록(1)』, 1460-1461 ; 『회의록(2)』, 175-177쪽 ; 「제23차 선박소위원회 의사록」, 『회의록(1)』, 1463-1465 ; 『회의록(2)』, 179-181쪽.
30) 「제24차 선박소위원회 의사록」, 『회의록(1)』, 1467-1468 ; 『회의록(2)』, 183-184쪽.
31) 「한일선박분과위원회 제25차 회의요록」, 『회의록(1)』, 1478-1485 ; 『회의록(2)』, 185-206쪽.

선박은 8월 15일 현상으로 을(吳辰鎬)에게 인도할 것을 약(約)함'이라고 되어 있었는데, 이는 미군정 법령 33호에 의한 반환이 이미 이루어진 적이 있음을 증명하는 서류로 간주되었다.32) 제27회 회의(1951.1.25)에서 한국 측은 새로운 증빙자료의 확보를 근거로 별도로 어선 1척의 반환을 새로 요구했다.33)

제28회 회의(1951.2.5)에서는 일본 측의 반증설명이 있었다. 일본 측은 세 범주로 나누어, 첫째 전시특별법이 적용된 사례, 한국 측 설명이 사실과 다른 사례, 아직 조사 중인 사례 등에 대해 설명하고, 둘째 폐선의 입증사실로서 증거선박의 사고(침몰)통지서와 전손피해금신청서 등을 제출했으며, 셋째 공식증서와 문서 등이 전쟁말기의 혼란 속에서 소멸되어 제출하기 곤란한 사례 등에 대해 설명했다.34) 제29회 회의(1951.2.12)에서도 일본 측의 반증설명이 계속되었다. 의제(a)의 선박에 대한 반증설명이 59건, 의제(b)의 선박에 대한 반증설명이 7건이었다.35)

전술한 바와 같이 제30회 회의(1952.2.13)에서는 제19회 회의에서 나온 한국 측 제안을 기초로 상선 및 선박(어선)소(분과)위원회가 설치되어 31회(1952.2.24) 회의에서는 양측의 입증과 반증 설명이 이어졌다.36)

6. '독립 축하 선물'방식의 일본안 제시

반환 대상선박의 결정과 관련하여, 특히 의제(a)와 의제(b)의 해당 반환

---

32) 「한일선박분과 제26차 회의보고서」 및 「각서」, 『회의록(1)』, 1494-1501 · 1502-1507 ; 『회의록(2)』, 207-224쪽.
33) 「한일선박분과 제27차 회의보고서」, 『회의록(1)』, 1510-1517 ; 『회의록(2)』, 225-248쪽.
34) 「한일선박분과 제28차 회의보고서」, 『회의록(1)』, 1536-1540 ; 『회의록(2)』, 253-277쪽.
35) 「한일선박분과 제29차 회의보고서」, 『회의록(1)』, 1561-1568 ; 『회의록(2)』, 279-290쪽.
36) 상선관계 소분과위원회는 황부길 국장과 구니야스 세이치(国安精一) 해안조정부장이 각각 책임자가 되었으며, 어선관계 소분과위원회는 지철근 어업과장과 오자키 준사부로(尾崎順三郎) 해양과장이 각각 책임자가 되었다. 「한일선박분과 제30차 회의보고서」 및 「한일선박분과 제31차 회의보고서」, 『회의록(1)』, 1571-1575 · 1589-1595 ; 『회의록(2)』, 291-298쪽. 『회의록(2)』에 제31차 회의록은 수록되어 있지 않다.

선박의 범위에 대한 일본 측의 회답이 오래 보류되는 바람에 선박분과위원회는 2월 말 개최 이래 지연되고 있었는데, 3월 17일 양유찬-마츠모토 수석대표 간 회의에서 교환된 의견과 합치된 양해가 동기가 되어 3월 19일 제32회 회의가 개최되었다.

여기에서 31회 회의가 끝나고 32회 회의가 열리기 전인 2월 20일부터 '재산 및 청구권 위원회'가 개최되고 있었다는 점을 상기할 필요가 있다. 그리고 1952년 3월 6일의 제5회 청구권위원회에서 일본 측은 '재산 및 청구권 처리에 관한 일한 간 협정의 기본 요강'을 제출했는데, 그 요점은 재한일본인 사유재산의 소유권이 소멸되지 않았다는 점과 일본 측도 한국에 대해 청구권이 있다는 것, 이른바 한국에 대한 '역청구권'을 주장하는 내용이었다.[37]

3월 19일의 제32회 회의와 4월 1일의 33회(마지막) 회의는 일본이 청구권 위원회에서 일본의 대한(對韓) '역청구권'을 주장하는 태도와 맥을 같이 하는 내용으로 전개되었다.

제32회 회의에서 가와사키 대표는 '한국 부흥을 위해서 조력을 아끼지 않는다'는 입장에서 선박 문제를 처리하겠다는 방침을 표명했다. 이는 선박 문제를 법적 문제가 아닌 정치적 문제로 접근하겠다는 태도에서 나온 것이었다. 즉, 일본 측이 국제법 적용의 결과 발생한 의무로서 선박을 반환하는 것이 아니라, 한국의 독립과 부흥을 축하하고 지원하는 선물로서 선박을 양도하겠다는 것이었다.[38]

제33회 회의(1951.4.1)에서는 일본 측으로부터 양유찬-마츠모토 합의에 기초한 것이라 하여 '일본 측 제출의 선박에 관한 양해사항(안)'이 제시되었다. 그 내용은 의제(a)와 (b)를 주장하는 한국 측 요구의 근거에 허점이 많으며, 이에 반해 의제(c)와 (d)를 요구하는 일본의 입장에 관하여는 그 요구권을 철회할 수 없다는 입장을 확인하고, 이러한 차이에도 불구하고 대국적 해결을 도모할 필요성이 인정된다고 하여 다음과 같은 요령에 의해 선박 문제를 해결하자는 것이었다. 요령은 7항으로 구성되어 있었는데, 그

---

37) 오오타 오사무, 2008, 『한일교섭: 청구권문제 연구』, 선인, 122-123쪽.
38) 「한일선박분과 제32차 회의보고서」, 『회의록(1)』, 1599-1602 ; 『회의록(2)』, 301-306쪽.

1항은 의제(a)와 관련하여 일본이 합의한 한국치적선 (상선)15척과 어선 9척에 상당하는 선박을 일본에서 구매하여 한국으로 인도하는 것으로 해결하겠다는 것이었다. 2항은 인도할 선박의 성능, 연령, 선형 등에 대한 조건, 3항은 인도의 실시를 위해 필요한 국내법 조치 등에 관한 내용이었다. 4항은 이러한 인도가 실시되는 근거와 효력에 대한 설명이었다. 선박 반환이 1951년 9월 10일자 SCAP 서한이나 미군정 법령 33호에 의한 것이 아니라는 점, 선박 반환 문제가 한일 간 청구권 문제에도 영향을 주지 않는다는 점, 그리고 선박 반환이 '한일경제협력의 일환으로 일본이 한국에 증여하는 형식'을 취하게 된 것이라는 점을 확인하고 있다. 5항에서는 의제(c)의 '한국에 대여한 5척'에 대해 일본이 '반환'을 청구했음에도 불구하고 이를 취소하고, 1항의 실시와 동시에 한국에 증여하기로 했다는 점을 밝히고 있다. 6항은 이로써 한일 양국 간 선박귀속에 관한 문제가 '나포 어선에 관한 일본 측의 반환요구를 제외하고' 최종적으로 전면적으로 해결된 것으로 간주한다는 것을 확인하는 내용이었으며, 7항은 이 문제를 교환공문의 형식으로 해결하고 '우호조약' 조인과 동시에 교환할 것을 제의하는 내용이었다.

이러한 일본 측 제안에 대해 한국 측은 즉답을 제시하지 않았다. 한국 측은 다음 회의의 시일을 결정하여 통지하겠다고 하여 회의를 끝냈다.[39] 그러나 제1차 한일회담에서 선박분과 위원회는 33회 회의를 끝으로 더 이상 열리지 않았다. 전술한 바와 같이, 3월 6일의 제5회 청구권위원회에서 나온 일본의 '역청구권' 주장에 대해 한국 측이 반발하여, 4월 1일의 제8회 회의를 끝으로 청구권 문제에 대한 토의가 종료된 상태였으며, 4월 4일 본회담에서 양유찬 수석대표는 일본의 대한 '역청구권' 주장에 대한 비난 성명을 발표하여, 제1차 한일회담 자체가 결렬위기에 빠져 있었다. 결국 4월 19일 양유찬 수석대표가 미국으로 귀임하고, 25일 일본 측이 교섭중단을 통고한 데 이어, 26일 한국 대표단이 귀국함으로써 제1차 한일회담은 결렬되었다.

---

39) 「한일선박분과 제33차 회의보고서」, 『회의록(1)』, 1605-1611 ; 『회의록(2)』, 307-315쪽.

Ⅳ. 선박 반환교섭의 전개 2
   : 2차 회담 이후의 교섭과 허무한 종말

　제2차 한일회담 이후에 전개된 선박교섭은 제1차 교섭의 본을 거의 그대로 따라 진행된 것으로 볼 수 있다. 다만 한국 측의 반환요구가 보다 명확하고 그 양이 계속 증가되었던 점이 변화라면 변화라고 할 수 있겠으나, 일본 측은 한국 측이 제공하는 정보의 약점을 집요하게 파고들면서 법리론 공방으로 교섭을 이끌어 나가는 모습은 시종일관된 일본 측의 태도였다고 할 수 있다.[40]

　제2차 회담 시 선박분과위원회 제1회 회의는 1953년 5월 8일에 개최되어 같은 달 26일까지 4번의 회의가 있었다.[41] 제2차 한일회담에서 선박 반환 교섭이 부진했던 이유는 아마도 제2차 회담에서 커다란 쟁점으로 부상한 어업 문제로 인해 선박분과위원회는 개점휴업 상태에 빠져 있던 것으로 보인다. 또한 2차 한일회담은 이미 1951년 9월 10일자의 SCAP 서한이 설정한 60일이라는 시일을 훨씬 넘겨 개시된 만큼 선박 문제가 절박한 의제가 아니었다는 점도 교섭부진의 원인으로 작용했을 것으로 생각된다. 제3차 회담에서도 선박 문제는 더 이상 진전을 보지 못했다. 3차 회담에서 선박분과위원회는 1953년 10월 8일, 단 한 차례 개최되었을 뿐이다.[42] 개회 직후 청구권 위원회에서 터진 구보타(久保田) 발언의 영향 때문인 것으로 생각된다.

　제4차 한일회담에서는 제6회 본회의(1958.5.6)의 결정에 따라, 청구권위원회 산하에 선박소위원회를 구성하여 1958년 12월 16일까지 24회에 걸쳐

---

40)『선박위원회 회의록』, 723.1 JA 선1953.5, 90, 정무과, 1953, C1-0002, 0899-0903 ; 文書番号175, 「日韓交渉報告再三, 船舶関係部会第1回会議状況」(久保田参与, 1953年10月8日) ; 「再開日韓交渉議事要録, 船舶部会第一回」(アジア局第二課, 1953年10月8日),『日本政府公開日韓会談文書』.

41) 文書番号534, 「日韓会談問題別経緯(5), 船舶問題」(外務省アジア局北東アジア課, 1962年7月1日),『日本政府公開日韓会談文書』, 12쪽.

42) 위의 자료, 13쪽.

선박 반환교섭이 이루어졌다. 선박 문제가 청구권의 일부로서 취급되었던 것이다.43) 제4차 회담에서 이승만 대통령은 선박소위원회에 특별히 관심을 가졌다. 이승만 대통령은 한일회담 대표 임송본에게 1958년 6월 5일자로 서신 486호를 보내, 선박소위원회 한국 측 위원에게 방침을 전달했다. 의제(a)의 완전해결 이후 의제(b)를 논의하라는 내용이었다.44)

제4차 회담 선박소위원회 제1회 회의(1958.6.6)에서 한국 측은 의제(a) 및 의제(b)에 대해서는 일본 측의 검토가 남았을 뿐이라는 태도를 취했다. 이에 대해 일본 측은 제2회 회의(1958.6.11)에서 의제(c)의 '5척의 어선' 문제 외에 의제(d)에 해당하는 '(한국에 감금된) 141척의 어선' 문제를 새로 제기했다. 이러한 일본 측의 새로운 문제제기에 대해 한국 측은 소위원회 의제로 부적절하다고 거부했다.45) 일본이 제기한 '141척의 어선 문제'는 이후 제4차 회담의 선박문제소위원회의 최대 걸림돌이 되어 24회에 걸친 4차 교섭은 어떠한 실질적 진전을 보지 못하고 끝나고 말았다.

장면정권하에서 개최된 제5차 한일회담에서도 한국 측의 선박 문제에 대한 접근은 이승만정권 시기의 그것과 크게 차이가 없었다. 제5차 한일회담에서도 선박 문제는 청구권위원회 산하 선박소위원회를 구성하여 교섭이 진행되었다.46) 제1회 회의는 1960년 11월 10일 외무성 회의실에서 개최되었

---

43) 위의 자료, 14쪽 ; 한국정부가 공개한 제4차 회담 선박소위원회 회의록은 영문으로 되어 있다. 일본정부가 공개한 문서 가운데에는 문서번호 240부터 263에 해당하는 문서들이 24에 걸친 제4차 회담 선박소위원회 회의 요지를 담고 있다. 文書番号240-263, 「第四次日韓全面会談における船舶小委員会の第1回会合 – 第24回会合」(外務省アジア局北東アジア課, 1958年6月6日-12月16日), 『日本政府公開日韓会談文書』.

44) 이승만 대통령은 6월 12일에도 임송본에게 지령을 보내, 교섭의 향방에 관심을 표명했다. 「임송본이 대통령에게 보내는 서한(58.6.9)」 ; 「임송본에게 보내는 대통령의 지령(58.6.12)」 ; 「임송본이 대통령에게 보내는 서한(58.6.19)」, 『한일회담 외교문서 해제집 I: 예비회담-5차회담』, 425-426·426·427-428쪽.

45) 「청구권위원회 선박소위원회 제1차 회의요록」 ; 「청구권위원회 선박소위원회 제2차 회의요록」, 『한일회담 외교문서 해제집 I: 예비회담-5차회담』, 425·426쪽.

46) 文書番号39-44 ; 46-47(文書番号45는 非公式会談의 件), 「第5次日韓全面会談予備会談における船舶小委員会の第1回-第8回会合」(1960年11月11日-61年3月17日, 外務省北東アジア課), 『日本政府公開日韓国会談文書』; 文書番号534, 「日韓会談問題別経緯

다. 이후 1961년 3월 17일, 제8회 회의까지 양국이 주장하는 내용에 대한 조사와 확인이 이어졌다. 그 이후로도 실무적인 검증작업이 계속되어 1961년 5월 12일에는 양측 수석위원이 비공식 회의를 열고, 의제의 설정과 그 법리적 해석의 문제에서 여전히 이견이 존재함을 확인하면서도 5월 말까지 선박 문제에 관한 전반적인 토의를 종결시킨다는 데 양측이 원칙적으로 합의했다.[47] 그런데 5월 16일 쿠데타의 발생으로 회의는 중단되고 말았다.

제6차 한일회담에서도 선박 반환교섭은 청구권위원회 산하 선박소위원회에서 진행되었다. 제1회 회의는 1961년 10월 30일에 개최되었다.[48] 이후 1961년 11월 25일에 개최된 6회 회의에 이르기까지 양측이 제출한 선박 리스트의 확인작업이 지루하게 이어졌다. 이어서 12월 11일부터는 아예 선박소위원회 실무자 회의를 별도로 열어 양측 주장의 사실여부를 확인하는 작업이 이어졌다. 이후 실무자회의는 1962년 3월 5일과 3월 7일에 두 차례 더 개최되었다.[49] 선박소분과위원회 제9회 회의(1962.3.9)에서는 의제(a)의 해당선박에 대한 양측의 조사와 설명 결과를 상호 확인했고, 다음 회의부터 다음 의제인 의제(b), (c), (d)의 토의에 들어가기로 합의했다.[50] 제6차 한일회담 선박소위원회에서 한국 측은 종전보다 더 증가한 총 358척의 반환요구 선박명부를 제출했다.[51] 선박리스트의 확인작업이 실무자 회의까지 열

---

(5), 船舶問題」(外務省アジア局北東アジア課, 1962年7月1日), 『日本政府公開日韓会談文書』, 16-18쪽.
47) 「선박소위원회 비공식 회의 개최에 관한 건」, 『한일회담 외교문서 해제집 I: 예비회담-5차회담』, 758쪽.
48) 文書番号534, 「日韓会談問題別経緯(5), 船舶問題」(外務省アジア局北東アジア課, 1962年7月1日), 『日本政府公開日韓会談文書』, 19-20쪽 ; 「第6次日韓全面会談における船舶小委員会」(外務省アジア局北東アジア課, 1961年10月30日-62年3月9日), 『日本政府公開日韓会談文書』.
49) 文書番号266, 「船舶小委員会実務者会議, 第1回会合-第3回会合」, 『日本政府公開日韓会談文書』.
50) 「선박소위원회 회의록, 1961-1962」, 『한일회담 외교문서 해제집 II: 평화선·북송·6차회담(예비교섭·청구권)』, 841쪽.
51) 세6차 한일회담에서 제시된 358척(리스트에는 360번까지 수록되어 있으나, 실제 척수는 358척임)의 신박 리스트는 「제6차 한일회담시 제시한 재일 한적선 명록(추가본)」, 『반환청구 선박명부, 1962』(723.1JA 선 1952-58, 106, 아주과, 1958, C1-0003,

어가며 상당한 수준으로 진척되었고 네 가지 의제에 대한 토의 방식에 대해 서도 합의가 이루어짐으로써 선박 반환교섭은 진전이 있는 것처럼 보였다.

그런데 일본 측은 청구권 문제에 관한 김-오히라(大平) 합의 이후에 개최된 의제 정리를 위한 예비절충회담에서 선박 반환 문제가 청구권 문제의 해결과 동시에 해결될 수 있다는 논리를 들고 나왔다.[52] 나아가 1963년 2월 16일 개최된 제6차 한일회담 제2차 정치회담 예비절충 제27회 회의에서 일본은, 청구권 문제가 타결됨에 따라 일본정부가 한국에 대해 막대한 차관을 제공하게 되는 데다, 이론상 샌프란시스코 평화조약 4조 (a)항에 의한 청구권 지불은 다 해결된 것이므로 별도의 회의 설치와 더 이상의 추가 선박 반환이 필요 없다고 주장하여 선박관계 회의의 개최 자체를 거부했다.[53] 결국 주일대표부는 이러한 일본 측의 태도를 보고 더 이상 반환선박의 명부제출과 그 이행을 요구하는 교섭방식의 한계를 인식했던 것 같다. 1963년 4월 초(1일 또는 2일) 본국 외무부에 보내는 공한에서 주일대표부는 본국 외무부에 '정치적 타결'을 건의했다.[54] 그와 동시에 주일대사는 선박 반환 문제를 어업협력금액 문제와 연계시켰다. 1963년 7월 25일 열린 제6차 한일회담 제2차 정치회담 제46회 예비절충 회의에서 한국 측은 일본이 선박을 제공하지 않으므로, 한국 어민을 납득시키려면 어업협력금액을 명백히 표시할 필요가 있다고 언급했다.[55]

0018-0044(『한일회담 외교문서 해제집 II: 평화선·북송·6차회담(예비교섭·청구권)』, 845쪽 참조)에서 확인할 수 있다.
52) 文書番号534, 「日韓会談問題別経緯(5), 船舶問題-その2」(外務省アジア局北東アジア課, 1963年10月1日), 『日本政府公開日韓会談文書』, 1쪽.
53) 「제6차 한일회담 제2차 정치회담 예비절충 제27차 회의 회의록」, 『한일회담 외교문서 해제집 III: 6차 회담』, 496-497쪽 ; 다카사키 소지(髙崎宗司)가 2월 14일에 열린 회의로 주목한 것과 동일한 회의로 생각된다. 다카사키는 다음의 자료를 인용하고 있다. 한국외무부, 『제6차 한일회담회의록 IV. 제2차 정치회담예비절충』, 109-110쪽 ; 高崎宗司, 앞의 책, 140-141쪽.
54) 「한일회담에 있어 한국 측이 취할 입장」, 『한일회담 외교문서 해제집 III: 6차 회담』, 496-497쪽.
55) 「제6차 한일회담 제2차 정치회담 예비절충 제46차 회의 회의록」, 『한일회담 외교문서 해제집 III: 6차 회담』, 565쪽.

1965년 3월 24일, 시나 에츠사부로(椎名悅三朗) - 이동원 제1회 외상회담에서 일본 측은 청구권 문제에 관하여 언급하면서 김-오히라 회담에서 유상, 무상의 경제협력에 합의함으로써 부수적으로 청구권 문제가 소멸되었으며, 따라서 한국의 선박, 문화재에 관한 청구권도 소멸할 것이라는 입장을 표명했다. 이에 대해 한국 측은 김-오히라 양해에 의하여 일반 청구권 문제만이 3억, 2억, 1억 이상의 무상, 유상 공유의 형식으로 해결된 것이고 문화재와 선박의 반환 청구권은 아직 남아 있다는 입장을 확인했다.56) 25일의 외상회담에서도 선박 문제는 토의되었으며, 26일 이동원 장관일행이 사토 수상을 예방한 자리에서도 문화재와 선박 반환 문제는 각각 별도로 취급해 주길 바란다는 한국 측 입장이 거듭 표명되었다.57)

그런데 3월 26일에 속개된 제3차 외상회담에서 이동원 외무장관의 태도는 미묘하게 변화했다. 이동원 외무장관은 '실질적 해결'의 가능성을 위해 일본 측 안을 검토해 보겠으며, 특히 일본 측에서 종래 선박 청구권을 강력히 주장하여 온 한국 측의 입장을 세워주는 뜻에서 '정치적인 제스쳐'가 있어야 할 것이라고 하여 정치적 해결의 가능성을 비추었다.58)

급기야 3월 27일 이후의 외상회담에서 선박 문제는 자취를 감추고 말았다. 이에 대해 다카사키(高崎宗司)는 3월 27일의 외상회담에서 한국 측이 일본 측의 억류 어선에 대한 보상요구와 상쇄한다는 일본방침을 최종적으로 승인함으로써 선박 문제가 해결되었다고 기술하고 있다.59) 필자는 이러한 내용이 기술된 원문을 외교문서에서 찾아보고자 했으나, 아직은 찾지 못했다.60) 다만, 3월 27일 이후의 한일 간 교섭에서 선박 문제는 더 이상

---

56) 「1,2차 방문 활동사항(외상회담)」, 『이동원 외무부장관 일본방문, 1965』, 724.31 JA 1965, 1486, 동북아주과, 1965, C-0011, 11(화일번호), 130(프레임 번호).
57) 「청구권문제 회담 보고」 ; 「제3차 외상회담 보고」, 『한일회담 외교문서 해제집 IV: 고위 정치회담 및 7차 회담(법적지위·어업관계·문화재)』, 134-135쪽.
58) 「1,2차 방문 활동사항(외상회담)」, 『이동원 외무부장관 일본방문, 1965』(앞의 자료), 147-148(프레임 번호).
59) 高崎宗司, 앞의 책, 169쪽.
60) 3월 27일은 아침과 밤 두 번에 걸쳐 외상회담이 비공식으로 개최되었다. 아침의 회의는 3월 26일 밤 10시부터 개최되었던 회의의 연장으로 27일 새벽 5시 반까지 이어졌으며, 같은 날 저녁 9시 반부터 재개되어 28일 0시 30분까지 이어졌다. 그

거론되지 않은 것으로 보아 다카사키의 분석은 타당한 것으로 생각된다.

V. 맺음말

본고는 한일 간 선박 반환교섭을 제1차 회담 시 33차례에 걸쳐 전개되었던 선박분과위원회의 교섭 내용을 중심으로 고찰한 것이다. 제1차 회담의 선박 반환교섭에 주목하는 이유는 선박 반환교섭의 쟁점과 제약요인이 제1차 선박 반환교섭에서 드러난 이후, 제2차 회담 이후의 교섭에서는 그러한 쟁점과 제약요인이 되풀이되어 확인된다는 점에서 찾을 수 있다.

제1차 한일회담의 33차에 걸친 선박 반환교섭에서 한국 측은 한국 측이 제기한 의제(a)와 의제(b) 모두가 국제법의 정당한 이행으로 실시되어야 한다고 주장한 반면, 일본 측은 국제법의 원칙에서 볼 때 한국 측의 주장에 동의하기 어려우며, 만일 한국 측의 주장을 받아들일 경우 의제(c)도 마찬가지로 국제법의 정당한 이행으로 실시되어야 한다는 입장이었다.

여기에서 한국 측이 애초에 왜 두 의제를 병행하여 제시했는지 그 이유가 궁금해진다. 두 의제는 각각 선적주의와 속지주의를 따른 내용이어서 서로 모순된 내용이었다. 한국 측이 의제(b)를 제기한 것은 아마도 1947년 초 SCAP 측이 속지주의를 채택했던 것과 관련이 있어 보인다. SCAP 측의 태도변화로 한국 측에 불리하게 전개되었던 양상을 역전시켜 보겠다는 발상이었다고 볼 수 있다. 그러나 두 의제를 동시에 제기함으로써 오히려 의제(a)의 정당성을 약화시키고, 의제(b)로 발목을 잡히는 결과를 낳지 않았는지 생각해 볼 필요가 있다.

방대한 자료에서 보이는 것은, 한국에게 선박 반환 문제가 청구권 문제와 재일한인의 법적지위 문제만큼이나 중요한 의미를 지니고 있었다는 점이다. 그것은 선박 반환이 미군정 법령 33호의 정당한 집행이라는 점을 확

러나 27일에 개최된 이 두 번의 회의에 관한 한국 측 기록에는 선박문제가 전혀 언급되어 있지 않다. 「1,2차 방문 활동사항(외상회담)」, 『이동원 외무부장관 일본 방문, 1965』(앞의 자료), 150-163(프레임 번호) 참조.

인함으로써, 청구권 문제와 재일한인 문제 등에 적용되는 제반 국제법과 주한 미군정 법령, 그리고 SCAP 각서(지령) 등 서로 상이한 효력을 지닌 법적 구속력을 어떻게 해석하는가라는 법리론(法理論) 싸움에서 기선을 제압한다는 의미를 지닌 것이었기 때문이었다.

한편 선박 반환교섭은 청구권교섭과 미묘하게 얽혀 있었다. 선박 반환 문제를 청구권 문제에 포함시켜 해결하고자 했던 점에서 청구권의 규모를 키우는 데 영향을 미쳤을 것으로 생각되며, 선박 반환 문제를 경제협력방식으로 해결하고자 했던 일본 측의 의도는 청구권 협정교섭에도 이어져 그 상관성이 확인되기 때문이다. 이에 대한 분석이 다음 과제로 제기된다.

【참고문헌】

국민대학교 일본학연구소, 2008, 『한일회담 외교문서 자료집』(미발간 자료집) I~XII.
_____, 2008, 『한일회담 외교문서 해제집』 I~V.
한국 외무부, 1951, 『선박문제위원회 회의록: 제1차 한일회담』.
_____, 『2005년도 공개 한일회담 외교문서(1948-1967)』.
『선박위원회 회의록』(723.1 JA 선1951-52 1-33차, 정무과, 1952, C1-0001).
『선박위원회 회의록』(723.1 JA 선1953.5, 정무과, 1953, C1-0002).
『반환청구 선박명부, 1962』(723.1JA 선 1952-58, 아주과, 1958, C1-0003).
『이동원 외무부장관 일본방문, 1965』(724.31 JA 1965, 동북아주과, 1965, C-0011).

Report on SCAP-Korean Ship Conference, Scott, Denny F., United States. Department of State, RG59, Records of the U.S. Department of State relating to 895, 895B, 995, 995B, MF005978. (자료명, 작성자, 작성과, 문서그룹, 수록자료명, 한국국회도서관 청구기호 순)
'Transmitting Copy of Report on SCAP-Korean Ship Conference'.
'Report on the SCAP-Korean Ship Conference'.

日本外務省, 2008年公開, 日本政府公開日韓会談文書.
  文書番号39-47,「第5次日韓全面会談予備会談における船舶小委員会の第1回
    －第8回会合」.
  文書番号175,「日韓交渉報告再三, 船舶関係部会第1回会議状況」.
  文書番号240-263,「第四次日韓全面会談における船舶小委員会の第1回会合
    －第24回会合」.
  文書番号265,「第6次日韓全面会談における船舶小委員会」.
  文書番号266,「船舶小委員会実務者会議, 第1回会合－第3回会合」.
  文書番号534,「日韓会談問題別経緯(5), 船舶問題」.
  文書番号534,「日韓会談問題別経緯(5), 船舶問題－その2」.
  文書番号622,「第一次日韓会談船舶会議要旨」.

남기정, 2008.12,「샌프란시스코 평화조약과 한일관계: '관대한 평화'와 냉전
    의 상관성」,『동북아역사논총』22호 별책.
박진희, 2008,『한일회담: 제1공화국의 대일정책과 한일회담 전개과정』, 선인.
오오타 오사무(太田修), 2008,『한일교섭: 청구권문제 연구』, 선인.
요시자와 후미토시(吉澤文寿), 2008.11,「일본의 한일회담 관련 외교문서의
    공개상황에 대하여」,『일본공간』4권.
요시자와 후미토시(吉澤文寿), 2008.11,「일본 외무성 외교문서 공개 리스트」,
    『일본공간』4권.
이원덕, 1996,『한일 과거사처리의 원점: 일본의 전후처리 외교와 한일회담』,
    서울대학교 출판부.
장박진, 2009,『식민지 관계 청산은 왜 이루어질 수 없었는가: 한일회담이라
    는 역설』, 논형.
중앙일보사, 1993,『維民 洪璡基 傳記』.
황부길, 2001.11~12,「황부길 회고록①/②」,『해양한국』.

高崎宗司, 1996,『検証, 日韓会談』, 岩波書店.
吉澤文寿, 2005,『戦後日韓関係』, クレイン.
趙胤修, 2008,『日韓漁業交渉の国際政治－海洋秩序の脱植民地化と「国益」の
    調整』, 東北大学大学院法学研究科博士論文.

日韓市民でつくる日韓会談文書・全面公開を求める会 ;
　　http://www7b.biglobe.ne.jp/~nikkan(최종방문일, 2010.1.29).

한일회담 문화재 '반환'*교섭의 전개과정과 쟁점

박 훈**

I. 머리말

한일회담에서 문화재 문제는 청구권 등 다른 분야에 비해 그동안 큰 관심을 끌지는 못했다. 이 문제가 회담당시에도 비중이 작게 취급된 것이 원인이기도 했지만, 1965년 회담타결 이후 문화재 문제가 거의 현안으로 등장한 적이 없기 때문이다. 그러나 2006년 북관대첩비 반환이 상징하듯이 최근 들어 일본에 아직까지 남아있는 한국문화재 반환 문제가 자주 논의되고 있다. 이러한 새로운 상황전개에 대응하기 위해서도 이제 차분히 한일회담에서 전개된 문화재 반환교섭의 전개과정을 검토할 필요가 있다고 생각한다.

---

* 이 '반환'이라는 용어자체가 문화재교섭의 쟁점이었던 것은 주지의 사실이다. 한국측이 '반환'을 주장한 데 대해, 일본 측은 '증여' '기증'이라는 표현을 고집하여, 결국 '인도(引き渡し)'라는 표현이 채택되었다. 이런 용어상의 문제성을 드러내기 위해 제목과 목차에는 따옴표를 붙여 '반환'으로 하였으나, 본문에서는 번거로움을 피하기 위해 따옴표를 생략했음을 밝혀둔다.
** 서울대학교

한일회담에서의 문화재교섭에 대한 연구는 한일을 막론하고 매우 빈약한 실정이다. 이는 청구권, 어업 문제 등 다른 문제에 비해 문화재 문제는 상대적으로 관심이 집중되지 못했고, 또 자료도 불충분했던 데 기인한 것으로 보인다. 먼저 일본 측 연구로는 다카사키 소시(高崎宗司)의 논문이 있다.[1] 이 글은 문화재교섭을 전기(1952~1958)와 후기(1958~1965)로 나누어 그 전개과정 전체를 소묘하고 있다. 전개과정 전체를 망라한 연구로는 현재까지 거의 유일한 논문인데, 뒤에서 소개하는 한국 측 연구도 대체로 이 연구에 의존하고 있다. 단 말 그대로 '소묘'에 그치고 있어 회담의 중요한 장면들이 많이 누락되어 있고, 주요쟁점에 대한 분석도 충분히 행해지고 있지 않다. 또한 회담전체의 문서가 공개되지 않은 상태에서 작성되었기 때문에 자료상의 제약도 확연해 보인다. 본 논문은 한국에서 2005년 전면공개된 회담자료를 바탕으로 다카사키(高崎) 논문의 결점을 메우게 될 것이다.

이밖에 일본에서는 하타다 다카시(旗田巍)[2]와 이토 다카시(伊藤孝司)[3]의 글이 있다. 이 글들은 제목에서도 알 수 있듯이 본격적인 연구논문은 아니다. 하타(旗田)의 글은 조선문화재 문제에 대한 일본사회의 관심을 촉구하면서 한일회담에서의 문화재 반환교섭의 부당성을 질타한 것이고, 이토(伊藤)의 글은 2000년대에 들어와 활발해진 한국과 북한의 문화재 반환요구에 대해 일본이 성실하게 응할 것을 주장한 글로 한일회담의 문화재 반환교섭을 역시 부정적으로 평가하고 있다.

문화재 문제에 관한 한국 측의 연구는 주로 문화재 반환에 대한 국제법/국제관례에 대한 연구가 주를 이루고 있다.[4] 이것은 한일회담이 끝난 후인

---

1) 高崎宗司, 1986, 「日韓会談における文化財返還交渉について」, 『朝鮮史研究会論文集』 23.
2) 旗田巍, 1965, 「時評―日韓條約と朝鮮文化財返還問題」, 『歷史學研究』 304.
3) 伊藤孝司, 2008, 「韓國・北朝鮮からの文化財返還要求をどのように受け止めるか」, 『世界』 775호.
4) 이강숙, 「불법유출문화재반환에 관한 국제법적 고찰」; 김형만, 「문화재반환에 관한 국제법적 고찰」; 백충현, 「일본소장 한국문화재반환문제연구」; 조부근, 「잃어버린 우리문화재를 찾아」(이상, 문화재청 편, 『한일협정반환문화재 자료집』, 2005 所收); 제성호, 2005, 「문화재의 반환과 국제법」, 『법학논문집』 29-1, 중앙대; 백충현, 1989, 「해외유출불법반출문화재반환의 국제법적 규제」, 『서울대학교 법학』 30

1970년대부터 문화재 문제에 관한 국제논의가 활발하게 이뤄져 각종 헌장, 선언, 규제들이 잇따라 나왔고, 그 내용이 한국과 같이 유출당한 국가들에게 결코 불리하지 않은 것이었기 때문에, 이 국제관례들을 이용하여 현재 일본에 남아있는 한국문화재를 반환받기 위한 의도에서 관련연구들이 집중적으로 이뤄졌던 것으로 보인다. 물론 국제관례나 국제법에 대한 연구도 매우 중요하지만, 한국문화재의 추가반환을 위해서는 먼저 한일회담에서 이뤄진 문화재교섭의 전모를 밝히는 작업이 선행되어야 할 것이다.

본고는 2005년 공개된 한일회담외교문서 중 문화재 관련 문건들을 완독하여 그 전체과정을 복원해내고, 그에 기반하여 주요쟁점을 소개할 것이며 그에 대한 평가를 시도해보고자 한다. 이런 점에서 본고의 연구사적 의의는 있으리라고 생각한다.

다음으로 관련자료현황에 대해 서술해보겠다. 먼저 2005년 외교문서가 공개되자마자 문화재청에서 이를 합계 1,700쪽에 달하는 두 권의 자료집으로 묶어내어 연구자에게 편리함을 제공해주고 있다.5) 이 자료집을 이어 국민대 일본학연구소에서 이 외교문서 전체를 해제하였는데, 그중 IV권이 문화재관련이다.6) 물론 다른 권에도 부분적으로 문화재 관련 내용이 산재되어 있다. 그러나 문화재청 자료집과 국민대 일본학연구소 해제집에도 빠져 있는 부분들은 외교부 공개외교문서 원문을 수시로 참조했다. 이 정도의 자료라면 적어도 문화재회담에 관련된 한국 측 자료는 망라한 것으로 생각되며, 이들 자료들을 섭렵한 연구로는 본고가 처음이 아닐까 싶다.

권 3-4호 ; 이보아, 1999, 「문화재의 원산국으로의 반환에 대한 고찰」, 『비교문화연구』 5, 서울대.
5) 문화재청 편, 2005.4, 『한일협정 반환문화재 자료집』(아래 소개하는 자료집과 관련해서는 『한일협정 반환문화재 자료집』 I이라고 해야 마땅하나 무슨 연유에서인지 'I'이 생략되어 있어 이에 따른다. 이하 『자료집』으로 약칭) ; 同, 『한일협정 외교문서(문화재)자료집 II』, 2005.9(이하 『자료집』 II로 약칭).
6) 국민대 일본학연구소(김영미, 김영수, 안소영, 이이범, 이현신), 2008, 『한일회담외교문서해제집』 I-V, 동북아역사재단.

II. 문화재 '반환'회담의 전개과정

1. 전문가회의 개최 이전

 해방 직후인 1945년 10월 30일 역사가들의 학술단체인 진단학회는 일본이 약탈한 도서의 반환을 미군정청을 통해 맥아더 사령부에 제출할 것을 결의하고 12월에 일본인이 약탈한 도서 및 보물목록(서적 212종, 미술품 및 골동품 837종)을 완성하여 미군정청에 제출하였다. 이 목록은 1949년 3월 15일 대일배상심의회가 작성한 요구조서에 포함되었고, 협정요강에도 들어갔다.
 문화재협상은 애초에는 청구권 문제에 포함되는 형태로 시작되었다. 1952년 2월 20일 제1차 한일회담 '재산 및 청구권 분과위원회' 제1차 회의에서 한국 측은 8개 항으로 된 '한일간 재산청구권 협정요강'을 제출하였는데, 그 1항에 "한국에서 반출된 고서적, 미술품, 골동품, 그 외 국보, 지도원판 및 地金, 地銀을 반환할 것"을 명시하였다. 그러나 제1차 한일회담에서는 일본의 역청구권 및 어업 문제 등으로 의견차가 노정되는 가운데 문화재 문제는 거의 논의되지 못했다.
 그 후 제2차 한일회담(1953.4.15-7.23) 중인 1953년 5월 19일 재산 및 청구권 분과위원회 제2차 회의에서 한국 측은 '한국국보, 역사적 기념물(미술공예품, 고서적, 그 외 즉시 반환청구에 관한 것)' 등 4개 항목을 청구하였다. 이에 대해 일본 측은 외무성에서 전담자를 두고 조사 중이라고 답변하였다. 문화재관할 부서인 문부성이 아니라 외무성에 전담자를 둠으로써 최대한 이 문제를 회피해보려는 의도가 엿보인다.
 제3차 한일회담(1953.10.6~10.21) 중인 10월 15일 일본 측은 한국의 반환요구 목록을 조사해 봤더니 해당 문화재들은 정당한 수단으로 취득한 것이므로 의무로서의 반환은 할 수 없다고 주장한 데 반해, 한국 측은 해당문화재는 일본의 권력기구를 통해서 불법반출된 것으로 추정되므로 반환해야 한다고 반론을 제기했다. 3차 회담은 유명한 구보타 망언으로 결렬되었는데, 결렬 직후 일본 외무성 정보문화국장은 한국 측에게 일본이 약탈했다고 주장하는 수천 점의 반환품목의 목록을 제출할 것을 요구하고, 미술품들은 정당한 가격으로 시장에서 구입한 것이라고 주장했다.[7)

 문화재 문제가 진전을 보이기 시작한 것은 제4차 한일회담(1958.4.15~1960. 4.15) 때인데, 이것은 전년인 1957년 12월 31일 제4차 한일회담 예비회담에서 합의된 오럴 스테이트먼트, 즉 일본정부가 문화재 중 돌려줄 수 있는 것은 곧 돌려주고 그 외의 것은 쌍방이 논의하여 정한다는 것에 기초한 것이었다. 이로 인해 1958년 1월부터 반환교섭이 시작되어 한국 측은 반환품 목록작성에 들어갔고 1월 21일 문교부의 목록이 나왔다.[8) 이에 대해 일본 측은 2월 즉시 이전 가능한 국립박물관소장 97점의 목록을 제출했다.[9)

 그 결과 1958년 4월 16일 동경국립박물관이 소장하고 있는 106점의 문화재가 한국 주일대사관에 반환되어 일부나마 최초의 문화재 반환이 이뤄졌다. 주일 한국대사는 1958년 4월 16일 106점의 문화재와 아울러 동경국립박물관 측 조선관계 문화재로 인정한다는 489점의 목록을 영수하였음을 보고했다.[10) 황수영에 따르면 1952년에 작성된 동경국립박물관의 신목록에 이 489점이 '조선총독부기증'으로 분류되어 있었다고 한다.[11) 일본정부는 동경박물관이 소장하고 있는 것 중 '조선총독부기증'이라고 명기된 것 중에서도 일부만 반환했던 것이다.

 이 반환문화재에 대해 황수영은 고고학자료로서의 평가와 금전적 가치평가를 나누어 다음과 같이 말하였다.[12) 먼저 고고학자료로서는 106점 모두가 우리나라 삼국시대에 속하는 고분 1기(창녕군 교동 소재)로부터 1916년 조선총독부에 의하여 발굴된 유물로 그 종류와 수량으로 판단할 때 동

---

7) 이상 『자료집』, 99-100쪽.
8) 『자료집』 II, 111-115쪽. 나중에 돌려받은 것과 차이가 남. 이 외에 한국측은 단기 4138년 7월 체결된 한일통신업무 합동협정으로 한국에서 탈취하여 동경체신박물관이 소장하고 있는 체신문화재 반환요구품목도 제시했다. 『자료집』 II, 130-131쪽.
9) 『자료집』 II, 123-124쪽.
10) 이때 반환된 문화재목록은 『자료집』 II, 150쪽. 동경 국립박물관 소장 조선문화재 목록은 『자료집』 II, 154쪽 참조.
11) 『자료집』 II, 205쪽.
12) 『자료집』 II, 196-198쪽.

시대 고분 중에서도 소규모의 것으로 그 자료적 가치가 크다고만은 할 수 없다. 단 창녕군에 소재하던 고분 수백기가 일제 때 전부 도굴되었고 발굴유물 중 중요한 것이 모두 일본인의 수중에 들어가 산일된 현상에 비추어 볼 때 이 지방에서 출토된 확실한 고고자료라는 점, 그리고 그에 관한 보고서가 다행히 남아있다는 점에서 그 학적 자료로서의 가치는 인정된다. 이러한 점에서 이번의 일괄유물의 반환은 우리 고문화연구에 있어서 귀중한 자료를 확보한 것이다.

다음으로 금전적 가치평가에서는 고고자료로서의 가치는 그 출토지가 명백하고 조사기록이 정확할 때에 비로소 부여되는 것인데 이 같은 자료가치를 떠나 분리된 개체로서 평가할 때는 가치가 저하하게 된다. 다만 이것을 무리하게 개개로 분리하여 현재 일본에서 동종류의 우리문화재에 대한 시가를 참고삼아 추산한다면 유일한 귀중품이라고 할 수 있는 金製耳環 한 쌍(2개)은 일본 돈으로 7만 엔 내지 10만 엔 정도이고, 철제도자잔결, 철기잔결, 은제환, 벽옥제관옥, 초자소옥 등은 거의 換價의 대상물이 되지 않으며, 도기, 토기류에 있어서는 대형 도제장경호 2개가 각각 일본도 2만 엔 내외로 평가될 수 있다. 기타 잔이나 뚜껑 등은 1개당 수백 엔에서 최고 수천 엔 정도이다. 따라서 106점 전부의 금전평가는 현재 일본 동경에서 매매되고 있는 고려자기 우량품 1개의 시가인 20만 엔 내지 30만 엔 정도일 것으로 추정된다.

이상과 같은 반환문화재에 대한 황수영의 냉담한 평가는 이것에 긍정적 반응을 한국 측이 보일 경우 추가반환에 악영향을 끼칠 수 있다는 점도 고려된 것으로 보인다.

한편 일본 측이 추후 반환을 약속한 양산고분 발굴 489점에 대한 황수영의 평가는 다음과 같다. 먼저 물품의 성질은 고고자료로서 우리나라 삼국시대 신라고분 1기로부터 출토된 유물의 총량이고 일본이 제1차로 반환한 문화재 106점에 비하여 종류와 수량이 많고 그중에는 학술자료로서 귀중한 장신구가 포함되어 있다. 1920년 11월 경상남도 양산군 양산읍 북정리 제10호분에서 출토되었다.

조선총독부에 발굴된 후 이 유물은 당시 총독부 박물관에 진열되어 있었는데 1938년 3월 31일 일본 동경제실박물관에 운반되었고 현재 동관(현재 이름은 동경국립박물관)에 보관 중이다.

고분 내에는 부부로 추정되는 2인의 유해가 매장되어 있었는데(그래서 '부부총'이라고 한다), 총계 489점에 달하는 유물을 크게 나누면 장신구, 부장품 등이 있다.

이런 분위기 속에서 열린 제4차 한일회담(1958.4.15~1960.4.19)에서 문화재 소위원회는 1958년 6월 4일에서 1958년 12월 13일까지 12차례 열렸다.[13] 10월 25일 제5차 소위원회에서 한국 측은 반환요구목록을 제시했는데, 그 내용은 1) 지정문화재(국보 또는 중요문화재), 2) 총독부(조선고적연구회)가 반출한 것 3) 통감, 총독이 반출 4) 경상남북도에 소재하는 분묘 기타유적에서 출토된 것 5) 고려시대분묘 기타 유적에서 출토된 것[14] 등이었다. 이에 대해 일본정부는 12월 19일 일본정부소유 문화재는 인도할 의사가 있음을 밝혔다.

한국 측은 일본 측이 자국내 산재해있는 한국문화재의 목록을 작성하여 인도해줄 것을 요청했으나 일본 측은 그런 목록은 작성할 수 없다며, 한국 측이 작성해놓은 목록을 보여줄 것을 요구하였고, 한국 측은 이에 응하지 않았다.

한편 한국 측은 문화재 문제는 그 소재파악은 물론이고 발굴 및 반출경위, 가치평가 등 여러 면에서 전문가의 식견을 필요로 하는 사안인만큼 외교관만의 회의로는 일의 진전을 볼 수 없다고 하여, 전문가회의를 별도로 설치할 것을 요구했으나, 일본 측의 외무성 회담참가자들은 문화재 전문가는 문부성소관사항인데 문부성이 이에 강하게 반대하고 있는 점을 들어 한국 측의 요구를 들어주지 않았다. 이것은 일본 측이 비전문성을 이유로 들어 문화재의 소재 등에 대해 '잘 모른다'는 자세로 일관해왔기 때문에 전문

---

13) 1차에서 3차 회담까지 문화재는 한국청구권에 포함되어 논의되었고, 4차 회담부터 별도의 소위원회가 설치되었다. 한편 4차 회담은 1960년 4월 19일까지 이뤄졌는데 문화재 소위원회는 1958년 12월 13일 이후 개최된 흔적이 없다. 그 이유는 현재로서는 알 수 없다.

14) 『자료집』 II, 222쪽 이하.

가회의가 열릴 경우 이런 전략에 차질이 빚어질 것을 우려한 것으로 해석된다.

2. 전문가회의 개최 이후

4·19혁명으로 중단되었던 한일회담은 민주당정부하에서 1960년 10월 제5차 한일회담예비회담(1960.10.25~1961.5.15)으로 재개되었고, 1960년 11월부터 7개월간 문화재소위원회 및 전문가회의가 열렸다. 회의개최일자를 표로 하면 아래와 같다.

〈표 1〉 제5차 한일회담 문화재관계 회의

소위원회 1차 공식회의	1960.11.11
수석대표 간 비공식회의	1960.11.14
소위원회 2차 공식회의	1961.2.1
전문가회의	1961.3.7
전문가회의	1961.5.8

이 5차 회담에서는 한국 측이 그동안 계속 요구해왔던 문화재전문가회의 처음 열려 구체적인 토의가 가능해졌다. 먼저 1960년 11월 11일 일본외무성에서 열린 회의에서 한국 측은 반환범위 7항목을 제시했다. 한국 측은 4차 회담에서 5개 항목을 제시한 바 있으나 추가한 것이었다.[15] 7개 항목은 일본정부에서 '중요문화재' 또는 '중요미술품'으로 지정한 문화재, 소위 조선총독부 또는 조선고적연구소에 의하여 반출된 문화재, 소위 총독 또는 통감에 의하여 반출된 문화재, 경상남북도 소재분묘 기타 유적에서 출토된 문화재, 고려시대 분묘 기타 유적에서 출토된 문화재(이상 기존 5개 항목), 서화전적 및 지도원판, 일본개인이 소장하고 있는 각종문화재[16]이다. 일본측 대표들은 문부성이 강하게 반대한다며 난색을 표시했다.[17]

---

15) 『자료집』 II, 242쪽.
16) 『자료집』 II, 243쪽 이하.

이어 11월 14일에 열린 수석대표 간 비공식회의에서는 문화재 반환이냐 기부냐를 놓고 논쟁이 벌어졌다. 일본 측은 문화재이전을 위한 3가지 조건을 제시했는데, 1) 국유문화재는 반환 아닌 기부, 국립대학은 정부의 말을 잘 듣지 않으므로 그 소장품의 인도는 어려움, 2) 사유문화재는 인도불가, 3) 문화재를 인도하는 것은 정치적, 문화적 고려이지 법률적 의무는 아니다 등이다. 이에 대해 한국 측은 기부가 아니라 반환이 되어야 하며 국립대학 소장품의 반환도 강하게 요구했다.[18]

일본 측은 때때로 어업 문제를 제기하면서 이것과 문화재 문제를 연결시키려 시도했으나[19] 한국 측은 두 문제는 별개사항이라는 입장을 굽히지 않았다.

앞서 언급한대로 이 5차 회담에서는 처음으로 전문가회의가 열렸다. 한국 측은 유출문화재의 품목, 숫자, 중요성 등에 대한 지식이 전혀 없는 외교관출신의 비전문가들이 아무리 논의해봐야 진전이 없다며 문화재전문가로 구성된 전문가회의개최를 줄곧 요구해왔다. 이에 대해 일본 측은 일본 문부성이 문화재인도를 원천적으로 거부하고 있는 상황에서 문부성 측 전문가가 회담에 오기는 어렵다는 입장을 견지해왔었다.

1961년 3월 7일 처음 열린 전문가회의에 한국 측에서는 황수영, 일본 측에서는 마쓰시다 류쇼(松下隆章: 문화재보호위원회 미술공예과장), 사이토 다다시(齊藤忠: 동 문화재조사관)가 참석했다.[20] 황수영은 문화재유출이 합법적 매매를 통해 이뤄졌다는 일본 측 주장에 대해 한국에서는 전통적으로 고대분묘매장물(가장 많음), 지상의 석조물, 사찰전래문화재등은 모두 국유물이었으므로 합법적 매매가 있을 수 없다고 반론했다.[21] 이어 1961년 5월 8일에 열린 전문가회의에서는 전적분야의 전문가인 이홍직이 처음으로 등

---

17) 『자료집』 II, 244쪽.
18) 『자료집』 II, 248쪽.
19) 『자료집』 II, 248쪽.
20) 황수영은 1961년 2월 1일 열린 문화재 소위 2차공식회의에 처음으로 등장했다. 그는 미술사학자로 미술공예품에 관한 전문가였으며 동국대 교수 등을 역임했다
21) 『자료집』 II, 257-8쪽.

장하여 한국 측은 미술공예분야의 황수영과 전적분야의 이홍직(당시 고려대 교수)이라는 당시 한국최고의 전문가들로 구성된 강력한 진용을 갖추게 되었다. 이에 일본 측 전문가는 중량감이 떨어지는 인사들이어서 회의는 시종 한국 측의 공격적인 요구와 일본 측의 회피로 일관되었다.

5월 8일의 전문가회의에서 한국 측은 앞서 제시했던 7개 항목의 구체적인 내용을 조목조목 설명하고 그 반환을 요청했다.[22] 그러나 일본 측은 현재 목록을 작성중이라거나 소재를 파악하고 있다는 입장을 반복하는 데 그쳤다. 첫째, 일본정부에서 지정(일제시대에 국보 또는 중요미술품으로)한 한국문화재에 대해 정확한 내용과 목록을 문의하였고 지정문화재의 상당수를 포함하는 오쿠라 컬렉션(小倉武之助 소장품) 전부의 내용과 입수경위에 대해 한국 측의 견해를 피력했다. 그리고 그중에 경남 창녕고분 출토품을 포함하여 그 현황에 대한 조사를 일본 측에 요구하였다.

둘째, 소위 조선총독부에 의해 반출된 한국문화재는 모두 일본국유로 되어 국립박물관, 국립대학 등에 있는데 이에 대한 질문에 일본 측은 그것들은 박물관 목록 등에 기재되어 있는 바와 같이 모두 각 기관에 현존하고 있다고 답변하였다.

셋째, 소위 통감 또는 총독에 의해 반출된 한국문화재인데 대표적인 것으로는 이토 히로부미가 반출하여 일본황실에 '진상'한 고려자기를 지적하면서 한국 측은 한말에 일본인에 의한 대규모의 고분도굴의 사실을 구체적으로 설명하였다. 전적으로서는 소네통감의 반출본이 일본 궁내성 도서료에 있으며 일본 야마구치현에 있는 테라우치총독 문고에는 약 2만 3천권의 장서가 있고, 그 이외에도 테라우치가 수집한 불상의 소재를 문의하였다.

이에 대해 일본 측은 한국 측이 국내에 없는 것은 모두 일본에 반출되었다고 주장하는 것과 고분은 모두 일본인이 도굴했다고 하는 것은 앞으로 더욱 토의하고 조사해야할 것이라고 말하는 데 그쳤다.

제5차 한일회담은 5·16쿠데타로 중단되었다가 1961년 10월 제6차 한일회담(1961.10.20~1964.4)이 재개되었다.

---

22) 『자료집』 II, 263-264쪽.

〈표 2〉 제6차한일회담(1961.10.20~1964.4) 문화재소위원회

소위원회 1961-2	
제1차	1961.10.31
제2차	1961.11.7
제3차	1961.11.15
제4차	1961.12.5
제5차	1961.12.18
제6차	1962.2.16
제7차	1962.2.28
전문가회의1961	
제1차	1961.11.17
제2차	1961.11.21
제3차	1961.11.28
제4차	1961.12.6
제5차	1961.12.12
제6차	1961.12.21
문화재분과위원회 제1차	1962.5.4

 이 제6차 한일회담에서는 전문가회의가 본격적으로 이뤄졌고 양측의 입장이 명확히 개진되는 등 문화재관계회담에서 가장 중요한 부분이다. 전회 회담에 새로 합류한 이홍직이 대표를 맡아 회담을 주도했다.
 1961년 11월 15일에 열린 제3차 소위원회 회의에서 이홍직대표는 일본에 있는 한국문화재의 목록을 재차 요구하였다. 이에 대해 이세키 일본 측 대표는 목록제출에 관해 문부성에 알아보았으나 현 단계에 있어 원래 목록 제출의무는 없는 것이므로 목록을 제출할 생각은 없다고 답했다. 또 이홍직이 문화재들이 부당한 방법으로 일본으로 갔다고 생각하는데 일본 측의 견해는 어떠한가 하고 문의하자, 이세키는 개인이 산 것이든가 기증받은 것이며 총독부에 의해 반출된 문화재는 당시의 관계법령에 의하여 합법적으로 발굴된 것이며,[23] 이토 히로부미나 데라우치 마사타케는 훌륭한 사람들

---

23) 『자료집』 II, 292쪽.

이므로 그냥 훔쳐오거나 하지는 않았을 것이고 기증받았거나 산 것일 것[24]이라고 본다고 주장했다.

이어 이홍직은 과거 문화재 문제 대하여 한국이 무리한 요구를 하고 있다는 인상을 일본 측이 갖고 있는 듯한데 초기에는 그러한 인상을 줄 만한 일이 있었을지 모르나 전문가가 나선 이상에는 우리 측에서 어디까지나 전문가적인 입장에서 합리적인 이야기를 할 것이며, 과거 일제 때에 일본인이 남겨놓은 학술적 기록을 참조하고 또 우리가 15년 동안 실지로 현지와 현물을 조사하여 본 결과에 기반하여 우리의 주장을 할 것이라고 언명하였다.

이어 그는 한국 측이 제시한 7개 항목 중 4항목과 5항목에 대해 설명하였다. 우선 제4항목은 '경상남북도에 있는 분묘, 또는 기타 유적으로부터 출토한 것'이라고 되어 있는데, 이 지역에서 나온 물건은 대략 삼국시대, 통일신라시대의 유품이며 모두가 1905년 이후에 우리나라 지하에서 나와 그 이전에는 가치와 존재를 인정받은 일이 없는 물건이며 모두가 한말의 혼란기에 도굴된 것이다.

과거 일본이 한국에서 행한 40년간의 고적조사사업은 몇단계로 나눌 수 있는데 최초의 10년 즉 1905년에서 1915년은 문화재보호에 대한 특별입법이 되어 있지 않고, 1905년의 을사보호조약 이후 일본이 독점적으로 한국을 지배하게 된 이래로 거대한 관헌의 힘을 배경으로 하여 일본인이 우리나라 고분의 도굴, 또는 사리장치를 꺼내기 위하여 석탑의 파괴를 자행한 것이다.

경상남북도 내 유적의 소재지는 경주를 비롯하여 창녕, 고령, 선산, 동래, 김해 등 여러 곳에 있는데 이러한 곳에서 나온 유물은 금, 금동관, 순금 장신구, 마구, 검, 옥제품 등 모두가 삼국시대에서 통일신라시대의 전형적인 성격을 지닌 것으로 현재 동경박물관 또는 개인소장으로 되어 있다.

이것들은 대개 정당한 방법으로 입수될 수 없는 것들이며, 도굴 등에 의한 것이다. 왜냐하면 우리나라의 관습은 고래로부터 분묘를 파괴하여 물건을 꺼내는 일이 없다. 그런 일은 천벌을 받는다고 하여 절대로 행하는 일

---

24) 『자료집』 II, 284쪽.

이 없는 것에 비추어 고분의 발굴은 일본이 행한 것에 틀림없다. 그러한 예를 들어 본다면 우선 세계적으로 유명한 석굴암의 11면 관음앞에는 지금 석단만이 남아있는데 그 위에 다보탑이 있었으나 없어졌고, 감실의 제1, 제10 두군데 있었던 불상이 또한 일본인에 의해 반출되었다. 또한 불국사 내 다보탑에 놓여 있었던 석사자 2개도 일본으로 반출되었다.

이에 대해 일본 측에서는 그것들을 일본인이 가져갔다는 증거가 있는가 하고 따졌고, 이에 대해 한국 측은 불국사 다보탑에 있던 석사자는 '邦人某'가 반출했다는 일본 측 기록이 있고, 또 석굴암의 탑에 관해서는 '某大官'이 반출했다는 기록이 있는데 우리는 그것을 소네 통감으로 짐작하고 있다고 대답하였다.

이어 이홍직대표는 제5항에 대해 자세히 설명하였다. 그 내용은 아래와 같다. 제5항은 '고려시대의 분묘및 기타 유적에서 출토된 것'으로 되어 있는데 개성을 중심으로 청자 등을 목적으로 한 분묘의 도굴, 특히 왕릉의 도굴로 가져간 것이다. 이런 것들은 傳世品(대대로 자손이 선조의 유품을 전수하여 온 것)이 없으므로 전부 도굴에 의해 출토된 것이다.

고분에서 발굴된 것을 예로 든다면 고려시대 최충헌의 墓誌가 현재 동경박물관에 비치되어 있으며, 고려자기도 이토 히로부미가 수집하여 간 것 중에 우수한 것은 동경박물관에 있다. 그 외 일본민간인 반출한 고려자기는 수만점에 달한다. 고려자기에 관하여 학자에 의한 발굴보고서가 단 한 권도 없다는 사실은 그들이 전부 도굴되었다는 사실을 증명한다. 또 석탑 같은 것은 다이나마이트 같은 것으로 폭파하여 내부의 사리보물을 반출한 예도 많이 있다.

이어 이홍직 대표는 최근에 영국이 인도의 산치탑에서 나온 사리를 인도에 반환하여 큰 환영을 받은 것을 예로 들면서 석굴암 불상이 반환된다면 한국민이 매우 기뻐할 것이라고 국제사회의 반환 예를 들어가면서 일본 측의 성의를 촉구하였다. 이에 대해서 이세키 일본 측 대표는 합방초기에는 나쁜 일도 있었다고 인정하면서도, 그러나 문화재 문제에 관해서는 국제법상 관례도 없고 해서 너무 권리를 따서 주장한다면 낫처하고, 따라서 문화협력이라는 점에서 문화재가 원래 제자리에 있음으로써 더욱 가치가 발휘

된다는 취지에서 논의되는 것이 좋을 것이라고 말했다.[25] 따라서 일본이 문화재를 한국 측에 기증한다하더라도 이는 문화협력차원의 것이지 국제법상 의무는 없다고 했다.[26]

이 회담은 주로 한국 측이 7개 항목의 세부내용을 설명하면서 그것이 불법 반출되었고 따라서 전부반환해줄 것을 요구하는 형태로 진행되었다. 특히 12월 5일의 제4차 회의에서는 새로 추가요구한 6항목[전적, 서화, 강원도 오대산사고의 이조실록(관동대지진 소실), 데라우치 조선관소장물]과 7항목(지정문화재 80점과 관련되는 것)[27]에 대한 상세한 설명이 있었다.

한국 측의 공세에 대해 일본 측은 12월 18일의 제5차 소위원회 회의에서 그간의 진행에 대해 다음와 같이 총괄적인 입장표명을 했다.[28] 1) 한국 측은 일본에 반출된 문화의 대부분이 부당 또는 불법수단으로 반출되었음으로 반환하라고 하나 이는 수십 년 전의 일로 증거가 불확실하며 증서가 있다고 해도 국제법적 원칙에 따라 일본인개인이 취한 불법행위에 대하여 일본정부가 책임져야 할 의무는 없다. 2) 한국 측은 문화재는 성질상 출토국에 반환되어야 한다고 하나 그러한 국제적 원칙과 관례는 없다. 따라서 총독부가 당시 적법반출한 문화재를 반환할 의무는 없다. 3) 일본은 문화협조를 한다는 의미에서 국교정상화 이후 자발적인 기증을 할 생각이다[29]. 이에 대한 한국 측의 반박이 이어졌다.[30]

1962년 2월 16일의 제6차 소위에서는 한국 측 목록을 달라는 일본 측 요구와 특별위원회[31]를 먼저 설치하자는 한국 측 견해가 맞섰고,[32] 2월 28일의 제7차 소위에서는 7개 항목에 대해 한국 측이 세부목록을 제시하여 반

---

25) 『자료집』 II, 292-8쪽.
26) 『자료집』 II, 282쪽.
27) 『자료집』 II, 307쪽.
28) 『자료집』 II, 310쪽.
29) 『자료집』 II, 29쪽.
30) 『자료집』 II, 311쪽.
31) 2월 1일 수석위원 비공식회의에서 구성에 합의했으나(『자료집』 II, 343쪽), 결국 실현되지 못하였다(『자료집』 II, 404쪽).
32) 『자료집』 II, 335쪽.

환을 압박하였다.33)

 이상이 소위원회 회의의 경과인데 동시병렬적으로 진행된 최초의 전문가회의에서는 좀 더 심도 있는 논의가 오고 갔다. 1961년 11월 17일 열린 제1차 전문가회의에는 한국 측에서 이홍직, 황수영, 박상두 등이 참석했으며 일본 측에서는 마쓰시다 사토, 마에다 북동아과장 등이 참석했다.

 회의벽두에 전문가회의의 성격을 놓고 논쟁이 있었는데 법이론등은 토의하지 않고, 반출경위와 현 소재를 검토하는 것을 주요한 임무로 할 것과, 전문가회의는 문화재소위와 별개의 것이라 하더라도 그 결과를 소위에서 확인함으로써 사실상 관련을 갖는 것으로 하기로 절충을 보았다.34) 전문가회의의 비중과 구속력을 확대시키려는 한국 측과 가능한 한 축소시키려는 일본 측 간의 타협책이었다.

 11월 21일 제2차 회의에서 한국 측은 문화재반출의 불법성을 인정하지 않으려는 일본 측에 대하여 문화재유출은 도굴에 의한 것임을 강조하였다.35) 11월 28일의 제3차 회의에서 일본 측은 처음으로 일본 내 한국문화재 소재에 대한 구체적인 답변을 내놓았다. 즉 일본정부가 지정문화재소유자에 대해 문의서를 발송한 결과 약 반수가 회답을 하였는데 그중 1/3이 현재 소유하고 있다고 회신을 해왔다는 것이다.36) 이어서 오쿠라 컬렉션에 대한 공방이 있었으며, 데라우치문고 전적의 행방에 대한 한국 측의 질문이 있었다.37)

 1961년 12월 6일 제4차 회의에서 한국 측은 다음과 같은 사항을 조사해 줄 것을 일본 측에 요청했다. 즉 소네 통감이 수집한 소네분과 통감부분의 전적이 궁내성에 있다는데 그 내용, 경도대학의 가와이문고의 내용, 지도 원판과 원도관계, 체신부문화재관계, 동경박물관의 한국문화재 등이다. 12월 12일 제5차 회의에서 일본 측은 데라우치문고는 일부가 야마구치 여자

---

33) 『자료집』 II, 347쪽, 세부품목의 목록은 『자료집』 II, 353쪽.
34) 『자료집』 II, 359쪽.
35) 『자료집』 II, 366쪽.
36) 『자료집』 II, 371쪽.
37) 『자료집』 II, 375쪽.

단기대학 도서관에 소장되어 있으며, 오쿠라 컬렉션은 문화재보존위원회 소관이므로 앞으로 조사하겠다고 답했다.

이어 1961년 12월 21일 6차 회의에서도 문화재 소재파악을 둘러싼 공방이 계속되었다.[38]

그 후 1년간 중단되었던 문화재회의가 다시 열린 것은 6차 한일회담 중 제2차 정치회담 예비절충회의 중의 문화재관계회의로 1963년 2월 13일이다.

〈표 3〉 제6차한일회담(1961.10.20~1964.4) 제2차 정치회담 예비절충 문화재관계회의

제1차	1963.2.13
제2차	1963.2.22
제3차	1963.2.27
제4차	1963.3.13
제5차	1963.3.20
제6차	1963.4.3

이 회의에서 한국 측은 1961년 가을에 처음으로 문화재관계 회담을 시작하고, 1962년 2월 28일에 반환목록을 한국 측이 제시했으나, 3월의 정치회담 후 중단된 후 1년 만에 회담이 재개된 경위를 설명하고, 이번 회의에서 반환여부를 결정해야 한다고 주장했다. 그러나 일본 측은 문화재 문제는 정치적으로 타결해야 하며 문화재에 관해 법적으로 한국 측에 권리가 있다거나 일본 측에 인도의무가 있다는 것은 수용할 수 없다고 했다. 회의의 성격도 어디까지나 전문가회의에서의 정보교환정도로 하고 공식회의는 곤란하다는 입장을 굽히지 않았다.[39]

이 회의에서는 그간 파편적으로 언급되어 왔던 일본 내 컬렉션에 대해

---

38) 1962년 5월 11일 문화재분과위원회 제1차 회의가 열렸으나 이에 대한 자료수색이 요망된다(『자료집』 II, 418쪽). 문화재소위와는 별도로 1962년 3월 17일 최-고사카 외무장관 간의 제1회 정치절충 회담에서 한국 측은 1956년 유네스코 아시아 지역회의에서 한국 측 제안과 동회의가 채택한 결의 및 이태리평화조약의 예를 들어 문화재 반환을 요구했다(『자료집』 II, 414-5쪽).
39) 『자료집』 II, 9-10쪽.

포괄적인 논의가 이뤄졌는데, 야스이 세이이치, 데라우치문고(야마구치 단대), 이토 컬렉션, 동경국립박물관, 궁내청소장품, 가와이문고(강화도사고51), 내각문고의 전적, 이치다(市田)소장품, 소네 아라스케 헌상분에 관해 공방이 벌어졌다.40)

〈표 4〉 1961~1962 전문가 회의에서 확인된 사실

한국 측 조사요청	일본 측 조사결과
1. 소네본(曾禰本)	전후 혼란으로 분실, 소재불명이며 목록도 없음('62.4.3. 비공식회의)
2. 데라우찌 문고(사내문고)	'야마구찌' 현립 단기여자대학에 보관('62.4.3. 비공식회의)
3. 통감본(統監本)	보관되어 있음. 목록은 모르겠음('61.12.21. 제6회 회의)
4. 가와이(川合) 장서	조사 중임(제6회 회의)
5. 오구라(小倉) 박물관	문화재보호위원회의 감독하에 있으며, 소장품 1,002점이 등록('61.12.12. 5회 회의)
6. 이찌다(市田) 소장품	잘 모르겠음(제6회 회의)
7. 석조미술품 중 석굴암 불상 및 소석탑과 불국사의 다보탑	행방을 알 수 없음. 일본에 반입되었다고 확인할 수도 없음('61.11.18. 제3회 회의)
8. 지도원판	전란 및 미군의 압수로 없어졌음(제5회)
9. 체신문화재	체신박물관에 보관되어 있음(제5회)

* 출전: 『자료집』, 108쪽.

3. 문화재 문제의 타결

6·3사태가 진정되고 난 후 열린 제7차 한일회담(1964.12.3~1965.6.22)에서는 회담타결 분위기와 맞물려 양측이 서로 조금씩 양보하면 문화재 문제

---
40) 이어 문화재소위원회의 제1차 회의(1964 ; 『외교부공개문서』 등록번호 6883)가 3월 21일 열렸다. 이 즈음에는 오구라에 대한 한국일보기사가 실리고『자료집』 II, 434쪽), 이홍직의 인터뷰기사가 나는 등(『자료집』 II, 435쪽), 언론들도 문화재 문제에 큰 관심을 나타냈다.

도 급진전을 보이기 시작했다. 먼저 1965년 3월에 열린 한일외무장관 회담에서는 김-오히라 메모로 인해 일본에 대한 한국문화재 청구권이 소멸되었다는 일본 측 주장과 청구권이 소멸되지 않았다는 한국 측 주장이 맞서, 청구권 문제 해결에 걸림돌이 되자 1965년 4월 3일 동경에서 한일 외무장관이 가조인한 '청구권문제 합의사항' 제5항(청구권)에서는 한일 간의 청구권이 전반적으로 완전히 소멸하고 해결된다는 일반적 원칙에 합의하고, 한국문화재 청구권을 제6항('한일간의 문화재문제 해결 및 문화협력증진에 관련하여 양국은 품목 기타에 관한 협의를 하고 일본국은 한국에 대해서 한국문화재를 인도한다')으로 해결하자는 타협안에 합의하였다.

이 시기 한국 측 전략을 잘 볼 수 있는 문서는 외교문서 등록번호 6888번이다.[41] 1965년 3월 17일 문화재 문제에 관한 한국정부의 훈령은 협정서 제목에 문화재라는 말이 반드시 들어가야 하고, 대학소장분의 반환은 철회해도 좋으며, 민간인 소유품목은 기증을 추진하라고 되어 있고, 민간인 소유물 중 오쿠라 컬렉션, 데라우치문고, 일본에서 국보로 지정된 것, 석굴암 합룡불 2구 및 소석탑(小石塔)[42] 등은 반드시 확보할 것을 지시했다. 대학소장분의 포기를 시사한 이 훈령은 3월 31일 주일대사가 국무총리에게 보낸 보고서 중 "이 문제는 인도를 위한 협의에 있어 쌍방이 기본적 자세에 차이를 가져올 수도 있을 것으로 최악의 경우 인도받을 종류와 양에 관하여 권리주장을 강하게 할 수 없을지도 모르겠다는 것을 양해바람"이라고 한 것과도 상통한다고 볼 수 있다. 이어 1965년 4월 24일에서 28일에 걸쳐 열린 문화재 소위원회와 5월의 전문가회의에서 약간의 토의를 거쳐 1965년 6월 11일 문화재위원회 제3차 회의에서 일본 측이 인도품목안으로 미술품 363점, 전적류 852종이 제시 되었고, 이어 6월 18일 개최된 제5차 회의에서 한국 측 요청에 따라 인도품목에 72점이 추가되었다.[43]

이 과정에서 1965년 4월 20일자 훈령[44]에 따르면 일본 측이 제시한 협정

---

41) 이 문서는 문화재청 발간 자료집에는 누락되어 있다.
42) 『외교부 공개문서』 등록번호 6888, 8-12.
43) 이상 『자료집』, 111-112쪽.
44) 『외교부공개문서』 등록번호 6888, 17-19쪽.

제목(「일본국정부와 대한민국정부간의 문화상의 협력에 관한 의정서」)을 「대한민국과 일본국간의 문화재문제해결 및 문화협력에 관한 의정서」로 하라고 되어 있다. 이처럼 '문화재'라는 용어에 집착하는 것은 일본 측이 문화재에 대한 초점을 흐리게 하고 일반적인 문화협력에 관한 협정으로 몰고가려는 것을 막기 위해서였다.

이렇게 해서 한국 측 의정서안이 나오고,[45] 1965년 6월 15일 일본 측 최종안이 나옴으로써 협상은 막바지에 다다랐고, 1965년 6월 22일 양국은 「대한민국과 일본국간의 문화재및 문화협력에 관한 협정」(별첨)과 「대한민국과 일본국간의 문화재및 문화협력에 관한 협정에 대한 합의의사록」(별첨)을 체결하였다.

그리고 마침내 1966년 5월 28일 문화재 1,432점이 일본정부의 책임하에 서울로 운송되어 오전 10시 국립박물관에서 일본정부로부터 한국정부에 인도되었다.[46]

III. 문화재 '반환'회담의 쟁점과 평가

문화재 문제를 둘러싼 한일 양측의 쟁점을 가장 잘 볼 수 있는 것은 1962년 4월 제6차 한일회담 문화재 소위원회에서 한국 측이 정리한 문서「문화재 문제에 관한 양측입장」이다.[47] 이 문서와 그간의 회의경과를 종합하여 그 쟁점을 검토해보기로 한다.

1. '반환'의 법적 의무 유무

이 쟁점은 당시 한국문화재의 유출이 합법적(기증, 매매)인 것인가, 불법적(도굴, 탈취)인 것인가 하는 문제이다. 일본 측은 당시의 문화재거래는

---

45) 『자료집』 II, 20쪽.
46) 이상 『자료집』, 113쪽.
47) 『자료집』 II, 389-417쪽.

정상적인 상행위에 의한 것이 대부분이었으며, 기증된 것도 당시의 법령하에서는 불법적인 것으로 볼 수 없다는 입장을 고수했고, 이는 협정체결까지도 변하지 않았다. 이는 식민지시대에 대한 일본 측의 기본시각과도 관련이 있는 것인데, 근대적인 법령이 정비되고 양호한 치안이 유지된 총독부치하에서 전근대적인 탈취나 약탈 등은 없었을 것이라는 시각에 기반한 것이다. 회의석상에서 일본 측 이세키주사가 이토 히로부미나 데라우치 마사타케는 훌륭한 사람들이므로 그냥 훔쳐오거나 하지는 않았을 것이며, 혹시 그저 기증받거나 산 것이 아닌가하고 생각한다고 한 발언[48]이 대표적이다. 그러나 일본 측은 합법적이라는 기본입장만 되풀이 했을 뿐 이를 적극적으로 입증하려는 노력은 별로 보이지 않았다.

이에 대해 한국 측은 문화재유출이 도굴, 탈취에 의한 것이며 상거래라 하더라도 위압적인 사회분위기하에서 터무니없는 가격으로 매매되었을 것이라고 주장했다. 한국 측의 이홍직은 1905년에서 1915년 사이 문화재관련 법령이 갖추어지지 않았던 시기에 대규모 도굴이 자행되었으며, 한국인은 무덤을 파헤치는 관습이 없으므로 그 대부분은 일본인에 의해 이뤄졌다고 주장했다. 황수영은 고대분묘 매장물, 지상의 석조물, 사찰전래 문화재 등은 조선에서는 전통적으로 모두 국유물이기 때문에 합법적 매매가 있을 수 없다[49]고 지적했다.

한편 청구권이나 식민지인식과 관련에서는 국제법이 활발하게 언급된 데 비해 문화재 문제를 둘러싸고는 국제법의 인용은 드물다. 그 이유는 당시까지 아직 문화재 관련 국제법이나 관례 등이 잘 갖춰져 있지 않았기 때문인 것으로 보인다. 머리말에서 언급했듯이 1970년대에 들어서서 국제법등이 정비되기 시작했으므로 앞으로 문화재 문제는 한일회담 때와는 달리 국제법을 둘러싼 논쟁이 불가피해질 것이다.

---

48) 『자료집』 II, 284쪽.
49) 『자료집』 II, 257-278쪽.

2. '반환' Vs. '기증'

문화재유출의 합법성여부에 연동되는 문제로 한국 측은 불법적으로 유출된 것인만큼 반환이라는 용어로 문화재를 돌려줘야한다는 입장을 견지했다.50) 1960년 11월 14일 수석대표 간 비공식회의에서 양측 간에 반환, 기부논쟁이 있었다. 이에 대해 일본 측은 불법적으로 유출된 것이 아니고 적어도 그 불법성을 증명할 수 없으므로 반환은 아니고 문화협력의 차원에서 일본이 한국의 문화발전을 위해 '기증'하는 형식이 되어야 한다고 주장했다. 결국 양측의 입장차가 좁혀지지 않은 가운데 중립적 용어인 '인도'라는 용어를 사용키로 합의가 이루어졌다. 협상막바지에는 한국 측이 중요문화재를 돌려받기 위해 용어사용에 신축적인 자세를 표명한 흔적도 엿보인다. 예를 들어 1965년 협정체결 직전 한국 문교부는 중요한 일본 민간소유문화재에 대해서는 기증이라는 용어를 사용해서라도 반드시 반환받아야한다고 우리 측 협상단에 요청했다.51)

3. '반환'품목의 범위

가장 큰 쟁점은 민간소유문화재의 반환 문제였다. 한국 측은 민간이 소유하고 있는 것도 대부분 불법적으로 유출된 것인 만큼 원칙적으로 반환이 이뤄져야 한다고 주장했다. 그러나 일본 측은 그 불법성이 증명되지 않은 상태에서 정부가 민간소유에 대해 강제력을 행사할 수는 없다는 논리로 맞섰다. 결국 오쿠라 컬렉션 등 상징적인 의미가 있는 민간소유품에 대해서만 반환이 이뤄졌고, 대부분의 민간소장품은 지금도 일본에 남아있다. 문화재협정에서는 일본정부가 추후 민간인에 대해 그 인도를 권장한다고 되어 있으나, 적극적으로 이를 이행한 흔적은 보이지 않으며 한국정부가 이를 적극적으로 촉구한 적도 별로 없는 것 같다.

---

50) 『자료집』 II, 248쪽.
51) 『외교부공개문서』 등록번호 6888, 5쪽.

민간소장품과 관련해서는 좀 더 심각한 문제가 있는데, 이는 그 소재와 소유자가 거의 파악되고 있지 않다는 것이다. 한일회담 당시부터 한국 측은 줄기차게 일본정부가 일본 전역에 산재해 있는 한국문화재의 소재와 소유자를 조사해줄 것을 촉구했으나, 일본 측은 거의 움직이지 않았다. 이는 문화재유출이 이뤄진 시점으로부터 시간이 오래 흘러 파악이 힘들다는 현실적 이유도 있지만, 힘들여 조사해봤자 반환할 품목만 늘어나는 것이므로 자신들에게 불리한 일을 굳이 할 필요가 없었던 것이다. 그렇다고 한국정부가 외국에 있는 문화재를 조사한다는 것도 현실적으로 힘든 일이었다. 이런 상황에서 다시 40여 년의 세월이 흘렀다.

국가소유의 문화재에 대해서는 일본정부는 원칙적으로 돌려준다는 입장을 처음부터 취했다. 이는 주로 동경국립박물관이 소장하고 있는 품목들인데, 한국이 돌려받은 문화재의 대부분은 이것들이다. 한국 측은 아울러 동경대학, 경도대학 등 국립대학이 소장하고 있는 문화재도 반환을 요구했으나, 일본 측은 국립대학은 정부의 명령이 통하지 않는 곳임을 들어 난색을 표했다. 결국 협상막바지에 국립대학소장품은 한국 측이 포기하였다.

이상의 협상쟁점에 대해 『자료집』이 일목요연하게 표로 정리해 놓았는데 이를 소개하면 아래와 같다.

〈표 5〉 문화재 문제에 관한 양측의 입장(1962년)

	문제점 1: 반환의 법적 의무 유무
	1905년 이후 일본에 반출된 한국문화재는 한국 측이 제시한 목록에 의해 현품으로 한국에 반환되어야 함. 그 이유는 다음과 같음.
한국측	(1) 반환을 요구하는 문화재는 일본이 부당 불법수단으로 도굴, 반출한 문화재임. 한국에는 전세문화재가 없고 현존문화재는 대부분 발굴품인바, 일본에 반출된 문화재는 1905~1915년간 문화재 보호를 위한 법적조치가 취해지기 전에 일인에 의해 도굴, 불법 반출된 것임. 그 기간 중 발굴보고서가 없는 점, 도굴사실을 기록한 문헌에서 증명할 수 있는 점, 당시 도굴을 목격한 증인이 있는 점 등이 이를 증언하고 있음. (2) 문화재 대부분이 분묘, 기타유적에서 발굴된 것으로 한국에서도 국가의

	법적 보호를 받을 대상이며 마땅히 국가귀속 되어야 할 것인데 일본에 반출된 것으로 한국 역사와 문화에 중요한 비중을 가지고 있으므로 출토국에 반환되어야 함. (3) '57. 12. 31. "오랄 스테이트먼트" 일본은 돌려줄 수 있는 문화재는 돌려주겠다고 했고, 이에 의해 제4차 한일회담 시 106점(1개 고분 일괄 유물)을 이미 반환한 바 있음.
일 본 측	한국 측이 요구하는 문화재 반환의무, 한국의 요구권리는 인정할 수 없음. 그러나 역사적으로 오랜 깊은 관계가 있었던 한국의 문화진흥에 가능한 한 기여·공헌할 생각으로 양국의 국교정상화가 실현될 경우 일본 측의 자발적 의사에 의해 어느 정도 기증할 생각임. 반환의무가 없는 이유는 아래와 같음. (1) 한국 측이 설명한 사항은 확실한 증거의 의한 것이라고 인정하기 곤란함. 민사상 청구권 성립에 필요한 언제, 누가, 무엇을, 어떻게 했다는 증거가 없음. 수십 년이 경과된 지금 확실한 사실을 확인하기는 불가능. 비록 한국 측 주장처럼 일본인 개인에 의한 부당행위가 있었다 하더라도 이에 대해 국가가 책임을 져야 한다는 국제법상 문제는 없음. 총독부가 가지고 온 문화재는 당시 관계법령에 의해 합법적으로 입수한 것으로 정치적 문제는 될망정 민사, 형사상 반환 의무는 없음. (2) 문화재는 출토국에 반환해야 한다는 국제법상의 원칙이나 관례는 찾을 수 없음.
문제점 2: 반환의 대상	
한 국 측	1905년 이휘 부당 불법한 수단으로 일본에 반출된 한국 문화재 중 한국 측이 제출한 목록의 문화재를 반환 함(일본의 국유, 사유를 막론하고).
일 본 측	(1) 일본에 소장된 국유 한국문화재 중 약간을 기증함. (2) 민간인에게도 자발적인 기증을 촉구할 생각이나 강요할 수는 없음.

문제점 3: 반환의 방법	
한 국	인도(turn over)라는 명목으로 반환함.
일 본	기증함.

	문제점 4: 문화 협력 교류
한국측	문화협력 촉진정신에는 원칙적으로 찬성이나 한일간 현안 문제의 하나인 문화재 문제를 해결하는데 결부시킬 성질의 것이 아님. 국교정상화 후 그때 한일간 제반실정을 참작해서 고려되어야 함.
일본측	문화협정 체결 교섭을 제시 일본 측으로서는 문화재 "반환"의 국제법상 의무는 없으나 양국간 문화교류의 일환으로 어느정도 국유문화재의 기증을 고려하고 있었으며, 구체적 형식으로 전부터 연구해온 다음과 같은 "일한간의 문화상의 협정에 관한 의정서 요강(안)"을 제출함. 일본정부와 대한민국 정부간의 문화상의 협력에 관한 의정서 요강(안) (전문) 일본국 정부 및 대한민국 정부는 일한간의 문화에 관한 전통적인 깊은 관계를 고려하여 상호간의 문화교류 및 우호관계를 추후 일층 발전시킬 것을 희망하고 다음과 같이 협정함. (제1) 일본국 정부 및 대한민국 정부는 양국 민간의 문화교류를 긴밀히 하기 위한 협정을 체결할 목적으로 조속히 교섭을 개시할 것에 동의함. (제2) 일본국 정부는 대한민국에 있어서의 학술 및 문화발전 및 연구에 기여하기 위하여 대한민국이 그 역사적 문화재에 대하여 가지는 깊은 관심을 고려하여 본 의정서의 효력 발생 후 가능한 한 조속히 부속서에 명시되는 일본국 정부가 소유하는 문화재를 대한민국 정부에 대하여 기증하는 것으로 한다. (제3) 일본국 정부 및 대한민국 정부는 각기 자국의 미술관, 박물관, 도서관 및 기타 자료 편집 시설이 보유하는 문화재를 타방국의 국민으로 하여금 연구케 하는 기회를 주기 위하여 가능한 한의 편의를 제공하는 것으로 한다.

출전: 『자료집』, 109-110쪽.

IV. 맺음말

이상 한일회담에서 전개된 문화재 관련 협상의 전개과정과 쟁점에 대해 살펴보았다. 다른 영역과 다른 문화재 문제의 특징은 문화재반출의 태반이 민간영역에서 이뤄진 것이어서 무엇이 반출되었는가 하는 것 자체가 완전히 알아내기 힘들고, 또 알아냈다하더라도 그 소재파악이 어렵다는 점이다. 반출문화재들이 대한민국의 시정권 밖인 일본국내에 대부분 존재하기 때문에 이를 위해서는 일본정부와 일본국민의 협조없이는 문제해결에 큰 진전을 보기 어려운 것이다. 이 때문에 회담의 대부분은 반출문화재의 목록작성을 둘러싼 입씨름으로 전개되었던 것이다.

목록을 작성하기 위해서는 외교관으로는 안되고 당연히 문화재전문가가 회담을 주도하지 않으면 안되었다. 목록작성을 늦추거나 작성하더라도 되도록 적은 수량으로 제한할 필요가 있던 일본 측이 전문가출석을 오랫동안 회피하다가 문부성관계자를 출석시킨 반면 한국 측이 전문가회담을 강력히 주장하여 관철시키고 이홍직, 황수영 등 당시 최고의 전문가를 총출동시켜 일본 측을 압박한 것은 이런 배경에서였다.

당시 일본 측 주장의 논거 중 하나는 문화재 반환에 관한 국제법이나 국제관례가 없다는 것이었다. 사실 한일회담 당시 그와 같은 것은 매우 빈약했다. 그러나 1970년대 이후 유네스코를 중심으로 문화재 반환에 관한 국제규약이나 국제선언 등이 다수 나오고 있고, 이에 따른 문화재 반환의 사례도 증가하고 있다. 문화재 문제에 관한 한 국제환경은 한국 측에 유리하게 전개되고 있는 것이다. 그 이후 한국에서 문화재 문제에 관한 국제법적 연구가 다수 진행되고 있는 것은 이 같은 상황과 무관하지 않은 것 같다.

사실 당시 체결된 「대한민국과 일본국간의 문화재 및 문화협력에 관한 협정에 대한 합의의사록」에는 "일본측 대표는 일본 국민이 소유하는 이러한 문화재를 자발적으로 한국측에 기증함은 한일 양국간의 문화협력의 증진에 기여하게도 될 것이므로, 정부로서는 이를 권장할 것이라고 말하였다"라고 되어 있다. 그러나 한일협정체결 이후 일본정부가 일본국민에 대해 '이를 권장'한 일은 거의 없다. 한국정부 역시 일본국민 소유의 한국문화재의 '기증'을 위해 특별히 노력한 흔적이 거의 없다. 한일관계가 새로운 국면에 접어들고 있고, 문화재 문제를 둘러싼 국제환경도 변화하고 있는 이 시점에서 다시 한번 문화재 '반환' 문제를 제기할 필요가 있다고 보여진다.

【참고문헌】

국민대 일본학연구소(김영미, 김영수, 안소영, 이이범, 이현진), 2008, 『한일회담외교문서해제집』I-V, 동북아역사재단.
김형만,「문화재반환에 관한 국제법적 고찰」.
문화재청 편, 2005.4,『한일협정 반환문화재 자료집』.
_____, 2005.9,『한일협정 외교문서(문화재)자료집II』.
백충현,「일본소장 한국문화재반환문제연구」.
_____, 1989,「해외유출불법반출문화재반환의 국제법적 규제」,『서울대학교 법학』30권 3-4호.
이강숙,「불법유출문화재반환에 관한 국제법적 고찰」.
이보아, 1999,「문화재의 원산국으로의 반환에 대한 고찰」,『비교문화연구』5, 서울대.
제성호, 2005,「문화재의 반환과 국제법」,『법학논문집29-1』, 중앙대.
조부근,「잃어버린 우리문화재를 찾아」(이상, 문화재청 편,『한일협정반환문화재 자료집』所收).

高崎宗司, 1986,「日韓会談における文化財返還交渉について」,『朝鮮史研究会論文集』23.
旗田巍, 1965,「時評-日韓條約と朝鮮文化財返還問題」,『歷史学研究』304.
伊藤孝司, 2008.2, 「韓國・北朝鮮からの文化財返還要求をどのように受け止めるか」,『世界』775호.

【별첨자료】

〈반환청구 대비 반환(인도)받은 품목〉

'62.2.28 반환 청구한 품목	'65.5.28 반환(인도)받은 품목
·조선총독부 반출 고분출토품 (동경박물관, 동경대학 소장): 689점 ·조선통감 및 총독이 반출한 것: 1,371점 (고려도자기 103점, 서화 245점, 불상 8구, 전적 1,015점) ·일본국유의 분묘 출토품 및 체신문화재: 758점(동경박물관, 체신박물관소장) ·일본지정문화재 중 오쿠라 개인소유: 80점 ·기타 개인 소장품 중 오쿠라 외 3인: 1,581점 ※ 고고미술품 3,186점(국유 1,272점, 개인 1,914점), 전적 1,015점, 체신관계품목 278점	·고고, 미술품(國有) 등: 544점 - 경남창녕교동출토품 등 106점 - 통감 및 총독에 의해 반출된 것으로 이등박문이 일왕에게 헌상한 103점 중 97점 - 일본국유 경북소재 분묘와 고려시대 개성부근에서 출토된 금속제품, 경감, 사리유물 등 322점 - 강원도 강릉에 있던 석불좌상 등 3점 - 기타 개인소장품 포함 ·전적(國有): 852책 - 소네통감 장서, 총독부 장서 852책 ·체신목록: 36점 - 일본 체신박물관에 보관
계 4,479점	계 1,432점

출전: 『자료집』, 113쪽.

〈대한민국과 일본국간의 문화재 및 문화협력에 관한 협정〉

1965년 6월 22일 동경에서 서명
1965년 12월 18일 발효

대한민국과 일본국은 양국 문화의 역사적인 관계에 비추어 양국의 학술 및 문화의 발전과 연구에 기여할 것을 희망하여 다음과 같이 합의하였다.

제1조
대한민국 정부와 일본국 정부는 양국 국민간의 문화 관계를 증진시키기 위하여 가능한 한 협력한다.

제2조
일본국 정부는 부속서에 열거한 문화재를 양국 정부간에 합의되는 절차에 따라 본 협정효력 발생후 6개월 이내에 대한민국 정부에 인도한다.

제3조
대한민국 정부와 일본국 정부는 각각 자국의 미술관, 박물관, 도서관 및 기타학술문화에 관한 시설이 보유하는 문화재에 대하여 타방국의 국민에게 연구의 기회를 부여하기 위하여 가능한 한의 편의를 제공한다.

제4조
본 협정은 비준되어야 한다. 비준서는 가능한 한 조속히 서울에서 교환한다. 본 협정은 비준서가 교환된 날로부터 효력을 발생한다.

이상의 증거로서 하기 대표는 각자의 정부로부터 정당한 위임을 받아 본협정에 서명하였다.

1965년 6월 22일 도쿄에서 동등히 정본인 한국어 및 일본어로 본서 2통을 작성하였다.

대한민국을 위하여   일본국을 위하여
(서명) 이동원   (서명) 시이나 에쓰사부로오
       김동조   다까스기 싱이찌

〈대한민국과 일본국간의
문화재 및 문화협력에 관한 협정에 대한 합의의사록〉

1965년 6월 22일 도쿄에서 서명
1965년 12월 18일 발효

한국측 대표는, 일본 국민의 사유로서 한국에 연유하는 문화재가 한국측에 기증되도록 희망한다는 뜻을 말하였다.

일본측 대표는 일본 국민이 소유하는 이러한 문화재를 자발적으로 한국측에 기증함은 한일 양국간의 문화협력의 증진에 기여하게도 될 것이므로, 정부로서는 이를 권장할 것이라고 말하였다.

1965년 6월 22일
도쿄에서

'한일회담 외교문서'로 본 한·일 간 문화재 반환교섭*

류 미 나**

I. 머리말

2006년 7월, 조선왕조시대의 가장 권위 있는 사서인 『조선왕조실록(오대산 사고본)』(이하 『실록』)이 93년 만에 한반도로 돌아왔다. 2005년 '조선왕조실록 환수위원회'(이하 환수위원회)가 발족된 지 1년여만의 쾌거였다. 한국 내에서는 『실록』이 일본으로 유출된 경로에 관심이 고조됐고, 그 관심은 자연스레 무려 90여 년간 소장해 온 도쿄대로 옮겨졌다. 그러나 도쿄대 측은 유출경로에 대해 "프라이드를 걸고 조사했지만, (『실록』이) 어떠한 경위로 (도쿄대에) 들어왔는지 모르겠다"고 답변했다.[1] 그리고 『실록』을 한국에 반환하는 것을 어디까지나 '학술의 발전과 교류의 추진을 희망하기 때

---
* 본고는 『일본역사연구』 제30집(2009)에 게재된 논문임을 밝혀 둔다.
** 국민대학교
1) 「なぜ解明できぬ来歴」, 『朝日新聞』, 2006.6.19 기사. 그러나 도쿄대의 『실록』 소장은 도쿄대 교수였던 시라토리 구라키지(白鳥庫吉)가 조선총독인 데라우치 마사나케(寺内正毅)에 요청해 1912년 12월에 반입된 것으로, 이미 시라토리의 서십에서 밝히고 있다.

문에 기증'일 뿐이며,[2] '이번 케이스를 일반화'하진 않겠다고 선언했다. 이 선언은 도쿄대가 소장 중인 『실록』 외에 그 어떤 한국관계 문화재도 반환할 의사가 없음을 내포한 것이다.

한편 『실록』이 반환되자 그 결과에 대해서는 모두 환영했지만, 교섭 과정에서는 아쉬움을 남겼다. 바로 '환수위원회'와 서울대 측의 교섭라인이 일치되지 않아, '환수위원회'가 고수한 '반환'의 입장이 '기증'이란 용어로 교체된 점이다. 물론 일본으로부터 '반환'이란 용어를 받아내기 위해 무리수를 둘 경우, 교섭이 중지될 수도 있었겠지만, 일본의 문화재 약탈행위를 지적하고자 한 '환수위원회'의 노력에 '기증'이란 결과는 불만스러운 것이었다.

근래 이와 같이 시민단체에 의한 문화재 반환 움직임이 활발하다. 그리고 그와 더불어 또 다시 등장하는 것이 1965년에 체결된 '한일협정(한일 기본조약)'에 관한 논의이다. 도쿄대가 끝내 『실록』의 반환을 '기증'이란 용어로 대신한 것도 이 '한일협정'의 조약내용에 기인한 것이다. 또한 2007년 일본의 이부키 분메이(伊吹文明) 문부과학성 대신이 한반도 문화재 반환에 대한 질의에서 1965년 "「문화재 및 문화협력에 관한 협정」으로 국제법상의 결착은 이미 해결됐다"[3]고 말한 것도 바로 이 '한일협정'의 내용을 기반으로 한 것이었다.

일본은 한일협정을 체결하기 전부터 또한 체결한 후에도 계속하여 한반도의 문화재 반환에 대한 국제법상의 의무가 없음과 종주국이 피식민지의 문화재를 반환한 전례가 없다는 것을 강조해 왔다. 이러한 일본의 주장은 한일 양국의 학계에서도 문제가 됐고, 자연스레 한일회담 문화재 반환 문제가 연구 테마로 떠올랐다.

한일회담 문화재 반환에 관한 대표적 선행연구로는 다카사키 소지(高崎宗司)의 논문이 있다.[4] 다카사키는 문화재 반환에 대해 한일 간의 교섭 내용을 실증적으로 검토하여 높이 평가되지만, 아무래도 한일회담 외교문서

---

2) 「過去の淸算, 問われる東大」, 『朝日新聞』, 2006.6.7 기사.
3) 2007년 4월 6일, 중의원문부과학위원회.
4) 高崎宗司, 1986.10, 「日韓會談における文化財返還交涉について」, 『朝鮮史硏究會論文集』 제23집, 조선사연구회.

가 공개되기 이전의 것이기 때문에 자료에 한계를 갖고 있다. 그 외 이토 다카시(伊藤孝司)의 연구5)가 있다. 이것은 한일회담 중 문화재 반환 문제가 어떠한 교섭 과정을 거쳤는지에 대해 간략히 설명한 것이다. 이 밖에 국제법에 따른 문화재 반환 문제와 한국 문화재 반환 문제와의 관계 및 전망을 다룬 연구도 다소 있다.6) 이들 연구들의 공통점은 다음과 같이 정리된다. 첫째, 한일회담에서 일본이 국제법을 빌미로 문화재 반환에 대해 소극적 태도를 보인 것에 대한 비판이다. 둘째, 한일회담 중 문화재 문제가 여타 협상 문제에 비해 중요시 되지 않았고, 경제협력 사안이 타결되면서 문화재 문제역시 충분히 논의되지 않은 채 타결됐다는 점이다. 그리고 마지막으로 이러한 비판들은 한일회담 문화재 반환교섭에 직접 참가한 이홍직, 황수영 등을 비롯하여 식민지기 문화재 관련 직원들의 증언을 바탕으로 하고 있어, 사료적 근거가 되지 못한다는 점이다. 그럼에도 불구하고 이들 연구가 문화재 반환이란 문제의식을 세상에 알린 것은 높이 평가할 만하다. 그리고 이제 한일 양측의 외교문서가 공개된 이상, 한일회담 속에서 문화재 반환 문제가 어떠한 과정을 거쳐 논의됐는지에 대한 보다 구체적 분석이 과제로 남게 됐다.

　본고는 이러한 문제의식에서 출발한다. 먼저 현재 공개된 한일 양측의 외교문서를 통해 문화재 반환 문제의 교섭 과정을 살펴본다. 둘째, 특히 일본 외교문서를 통해 일본 협상 측에서 문화재 반환 문제를 어떻게 인식했는지에 대해 구체적으로 분석한다. 거의 모든 선행연구에서 비판하듯 일본

---

5) 伊藤孝司, 2008, 「韓國・北朝鮮からの文化財返還要求をどのように受け止めるか」, 『世界』 2008.2.
6) 그 외 연구들을 살펴보면 다음과 같다. 정규홍, 『우리 문화재의 수난사』, 학연문화사, 2005 ; 조부근, 2004, 『잃어버린 우리 문화재를 찾아서』, 민속원 ; 김형만, 2005, 「문화재반환에 관한 국제법적 고찰」, 문화재청 편, 『한일협정반환문화재 자료집』 ; 이보아, 1999, 「문화재의 원산국으로의 반환에 대한 고찰」, 『비교문화연구』 5집, 서울대학교 비교문화연구소 ; 김소운, 1995, 「국제법체계하에서 문화재의 반환과 복귀를 위한 원칙과 조건 및 수단에 관한 연구」, 『동의법정』 제11집, 동의대학교 지역사회개발연구원이 있다. 그 외에도 연구논문은 아니지만, 대표적인 발표문이 있다. 조부근, 2007 「한일협정의 한계와 과제」, 『한일 불법문화재 반환 촉진 정책 포럼』(2007년 4월 27일 학술자료집).

외무성이 실제로 문화재 반환에 대해 부정적이고 소극적인 태도를 보였는지에 대해서 재검토하고, 만약 그러한 태도를 보였다면 과연 어떤 방식이었는지에 대해 고찰해본다. 마지막으로 한일회담 진행 중에 일본 내 학계에서 인식된 문화재 반환 문제에 대한 논의를 분석하고 그의 역사적 의미를 생각해 본다.

II. 한국 문화재 반환에 관한 한·일 간 협상 과정

먼저 1951년에 시작된 한일회담의 내용 중 문화재 반환에 관한 협상 과정을 검토하고자 한다. 한일회담에서 문화재 반환은 어떠한 맥락 속에서 토의됐고 교섭되었으며, 그 과정에서 한일 양측은 문화재 반환 문제에 대해 어떠한 인식을 갖고 있었는지 확인하고자 한다.

한반도에서 일어난 문화재 반환 요구는 정부차원에서보다 민간학회에서 먼저 시작됐다. 1945년 10월, 역사가 단체인 '진단학회'가 일본정부에 대해 최초로 문화재 반환을 요구한 것이다. 진단학회는 미군정청에 식민지기 일본에 의해 약탈된 도서의 반환을 요구하며 그 결의안을 일본의 총연합국 사령관으로 부임한 맥아더에게 제출하기로 했다. 그리고 동년 12월, 일본인에 의해 약탈된 도서 및 보물 목록(서적 212종, 미술품 및 골동품 837종)을 완성하여 미군정청에 제출했다.[7] 해방 직후 진단학회의 문화재 반환 요구는 무엇보다 해방을 맞이하여 당시 사회에 만연된 '조선문화의 새 창조' 분위기에 따른 사안이었다. 실제 당시 조선 사회에는 '건국준비위원회' 활동이 전국적으로 확산됐고, '국문 보급'과 '조선문화건설'을 목적으로 한 잡지출간이 눈에 띄게 두드러졌다.[8] 이러한 상황 속에 나타난 진단학회의 문화재 반환 요구는 지극히 당연한 것이었다고 하겠다. 그러나 진단학회의 요구는 큰 성과를 거두지 못했다.

---

7) 문화재청, 2005, 『한일협정 외교문서 문화재 자료집 I』, 문화재청, 99쪽.
8) 『동아일보』, 1945.12.2 기사.

그 후 비록 문화재 반환과 직접적인 관련은 없지만, 1951년 10월, 한국에서 '구 왕실재산목록에 관한 조사'가 이뤄진 것은 주목할 만하다. 동월 24일, '구 왕실재산관리위원회'의 위원장은 외무부장관에게 일본이 침략했을 때 구 왕실의 재산을 약탈했다는 보고서를 냈다.[9] 그러나 이것은 어디까지나 구 왕실재산목록에 대한 조사에 불과한 것으로 직접적인 문화재 반환교섭은 아니었다.

한일 양측의 문화재 반환 협상이 표면적으로 대두된 것은 한일회담 개최 직전부터였다. 1952년 1월 9일, 제1차 한일회담을 목전에 두고 일본의 치바 히로시(千葉皓) 참사관이 한국의 김용식 공사를 방문했는데, 이때 김용식 공사는 치바 참사관에게 '일본과 한국 간의 분위기를 좋게 하기 위한' 방법으로 문화재의 반환을 제시했다.[10] 그리고 한국은 제1차 한일회담(1952년 2월 15일~4월 25일)이 개최되자, 이 제안을 '재산 및 청구권 문화위원회' 제1차 회의에서 '한일 간 재산청구권 협정 요강'으로 재차 제출했다.[11] 그곳에는 '한국에서 반출된 고서적, 미술품, 골동품, 그 외 국보, 지도원판 및 지금(地金), 지은(地銀)을 반환' 하라는 내용이 명시되어 있었다. 그리고 1952년 2월 23일, 제2차 청구권위원회가 열린 자리에서 한국은 "국보의 문화적 정치적인 의미에서" 문화재 반환을 요청했는데, 이때 한국 측은 유출된 문화재를 '부자연한 즉 탈취 혹은 한국의 의사에 반하여 가져간 것'으로 규정했다.[12]

그 후 제2차 한일회담(1953년 4월 15일~7월 23일)에서 한국 측은 반환 문제를 한층 구체적으로 논의하고자 했다. '청구권위원회'에서 한국 측이 한국국보, 역사적 기념물, 한국지도원판, 원도 및 해도반환에 관한 목록을 첨부하여 제시한 것이다.[13] 이 목록을 받은 일본 측은 그 자리에서는 별다른

---

9) 국민대학교 일본학연구소, 2008.5, 『한일회담 외교문서 해제집 I』, 동북아역사재단, 60쪽.
10) 「(極秘) 金公使との会談要旨」 1952년 1월 9일.
11) 「제1차 한일회담 재산 및 청구권 분과위원회 제1차 회의」 1952년 2월 20일.
12) 「제2차 청구권위원회」 1952년 2월 23일.
13) 「제2차 한일회담 제2차 회의 청구권위원회」 1953년 5월 19일.

반응을 보이지 않았지만, 1953년 6월 15일에 열린 '제3차 한일 재산 및 청구권분과위원회'에서 "문화재보호위원회의 협력을 얻어 조사 중"이란 답변을 했다.[14]

제3차 한일회담(1953년 10월 6일~10월 21일)에서 일본은 한국이 요청한 문화재 반환목록의 실태조사결과를 발표하면서, 식민지기 조선에서 취한 문화재는 '정당한 수단'으로 취득했기 때문에 반환하지 않을 뿐 아니라, 반환의 의무도 없다고 통보했다.[15] 다만, 구보타 간이치로(久保田貫一郎) 수석대표가 국유의 문화재 중 약간의 '양도'를 정부에 의뢰하겠다는 의사를 보였다. 그리고 실제 외무성은 1953년 10월 17일 문부성에 일본이 보유한 한국 문화재 약간을 증여할 것에 대해 협의했다. 그러나 문부성 외국(外局) 단체인 '문화재보호위원회'는 이 협의안을 인정할 수 없다며 반대 의사를 표명했다.[16] 이 협의에서 분명한 것은 외무성과 문부성의 의견이 일치하지 않았다는 것이다. 특히 문화재보호위원회의 경우, 문화재 반환에 대해 극명하게 반대의사를 표했는데, 이 위원회에 대한 내용은 다음 절에서 논하겠다.

한편 제3차 한일회담의 경우, 일본 측 수석대표인 구보타가 조선에 대한 식민지 통치에 '유익'한 면도 있었다는 발언을 함으로써 회담 그 자체가 결렬돼, 양국의 회담은 결국 4년 반 동안 소강상태에 접어들었다. '구보타 망언'으로도 유명한 이 발언은 한일회담에 관한 선행연구에서도 자주 등장하는데, 근래 이 발언이 한국 측에서 제안한 '대일 청구권' 문제를 해결하기 위한 '계획적'인 것이었다는 연구가 나와 있다. 예를 들어 요시자와 후미토시(吉澤文寿)의 경우, 구보타 발언은 '한국 측으로의 책임전가와 자기변명으로 시종 일관'된 일본 측 교섭 자세의 발현으로 보고 있다.[17] 실제 '구보타 망언' 후 제출된 보고서에서 구보타 자신은 "15일, 청구권 부회에서는

---

14) 「제2차 한일회담 제3차 한일 재산 및 청구권분과위원회」 1953년 6월 15일.
15) 「제3차 한일회담 재산 및 청구권 분과위원회」 1953년 10월 15일.
16) 「(極秘) 日韓会談に伴う韓国関係文化財の問題について」 1958년 6월 6일, 文化財保護委員會.
17) 吉澤文寿, 2008, 「日本における日韓会談関連外交文書の公開の情況について―財産請求問題を中心に」 국제학술대회 〈외교문서의 공개와 한일회담의 재조명〉(2008.11.7).

일본 측에서 미리 협의한 결과, (청구권 — 필자)논의를 그리하지 않고, 간단히 단시간에 끝내는 방침으로 임했는데, 한국 측 발언 결과 어쩔 수 없이 광범위한 근본론을 뒤집을 수밖에 없었다"고 쓰고 있다. 다시 말해 그의 망언은 한국 측에서 제안한 청구권 문제, 즉 한일 간에는 '대일(對日) 청구권'만이 존재하고 '대한(對韓) 청구권'은 존재하지 않는다는 한국 측의 제안을 방어하기 위한 발언이었다는 것이다. 구보타가 망언 사건 이후 일본 중의원회의 석상에서 진상에 대해 답변한 내용을 보면 훨씬 이해하기 쉽다.

> 한국 측에서 여러 청구권에 대해 자세한, 예를 들면 미지불 급료의 리스트라든지, 일본에서 돌려줬으면 하는 국보나 미술품 같은 리스트를 많이 들고 와 이것을 조사했습니다. (중략) 10월 6일부터 열린 이른바 여름휴가 후의 회의는 벽두부터 분위기가 바뀌어 한국 측에서는 어선을 잡는다든지, 선장 이하 선원을 억류하는 등 실력행사를 해왔기에 이런 기성 사실의 압박 앞에 여러 문제를 한 번에 해결하고자 하는 것처럼 보였습니다. (중략) (한국이 — 필자) "청구권의 문제로 상정되는 것은 한국 측에서 일본에 대한 청구권 문제만이다. 일본의 청구권 요구는 다분히 정치적이다" 라고 합니다. (중략) (한국 측에서 말하길 — 필자) 만약 일본 측에서 이렇게 정치적인 요구를 할 것을 예전부터 알았다면 한국 측에서도 "조선총독의 36년간의 통치에 대해 배상을 요구했을 것이다"고 했습니다. (저는 — 필자) "만약 한국 측이 그러한 요구를 한다면 일본 측에서도 총독정치의 좋은 점, 예를 들어 벌거숭이산이 푸른 산으로 바뀐 것, 철도가 부설된 것, 항만이 설치된 것, 또한 농사지을 전답이 매우 많아 진 점을 반대로 요구해 한국 측의 요구와 상쇄했을 것"이라고 대답했습니다. (중략) 그리고 조선 36년간의 통치는 당신들이 말하는 것과 같이 나쁜 부분도 있었을지 모르지만, 좋은 부분도 있었다(고 했습니다 — 필자).[18]

위의 내용에서도 알 수 있듯이, '구보타 망언'은 문화재 반환 문제를 비롯한 청구권 문제에서 파생된 것이고, 한국이 당시 일본인 어부를 나포하

---

18) 「日韓会談「久保田発言」に関する衆議院水産委員会質疑」 1953년 10월 27일, 『日本外交主要文書・年表(1)』, 584-592쪽.

는 등 강력한 조치를 취하며 일본에 청구권을 요구하자, 역으로 일본이 한반도에 남겨진 일본인들의 재산에 대한 청구권을 요구하면서 불거졌다는 것이다. 구보타가 언급한 36년간의 식민지 통치에 '좋은 부분이 있었다'고 주장한 것은 이러한 맥락에서 다분히 계획적인 '망언'일 수 있다. 물론 구보타가 말한 '벌거숭이산이 푸르게 바뀐 것'과 '철도의 부설' 그리고 '항만의 설치'를 했다는 것은 식민지 통치로 조선이 '근대화'를 이뤘다고 한 인식에서 출발했지만, 구보타가 한국 측에서 주장한 '일본 측의 청구권 요구'를 방어하고자 이 발언을 한 것은 주의할 만한 사실이다. 이후 한국 측은 이러한 인식을 가진 일본 측 회담 대표와는 회담을 지속할 수 없음을 선포하고 철회를 요구하며 무기한 회담 결렬에 들어갔다.

문화재 반환교섭에 변화가 생긴 것은 제4차 한일회담(1958년 4월 15일~1960년 4월 15일)부터이다. 일본은 한국에 나포된 일본 어부의 석방 문제로 '구보타 망언'을 철회하고, 더불어 문화재 반환품의 목록작성에 들어갔으며,[19] 동년 4월 16일에는 도쿄국립박물관에 소장된 106점을 한국으로 반환했다. 한일 간 최초의 문화재 반환인 셈이다. 그러나 이 반환은 한국 측에 그다지 환영받지 못했다. 1958년 한일회담 수석대표 문화재 전문위원인 황수영은 106점의 문화재를 반환 받은 후, 임병직 주일대사에게 보낸 보고서에서 '유물의 자료가치가 크다고 할 수 없다'고 보고하고 있다.[20]

이 시기까지 한일 양측의 기본 입장은 어느 정도 정형화되어 갔고, 이후 제5차 회담(1960년 10월 25일~1961년 5월 15일)과 제6차 회담(1961년 10월 20일~1964년 10월 4일)에서 양측은 각종 전문가 회의를 거쳤다. 이 회의에서 양측은 문화재 유출에 대한 사실 확인 및 현존 문화재에 대한 소재 파악에 대해 논의했다. 특히 제5차 회의에 주목해야 할 것은 한일회담 진행 이후 처음으로 전문가 회의가 가능했다는 데에 있다. 1961년 3월 7일, 제1차 전문가 회의에는 한국 측의 황수영과 일본 측 문부성 문화재보호위원회의 미술공예과장인 마츠시타 다카아키(松下隆章), 그리고 도쿄박물관 문화재조사원인 사이토 다다시(齊藤忠)가 참석하여 회의를 가졌다. 이 회의에

---

19) 「제4차 한일회담」 1958년 4월 16일.
20) 문화재청, 2005, 『한일협정 외교문서 문화재 자료집 II』, 문화재청, 196쪽.

서는 주로 일본이 불법으로 문화재 거래를 했다는 한국 측의 주장과 이를 반대하는 일본 측의 엇갈린 논의가 계속됐다. 동년 5월 8일 전문가회의에서 한국정부는 조선의 유물들을 불법으로 반출한 인명에 한국통감·이토 히로부미(伊藤博文)나 초대 조선총독부 총독·데라우치 마사타케(寺內正毅)의 이름도 거론했다.21) 그러자 일본 측은 '이토와 데라우치는 훌륭한 인물이고, 그러한 행위를 할 분들이 절대 아니'라고 주장하면서, 설사 그들이 문화재를 손에 넣었다고 해도 그것은 '정당한 수단'으로 얻은 것이라고 반론했다. 그리고 '문화재 반환은 국제법적으로 아무런 의무가 없다'고 덧붙였다. 한편, 한국 측은 이러한 일본 측에 대해 아무리 '정당한 거래'라고 해도 그 거래 자체가 식민지 내에서 이뤄진 '위압적'거래였음을 재 반론했다. 결국 회담이 끝날 때까지 일본은 문화재 반출에 대해 부정하며 어디까지나 '정당한 거래'라고 하는 입장을 굽히지 않았다.

제6차 회담(1961년 10월 20일)에서는 본격적인 전문가 회의가 가능해졌다. 1960년 11월, 박정희 의장이 미국과 일본을 방문한 것도 영향을 끼쳐 양측은 일본 내 한국 문화재 소재 파악에 적극적인 의견을 교환했다. 그러나 총 7차에 걸친 문화재소위원회에서도 한국 측은 반환요구의 근거가 되는 반출의 부당성에 대해 설명했고, 일본 측은 국제법상의 원칙만을 고집한 채 반환을 거부하는 수준에 머물렀다.22)

이후 제7차 한일회담(1964년 12월 3일~1965년 6월 22일)에서는 한일 간 경제협력 부문의 협상 타결로 문화재 부문 역시 급물살을 타게 됐다. 1965년 3월, 김종필과 오히라 마사요시(大平正芳) 외상의 협상이 이뤄졌으며, 동년 4월, 한일 외무장관의 이름으로 '청구권 문제 합의사항'이 가조인 됐고, 동년 6월 22일, "양국의 학술 및 문화의 발전과 연구에 기여할 것을 희망"한다는 원칙 아래 '대한민국과 일본국 간의 문화재 및 문화협력에 관한 협정'이 체결됐다. 그리고 이듬해인 1966년 5월, 문화재 1,432점이 한국으로 '인도'됐다.

이상, 한일회담에서 전개된 문화재 반환교섭 과정에 대해 설명했다. 이

---

21) 「문화재 전문가 회합 보고」 1961년 5월 8일.
22) 문화재청, 2005, 『한일협정 외교문서 문화재 자료집 I』, 문화재청, 108쪽.

과정에서 필자가 중요시하는 것은 일본 외무성의 입장이다. 종래 알려진 바에 의하면, '일본 외무성은 문화재 반환에 대해 소극적이고 부정적인 태도를 보였다'고 한다. 그러나 지금까지 설명한 교섭 상황을 보면, 한국 문화재 반환에 대해 '소극적이고 부정적'이라기보다 외교적 차원에서 문화재 문제를 어떻게 하든 해결하고자 한 흔적이 보인다. 그렇다면 그 이유는 무엇일까. 다음 절에서는 한일회담 관련 일본 측 공개 문서를 중심으로 문화재 반환을 둘러싼 일본정부 당국, 즉 협상의 주체인 외무성의 입장과 문화재를 관리하고 있는 문부성의 입장을 보다 명확하게 분석하기로 한다.

III. 한국 문화재 반환을 둘러싼 일본정부 당국 간의 괴리

이 절에서는 한국 문화재 반환을 둘러싼 일본 내 외무성과 문부성의 협의 내용을 중심으로 살펴보고자 한다. 앞서 설명한 바와 같이 종래 한일회담에서 일본 측의 입장이 '문화재 반환에 대해 부정적이고 소극적이었다'는 견해가 일반적이었지만, 일본 외무성의 태도에는 문화재 문제를 외교적 차원에서 해결하고자 한 측면이 강하게 나타났으며, 이것은 '소극적'이나 '부정적'이란 용어로 일축할 수 없는 내용이었음이 드러났다. 그렇다면 과연 한국 문화재 반환에 대해 '부정적이고 소극적인' 태도를 보인 곳은 어디일까. 필자는 이번 일본 외무성에서 공개한 한일회담 관련 외교사료를 분석한 결과, 일본정부 당국 간의 입장, 즉 문화재 반환을 둘러싸고 협상자인 일본 외무성과 문화재를 관리한 문부성의 입장에 차이가 있었음을 알 수 있었다.[23] 여기서는 그 구체적인 내용에 대해 검토하기로 한다.

1952년 2월, 외무성은 한국 측에서 제안한 문화재 반환에 관해 구체적인 조사에 들어갔다. 그 조사과정에서 외무성이 협조를 요청한 곳이 바로 문부성 내 외국단체인 '문화재보호위원회'이다. 동년 2월 18일, 외무성은 문화

---

[23] 「(極秘) 日韓会談に伴う韓国関係文化財の問題について」 1958년 6월 6일, 文化財保護委員會.

재보호위원회의 미술공예과장·혼마 스지(本間須治)를 불러 한반도 문화재에 관한 의견을 들었다. 이때 혼마는 '출토품은 본래 출토지역에 보관되는 것이 원칙으로, 조선총독부에서 출토된 유물들은 한반도에 존재할 것'이라고 답변했다. 그와 더불어 '만약 일본에 보내진 것이 있다면, 그것은 문화재의 가치가 적은 것에 지나지 않고, 일본 유입의 시기도 불분명하여 반환을 위한 선별이 매우 곤란하다'는 의견을 냈다.24) 그리고 '가능한 한 문화재가 조선(한국-필자)으로 송환되는 것은 피하고 싶다'고 주장했다. 그 이유는 '문화재가 한국에 있는 것보다 일본에 있는 것이 더욱 안전하다고 생각하기 때문'이란 것이다. 이 의견을 들은 외무성은 한국 측에 문화재 문제에 대한 명확한 답변을 피한 채, '현재 전담자와 조사 중'이라고 대답했다. 이것은 외무성 입장에서 문화재보호위원회의 문화재 반환에 대한 반대 의사를 그대로 전할 수 없었고, 문부성과의 협의 시간이 필요했기 때문으로 보인다.

　1953년 5월 20일, 외무성은 문부성 및 문화재보호위원회의 관계자와 한국 문화재 조사에 관한 협의를 했다. 여기서도 문부성 및 문화재보호위원회는 외무성과 다른 입장에서 문화재 조사에 임하는 것을 볼 수 있다. 당시 외무성이 문부성 측에 한일회담의 경위와 한국 측 입장을 설명하고 협력을 구하자, 관계자들은 '한국 측에 대한 반박을 위해서 자료를 정리할 필요가 있다'고 하며 이 요구에 찬동했다. 그리고 도쿄박물관의 서적과 각 학교에 소장된 문화재는 문부성에서 각각 분담하여 조사하고, 이에 따른 형식적 연락을 문부성 및 문화재보호위원회에 전달키로 한 것이다.25)

　또 다른 장면에서도 외무성의 입장은 문부성과 온도 차이를 보이는데, 예를 들면 1958년 2월 21일, 한국 측의 김용식 공사가 외무성의 나카가와 도루(中川融) 아시아국장에게 청구권과 관련해 문화재 문제를 언급하자, 나카가와 국장은 "이 문제를 의무가 아닌, 한국의 독립을 축하하는 의미에서 약간의 국유의 조선고미술품을 기증해도 좋다"는 의견을 밝힌 바 있다. 그리고 이어 "일한회담의 의제와는 별도로 될 수 있는 대로 빠른 시기에 일

---

24)「文化財保護委員會 本間氏との会見報告」1952년 2월 18일, 일본외무성.
25)「韓国関係文化財調査に関する打合」1953년 5월 20일, 일본외무성.

본정부는 한국 미술품(중 인도될 수 있는 것)을 한국정부에 보내고 싶다"는 뜻을 알렸다.[26] 비록 문화재 반환을 '당연한 의무'로 인정하진 않았지만, 외교적 차원에서 반환 의사를 밝힌 것이다. 그리고 외무성은 실제로 문부성 측 관료들을 만나 이에 대한 구체적 협의를 시도했다.

  1960년 9월 19일, 일본 외무성의 북동아시아과에서는 문부성 측 관료들을 참여시켜 한일회담의 문화재 반환 문제에 대해 논의하기도 했다. 외무성 측의 사와다(沢田) 대사를 비롯하여 이세키 유지로(伊関佑二郎) 아시아국장, 마에다(前田) 북동아시아과장과 문화재보호위원회의 시미즈 고헤(清水康平) 사무국장과 세키노(関野) 차장, 그리고 니시모리(西森) 서무과장이 참석한 이 회의는 외무성이 한국 측 문화재 반환에 대한 내부 협의를 끌어내고자 마련한 자리였다. 회의 석상에서 사와다 대사는 동년 10월에 개최될 제5차 한일회담에서 협상타결을 어느 정도 매듭짓겠다고 밝혔다. 그리고 이어 문화재 반환이 그의 동력이 될 것임을 시사하며 문부성의 협조를 요구했다. 그러나 문부성 측 문화재보호위원회는 다음과 같은 이유로 부정적인 답변을 내 놓았다. 첫째, 1958년 최초로 106점을 한국에 반환 할 당시, 한국 측이 문화재 반환에 대해 당연하게 받아들였다는 것이다. 문화재보호위원회의 시미즈 사무국장은 한국 측의 이러한 태도가 '일한조약병합 무효론에 입각한 것이 아닌가'라는 의문을 제기했다. 그리고 만약 그렇다면 정당한 수단으로 입수한 문화재를 한국 측에 반환하는 것은 고려해야 할 문제라고 결론지었다. 둘째, 일본 내 국립대학 소장의 문화재에 대해서는 손을 쓸 방법이 없음을 들었다. 특히 문화재보호위원회의 야시로(矢代)위원장의 경우, 지난 번 106점을 반환했을 때에도 강력한 반대론자였기 때문에 협조 요청이 어렵다는 것이었다. 셋째, 현재 일본 내 박물관 및 연구소에는 조선관계 문화재가 존재하지 않아, 결국 도쿄국립박물관 소장의 조선 관계 문화재를 반환할 수밖에 없는데, 그러할 경우 앞으로 일본에는 조선 관계 문화재가 전혀 남지 않을 것이라는 우려였다. 또한 한국 측에 넘겨진 문화재가 한국에서는 2류, 3류 정도의 수준이겠지만, 일본은 그나마도 소유할

---

26) 「(極秘)日韓会談問題別経緯 6(文化財問題)」, 1958년 7월 1일, 일본외무성 북동아시아과.

수 없음을 지적했다. 더욱이 일본의 중요문화재로 등록된 문화재의 경우, 법률개정을 통하지 않으면 반환할 수 없다고 했다. 이에 대해 외무성의 사와다 대사는 현재 국제적으로 '베르사이유조약'에 의해 구 종주국이 구 식민지의 문화재를 반환한 사례가 있음을 설명하고, 국내법 개정을 거치지 않고 반환할 수 있는 방법과 궁내청 소장의 조선관계 고문서에 대해 조사할 것을 명령했다. 문화재보호위원회의 시미즈 사무국장은 개인 소유의 문화재의 경우, 구입하여 반환하는 것을 고려해보겠다고 설명한 후, 현재 한국에 있는 오타니 고즈이(大谷光瑞)의 수집품, 즉 조선총독부시기에 입수된 오타니 탐험대의 서북아시아 발굴품27)들은 일본에 반환되어야 한다고 주장했다. 그러면서 비록 공식적인 한일회담 석상에는 출석하지 않겠지만, 이러한 비공식적 자리에는 참가할 것을 약속했다.28)

이 회의가 있은 후 다음 날인 9월 20일, 일본 외무성 북동아시아과는 법규과에 다음과 같이 문의했다. 첫째, 문화협정과 같이 한국관계 문화재의 열거적 또는 포괄적인 인도를 규정하는 조약이 한일 간에 체결될 때, 국내법 개정의 조치를 취하지 않아도 인도될 수 있는지에 대한 여부이다. 둘째, 조약체결과 동시에, 또는 그 이후에도 별도의 특별법과 같은 입법조치를 필요로 하는가에 대한 문제이다.29) 이에 대해 9월 22일, 법규과는 다음과 같이 통보했다. 첫째, 문화협정에 의한 반환 문제를 따지기에 앞서, 국회 승인을 거친 협정 또는 조약체결이 필요한 것과 둘째, 만약 국회 승인을 거친 협정이 국내법과 배치될 경우, 특별법 조치를 취할 필요가 있다는 것이다.30)

---

27) '오타니 컬렉션'이라 불리우는 이 수집품들은 일본의 종교단체 니시혼간지(西本願寺)의 제22대 문주 오타니 고즈이가 불교 전래의 경로인 서역을 조사하면서 수집한 유물들을 말한다. 이 수집품들은 1916년 조선총독부 박물관에 들어와 전시 및 보관됐으며, 현재 국립중앙박물관에 소장되어 있다.
28) 「(極秘)韓国文化財に関する文部省当局との懇談に関する件」 1960년 9월 19일, 일본외무성 북동아시아과.
29) 「(極秘)韓国文化財の引渡しに関する件」 1960년 9월 20일, 일본외무성 북동아시아과.
30) 「(極秘)韓国文化財の引渡しのための協定に関する件」 1960년 9월 22일, 일본외무성 북동아시아과.

이와 같은 결과를 얻은 외무성 측은 수차례에 걸쳐 기관 내 교섭에 들어갔다. 1960년 10월 6일, 제1차 한국 문화재 문제에 관한 기관 회의에서 외무성 측은 일련의 한일회담 과정과 문부성과의 입장 차이를 설명했다. 이 자리에 참석한 기관은 조약국과 아시아국의 북동아시아과였는데, 조약국에서는 문부성의 태도에 대해 '반환하고 싶지 않은 구실에 지나지 않는다'고 지적하며, 국회의 승인을 얻는 것이 바람직하다는 의견을 교환했다. 그리고 결론적으로 한일 간의 문화재 반환은 '문화협정을 통한 문화교류'의 형태가 가장 적절하다는 의견에 일치했다. 다만 문화교류의 경우, 일본 측의 '일방적인 반환'만이 주장되는 것은 납득할 수 없으니, 한국에 소장된 '오타니 컬렉션', 다시 말해 오타니 고즈이의 수집품과 교환하는 방법을 취한다면 한층 명확한 반환이 이뤄질 것이라는 의견을 교환했다.[31]

한편 외무성의 문화재 반환 의지와는 달리, 문부성 측은 반대 의견을 굽히지 않았다. 1961년 1월 26일 문부성의 문화재보호위원회의 니시모리 서무과장은 외무성의 아시아국장 앞으로 조회문을 전달했는데, 이 조회문은 문부성 대신 및 사무차관이 문화재 반환에 대해 우려하고 있어서 이 문제에 대한 입장을 다음과 같이 밝힌다는 내용이었다. 첫째, 한국 측의 반환 요구, 즉 도쿄국립박물관 소장의 문화재는 정당한 방법으로 구입했으므로 반환 할 의무가 전혀 없고, 학술적 측면에서도 중요한 문화재이므로 한국 측에 넘길 수 없다는 것, 그리고 1958년에 반환한 106점의 문화재 역시 특별한 정치적 배려에서 비롯된 '증여'임을 밝힌다는 것이었다. 둘째, 앞으로 한국 측에서 반환을 요구해도 본 위원회는 이에 응할 의사가 전혀 없다는 것이었다.[32] 이 조회문을 받은 외무성 측은 한일회담에서 문부성의 의견을 고려하겠다는 회신을 보냈다.

그런데 바로 그 다음날인 1961년 1월 27일, 문부성 문화재보호위원회의 시미즈 사무국장이 직접 내방하여 또 다시 아시아국장과의 면담을 요청했

---

31) 「(極秘)韓国文化財問題に関する第一回省内打合わせ会に関する件」1960년 10월 6일, 일본외무성 북동아시아과.
32) 「(極秘)文化財保護委員会庶務課長来訪の件」1961년 1월 26일, 일본외무성 북동아시아과.

다. 이러한 긴박한 문부성 측의 행보는 동년 1월 23일『요미우리 신문』에 발표된 문화재 반환에 대한 기사에 기인한 것이었다. 그것은 일본 외무성이 한일회담에서 협상유인책으로 문화재 반환을 들고 나왔다는 내용이었다. 문부성 측에서는 이 기사를 보고 자신들의 반대 입장을 밝힐 필요가 있다고 판단하여 외무성 측과 접촉을 시도한 것이다. 이에 대해 외무성의 이세키 아시아국장은 '기밀이 누설된 것'이라고 해명한 후, 문화재 반환에 대한 것은 아무것도 결정되지 않았다고 답변했다. 그러면서도 외무성은 문부성 측이 한국 측과의 전문가 회의에 참석해 줄 것을 요청했다.33) 그러나 이러한 요청에 대해 문부성 측은 비협조적이었고, '만약 한일회담 석상에 참가한다고 해도 반환 문제에 대해서는 언급하지 않는다는 조건'을 주장했다.34) 물론 이러한 일본 측 내부의 상황은 한국 측에 알려지지 않았기 때문에, 한국 측에서는 이홍직주사가 지적하듯 '일본 측이 문화재 문제에 대해 시간적으로 늑장을 부린다'라고 인식하게 됐다.35) 이후에도 일본 외무성은 문부성에 대해 수차례에 걸쳐 회담 참석을 종용했다. 이러한 외무성의 '노력'에 의해 결국 1961년 11월, 문부성은 '한일회담 전문가회의'에 문화재 전문가를 참석시키게 된다. 그러나 이 역시 큰 실효를 거두지는 못했다.

동년 12월 21일까지 총 6회에 걸친 전문가회의에서 일본 측 전문가로 참가한 문화재보호위원회 미술공예과장·마쓰시타 다카아키는 한국 측에서 요청한 현존 문화재 소재에 관한 질문에 다음과 같이 답변한다. 첫째, 이른바 소네본(曽禰本), 통감본(統監本)은 현재 궁내처 내 도쇼료(圖書寮)에 보관되어 있는데, 그 목록 및 내용에 대해서는 전혀 모른다는 것. 둘째, 데라우치(寺內)문고는 현재 야마구치(山口)여자단기대학에 보관되어 있는데 그 내용은 파악할 수 없다는 것. 셋째, 가와이(河合)문고에 대해서는 조사 중이라는 것. 넷째, 오구라(小倉) 컬렉션은 현재 문부성 내 문화재보호위원회

---

33) 「(極秘)文化財保護委員会清水事務局長アジア局長来訪の件」1961년 1월 27일, 일본 외무성 북동아시아과.
34) 「(極秘)韓国文化財に関する文部省局との打合に関する件」1961년 11월 14일, 일본 외무성 북동아시아과.
35) 「(極秘)日韓会談文化財小委員会主査非公式会談記録」1962년 2월 1일, 일본외무성 북동아시아과.

산하에 있는데, 약 1,000여 점이 소장되어 있다는 것. 다섯째, 이치다(市田) 컬렉션에 대해서는 알 수 없다는 것. 여섯째, 석조미술품에 대해서는 석굴암의 석탑과 불국사 다보탑의 사자상은 그 행방을 알 수 없고, 일본에 있다는 증거도 명확하지 않다는 것. 일곱째, 지도의 원판은 과거 한일회담에서 설명한 바와 같이 전쟁으로 소실됐다는 것. 여덟째, 체신문화재에 대해서는 현재 체신박물관에 보관되어 있다는 것이었다.36) 이러한 답변은 이미 한국 측에서도 어느 정도 파악하고 있는 수준이어서 문부성 전문가의 참석으로 문화재에 대한 새로운 조사가 이뤄진 것이라고는 하기 어려웠다.

그런데 이러한 문화재보호위원회가 1962년 2월에 들어서 태도에 변화를 보인다. 그것은 다름 아닌 외무성의 설득으로 인한 것이었다. 동년 2월 14일, 외무성 북동아시아과의 보고에 따르면, 종래의 문화재 반환 반대 입장을 고수해 온 문부성 측에서 '(문화재 반환이)권리와 의무가 아닌, 증여의 형식을 갖추고, 그것이 국가 정책으로 결정이 되면 어느 정도 국유문화재의 제공은 어쩔 수 없는 것'이라는 태도를 보였다.37) 실제 이로부터 5일 후인 2월 19일, 외무성 아시아국장실에서 열린 '성내(省內)회합'에서는 문화재 반환을 둘러싼 한국 측과 일본 측의 회담 과정, 그리고 문부성의 협조 내용에 대한 논의가 있었는데,38) 이 자리에서 외무성은 '문부성의 문화재보호위원회 사무국을 설득해 회담에 참석하게 되었음'을 발표했다.39) 이후 외무성은 문부성 내 문화재보호위원회를 시작으로 도쿄국립박물관, 그리고 궁내청 등과 활발한 접촉을 벌였다.

지금까지 설명한 일본 외무성과 문부성 간의 교섭 내용을 보면, 종래 한국 문화재 반환에 대한 외무성의 태도, 즉 '문화재 반환에 대해 소극적이고 늑장을 부린다'는 인상과는 거리가 있었음을 알 수 있다. 물론 그렇다고 해

---

36) 「(極秘)日韓會談 雙方主張의 概要 – 文化財問題」 1962년 8월 20일, 일본외무성 북동아시아과.
37) 「(極秘)文化財問題の解決方針に関する件」 1962년 2월 14일, 일본외무성 북동아시아과.
38) 이 회합에는 외무성 내 아시아국, 조약국, 그리고 정보문화국이 참석했다.
39) 「(極秘)日韓會談文化財問題に関する省内打合会」 1962년 2월 19일, 일본외무성 북동아시아과.

서 외무성이 한반도에서 출토된 문화재를 한반도로 돌려줘야한다고 인식한 것은 아니었다. 문화재 반환에 대한 외무성의 '적극적' 태도는 어디까지나 외교적 차원에서 한국과의 한일회담을 성공적으로 매듭을 짓기 위한 목적의 발현이었다. 더욱이 문화재 문제 뒤에는 국교 정상화, 나포어부의 석방 문제 등이 포진되어 있어 외무성 입장에서는 한국과의 국교를 신속히 정상화시켜야 했던 것이다.

그렇다면, 문부성, 특히 문화재보호위원회는 왜 이렇게 문화재 반환에 반대했는지, 그 이유를 구체적으로 알아 볼 필요가 있겠다. 특히 이들이 한일회담에 대해 어떤 인식을 갖고 있었는지 살펴봄으로 문화재 반환에 대한 문부성의 자세를 보다 명확하게 파악하기로 한다.

IV. 일본 문부성 문화재보호위원회와 한일회담

여기서는 문부성 내 문화재보호위원회가 문화재 반환에 대해 어떠한 입장을 보였는지 보다 구체적인 논의를 해보고자 한다. 그를 위해 문화재보호위원회의 성격 또한 파악해야 할 것이다.

문부성 문화재보호위원회는 1950년 8월, '문화재보호법'의 시행으로 발족됐다. 이 위원회는 문부성의 외국단체 중 하나로 문화재 관리 및 보호에 관한 업무를 관장하고 있었는데, 1968년 6월, 문부성 내부 부국인 문화국과 통합되면서 지금의 '문화청(文化廳)'으로 개편됐다.

먼저 여기서 외무성이 조사한 문화재 관련 부처에 관한 자료를 소개하고자 한다. 외무성은 한국 측의 문화재 반환 요구에 대응하고자 먼저 일본 내 문화재 관리에 대한 정확한 책임부처를 조사했고, 그 결과 다음과 같은 보고서를 작성했다.

> 문부성은 본건 재산문제에 관해 별로 강력한 발언권이 없다. 특히 원칙적인 반대의견을 말할 경우는 물론, 적극적인 처분을 추진하는 지위에 없다고 보인다. 본건에 관해 문부성 내의 연락자적 지위에 있는 것은 대

학학술국(국장 이마이 세스케今井淸助)인데, 그의 직접 관할하에 있는 것
은 도쿄 및 교토 대학소속의 고고학품, 미술공예품 뿐이다. 도서관 관계
는 사회교육국(국장 데라나카 사쿠오寺中作雄)인데, 내각문고 나 궁내청
서릉부 등에 대해서는 거의 관계가 없다. 내각문고 및 궁내청 서릉부는
모두 국회도서관 지부인데 국회도서관은 기술적 운영의 지도에 해당할
뿐 소장품에 관한 권한은 각각 내각 및 궁내청에 있다.[40]

다시 말해, 외무성의 조사에 따르면 문화재에 관해서 문부성의 권한은
매우 제한적이었음을 알 수 있다. 또한 조직상으로는 문부성이 통괄하고
있지만, 고고학과 도서 등 각각 그 종류에 따라 책임 소재가 달랐다는 것
이다. 그렇다면 과연 문화재에 관한 관리 책임과 그에 상응하는 발언권은
어디에 있었을까. 그것은 다름 아닌 문부성 내 외국단체인 문화재보호위원
회에 있었다. 여기 외무성의 또 다른 보고서를 보면, 문화재보호위원회는

> 문부성의 외국이면서 거의 독립 기관에 가까운 지위를 갖고 있다. 위
> 원장은 다카하시 세이치로(高橋誠一郎), 위원은 야시로 유키오(矢代幸雄),
> 호소카와 모리타츠(細川護立), 이치마다 히사토(一万田尙登), 우치다 요
> 시카즈(內田祥三) 등 네 명이고, 사무국장은 모리타 다카시(森田孝)이다.
> 문화재보호위원회는 전문위원에 학계, 미술계의 유력자를 다수 두고 있
> 고 전문위원의 발언권은 극히 강하다. 고서적, 미술골동품을 불문하고 본
> 건 관계 문화재의 처리에 관해서는 이들 전문위원을 무시해서는 곤란하
> 다고 본다. 또한 도쿄 및 나라(奈良)의 국립박물관은 문화재보호위원회
> 의 소관에 속한다.[41]

고 기록하고 있다. 즉, 문화재보호위원회는 한국 문화재 반환에 관한 실질
적 발언권을 행사할 수 있는 기관인 것이다.

이런 문화재보호위원회가 한일회담의 문화재 반환 문제로 주목을 받기
시작한 것은 1953년 제2차 한일회담시기부터이다. 문화재보호위원회와 문

---

40)「文化財關係主管官庁に関して」1953년, 월일 미상, 외무성
41)「文化財關係主管官庁に関して」1953년, 월일 미상, 외무성

부성과의 관계는 앞서 본 보고서에서도 알 수 있듯이 조직상 문부성의 외국단체이지만, 실제는 상하관계로 보기 어렵다. 더욱 중요한 것은 문화재보호위원회의 위상인데, 상기에서 소개된 내각문고나 궁내청과는 또 다른 위치에서 문화재 취급에 상당한 실력을 행사할 수 있었다. 특히 문화재보호위원회의 위원으로 소개된 인물들을 보면 일본 내에서도 꽤 높은 사회적 지위를 갖고 있었음을 알 수 있다.

● 다카하시 세이치로(高橋誠一郎)
다카하시는 1884년에 태어나, 1920년 게이오대학의 교수로 임명됐다. 1947년에는 요시다내각의 문부성 대신을 역임했고 또한 '일본학사원' 회원이 됐다. 1948년부터 1976년까지는 일본예술원 원장으로 있었다. 또한 1950년부터 1956년에 걸쳐서는 문화재보호위원회의 위원장으로 역임했으며, 이 시기 한일회담 문화재 반환 문제에 대해 관계했다. 그리고 1973년에는 훈1등 쿄쿠지츠다이슈쇼(旭日大綬章)를 받았고, 1979년에는 문화훈장을 수상했다.

● 호소카와 모리타츠(細川護立)
호소카와는 1883년 10월 21일, 메이지시대의 후작이면서 귀족원 의원인 호소카와 모리히사(細川護久)의 4남으로 태어났다. 미술 수집가로도 유명한 호소카와는 1914년에는 귀족원 의원으로 활동하면서, 국보보존회회장, 동양문고 이사장을 역임했다. 메이지시대 이후 궁내성(전후 궁내부)의 소속이 된 보고 쇼소인(正倉院)평의회의 평의원으로 활동했으며, 문부성 문화재보호위원회의 위원으로도 있었다. 특히 호소카와는 조선총독부 고적조사에도 관련이 깊은데, 1925년에는 낙랑고묘의 발굴 조사에 기부금을 냈고,[42] 1932년에는 기부금 6천엔을 조선총독부에 전달했다. 이 기부금 역시 낙랑시대의 유물발굴에 쓰였다.[43]

---

42) 梅原末治, 1969, 「日韓併合の期間に行なわれた半島の古蹟調査と保存事業にたずさわった一考古学徒の回想録」, 『朝鮮學報』 51집.
43) 原田淑人 外, 1930, 『樂浪』 東京帝国大学文学部 ; 藤田亮策, 1963, 『朝鮮学論考』, 藤田先生記念事業会刊, 84쪽(정규홍, 앞의 책, 110-115쪽 재인용).

● 야시로 유키오(矢代幸雄)

야시로는 1890년에 태어나 다이쇼시대(1913~1926)와 쇼와시대(1926~1989)에 활동한 저명한 미술사가이다. 1930년 현재의 도쿄국립문화재연구소의 전신인 미술연구소 발족에 공헌했으며, 1936년에는 동 연구소의 소장으로 취임했다. 종전 후에는 문부성 문화재보호위원회의 위원으로 일했다. 1970년에는 문화공로자를 수상한 바 있다.

● 이치마다 히사토(一万田尙登)

이치마다는 1893년에 태어나 쇼와시대의 재력가이면서 정치가로 유명한 인물이다. 1918년 일본은행에 입사 후 교토 지점장을 역임한 뒤 1944년 이사로 승진했다. 일본 패전 후에도 시중은행을 통해 산업계에 큰 영향력을 미치며 '법황'이란 별명을 가질 정도로 유력한 재력가였다. 1954년에는 하토야마내각의 오쿠라쇼(大藏省) 대신을 역임했다.

● 우치다 요시카즈(內田祥三)

우치다는 1885년에 태어나 메이지시대(1868~1912) 후반에서 쇼와시대(1926~1989)에 이르기까지 건축가, 건축학자로서 유명했다. 일본학사원의 회원이기도 한 우치다는 도쿄제국대학에서 건축학과 교수로 재직했으며, 1943년에는 동 대학 총장까지 역임했다. 도쿄제국대학 건축학과의 경우, 한국통감부시대부터 문화재 발굴을 위한 조선을 방문한 세키노 다다시(關野貞)가 재직한 곳으로 한반도에서 출토된 유물이 다수 소장돼 있는 곳이다. 우치다는 그 후 도쿄대 내 대강당과 도서관을 설계했으며, 1972년에는 문화훈장을 수상했다.[44]

이와 같은 인물 구성을 볼 때, 문화재보호위원회의 소속 인물들은 단적으로 일본 내 정계와 재계는 물론, 문화계의 핵심인사들이라고 해도 과언이 아니다. 더욱이 다카하시처럼 문부성의 대신을 역임하거나, 호소카와나

---

44) 이상의 인물 조사는 『日本近現代人名辭典』(吉川弘文館, 2001)을 참조했다.

야시로처럼 문화재 관련 기구의 장을 재임한 사실들을 볼 때, 외무성이 조사한 문건의 내용, 즉 '문화재 처리에 관해서 전문위원을 무시해서는 곤란하다'45)고 보고한 의견은 매우 설득력이 있다. 더욱이 호소카와의 경우, 조선총독부 고적조사에 거액의 기부금을 낸 사실을 보면, 문화재보호위원회가 한국 문화재를 반환하는데 반대한 것은 당연한 결과였다. 이상의 인물들 외에도 제5차 회담에서 전문가 회의에 참가한 도쿄박물관 문화재조사원인 사이토 다다시의 경우, 1918년부터 조선총독부의 고적조사사업에 관여한 교토대학 고고학연구실 출신으로 조선총독부 고적조사사업에 직접 참여하기도 했다. 요컨대 이러한 경력의 문화재보호위원회 위원 및 한일회담 참석자들이 한국 문화재의 반환을 주도적으로 반대하고 나선 것이다.

그럼 여기서 이들 문화재보호위원회 위원들이 한일회담 중 문화재 반환에 대해 어떻게 반대했는지 그 내용에 대해 구체적으로 살펴보자.

1953년 5월, 외무성 측의 의뢰로 한국관계 문화재에 관해 조사를 한 문화재보호위원회는 동년 10월, 도쿄국립박물관 소장의 한국관계 문화재에 대해 다음과 같은 답변을 제출했다.

> 도쿄국립박물관 소장 한국관계 문화재는 거의 모두가 구 제실박물관 당시, 고대 일선관계의 문물을 국민 일반에게 주지시켜, 문화교류를 도모하는 목적으로 수집한 것으로, 그 수집한 것은 별첨 리스트에 기재했는데, 모두가 구입, 기증, 교환 등에 의해 정규 수속을 밟은 것이다.46)

다시 말해, 이들 수집된 문화재는 '고대 일선 관계를 국민에게 주지시키기 위한' 것이었고, 이를 위한 수집은 지극히 정당한 수단으로 이뤄졌다는 것이다. 실제 이러한 인식은 외무성에 직접 전달되기도 했는데, 예를 들어 1960년 4월 6일, 문화재보호위원회의 전 사무국장 오카다(岡田)와 동 위원회의 서무국장인 니시모리(西森)는 외무성의 이세키(伊關) 아시아국장을

---

45) 「文化財關係主管官庁に関して」1953년, 원일 미상, 외무성.
46) 「公文企第78號 韓国関係文化財調査以來に対する回答について」 1953년 10월 15일, 문화재보호위원회.

방문해, 한국 문화재에 대해 다음과 같이 말했다.

> 문부성 측에서 학자의 의견으로 문화재의 대부분은 총독부시대에 한국(조선)의 박물관에 있었고, 종전 후에도 대부분은 남기고 왔기에 오히려 일본 측에서 돌려받고 싶을 정도라고 하고 있다.[47]

요컨대 문화재보호위원회는 애당초 한국 문화재에 대해 반환 의사가 없음은 물론이고, 식민지기 조선에서 수집한 문화재에 대해서도 정당성을 주장하고 있음을 알 수 있다. 이 의견을 들은 이세키 아시아국장이 '이렇게 반대가 심하다면 대학 소장의 문화재가 아닌, 박물관 소장의 문화재에 관해서 만이라도 해결의 방법을 찾고 싶다'고 문의했는데, 동 위원회는 이 제안에 대해서조차 난색을 표명했다.

이상의 사실들을 볼 때 문화재위원회 위원들은 한국 문화재 반환에 대해 식민지기 조선에서의 수집 단계부터 매우 정당하고 합법적이었음을 주장하고 있음을 확인할 수 있다. 또한 호소카와와 같이 기부금을 통해 식민지기 조선에서의 발굴에 참여한 위원들도 있어, 이들의 입장에서 한국으로의 문화재 반환은 극도로 부정적이었음을 알 수 있었다.

그렇다면 이러한 문화재보호위원회의 의견들이 당시 일본에서 어느 정도의 설득력을 갖고 있었을까. 이들의 한국 문화재 반환에 대한 부정적 시각이 단순히 문화재보호위원회 내부만의 목소리였는지 확인할 필요가 있을 것이다. 이러한 의문을 해결하기 위해 당시 한국 문화재 문제와 관련된 학계 및 인물들의 인식을 살펴보기로 한다.

---

47) 「(極秘)韓國文化財問題に関する件」 1960년 4월 6일, 일본외무성 북동아시아과.

V. 한국 문화재 반환에 대한 일본 학계의 인식
: 1950년대와 1960년대를 중심으로

이 절에서는 한국 문화재 반환에 대한 일본 학계의 인식을 알아보려 한다. 특히 한일회담이 이뤄진 1950년대와 1960년대 일본 학계 내 한국 관련 학자들을 중심으로 검토한다. 한국 문화재 반환에 대해 가장 목소리를 높인 것은 다름 아닌 식민지기 조선에서 활동한 한국 및 조선 관련 연구자들이었다. 예를 들어 1923년 조선총독부에 부임하여 고적조사사업을 관리하고 1925년 조선총독부 조선사편수회의 수사관으로 활동했으며, 1926년에는 경성제국대학의 교수로 임명된 후지타 료사쿠(藤田亮策)는 한일회담 중 문화재 반환에 대한 논의가 시작된 1951년 다음과 같이 발언하고 있다.

> 지금 여기에 반도에서의 과거 문화연구와 보존과의 실제를 떠올려, 어려운 이 사업이 어떻게 이뤄졌는지에 대해 널리 식자를 통해 세계의 사람들에게 이해시키고, 동시에 반도의 사람들이 이 점만은 영구히 기억할 것을 부탁하고 싶다. (중략) 고의적 선전이나 악평으로 일본의 반도통치에 대해 어떻게 이야기를 하더라도 사실이 이미 이러한 바와 같으니 문화사업을 위해 바친 긴 세월의 노력과 그 공적에 대해서는 그 누구도 한마디 끼어들 여지가 없을 것이라고 믿는다.[48]

이는 식민지기 '문화재보존'이 얼마나 긍정적인 작업이었는지를 피력한 것으로, 후지타는 자신이 참여한 문화재 발굴과 보존을 한반도의 '조선인들이 기억해야 할 일'이라고 규정하고 있다. 그리고 이러한 일본의 식민지기 문화재에 대한 '노력과 공적'을 세계가 알아야 하며 이를 이해시켜야 한다는 것이다. 다만 이 발언에는 그러한 일본의 '노력과 공적'이 누구를 위한 작업이었는지에 대해서는 언급하고 있지 않다.

또한 후지타는 다음 해인 1952년 10월 「조선고적조사(朝鮮古蹟調査)」란

---

48) 藤田亮策, 1951, 「朝鮮古文化財の保存」, 『朝鮮学報』 제1집, 조선학회, 246쪽.

글에서 일본의 한반도 통치에 대한 비판에 대해

> 통치의 방법이나 행정의 방법에 대해 비난해야 할 점이 적지 않은 것은 누구라도 인정하는 부분이지만, 일본과 일본인이 전력을 다해 한 노력이, 또는 나라의 운명을 걸고 감투한 것이 단순하게 일본인을 위해서만으로 제한된 것인지, 조선과 조선인의 영원한 행복이 도외시 되는 것인지, 아닌지는 백년 후의 역사가가 정확하게 해석해 줄 것으로 생각한다.[49]

고 하면서, "적어도 조선의 고적조사보존사업만은 반도에 남긴 일본인의 가장 자부해야 할 기념비 중의 하나라고 단언해 마지 않는다"고 주장했다.[50] 그는 이 글에서 조선의 고적조사사업이 자랑할 만한 일이었음을 7가지를 들어 설명했다. 첫째, 고문화재의 등록지정, 보존수리, 수집진열, 연구보고 등의 사무가 총독부 박물관에서 일관되게 행한 점. 둘째, 고적보물의 보존만이 아닌, 명승천연기념물까지 동일한 법령에서 다뤘다는 점. 셋째, 조사연구를 국비로 처리해 국가가 책임을 지었다는 점. 넷째, 신라, 백제, 임나, 고구려의 고적조사 및 낙랑의 연구가 일본 및 동방아시아 문화연구에 획기적 효과를 전했다는 점. 다섯째, 고적조사 시 주도 정밀한 방법을 취해 일본에서 선구적 역할을 했다는 점. 여섯째, 발굴의 결과물인 고적도보 및 다수의 보고서 등이 조선의 뛰어난 문화를 세계에 소개했다는 점. 마지막으로 조선의 고문화재는 어디까지나 조선 안에 보존하고 조선의 진실을 알리기 위한 자료라는 데라우치 총독의 방침이 완고하게 엄수되어, 지금도 일본에서는 (조선의 문화재를-필자) 그 무엇도 볼 수 없어 불편함이 있다는 점이다. 후지타는 자신이 참여한 조선총독부의 고적조사사업에 대해 위와 같이 정의하고 이러한 사실에 입각해, 고적조사사업은 '조선과 조선인에 대해 영구히 자랑할 만한 문화사업이었다'고 규정했다.[51] 이것은

---

49) 藤田亮策, 1963, 「朝鮮古蹟調査」, 『朝鮮學論考』, 藤田先生記念事業會, 67쪽.
50) 위의 글, 68쪽.
51) 위의 글, 87-88쪽.

한일회담에서 일본 측이 주장한 한반도 문화재 일본 유입 부정설과 조선총독부의 문화재 발굴 긍정설과 같은 맥락의 내용으로, 그가 식민지기 조선에서의 문화재 발굴에 얼마나 자긍심을 갖고 있는지를 여실히 드러내 주고 있다. 한일회담의 문화재 반환 문제가 한창인 1959년 당시, 후지타는 나라국립문화재연구소 소장을 재임 중이었는데, 그가 한일회담에서 문화재 반환에 대해 적극적으로 반대한 것은 말할 필요도 없다.

후지타와 더불어 한국 및 조선관계의 서적에 대해 저명한 연구자인 다가와 고조(田川孝三) 역시 문화재보호위원회의 인식과 그리 다르지 않았다. 조선총독부 조선사편수회의 수사관보를 지냈고, 해방 이후 일본 도쿄대학 동양문화연구소의 교수를 지낸 다가와는 일본 내 조선사 연구자로서 명성이 높았다. 그는 한국 문화재 반환을 둘러싸고 한일 양측의 의견이 좁혀진 1963년 3월 18일 당시, '동양문고'의 주사로 재임하고 있었다.[52]

동양문고는 그 이름에서 보듯 아시아 관계의 서적을 다수 소장하고 있던 곳으로 한국 문화재 소장 여부를 위해 조사까지 받았다. 동양문고에는 1963년 당시 동양문고에 소장된 한국 관련 전적이 총 7,000여 점 있었는데, 그중 6,000점 분은 이미 마이크로필름으로 전환된 상태였다. 일본정부는 한국 관련 문화재 반환에 관해 동양문고의 다가와에게도 적극적인 협조를 구했다. 이에 대해 다가와는 다음과 같이 답변했다.

> 내가(다가와 – 필자) 한국으로 반환해도 좋다고 생각되는 것은 첫째, 중복된(중복 소장된 – 필자) 문화재인 경우 및 둘째, 한국 측의 말이 합당할 때이다.[53]

즉, 중복된 유물의 경우와 한국 측의 문화재 반환에 대한 자세가 다가와 자신을 납득시킬 때에 한해서 문화재를 한국에 반환할 수 있다는 것이다.

---

52) 동양문고는 1917년 미츠비시 재벌에 의해 설치된 것으로 1924년 당시 정치가이면서 재력가인 이노우에 준노스케(井上準之介)가 초대 이사장을 역임한 기관이있다. 이 이노우에는 1931년 일본의 오쿠라쇼(大藏省) 대신으로 임명된 인물이나.
53) 「(極秘)東洋文庫田川博士との懇談記録」 1963년 3월 18일, 일본외무성 북동아시아과.

또한 한국 문화재 반환 문제에 관해 주목해야 할 인물 중 우메하라 스에지(梅原末治)가 있다. 우메하라는 앞서 소개한 사이토 다다시와 같이 조선총독부 고적조사사업을 담당한 인물로 교토제국대학 고고학연구실 출신이다. '일본 근대 고고학의 아버지'라고 칭송받는 하마다 고사쿠(濱田耕作)의 제자이기도 한 우메하라는 1969년 조선학회의 학술잡지『조센가쿠호(朝鮮學報)』에서 식민지기 조선에서 자신이 수행한 고적조사사업에 대해 회상록을 게재했다.

1918년부터 해방에 이르기까지 고적조사사업을 담당해 온 그는 한일회담 중 한국 측의 식민지기에 대한 비난 혹은 유적 유물의 보존에 대한 반환 요구를 보고 "관계자의 한 사람으로 새삼스럽게 이 사업이 쉬운 것이 아니었던 점과 동시에 당국(조선총독부-필자)의 열의가 깊었음을 생각하게 됐다"고 고백하고 있다.[54]

우메하라는 교토제국대학에서 나이토 토라지로(内藤虎次郎), 기다 사다키치(喜田貞吉), 이마니시 류(今西龍) 등의 지도를 받은 것은 물론, 근대 일본역사학의 공로자인 구로이타 가쓰미(黒板勝美)와 함께 조선 내 유적 발굴 조사를 했다. 더불어 한국통감부시대부터 유적조사의 일선에서 활약한 도쿄제국대학의 세키노 다다시(關野貞)와 함께 조선총독부 조사사업에 촉탁되기도 했다. 그는 회상록에서 총독부의 고적조사사업에 대해 다음과 같이 정의하고 있다.

> 당초 일찍이 선학에 의해 시작된 유적의 학술 발굴이 매장된 고문물을 새롭게 세상에 현현해 박물관의 시설이 되고, 유구(遺構)의 보존으로 진행시킨 이 사업은 당연히 높이 평가되어야 할 일이고, 이 점에서 일본 본토에서의 동류의 사업보다도 앞서 나간 것이었다.[55]

또한 우메하라는 조선총독부의 고적조사사업에 임한 담당자들의 근무

---

54) 梅原末治, 1969.5,「日韓併合の期間に行なわれた半島の古蹟調査と保存事業にたずさわった一考古学徒の回想録」,『朝鮮学報』, 97쪽.
55) 위의 글, 146쪽.

자세에 대해 다음과 같이 회상하고 있다.

> 즉, 세키노(關野) 박사가 미리 정한 크기의 조사서로 그 날의 것은 그 날 밤중에 정리해 기록의 정확성을 기했고, 또한 다니이(谷井)씨도 그가 담당한 사진을 시작으로 제반의 처리를 행하는 것을 보고, 지금까지 내가 단순하게 수첩에 조사에 대한 소견을 매일 적는 방법은 당연히 바꿔야 할 것이며, 특히 허약한 나로서는 당연히 그렇게 해야 할 것을 통감해, 이후에는 그렇게 해 온 것이 인상 깊게 회상된다.[56]

즉, 우메하라의 회상 속에 그려진 조선총독부의 고적조사사업은 문화재를 '애호'하는 마음으로 성심을 다해 한반도의 유적들을 발굴, 보존한 것이었다. 정치적 이해관계를 배제한다면, 우메하라는 한반도에서 행한 고적조사사업 및 문화재 보존에 심혈을 기울였고 열의를 다해 지난한 발굴과 연구의 세월을 지냈다고 믿었다. 그리고 이러한 그의 믿음은 한일회담에서 제기된 한국 측의 문화재 반환 요구 및 식민지기 조선에서의 문화재 유출 문제와 충돌하여, 우메하라 자신에 대한 비판으로 회귀됐을 것이다.

우메하라는 이러한 자신의 학문적 '열망'이 '식민지 지배'란 상황 속에 한반도에 어떠한 영향을 끼치는지, 혹은 한반도에 거주한 조선인과 어떠한 연관관계를 갖는지에 대해 단 한 번도 비판한 적이 없다. 그가 행한 식민지기의 학문적 활동이 정치적으로 이용되었고, 우메하라 자신이 그 굴레에 안주하고 있었던 점에 대해서 끝까지 인식하지 못한 것은 물론, 그의 문화재 '보호' 활동이 결국 조선의 지배체제를 강화하기 위한 이데올로기로 작용한 폭력성에 대해서도 무관심했다.

이상의 사실들에서 1950년대와 1960년대의 문화계 및 일본학계에서도 한국 문화재 반환에 대해 매우 부정적인 시각을 갖고 있었음을 알 수 있다. 그와 동시에 식민지기 일본이 행한 조선의 '문화재 보호'정책에 대해서는 매우 긍정적으로 평가함과 동시에, 나아가 '공적'이라고 표현할 만큼 자부심을 느끼고 있었음을 알 수 있다. 특히 일본 내 한국 관련 학자들 중에

---

56) 위의 글, 105쪽.

조선총독부의 고적조사사업이나 문화재 발굴 사업에 직접적으로 참여한 인물들이 많았고, 그들은 한반도에서 행한 자신들의 연구 활동에 대해 긍지를 느끼고 있었으며, 문화재 보존에 대해 적극적인 평가를 하고 있었음을 알 수 있었다. 더욱이 후지타가 주장한 것과 같이 '한반도에서 발굴된 문화재는 한반도에 남겼다'는 원칙은 한일회담에서 일본 측이 주장하는 한국 문화재 일본 유입 부정설의 기본적 담론이었음이 추측된다.

이러한 일본 학계의 인식은 당시 한일회담의 문화재 반환 문제를 둘러싸고 한국과 일본이 첨예하게 대립되는 요인이 되었고, 이 대립은 한일회담이 성사된 시기까지 풀리는 일 없이 계속되어 갔다.

VI. 맺음말

이상으로 한일회담에서 벌어진 문화재 반환에 관한 협상 과정을 살펴봤다. 그 결과, 한국 문화재 반환에 대해 일본 측이 보여준 '늑장' 태도와 및 '부정적' 견해는 한국과의 문제보다 일본 내 문부성과의 마찰 속에 협의가 이뤄지지 않았던 것에서 기인된 것임을 새롭게 알 수 있었다.

일본 외무성은 한국정부와의 국교수립에 문화재 반환이 매개적 역할을 해줄 것으로 기대했으며, 한국 측에 문화재 반환에 대한 의사를 명확하게 밝히기도 했다.57) 그러나 이러한 외무성과는 달리 일본의 문부성은 문화재 반환에 대해 매우 부정적이었으며, 외무성은 이러한 문부성의 동의를 얻기 위해 수차례에 걸친 협의과정을 거쳤다.

그런데 흥미로운 것은 문화재 반환에 적극적으로 반대의사를 표명한 문부성 및 '문화재보호위원회'의 인식이다. 이들은 1945년 이전부터 도쿄국립문화재연구소 소장이나 국보보존회 회장 등의 인물들로 일본 내 문화재 관계에 영향력 있는 집단이었다. 더욱이 그중 호소카와 모리타츠는 조선총독

---

57) 「(極秘)日韓会談問題別経緯6(文化財問題)」 1958년 7월 1일, 일본외무성 북동아시아과.

부가 벌인 고적조사에 막대한 기부금을 낸 인물이었다. 이러한 인물들로 구성된 '문화재보호위원회'는 한반도에서 유출된 문화재에 대해 반환은 고사하고, 이를 '정당한 구입품'으로 규정하는 것은 물론, 오히려 식민지기에 발굴한 유적과 유물들을 '돌려받고 싶다'고까지 했다.[58] 다시 말해 '문화재보호위원회'는 애당초 한국 문화재에 대해 반환의 의사가 없었으며, 나아가 이러한 주장의 기반에는 '식민지기 조선 지배가 정당했다'는 인식이 자리하고 있음을 확인할 수 있었다. 이러한 인식들이 한일회담의 문화재 반환에 걸림돌이 된 것은 당연한 결과였다.

결국, 1965년 4월, 한일회담은 경제협력의 합의가 이뤄졌고, 더불어 문화재 반환 문제도 타결의 급물살을 타게 됐다. 한일 양국의 외무장관은 '청구권문제 합의사항'을 가조인함으로써 한일 간의 청구권은 완전히 해결됐다고 밝혔고, 동년 6월 22일, 양측은 '대한민국과 일본국간의 문화재 및 문화협력에 관한 협정'을 체결하게 됐다. 그러나 한일 양국 사이에는 지금까지도 이 문제가 해결되지 않은 과제로 남아 있고, 문화재 반환 문제는 항상 '민족주의적' 입장에서 다뤄지고 있다.

그렇다면, 이러한 한일 양국의 인식 차이를 좁힐 수는 없는 것인가. 그 단초가 되는 것이 현재 유네스코에서 추진하는 문화재 반환 논의일 것이다.

세계적으로 문화재 반환에 대한 논의는 매우 활발하다. 예를 들어 1982년 유네스코 세계문화정책회의에서는 1973년부터 시작된 그리스와 영국의 '엘긴 마블스(Elgin Marbles) 반환 문제'가 화두로 올랐다. 무엇보다 유럽연합의 진행이 이뤄지면서 이러한 문화재 반환 문제는 반드시 건너야 할 과제로 떠오른 것이다. 이 논의가 아직 해결되지는 않았지만, 당시 "파르테논 신전은 그리스 국민의 역사의 원점이요, 통합의 상징"임을 주장하는 그리스 정부의 주장은 설득력을 얻었다.[59]

또한 이탈리아와 리비아 사이에 있었던 '키레네의 비너스 반환 문제'도 현재 세계적으로 문화재 반환 문제가 어떻게 이뤄지는지를 알 수 있는 좋은 사례이다.

---

58) 「(極秘)韓國文化財問題に関する件」 1960년 4월 6일, 일본외무성 북동아시아과.
59) 矢島国雄, 2004, 「植民地と博物館」, 『植民地主義と歷史学』, 刀水書房, 267쪽.

1913년 이탈리아 군대가 고대 그리스와 로마 유적지인 리비아 해안을 침략했을 때, 키레네 유적지 근처에서 발굴한 이 비너스는 다른 문화재보다 복잡한 상황에 있었다. 그것은 이탈리아의 국보로 지정되어 있어 반환이 어려웠던 것이다. 그러나 2002년 8월 1일, '이탈리아 문화활동 및 유산부'는 1970년 유네스코 협정을 이행하고 리비아에 반환하기 위해 부처법령에 의거해 키레네의 비너스를 국보에서 삭제했다. 물론 이 국보 삭제에 대해 반대 운동도 많아 소송까지 있었지만, '이탈리아 지역행정재판소'는 소송을 기각했다. 그리고 그 이유로는 흥미롭게도 '문화재 반환 정책은 국가의 문화유산을 황폐화시키는 것이 아니며 오히려 과거 이탈리아에서 불법 반출되어 현재 전 세계에 흩어져 있는 문화재의 반환을 요청하기 위한 선례를 만들기 위한 조치'라고 들었다.[60]

　이러한 사실들을 보면, 분명 문화재는 출토지역으로 귀속되고 있음을 알 수 있다. 실제 1970년에 나온 '유네스코 협약'은 식민지기의 문화재 이전을 '관련 당사국으로 그 문화재를 복구시키는 데 노력해야 한다'고 밝혔다. 물론 이 협약이 실질적으로 큰 효력을 내진 못했지만, 식민지기 문화재 반환에 대한 보편적 근거를 제시한 데에는 큰 의미가 있을 것이다. 앞으로 한일 양국의 문화재 문제 역시 이러한 보편적 근거에 기반 해서 해결해나가지 않으면 안 될 것이다. 문화재 반환 문제를 한일 양국의 민족주의적 구도에서 벗어나 세계 속의 보편적 인식에서 해결하는 것이 효과적인 해결 방법일 것이다. 이러한 지향점을 생각할 때, 한일회담에서 불거져 나온 '오타니 컬렉션'은 우리에게 또 다른 의미에서 해결해야 할 문제이다. 한국이 만약 일본에 대해 세계 보편주의적 관점에서 문화재 반환 문제를 제기한다면, 한국 역시 '오타니 컬렉션' 문제에 대해 또 다른 해법을 가져야 할 것이다.

---

[60] 문화재청, 2007.12,「주요국가의 문화재 반환 정책 및 사례연구(이탈리아)」,『불법 문화재 반환 국제사례 및 추진전략 연구 최종보고서』, 문화재청, 201-205쪽.

【참고문헌】

국민대학교 일본학연구소, 2008.5, 『한일회담 외교문서 해제집 I』, 동북아역사재단.
김소운, 1995 「국제법체계하에서 문화재의 반환과 복귀를 위한 원칙과 조건 및 수단에 관한 연구」, 『동의법정』 제11집, 동의대학교 지역사회개발연구원.
김형만, 2005, 「문화재반환에 관한 국제법적 고찰」, 문화재청 편, 『한일협정 반환문화재 자료집』.
문화재청, 2005, 『한일협정 외교문서 문화재 자료집 I』, 문화재청.
이보아, 1999, 「문화재의 원산국으로의 반환에 대한 고찰」, 『비교문화연구』 5집, 서울대학교 비교문화연구소.
정규홍, 2005, 『우리 문화재의 수난사』, 학연문화사.
조부근, 2004, 『잃어버린 우리 문화재를 찾아서』, 민속원.

伊藤孝司, 2008, 「韓國・北朝鮮からの文化財返還要求をどのように受け止めるか」, 『世界』 2008.2.
矢島国雄, 2004, 「植民地と博物館」, 『植民地主義と歴史学』, 刀水書房.
高崎宗司, 1986.10, 「日韓会談における文化財返還交渉について」, 『朝鮮史研究会論文集』 제23집, 조선사연구회.
梅原末治, 1969, 「日韓併合の期間に行なわれた半島の古蹟調査と保存事業にたずさわった一考古学徒の回想録」, 『朝鮮學報』 51집.
藤田亮策, 1951, 「朝鮮古文化財の保存」, 『朝鮮学報』 제1집, 조선학회.
_____, 1963, 「朝鮮古蹟調査」, 『朝鮮學論考』, 藤田先生記念事業會.

제5부

어업교섭과 해양질서의 재편

'평화선'과 한일어업협상*
이승만정권기의 해양질서를 둘러싼 한일 간의 마찰

조윤수**

I. 머리말

본 연구의 목적은 1965년 한일국교정상화 교섭 중 한일어업협상에서 가장 큰 핵심 쟁점 사항이었던 '평화선(대한민국 인접해양의 주권에 대한 대통령의 선언)'[1]이 선포되기까지의 과정을 분석하는 데 있다. 잘 알려진 바와 같이 한일어업협상의 타결에서 가장 큰 장애요소는 이른바 '평화선' 문제였다. 한일국교정상화 교섭에서는 청구권 문제, 기본관계, 법적지위, 문화재, 어업 및 평화선 문제가 패키지 협상의 형태로 다루어졌다. '어업 및 평화선 문제' 이외의 이슈는 '과거 청산'의 문제와 깊게 관련이 되어 있는 반면 어업교섭 문제는 '과거 청산'의 문제이기보다는 미래의 한일관계를 규

---

* 본고는 『일본연구논총』 제28호(2008)에 게재된 논문임을 밝혀둔다.
** 동북아역사재단
1) 한국에서 불려지는 '평화선'은 일본에서는 '이승만 라인'으로 통용되는 것이 일반적이나, 이 논문에서는 그 의미에 따라 '평화선'과 '대한민국 인접 해양의 주권에 대한 대통령의 선언(해양주권선언)'을 동시에 사용하기로 한다.

정하는 문제로서 양국의 정치적 문제뿐만이 아니라 경제적 이익이 함께 걸려 있는 중요한 문제였다.

본 연구에서는 한국정부의 외교문서의 분석을 통하여 한국정부의 평화선 선포의 배경과 선언하기까지의 정치 과정을 분석해 본다.

기존 연구를 분석하여 볼 때 평화선에 관한 연구는 크게 두 가지로 분류할 수 있다. 첫 번째는 대일 협상을 유리하게 진행하기 위한 일종의 협상 카드였다는 주장이다. 이 주장은 한국정부의 '평화선' 선포는 그 포기를 처음부터 가정하고 있었고 그 대가로서 청구권 협상 등에서 일본의 양보를 얻기 위한 것이었다는 주장이다. 이러한 주장은 당시 협상자였던 김동조 씨의 회고록에 근거한 것으로서 이원덕(1994), 이종원(1996) 등이 있다. 두 번째는 '평화선'은 한국이 어장을 단독으로 확보하기 위한 조치였다는 설명이다. 즉 자국의 어업자원 보호와 어장을 독점적으로 확보하기 위하여 선포된 것이라는 설명으로서 후지이 켄지(藤井賢二)(2006)의 주장이다. 그는 한국정부에 의해 공개된 한일국교정상화 교섭의 기록을 이용하여 한국정부의 '평화선' 선언의 과정을 분석하였다.

본 논문에서는 위의 두 가지 기존 연구를 보완 혹은 재검토 하여 새롭게 평화선에 대한 성격을 규명해보고자 한다.

II. 해양 질서를 둘러싼 한일 간의 마찰

옛날부터 조선 근해의 어장은 자원이 매우 풍부한 어장 중의 한 곳이었다. 메이지유신 이후 서일본 연안의 영세 어민은 조선 근해에까지 진출하여 조업하였으나 이것은 조선과의 협정이 존재하지 않은 상황에서의 조업이었기 때문에 불법적인 것이었다.[2] 조선 연안에서 일본 어민의 조업이 합

---

2) 岡本信男, 1985, 『近代漁業発達史』, 水産社, 87-88쪽. 메이지시대 이전, 일본 어민의 남획으로 인하여 일본 근해의 어장이 심각하게 황폐해졌고 이것을 심각하게 생각한 각 번(藩)은 어업 활동에 엄격한 규제를 두었다. 이러한 엄격한 규제에 의해 일본 연안에서의 어업 활동이 제한되자 서일본의 영세 어민은 조선 근해로 더

법적 근거를 갖게 된 것은 1876년의 「조일수호조규(강화도조약)」과 1889년의 「선일무역규제(鮮日貿易規制)」에 근거한다. 특히 이「선일무역규제」에 의해 일본 어민은 면허 취득만 하면 조선 연안 3해리 이내의 수역에서도 어업 활동이 가능하였기 때문에 조선 근해는 조선 어민의 어선보다 기술력이 월등한 일본 어선이 무리를 지어 조업을 했다. 일본의 수산회사들은 불평등한 조약을 이용하여 한일합방 이전부터 이미 조선 연안의 어장을 장악하였다. 이와 같은 배경에서 한국인들에게는 일본의 한국 침략이 언제나 바다로부터 시작되었다는 역사적 경험이 기억되고 있었다. 대한제국을 강제 병합 이후에는 훨씬 더 적극적으로 일본 어민이 조선 연안에서 조업하였다. 일본정부에 의해 '조선통어조업조합(朝鮮通漁操業組合)'이 부산에 설치되었으며, 1930년대 최고의 성어기시기에 조선근해 어장에서의 어획총액은 당시 금액으로서 백 수십 만 엔에 이르렀다.[3] 어획의 총액이 증가하면 증가할수록 일본 어민의 조업으로 인해 조선 근해는 점점 어업자원이 황폐화되어 가는 한편, 당시 일본인이 경영하고 있는 수산 기업들은 점점 융성해져 갔다. 이와 같은 사실은 해방 이후, 조선의 정책 결정자뿐만이 아니라 일반 국민 사이에서도 일본에 대한 강한 거부감으로 작용하고 있었다. 일본으로부터 독립한 1945년 당시 조선의 산업 구조를 볼 때 주요 산업은 제1차 산업이었으며 조선의 산업 중에 유일의 수출 산업은 어업 분야였다. 이러한 면에서 볼 때 해방 후 조선이 수산업에 대하여 관심을 갖는 것은 당연한 이치라고 볼 수 있다. 미 국무성의 문서에도 1945년 해방 후, 조선의 수산업은 외화획득의 수출 산업에 있어서 가장 중요한 산업임을 지적하고 있다.[4]

1945년 이후, 한일 간의 어업 문제에 대한 대립은 일본의 '맥아더라인' 확장과 한국의 확장 반대에 기인한다. 한국이 일본의 '맥아더라인' 확장 반대에 매우 날카롭게 반응하는 이유는 위에 설명한 것과 같이 전전(戰前)부터 식민지시기에 이르기까지 일본의 어업정책에 기인한다고 말할 수 있다.

욱 진출하게 되었다.
3) 岡本信男, 1965, 『近代漁業発達史』, 水産社, 91쪽.
4) "Fisheries, 1947-1949", RG 59, File 895, FRUS 1947-1949.

1945년 8월 20일 연합군최고사령부(GHQ)는 군사적 조치의 일환으로서 어선을 포함하여 일본의 모든 선박의 항행을 전면적으로 금지시켰다. 따라서 이러한 조치는 트롤어업, 참치 원양어업, 포경선뿐만 아니라 근해어업도 인정하지 않는다는 매우 엄격한 조치였다. 일본은 패전 이후, 극도의 식량부족을 경험하고 있었고 이러한 식량부족을 해결하기 위하여 어선의 조업허가를 GHQ에 요청하였다. 그 결과 9월 14일의 각서에 의하여 일본 연안에서부터 12해리 이내의 수역에서 목조 어선에 한해 조업의 허가가 이루어졌고 1945년 9월 27일 각서 제80호에 의하여 이른바, '맥아더라인'이 설정되고 원양어업의 일부가 처음으로 허가되었다.5) 맥아더 라인은 일본의 어업활동을 제약하는 조치이기도 했지만 동시에 '맥아더라인'은 전후 일본의 원양어업 부활의 초석이 되기도 하였다. 2차 세계대전 직전의 일본의 어장은 러시아 근해, 타이완, 조선반도, 남빙양군도까지 매우 넓은 범위였으나 전후 일본의 패전으로 인하여 이러한 어장을 대부분 상실하였고 또한 해외각지에 흩어져 있던 해군이 귀환함으로써 이들의 취업 또한 매우 곤란한 사회 문제로 대두되었다.

원양 어업의 일부를 허가하는 '맥아더라인'이 설정된 이후에도 일본은 식량부족을 이유로 '맥아더라인'의 확장을 계속 GHQ에 요구하였다. 최초의 '맥아더라인'의 확장은 1945년 11월 30일에 이루어졌다.6) 어구의 확장으로 인하여 100톤 미만의 일본 어선은 확정된 수역 안에서는 자유로운 조업이 가능해 졌으며, 일본인의 단백질 부족을 충족하기 위하여 조건부 허가에 의하여 오가사와라제도(小笠原諸島) 부근의 포경업이 허가되었다.7) 당시 일본은 동지나해의 일부와 남태평양의 수역도 확장을 요청했으나 이 수역

---

5) 1945년 9월 27일 GHQ의 문서 SCAPIN(Supreme Commander for the Allied Powers Instruction Note) 제80호 '일본의 어업 및 포경업이 허가된 구역에 관한 각서'에 의하여 정해진 일본 어선의 활동가능 구역이 정해졌다. '맥아더라인'이란 명칭은 이 지령을 명령한 GHQ 최고사령관인 더글러스 맥아더(Douglas MacArthur)의 이름으로부터 유래하였다.
6) 점령기 일본의 수산정책과 맥아더라인의 확장에 대해서는 水産庁50年史編纂委員会, 1998, 『水産庁50年史』, 水産庁50年史刊行委員会를 참조.
7) 위의 책, 62쪽.

은 GHQ가 받아들이지 않았다. 제2차 '맥아더라인'의 확장은 1946년 6월 22일에 이루어졌다. 6월 22일의 각서(SCAPIN 제1033호)에 의하여 동지나해의 조업 수역은 약 두 배 정도로 확대되었다.8) 1946년 6월 개최된 대일이사회에서 애치슨(Dean Acheson)의원의 발언이 매우 큰 영향력으로 작용하였다.9) 그는 '식량부족에 의하여 동경, 요코하마 지역에서만 1945년 11월 이후 1,200명에서 1,300명이 사망, 1946년 5월에는 267명이 사망하였다'고 설명하였고 당시 일본의 어구 확장에 반대하였던 소련 대표단도 더 이상 반대할 만한 명분을 얻지 못하였고, 결국 일본의 어구 확장계획안을 받아들였다. 이러한 확장에 의하여 이서저인망어업, 오가사와라제도 부근에서의 가다랑어, 참치의 조업과 포경업 등이 재개 되었으며 이로서 남태평양 방면에 500척, 중량으로는 5만 톤 규모 어선의 조업이 가능해졌다. 특히 그동안 불가능했던 쓰시마 서측 연안 수역의 출어도 가능하게 되었다. 그러나 제2차 세계대전이 발생하기 전 일본의 어업이 세계 제1위였다는 것을 기억하는 일본정부와 어업관련자들은 제2차 확장에 대해서 만족할 수 없었다. 특히 일본정부가 관심을 가지고 있던 동지나해와 황해의 어장 확장이 일부 제외되었다. 이 지역이 제외됨으로써 일본의 어업 관계자는 황해 수역의 확장이 불충분하다고 일본정부에 불만을 표현하였고 일본정부는 계속해서 GHQ에 수역 확장을 요청하였다.

  1945년 이전까지의 일본의 어업 현황을 살펴 볼 때 조선 근해어장 즉 동해와 황해 어장의 어업은 최고로 기술이 발전된 융성기였다. 특히 이 수역은 서일본 수산업자들에게 있어서는 전갱이, 고등어 등의 저인망 어업과 트롤 어업에 매우 좋은 최고의 어장이었다.10) 전전에는 약 300톤 규모의 트롤 어선과 90톤부터 515톤 규모의 저인망 어선이 출어하였던 점을 볼 때 서일본 지역의 어민으로서는 결코 잃어버릴 수 없는 어장이었다. 그러나 무분별한 어업 활동으로 인하여 점점 조선근해의 어업자원이 고갈되어가자 이를 우려한 조선총독부는 1930년 조선 주변의 수역에 '트롤 어업금지

---

8) 위의 책, 63쪽.
9) 岡本達明, 1978, 『近代民衆の記録-漁民』, 新人物往来社.
10) 和田正明, 1972, 『日韓漁業の親発足』, 水產経済新聞社, 35-37쪽.

구역'을 설정하였다. 전후 일본의 트롤 어업구역은 동해·황해로 한정되었기 때문에 한국 어민과의 충돌이 빈번하게 발생했다.

당시 남한정부는 일본의 트롤 어선에 의한 조선 연안 어장에서의 자원 고갈을 심각하게 우려하였다.11) 특히 2차 '맥아더라인'의 확장은 일본 수산업의 부활의 초석이 되었다. 이것을 계기로 수량으로서는 500척, 그리고 중량으로서는 5만 톤 정도의 어선의 출어가 재개되었고, 이서저인망어업, 오가사와라(小笠原) 주변의 가다랑어, 참치 어업, 그리고 계속하여 포경업과 같은 원양 어업이 부활하였다. 당시 매우 강력하게 어구의 확장을 주장했던 단체는 "일본원양저인망 어업협회"였다. 특히 이들은 끊임없이 자국 국민의 단백질 부족을 이유로 동지나해·황해주변의 어장 확대를 일본정부에 요청하였고 미국 어업사절단의 방일 중에도 이 문제를 계속 거론하였다. 그러나 비단 어업단체들뿐만이 아니라 이케다 하야토(池田勇人)대장성 대신과 같은 정부 관계자 및 경제 관계자들 특히 경단련(経団連)도 일본의 어구확장에 대하여 적극적으로 활동하여 미국 측을 설득하였다.12) 이와 같은 적극적인 활동으로 1949년 9월 19일 GHQ 각서(SCAPIN 제2046호)에 의하여 2차 어업 확장 이후 3년 만에 제3차 어업구역의 확대가 실현되었다. 그 결과 태평양 지역의 수역이 확장되어 전전 참치원양 어선이 활동하였던 지역까지 진출하는 것이 가능하게 되었으며 1950년 5월 11일의 GHQ 각서(SCPIN 제2097호)에 의하면 '맥아더라인'의 남쪽 한계선부터 적도에 이르기까지의 수역면적 227만 해리 안에서의 모선식 참치어업의 조업도 예외적으로 허가되었다.

위와 같이 볼 때 점령기 일본어업의 재건은 '맥아더라인'의 확장과 동시에 이루어졌다. 전전의 연간어획량 최고 기록은 소화11년(1936)의 433만 톤이었으나 소화27년(1952)의 연간어획량은 이것을 초과한 482만 톤에 달하였으며 이것으로서 전전의 세계 제1위의 수산국으로서의 지위를 회복할 수 있는 발판을 마련, 명실상부한 세계 최대 규모의 수산국으로 다시 성장하게 되었다.13)

---

11) 지철근, 1979, 『평화선』, 범문사, 88쪽.
12) 農林大臣官房総務課 編, 1957-1976, 『農林行政史』 第8卷을 참조.

이와 같은 일본의 눈부신 수산업의 재개는 한국뿐만이 아니라 미국 측도 위협적으로 인식하였다.14) 특히 미국은 샌프란시스코 강화조약체결 이전인 1951년 2월 7일자 「요시다·덜레스의 교환서간」에 의하여 일본 어업에 제한을 두게 되는데 위의 서간에는 '일본정부는 어장의 남획으로부터 어족을 보호하기 위하여 국제적 혹은 국내적 법에 의해서 보존된 어장 또는 일본 어선이 1940년 이전까지 일본이 조업하지 않았던 어장에 대해서는 일본선박에 의한 조업을 금지한다'라는 내용이 적혀져 있었다. 이러한 어장 중에는 태평양 동부와 베링해가 포함되어 있었는데 이 어장은 연어, 송어, 넙치, 청어 등 일본인이 좋아하는 어종이 풍부한 어장이었다. 따라서 요시다 서간에서 언급한 위의 어장에 대해서는 이른바 '자발적 억지(abstain)'의 원칙이 정해지게 된 것이다.

한편 같은 시기 즉 1945년 이후부터 '맥아더라인'의 3차 확장이 이루어진 시기 남한 전역에서는 '맥아더라인'을 넘어서 조업하는 일본 어선을 규탄하는 집회가 곳곳에서 발생하였으며 한국정부 또한 '맥아더라인'을 넘어서 조업하는 일본 어선에 대한 조치를 취할 것을 미군정에 요청하였다.

1945년 해방 이후 한국의 어업은 매우 후진적이었다. 대부분의 어업이 연안어업 중심이었다. 현재의 감각으로 생각한다면 근해어업에 해당하겠지만 한국 최초의 원양어업은 1948년 2월 28일 부산을 출항한 '원양어업개척단'이라는 이름을 내건 24척의 기선저인망어선이 제주도 서측 70해리의 수역에서 조업한 것이 한국 최초의 원양 어업이었다.15) 당시 한국은 연안어업에서 원양 어업으로 어업산업을 발전·전환시키려는 시점에 있었다. 일본에 비하여 어업 기술이 현저하게 떨어지는 한국으로서는 일본의 '맥아더라인' 확장에 상당한 불쾌감과 우려를 GHQ에 표현하였다. 특히 제주도 부근의 연안과 남서해 어장에서 한국 어민들과 일본 어민들과의 마찰이 빈

---

13) 和田正明, 앞의 책, 29쪽. 1945년 일본의 어획량은 182만 톤, 1946년 204만 톤 1947년에는 212만 톤, 1950년 337만 톤, 1952년에는 482만 톤이었다.
14) 전전 미국의 알래스카 연안에서 일본의 불법 조업이 이루어졌다는 점, 전쟁 중 오토세이 보호 국제조약을 일본이 일방적으로 파기 시켰다는 점을 상기시켜 보았을 때 일본의 어업정책은 미국에 대해서도 매우 공격적이었기 때문이다.
15) 지철근, 앞의 책, 69쪽.

번히 발생하였다. 당시 한국의 분위기는 일본 어선이 한국 연안에 출현하는 것은 비단 어업의 문제뿐만이 아니라 한국을 재침략 하려고 하는 의도에서 비롯되는 것이라며 매우 비난하는 분위기가 조성되어 있었다. 조선이 일본으로부터 독립했음에도 불구하고 불과 몇 년 전까지 매우 활발하게 조업 활동을 했던 일본 어민으로서는 이미 한국의 영해가 되었다는 인식의 전환이 아직 이루어지지 않았다고 볼 수 있다. 따라서 한국정부의 '맥아더라인' 확장 반대는 이러한 배경하에서 본다면 먼저 한국과 일본의 어업 문제, 그리고 구 종주국이었던 일본이 결국 다시 바다를 통해서 재침략 하지 않을까, 하는 우려와 공포감이 동시에 내포되어 있었다고 볼 수 있다.

1948년부터 1949년 한국외교부가 GHQ앞으로 보낸 서간의 내용도 이를 잘 뒷받침해준다. '맥아더라인' 확장에 반대하는 이유는 두 가지였다. 첫 번째는 경제적인 관점에서 '맥아더라인'은 한국 수산업 발전의 생명선이며 일본 어민에 의해 이미 일부의 어종이 고갈되었으므로 일본이 '맥아더라인'을 넘어 조업하는 것은 결코 인정할 수 없다는 것이었다. 당시 '맥아더라인'을 넘어 한국 연안까지 침입하여 조업이 잦아지자 재조선미군정 군장관은 「MGAGR546호」에 의하여 '맥아더라인'을 침범하여 조업하는 일본인 어선을 나포할 것을 지령하였다.16) 그러나 일본의 항의에 의해서 1948년 7월 28일 재조선미군정은 「MG JOS」546」을 발령하여 '맥아더라인'을 침범하는 일본 어선의 나포 지령을 취소하고 이 라인을 침범하는 일본 어선을 발견할 때에는 재조선미군정에 보고하는 방침으로 전환시켰다.17) 두 번째는 국방상의 관점에서 보았을 때 일본의 원양어업은 일본의 재무장을 촉진시킨다는 견해였다. 당시 일본정부는 일본으로 복귀한 해군장교 및 병사의 대부분을 수산교육기관에 편입시켰기 때문에 한국은 이와 같은 일본의 조치를 재무장의 움직임으로서 판단하였다.

그러나 이와 같은 한국의 비난에도 불구하고 미국은 일본이 주장하는 '맥아더라인'의 확장을 인정해주었고 한국은 일본 어선에 대한 조치와 관련

---

16) 외교안보연구원, 「한국측의 어업보호 정책: 평화선 선포, 1945-52」, 2005, 743.4,1942-52. 458, 프레임 번호 1145.

17) 외교안보연구원, 2005,743.4,1942-52.458, 프레임 번호 1147.

국내적으로 긴급한 대책이 요구되었다. 무엇보다도 한국정부로서는 미군정이 패전국인 일본에 대하여 관대한 조치를 취하고 있는 것 특히 한국 연안에 침입하여 조업하는 일본 어선에 대하여 어떠한 조치도 취하지 않은 것 자체가 매우 불안한 것이었고 국내적으로 자구책을 마련하는 계기가 되었다.

III. 평화선 선포의 과정

1947년부터 1951년 4월 8일까지 '맥아더라인'을 넘어 남한 연안 부근에 출현한 공식적인 일본 어선 수는 1947년 9척, 1948년 19척, 1949년 9척, 1951년 37척에 이른다.[18] 그러나 집계되지 않은 어선 수도 있으므로 일본 어선 수는 그보다 훨씬 더 많다고 볼 수 있다. 그렇기 때문에 1950년 한국 전쟁 발발 이후에는 한국 연안에서 일본 어선을 감시하는 것은 훨씬 더 어려워졌다. 특히 한국 전쟁의 기간 동안 일본 어선이 침입하여 조업하는 빈도수는 훨씬 더 증가 하였다. 당시 한국 남서해안에는 한국 어민이 아니라 일본 어민이 무리를 지어서 조업하였다.[19] 이로 인해 한국이 전쟁 중이었음에도 불구하고 수산인 총궐기 대회가 전국 각지에서 개최되었고 36년간의 일제 식민지배에서 비롯된 일본에 대한 혐오감과 반일 감정은 더욱 확산되었다. 당시 남한 연안에서는 한국 어선보다 기술이 월등히 좋은 소수의 일본 어선이 훨씬 많은 어획고를 올렸고 전쟁 중에 유일한 수출 산업인 어업이 또다시 일본에 의해 유린, 강탈당하고 있다고 국내 매스컴은 보도했다.[20]

그 결과 한국정부는 한국 연안에서 일본 어업자들에 의한 불법 조업에 대한 대책 마련을 하게 된다. 한국 국회에서는 일본의 '맥아더라인' 확장에 반대하는 결의가 1951년 2월 24일 채택되었다.[21] 한국정부는 자국의 수산

---

[18] 외교안보연구원, 2005,743.4,1942-52.458, 프레임 번호 1147.
[19] 지철근, 앞의 책, 106쪽.
[20] 『조선일보』, 1951.3.10.

업의 육성과 근해의 자원 보호를 위하여 일본에 강력 대응하겠다는 방침을 세운다. 이승만 대통령은 한국 전쟁 중이었음에도 일본 어민의 출현을 염두해 두고 '맥아더라인'을 넘는 외국 어선의 나포를 손원일 해군 참모총장에게 명했다.[22]

대일 어업정책에 있어서 한국이 취한 정책은 두 가지였다. 첫째는 강화조약 후 '맥아더라인'의 유지를 주일 대사관을 통하여 SCAP에 요청하거나 혹은 미국정부에 직접 요청 하는 것인데 이 경우에는 주로 주미대사관을 통하여 이루어졌다. 둘째는 '맥아더라인'이 폐지되는 것을 전제로 하였을 때 국내적으로 이에 대한 준비를 철저히 하는 것이었다. 한국의 주일 대표부는 주로 두 번째 정책을 기초로 하여 본국의 외무부에 보고를 하였고 주미 대사관은 샌프란시스코에 초대받지 못하더라도 '맥아더라인'의 유지가 왜 필요한지에 대하여 미국정부를 설득하는 역할을 담당했다.

샌프란시스코 강화조약에 관한 일본과 연합국 간의 정세 보고는 주로 주일 대표부에서 이루어졌다. 대일 어업 문제에 있어서 주일 대표부의 관심은 '관할권'에 있었다. 왜냐하면 한국의 영해선 3해리로부터 어업관할권을 어떻게 확장해야 하는가가 주요 문제였기 때문이다.

한국정부가 독자적으로 어업정책을 준비해야 한다는 보고를 주일 대표부가 하게 된 결정적인 이유는 미국 때문이었다. 미국 또한 '맥아더라인' 폐지를 기정사실화하여 일본과의 어업교섭을 준비하고 있었기 때문이다. 1951년 2월 26일 한국의 주일대표 공사 김용주가 외무부 장관에 보낸 보고에 의하면 요시다 · 덜레스 서간에 '맥아더라인'에 대한 어떤 이야기도 존재하지 않는다는 것, 그리고 강화조약체결 후에 일본의 어업을 규제하였던 '맥아더라인'을 폐지할 가능성이 매우 높다는 것을 지적하였다.[23] 또한 1951년 4월 12일 김용주 주일 대표공사가 외무부 장관에 보낸 보고서 "대일어업에

---

21) 『조선일보』, 1951.4.25.
22) 유진오, 1993, 『한일회담 제1차회담을 회상하며』, 한국외교안보연구원, 29-30쪽. 그러나 경찰이 아닌 해군이 출동하여 나포 한다는 강경 수단은 일본정부의 반발뿐만 아니라 후에 한국군과 유엔군사이에서도 마찰을 일으키게 되었다.
23) 외교안보연구원, 2005.743.4,1942-52.458, 프레임 번호 1145.

관한 건"의 내용을 살펴보면「대일강화조약」의 초안에는 각 국이 개별적으로 일본과의 어업 협정을 체결 할 것이라고 보고하고 있었다. 또한 "맥아더라인이 폐지될 경우 국제법상 공해 자유원칙이 존재하고 있는 이상 일본 어선을 규제하는 것은 매우 곤란"하다고 지적하고 있다. 따라서 대일강화조약체결 이후 '맥아더라인'의 폐지에 따른 일본 어선의 조업 확대는 결국 한국 수산업을 위협할 것이라고 지적하면서 외무부에 다음과 같이 조언하였다.[24]

> 제1안: '맥아더라인'을 샌프란시스코 강화조약 이후에도 존속시키고 일본 어선의 '맥아더라인'의 월경을 방지한다.
> 제2안: 제1안이 불가능한 경우에는 '맥아더라인'의 존속을 유지시키고 일본어선 뿐만이 아니라 한국 어선도 그 라인을 침범해서 조언하지 않도록 한다.
> 제3안 :제2안이 받아들여지지 않는 경우에는 대한민국이 보호수역을 설정하고 공포하여 그것을 일본이 승인하도록 한다.
> 제4안: 제3안이 승인되지 않는 경우에는 양국이 상호 어업보호 수역을 설정하고 승인하도록 한다. 그때 한국은 특히 황해와 동지나해의 수역에서 일본 어선의 접근을 제한하도록 노력을 다한다.

주일대표부는 1952년 샌프란시스코 강화조약 이후 일본과의 어업 문제를 해결하기 위한 방법으로 일본과의 수산협정을 맺는 것이 절대 필요하다고 주장한다.

주일대표부의 정세보고를 기초로 하여 외무부가 본격적으로 대일 어업 정책의 검토를 개시한 것은 1951년 2월부터였고 당시 어업정책을 총괄하고 있었던 상공부, 그리고 법적인 문제들에 대한 고려를 위하여 법무부와의 협조하에 공동으로 작업하게 되었다. 한편 상공부는 특히 '맥아더라인'의 서쪽 부근 수역(동지나해·황해)에서의 수산자원의 보호 및 그 활용에 대하여 대일 협정을 체결 할 것을 외무부에 제안하고 또한 체결 준비를 위하

---

24) 외교안보연구원, 2005.743.4,1942-52.458, 프레임 번호 1324-1331.

여 각 부서에서 협력하여 위원회를 설립할 필요가 있음을 제안하였다.[25] 그 결과 1951년 4월 3일 대일어업협정 준비위원회가 정식으로 발족되었다. 위원장에는 김훈 상공부 장관이 취임하였고 위원으로는 조정환 외무부 차관, 정문기 중앙수산시험장소장, 황성수 국회의원 등이 포함되어 있었다.[26]

한국이 대일어업 협정을 준비하는데 필요한 참고 자료의 수집 또한 주로 주일대표부에 의해서 이루어졌다. 「미·일·캐나다의 어업협정」, 「공해상(上)의 어업에 관한 미국의 정책(United States Policy on High Seas fisheries)」 등의 자료로서, 이 자료들은 당시 국제법상 해안선으로부터 3해리까지의 영해로부터 '맥아더라인'까지의 영해를 어떻게 확보하느냐 하는 것이 목표였기 때문에 그 근거를 마련하기 위한 기초 자료로서 사용되었다. 특히「미·일·캐나다 어업 협정 초안」에 따르면 일본만 특정 어장에 있어서 '자발적 억지(abstain)'의 규정이 있어 이른바 '공해 자유의 원칙'을 제한하는 내용이 포함되어 있었기 때문에 한국은 '맥아더라인'까지 한국이 관할권을 주장하는데 좋은 자료가 된다고 분석하였다.

1951년 5월 10일 주일대표부가 작성한 보고서[27]의 「영해선이외의 어업보호관할권」의 부분에서는 "어업보호관할권의 성격 및 그 해답에 대한 서간"에 "보호 관할권"에 관한 각국의 입법, "대한민국 어업보호관할권의 법적 근거" 등이 서술되어 있었다. 그 내용은 영해선으로부터 더 확장된 해역을 관할권으로 행사하기 위해서는 보호하려는 어장에 대하여 그 어장과 관련된 국가와의 협의가 있어야 한다는 것이다. 즉 부족한 자원을 보호하려는 목적이 있을 때는 '관할권' 설정이 가능하다고 설명하면서 그 예로 영국과 미국이 취한 「단종어업 보호관할권」을 제시하였다. 주일대표부는 '맥아더라인'을 유지시키기 위한 정책으로서 일본 어선에 의한 '맥아더라인'의 월경과 일제 식민지시대 한국 연안에서의 무분별한 트롤 어업이 어업자원을 고갈시켰으며 그 결과 한국 수산업 발전이 저해되었으므로 한국 연안의 어업을 보호하기 위해서는 근해에 이르기까지 '보호관할권'의 설치가 필요

---

25) 외교안보연구원, 2005,743.4,1942-52.458, 프레임 번호 1113-1131.
26) 외교안보연구원, 2005,743.4,1942-52.458, 프레임 번호 1178.
27) 외교안보연구원, 2005,743.4,1942-52.458, 프레임 번호 1356-1360.

하다고 주장하였다.

  이와 같은 주일 대표부의 보고에 근거하여 외무부의 주도하에 '보호관할권'에 대한 조사가 본격적으로 실시되었다. 먼저 외무부는 '영해선이외에 관할권이 적용하는 거리와 구역'에 대해서는 상공부와 법무부에게 협력을 요청했다. 이에 상공부 장관은 1951년 6월 16일 '도미류 등 보호어종'에 관해서 '보호지정'이 가능하다는 것과 '트롤어업 금지구역'에 대한 '보호관할권'의 설정을 제안하였다. 상공부가 제안한 「어업보호 관할권안」은 1929년 12월 조선총독부가 조선근해에서 일본 어선들의 무차별한 남획에 자원이 극도로 감소하자 이것을 방지하기 위하여 일부 구역에 어업 금지구역을 지정하였는데 이 안을 기초로 작성한 안이었다.[28] 당시 상공부가 제출한 안은 동쪽은 한반도 최북단의 우암령과 울릉도와 독도 사이 그리고 제주도의 남서쪽 해안을 연결하였고 서쪽은 신의주와 백령도 서쪽 연안 부근 그리고 소흑산도를 연결하는 선이었다.

  1951년 8월 25일 임시 국무회의실에서 대일 어업회의가 개최되었다. 출석자는 김동조 외무부 정무국장과 최단일 상공부장관, 박종식 상공부어정과장, 지철근 상공부 어로과장, 이병호 법무부 과장, 그리고 해군 관계자였다. 회의의 주요 내용은[29] '맥아더라인'의 폐지가 예상된다면 첫째 일본의 저인망 어선의 조업이 가까운 한국 근해의 어장에서 이루어질 것이며 그렇게 된다면 한국 연안 어업의 자원의 고갈이 예상된다. 둘째, 한일 간의 어업문제에 관하여 한국은 '보호선 제정'을 강화조약체결 이전에 실시한다. 이것의 목적은 한일 간의 평화유지가 그 목적이며 한국이 보호하려는 어종은 민어와 전쟁이류의 어종이며 주로 '맥아더라인' 부근에 무리를 지어 있기 때문에 한국의 황해어장까지 자원을 보호하기 위하여 '보호선'을 확장할 수밖에 없었다. 이 선의 근거는 다섯 가지가 있는데, 첫째는 1949년 1월 16일 공포된 미국의 "공해어장에 관한 미국의 정책" 중 「트루만 선언」으로서 트루만 대통령이 "필요하다면, 어장보호를 위해서 미국은 종래의 영해를 벗어나서 공해를 200해리까지 확장 한다"는 내용이었고 제2의 근거는 1930년

---

[28] 외교안보연구원, 2005,743.4,1942-52.458, 프레임 번호 1356-1360.
[29] 외교안보연구원, 2005,743.4,1942-52.458, 프레임 번호 1402-1416.

7월 26일 '미·캐나다 어업협정', 제3의 근거는 1946년 12월 2일 '국제조업에 서의 단속', 제4의 근거는 1949년 2월 8일 '북대서양어업에 관한 국제조약', 제5의 근거는 '남미 국가들의 선언'이었다. 그리고 세 번째로 일본과의 어업협상은 반드시 '샌프란시스코 강화조약' 체결 직전에 교섭을 개시한다는 것이다.

회의의 결과 어업의 보호를 목적으로 한 '보호선 제정'이 결의되었음을 1951년 8월 29일 외무부는 주일대표부에 통지하였다.30) 상공부가 제시한 어업 수역보다 동쪽의 수역이 확장되었는데 그것은 울릉도와 독도 사이에 그어진 선이 확장되어 독도를 포함하는 선으로 바뀌었다.31)

한국 외무부는 1951년 9월 8일 샌프란시스코 강화조약 이후 폐지되는 '맥아더라인'을 대체하기 위하여 그 이전에 '보호선'을 제정하고자 하였다. 1951년 9월 7일 국무회의에서는 불가결하게 한국영해에 인접한 공해 어장의 보호를 위하여 '보호관할선 및 보호관할권'의 설정이 필요하고 동시에 한일 간의 어업협정 체결을 추진하기로 한다는 회의 내용을 이승만 대통령에게 보고하였다.32) 그러나 이승만 대통령은 국무회의에서 결의된 '어업보호선' 안에 대하여 유보적인 태도를 취하였다. 당시의 국제법을 고려하여 볼 때 국회에서 결의된 "어업보호수역안"은 일본뿐만이 아니라 많은 국가들의 반발을 초래할 것이라고 이승만 대통령은 예상했고 특히 '맥아더라인'이 존재하고 있음에도 불구하고 한국이 "어업보호수역안"을 새롭게 설정하는 것은 대미 관계에도 악영향을 미칠 것이라고 생각하였다.33) 김동조

---

30) 외교안보연구원, 2005,743.4,1942-52.458, 프레임 번호 1417-1430.
31) 지철근, 앞의 책, 68-69쪽. 지철근 씨에 의하면 독도는 해방 이후부터 한일 간의 영유권 분쟁의 대상지였기 때문에 한일 간의 분쟁을 고려하여 독도가 틀림없는 한국 영토임에도 불구하고 만일 「보호선 제정」에서 선외로 벗어나면 한국 영토가 아니라는 그릇된 인식을 줄지 모른다는 판단 아래 변영태 외무장관이 포함 시켰다고 한다.
32) 외교안보연구원, 2005,743.4,1942-52.458, 프레임 번호 1458-1493. 이승만 대통령에게는 공해상의 어업 보호 수역과 관련해서 그동안 주일대표부를 통해서 수집한 트루만선언, 중남미의 선언 등을 함께 보고하여 대한민국의 연안부근의 공해에 대해서도 어업 보호를 강화할 필요가 있음을 설명하면서 이러한 한국의 보호선의 설정이 앞으로 있을 일본과의 어업 협정에서 유리하게 작용될 것이라고 설명했다.

씨의 회고록을 보면 이승만 대통령은 샌프란시스코 강화조약 이후에도 '맥아더라인'이 유지될 수 있도록 협상을 통해 미국을 설득하는 것이 최선의 방침이라고 생각했다고 서술하고 있다.34) 미국은 1951년 4월 9일 GHQ의 회답을 통하여 '맥아더라인'이 영해와 공해를 구분하는 선이 아니며, 한일 간의 어업 경계선도 아님을 분명하게 밝혔다.35) 그러나 끝까지 이승만은 미국과 협상하는 것을 포기하지 않고 한국의 주미대사를 통하여 미 국무성과 상원의 외교위원회를 설득하라고 지시하였다.36) 설득의 구체적인 이유로서 이승만은 첫째 맥아더 라인이 황해와 제주도 부근까지 확장 되면서 일본 어민이 때로는 한국 연안 가까이에까지 침입하여 조업하고 있는데 이것은 한국 수산업에 대한 침략 행위이며 둘째 일본인의 무분별한 남획에 의하여 황해에서 어종이 고갈될 위험 상태에 있어 반드시 해당 어장의 자원 보호가 필요하다는 것이었다. 그리고 세 번째는 한국이 공산주의와 전쟁상태에 있음에도 불구하고 자국의 식량난과 인근 국가의 어업 기술의 미숙함을 이유로 하여 '맥아더라인'을 넘어 한국 근해에까지 들어와 일본 어민이 조업을 하는 것은 피식민지배의 기억이 생생한 한국 어민의 불안감을 증폭시킨다는 것이었다. 그렇기 때문에 이와 같은 일본의 불법 조업은 동아시아 전체를 위협하는 국방상의 문제라고까지 언급하였다. 따라서 한국 수산업이 정상적인 상태로 복귀할 때까지 일본인의 황해 및 동지나해의 출입을 절대 금지해야 한다고 강력하게 주장하고 있다.37) 이러한 내용들은 비서실에서 준비하여 주미대사관, 주일 대사관, 그리고 직접 SCAP에도 전달되어 관련자들의 협력을 구했다.

　이와 같이 이승만 대통령은 국제적인 여론을 염두에 두고 국무회의에서 결의된 "어업보호수역안"에 대하여 매우 유보적인 태도를 취하는 한편 미

---

33) 유진오, 앞의 책, 137쪽.
34) 金東祚 著, 林 建彦 訳, 1993, 『韓日の和解-日韓交渉—四年の記録』, サイマル出版会, 10-13쪽.
35) 외교안보연구원, 2005,743.4,1942-52.458, 프레임 번호 1405.
36) 외교안보연구원, 2005,743.4,1942-52.458 ; "Foregin attairs(1951)", RG59, file 795, *FRUS* 1950-1954.
37) 외교안보연구원, 2005,743.4 1942-52.458, 프레임 번호 1252-1257.

국 측에 협조를 구한다면, '맥아더라인'을 계속 유지시킬 수 있으리라고 믿었다. 특히 그의 고문이었던 올리버(Robert .T. Oliver)는 한국의 "어업보호수역안"의 설정이 또 다른 한일 간의 마찰을 불러일으킬 것이고 국제적으로도 지지를 받지 못하여 국제적 고립을 초래할 가능성이 있다고 조언하였고 이승만 대통령은 이 조언을 진지하게 받아들였다. 그리고 한국이 불가피하게 어업 보호 설정을 선포해야 하는 경우에는 국제적 여론을 완화시키고 미국을 비롯한 우방국들이 강한 거부감을 갖지 않도록 한국정부가 노력해야 한다고 이승만 대통령에게 설명했다.38) 또한, 올리버는 국제 여론을 완화하고, 한국이 선포하게 될 "어업보호수역"에 대한 국제법적 근거를 준비하는 역할을 담당하게 되었다.39) 샌프란시스코 강화조약 이후 이승만정부가 취한 대일 어업정책은 9월의 "어업보호수역안"보다 훨씬 더 강력한 것으로서 단순한 어업자원 보호 문제뿐만이 아니라 '대륙붕의 해저광물자원의 보호 및 개발', '국방상의 문제' 등이 전부 포함되어 있었다. 이승만 대통령의 선언문은 주로 경무대에서 작성하였다. 당시 참고한 국제법의 내용은 「대륙붕에 관한 국제조약」과 외무부와 주일대표부가 수집한 '중남미 국가들의 선언', 그리고 '트루만 대통령의 선언' 등 수십 개의 국제 조약, 혹은 선언들을 분석하여 이루어졌다. 그리고 마침내 1952년 1월 중순 개최된 국무회의에서 대통령의 승인을 얻어 1952년 1월 18일 「인접해양에 관한 주권선언」으로 탄생되었다. 이때 한국의 획선을 살펴보면 동쪽으로는 여전히 독도를 포함하고 있고, 서쪽으로는 소흑산도 연안에서 제주도 부근을 사선으로 긋지 않고 북한의 신의주 부근에서 제주도 남서쪽을 향해 직선으로 획선하고 있다. 동지나해와 황해 부근을 훨씬 더 확장한 선이었다.

국회 결의 후 약 4개월 정도 지난 시점에서 이승만 대통령이 선언한 「인접해양에 관한 주권선언」은 어업자원 보호라는 자원보호, 안보, 국방차원

---

38) 지철근, 앞의 책, 126-129쪽.
39) 올리버는 당시의 국제 해양법자료 중 논란의 대상이 되고 있던 대륙붕에 관한 국제 조약 등을 조사하여 이승만 대통령에게 보고하였고 이승만 대통령은 평화선 선포 관련 상당부분의 아이디어를 이 자료를 통해서 얻었다. 한국국사편찬위원회,『대한민국자료집 28-37: 이승만 관계 서간자료집 1-10(1944-1965)』, 1996-1997, 한국사 데이터베이스 참조.

이 모두 포함되어 있는 강력한 것이었다.

'해양주권선언'은 상공부의 초안으로부터 외무부와 법무부 그리고 이승만 대통령의 경무대를 거치면서 매우 치밀한 자료조사와 분석에 의하여 재

〈표 1〉 평화선 선포 이후 한국정부의 조치(1952~1955)

년도	내용
1952년 1월 18일	한국정부「대한민국 인접 해양의 주권에 대한 대통령의 선언」을 선포
1952년 1월 19일	한국정부는 SCAP를 통하여 일본에 통고
1952년 1월 28일	일본 외무성은 이것을 불인하는 구상서를 한국정부에 송부
1952년 2월 4일	일본의 기선저인망 어선 大邦丸이 평화선을 침범하여 조업하다가 한국 경비정의 발포에 의해 선원 1인 사망
1952년 2월 11일	주한 미 대사가 한국의 선언의 불법성에 대하여 서간과 메모랜덤을 한국 외무장관에 전달
1952년 2월 13일	한국외무부가 주한 미 대사에 답변을 송부
1952년 4월 18일	한국정부는 일본 외무성이 보낸 1월 28일의 구상서에 대한 견해를 전달
1952년 6월 11일	주한 중화민국대사(대만)는 한국의 선언이 중화민국의 권리와 이해를 침해 하고 있다고 한국정부에 전달
1952년 6월 26일	한국의 외무부 차관은 중화민국정부에 한국이 선포한 것은 중화민국의 권리와 이해를 침해하지 않을 것이라는 의견을 전달
1952년 10월 4일	대통령 긴급명령 제12호로 '포획심판령'을 제정 공포하고 포획심판소 및 포획고등심판소를 개소
1953년 1월 12일	주한 영국공사는 한국의 선언을 인정할 수 없다는 서간을 송부
1953년 1월 28일	한국정부는 영국정부에게 '해양주권선언'은 필요성인 어업보호, 한일 간의 분쟁 방지라는 평화적인 목적에서 제정되었다는 내용의 설득서간을 보냄
1953년 9월 11일	한국정부관계자는 '해양주권선언'에서 설정한 보호선(線)을 '평화선'으로 공식 호칭
1953년 12월 12일	한국정부는「어업자원보호법(법령 298)」을 공포
1954년 5월 6일	한국정부는 일본정부에「어업보호법」을 통보

* 출처: 외교안보연구원,「한국의 어업자원보호법 공포에 관한 한·일간의 분쟁」743.41, 1953-1955. 460.

탄생되었다. 한국정부가 이와 같이 강력한 내용을 선언한 배경에는 두 가지의 이유를 들 수 있다. 첫째 무엇보다도 '맥아더라인'의 유지를 미국 측이 거부했다는 사실은 미국에 대한 불신으로 이어졌다. 둘째 일본의 협상 태도도 상당한 영향을 끼쳤다. 즉 일본 어민들의 한국 연안에의 빈번한 조업과 관련하여, 일본정부는 아직도 한국 연안을 일본의 관할권으로 생각하고 있었으며40) 특히 한일예비회담 직후, 귀국한 한국 협상자들은 예비회담에서 일본의 협상 태도가 매우 소극적이었다고 이승만에게 보고하였다. 어업 문제에 있어서도 일본 협상자들이 '맥아더라인'을 유지하는 것에 대하여 강하게 반대하였다는 사실, 일본과의 어업 협정을 체결할 때까지 시간이 상당히 걸릴 수 있다는 것, 그리고 협상에서 한국이 일본보다 유리한 입장을 취하는 것이 필요하고 그러기 위해서는 먼저 한국이 '한일어업보호수역'을 설정하는 것이 유리하다고 외무부 관계자들은 이승만 대통령을 설득하였다.41)

국가의 주권이 강대국에 의해 유린당한 경험이 있었던 이승만 대통령은 미국이 대한민국의 안보를 대신 지켜주지 않을 것이며, 일본 역시 여전히 제국주의적인 팽창적인 속성을 버리지 못한 국가이기 때문에 일본에 의한 자원수탈·영토 침입으로부터 속히 한국의 영토(영해)를 보호(주권 보호)해야 한다는 현실적인 위기감이 동시에 작용하여 '해양주권선언'을 선포하였다고 볼 수 있다.

---

40) 남기정, 2006, 「韓国民族主義の展開と日韓関係」, 『일본연구논총(日本語版)』 제24호, 223쪽. 한국전쟁 시기인 1950년 10월부터는 일본의 특별소해대가 한국 연안에 미군의 소해작업에 동원되었는데 당시 일본의 부대파견은 평화헌법하에 이루어진 해외 파견이었다. 그러나 이것이 평화헌법에 위배되는 조치가 아닌가 하는 시각에 대하여 요시다정권은 이 지역이 조선 해역이긴 하지만 종래 일본의 관할권이었기 때문에 소해대의 파견은 국내출동에 해당되며 따라서 문제가 없다고 해석했다. 이승만 대통령의 '해양주권선언'은 이러한 시대적 배경에서 나온 것이라고 남기정은 설명하고 있다.
41) 金東祚, 앞의 책, 93쪽.

Ⅳ. 한일회담에 미친 영향

한국의 '해양주권선언' 공포 이후 일본은 1952년 1월 28일 구상서(口上書)에서 한국의 조치는 '공해자유의 원칙'을 무시한 국제법 위반이며 그 선언에는 일본의 영토인 독도[일본명: 타케시마(竹島)]가 포함되어 있다고 강력히 비난하였다. 또한 선언문의 내용 중에 '이 경계선은 장래에 규명될 새로운 발견, 연구, 또는 권익의 출현에 인하여 발생하는 신 정세에 맞추어 수정할 수 있음을 겸하여 선언한다'라는 문구는 장래에 있을 한일어업회담을 염두에 둔 일종의 교섭카드가 아닌가 하는 의문을 한국에 제기하였다.[42] 한국이 선언한 '해양주권선언'은 일본뿐만 아니라, 미국, 영국, 캐나다의 국제정세연구기관 등으로부터 공해를 지배하려고 하는 것은 엄격한 국제법 위반이라는 많은 비난을 받았고 이에 다급해진 한국정부는 선포와 동시에 '해양주권선언'은 우방국들의 선박 통행을 제한하는 것은 아니라는 것을 발표하였고, 많은 시간을 들여 이 선언의 선포 배경을 설명하느라 매우 분주하였다.

한편 한국이 '해양주권선언'에서 '평화선'이라는 명칭을 사용하게 된 계기는 1953년 1월 28일 한국의 조정환 외무부 차관이 부산의 영국대사에게 보낸 서간에서부터 유래하였다.[43] 즉 한국이 '보호선(conservation)'을 선언한 이유는 일본의 어민이 약 40년간 한국을 불법 점령하면서 한국의 자원을 부당하게 이용하였고 한국이 독립한 이후에도 이 사실을 망각한 채 한국의 자원을 여전히 부당하게 이용하려 하고 있는 사정을 생각하여 볼 때 한국의 '해양주권선언'은 단순히 어업자원 보호의 차원을 넘어 한국과 일본의 '평

---

42) 외교안보연구원, 『한국의 어업자원보호법공포와 관련된 한일간의 분쟁 1953-1955』, 2005, 743.41 1953-55. 460, 프레임 번호 1576-1579.
43) 외교안보연구원, 2005, 『평화선과 관련된 제문제 1953-1955』, 743.4 1953-55 328, 프레임 번호 92 ; 藤井賢二, 2006, 「公開された日韓国交正常化交渉の記録を読む-李承晩ライン宣言を中心に-」, 『東洋史訪』, 61쪽. 후지이는 미국과 영국이 한국의 선언이 공해에 대한 주권행사에 불과한 것이라며 비판하고 한국의 '어업관할권'이 인정되지 못하자 다른 방법을 찾을 수밖에 없었고 그 결과 탄생한 것이라고 설명하고 있다.

화'를 위한 선이라고 설명하고 있다. 그리고 한국정부가 공식적으로 '해양주권선언'을 '평화선'으로서 공식적으로 표명하기 시작한 것은 1953년 9월 11일부터였다. 그리고 그 이후 국내적으로는 관련법령을 제정하는 등, '평화선'을 더욱 강화하였다. 그와 같은 배경에는 '클라크 라인'의 폐지도 영향을 미쳤다.

1953년 7월 27일 한국 전쟁의 휴전이 성립됨과 동시에 '클라크 라인(조선방위수역)'[44]의 폐지가 예상되자 한국은 평화선을 침범하는 어선에 대한 나포방침을 더욱 강화하였다. 1953년 7월 9일 제34회 국무회의에서는 평화선을 침범한 외국 선박의 억류를 결의하였으며 1953년 12월 12일에는 「어업자원법」을 공포하여 평화선을 침범하는 어선에 대한 나포를 더욱 강화하였다. 이러한 한국에 대하여 일본은 한국이 일방적으로 선언한 '해양주권선언'은 어업을 보호하기 위한 보호선도, 한일 간의 평화를 위한 선도 아닌 단순히 국제법을 위반한 선언에 불과하다고 강력하게 비난했다.

한국정부가 대외적으로 주장하는 '평화선' 선포의 목적은 세 가지였다. 첫째는 일본과의 분쟁 방지, 둘째는 어업자원의 보호, 셋째는 공산주의자들의 침입 방지였다.[45] 한일어업협상과정에서도 오랫동안 상기 세 가지 이유에 대한 논쟁이 계속되었다. 한국정부는 1950년 초기에는 일본과의 분쟁 방지와 어업자원 보호가 제1의 목적이라고 주장하였으나, 한국 전쟁 이후, 1950년대 후반부터는 공산주의 침입의 방지가 제1의 목표로서 자리잡았다.

한편, 한일회담이 진행 중일 때에도 한국정부는 '평화선'을 침범하는 일본 어선에 대한 나포를 계속 진행하였다. 때문에 한국의 '정당한 나포'와 일본의 '불법나포' 주장을 둘러싼 한일 간의 긴장은 극도에 달했다. 일본에서는 한국의 '해양주권선언'은 엄연한 영토 침략 행위이며 재일한국인을 추방해야 한다는 과격 시위가 계속 되었다. 그러나 그동안 한일회담에 소극적이었던 일본은 자국의 어선과 어민이 계속 나포되자 적극적으로 한일회

---

44) 클라크 라인이란 유엔군 총사령관인 웨인 클라크(Mark Wayne Clark)가 1952년 9월 27일 남한 주변에 해상방위수역을 설정한 것이다. 그 이유는 공산주의자들의 잠입을 막고 전시밀수출품의 해상 침투를 봉쇄하기 위한 것이었다.

45) 외교안보연구원, 2005,743.4 1953-55, 프레임 번호 328.

담에 임하였고 한일 간에 발생하는 어업 문제를 신속히 해결하려고 노력하였다. 왜냐하면 한국 경비선의 발포에 의해 선원이 사살당하거나 부상당하는 인명 사건이 발생하고 그로 인한 재산피해는 나날이 증가하자, 당시 일본정부는 물론, 일반 국민 특히 어업자들의 한국에 대한 악감정(불법나포, 주권침해, 폭력의 이미지)은 극에 달하였으며, '평화선' 문제를 신속히 해결할 것을 정부에 촉구하는 총궐기 대회가 전국에서 일어났기 때문이다.46) 특히 서일본 어민들이 상대적으로 많이 나포되었기 때문에 나포 가족들은 생계에 커다란 어려움을 겪고 있었다. 일본 국회에서는 이들을 위한 구제 방안이 논의되었고 결국 일본정부는 한국에 나포된 어업자들에 대한 구제 조치를 발표하였다. 한국이 선포한 평화선은 한일 간의 외교적 마찰이기도 하였지만 한편으로는 한국으로 나포된 선원이 증가하면서 일본의 국내 정치적 문제로 부상하였다. 국회에서는 야당 의원들의 정치적 공격 구실로 이용될 뿐만이 아니라 서일본 지역의 지역구 의원들로서는 지역구민의 불만이 높아지면서 재선이 불안해지는 상황이었기 때문에 이들은 한일회담을 통하여 어업 문제를 신속히 해결할 것을 계속 주장하였다. 일본으로서는 14년간의 한일 협상에서 '평화선' 문제, 즉 자국민 나포 문제는 한일회담에서 최 중요 사안이 되었으며 동시에 가장 신속하게 처리해야 하는 최고로 관심이 집중되는 사안이 되었다.

　초기 한일어업협상의 논의는 국제법적인 논쟁이 대부분이었다. 그리고 한국이 주장하는 수역이 어디까지 한국의 관할권으로서 인정될 것인지에 대한 것이었다. 한국은 자원 보호를 목적으로 일본에게 '자발적 억지'를 주

---

46) "한일어업문제해결 촉진 국민대회"의 핵심은 평화선 문제와 나포 문제의 즉시 해결이었다. 7항목으로 된 요구의 내용을 살펴보면 ① 한국정부는 부당한 평화선의 주장을 즉시 철회해야 한다. ② 한국정부는 공해에서의 폭력행위를 즉시 정지해야 한다. ③ 한국정부는 인도주의를 무시한 일본인 선원의 부당한 억류를 즉시 해제해야 한다. ④ 한국정부는 나포 어선과 그 어획물을 즉시 반환해야 한다.⑤ 일본정부는 출어하는 어선의 안전을 확보하기 위하여 대책을 강구해야 한다. ⑥ 일본정부는 이와 같은 지금의 현상을 직시하여 미일방위협정을 재검토해야 한다. ⑦ 한일 양국 정부는 신속히 공정한 어업협정의 타결을 위하여 노력해야 한다. 일본국 국회, 1953.11.2,『제17회 참의원수산위원회』제2호.

장했고 일본은 한국에 대하여 '공해자유의 원칙'을 주장하였는데 양국 정부의 국제법적 논쟁은 매우 치열했다. '평화선'은 14년간의 한일어업협상에서 핵심이 되었다. 한국은 관할권으로서 평화선 수역까지를 인정해야 한다고 주장하였고 일본은 이것을 인정할 수 없다고 주장함으로써 양국의 의견은 한 치의 물러섬도 없이 팽팽하게 대립하였다. 그러나 일련의 조정을 거쳐 결국 1965년 한일어업협상에서 한국과 일본은 한국 연안으로부터 12해리까지를 한국의 관할권으로 한다는 데 타협한다. 평화선 수역에서 12해리까지 한국이 전관수역을 대폭 양보한 것처럼 보일 수 있지만 당시의 국제법상 3해리까지가 영해에 해당하고 그렇기 때문에 일본 역시 3해리까지가 영해였다. 일본이 공식적으로 12해리를 선택한 것은 1977년 5월이었다. 따라서 한국의 전관수역을 12해리까지 인정해주었다는 것은 일본정부로서는 국내적 비난을 감수하면서 한국에게 양보한 조치이기도 하다.

V. 맺음말

한일 국교 정상화는 대한민국이 독립 이후 일본과 대등한 입장에서 맞선 최초의 협상이었다. 한국은 평화선 선포 이후 평화선을 넘어서 조업하는 일본 어선을 나포하기 시작하였다. 한일회담 초기 일본정부는 자국민이 나포되거나 사상자가 발생하면서 국내적으로 한일어업협상에서 평화선 문제를 즉시 철폐·해결 할 것을 요구하는 시위가 계속되었고 이것이 야당의 정치적 공격으로 이어지는 등의 어려운 상황에 봉착하였다. 이로 인해 일본 협상자들은 협상에 임하는 자세가 매우 적극적으로 변하였다는 것은 부인할 수 없는 사실이다. 또한 평화선은 한일어업협상 14년의 기간 동안 한일 간 대립의 핵심이 되었다. 그러나 처음부터 평화선의 선포가 한일회담을 위한 단순한 협상용 카드로서 보기에는 무리가 있다. 평화선의 선포 과정과 초기 한일어업회담의 과정을 분석하여 보았을 때, 평화선이 이승만 대통령의 충동적 반일 심리에서 제정된 것이 아니었음은 명백하다. 왜냐하면 첫째, 한국정부가 일본과의 어업협상에서 '맥아더라인'을 유지 하려고 미 국무성관계자를 설득 한 점, 그리고 한국정부가 '맥아더라인'의 유지가 실패 되었을 때를 대비하여 나름대로의 자구책을 치밀하게 준비하는 과정, 그리고 초기의 어업협상 과정에서 평화선에 대한 정당성을 적극적으로 주장하기 위하여 준비한 국제법적 자료들이 이것을 잘 설명한다. 둘째, 단순히 어업자원을 독점하기 위한 선이라고 보는 것에도 무리가 있다. 당시 어업이 한국의 산업에서 중요한 위치를 점하고 있었지만 비단 경제적 차원뿐만이 아니라 여기에는 그 이상의 의미가 담겨져 있다고 분석할 수 있다. 즉 '평화선'은 일본에 대한 경계심의 표현으로서 한국이 자국 영토의 보호를 목적으로 한 것으로도 볼 수 있다. 특히 '맥아더라인'의 폐지에 대한 이승만정권의 충격은 매우 컸다고 볼 수 있다. 즉 한국이 일본에 의해 점령 당했을 때 국제사회로부터 어떤 도움도 받지 못하였다는 사실, 즉 주권이라는 것이 국제사회로부터 보장 받지 못한다는 경험은 신생 독립국가의 주권 혹은 영토가 또다시 강대국에 의해 좌지우지될 수 있다는 위기감을 조성시켜 주었다. 특히 한국은 전쟁 상태였기 때문에 이승만 대통령으로서는 더욱 더 영토에 대한 집착이 강하였다.

이러한 배경들이 '해양주권선언'을 선포하게 된 이유라고 볼 수 있다. 즉 '평화선'은 신생독립국가가 과거의 식민지배 국가에 대항하기 위한 자기방어 조치로서 해양에 관한 주권을 주장한 것이라고 볼 수 있다.

【참고문헌】

김영주, 2004, 『외교회상의 경험과 단상』, 인사동문화.
김용식, 1987, 『희망과 도전 – 김용식외교회상록』, 동아출판사.
남기정, 2006, 「韓国民族主義の展開と日韓関係」, 『일본연구논총(日本語版)』 제24호.
외교안보연구원, 2005, 「제1차 한·일회담 본회의 회의록」 723.1JA.본1952.82, RE0001-06.
_____, 2005, 「제1차 한·일회담: 어업위원회 회의록, 제1차-15차」 723.1JA.어1952.84, RE0001-10.
_____, 2005, 「제2차 한·일회담: 본회의 회의록」 723.1JA.본1953.89, RE0002-04.
_____, 2005, 「제2차 한·일회담: 어업위원회 회의록, 제1차-13차」 723.1JA.어1953.91, RE0002-05.
_____, 2005, 「제3차 한·일회담: 본회의 회의록 및 제1-3차 한·일회담 결렬경위」 723.1JA.본1953.95, RE0002-09.
_____, 2005, 「제3차 한·일회담: 어업위원회 회의록, 201-2차」 723.1JA.어1953.96, RE-0002-11
_____, 2005, 「평화선 선포에 관한 제문제」 743.4,1953-55.328, RE0015-03.
_____, 2005, 「한·일 회담 예비회담」 723.1JA.자1950.76, RE001-01.
_____, 2005, 「한국의 어업보호 정책: 평화선 선포 1942-52」 743.4, 1942-52.458, RE0015-02.
_____, 2005, 「한국의 어업자원보호법 공포에 관한 한·일간의 분쟁」 743.41,1953-1955.460, RE0015-04.
원용석, 1965, 『한일회담14년』, 삼화출판사.
유진오, 1993, 『한일회담 제1차회담을 회상하며』, 한국외교안보연구원.
이원덕, 1996, 『한국과거사처리의 원점』, 서울대학출판사.
지철근, 1979, 『평화선』, 범문사.
_____, 1992, 『수산부국의 야망』, 수산신보사.
한국국사편찬위원회, 1996-1997, 『대한민국자료집 28-37: 이승만관계 서간자료집 1-10(1944-1965)』, 한국사데이터베이스.

岡本達明, 1978, 『近代民衆の記録−漁民』, 新人物往来社.
岡本信男, 1965, 『近代漁業発達史』, 水産社.
_____, 1984, 『日本漁業通史』, 水産社.
金東祚 著, 林 建彦 訳, 1993, 『韓日の和解-日韓交渉一四年の記録』, サイマル出版会.
農林大臣官房総務課 編, 1957-1976, 『農林行政史』 第8巻.
藤井賢二, 2004, 「李承晩ラインの宣布への過程に関する研究」, 『朝鮮学報』 第185輯.
_____, 2006, 「公開された日韓国交正常化交渉の記録を読む−李承晩ライン宣言を中心に−」, 『東洋史訪』.
鹿島平和研究所, 1983, 『日本外交主要文書・年表(1)1941-1960』, 原書房.
李鐘元, 1996, 『東アジア冷戦と韓米日関係』, 東京大学出版会.
水産庁50年史編纂委員会, 1998, 『水産庁50年史』, 水産庁50年史刊行委員会.
日本国立国会図書館, 1995, GHQ/SCAP records NRS, USAFIC 110171 Files
日本国国会会議録, 1951-1965, 『衆議院』.
_____, 1951-1965, 『参議院』.
和田正明, 1972, 『日韓漁業の親発足』, 水産経済新聞社.
NHK産業科学部 編, 1985, 『証言・日本漁業戦後史』, 日本放送出版協会.

U.S. National Archives, Records of the U.S. Department of State relating to internal affairs of Korea, 1945-1949. File895. RG59.

U.S. National Archives, Records of the U.S. Department of State relating to internal affairs of Korea, 1955-1959. File895. RG59.

U.S. National Archives, Records of the U.S. Department of State relating to internal affairs of Korea, 1955-1959. File795. RG59.

동지나해 · 황해 수산자원 질서재편에서 GHQ-SCAP천연자원국과 한일관계

히구치 도시히로(저) / 박창건(역)*

I. 머리말

전후(戰後) 한일관계에서 동지나해·황해를 무대로 전개된 양국 간의 어업분쟁은 수산자원의 질서 재편이 중요한 위치를 점하고 있지만, 본 연구에서는 한일어업 문제와 미국의 역할에 초점을 맞추어 검토하려고 한다. 주지해야할 점은 미국이 한일 양국 간의 어업교섭이 시작된 1952년까지 연합국최고사령관(GHQ-SCAP)의 민정기관이었던 천연자원국(NRS: Natural Resources Section)을 통해 대(對)내·외적으로 양국의 어업정책에 깊이 관여하였다는 사실이다.

본 연구에서 NRS가 일관되게 견지했던 수많은 지역 어업협력 구상의 부침(浮沈)을 검토함에 따라, 동지나해·황해에서의 한일어업분쟁을 양국 간의 틀로부터 분리시켜 다층적 맥락에서 설명을 시도하고 있다는 점은 눈여겨봐야 할 부분이다. NRS는 동지나해·황해에서의 수직적인 전전(戰前)의

---

* 히구치 도시히로(樋口敏広): 죠지타운대학, 박창건: 국민대학교

수산자원 질서를 해체한 후 동(북)아시아지역 내의 어업기술협력 및 자원관리를 통해 대등·경쟁적이고 지속가능한 해양질서의 구축을 목표로 하였다. 이러한 맥락에서, 본 연구는 미완(未完)의 가능성으로써 지역주의 재편에 초점을 맞추고, 한일어업분쟁을 국민국가 간의 자원 내셔널리즘의 충돌로 포착되었던 종래의 패러다임을 상대화하여, '닫힌' 양국 간 문제의 본질을 '열린' 지역주의의 좌절 속에서 찾는 것을 목적으로 하고 있다.

이와 같이 미완으로 끝난 지역주의 재편과 연관된 분석을 통해, 본 연구는 전후 수산자원 관리를 동지나해·황해에 도입한 배경에 관해서도 고찰하려고 한다. 전전에도 조선총독부와 일본정부에 의한 수많은 트롤(trawl)기선·저인망(底引網)기선 규제와 1920년대 중반부터의 중일 어업분쟁 속에 동지나해·황해에서의 수산자원관리에 대한 움직임을 볼 수 있지만[1] 그 본격적인 전개는 종전(終戰) 후의 제국질서 해체와 열린 해양·무역질서 구축이라는 국제정치경제상의 계기이다. 게다가 전후의 수산자원관리의 도입은 전전·전중(戰中)으로부터의 유산인 인종관(人種觀) 등의 사회문화 요인과도 복잡하게 얽히어, 일본인의 "국민성"을 변화시키고 미국을 포함한 관련국의 신뢰를 회복하여 국제사회로의 복귀를 도모하려는 점령국의 방침과 불가분의 관계를 가지게 되었다.

따라서 본 연구는 NRS에 의한 동지나해·황해에서의 어업기술협력 구상과 자원관리정책의 배경과 전개를 논하고, 그들 구상이 왜 좌절되었으며, 그 후의 한일 양국 간 교섭에 어떠한 영향을 미쳤는가를 검토한다.

---

1) 전전(戰前)의 동지나해·황해를 둘러싼 어업권규제 문제에 관해서는 다음의 논문을 참조. 藤井賢二, 2002,「日韓漁業問題の歴史的背景旧植民地行政機関の漁業政策比較の視点から」,『東アジア近代史』5 ; 藤井賢二, 2008,「日本統治期の朝鮮漁業の評価をめぐって」,『東洋史訪』14 ; Micah Muscolino, 2008, "The Yellow Croaker War: Fishery Disputes Between China and Japan, 1925-1935", *Environmental History*, 13-2.

II. '사회학적 실험'으로서의 조·중·일(朝中日)수산기술 협력구상의 부침(浮沈)

1945년 9월 14일, 패전 후의 안전보장 조치로서 FLOTLOSCAP-35가 발표되어 어선을 포함한 모든 일본 선박은 연안 12해리 밖에서 항해할 때는 미국 태평양함대 사령관의 허가를 얻어야만 항해할 수 있게 되었다. 그러나 점령과 함께 최소한의 식료품 공급 의무를 가진 미국은, 일본의 어선활동을 장려하기 위해 9월 27일에 FLOTLOSCAP-80을 발하여, 번잡한 출어허가 수속이 필요 없는 12해리를 처음으로 표시하였다. 그리고 동년 11월 3일에는 SCAJAP-587에 따라, 점령하 일본 어선의 자유조업 한계선, 즉 맥아더 라인이 선포되었다(〈그림 1〉 참조).

〈그림 1〉 SCAP가 공시한 지역에서 연안 트롤어업

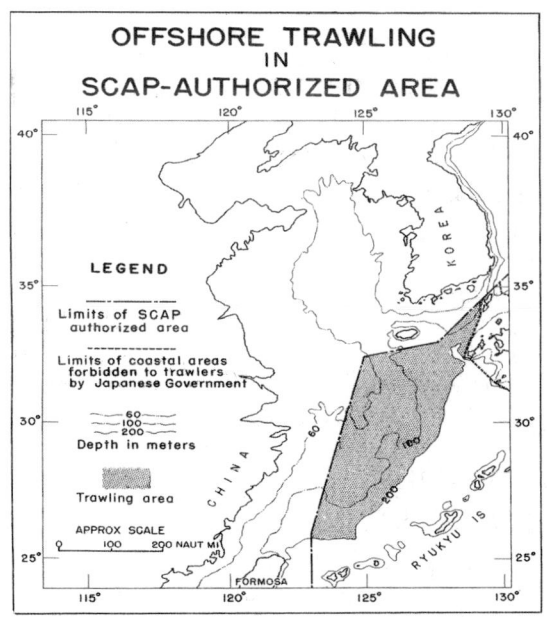

* 출처: GHQ-SCAP Natural Resources Section Report No. 138, "Japanese Offshore Trawling"(Tokyo: 1950), p.53.

맥아더 라인의 선포 배경에는 가능한 한 일본 어선을 연안어업과 양식에 집중시키려는 목적이 있었다. 1945년 11월 당시 점령당국 계산에 의하면, 전 국민에게 필요한 단백질을 공급하는 데에 최소한의 필요량인 연간 300만 톤의 어획에는 SCAJAP-587에서 지정된 허가수면으로 충분하다고 되어 있었다. 또한 연안어업의 경우에는 어획과 처리작업이 비교적 단순하고 필요한 설비의 대부분을 그 지역에서 조달하도록 계획되었다. 또한 대형화와 자본이 집중되는 원양어업과 달리, 연안어업은 기본적으로 어촌공동체적인 성격을 가지고 있으며, 점령하의 경제력 집중 배제정책이 훼손될 우려는 적었다. 그리고 국제적 흐름에서 연안어업에 종사하는 선박의 대부분은 30해리 이내에 머물렀기 때문에 "어업권을 둘러싼 국제 문제를 대부분 피할" 수가 있다고 생각하였다.[2]

연안어업은 NRS의 목표인 자원관리정책의 실시가 비교적 용이한 분야로 간주되고 있었다. 메이지(明治)시대부터 연안어업을 둘러싼 어업 제도의 발달은, 어업의 자유 경쟁, 대량 포획을 목표로 하는 기술 혁신과 자원 고갈로 거듭된 어획 압력이라는 악순환에 가로 막혀 있었다. NRS의 어업부도 어업권의 사회경제상 "봉건적" 폐해와는 달리, 자원관리적 측면은 긍정적으로 평가하고 있었다.[3] 당시 어업부장 헤링톤(William C. Herrington)의 회상에 의하면, 일본에 부임하여 직면한 첫 번째 과제는 농업에서의 농지개혁에 따른 '민주화'라는 기치 아래, 어업권을 폐지하고 사실상 자유조업을 인정하는 SCAP 지령이었다. 일본정부가 연안어업자원의 고갈을 염려하여 저항하였기 때문에 동 지령이 철회되어, 어업권의 자원보호적 측면이 훼손하지 않는 범위 내에서 민주화를 진행시키게 된 헤링톤은 "모든 사람이 어업에 종사할 권리에 제한을 가하는 것을 민주주의 개념의 근본을 뒤흔드는" 미국의 교조적인 신념을 자원관리의 관점에서 통렬하게 비판하고 있다.[4]

---

2) SWNCC 99/3, "Policy with respect to Fishing and Aquatic Industries in Japan", November 7, 1945, pp.20-21, in fldr: SWNNC Directives, Box 8948, Records of Allied Operational and Occupation Headquarters, World War II (RG 331), National Archives at College Park (NACP), Maryland.
3) Benjamin Goldberg, "Japan's Recovery through Her Natural Resources", p.3, in fldr: 19, Box 8804, RG 331, NACP.

또한 NRS는 자원의 유효한 활용이라는 관점에서 일본 국내의 담수양식을 장려하는 정책을 내놓았다. 타카하시 미키(高橋美貴)가 지적하는 바와 같이, 일본은 근세부터 이미 연어의 보호에 힘쓰고 있으며, 메이지 이후에는 수산과학과 수산업의 발달로 수산시험장을 중심으로 양식 사업이 실시되고 있었다.[5] 그러나 점령당국은 일본의 양식 사업이 아직 불충분하다고 하였다. 헤링톤은 일본수산학회의 연설에서, "지금까지의 일본 어업방침은 끊임없는 (외양으로의) 확대와 착취였던" 것에 비해, "당신네(일본인)의 하천은 어류에 대해 그 대부분이 충분히 사용되고 있지 않는 자원이며, 확보할 수 있는 최대 어획량보다 훨씬 생산이 밑돌고 있다"라고 지적하고 있다.[6] 이와 같은 연안어업과 양식에 의한 일본의 어업부흥 방침은, 제국을 잃어버린 일본이 그 국내에 남겨진 자원을 최대한 활용하여 평화적인 국민국가로 재생한다는 NRS의 기본방침에 따른 것이었다. 결국 일본은 페리제독의 내항 이래, 어느 시대보다도 자국 내에서 활동해야만 했다.[7]

하지만 이러한 낙관적인 관측은 즉시 배반당하였다. 원래 NRS는 정어리와 청어를 중심으로 허가수면 내에서 300만 톤을 달성할 계획이었지만, 회유어(回遊魚)로 어획 변동이 심한 쌍방 어종의 불어(不漁)가 계속되었기 때문에 1946년도 예정어획량 230만 톤이 이미 허가수면 내의 최대 지속 가능 생산량이라는 결론이 내려졌다.[8] 연안어업만의 단백원(蛋白源) 공급이 한

---

4) Draft, 1969, "Management of the Living Resources of the Sea for Optimum Returns", May 5, in fldr: 2D-47, Box 2D, Papers of William C. Herrington (PWCH), Universit of California School of Law Library, Berkeley.
5) 高橋美貴, 2007, 『「資源繁殖の時代」と日本の漁業』, 山川出版社.
6) Transcript, "Fisheries Research in Japan and the United States", June 28, 1947, in fldr: 2D-55, Box 2D, PWCH.
7) GHQ-SCAP Natural Resources Section, 1947, *Natural Resources of Japan*, revised edition, p.55.
8) Memo, "The Relation of Fisheries Production from the Present Authorized Area and the Resources of This Area", March 5, 1946, in fldr: 432.1-1947/1948, Box 8978, RG 331, NACP ; Excerpts from Verbatim Minutes of Sixth Meeting Allied Council for Japan, June 12, 1946, Enclosed to Despatch No. 491, July 1, 1946, 894.628/6-446, Decimal Files, Records of the Department of State (RG 59), NACP.

계에 달해, 전전의 중요한 단백원이었던 만주산의 대두 이입이 막힌 것을 이유로 극동위원회를 설득한 점령당국은 1946년 6월 22일에 SCAPIN-1033을 발의하여 허가 수면을 약 4배로 확장하였다(〈그림 1〉 참조).

연안어업의 전환기에서 NRS가 모색한 것은 동경 130도보다 서쪽인 동지나해·황해에서의 저인망·트롤·선망(旋網)에 의한 동력선 어업이라고 불리어진 이서어업을 재개였다. 전전의 이서어업은 일본에 의해 개발되었기 때문에 일본 어선이 중국, 일본, 조선의 어항에 독점화되는 경향이 강했다. 이러한 현상은 수직적인 수산자원 지역 질서가 붕괴되어 일본 어선이 쫓겨났음에도 불구하고, 중국·조선 어선이 즉시 그것을 메울 수 없었기 때문이라고 생각된다. NRS는 "현재의 중국대륙 앞바다의 어업은 그 최대 가능량까지 수행되고 있지 않다. 따라서 중국 및 일본의 손실이다"라고 생각하였다.9) NRS에서는 "자원관리(conservation)"라는 것은 이른바 "절약(save)"이 아니라, "올바른 이용과 최대한의 활용(correct utilization and maximum use)"이기 때문에, 최대한 지속 가능량 이상의 어획도 그 이하의 어획도 모두 "낭비"라고 생각했다.10) 그래서 1946년 봄에 NRS의 어업부 대표단이 중국을 방문하여, 이서어장을 동년 추동어기에 한해서 일본 트롤 어선 40척에 개방할 것을 제안하였다. 이에 따라 동지나해·황해에서의 현행 허가 어획량의 두 배 이상인 3만 톤을 어획하여 일본뿐만 아니라 식량수요에 따라 중화민국 및 미군정하의 남한(이하 남조선으로 호칭)에 부분적으로 수출한다는 구상이었다.11)

그러나 NRS 담당관이 지적한 바와 같이 일본 어선의 복귀에 의해 동아시아지역의 식량 위기 해결을 도모하는 것은 단기적인 조치에 지나지 않았

---

9) Schenck to Liu, April 1, 1946, in fldr: 432.1-1945/1946, Box 8978, RG 331, NACP.
10) Schenck to the Chief of Staff, n.d., enclosed to NR to CS, "roposed Revision of General Orders No. 6, GHQ, SCAP, 2 October 1945", September 12, 1947, in fldr: Vol. 2, Box 8965, RG 331, NACP. 자원관리에 대한 개념에 관해서는 다음의 논문을 참조. Marry Carmel Finley, 2007, "The Tragedy of Enclosure: Fish, Fisheries Science, and U.S. Foreign Policy, 1920-1960", Ph.D. dissertation, University of California-San Diego, pp.328-329.
11) Schenck to Liu, April 1, 1946.

다. 장기적으로는 오히려 트롤기술을 일본에서 중국·조선으로 기술협력을 통해 이전시킴에 따라 전전의 수직적인 수산자원구조를 서서히 수평적인 협력관계로 변화시키는 것이 중요했다. 이 구상의 모델이 된 것은 북해어업, 북대서양 뉴펀드랜드 앞바다 부근의 대구 어업, 알래스카 앞바다에서의 넙치어업 등의 구미(歐美)에서의 다국 간 공동조업이었다.12) 동 사례를 참고한 NRS 어업부는 자유 조업한계선을 넘어 조업이 허가된 일본의 트롤 어선에 중국·한국으로부터의 참관인을 승선시켜, 그 기술과 지식을 배우게 할 것을 제안했다. 이에 따라 "중국 및 조선의 어부가 그들의 과거 통치자의 뛰어난 어업기술을 배우는 기회가 된다. 만약 중국인과 조선인이 이 사업에 노력과 의지를 가지고 참가한다면, 각각의 국민들은 많은 이익을 얻게 됨과 동시에 일본인에 대해서도 이 지역에서의 과거 착취를 보상하는 기회가 된다"라고 어업부는 생각하고 있었다.13) 즉 충분히 활용되고 있지 않은 수산자원의 재개발과 기술 이전을 통해서 동지나해·황해를 착취의 바다에서 협조의 바다로 변화시키는 것이 NRS의 진정한 목적이었다. 실로 이 계획이 다량의 음식물을 가져다줄지는 모르지만, NRS 어업부의 생각으로는 보다 큰 문제는 위에서 서술한 사회학적인 측면에 있다고 판단하고 있었다.14)

이 구상에 기초하여 NRS는 동년 여름에 중국에서 합의를 받아내는데 성공하였다. 또한 재조선미육군사령부정청(USAMGIK)에서도 조업에 관한 합의의 정식적인 개요가 제출될 경우에는 서면으로 동의를 표한다는 구두로의 양해각서를 얻어냈다.15) 그때 중국 측은 최대 80명, USAMGIK 측은 최대 40명의 트롤 기술연수생을 파견할 것을 타진하고 있었다. 이처럼 한편으로는 순조롭게 보인 계획이었지만, GHQ-SCAP 내에서의 업무 수속의 지

---

12) Ibid.
13) Memo, "Proposed Japanese Otter Trawling Operation in Specified Areas of the Yellow and East China Seas", October 30, 1946, in fldr: 432.1-1945/1946, Box 8978, RG 331, NACP.
14) Ibid.
15) Memo, "Information Concerning Radio from US Embassy Nanking",October 3, 1947, in fldr: 432.1-1947/1948, Box 8978, RG 331, NACP.

연과 NRS의 대폭적인 인사 이동 때문에 1946년의 어기(漁期)를 놓치고 말았다. 그리고 다음해 5월부터 동년 어기를 목표로 하여 다시 움직이기 시작하였지만, 이미 그 기초였던 국제적 협의는 점점 멀어지고 있었다. 헤링톤이 1947년 7월에 남조선을 방문했을 때 일본 어선의 황해 조업계획은 조선인 어부, 남조선과도정부 고관, 미국인 고문의 맹렬한 반발에 부딪쳐 있었다. 이것을 보고 헤링톤은 미국의 원조에 의해 남조선 앞바다 부근의 어업 활동능력을 육성하는 방침으로 전환시킨다. 그리고 "만약 장래 이들 조건이 변할 경우, 아니면 남조선이 이 어업자원을 유효하게 활용할 수 없는 것이 분명해질 경우에는, (일본 측)어구의 연장을 다시 고려해야할 것이다"라고 하여, 6개월간의 고찰 기간을 남조선에 주기로 하였다.16)

남조선에 이어 중국 측도 일본과의 협력방침을 변화시켰다. 1947년 9월까지 전년도에 주어진 NRS의 계획에 대한 동의를 파기한다는 통보를 하였던17) 중국은 극동위원회를 무대로 필리핀·호주 등과 연계하여 일본어업의 배척정책으로 전환했다. 필리핀은 자국 연안에서 300해리 이내의 일본 어선의 조업금지를 주장하고, 거기에 동조한 중국은 동경 126도, 북위 24도에서 동위 126도, 북위 32도 40분에 그어진 선으로부터 중국 측에서의 조업금지를 제안했다.18) 이 연계에 의해, 동지나해·황해의 문제는 다른 지역에서의 일본 어선의 공해 복귀 문제와 연관되어, 사태는 더욱더 복잡해지게 된다.19) 이처럼 일본·중화민국·남조선 간의 식료생산·수산기술협력을 중심으로 한 동지나해·황해에 대한 어구연장계획은 중국, 남조선 쌍방의 반대에 의해 좌절되었다.

---

16) Memo, "Extension of Fishing Area in Yellow Sea", September 5, 1947, in fldr: 432.1-1947/1948, Box 8978, RG 331, NACP ; Herrington to the Special Assistant to the Secretary of the Army, September 26, 1947, enclosed to Cover Letter, 894.628/10-147, Decimal File, RG 59, NACP.

17) Nanking to CINCFE, September 24, 1947, in fldr: 432.1-1947/1948, Box 8978, RG 331, NACP.

18) War Department to CINCFE, no. W94394, March 20, 1948, in fldr: 432.1-1947/1948, Box 8978, RG331, NACP.

19) 예를 들면, Memo, NR/Fishery to DS, "Extension of Japanese Fishing Area" July 8, 1948, in fldr: 432.1-1947/1948, Box 8978, RG 331, NACP.

Ⅲ. 동지나해·황해 '과학적' 자원 관리의 허실(虛實)

한편 일본은 막 재건된 이서어업이 존망의 위험에 직면하고 있었다. 전전의 이서해역에서는 1939년 당시 67척의 트롤 어선과 680척 45톤 이상의 저인망기선이 조업하고 있었다. 그러나 3번의 조선계획과 허가가 필요 없는 소형목조선의 난조(亂造)에 의해 1947년 말 신규조선계획이 동결되기까지 59척의 트롤 어선과 933척의 저인망기선이 약 40% 남짓으로 축소된 이서해역에 북적대고 있었다.[20] 이처럼 대부분의 어선이 한정된 수역에서의 조업을 강요받은 결과, 1척당 어획량의 감소는 피할 수 없었다. 사실, 일본 원양저인망어업협회의 청원서에 따르면, 1회의 항해로 이전에는 2500함분(函分)―17,000관(貫)―이었던 것이 1948년 여름에는 1200함분으로 급격히 감소하였다. 어획량이 감소하는 한편, 1관당(貫当) 생선의 공정가격은 평균 86엔 31전이었던 것이, 1948년 7월 시점에서는 100엔 35전으로 낮게 책정되고 있었다.[21] 더욱이 공정가격이 폐지되자, 1949년 11월부터 1950년 3월까지 동지나해 트롤·저인망어업으로 잡히는 어종의 1관당 평균가격은 173엔에서 127엔으로 급락하였다. 어획량과 가격이 동시에 폭락하는 한편, 수입품인 마닐라 마제(麻製)의 로프와 그물은 1950년 1월의 보조금 폐지 후 급상승하여 100폰드당 각각 4,108엔과 5,103엔이었던 것이 10,860엔과 13,146엔으로 상승하였다.[22]

이서어업이 어획량 감소, 가격 하락, 경비 상승의 삼중고로 허덕이는 가운데 실현 가능한 구제법은 한정되어 있었다. 원래 전전의 이서어업은 싼 가격인 조기, 명태 등을 중심으로 한 어묵 등을 대도시권에 대량으로 공급하는 것으로 발진해 왔지만,[23] 종전 직후 소비자의 구매력과 정부의 반인

---

[20] Statement of Press Conference on June 16, 1947, enclosed to CofS to NRS, July 31, 1947, in fldr: 433.1, 1945-1946, Box 8979, RG 331, NACP.
[21] 「陳情書」 1948년 7월 22일, in fldr: 432.1, 1945-46, Box 8978, RG 331, NACP.
[22] Hideo Sudo to MacArthur, "Petition for Relaxation of Restrictions on Fishing Operations in East China Sea", May 18, 1950, in fldr: 112.11, Box 8936, RG 331, NACP.
[23] 吉木武一, 1980, 『以西底曳漁業経営史論』, 九州大学出版会, 8쪽.

플레정책을 비추어 생각해 보면, 판매가격의 인위적인 인상은 불가능하였다.[24] 또한 기존의 조업 허가 해역 내에서는 자원이 고갈되어, 어획 증가를 도모하는 것은 도저히 불가능하였다. 1949년까지는 이미 감소 경향을 보이고 있던 이서방면 허가 수면 내의 보고 어획량의 약 2/3가 한계선 이원에서 밀어(密漁)되었다는 통계가 있었다.[25] 이것이 사실이라면 실제 허가 수면에서의 어획량은 보고된 이상으로 급격한 감소를 가져왔다는 것을 알 수 있다. 그렇기 때문에 제한구역 외에 잠자고 있는 해역을 확대시켜 어획원을 확보하는 것이 유일한 생존법이었다.[26] 그 방법으로 일본은 NRS가 당초 모색한 일본·중국·남조선(1948년 8월 이후는 대한민국) 간의 기술협력·공동경영방식을 관(官)과 민(民)이 열렬히 제창하였다.[27]

그러나 NRS는 지역협력을 통한 일본 어선의 동지나해·황해 재진출 구상에 소극적이었다. 1948년 후반 이후 점령당국은 어떤 형태로든 어로구역 확대를 인정하지 않고, 오히려 일본이 기존 허가 해역을 엄수하고 최대어획 가능량(Maxiam um Sustainable Yield: MSY)개념에 입각한 과학적인 자원고갈 대책을 강구하도록 요구하였다.

이 공해(公海)의 자원관리정책의 배경으로 점령하 일본의 조업구역을 제한하고, 그것을 강화(講和) 후에도 항구화하려고 하는 관계 각국의 활발한 움직임을 들 수 있다. 중국, 필리핀, 한국 등이 일본의 허가 해역 확대에 반대한 것은 이미 서술하였지만, 이들 나라들은 이후에도 거듭 일본 어선의 공해조업을 제한하는 항목을 대일강화조약에 삽입할 것을 강하게 요구하였다. 더욱이 점령당국의 후방인 미국 본토에서도 북태평양에서의 연어·송어·넙치어장, 그리고 미국의 전략신탁 통치하에 놓여진 구 미크로

---

24) Memo, "Petition for Enlargement of Japanese Fishing Grounds", by Chambers of Commerce in Osaka, Kyoto, Kobe, Okayama, and Hiroshima, August 20, 1948, in fldr: 432.1 1945-46, Box 8978, RG 331, NACP.
25) Memo, "Field Trip to Fukuoka to Investigate Operation of the Fishery Inspection System", November 24, 1950, fldr: 432.11 -1950, Box 8978, RG331, NACP.
26) Memo, "Petition for Enlargement of Japanese Fishing Grounds."
27) 예를 들면, Memo, "Field Trip to Shimonoseki", March 14, 1949, in fldr: 432.11-1949, Box 8978, RG, 331, NACP.

네시아의 참치·다랑어어장에서 과잉 조업에 의한 자원 고갈 우려를 구실로 일본 어선을 배제하도록 요구하는 움직임이 수산업계와 서해안 여러 주(州)를 중심으로 확산되었다.28) 일본의 식료 자급과 경제 재건을 달성하는 가운데 어업을 중요시하였던 점령국에 있어서, 일본 어업의 공해 복귀가 이후에 방해가 되는 것은 피해야만 했다.

또한 자원관리정책은 영해 3마일 원칙과 그 바깥의 자유조업을 인정하는 공해자유원칙에 대해 쌍방의 근본적인 재검토를 요구하는 국제적인 기운과도 관련되어 있었다.29) 잘 알려진 바와 같이, 원래 해양레짐 변혁의 기운을 고양시킨 것은 다름 아닌 미국 자신이었다. 제2차 세계대전 종결 직후인 1945년 9월에 나온 트루먼선언은 수산자원 보호를 이유로 미국 영해에 접해있는 공해수역에 있어서 타국선이 조업하는 것을 제한한다는 의도를 분명히 했다. 이 선언이 다른 나라의 반향을 불러일으키자, 미국은 영해 3마일·공해자유원칙을 재차 강조하게 되었지만, 때는 이미 늦어 있었다. 미국무성의 어류·야생동물 문제담당 특별보좌관 채프만(Wilbert M. Chapman)이 지적한 바와 같이, 제2차 세계대전 후에 미국이 해양대국으로서 그 유지의 책임을 진 해양 3마일·공해자유원칙은 남북 아메리카, 아시아, 유럽, 전세계의 신흥국, 그리고 국내에서 '이전에 볼 수 없었던 광범위한 비판'에 노출되었다.30) 미국 어선에 의한 자국 앞바다에서의 조업에 반발한 페루 등의 태평양 라틴 아메리카제국은, 이 기회를 잡아서 보상청구를 가능하게 하는 경제수역 설정을 요구하고 있고, 더욱이 소련은 영해를 12마일로 하는 종래의 주장에 따라 북방의 분쟁수역에 있어서 일본 어선의 나포에 적

---

28) 미국을 포함한 주변국의 압력에 관해서는 Harry N. Scheiber, 2001, *Inter-Allied Conflicts and Ocean Law, 1945-53: The Occupation Command' Revival of Japanese Whaling and Marine Fisheries*, Taipei: Academia Sinica을 참조.
29) 영해 3마일과 공해 자유의 원칙이라고 하는 해양레짐의 변화에 관해서는, 앞에서 소개한 山內·藤井의 논문과 山內康英, 1995, 『交渉の本ツ質―海洋レジームの転換と日本外交』, 東京大学出版会을 참조.
30) Chapman to the Under Secretary, "High Seas Fishery Policy of the United States and Its Implementation", May 29, 1950, in fldr: 17/12 Memos, Jan-June 1950, Box 17, Wilbert McLeod Chapman Papers (WMCP), Special Collections, University of Washington Libraries, Seattle, WA.

극 나서고 있었다. 이와 같은 해양레짐을 변화시키는 국내외의 움직임을 억제하도록 미국은 과학적 자원 관리와 어업 자기규제를 다국 간에서 실시하는 정책을 추진했던 것이다.31)

또한 자원관리정책은 미국이 추진하는 자유무역체제의 일본 가입 문제와도 얽혀 있었다. 자원이 부족하고 대륙시장에서 쫓겨난 전후 일본이 경제자립을 달성하기 위해서는 자유무역을 통해 동남아시아 등의 원재료 및 수출시장에 접근할 필요가 있다고 미국은 생각하였다. 그러나 전전에 있어서 일본상품에 의해 식민지 시장을 휩쓸렸던 영(英)연방제국 등은 독립 후의 일본에 최혜국 우대를 해주며 GATT체제의 대처에 대해 강한 불만을 나타내었다.32) 이와 같은 미묘한 정세에서 육군성은 '일본에 대한 최혜국대우문제의 심의 중에 미국은 공해에서 일본을 배제하는 입장을 취해선 안 된다'라고 주장하였다.33) 이 때문에 자유무역레짐에 나쁜 전례를 남길 것 같은 일본을 배제하는 것보다 다국 간 협력과 자기 규제에 의한 자원관리가 바람직하다고 주장하였다.

1948년 말, 이와 같은 정세를 고려하여 국무성, 육군성 및 내무성이 협의한 결과, MYS개념을 골자로 하는 수산자원 관리계획을 일본에 수용하도록 권고할 것을 합의하였다. "미국 및 제 외국에 존재하는 편견과 의혹을 타파하기 위해" 일본은 "다른 나라에서 현재 실시되고 있는 것보다 한발 더 앞서가는 구체적인 규제, 어업 연구, 행동 규범"의 실행이 필요하게 되었다.34) 그리고 원칙으로 모든 노력을 집중시켜 허가된 해역 내에서 이 계획을 설득력 있게 구체화하도록 하는 것이 요구되었다. 즉 일본이 직면한 과제는, 해양과 무역에 관한 자유로운 접근을 보장하는 미국 주도의 전후체제를 견

---

31) Finley, "The Tragedy of Enclosure."
32) GATT의 문제에 관해서는, 赤根谷達雄, 1993, 『日本のガット加入問題-「レジーム理論」の分析視角による事例研究』, 東京大学出版会을 참조.
33) Memo, "Areas in which the Japanese May Fish (Particularly Waters Surrounding the Trust Territories of the Pacific)", February 11, 1949, in fldr: 432.1-1949, Box 8978, RG 331, NACP.
34) Memo, "Proposed Directive to SCAP Concerning Fishing", December 6, 1948, 894.628/12-648, Decimal File, RG 59, NACP.

지하고 그 이익을 장래에 누리기 위해서는 그와 같은 원칙에 맞는 맥아더 라인을 엄수하고, 그 속에서 과학적인 수산자원을 관리하는 것으로 관계국의 신뢰를 얻어야 하는 점에 있었다. 또한 이미 심각한 자원 고갈 우려가 있고 주변국과의 분쟁이 끊이지 않는 동지나해·황해가 일본의 자원 관리에 대한 결의를 표명하는 장으로 부상(浮上)했던 것이다.

수산자원관리계획은 궁극적으로 다국 간 구조에서의 자원관리체제를 지향하는 것이었다. 당초 정책이었던 지역어업협력이 그랬던 것처럼, 이 다국 간 수산자원관리라는 구상도, 구미에서의 경험을 일본에 적용하려고 한 것이었다. 1948년 말 당시 북서대서양의 대구잡이를 국제협력에 따라 지속 가능한 어업으로 하기 위한 조약교섭이 타결되고 있었다(1949년 2월 조인, 1950년 7월 발효).[35] 미국 측이 일본에 제시한 수산자원관리 계획안에는 이 조약의 서문 및 제4조의 자원보호조사협력 조항에 의거하는 권고가 포함되어 있었다. 즉 자원 고갈과 부자연한 사태에 유의해서 조업을 감시하고, 수산자원이 최대한의 생산성으로 장기간 유지될 수 있도록 조업을 조절하고, 일본인과 다른 한 나라 혹은 여러 나라 국민이 같은 지역에 있어서 조업할 경우에는 그 지역에서의 조업 및 어획 동향의 감시에 대해서는 양국 간 또는 다국 간으로 협력조치를 취하도록 정하는 것이었다.[36] 이에 따라 현재 대부분의 국가에서 제안되고 있는, 일본 어선단이 전전의 어장 복귀에 대한 편견과 적의를 감소·소멸시키고, 더욱이 세계의 식량 공급에 이바지할 것을 목표로 한 것이었다.[37]

많은 연구에서 지적된 바와 같이, 이와 같은 다국 간 자원관리 구상은 강화 후인 1953년에 미국, 캐나다, 일본의 3국 간에 북태평양 어업조약으로 결실을 맺어, 서경 175도 동쪽의 연어, 숭어, 북미산 넙치 및 캐나다산 청어의 일부 어획을 일본 측이 일방적으로 포기한다는 조건부이면서도, 수산

---

35) 북대서양을 둘러싼 수산자원관리 레짐의 발단에 관한 연구는 Frank Alcock, 2003, "Bargaining, Uncertainty, and Property Rights in North Atlantic Fisheries", Ph. D. dissertation, Duke University를 참조.
36) Memo, "Proposed Directive to SCAP Concerning Fishing."
37) Ibid.

자원관리를 위해 3국이 협력한다는 합의가 성립되었다.38) 하지만 자원관리의 첨단 실증 지역으로 간주된 동지나해·황해는 북서대서양과 북태평양이라는 다른 특수한 지역조건을 가지고 있었다. 천연자원부 어업부담당관이 지적한 바와 같이, MSY개념에 의한 자원관리 성공의 예가 된 고래, 연어, 게 종류에 비해 가자미, 대구, 고등어와 같은 동지나해·황해에서 주로 어획되는 어종에 대해서는 MSY의 추정에 필요한 생태 연구 및 통계적 자료가 극단적으로 부족했다.39) 그리고 맥아더 라인은 원래 어족의 생식지역을 무시하고 인위적으로 설정되었기 때문에 그 속에서 합리적인 자원관리를 계획, 실시하는 데에는 처음부터 무리가 있었다. 1949년 2월, NRS 어업부장 헤링톤이 서방 트롤협회 대표와 시모노세키(下關)에서 면담했을 때, 나가사키(長崎)의 트롤 선주는 다음과 같이 불만을 토로했다. 즉 '맥아더 라인의 목적은 수산자원의 보호라고 말하지만, 현재 그어져 있는 선은 자원 보호와는 아무런 관련이 없다. 터무니 없고 정당한 이유가 없다.'라는 것이다.40) 일본정부도 "현재의 경계선, 즉 맥아더 라인은 주요 어종의 회유로에서 일본 어로구역을 차단하고 있고, 어업이 비과학적이며 잘못된 방식으로 행해지 않으면 안 되게 되어 있다"라고 NRS 방침에 정면으로 반론하고 있다.41)

이와 같은 '과학적'이어야 할 기존 어로구역 내에서의 자원관리정책이

---

38) 미국-일본-캐나다 북태평양어업조약의 성립에 관해서는 Finley, "The Tragedy of Enclosure", Sayuri Guthrie-Shimizu, 2007, "occupation Policy and the Japanese Fisheries Management Regime, 1945-1952", in Mark E. Caprio and Yoneyuki Sugita eds., *Democracy in Occupied Japan: The U.S. Occupation and Japanese Politics and Society*, London: Routledge, pp.48-66 ; Roger D. Smith, 2008, "Food Security and International Fisheries Policy in Japan' Postwar Planning", *Social Science Japan Journal*, 11-2, pp.259- 276을 참조.
39) SCAP to Department of the Army, "Japanese Performance in Following Reasonable Conservation Practices", January 31, 1949, in fldr: 432.1-1949, Box 8978, RG 331, NACP.
40) Memo, "Field Trip to Shimonoseki", March 14, 1949, in fldr: 432.11-1949, Box 8978, RG 331, NACP.
41) Cabinet Decision, "Extension of the Fishing Area in the Eastern China Sea", May 10, 1949, in fldr: 432.1-1949, Box 8978, RG 331, NACP.

비과학적이라는 일본 측 지적에 대해 NRS는 심하게 반박했다. 일본은 자원 관리에 소극적인 자세를 정당화하기 위해 과학적 데이터의 결점과 연구상의 어려운 점을 구실로 하고 있다는 것이다.

일본의 제도에 이입하기 위해 서양 사상을 취사(取捨)선택할 때, 일본인은 눈에 보이는, 실제적으로 최근의 결과를 초래하는 것만을 끄집어내는 예리한 능력을 보여 왔다. 일본은 어업자원 보호 분야에 있어서 과잉 착취와 기회가 많은 어법 효과가 바로 어획량의 대폭적인 감소라는 형태로 눈에 보이는 어법, 즉 연안포경, 북양 게잡이, 그리고 약간의 지방 연안 어업에 있어서는 자원 관리 조치를 취했다. 그러나 공해어업, 즉 정어리, 청어 및 대부분의 가자미 등의 대규모 어업에 있어서는 문제가 상당히 복잡하기 때문에 거의 아무 것도 달성하지 못하였다. 이것은 서양의 제국들이 이해하고 관리하는 것이 가장 어렵다고 인식하는 어업이다. (생략) 현시점에서 이 상황을 관찰하고 있는 일본인은 연구와 관리보다도 생산적이라고 하여, 착취와 확대를 가속시키는 길을 선택했다. 현재까지 이것이 그들의 지배적인 사상이 되어 왔다.[42]

NRS에 있어서 과학적 자원 관리라는 것은, 예를 들어 실제에서는 과학적 근거가 희박하여도 전전의 착취와 확대에 의해 잃어버린 국제적 신뢰를 일본이 회복하기 위해 연구와 관리를 추구하는 자세를 보인다고 하는 정치적인 목표와 불가분의 관계가 있다.[43] 교활하고 모방을 잘하는 일본인이라고 전중에 선전되었던 인종관이 뿌리 깊게 남아있는 가운데 NRS는 그와 같은 국민성이야말로 대일(對日)불신의 근원이라고 보고, 자원 관리사상을 몸에 익힘에 따라 일본인이 자신들의 국민성 그 자체를 먼저 변화시킬 것을 요

---

42) Memo, "Fishing Conservation Program in Japan", Februar 21, 1949, in fldr: 410-1949, Box 8976, RG331, NACP.
43) John Dower, 1986, *War without Mercy*, New York: Pantheon Books ; Naoko Shibusawa, 2006, *America's Geisha Ally: Reimagining the Japanese Enemy*, Cambridge, MA: Harvard University Press. 과학적 정신에 의한 국민성이 혁명은 점령기를 통해서의 문제였다. John Dower, 1999, *Embracing Defeat: Japan in the Wake of World War II*, New York: W.W. Norton & Co.

구하였다.

 한편 일본정부는 미국과 점령당국 쌍방이 요구하는 자원 관리 조치 조건으로서 이서어구의 즉각 확장을 요구했다. 1949년 5월 10일의 각의에 제기된 농림성의 청의에 의하면, 이서저인망어업의 합리화를 도모하여 어선과 자재의 유효 활용에 의해 현재 생산량을 확보하고, 또 어획물의 신선도를 유지하고 경비를 절감하기 위해, '어느 정도 어군 회유를 쫓아서 조업할 수 있도록 어업구역을 확대하는 것이 절대적으로 필요'했다. 하지만 동시에 연합군 총사령부를 통해서 "중국 및 한국 등과 일본 (중략) 어느 정도의 공해는 각국 공통의 어장이라는 원칙의 어업협약을 체결하고 어선 수, 어획 수량, 조업 금지 시기 및 구역, 그 밖의 어획자원 유지에 필요한 사항에 관해 약정을 체결해야 한다는 것"도 강하게 인식되었다.[44] 그 때문에 농림성은 어로구역을 확대 교환으로 '당면의 대외적 처리'로 관계국과의 합작어업회사를 설립하여 어선 및 승선원 등을 관계국에 제공하고 또한 어업을 공동으로 경영하며, 일정수의 어선을 관계국에 전매할 것을 제안했다. 거듭된 양보로 확대 후의 맥아더 라인 준수와 트롤·저인망 어선의 3할 감선 조치를 강구하는 것도 아울러 표명하였다.

 각의 결정 후, 농림성은 즉시 이 계획을 NRS 국장 스켄크(Hubert G. Schenck)에게 통지하고 협력을 구했다. 하지만 스켄크는 어로구역 확장을 인정하려고 하지 않았다. 그의 입장은 "어부 및 관계당국의 국제협정 준수에 성의를 보이는 것이 최우선"이라고 하여, 기존의 어로구역 내에 있어서 맥아더 라인 엄수 및 "수산물 남획을 방지하고 그것을 연구와 규제에 따라 충분히 보호할 것을 원하며, 또 그것을 실행할 수 있다는 것을 연합국최고사령관 및 타 국민에게 현실적으로 나타낼 것"을 요구했다.[45] 이와 같은 스켄크의 강한 의지에 일본 측은 일방적인 자원 관리 조치를 취할 수밖에

---

44)「東支那海におけるトロール漁業及び底曳網漁業の操業区域拡張に関する件」1949年 5月13日(公文類聚第74編 第77巻, 国立公文書館所蔵).

45)「漁区拡張問題に付総司令部天然資源局長スカンク中佐と会談」E'1.3.2.2-2「本邦漁業関係雑件占領下における本邦漁船の操業区域(マッカーサー・ライン)関係」, 外務省外交史料館所蔵.

없게 되었다.

　먼저 감선(減船)정책에 대해서는 1949년 8월 8일에 일본정부는 GHQ-SCAP에 대해서 이서 트롤·저인망 어선 수를 약 2/3로 감선할 계획을 제출했다. 다음해 4월, 미육군성은 GHQ-SCAP에 대해 동지나해·황해에서의 감선을 조건으로 미전략신탁통치하에 있는 남방(南方) 다랑어·참치어장을 모선식어선단(母船式漁船團)에 의한 시험 조업에 한해 개방하는 것에 동의한다고 통고했다. 그리고 동년 5월에 수산자원보호법이 국회를 통과하자, 연말까지 약 290척의 트롤·저인망어선 면허가 취소되었다.[46]

　맥아더 라인 엄수에 대해서, 1949년 6월에 GHQ-SCAP는 일본정부에 대해 SCAPIN 1033/2를 발표하고 비무장 지역에서 경찰권을 가지지 않는 어선 단속을 지시하였다.[47] 이 경비 강화에는 일본 어선에 의한 위반 단속뿐 아니라, 중국 및 한국정부에 의한 자의적인 나포를 억제한다는 의도도 포함되어 있었다.[48] 그렇지만 맥아더 라인이 어류 생태와는 무관하기 때문에 어종에 따른 위반 인정은 불가능하였다. 그러한 이유가 현장에서의 포착 없이는 재판에서 증거 불충분이 되는 사례가 속출하였다.[49] 이에 NRS는 일본의 연안 경비대를 무장화하여 경찰권을 부여하는 구상을 추진하게 되었다. 결국 각 단체의 강한 반대를 누르고 1951년 1월 SCAPIN2050/1에 의해 일본 감시선에 경찰권이 부여되었다.

　이와 같이 맥아더 라인 준수와 자원 고갈 대책을 추진하는 NRS의 방침은 일견 궤도에 오른 것처럼 보였다. 그러나 일본 어업의 공해 복귀가 동

---

46) Memo, "Conservation of Aquatic Resources in East China Sea", May 4, 1950, in fldr: 410-1950, Box 8976, RG 331, NACP.
47) Enclosure 1 to Memo, the US Political Adviser for Japan to Department of State, no. 93, "Natural Resources Section Plan for Japanese Fishery Patrol", February 12, 1949, 894.628/2-1249, Decimal File, RG 59, NACP.
48) NR to CS, "Request for FEC Authority to Establish Japanese Coast Guard Type Unit", November 22, 1949, in fldr: 432.11-1949, Box 8978, RG 331, NACP.
49) Memo, "Violation of SCAPIN 1033", June 1, 1949, in fldr: 432.11-1949, Box 8978, RG 331, NACP. 1946년 12월 30일부터 1948년 10월 20일까지 78건의 위반(127척) 사례가 보고되었지만, 증거불충분의 이유로 겨우 미국이 군함에 의해 추방당해 3건만 유죄판결이 내려짐.

지나해·황해에서 실현될지는 주변국의 사정에도 좌우되는 것이었다. 이러한 맥락에서 NRS의 대한(對韓)어업협력정책과 한일 양국 간 어업교섭에 대한 관여 방침이 향후의 한일어업관계를 형성하는 중요한 요인으로서 부상하게 된다.

Ⅳ. 대한(對韓)어업협력정책과 미일·한일 병행 교섭 구상의 좌절

일본이 NRS의 지시에 따라 감선·단속에 열중하는 한편, 한국에서는 수산업 부흥과 확대가 급속히 진행되고 있었다. 한국 국민에게 필요한 단백질의 반 정도를 공급하여 1,000만 달러 가량의 수출을 실현하고, 30만 명 어민, 그리고 10만에서 20만 명의 관련 고용을 창출한 수산업은 경제가 혼란스럽고 산업이 빈약한 한국의 국가 건설에 있어서 중요한 위치를 차지한다고 생각되었다. 더욱이 한반도의 긴장이 고조되는 가운데, 한국 어선단은 정비 도중인 해군을 보완하여 연안 경비의 역할을 수행하는 것도 기대되었다.[50] 앞에서 서술한 바와 같이 1949년 7월 헤링톤의 방한(訪韓) 이래, NRS는 한국정부(당시는 남조선과도정부)에 대한 일본의 어업 협력과 교환으로 일본 어선의 동지나해·황해로의 복귀를 촉구하는 정책에서, 시한부(時限附)이지만 한국의 공해조업 능력의 확충을 측면에서 지원하는 정책으로 전환하였다.

하지만 높은 기대와는 달리, 독립한지 얼마 되지 않는 한국의 수산업을 둘러싼 정세는 심각하게 전개되고 있었다. 일본 통치하 조선에서 사용되었던 공해어업에 동력 부착 어선의 대부분은 종전과 동시에 조선을 떠나 일본 본국으로 돌아갔고, 이 어선들의 한국으로의 인도 문제는 한국 측에 의해 나포된 일본 어선의 반환 문제와도 얽혀 어업분쟁을 촉진시키고 있었다.[51] 또한 좋은 어장의 위치에 관한 정보와 축적된 경험은 일본인 사이에

---

50) Memo, "Field Trip to Korea as Requested by ECA to Investigate Fisheries Situation", March 21, 1950, in fldr: 725.3, Box 8936, RG 331, NACP.
51) 이 어선나포·반환 문제에 관해서는 본 절에 인용되고 있는 남논문(南論文)을 참

서만 공유되고 있었기 때문에 일본인을 완전히 배제한 형태로의 어업 육성은 현실적으로 어려운 상황이었다.52) 게다가, 전전 조선에 있어서 어획량의 대부분을 차지한 정어리 잡이는 1940년 이후 극단적인 부진에 빠져서53) 본래 일본 시장을 겨냥해서 만들어진 건조 새우와 김 등의 해산물은 전후 일본의 수산물 자급 태세 및 외국 화폐보유율 부족 때문에 그 유망한 수출처를 잃게 되었다.54)

한국의 공해어업을 목적으로 한 미국의 지원도 현지에서의 경제적·기술적 악조건과 한국정부의 비현실적인 계획 앞에 시행착오를 반복하고 있었다. 1949년 12월 미국은 트롤선 '워싱턴'호(219톤)를 실험·훈련선으로 인도했지만,55) 성과도 거두지 못한 채 한국정부 고관은 거듭 대형 트롤선을 구입하기 위해 자금 원조를 요구했다.56) 이에 대해 NRS와 미국의 대한원조창구인 경제협력청(Economic Cooperation Agency)은 50톤에서 100톤 남짓한 소·중형 어선을 일본에서 구입할 것을 권유하고, 또 단기 계약으로 일본에서 기술자를 초빙할 가능성도 모색하고 있었다.57) 이는 '지역경제에 적합하지 않고, 지역주민에게 익숙하지 않은 어선을 한국의 수산업에 제공함으로, 중국과 그 밖의 장소에서의 미국어업(지원) 활동으로 볼 수 있는 것과 같은 커다란 실패로 이어질 가능성이 크기' 때문이었다. 헤링톤은 이제 실패를 반복하는 것은 허용하지 않았다. "대일강화조약이 조인되고 맥

고 바람.

52) ECA Mission to Korea, *The Fisheries Industry in the Republic of Korea*, December 1949, in fldr: 121.5, Box 8936, RG 331, NACP.
53) Ibid.
54) Memo, "Field Trip to Korea as Requested by ECA to Investigate Fisheries Situation", March 21, 1950, in fldr: 3D-29: Field Trips and Conferences, 1948-1950, Box 3D, PWCH. 藤井賢二에 의하면, 韓国海苔의 대일수출을 둘러싼 문제는 한일의 "경제적 재통합"이라는 문제와 깊게 관련되어 있다. 藤井賢二, 2001, 「戦後日韓貿易における海苔問題: 一九四九年の日韓通商交渉を中心として」, 『東洋史訪』 7号.
55) ECA Mission to Korea, December, 1949.
56) Memo, August 21, 1950, in fldr: 725.3, Box 8936, RG 331, NACP.
57) Ibid. ; Memo, "Field Trip to Korea as Requested by ECA to Investigate Fisheries Situation."

아더 라인이 소멸하자마자 확실하게 일어날 것이라고 여겨진 일본과의 치열한 어업경쟁에 맞선다면, 한국은 자국의 공해어업을 단단한 기반으로 끌어올리는데 앞으로 2, 3년 밖"에 남지 않았다.58)

공해자유원칙·시장경제원리에 기초하는 수평적 지역수산 질서 형성에 불가결한 한국의 공해어업 경쟁력이 불충분한 가운데, 한국 측은 관·민일치로 맥아더 라인의 존속에 희망을 걸게 되었다. 1950년 3월 헤링톤이 한국을 방문했을 때, 정부 고관은 현재의 경계선을 규정에 따라 존속시키고 싶다라는 희망을 전하고 있다. 또 헤링톤과 면담한 어민들도 입을 모아 맥아더 라인의 철폐에 따라 보다 크고, 현대적이며, 뛰어난 장비를 갖춘, 수도 훨씬 많은 일본 어선과의 경쟁에 의해, 한국선이 공해에서 연안수역으로 쫓겨나게 될 것이다라는 강한 우려를 나타냈다. 더욱이 이승만 대통령의 생각은 매우 비현실적인 것이었다. 헤링톤에 의하면, 대통령은 맥아더 라인 존속을 일본에 강요하고 그 준수와 한국의 공해어업 능력을 육성하기 위한 자본과 기술을 미국에 의존할 것을 계획하고 있었다고 한다. 하지만 일본이 맥아더 라인의 존속을 승낙하고, 거기에 미국이 협력할 가능성을 과대평가했을 뿐 아니라, 미국 자본에 의해 모든 수산업 개발을 도모한다는 것은 그 실현성을 고려해 볼 때 "의문적"이었다.59)

일방적으로 일본을 배제하는 형태로의 어업에 관련된 전후처리 청사진을 그리고 있던 한국과는 대조적으로, NRS는 다가오는 한일어업교섭을 어디까지나 다국적인 맥락으로 자리매김할 방침이었다. 1950년 1월, 대일 강화에서 미일 간의 북대서양 어업 문제를 해결하기 위해 채프만이 이끄는 미국 사절단이 방일(訪日)을 예정했지만, 헤링톤은 이 미일교섭과 동시에 한·일교섭을 병행해서 실시하도록 일본 외무성에 권고했다. 그에 따르면, 미일 간의 원격수역에서의 어업 문제와 한일 간의 접속수역에서의 어업 문제에 관해 앞으로의 전례가 될 조약을 동시에 타결하는 것을 희망하였다. 또한 양 조약 교섭을 병행함으로서, 일본이 직면하는 문제와 아시아 근린

---

58) Herrington to Wilhelm Anderson, April 13, 1950, in fldr: 3D-26, Personal Correspondence, 1949-1951, Box 3D, PWCH.

59) Memo, "Field Trip to Korea as Requested by ECA to Investigate Fisheries Situation",

국가의 입장에 대한 미국 측의 이해를 돈독히 하여 미일교섭에서의 타협을 촉진하고, 또 역으로 미국 측이 한일 양국에 대해 서로의 입장을 양보하도록 하는 것이 기대되었다.60) 일본과의 어업 문제가 해결되지 않는 한, 한국은 강화조약에 조인하지 않을 것이라고 우려하고 있었던 채프만은 한국이 이 문제에 관해 미국의 입장을 이해하지 않는 한 한일어업 문제의 해결은 바라볼 수 없을 것이라고 말하며, 헤링톤의 동시 교섭방침에 강한 찬성을 표하였다.61) 미국 사절단의 방일을 앞둔 동년 5월 시점에 NRS의 구상에 의하면, 한국 대표뿐 아니라, 필리핀 대표, 유엔식량농업기관(FAO)아시아 지역 어업담당자들도 미일협의에 초빙할 예정이었다.62)

하지만 동년 6월 25일 갑작스러운 한국전쟁의 발발로 인하여, 이 다국 간 접근은 중단될 수밖에 없었다. 천연자원부의 어업부 고문이었던 네빌(William C. Neville)은 FAO담당자에게 보내는 서간 내용에서 한국에서 일어난 일을 생각하면, 동지나해 문제에 대해서 한국인과 토의하는 것을 (사절단의 일정 속에) 포함시킬 수는 없다며, 국제 환경의 급변에 의한 영향을 인정하였다. 그렇지만 네빌은 이 긴급사태가 일시적인 것이라고 낙관하였고, 원칙적으로 한일 문제의 다국 간 접근을 견지할 자세를 취하고 있었다. "우리들이 이전에 생각했던 국제회의가 혼란 또는 빈번하게 국제적 적대관계로 이어지는 문제에 관해서 더욱더 이해를 돈독히 할 수 있다"고 믿고 있었다.63)

그러나 한국전쟁이 장기화하여 냉전구조가 점점 첨예화하는 가운데, 다국 간 접근에 불가결한 NRS의 지도력은 점점 잃어가고 있었다. 미일·한일 병행 교섭의 무대가 될 터였던 채프만사절단의 방일은 취소되고, 그 후 미일어업 문제는 한일 문제와는 별개의 형태로 교섭이 진행되었다. 더욱이

---

60) Herrington to Chapman, April 3, 1950, fldr: 13/11 He-Ho Miscellaneous, 1948-50, Box 13, WMCP.
61) Chapman to Herrington, April 11, 1950, fldr: 16/3 Outgoing Letters, April-May 1950, Box 16, WMCP.
62) Neville to Kesteven, May 17, 1950, in fldr: William C. Neville Personal Correspondence, Box 8936, RG 331, NACP.
63) Neville to Villadolid, June 27, 1950, in fldr: William C. Neville Personal Correspondence, Box 8936, RG 331, NACP.

미국이 자국주의에 의해 대일 강화를 서두르는 가운데, NRS 어업부는 일본으로의 권한 위양(委讓)을 급속도로 추진시켜 그 기능을 사실상 정지시켰다. 또한 한국 측에 있어서는 전쟁에 동반되는 군사적인 조치로 선박항행 금지구역인 이른바 클라크(Clark) 라인이 설정되어, 헤링톤이 '비현실적'이라고 한 미국에 의한 동지나해·황해에서의 어업 규제가 당분간 존속되게 되었다. 이렇게 해서 NRS가 구상한 미일·한일 병행 교섭의 시나리오가 실현되지 못한 채 한일 양국 간 어업교섭이 개시된 것이다.

V. 맺음말

종전 후 한일어업관계의 여명기에 내외로부터 깊이 관여한 GHQ-SCAP NRS는 전전 동지나해·황해에서의 수직적인 수산자원 질서를 해체하면서 일본어업의 공해 복귀를 모색하는 가운데, 일관되게 지역주의적인 접근을 지향하였다. 그것은 먼저 1946년 봄에 남조선·중국·일본 트롤기술 협력 구상이라는 형태로 나타나지만, 1946년 말부터는 수산자원 조사 협력 구상이 바뀌어서 부상하였다. 뿐만 아니라 대일강화가 공정표에 오른 1950년 초에는 한일어업교섭을 미일교섭 등과 동시에 실시하는 것도 검토되었다. 이와 같은 지역주의적 접근을 지탱한 것은 해양과 무역의 자유적 접근을 견지하여 그 속에서 일본의 경제적 자립을 도모하는 구상과 기술협력과 자원관리를 통해 일본인의 국민성을 바꾸어 국제 신뢰를 회복하려는 목적이 있었다. 또 미국의 정책담당자들은, 수산협력레짐의 선진지역인 북대서양을 모델로 그 구조를 동아시아에 이식함으로써 제국 후의 동 지역의 수산자원 질서 재편에 몰두하였다.

그러나 실제 과정에서 지역주의적인 구상은 수많은 장애를 만나게 된다. 기술 협력과 바꾸어 일본 어선의 이서해역으로의 재진출을 인정한다는 구상은 남조선·중국 쌍방으로부터의 반발로 좌절되었다. NRS는 이후, 남조선(한국)에 있어서는 독자적인 공해어업 능력을 미국의 원조에 의해 육성하여 장래 일본과의 어업 경쟁에 대비하는 정책으로 전환하였다. 또한 수산자원 조사 협력 구상은 동지나해・황해의 맥락에서는 구체화되지 않고, 오히려 일본에 의한 감선과 단속이라는 일방적인 조치만이 선행되었다. 그리고 대일 강화에 있어서 미일・한일어업 병행 교섭 구상은 한국전쟁 발발과 함께 와해되고, 한국은 맥아더 라인의 존속에 따라 문제해결을 하려고 하였다.

NRS가 제창한 동지나해・황해에서의 수산기술협력과 국제자원 관리는 그 후의 한일 양국 간 어업교섭의 과제가 되었다. 그러나 본래 열린 지역질서를 지향한다는 맥락 속에서 구상된 수산자원관리는, '자원보호'를 명목으로 한 이른바 이승만 라인 설정에서 볼 수 있듯이, 점차 자원내셔널리즘을 정당화하는 도구로 이용되어 갔다. 또 한편으로 수산기술 협력은 한일어업교섭의 타결에 즈음하여 중요한 합의사항이 되었다. 이처럼 NRS가 남긴 유산은 여러 형태로 그 후의 한일 양국 간 어업관계를 규정해 가게 된다.

【참고문헌】

「東支那海におけるトロール漁業及び底曳網漁業の操業区域拡張に関する件」 1949年5月13日, 公文類聚第74編第77巻, 国立公文書館所蔵.

「漁区拡張問題に付総司令部天然資源局長スカンク中佐と会談」E'1.3.2.2-2「本邦漁業関係雑件占領下における本邦漁船の操業区域(マッカーサー・ライン)関係」, 外務省外交史料館所蔵.

赤根谷達雄, 1993, 『日本のガット加入問題―「レジーム理論」の分析視角による事例研究』, 東京大学出版会.

藤井賢二, 2001, 「戦後日韓貿易における海苔問題: 一九四九年の日韓通商交渉を中心として」, 『東洋史訪』7号.

_____, 2002, 「日韓漁業問題の歴史的背景旧植民地行政機関の漁業政策比較の視点から」, 『東アジア近代史』5号.

_____, 2008, 「日本統治期の朝鮮漁業の評価をめぐって」, 『東洋史訪』14号.

高橋美貴, 2007, 『「資源繁殖の時代」と日本の漁業』, 山川出版社.

山内康英, 1995, 『交渉の本ヅ質―海洋レジームの転換と日本外交』, 東京大学

出版会.
吉木武一, 1980, 『以西底曳漁業経営史論』, 九州大学出版会.

Alcock, Frank, 2003, "Bargaining, Uncertainty, and Property Rights in North Atlantic Fisheries," Ph.D. dissertation, Duke University.
Dower, John, 1986, *War without Mercy*, New York: Pantheon Books.
_____, 1999, *Embracing Defeat: Japan in the Wake of World War II*, New York, W.W. Norton & Co.
GHQ-SCAP Natural Resources Section, 1947, *Natural Resources of Japan*, revised edition.
Finley, Marry Carmel, 2007, "The Tragedy of Enclosure: Fish, Fisheries Science, and U.S. Foreign Policy, 1920-1960," Ph.D. dissertation, University of California-San Diego.
_____, 2007, "The Tragedy of Enclosure." Sayuri Guthrie-Shimizu, "ccupation Policy and the Japanese Fisheries Management Regime, 1945-1952," in Mark E. Caprio and Yoneyuki Sugita eds., *Democracy in Occupied Japan: The U.S. Occupation and Japanese Politics and Society*, London: Routledge.
Muscolino, Micah, 2008, "The Yellow Croaker War: Fishery Disputes Between China and Japan, 1925-1935", *Environmental History*, 13-2.
Scheiber, Harry N., 2001, *Inter-Allied Conflicts and Ocean Law, 1945-53: The Occupation Command' Revival of Japanese Whaling and Marine Fisheries*, Taipei: Academia Sinica.
Shibusawa, Naoko, 2006, *America's Geisha Ally: Reimagining the Japanese Enemy*, Cambridge, MA: Harvard University Press.
Smith, Roger D., 2008, "Food Security and International Fisheries Policy in Japan' Postwar Planning", *Social Science Japan Journal*, 11-2.

산자원 조사 협력 구상은 동지나해·황해의 맥락에서는 구체화되지 않고, 오히려 일본에 의한 감선과 단속이라는 일방적인 조치만이 선행되었다. 그리고 대일 강화에 있어서 미일·한일어업 병행 교섭 구상은 한국전쟁 발발과 함께 와해되고, 한국은 맥아더 라인의 존속에 따라 문제해결을 하려고 하였다.

NRS가 제창한 동지나해·황해에서의 수산기술협력과 국제자원 관리는 그 후의 한일 양국 간 어업교섭의 과제가 되었다. 그러나 본래 열린 지역질서를 지향한다는 맥락 속에서 구상된 수산자원관리는, '자원보호'를 명목으로 한 이른바 이승만 라인 설정에서 볼 수 있듯이, 점차 자원내셔널리즘을 정당화하는 도구로 이용되어 갔다. 또 한편으로 수산기술 협력은 한일어업교섭의 타결에 즈음하여 중요한 합의사항이 되었다. 이처럼 NRS가 남긴 유산은 여러 형태로 그 후의 한일 양국 간 어업관계를 규정해 가게 된다.

【참고문헌】

「東支那海におけるトロール漁業及び底曳網漁業の操業区域拡張に関する件」 1949年5月13日, 公文類聚第74編第77卷, 国立公文書館所蔵.

「漁区拡張問題に付総司令部天然資源局長スカンク中佐と会談」 E'1.3.2.2-2「本邦漁業関係雜件占領下における本邦漁船の操業区域(マッカーサー・ライン)関係」, 外務省外交史料館所蔵.

赤根谷達雄, 1993, 『日本のガット加入問題-「レジーム理論」の分析視角による事例研究』, 東京大学出版会.

藤井賢二, 2001, 「戦後日韓貿易における海苔問題: 一九四九年の日韓通商交渉を中心として」, 『東洋史訪』 7号.

_____, 2002, 「日韓漁業問題の歴史的背景旧植民地行政機関の漁業政策比較の視点から」, 『東アジア近代史』 5号.

_____, 2008, 「日本統治期の朝鮮漁業の評価をめぐって」, 『東洋史訪』 14号.

高橋美貴, 2007, 『「資源繁殖の時代」と日本の漁業』, 山川出版社.

山内康英, 1995, 『交渉の本ウ質—海洋レジームの転換と日本外交』, 東京大学

出版会.
吉木武一, 1980, 『以西底曳漁業経営史論』, 九州大学出版会.

Alcock, Frank, 2003, "Bargaining, Uncertainty, and Property Rights in North Atlantic Fisheries," Ph.D. dissertation, Duke University.

Dower, John, 1986, *War without Mercy*, New York: Pantheon Books.

_____, 1999, *Embracing Defeat: Japan in the Wake of World War II*, New York, W.W. Norton & Co.

GHQ-SCAP Natural Resources Section, 1947, *Natural Resources of Japan*, revised edition.

Finley, Marry Carmel, 2007, "The Tragedy of Enclosure: Fish, Fisheries Science, and U.S. Foreign Policy, 1920-1960," Ph.D. dissertation, University of California-San Diego.

_____, 2007, "The Tragedy of Enclosure." Sayuri Guthrie-Shimizu, "ccupation Policy and the Japanese Fisheries Management Regime, 1945-1952," in Mark E. Caprio and Yoneyuki Sugita eds., *Democracy in Occupied Japan: The U.S. Occupation and Japanese Politics and Society*, London: Routledge.

Muscolino, Micah, 2008, "The Yellow Croaker War: Fishery Disputes Between China and Japan, 1925-1935", *Environmental History*, 13-2.

Scheiber, Harry N., 2001, *Inter-Allied Conflicts and Ocean Law, 1945-53: The Occupation Command' Revival of Japanese Whaling and Marine Fisheries*, Taipei: Academia Sinica.

Shibusawa, Naoko, 2006, *America's Geisha Ally: Reimagining the Japanese Enemy*, Cambridge, MA: Harvard University Press.

Smith, Roger D., 2008, "Food Security and International Fisheries Policy in Japan' Postwar Planning", *Social Science Japan Journal*, 11-2.

■ 저 자

고바야시 레이코(小林玲子) | 배재대학교
김창록 | 경북대학교
남기정 | 서울대학교
노기영 | 국가기록원
류미나 | 국민대학교
박 훈 | 서울대학교
요시자와 후미토시(吉澤文寿) | 니가타국제정보대학
이원덕 | 국민대학교
장박진 | 국민대학교
조윤수 | 동북아역사재단
최영호 | 영산대학교
한경구 | 서울대학교
한상일 | 국민대학교
히구치 도시히로(樋口敏広) | 죠지타운대학

■ 번역자

박창건 | 국민대학교
정미애 | 국민대학교

국민대학교 일본학연구소 출간 도서

- 한상일·김영작 외, 2005, 『일본형 시스템-위기와 변화』, 일조각.
- 코사카 마사타카 저, 김영작 외 옮김, 2005, 『해양국가 일본의 구상』, 일조각.
- 김영작·이원덕 엮음, 2006, 『일본학총서 1: 일본은 한국에게 무엇인가』, 한울아카데미.
- 김영작·전진호 엮음, 2006, 『일본학총서 2: 글로벌화 시대의 일본-한국에의 함의』, 한울아카데미.
- 김영작·김기석 엮음, 2006, 『일본학총서 3: 21세기 동북아공동체 형성의 과제와 전망』, 한울아카데미.
- 한상일·김영작 외, 2008, 『변용하는 일본형시스템 현장보고』, 국민대학교출판부.
- 김영미·김영수·안소영·이이범·이현진, 2008, 『한일회담 외교문서 해제집 I: 예비회담-5차 회담』, 동북아역사재단.
- 김영미·김영수·안소영·이이범·이현진, 2008, 『한일회담 외교문서 해제집 II: 평화선·북송·6차 회담(예비교섭·청구권)』, 동북아역사재단.
- 김영미·김영수·안소영·이이범·이현진, 2008, 『한일회담 외교문서 해제집 III: 6차 회담』, 동북아역사재단.
- 김영미·김영수·안소영·이이범·이현진, 2008, 『한일회담 외교문서 해제집 IV: 고위 정치회담 및 7차 회담(법적지위·어업관계·문화재)』, 동북아역사재단.
- 김영미·김영수·안소영·이이범·이현진, 2008, 『한일회담 외교문서 해제집 V: 7차 회담(기본관계·청구권·협정체결)』, 동북아역사재단.